INCORPORAÇÃO
IMOBILIÁRIA

O GEN | Grupo Editorial Nacional – maior plataforma editorial brasileira no segmento científico, técnico e profissional – publica conteúdos nas áreas de concursos, ciências jurídicas, humanas, exatas, da saúde e sociais aplicadas, além de prover serviços direcionados à educação continuada.

As editoras que integram o GEN, das mais respeitadas no mercado editorial, construíram catálogos inigualáveis, com obras decisivas para a formação acadêmica e o aperfeiçoamento de várias gerações de profissionais e estudantes, tendo se tornado sinônimo de qualidade e seriedade.

A missão do GEN e dos núcleos de conteúdo que o compõem é prover a melhor informação científica e distribuí-la de maneira flexível e conveniente, a preços justos, gerando benefícios e servindo a autores, docentes, livreiros, funcionários, colaboradores e acionistas.

Nosso comportamento ético incondicional e nossa responsabilidade social e ambiental são reforçados pela natureza educacional de nossa atividade e dão sustentabilidade ao crescimento contínuo e à rentabilidade do grupo.

Melhim Namem Chalhub

INCORPORAÇÃO IMOBILIÁRIA

8.ª edição revista, atualizada e reformulada

- O autor deste livro e a editora empenharam seus melhores esforços para assegurar que as informações e os procedimentos apresentados no texto estejam em acordo com os padrões aceitos à época da publicação, e todos os dados foram atualizados pelo autor até a data de fechamento do livro. Entretanto, tendo em conta a evolução das ciências, as atualizações legislativas, as mudanças regulamentares governamentais e o constante fluxo de novas informações sobre os temas que constam do livro, recomendamos enfaticamente que os leitores consultem sempre outras fontes fidedignas, de modo a se certificarem de que as informações contidas no texto estão corretas e de que não houve alterações nas recomendações ou na legislação regulamentadora.

- Fechamento desta edição: *03.04.2024*

- O Autor e a editora se empenharam para citar adequadamente e dar o devido crédito a todos os detentores de direitos autorais de qualquer material utilizado neste livro, dispondo-se a possíveis acertos posteriores caso, inadvertida e involuntariamente, a identificação de algum deles tenha sido omitida.

- **Atendimento ao cliente:** (11) 5080-0751 | faleconosco@grupogen.com.br

- Direitos exclusivos para a língua portuguesa
  Copyright © 2024 by
  Editora Forense Ltda.
  Uma editora integrante do GEN | Grupo Editorial Nacional
  Travessa do Ouvidor, 11 – Térreo e 6º andar
  Rio de Janeiro – RJ – 20040-040
  www.grupogen.com.br

- Reservados todos os direitos. É proibida a duplicação ou reprodução deste volume, no todo ou em parte, em quaisquer formas ou por quaisquer meios (eletrônico, mecânico, gravação, fotocópia, distribuição pela Internet ou outros), sem permissão, por escrito, da Editora Forense Ltda.

- Capa: Joyce Matos

CIP-BRASIL. CATALOGAÇÃO NA PUBLICAÇÃO
SINDICATO NACIONAL DOS EDITORES DE LIVROS, RJ

C426i
8. ed.

    Chalhub, Melhim Namem
      Incorporação imobiliária / Melhim Namem Chalhub. - 8. ed., rev., atual. e ampl. - Rio de Janeiro : Forense, 2024.
      496 p. ; 24 cm.

    Inclui bibliografia
    Índice alfabético-remissivo
    ISBN 978-85-3099-498-3

    1. Direito imobiliário - Brasil. 2. Bens imóveis - Brasil. 3. Incorporação imobiliária. 4. Incorporação imobiliária - Legislação - Brasil. I. Título.

24-89017

CDU: 347.23(81)

Gabriela Faray Ferreira Lopes - Bibliotecária - CRB-7/6643

NOTA À 8ª EDIÇÃO

Após a 7ª edição desta obra, foram aprovadas leis relacionadas direta ou indiretamente aos contratos empregados na atividade da incorporação imobiliária, que também foram objeto de importantes pronunciamentos dos tribunais superiores, inclusive mediante fixação de tese jurídica digna de nota, justificando sua atualização.

Destaca-se a Lei 14.711/2023, que, no contexto de um conjunto de medidas destinadas à melhoria do ambiente de negócios e de expansão do crédito, introduz inovações na Lei 9.514/1997 e altera algumas de suas disposições, visando ampliar o campo de aplicação da garantia fiduciária de bens imóveis em garantia, flexibilizar e diversificar a forma de sua contratação, bem como simplificar os mecanismos de execução e excussão.

A abrangência dessa lei envolve também a instituição de procedimento extrajudicial de execução hipotecária, anteriormente admitida restritivamente para operações de instituições do sistema financeiro nacional e da habitação, bem como das seguradoras; a ampliação do rol dos títulos admitidos ao registro previsto no art. 167, I, da Lei de Registros Públicos, ao incluir entre eles "outros negócios jurídicos de transmissão do direito real de propriedade sobre imóveis"; a criação da ata notarial certificadora do implemento ou não implemento de condições do contrato, visando instrumentalizar o reconhecimento da eficácia liberatória da cláusula resolutiva expressa independente de intervenção judicial, entre outras alterações legislativas capazes de conferir maior segurança jurídica e efetividade aos negócios em geral e, em particular, às garantias reais imobiliárias.

No plano da jurisprudência é digna de nota a tese jurídica fixada no Tema 982 da Repercussão Geral do STF, veiculado pelo RE 860.631-RJ, que reconhece a constitucionalidade do procedimento extrajudicial de execução fiduciária disciplinado pelos arts. 26 e 27 da Lei 9.514/1997.

Ainda sobre a jurisprudência relativa à execução do crédito fiduciário imobiliário, merecem atenção algumas distorções verificadas nas instâncias ordinárias na aplicação da tese jurídica fixada pelo STJ no Tema 1.095, segundo a qual o veículo adequado à extinção do crédito fiduciário imobiliário por inadimplemento é a execução, que, quando extrajudicial, deve observar o procedimento estabelecido pela Lei 9.514/1997. Nesse caso, dada a diversidade de situações que envolve e a complexidade das questões jurídicas delas decorrentes dedicamos um capítulo (11.8.2), chamando a atenção para que a necessária análise crítica da eventual adequação da tese jurídica ao caso concreto deve ser objeto de rigoroso juízo de admissibilidade, para afastar as distorções que têm sido constatadas na prática pela falta de observância dos requisitos legais estabelecidos pelos arts. 473 e 475 do Código Civil, art. 49 do CDC e art. 67-A da Lei 4.591/1964.

Essas e outras questões relacionadas às alterações legislativas e à jurisprudência são consideradas nesta nova edição, para a qual muito contribuíram os debates com os colegas José Antônio Cetraro, Victor Vasconcelos Miranda, Alexandre Gomide, Umberto Bresolin, Alexandre Clápis, bem como com meus colegas de escritório Daniella Rosa, Felipe França, Rosângela Ribeiro e Dalva Sousa.

Niterói, março de 2024.

Melhim Namem Chalhub

PREFÁCIO

Da situação de completo desamparo em que vivia o consumidor brasileiro, em certos setores doutrinários e jurisprudenciais, passou-se, após a Lei nº 8.078, de 11.09.1990, a uma visão paternalista de exagerado amparo à parte vulnerável da relação de consumo, que, se levada ao extremo por alguns preconizado, subverterá o próprio objetivo do Código de Defesa do Consumidor.

Com efeito, e como, aliás, consta de disposição expressa da própria lei tutelar, entre seus desígnios está a busca do equilíbrio e da harmonia entre os sujeitos da relação de consumo, de modo a igualá-los juridicamente e a propiciar o necessário e indispensável desenvolvimento econômico, segundo os princípios constitucionais que regem o mercado (art. 4º, III).

O Código de Defesa do Consumidor, sabidamente, valorizou a função social do contrato, mas não é somente esta função que desenvolve o milenar instrumento jurídico, pois, em sua essência, não é o contrato um meio de promover a assistência social, mas, sim, um natural e indispensável instrumento de natureza econômica.

É no plano econômico, na verdade, em termos do fenômeno contratual, que se encontra a natureza da coisa. Dessa maneira, a tutela social ao consumidor não pode ser proporcionada de modo a anular ou inviabilizar a função econômica do contrato. Deve, ao contrário, respeitá-la e incentivá-la, no próprio interesse da massa consumidora, visto que sem um mercado próspero não encontrarão os consumidores condições favoráveis à satisfação de suas necessidades de produtos e serviços, em níveis compatíveis com o mundo atual, nem se beneficiarão das vantagens evidentes que a livre concorrência lhes proporciona.

Por outro lado, não foi o CDC que inventou a proteção social do consumidor. Teorias como a da boa-fé objetiva, da repressão à usura e à lesão, da revisão contratual por força da cláusula *rebus sic stantibus* e da teoria da aparência, e muitas outras de alto cunho ético e de notável função social, foram forjadas muito antes que o clima de sociedade de consumo se implantasse no planeta.

O CDC, a exemplo do que se fez em todo o mundo ocidental na segunda metade do século XX, apenas cuidou de valorizar essas teorias endereçando-as, com as necessárias adaptações, às relações de consumo. Não criou, realmente, estruturas obrigacionais novas. Ressaltou, tão somente, técnicas já conhecidas e desenvolvidas no âmbito do direito aplicável aos contratos entre fornecedores e consumidores.

Não se implantou, por meio da Lei nº 8.078/90, um código que se ocupasse de toda a regulamentação dos contratos utilizados nos negócios de consumo. O código que entre nós se implantou é, como seu próprio nome indica, um Código de Defesa do Consumidor. O que nele realmente se tem de novo é a técnica de proteger a parte vulnerável nos negócios de massa. Os princípios e os regulamentos normativos que comandam os contratos entre fornecedores e consumidores continuam sendo aqueles fixados pelo direito privado nas leis civis e comerciais, embora flexibilizados pelas diretrizes da nova ordem engendrada pela necessidade de proteger a parte jurídica e economicamente fraca.

O certo, porém, é que os princípios sociais do novo contrato de consumo não eliminam os princípios tradicionais desse instituto jurídico, quais sejam o princípio da autonomia privada (liberdade contratual), o princípio da força obrigatória das convenções e o princípio da relatividade de seus efeitos que atuam apenas na esfera das partes. O que deve haver, em função da nova ordem legal, é uma releitura dos princípios clássicos, para que se amoldem à função social exigida pela atual ordem econômica visualizada na disciplina constitucional das relações de mercado.

O objetivo de proporcionar a circulação das riquezas e de emprestar segurança a essa circulação, que é inerente à natureza do contrato, jamais poderá ser desprezado na exegese e aplicação dos preceitos de tutela ao consumidor. Sem que isto se dê, não há como entender que exista o instituto do contrato. Anulado o contrato – porque, sem essa força, simplesmente não há contrato –, o reflexo se dará sobre toda a sistemática organizacional da Constituição, que, no plano econômico, se apoia na propriedade privada, na segurança jurídica, no ato jurídico perfeito e na livre-iniciativa. O aspecto ético do relacionamento econômico, portanto, não há de invalidar ou inviabilizar aquilo que é a função primária e essencial do contrato.

Por outro lado, a proteção aos interesses sociais no relacionamento econômico não se esgota nas regras do Código do Consumidor. Muitas leis, anteriores e posteriores ao CDC, regulam de forma específica certos setores da atividade econômica e se destinam a realizar os mesmos propósitos da Lei nº 8.078/90, isto é, impor regras de ordem pública voltadas à defesa da parte mais fraca da relação negocial.

É o caso da Lei nº 4.591/64, que sabidamente se editou com o fim de proteger os interesses dos adquirentes de unidades de edifícios de apartamentos ainda em construção. Portanto, não devem suas regras, que são especiais, ser ignoradas e recusadas a pretexto de aplicarem-se preceitos apenas genéricos do CDC. O confronto, *in casu*, assumiria o feitio de concorrência de norma geral e norma especial, não havendo razão para afastar esta, se ambas têm o mesmo propósito e não encontram incompatibilidade absoluta.

O livro elaborado pelo Prof. Melhim Namem Chalhub – um reconhecido estudioso do tema do direito das incorporações – contém uma notável contribuição à correta interpretação da Lei nº 4.591/64 e à harmonização de suas regras especiais com o universo das relações de consumo regidas pela Lei nº 8.078/90, bem como à adequada proteção dos direitos patrimoniais dos adquirentes, por meio da afetação do acervo das incorporações.

A análise dos princípios clássicos do contrato foi muito bem efetuada pelo autor, que logrou demonstrar até onde sofreram o impacto da nova visão social reclamada pela tutela do consumidor. Mas o ponto alto do trabalho está na fixação do que é a essência do contrato de incorporação, que permanece sob a regência da legislação especial e não deve ser anulada pela superveniência do CDC. É que, como mui judiciosamente se demonstrou, "a aplicação dos princípios contidos nas cláusulas gerais (valorizadas pelo CDC) deve conter-se nos limites da realidade do contrato, sua estrutura, sua tipicidade e funcionalidade".

Leva o estudo à conclusão de que o contrato de incorporação – instrumento de função social relevantíssima por dizer respeito a dois gravíssimos problemas da Nação, que são o da construção civil e o do enorme déficit habitacional existente no País – deve ser entendido e disciplinado à luz da lei específica, sem eliminar a possibilidade de sujeição às regras tutelares do CDC, porque é óbvio não se tratar de negócio imune a cláusulas e praxes abusivas por

PREFÁCIO | IX

parte dos incorporadores. O enfoque, porém, não é de ser feito para afastar a disciplina da Lei nº 4.591/64, que é específica e que há de prevalecer quando não houver cláusula abusiva a reprimir, porque tem a mesma finalidade do CDC, no que diz com a função social do contrato e, acima de tudo, leva em conta a tipicidade da incorporação sem descurar dos ditames da boa-fé e do equilíbrio das relações obrigacionais "que caracterizam a moderna teoria do contrato e que estão reunidos no Capítulo VI do CDC".

A despeito desses mecanismos de proteção, a posição do adquirente ainda permanecia vulnerável do ponto de vista patrimonial, em face da eventualidade de desequilíbrio econômico-financeiro do incorporador, e, para compensá-la, o autor formulou proposição legislativa, em parte convertida na Medida Provisória nº 2.221, de 4 de setembro de 2001,[1] que acrescentava à Lei nº 4.591/64 os arts. 30-A a 30-G, admitindo a segregação patrimonial das incorporações imobiliárias. Com efeito, a partir da ideia de que a incorporação imobiliária tem estrutura física e econômico-financeira própria, capaz de assegurar a consecução da obra com recursos do orçamento próprio da incorporação, independentemente de outras fontes, e essa autonomia encontra-se potencializada no art. 32 da Lei nº 4.591/64, daí por que esse negócio se ajusta com perfeição à teoria da afetação.

Vislumbrando, assim, nesse dispositivo os elementos essenciais de segregação patrimonial de cada incorporação, em proveito dos credores – e, entre estes, especialmente os adquirentes, considerados credores privilegiados –, o autor discorre sobre a teoria da afetação e comenta a Medida Provisória nº 2.221/01.[2] Nesse ponto, o autor mostra que alguns dispositivos dessa MP se opõem ao fundamento axiológico do sistema de proteção do adquirente, pois, em vez de compensar o desequilíbrio existente entre este e o incorporador, esses dispositivos tornam ainda mais desequilibrada a relação. De fato, o art. 30-A da MP nº 2.221 dispunha que "o patrimônio de afetação não se comunica com os demais bens, direitos e obrigações do patrimônio geral do incorporador (...) e só responde por dívidas e obrigações vinculadas à incorporação respectiva", mas, em sentido diametralmente oposto, o art. 30-D mandava reunir todas as contas do passivo fiscal, previdenciário e trabalhista do incorporador e, em caso de falência deste, repassar aos adquirentes a responsabilidade pelo pagamento de todas essas dívidas. Ou seja, o passivo da massa falida passaria a ser pago com recursos dos adquirentes, e não com o produto do ativo da massa.

Trata-se sem dúvida de grave antinomia que, a despeito de poder ser solucionada em cada caso que se apresente em juízo, e o seria sempre pela prevalência do art. 30-A, limitando

---

[1] Essa MP foi revogada pela Lei nº 10.931, de 2 de agosto de 2004, que corrige a maior parte das distorções da MP.

[2] Nesta 2ª edição, o objeto do comentário do autor é a Lei nº 10.931/2004. No prefácio da 1ª edição deste trabalho referimo-nos ao sistema de proteção patrimonial dos adquirentes contido no anteprojeto apresentado pelo Dr. Chalhub ao Instituto dos Advogados Brasileiros, em parte convertido na Medida Provisória nº 2.221/2001. Reconhecendo que os dispositivos que acrescentara ao anteprojeto original importavam em grave antinomia, desprotegendo os adquirentes, em vez de limitar seus riscos, o próprio Poder Executivo propôs a revogação da MP 2.221/2001 e encaminhou ao Congresso Nacional o Projeto de Lei nº 3.065, de 4 de março de 2004, no qual recoloca nos devidos termos o sistema de proteção patrimonial dos adquirentes, resgatando quase por inteiro o anteprojeto originalmente aprovado pelo IAB. O Projeto de Lei nº 3.065/2004 foi aprovado com emendas pelo Congresso e foi convertido na Lei nº 10.931, de 2 de agosto de 2004. O único aspecto ainda pendente é o referente à obrigatoriedade: enquanto o anteprojeto original preconiza a afetação de todas as incorporações, compulsoriamente, o Projeto do Executivo preferiu deixar a constituição da afetação a critério do incorporador.

sua responsabilidade ao valor pactuado para aquisição das unidades, deveria ser corrigida definitivamente no plano legislativo, mediante aprovação de emendas que dessem coerência lógica ao texto legal, em consonância com o princípio da igualdade substancial consagrado pela Constituição.

O desequilíbrio foi corrigido, na medida em que a nova lei acolheu emendas pelas quais fica claro que as dívidas e obrigações do patrimônio de afetação devem ser satisfeitas com recursos oriundos do seu próprio orçamento, sem imputar novos encargos aos adquirentes.

O estudo do Prof. Chalhub representa, em suma, uma contribuição muito relevante para as letras jurídicas num campo de incomum interesse para as relações econômicas e em momento de crise nacional, em que os olhos de toda a Nação se voltam para a incrementação do desenvolvimento econômico, como necessidade fundamental e inadiável.

A indústria da construção civil e especificamente a de construção de moradias está no epicentro do fenômeno crítico e não pode ser desestimulada ou embaraçada por interpretações inconvenientes e equivocadas das leis tutelares de consumo.

A lição que se lança no meio jurídico, por meio deste importante livro, é um convite à meditação e conscientização em torno de um tema que merece tratamento mais aprofundado do que o feito até o momento nos pretórios e na doutrina.

Junho de 2002.

Humberto Theodoro Júnior

SUMÁRIO

INTRODUÇÃO 1

I   INCORPORAÇÃO IMOBILIÁRIA – CARACTERIZAÇÃO GERAL 5

1.1. Incorporação: conceito e definição legal 5

      1.1.1. Incorporação imobiliária para empreendimento hoteleiro 11

      1.1.2. Edificação de conjuntos imobiliários sobre laje 14

      1.1.3. A realização de *retrofit* pelo regime da incorporação imobiliária 16

      1.1.4. Incorporação imobiliária mediante construção e venda de casas isoladas em lotes de terreno 18

1.2. Incorporador: caracterização 20

1.3. A dinâmica da incorporação 24

1.4. Conclusão da obra e instalação do condomínio 28

      1.4.1. Fundamentação legal 28

      1.4.2. Caracterização do condomínio especial por frações autônomas ou unidades autônomas 29

      1.4.3. A instituição, o uso e a administração do condomínio especial 32

      1.4.4. Locais para guarda de veículos 37

      1.4.5. Condomínio de lotes de terreno urbano 39

      1.4.6. Condomínios de uso misto 43

      1.4.7. Condomínio em multipropriedade (*time sharing*). Origem e fundamentos 44

            1.4.7.1. Elementos essenciais de caracterização 46

            1.4.7.2. A instituição, o uso e a administração do condomínio em multipropriedade 47

      1.4.8. A realização de *retrofit* em edifício sob regime de condomínio edilício. Quórum de deliberação 49

II O MEMORIAL DE INCORPORAÇÃO 55

Nota introdutória 55

2.1. Caracterização e função do Memorial de Incorporação 56

2.1.1. A instituição do condomínio edilício pelo registro do Memorial de Incorporação 59

2.1.1.1. Principais alterações introduzidas pela Lei nº 14.382/2022 60

2.1.1.2. Funções do registro do memorial de incorporação 61

2.1.1.3. O registro da incorporação como modo de instituição do condomínio especial/edilício 62

2.1.1.4. A administração do condomínio especial durante a fase da construção 63

2.1.1.5. Averbação da construção sem alteração da natureza do condomínio especial/edilício... 65

2.2. Os documentos que integram o Memorial de Incorporação.................. 66

2.2.1. Título de propriedade do terreno, ou de promessa, irrevogável e irretratável, de compra e venda ou de cessão de direitos ou de permuta, do qual conste cláusula de imissão na posse do imóvel, não haja estipulações impeditivas de sua alienação em frações ideais e inclua consentimento para demolição e construção, devidamente registrado.............. 68

2.2.2. Certidões negativas de impostos federais, estaduais e municipais, de protesto de títulos, de ações cíveis e criminais e de ônus reais, relativamente ao imóvel, aos alienantes do terreno e ao incorporador 70

2.2.3. Histórico dos títulos de propriedade do imóvel, abrangendo os últimos 20 anos, acompanhado de certidão dos respectivos registros................. 72

2.2.4. Projeto de construção devidamente aprovado pelas autoridades competentes.. 72

2.2.5. Cálculo das áreas da edificação, discriminando, além da global, a das partes comuns, e indicando, para cada tipo de unidade, a respectiva metragem da área construída 72

2.2.6. Certidão negativa de débito para com a Previdência Social, quando o titular do direito sobre o terreno for o responsável pela arrecadação das respectivas contribuições 74

2.2.7. Memorial descritivo das especificações da obra projetada, segundo modelo a que se refere o inciso IV do art. 53 da Lei nº 4.591 74

2.2.8. Avaliação (orçamento) do custo global da obra, atualizada à data arquivamento, de acordo com a norma do inciso III do art. 53, com base nos custos unitários referidos no art. 54, discriminando-se, também, o custo de construção de cada unidade, devidamente autenticada pelo profissional responsável pela obra 74

2.2.9. Instrumento de divisão do terreno em frações ideais autônomas que contenham a sua discriminação e a descrição, a caracterização e a destinação das futuras unidades e partes comuns que a elas acederão 75

2.2.10. Minuta de convenção de condomínio que disciplinará o uso das futuras unidades e partes comuns do conjunto imobiliário 76

2.2.11. Declaração em que se defina a parcela do preço de que trata o inciso II do art. 39.. 76

2.2.12. Certidão do instrumento público de mandato, referido no § 1º do art. 31 77

SUMÁRIO | **XIII**

2.2.13. Declaração em que se fixe, se houver, o prazo de carência (art. 34)....... 77

2.2.14. Declaração, acompanhada de plantas elucidativas, sobre o número de veículos que a garagem comporta e os locais destinados à guarda destes 78

2.3. Contrato-padrão 78

2.4. Prazo de carência 78

2.5. Termo de afetação 81

III A INCORPORAÇÃO IMOBILIÁRIA COMO PATRIMÔNIO DE AFETAÇÃO ... 83

3.1. Introdução 83

3.2. A estrutura da incorporação imobiliária e os riscos dos credores em face de eventual insolvência do incorporador 86

3.3. A teoria da afetação e sua aplicação no negócio da incorporação imobiliária ... 92

3.4. O anteprojeto de lei do Instituto dos Advogados Brasileiros – IAB, os Projetos de Lei da Câmara dos Deputados, a Medida Provisória nº 2.221, de 4 de setembro de 2001, e o Projeto de Lei do Poder Executivo nº 3.065, de 4 de março de 2004 99

3.5. A estrutura normativa do regime da afetação das incorporações imobiliárias. Aspectos gerais 102

3.5.1. Art. 31-A – Caracterização da incorporação imobiliária como patrimônio de afetação 102

3.5.2. Art. 31-B – Forma e modo de constituição do patrimônio de afetação ... 107

3.5.3. Arts. 31-C e 31-D – Fiscalização e controle da incorporação. Obrigações do incorporador 111

3.5.3.1. Impenhorabilidade dos créditos oriundos das vendas e outras normas relacionadas à vinculação das receitas da incorporação (Lei nº 13.105/2015 – CPC/2015) 114

3.5.4. Os efeitos da afetação das incorporações em face do sistema tributário. Aspectos fundamentais 116

3.5.4.1. O regime especial de tributação aplicável em caráter opcional às incorporações imobiliárias sob regime de afetação. Arts. 1º a 11 da Lei nº 10.931/2004 118

3.5.5. A extinção do patrimônio de afetação 120

3.5.6. A afetação em face da recuperação judicial e da falência da empresa incorporadora. Nota introdutória 121

3.5.6.1. A afetação em face da recuperação judicial 124

3.5.6.2. Art. 31-F – Normas procedimentais aplicáveis em decorrência de decretação da falência da empresa incorporadora 132

IV O CONTRATO DE INCORPORAÇÃO IMOBILIÁRIA 143

4.1. Caracterização geral 143

4.2. Natureza jurídica do contrato de incorporação imobiliária 149

4.3.	Elementos do contrato	150
	4.3.1. Objeto	150
	4.3.2. Causa	151
	4.3.3. Partes	151
	4.3.3.1. Capacidade das partes	152
	4.3.3.2. Legitimidade	153
	4.3.4. Forma	153

V A CONTRATAÇÃO DA VENDA DAS UNIDADES 157

5.1.	Generalidades	157
5.2.	Requisitos e condições do contrato de incorporação	158
5.3.	Obrigações do incorporador	165
5.4.	Direitos do incorporador	167
5.5.	Obrigações dos adquirentes	168
5.6.	Direitos dos adquirentes	168
5.7.	Órgãos de representação dos adquirentes nas relações decorrentes do contrato de incorporação	169
	5.7.1. Assembleia geral dos contratantes	170
	5.7.2. Comissão de representantes	172

VI ESPÉCIES DE CONTRATO MAIS FREQUENTES NA INCORPORAÇÃO IMOBILIÁRIA 177

6.1.	Os contratos mais utilizados para comercialização das unidades imobiliárias: contrato de promessa de compra e venda, contrato de construção e contrato de compra e venda com pacto adjeto de alienação fiduciária	177
	6.1.1. Contrato de promessa de compra e venda da unidade como coisa futura ...	178
	6.1.2. Contrato de promessa de compra e venda de fração ideal de terreno vinculado a contrato de construção	182
	6.1.2.1. Adjudicação compulsória mediante procedimento extrajudicial	183
	6.1.3. Contrato de construção: empreitada e administração	186
	6.1.4. Contrato de compra e venda a crédito com pacto adjeto de alienação fiduciária	190
	6.1.4.1. Natureza jurídica dos direitos do devedor-fiduciante e do credor-fiduciário	197
	6.1.4.2. Alienação fiduciária da propriedade superveniente	199
	6.1.5. A cobrança de juros durante a construção	203
	6.1.6. Obrigação de pagamento dos encargos tributários e de despesas de condomínio	207
6.2.	Outras modalidades de contrato aplicáveis na incorporação imobiliária	218
	6.2.1. Contrato de permuta	218

6.2.2. Contrato de mútuo e contrato de financiamento...................................	221
6.2.3. Contrato de hipoteca..	226
6.2.3.1. As hipotecas constituídas na fase da construção em face dos adquirentes..	226
6.2.4. Contrato de cessão fiduciária de direitos creditórios oriundos de contrato de alienação de imóveis..	230
6.2.5. Contrato de caução de direitos creditórios oriundos de alienação de imóveis..	231
6.2.6. Contrato de caução de direitos aquisitivos relativos a imóveis..............	232
6.2.7. Contrato de seguro de garantia das obrigações do incorporador e construtor..	233
6.2.8. Contrato de seguro de responsabilidade civil do construtor..................	235
6.2.9. Seguro de morte e invalidez permanente do adquirente......................	236
6.2.10. Seguro de danos físicos no imóvel	236
6.2.11. Seguro de crédito..	237
6.2.12. Contrato de corretagem	237
6.3. Aspectos processuais peculiares: pagamento da parcela incontroversa – Lei nº 10.931/2004 e CPC/2015	240
VII PRINCIPAIS INSTRUMENTOS DE FINANCIAMENTO E DE CAPTAÇÃO DE RECURSOS..	247
7.1. Sistemas de financiamento: Sistema Financeiro da Habitação – SFH e Sistema de Financiamento Imobiliário – SFI	247
7.2. Cédula Hipotecária..	251
7.3. Cédula de Crédito Imobiliário	252
7.4. Letras Hipotecárias – LH, Letras de Crédito Imobiliário – LCI e Letras Imobiliárias Garantidas – LIG..	255
7.5. Securitização de créditos imobiliários	256
7.6. Fundos de investimento imobiliário	259
VIII O REGISTRO DO CONTRATO NO REGISTRO DE IMÓVEIS	263
8.1. O sistema do Registro de Imóveis – Características fundamentais.....................	263
8.2. Princípios e fundamentos legais	265
8.2.1. Sistema Eletrônico dos Registros Públicos (SERP)	268
8.3. Inoponibilidade dos atos não inscritos..	270
8.3.1. O art. 54 da Lei nº 13.097/2015	274
8.3.2. O art. 55 da Lei nº 13.097/2015	276
8.3.3. O art. 59 da Lei nº 13.097/2015	278
8.3.4. A inoponibilidade definida pela Lei nº 13.097/2015 ante as normas sobre fraude à execução do CPC/2015..	279
8.4. Registro especial de garantias sobre ativos financeiros e valores mobiliários	281

XVI | INCORPORAÇÃO IMOBILIÁRIA • *Melhim Namem Chalhub*

IX O SISTEMA DE PROTEÇÃO DO ADQUIRENTE.. 283

9.1. Nota introdutória.. 283

9.2. A noção clássica do contrato e sua metamorfose 284

    9.2.1. Os princípios da boa-fé objetiva e do equilíbrio do contrato............... 287

    9.2.2. Precedentes do direito positivo brasileiro.. 289

    9.2.3. As cláusulas gerais... 289

    9.2.4. Conclusão... 292

9.3. O sistema de proteção do adquirente no regime das incorporações imobiliárias. A Lei nº 4.591/1964... 293

9.4. O contrato de incorporação sob a perspectiva do Código de Defesa do Consumidor – CDC.. 297

    9.4.1. Fundamentos e pressupostos do CDC 297

    9.4.2. A incorporação imobiliária sob a perspectiva do CDC. As normas de proteção dos adquirentes da Lei nº 4.591/1964...................................... 300

    9.4.3. A função social do contrato de promessa de venda de imóveis integrantes de incorporação imobiliária 302

    9.4.4. A convivência das normas da Lei nº 4.591/1964 e do CDC.................... 305

        9.4.4.1. A posição dos tribunais superiores sobre a convivência das normas gerais do CDC e das normas das leis especiais......... 306

        9.4.4.2. A extinção do contrato de promessa de venda mediante distrato ou resolução 310

    9.4.5. A incorporação imobiliária no contexto da Lei nº 14.181/2021............. 311

    9.4.6. Impenhorabilidade dos créditos oriundos das vendas e indisponibilidade das frações ideais e acessões do incorporador nos casos de sua destituição da gestão da incorporação 313

        9.4.6.1. Impenhorabilidade dos créditos oriundos das vendas das frações (unidades) 315

        9.4.6.2. Indisponibilidade e impenhorabilidade das frações (unidades) do "estoque" da incorporação em caso de falência e destituição do incorporador.. 315

        9.4.6.3. Impenhorabilidade das frações (unidades) reintegradas ao patrimônio de afetação em cumprimento de sentença de resolução da promessa de venda 316

X INADIMPLEMENTO ABSOLUTO E RELATIVO (MORA), ADIMPLEMENTO SUBSTANCIAL E INADIMPLEMENTO ANTERIOR AO TERMO 321

10.1. Inadimplemento absoluto e relativo (mora) 321

10.2. Cláusula penal compensatória e moratória... 325

10.3. Destituição do incorporador por retardamento ou paralisação da obra sem justa causa... 325

    10.3.1. Limitação dos poderes e da responsabilidade do condomínio e dos adquirentes... 329

10.3.2. Procedimento legal de destituição do incorporador	330
10.3.3. Adjudicação compulsória mediante procedimento extrajudicial	340

XI A EXTINÇÃO DO CONTRATO 343

Nota introdutória 343

11.1. Extinção antes de iniciada a execução do contrato 346

11.1.1. Resilição unilateral pelo incorporador 346

11.1.2. Direito de arrependimento do promitente comprador 347

11.2. Extinção na fase de execução do contrato 348

11.2.1. Execução voluntária do contrato 348

11.2.2. Resilição bilateral (distrato) 349

11.2.3. Resolução por inadimplemento de obrigação do incorporador ... 351

11.2.4. Resolução da permuta ou da promessa de venda entre o proprietário do terreno e o incorporador. Efeitos em relação aos adquirentes das unidades em construção 360

11.2.5. Resolução da promessa de venda por inadimplemento da obrigação do adquirente 366

11.2.5.1. Ata notarial certificadora do implemento ou não implemento de condições do contrato 368

11.2.5.2. Resolução extrajudicial da promessa de compra e venda 369

11.2.5.2.1. Cancelamento do registro da promessa por efeito da resolução do contrato 373

11.2.5.2.2. Reintegração do promitente vendedor na posse do imóvel 376

11.2.5.3. Resolução judicial da promessa de venda por inadimplemento da obrigação do promitente comprador 378

11.3. Indenização das perdas e danos por inadimplemento da obrigação de conclusão da obra no prazo de prorrogação. Dano emergente e lucro cessante 386

11.3.1. Indenização de danos morais por descumprimento do prazo de entrega do imóvel 391

11.4. Ação de execução do crédito correspondente ao preço da promessa de venda 394

11.5. A venda da unidade imobiliária mediante leilão extrajudicial (Lei nº 4.591/1964, art. 63; Lei nº 14.711/2023, art. 9º; Lei nº 9.514/1997, art. 27) 395

11.6. O procedimento do art. 63 da Lei nº 4.591/1964 396

11.7. A execução extrajudicial do crédito hipotecário regulada pelo art. 9º da Lei nº 14.711/2023 401

11.8. O procedimento extrajudicial de execução de créditos com garantia fiduciária e leilão disciplinado pelos arts. 26 e 27 da Lei nº 9.514/1997 406

11.8.1. Execução do crédito com garantia fiduciária de bem imóvel. Tese jurídica fixada no Tema 1.095/STJ. Aspectos da inadmissibilidade da resilição e da resolução do contrato fiduciário 413

XVIII | INCORPORAÇÃO IMOBILIÁRIA • *Melhim Namem Chalhub*

11.8.1.1. O caso concreto e a tese jurídica fixada no Tema 1.095/STJ ... 415

11.8.1.2. Quanto à demarcação do campo de incidência do precedente 418

11.8.1.3. Quanto à análise dos requisitos da execução fiduciária disciplinada pela Lei nº 9.514/1997. Distorções conceituais na aplicação da tese 419

11.8.1.4. Necessário juízo de admissibilidade das pretensões de resilição e de resolução.. 422

11.8.1.5. Conclusão 426

11.8.2. Limite à purgação da mora após a consolidação da propriedade. Direito de preferência para readquirir o imóvel 427

11.9. Os procedimentos extrajudiciais de execução e excussão em face da garantia constitucional do direito de ação. Pressupostos 430

11.9.1. O questionamento da constitucionalidade (doutrina).......................... 431

11.9.2. A efetividade da garantia constitucional. Meios de defesa do devedor..... 433

11.9.3. O leilão extrajudicial em face do CDC... 434

11.9.4. O leilão extrajudicial de imóvel objeto de alienação fiduciária.............. 436

11.9.5. Conclusão... 438

XII RESPONSABILIDADE CIVIL DO CONSTRUTOR E DO INCORPORADOR.... 443

12.1. Fundamento legal 443

12.2. Principais deveres e obrigações do incorporador................................. 446

12.2.1. Retardamento injustificado na entrega da obra 448

12.2.2. Responsabilidade por vícios de construção.................................... 449

12.2.3. Inadimplemento absoluto da obrigação do incorporador.................... 451

12.3. Conceito de segurança e solidez 451

12.4. Prazo de garantia e prazo de prescrição.. 452

12.5. Exclusão da responsabilidade... 454

XIII INFRAÇÕES PENAIS 455

13.1. Proteção da economia popular 455

13.2. Crimes contra a economia popular 455

13.3. Contravenções contra a economia popular... 456

BIBLIOGRAFIA.. 459

ÍNDICE ALFABÉTICO-REMISSIVO.. 465

INTRODUÇÃO

"Um livro nasce como uma árvore, porque o vento leva a semente para a terra. Porém, antes de a semente se converter numa árvore, muito tempo passa."[1]

Incorporação imobiliária é atividade empresarial que visa a produção e a comercialização de imóveis integrantes de conjuntos imobiliários. Essa atividade é regulada pelas Leis n° 4.591, de 16 de dezembro de 1964 (arts. 28 a 67), n° 4.864, de 29 de novembro de 1965, e n° 10.931, de 2 de agosto de 2004, que acrescentou à Lei n° 4.591/1964 os arts. 31-A a 31-F e deu nova redação a outros dispositivos dessa lei. As disposições da Lei n° 4.591/1964. As normas promulgadas na década de 1960 vieram preencher importante lacuna no direito brasileiro, no que tange à propriedade horizontal, substituindo a singela legislação até então vigente; além disso, trouxeram como grande inovação o disciplinamento da atividade empresarial da incorporação, atendendo as necessidades sociais e econômicas ditadas pelo acelerado processo de urbanização ocorrido no país a partir da década de 1930.[2]

Como é sabido, a atividade de produção de conjuntos de unidades imobiliárias começou a estruturar-se a partir da Revolução Industrial, em razão da concentração da população nos grandes centros urbanos. Por causa dessa concentração, a solução para a demanda habitacional e de instalações profissionais e comerciais passou a ser a construção de unidades imobiliárias em planos horizontais, substituindo-se a construção de uma única unidade imobiliária em um lote de terreno pela superposição de unidades, em edifícios de mais de um pavimento, seja para aproveitamento mais racional da terra, seja para viabilizar a produção em escala, atendendo, enfim, a necessidade de ocupação concentrada dos espaços urbanos.

No Brasil, a demanda por imóveis nos grandes centros urbanos intensificou-se a partir da década de 1930, e nessa ocasião as regras existentes se limitavam a disciplinar a alienação e a utilização dos edifícios já construídos, silenciando a respeito da atividade produtiva, bem

---

[1] CARNELUTTI, Francesco. *Arte do Direito.*

[2] Anteriormente à lei de 1964, o direito positivo brasileiro era omisso quanto à atividade empresarial de produção e comercialização de imóveis integrantes de edificações coletivas, existindo apenas legislação relativa à alienação parcial de edifícios de dois ou mais pavimentos e à ocupação desses edifícios, matérias que eram tratadas pelo Decreto-lei n° 5.481, de 25 de junho de 1928, com alterações do Decreto-lei n° 5.234, de 1943, e da Lei n° 285, de 1948.

como sobre a venda de edificações coletivas em construção. Dada a inexistência de disciplina legal, no período imediatamente anterior à promulgação da Lei nº 4.591/1964, as pessoas que se dedicavam à atividade da construção e venda dessas edificações atuavam livres de quaisquer limitações legais e realizavam seus negócios sem riscos, *nadando livremente neste mar sem controle*.[3] Era comum o "incorporador" lançar unidades à venda, fazer a intermediação entre uma construtora e os candidatos à aquisição, para que esses assinassem um contrato de construção; depois disso, esse "incorporador" abandonava a construtora e os adquirentes, deixando-os à deriva, num mar de inflação que poderia provocar a paralisação indefinida das obras. Ainda hoje, no limiar do terceiro milênio, ainda se vê em algumas grandes cidades um ou outro "esqueleto" de edifício cuja construção iniciara-se antes da promulgação da Lei nº 4.591/1964. Naquela modalidade de negócio, o "incorporador", embora fosse o organizador do negócio, nem sempre se apresentava como parte integrante dos contratos ou de quaisquer outros atos negociais, pois limitava-se a localizar um terreno adequado para construção, contatar seu proprietário, reunir pessoas interessadas, promover a contratação da aquisição de frações ideais do terreno, vinculando essas pessoas e o proprietário do terreno, bem como promover a contratação da construção com uma empresa construtora.[4] Nessas circunstâncias, o "incorporador", embora tenha articulado toda a operação, não figurava como parte em nenhum contrato, não sendo obrigatoriamente identificado e, portanto, em muitos casos dificilmente poderia ser responsabilizado pela incorporação que articulou.

A Lei nº 4.591/1964 veio pôr fim a essa desordem e, nesse sentido, contempla ampla disciplina da atividade de incorporação e fixa com clareza as responsabilidades do incorporador. O anteprojeto original, do Professor Caio Mário da Silva Pereira, foi formulado em termos aptos a equacionar por completo a atividade e a estruturação do contrato, privilegiando a boa-fé e o equilíbrio das relações obrigacionais, com importantes mecanismos de segurança para o negócio e, consequentemente, para os adquirentes.[5]

Essa estrutura básica, que foi conservada no texto legal, oferecendo à sociedade valioso instrumento de desenvolvimento social e econômico, merece ser integralmente mantida.

Aspecto de particular relevância é o sistema de proteção do adquirente introduzido pela Lei das Incorporações. Esse sistema é precursor do sistema de proteção e defesa do consumidor, contido no Código de Defesa do Consumidor – CDC, pois, trinta anos antes da formulação do CDC, a Lei nº 4.591/1964 já positivava no direito brasileiro um sistema de proteção do adquirente de imóveis em construção e fixava a responsabilidade do incorporador e demais profissionais envolvidos no negócio estruturado nos mesmos princípios que vieram a orientar o referido Código, isto é, os princípios da boa-fé, no seu sentido objetivo, e

---

[3] PEREIRA, Caio Mário da Silva. *Condomínio e incorporações*, Rio de Janeiro: Forense, 3. ed., 1976, p. 251.

[4] O registro feito por Caio Mário da Silva Pereira é ilustrativo: "O mau incorporador, irresponsável e inconsequente, tratou de imprimir ao empreendimento feição propícia e cogitou, então, de 'armar as incorporações', expressão com que designava as operações iniciais de imaginar e projetar a edificação, anunciar a venda com farta publicidade, colocar as unidades, contratando a construção não em seu próprio nome, porém no dos adquirentes, e saindo às pressas, antes que a espiral inflacionária se agravasse, encurtando os recursos e suscitando os desentendimentos. Enquanto isso, o incorporador honesto, com seu nome respeitado, cada vez maiores dificuldades defrontava, obrigado a vender sem reajustamento..." (ob. e p. cit.).

[5] O anteprojeto foi apresentado pelo Professor Caio Mário da Silva Pereira no I Congresso Nacional de Direito, realizado em Fortaleza, Ceará, em 1959, e consta do seu livro *Propriedade horizontal* (Rio de Janeiro: Forense, 1960).

da função social do contrato, com eficazes mecanismos de compensação da vulnerabilidade da posição contratual do adquirente.

É certo que, ao longo de quase quatro décadas de vigência, novas perspectivas foram se abrindo no negócio de incorporação e outros problemas surgiram, a reclamar algumas adaptações na Lei das Incorporações. Essas novas perspectivas, entretanto, podem ser equacionadas mediante adaptação dentro da própria estrutura da Lei das Incorporações vigente ou mediante normas suplementares.

Registre-se, por relevante, que o próprio Professor Caio Mário da Silva Pereira, no anteprojeto que veio a ser convertido na lei de 1964, já propusera a criação de órgão encarregado de fiscalizar a atividade de incorporação, "que acompanhasse a sua execução e velasse pelo cumprimento dos encargos", visando a efetividade da proteção do adquirente, algo como um *Conselho dos Incorporadores*, à semelhança dos Conselhos Regionais de Engenharia e Arquitetura. Entretanto, como registra o Professor, "parece que na tramitação legislativa faltou quem tivesse conhecimento especializado da matéria para imprimir sistema a este ponto tão importante".[6]

A prática acabou confirmando a antevisão do Professor, mostrando que a falta desses mecanismos deixava sem proteção os direitos patrimoniais de todos quantos contribuem para a realização da obra, sobretudo os adquirentes. O meio mais eficaz para suprir tal lacuna é a segregação do acervo de cada incorporação, de modo que, a partir do orçamento próprio de cada obra, se assegure que os direitos e as obrigações relativas a determinada incorporação constituam um acervo incomunicável, vedado o desvio de recursos de um empreendimento para outro. Em caso de falência da empresa incorporadora, cada grupo de adquirentes poderá prosseguir a obra com os recursos do seu próprio orçamento, sem risco de contaminação por dívidas vinculadas a outras incorporações.

Na linha dessa concepção, formulamos anteprojeto de lei que, aprovado pelo Instituto dos Advogados Brasileiros – IAB, nos termos da Indicação nº 220/1999,[7] foi divulgada e convertida em quatro Projetos de Lei da Câmara dos Deputados – PLs nº 2.109/1999, 3.455/2000, 3.751/2000 e 1.150/2003 –, tendo sido amplamente debatida, sobretudo no Ministério da Fazenda, na Secretaria de Desenvolvimento Urbano da Presidência da República, no Banco Central do Brasil e na Secretaria da Receita Federal, com a participação de estudiosos e de representantes dos setores envolvidos, especialmente da Associação Brasileira das Entidades de Crédito Imobiliário e Poupança – ABECIP, dos Sindicatos das Empresas de Compra e Venda de Imóveis – SECOVI, da Câmara Brasileira da Indústria da Construção – CBIC, das Associações de Dirigentes do Mercado Imobiliário – ADEMI, entre outros.

A proposição foi convertida na Medida Provisória nº 2.221, de 4 de setembro de 2001, mas com alguns "enxertos" que subvertem o fundamento axiológico da norma, pois, embora estabelecesse a incomunicabilidade do acervo da incorporação, dispondo que os adquirentes só responderiam pelas dívidas e obrigações a ele vinculadas, a Medida Provisória acabava se contradizendo, ao imputar aos adquirentes a obrigação de pagar todas as dívidas fiscais, previdenciárias e trabalhistas do incorporador, inclusive as dívidas pessoais relativas ao imposto de renda da empresa incorporadora. Tais disposições eram inconstitucionais, por violação do princípio da isonomia (Constituição Federal, arts. 5º e 150). Por essas e outras impropriedades,

---

[6]   *Incorporações e condomínio*, cit., p. 257.

[7]   O anteprojeto integra nosso trabalho *Propriedade imobiliária – função social e outros aspectos,* editado pela Livraria e Editora Renovar, Rio de Janeiro, 2000.

essa Medida Provisória foi objeto de Emendas no Congresso Nacional, visando resgatar a coerência lógica do texto sugerido pelo Instituto dos Advogados Brasileiros, pois as normas de interesse do Fisco acrescentadas ao projeto original agravavam a posição de desvantagem econômica dos adquirentes, ao invés de compensá-la. Sensível à gravidade do problema, o Poder Executivo acolheu as emendas apresentadas à MP nº 2.221/2001 e formulou o novo Projeto de Lei nº 3.065/2004 revigorando a ideia original, exceto pela não compulsoriedade da afetação, Projeto esse que, com novas emendas, que respeitaram os direitos dos adquirentes, veio a ser convertido na Lei nº 10.931, de 2 de agosto de 2004 (art. 53), objeto de comentário nesta obra.

O presente trabalho é fruto das lições colhidas pelo autor na atuação profissional por mais de três décadas, e esse longo processo de maturação exprime na prática a observação de Carnelutti, de que embora um livro cresça como uma árvore, o certo é que "antes de a semente se converter numa árvore, muito tempo passa." Sua realização deve muitíssimo aos colóquios proporcionados pelo convívio com professores e profissionais cujas lições, sugestões e críticas ao texto original foram fundamentais para fixação de bases teóricas e para acerto de rumo. Ao Professor Caio Mário da Silva Pereira, *in memoriam*, agradeço o privilégio da convivência, que a todo momento me orientou para a vida e para o direito. A ele dedico este trabalho, expressando o reconhecimento pela genialidade de toda a sua obra, na qual me permito destacar a concepção do regime jurídico das incorporações, que permanece ajustado à atual demanda de proteção do adquirente, coerente com os princípios da boa-fé objetiva e da função social do contrato que vieram a ser consagrados no Código Civil de 2002. É indispensável registrar meus agradecimentos àqueles que também de perto contribuíram para este trabalho, e são eles o Professor Luiz Roldão de Freitas Gomes e os advogados José Soares Arruda, João Nascimento Franco, Edvyr Stefá Venâncio (*in memoriam*), Michel Salim Saad, Renato Garcia Justo, Cid Heráclito de Queiroz, Carlos Eduardo Duarte Fleury, José Antônio Cetraro, João Raymundo Cysneiros Vianna, Roberto Couto, Sérgio Jacomino e José Sílvio de Lana Marques, além da valiosa colaboração da bibliotecária Maria de Lurdes de Brito.

Na formulação do trabalho procurei delinear em termos sistemáticos a dinâmica do contrato de incorporação, desde sua gênese até sua extinção, alinhando elementos que facilitem sua interpretação, seu conteúdo econômico, sua estrutura, natureza jurídica, formação, execução, seus efeitos e sua extinção; são também considerados os contratos, em espécie, que se aplicam a esse negócio jurídico, como a promessa de venda, o financiamento e o mútuo, a alienação fiduciária, a cessão fiduciária, entre outros. Procurei destacar alguns aspectos do atual estágio do processo evolutivo da teoria do contrato, destacando elementos que constituem o sistema de proteção do adquirente, presentes não só nas disposições legais em geral relativas à função social do contrato, como é o caso do Código Civil de 2002, mas, sobretudo, no regime jurídico instituído pela Lei das Incorporações.

Buscando a clareza, procurei escrever com simplicidade. Ciente, embora, pela lição de Vicente Ráo, de que "a clareza tem o defeito de fazer parecer superficial", mesmo assim, "não inferi desse aviso a conveniência de ser obscuro para parecer mais profundo." O que espero é que o trabalho possa contribuir para a adequada interpretação do contrato de incorporação, de inegável importância na vida contemporânea.

INCORPORAÇÃO IMOBILIÁRIA –
CARACTERIZAÇÃO GERAL

1.1. INCORPORAÇÃO: CONCEITO E DEFINIÇÃO LEGAL

Em sentido geral, incorporação significa *inclusão, união, introdução* ou *ligação* de uma coisa no corpo de outra, a que ficará pertencendo, ou *agremiação, congregação, agrupamento* promovido entre pessoas para a formação de um só corpo (do latim, *incorporatio*, de *incorporare*: dar corpo, juntar, unir).[1] Pode dizer respeito à inclusão de uma pessoa numa entidade, ou à reunião de pessoas para formar uma pessoa jurídica, à absorção de uma ou mais sociedades por outra, que ocorre com mais frequência no campo do direito empresarial.[2]

No plano do direito civil aplicável aos imóveis, é o caso da acessão agregada ao solo, passando ambos a constituir uma só coisa, exceto em relação ao direito de superfície, pelo qual são constituídos direitos de propriedade separados sobre o solo e sobre a construção (ou plantação). O fenômeno da acessão opera seus efeitos na formação do produto que constitui objeto da atividade empresarial denominada incorporação imobiliária.

Com efeito, no campo dos negócios imobiliários, a expressão *incorporação imobiliária designa a atividade empresarial caracterizada pela* mobilização de fatores de produção correspondentes ao negócio da construção e venda, durante a construção, de conjuntos imobiliários implantados em terreno dividido em frações autônomas sob regime condominial especial ou compostos por casas construídas em lotes de terreno independentes, sob regime da propriedade exclusiva, e não condominial, envolvendo a arregimentação de pessoas e a articulação de uma série de medidas no sentido de levar a cabo a construção até sua conclusão, com a individualização e discriminação das unidades imobiliárias no Registro de Imóveis.

Caracteriza-se também como atividade de incorporação imobiliária a implantação de conjunto de lotes de terreno urbano sob regime de condomínio especial/edilício mediante

---

[1] DE PLÁCIDO E SILVA, *Vocabulário Jurídico*, Rio de Janeiro Forense, 1963.

[2] Lei 6.404/1976: "Art. 227. A incorporação é a operação pela qual uma ou mais sociedades são absorvidas por outra, que lhes sucede em todos os direitos e obrigações".

divisão de gleba de terra em frações autônomas e sua venda durante a fase da urbanização (CC, art. 1.358-A).

A atividade de incorporação imobiliária vem conceituada no parágrafo único do art. 28 da Lei nº 4.591/1964,[3] pelo qual "considera-se incorporação imobiliária a atividade exercida com o intuito de promover e realizar a construção, para alienação total ou parcial, de edificações compostas de unidades autônomas."

Os contornos da atividade de incorporação continuam a ser fixados no art. 29 e seu parágrafo único, que qualifica como incorporador "a pessoa física ou jurídica, comerciante ou não, que, embora não efetuando a construção, compromisse ou efetive a venda de frações ideais de terreno (...) ou que meramente aceite propostas para efetivação de tais transações, coordenando e levando a termo a incorporação...".[4]

A partir desse conceito básico, segue a lei delineando os demais aspectos desse negócio, estabelecendo as condições em que deve ser desenvolvida a atividade e fixando as responsabilidades civis e penais a que está sujeito o incorporador.

A caracterização dessa atividade como alienação de "frações ideais de terreno (...), sob regime condominial", vinculada ao negócio da construção, evidencia a prioridade dada pelo legislador de 1964 ao "edifício dividido em andares ou apartamentos", sob influência da doutrina da propriedade condominial dividida em planos horizontais, que ganhou impulso no início do século XX,[5] mas a implantação de conjuntos de casas não integrantes de condomínio também se sujeita ao regime da incorporação imobiliária, como dispõe o art. 68 da Lei 4.591/1964, que, com a redação dada pela Lei 14.382/2022, disciplina a "alienação de lotes integrantes de desmembramento ou loteamento, quando vinculada à construção de casas isoladas ou geminadas."[6]

---

[3]   A partir daqui, sempre que mencionarmos dispositivo legal sem indicação do respectivo diploma estaremos nos referindo à Lei nº 4.591/1964.

[4]   "Art. 29. Considera-se incorporador a pessoa física ou jurídica, comerciante ou não, que, embora não efetuando a construção, compromisse ou efetive a venda de frações ideais de terreno objetivando a vinculação de tais frações a unidades autônomas, em edificações a serem construídas ou em construção sob regime condominial, ou que meramente aceita propostas para efetivação de tais transações, coordenando e levando a termo a incorporação e responsabilizando-se, conforme o caso, pela entrega, a certo prazo, preço e determinadas condições, das obras concluídas. Parágrafo único. Presume-se a vinculação entre a alienação das frações do terreno e o negócio de construção, se, ao ser contratada a venda, ou promessa de venda ou de cessão das frações de terreno, já houver sido aprovado e estiver em vigor, ou pender de aprovação de autoridade administrativa, o respectivo projeto de construção, respondendo o alienante como incorporador."

[5]   Carlos Maximiliano registra que o instituto da *propriedade horizontal* "foi imposto ao jurista e ao legislador pela realidade viva do edifício dividido em andares ou apartamentos (...), fracionado e ao mesmo tempo unificado em uma complexa harmonia de serviços," ressaltando sua distinção da propriedade ordinária, no qual o poder jurídico do titular se projeta para o subsolo e para o espaço aéreo correspondentes "em altura e profundidade úteis ao seu exercício" (CC, art. 1.229): "o andar, ou apartamento, domínio privado de uma pessoa, compõe-se do conteúdo de um *cubo de ar*, de tudo o que se encontra em uma fração de *espaço*, da qual um só indivíduo tem o gozo exclusivo e perpétuo; assim como da parte interior das paredes e das traves dos soalhos e forros que limitam o seu domínio" (MAXIMILIANO, Carlos, *Condomínio – Terras, apartamentos e andares perante o Direito*. Rio de Janeiro: Freitas Bastos, 1944, p. 96 e 111).

[6]   Lei 4.591/1964: "Art. 68. A atividade de alienação de lotes integrantes de desmembramento ou loteamento, quando vinculada à construção de casas isoladas ou geminadas, promovida por uma das pessoas indicadas

De acordo com essa conceituação legal, a expressão *incorporação imobiliária* designa, a um só tempo, (i) uma atividade empresarial e (ii) uma espécie de contrato de venda de imóveis a construir, em conjuntos imobiliários, tendo por objeto (a) alienação de frações de terreno e respectivas acessões sob regime *propriedade condominial especial* para edificação de dois ou mais pavimentos, conjuntos de casas ou conjuntos sob regime de multipropriedade condominial atribuída aos condôminos por fração de tempo, bem como condomínios de lotes de terreno, em regra destinados a edificação pelos próprios adquirentes (Lei 4.591/1964, arts. 7º, 29, 32, "i", § 1º-A, e CC, arts. 1.331, 1.358-A e 1.358-B e ss), e (b) alienação de lotes de terreno de *propriedade exclusiva* e construção de conjuntos de casas isoladas ou geminadas, cuja fruição independe da existência de partes comuns que as interliguem, não se sujeitando, portanto, ao regime condominial especial (art. 68).[7]

Em qualquer dessas formas a comercialização tem como requisito prévio o registro de um Memorial de Incorporação no Registro de Imóveis, que, em relação aos empreendimentos sob regime condominial, constitui não apenas meio de divulgação da estruturação do negócio e da descrição do empreendimento, mas, também, é modo de constituição do *direito de propriedade condominial especial* sobre as frações do terreno e respectiva acessões, que o Código Civil denomina condomínio *edilício*.

O texto legal fornece elementos para a caracterização da atividade de incorporação, permitindo conceituá-la como a atividade de coordenação e consecução de empreendimento imobiliário, compreendendo a alienação de unidades imobiliárias em construção e sua entrega aos adquirentes, depois de concluídas, com averbação do habite-se no Registro de Imóveis competente, em correspondência às frações ideais do terreno, quando a incorporação imobiliária tiver por objeto a implantação de condomínio especial por unidades autônomas (art. 44).

Traço característico dessa atividade é a "venda antecipada de apartamentos de um edifício a construir", que, do ponto de vista econômico e financeiro, constitui o meio pelo qual o incorporador promove a captação dos recursos necessários à consecução da incorporação; a captação de recursos, observam Orlando Gomes e Maria Helena Diniz, é a operação que "consiste em obter o capital necessário à construção do edifício, mediante venda, por antecipação, dos apartamentos de que se constituirá."[8]

A atividade de construção está presente no negócio jurídico da incorporação, mas incorporação e construção não se confundem, nem são noções equivalentes. A construção só integrará o conceito de incorporação se estiver articulada com a alienação de frações ideais do terreno ou de lotes de terreno e respectivas acessões; mas, independentemente disso, a atividade de incorporação pode, alternativamente, ser representada somente pela alienação de frações ideais ou lotes de terreno objetivando a vinculação de acessões que corresponderão a futuras unidades imobiliárias. É que a incorporação compreende a construção, mas não é

---

no art. 31 desta Lei ou no art. 2º-A da Lei nº 6.766, de 19 de dezembro de 1979, caracteriza incorporação imobiliária sujeita ao regime jurídico instituído por esta Lei e às demais normas legais a ele aplicáveis. § 1º A modalidade de incorporação de que trata este artigo poderá abranger a totalidade ou apenas parte dos lotes integrantes do parcelamento, ainda que sem área comum, e não sujeita o conjunto imobiliário dela resultante ao regime do condomínio edilício, permanecendo as vias e as áreas por ele abrangidas sob domínio público."

[7] Quando mencionar o artigo sem indicação da lei estarei me referindo à Lei 4.591/1964.

[8] GOMES, Orlando. *Direitos reais*, Rio de Janeiro: Forense, 1962, 2. ed., p. 305; e DINIZ, Maria Helena, *Curso de Direito Civil brasileiro. Teoria das obrigações contratuais e extracontratuais*, São Paulo: Saraiva, 1996, 11. ed., p. 493.

8 INCORPORAÇÃO IMOBILIÁRIA • *Melhim Namem Chalhub*

necessário que a atividade da construção seja exercida pelo próprio incorporador, pois este pode vender as frações de terreno ou os lotes de terreno e atribuir a outrem a construção.[9]

O processo de construção de edifício destinado à instalação de *shopping center*, em princípio, não se caracteriza como incorporação imobiliária, porque, em regra, o empreendedor do *shopping* não constrói com intenção de vender as unidades; antes, esse empreendedor quer conservar a totalidade da propriedade para si, para explorar o negócio mediante locação de lojas e de outros espaços do edifício. Se, entretanto, o empreendedor necessitar captar recursos para executar a construção e, para esse fim, efetivar a venda de uma ou mais unidades (eventualmente para futura instalação de *loja âncora*), mediante oferta pública no curso da construção, nesse caso estará caracterizada a incorporação, devendo o empreendimento do *shopping* ser objeto de arquivamento do Memorial de Incorporação.

Qualquer que seja a roupagem de que se revista, a incorporação tem como elemento central a figura de um incorporador, que é o formulador da ideia da implantação de um conjunto imobiliário, o planejador do negócio, o responsável pela mobilização dos recursos necessários à produção e comercialização de unidades imobiliárias integrantes de edificações coletivas, bem como pela sua regularização no Registro de Imóveis, depois de prontas.

O incorporador pode exercer uma ou todas as funções relacionadas à atividade, como são os casos da atividade de construção e de corretagem, mas para que fique caracterizada sua função de incorporador basta que, antes da conclusão da construção, efetive a venda de frações ideais de terreno vinculadas a futuras unidades imobiliárias, ou lotes de terreno, sob regime condominial especial, bem como a venda de lotes de terreno vinculada à construção de casas isoladas não sujeitas ao regime condominial especial.

A atividade da incorporação tem natureza empresarial, pois a finalidade de lucro é da sua essência, pouco importando seja o incorporador pessoa física ou jurídica.

A finalidade lucrativa é, obviamente, a contrapartida dos riscos que o incorporador assume, em razão de sua iniciativa e das ações que empreende até a consecução do negócio, com a averbação da construção no Registro de Imóveis. Sem essa caracterização, em que ressalta a índole empresarial da atividade de incorporar, um empreendimento imobiliário não poderá ser qualificado como *incorporação*.

Aquele que constrói ou promove a construção na qualidade de incorporador é empresa ou empresário, pois "a incorporação de edifício é uma atividade mercantil por natureza e o incorporador constitui uma empresa comercial imobiliária";[10] resulta claro, assim, que aquele que constrói para uso próprio, assim como um grupo de pessoas que constrói para uso próprio, não tendo finalidade empresarial, não é incorporador, não se caracterizando como

---

[9] A definição de Arnoldo Wald deixa clara essa circunstância: "Chama-se incorporação imobiliária, incorporação edilícia ou simplesmente incorporação, o contrato pelo qual uma parte (o incorporador) *obriga-se a fazer construir* um edifício composto de unidades autônomas, alienando-as a outras partes (os adquirentes), em regime de condomínio, com as frações ideais do terreno" (*Obrigações e contratos*, Revista dos Tribunais, São Paulo, 14. ed., 2000, p. 431).

[10] PEREIRA, Caio Mário da Silva. ob. cit., p. 241. No mesmo sentido, DINIZ, Maria Helena ob. cit., p. 493. Orlando Gomes, *Direitos reais*, cit., p. 306. Melhim Chalhub, *Propriedade imobiliária – função social e outros aspectos*, Renovar, Rio, 2000, p. 76-79. BONATTO, Cláudio; MORAES, Paulo Valério Dal Pai. *Questões controvertidas no Código de Defesa do Consumidor*, Livraria do Advogado Editora, Porto Alegre, 1998, p. 201.

incorporação, portanto, a construção de conjunto imobiliário que não se realize com essa finalidade empresarial.[11]

Uma incorporação poderá ser desdobrada em várias incorporações, nos casos de projeto que preveja a construção de mais de um edifício, como faculta o art. 6º da Lei nº 4.864/1965, segundo o qual, em relação a projetos de duas ou mais edificações, "poder-se-á estipular o desdobramento da incorporação em várias incorporações, fixando a convenção de condomínio ou contrato prévio, quando a incorporação ainda estiver subordinada a períodos de carência, os direitos e as relações de propriedade entre condôminos de várias edificações".

Essa faculdade atende à necessidade de realização de empreendimentos de grande porte, reconhecida a dificuldade prática de se executar simultaneamente todos os blocos das unidades autônomas, sobretudo porque nem sempre é possível levantar, a um só tempo, o capital necessário para construir todo o conjunto imobiliário, assim como nem sempre o mercado absorve de uma só vez a quantidade de unidades imobiliárias dele integrantes. Além disso, o desdobramento permite, depois de concluída a incorporação, racionalizar a fruição da coisa comum, seja mediante regulamentação do acesso dos condôminos a partes e serviços comuns aos diversos blocos, seja mediante limitação do acesso e do uso de outras partes aos condôminos de determinados blocos, ou, ainda, mediante segregação da administração por blocos, de modo a atender aos interesses individuais em harmonia com o interesse do conjunto dos condôminos. Assim, para fins de racionalização da administração e de mais clara definição do uso dos diversos conjuntos, é possível formarem-se condomínios secundários dentro do condomínio geral.

A norma atende à demanda por conjuntos imobiliários de uso misto, em um único terreno, compostos por setores destinados a distintas finalidades, mas interligados, tais como residências, escritórios, *shopping centers*, hotéis e estacionamento para automóveis do público usuário dos serviços instalados nesses conjuntos, a que na prática têm sido atribuídas denominações tais como "condomínio multiuso" "complexo multiuso" e "supercondomínio".

A concepção e o registro do memorial de incorporação e das obras dos diversos setores, por fases, e não simultaneamente, com a consequente expedição de "habite-se" parcial, são situações que, por não estarem alinhadas ao padrão usual, caracterizado pela implantação de um só conjunto imobiliário em um terreno, exigem do intérprete atenção especial visando projetar o conceito enunciado no art. 6º da Lei nº 4.864/1965 à realidade da concepção dos chamados "condomínios multiuso", de modo a torná-lo útil às necessidades da sociedade contemporânea.

A hipótese é de exploração gradual do potencial de construção de um terreno de grande dimensão, que comporta muitos conjuntos imobiliários, inclusive com distintas destinações, cuja implantação, em geral, é feita escalonadamente, em conformidade com sua assimilação pelo mercado. Ainda em atenção à receptividade pelo mercado, a concepção original pode reclamar adaptações de que resulte, inclusive, alteração de frações ideais do terreno, e essa é uma situação que comporta definição de critério específico, com expressa estipulação no memorial e nos contratos de alienação, de modo que, respeitando embora o direito individual de cada adquirente e do conjunto de adquirentes de cada setor, se assegure ao incorporador adequar a realização dos conjuntos a serem edificados nas fases subsequentes à luz de fatores que vierem a ser definidos nos instrumentos relacionados à incorporação.

---

[11] Ver nosso artigo Memorial de Incorporação – notas sobre a inexigibilidade de seu arquivamento nas hipóteses que não configurarem atividade empresarial, *Revista de Direito Imobiliário*, ed. RT, nº 13, janeiro/junho/1984, p. 37/46.

Na medida em que qualifica a situação como "desdobramento de uma incorporação em várias incorporações", o art. 6º da Lei nº 4.864/1965 admite o desenvolvimento de atividades autônomas de incorporações dentro de uma incorporação, relativas à produção sucessiva de diversos conjuntos ou setores, no contexto de uma mesma incorporação, ressalvado, naturalmente, que essa autonomia é relativa, pois cada incorporação constitui "desdobramento de uma incorporação", da qual é elemento integrante.

Assim, não se desmembra o terreno para implantação dos diversos conjuntos em terrenos autônomos, mas promove-se sua discriminação em frações ideais, em correspondência às unidades que integrarão todos os diversos conjuntos dos diversos setores, atribuindo-se uma fração do todo a cada setor e subdividindo-a pelas unidades do conjunto imobiliário correspondente a este; caso haja necessidade de alterar a conformação do conjunto desse setor e/ou o número das suas unidades, recalculam-se as frações das unidades em relação à fração desse mesmo setor, sem que isso importe em alteração das frações dos demais setores e, portanto, sem interferir nos direitos de propriedade dos demais condôminos.

Dada a multiplicidade de conformações possíveis para a concepção dessa espécie de empreendimento e as vicissitudes a que estão sujeitos, não se pode estabelecer critério único de fracionamento e de desenvolvimento da incorporação para implantação de "condomínio multiúso"; antes, atribui-se configuração própria a cada incorporação desdobrada em diversas incorporações com base em critério específico, definido em conformidade com as singularidades de cada empreendimento e de cada negócio, e é com base nesse pressuposto que o art. 6º da Lei nº 4.864/1965 prevê a criação de direitos e relações de propriedade peculiares, articulando-os em relação aos condôminos de várias edificações.

Ao referir-se à subordinação das incorporações a "períodos de carência", a lei parte do pressuposto de que o desdobramento comporta um prazo de carência para cada uma das diversas incorporações. A razão é intuitiva, pois, dado o planejamento de diversos setores a serem implantados em área de grande dimensão, não se executam as incorporações de todos os setores simultaneamente, mas, sim, sucessivamente. Assim, a lei permite a fixação de um prazo de carência para a incorporação de cada setor, e, considerada a dinâmica peculiar dessa complexa operação, é de se admitir que o termo inicial do prazo de carência de cada setor seja fixado em função do término de outros setores, de modo que se viabilize a realização escalonada do complexo multiuso.

Em decorrência da configuração dessa atividade empresarial de produzir e vender unidades imobiliárias em edificações coletivas, a incorporação imobiliária tem também a função de constituir novos direitos de propriedade originados do fracionamento do terreno destinado à construção das diversas unidades imobiliárias que comporão o futuro conjunto imobiliário. E, nesse sentido, a lei prevê a formação de um dossiê, a que denomina "memorial de incorporação", contendo os elementos necessários para a identificação dessas novas propriedades, cuja produção resultará da realização da incorporação imobiliária.

Com efeito, o documento no qual se fundamentam todos os atos empresariais e civis da incorporação é o memorial de incorporação, que, por força do art. 32, é composto por documentos que cumprem função de organização do negócio, além de outros documentos que, além de exercerem essa função, cumprem também a finalidade de definir e identificar a futura propriedade que será constituída sob o regime especial da Lei nº 4.591/1964, descrevendo e delimitando o conjunto da edificação e também descrevendo e caracterizando cada uma das frações ideais e das futuras unidades imobiliárias autônomas que a ela haverão de se vincular. É o caso, por exemplo, do "quadro de áreas", que converte a expressão gráfica das plantas do projeto em expressão numérica das diversas áreas que compõem a edificação, discriminando cada uma delas, destacando aquelas de uso comum e aquelas de uso exclusivo

Cap. I • INCORPORAÇÃO IMOBILIÁRIA – CARACTERIZAÇÃO GERAL | 11

de cada futuro coproprietário e, assim, fixando a caracterização a ser enunciada na matrícula que cada unidade terá no registro de imóveis.

1.1.1. Incorporação imobiliária para empreendimento hoteleiro

A Lei nº 11.771/2008 dispõe sobre a política nacional de turismo e entre os meios de hospedagem que qualifica estão figuras como "condomínio hoteleiro, flat, flat-hotel (...), apart-service condominial, condhotel e similares"; para seu cadastramento no Ministério do Turismo, exige-se a apresentação, entre outros documentos, de "convenção de condomínio ou memorial de incorporação ou, ainda, instrumento de instituição condominial, com previsão de prestação de serviços hoteleiros aos seus usuários, condôminos ou não, com oferta de alojamento temporário para hóspedes mediante contrato de hospedagem no sistema associativo, também conhecido como pool de locação" (art. 24, II, "a").

Por envolver a venda, durante a construção, de partes de condomínio geral ou de unidades autônomas de condomínio edilício e, ainda, a contratação de participação nos resultados dos meios de hospedagem a serem futuramente instalados, o negócio se submete também, e simultaneamente, às normas sobre a incorporação imobiliária, de que trata a Lei nº 4.591/1964, e aos requisitos dos contratos de investimento coletivo (CIC) de que trata o inciso IX do art. 2º da Lei nº 6.385/1976.[12]

Articulam-se, assim, duas formas jurídicas para a oferta pública. A primeira correspondente à habilitação do incorporador, mediante registro do Memorial de Incorporação de que trata a Lei nº 4.591/1964, para venda das unidades ou das partes do condomínio geral, e a segunda correspondente à habilitação do empreendedor para oferta dos CIC, nos termos da Lei nº 6.385/1976.

Os meios de hospedagem previstos na Lei nº 11.771/2008 comportam distintas formas de atribuição da propriedade da edificação onde serão prestados os serviços de hotelaria: se se tratar de condomínio edilício, o imóvel é desdobrado em tantas matrículas quantas sejam as unidades autônomas, e estas, em regra, são atribuídas a distintos titulares; ou, caso se trate de condomínio geral, o imóvel será objeto de uma única matrícula e a propriedade da totalidade da edificação é dividida em quinhões passíveis de serem atribuídos a distintos proprietários.

O negócio se desenvolve basicamente em dois estágios: o primeiro correspondente à produção imobiliária, à venda das unidades e à celebração dos contratos de investimento coletivo; e o segundo correspondente à prestação dos serviços de hospedagem e sua administração, nos termos definidos pela Lei nº 11.771/2008.

Em relação ao regime da incorporação imobiliária, os documentos caracterizadores do empreendimento integrarão o Memorial de Incorporação, que, após arquivado no Registro de Imóveis, habilita o empreendedor a negociar a futura edificação.

Apesar de a operação ter como suporte estrutural os elementos que conformam a incorporação imobiliária, a essência do negócio é a participação dos adquirentes nos resultados do empreendimento, impondo que sejam observados os requisitos de oferta pública de valores

---

[12] Lei nº 6.385/1976: "Art. 2º São valores mobiliários sujeitos ao regime desta Lei: (...); IX – quando ofertados publicamente, quaisquer outros títulos ou contratos de investimento coletivo, que gerem direito de participação, de parceria ou de remuneração, inclusive resultante de prestação de serviços, cujos rendimentos advêm do esforço do empreendedor ou de terceiros".

mobiliários vinculados à captação de recursos para edificação do empreendimento imobiliário e à exploração dos meios de hospedagem, nos termos das Leis n°s 6.385/1976 e 11.771/2008.

Assim, considerando que a aquisição dos imóveis não se destina à fruição pelos próprios adquirentes, mas sua função econômica é a participação dos adquirentes nos resultados da exploração econômica do empreendimento hoteleiro, a operação deve observar também as normas da CVM (Comissão de Valores Mobiliários) destinadas a propiciar adequada informação e proteção do investidor.

Em razão da configuração assim delineada, a divulgação da oferta compreende os elementos do Memorial de Incorporação e, ainda, informações constantes no prospecto de que tratam as normas do CVM, correspondentes às características da futura exploração comercial do empreendimento, que devem esclarecer, entre outros aspectos, a possibilidade de os investidores não obterem lucro ou apurarem prejuízo em decorrência de eventual insucesso do empreendimento hoteleiro.

Entre os aspectos a serem divulgados no prospecto avultam informações sobre viabilidade econômica que apresentem as perspectivas de rentabilidade; gestão da atividade hoteleira e dos interesses do condomínio, compreendendo as normas de prestação de contas; resumo das cláusulas dos futuros contratos a serem celebrados entre os ofertantes e os investidores e entre estes e as demais contrapartes no conjunto de contratos; remuneração dos investidores e da administradora do empreendimento hoteleiro e dos demais participantes do empreendimento; e fatores de risco do negócio, como acima referido.

A par dos aspectos que sujeitam a primeira fase desse negócio a uma configuração que é típica da incorporação imobiliária, o condomínio é organizado em conformidade com as características da exploração empresarial do meio de hospedagem instalado no conjunto imobiliário.

Assim é porque as unidades imobiliárias integrantes desses condomínios não se destinam à fruição mediante ocupação pelos próprios titulares, mas, sim, à exploração mediante contratos de hospedagem que lhes permita auferir resultados econômicos, de modo que os termos dos instrumentos de instituição e de convenção de condomínio devem conformar-se a essa finalidade, visando sua adequação à exploração do potencial econômico do conjunto imobiliário para os fins de hospedagem, e não para fruição dos próprios titulares das unidades e/ou dos quinhões em que se divide a propriedade da edificação.

Dado que a aquisição das unidades imobiliárias dessa espécie de empreendimento não visa seu uso pelo adquirente como destinatário final, mas, sim, sua exploração econômica, o contrato de compra e venda não caracteriza relação de consumo, não se aplicando ao caso o Código de Defesa do Consumidor por qualificar-se o adquirente como investidor, e não como consumidor.[13]

---

[13] "Direito dos Contratos. Compromisso de compra e venda entre particular e incorporadora. Aquisição de imóvel com o objetivo de empregá-lo em atividade hoteleira. Conflito negativo de competência entre Câmara Cível Especializada e Câmara Cível para julgamento do recurso. Ausência de relação de consumo, uma vez que o autor adquiriu o imóvel para utilizá-lo na exploração de atividade empresarial de hotelaria, com o intuito de lucro. Pela teoria finalista, consumidor é o destinatário final fático e econômico do bem ou serviço, o que não se evidencia no caso. Questão já apreciada pelo Órgão Especial no Conflito de Competência nº 0059085-87.2015.8.19.0000, de Relatoria do Des. Antonio Eduardo F. Duarte, julgado em 18.01.16: 'Conflito negativo de competência. Câmara Cível e Câmara Cível Especializada em Direito do Consumidor. Aquisição de unidade integrante de 'Pool' Hoteleiro. Finalidade de lucro. Inexistência de relação de consumo. Improcedência do conflito'. Procedência do conflito para

As normas da instituição e da convenção, assim, devem priorizar o regular desenvolvimento da atividade empresarial para obtenção de resultado econômico e sua distribuição aos proprietários participantes.

Para adequado aproveitamento econômico, a administração desses condomínios é, em regra, atribuída à empresa de operação hoteleira.

Nas hipóteses em que a empresa de hotelaria é contratada no momento inicial do lançamento da incorporação, a operação contempla a articulação de dois negócios jurídicos submetidos a regimes distintos, que se desenvolvem em dois estágios subsequentes.

Nesses casos, não raras vezes a operação é formalizada mediante (i) contrato de alienação das futuras unidades, (ii) contrato de constituição de uma sociedade em conta de participação integrada pelos adquirentes e pela empresa de hotelaria ou, alternativamente, (iii) contrato de locação sob condição suspensiva tendo por objeto a exploração do futuro edifício a partir da imissão da locatária na posse, celebrado entre o incorporador e empresa de hotelaria, em cujos direitos e obrigações os adquirentes se sub-rogam em ato concomitante ao da celebração do contrato de aquisição das unidades.

Nesse quadro, a responsabilidade dessas empresas perante os adquirentes é demarcada pela função de cada um dos distintos contratos que com eles celebraram, respondendo o incorporador pela execução do empreendimento e a empresa hoteleira pela exploração do futuro edifício, a partir do habite-se, reconhecendo a jurisprudência a ilegitimidade dessa empresa, em regra, para responder pelo inadimplemento da obrigação de construir e entregar o edifício por não integrar a relação jurídica correspondente ao contrato de incorporação imobiliária.[14]

---

declarar competente o Juízo da 9ª Câmara Cível" (TJRJ, Órgão Especial, Conflito de Competência nº 0002469-58.2016.8.19.0000, rel. Des. Nagib Slaibi Filho, j. 16.6.2016).

[14] "Recurso especial. Civil. Promessa de compra e venda de Unidade de apart-hotel. Paralisação das obras. Ação Resolutória. Código de defesa do consumidor. Aplicabilidade. Consumidor final. Afastamento. Investidor. Teoria finalista mitigada. Vulnerabilidade. Aferição. Necessidade. Futura administradora de serviços hoteleiros. Legitimidade passiva ad causam. Cadeia de fornecimento. Descaracterização. Oferta e publicidade. Responsabilidade solidária. Inexistência. Informação clara. Atuação especificada. Adquirente. Ciência efetiva. Pool de locação. Sociedade em conta de participação. Contratação. 1. Recurso especial interposto contra acórdão publicado na vigência do Código de Processo Civil de 2015 (Enunciados Administrativos nºs 2 e 3/STJ). 2. As questões controvertidas na presente via recursal são: a) definir se o Código de Defesa do Consumidor se aplica às ações de resolução de promessa de compra e venda de imóvel não destinado à moradia do adquirente (finalidade de investimento) e b) delinear se a futura administradora de empreendimento hoteleiro, cujas obras foram paralisadas, possui legitimidade passiva ad causam, juntamente com a promitente vendedora, a intermediadora e a incorporadora, em demanda resolutória e reparatória de contrato de aquisição de unidades de apart-hotel. 3. O adquirente de unidade imobiliária, mesmo não sendo o destinatário final do bem e apenas possuindo o intuito de investir ou auferir lucro, poderá encontrar abrigo da legislação consumerista com base na teoria finalista mitigada se tiver agido de boa-fé e não detiver conhecimentos de mercado imobiliário nem expertise em incorporação, construção e venda de imóveis, sendo evidente a sua vulnerabilidade. Em outras palavras, o CDC poderá ser utilizado para amparar concretamente o investidor ocasional (figura do consumidor investidor), não abrangendo em seu âmbito de proteção aquele que desenvolve a atividade de investimento de maneira reiterada e profissional. 4. O apart-hotel (flat services ou flats) é um prédio de apartamentos com serviços de hotelaria. No caso, é incontroverso que o empreendimento se destina a aluguéis temporários. Como não é permitido aos condomínios praticarem atividade comercial, e para haver a exploração da locação hoteleira, os proprietários das unidades devem se juntar em uma nova entidade, constituída comumente na forma de sociedade em conta de participação, apta a ratear as receitas e as despesas das operações, formando um pool hoteleiro, sob a coordenação de uma empresa de

1.1.2. Edificação de conjuntos imobiliários sobre laje

A Lei nº 13.465/2017 incluiu no Código Civil o inciso XIII ao art. 1.225 e os arts. 1.510-A a 1.510-E, pelos quais cria o direito real de laje.

Trata-se de direito de propriedade do espaço aéreo sobre uma edificação ou do subsolo de determinado terreno. É atribuído pelo proprietário da edificação (construção-base) mediante cessão da "superfície superior ou inferior de sua construção a fim de que o titular da laje mantenha unidade distinta daquela originalmente construída sobre o solo."[15]

Formaliza-se sua transmissão por negócio jurídico ou *causa mortis*, constituindo-se o direito real de laje mediante registro do título.

Trata-se de direito real em coisa própria, distinto do direito de propriedade da construção-base e autônomo em relação a este; não se confunde com o condomínio geral nem com o condomínio por unidades autônomas e se distingue, também, do direito de superfície.

A Lei admite a constituição de sucessivos direitos reais de laje, desde que autorizados pelos titulares da construção-base e das demais lajes (§ 6º do art. 1.510-A), assegurada a todos esses a preferência para aquisição (art. 1.510-D).

---

administração hoteleira. 5. Na hipótese, é inegável que a promissária compradora era investidora, pois tinha ciência de que as unidades habitacionais não seriam destinadas ao próprio uso, já que as entregou ao pool hoteleiro ao anuir ao Termo de Adesão e ao contratar a constituição da sociedade em conta de participação para exploração apart-hoteleira, em que integraria os sócios participantes (sócios ocultos), sendo a Blue Tree Hotels a sócia ostensiva. Pela teoria finalista mitigada, a Corte local deveria ao menos aferir a sua vulnerabilidade para fins de aplicação do CDC. 6. Na espécie, não há falar em deficiência de informação ou em publicidade enganosa, porquanto sempre foi divulgada claramente a posição da BTH no empreendimento, tendo se obrigado, nos termos da oferta ao público e dos contratos pactuados, de que seria tão somente a futura administradora dos serviços hoteleiros após a conclusão do edifício, sem ingerência na comercialização das unidades ou na sua construção. Reconhecimento da ilegitimidade passiva ad causam. 7. Deve ser afastada qualquer responsabilização solidária da recorrente pelo não adimplemento do contrato de promessa de compra e venda das unidades do apart-hotel, seja por não integrar a cadeia de fornecimento relativa à incorporação imobiliária, seja por não compor o mesmo grupo econômico das empresas inadimplentes [empresas incorporadoras], seja por também ter sido prejudicada, visto que sua pretensão de explorar o ramo hoteleiro na localidade foi tão frustrada quanto a pretensão da autora de ganhar rentabilidade com a aquisição e a locação das unidades imobiliárias". (REsp 1785802-SP, rel. Min. Ricardo Villas Bôas Cueva, 3ª Turma, *DJe* 6.3.2019). No mesmo sentido: AgInt na TutPrv no TP 2.733/SP, rel. Min. Marco Aurélio Bellizze, 3ª Turma, *DJe* 1.9.2020; AgInt nos EDcl no AREsp n. 1.888.274-RJ, rel. Min. Marco Aurélio Bellizze, *DJe* 15.12.2021.

[15] Código Civil: "Art. 1.510-A. O proprietário de uma construção-base poderá ceder a superfície superior ou inferior de sua construção a fim de que o titular da laje mantenha unidade distinta daquela originalmente construída sobre o solo. § 1º O direito real de laje contempla o espaço aéreo ou o subsolo de terrenos públicos ou privados, tomados em projeção vertical, como unidade imobiliária autônoma, não contemplando as demais áreas edificadas ou não pertencentes ao proprietário da construção-base. § 2º O titular do direito real de laje responderá pelos encargos e tributos que incidirem sobre a sua unidade. § 3º Os titulares da laje, unidade imobiliária autônoma constituída em matrícula própria, poderão dela usar, gozar e dispor. § 4º A instituição do direito real de laje não implica a atribuição de fração ideal de terreno ao titular da laje ou a participação proporcional em áreas já edificadas. § 5º Os Municípios e o Distrito Federal poderão dispor sobre posturas edilícias e urbanísticas associadas ao direito real de laje. § 6º O titular da laje poderá ceder a superfície de sua construção para a instituição de um sucessivo direito real de laje, desde que haja autorização expressa dos titulares da construção-base e das demais lajes, respeitadas as posturas edilícias e urbanísticas vigentes."

A possibilidade de superposição de lajes sucessivas viabilizaria a edificação de conjuntos imobiliários, mas as restrições representadas pelo direito de preferência e pela exigência de autorização dos titulares da construção-base e das lajes para cessão são incompatíveis com a divisão da laje em frações ideais autônomas e com livre disponibilidade das unidades, que caracterizam o regime jurídico da incorporação e do condomínio edilício, dificultando ou obstaculizando o maior aproveitamento econômico e social do direito de laje.

Assim, embora seja materialmente viável o assentamento de acessões indiferentemente em terreno ou em laje, as restrições à livre disponibilidade das frações ideais sobre direito de laje devem ser contornadas para adequação desse direito de propriedade à atividade incorporativa e à configuração do condomínio por unidades autônomas.

Observe-se, por exemplo, que, de acordo com o art. 32 da Lei nº 4.591/1964, o registro do Memorial de Incorporação importa na constituição de direitos de propriedade sobre *frações de terreno*, caracterizando-as como direito de propriedade autônomo e, em consequência, investindo o incorporador e os adquirentes na livre disponibilidade de cada uma delas, independente de preferência e de anuência dos demais coproprietários (arts. 29 e 32). Para constituição desses direitos reais de propriedade, a Lei exige que do registro conste a descrição e caracterização do terreno e suas frações, que passarão a ter matrícula própria.

Uma incorporação imobiliária sobre laje deve observar esse mesmo requisito, mas nesse caso a edificação será erigida sobre a laje, e não sobre o terreno, daí porque a laje é que deverá ser dividida em frações, passando a existir direitos de propriedade sobre *frações de laje*, e não sobre *frações de terreno*.

Para efeito de incorporação imobiliária, essas frações ideais de laje devem ser dotadas de autonomia, de modo que o incorporador-lajeário e os adquirentes sejam investidos no feixe de direitos subjetivos de que tratam o art. 32 da Lei nº 4.591/1964 e os arts. 1.331 e seguintes do Código Civil.

Para que tais frações cumpram essa função, entretanto, é necessário superar os óbices representados pelas restrições impostas pelo § 6º do art. 1.510-A e pelo art. 1.510-D, de modo a assegurar a livre disponibilidade das frações ideais sobre o direito de laje.

A par dessas restrições de direito material, e correntemente com elas, o Código de Processo Civil dispõe que, em caso de execução, seja contra o proprietário da construção-base ou o titular das lajes, inclusive das lajes anteriores, aquele e estes devem ser intimados da penhora,[16] o que, em caso de condomínio edilício sobre laje, retardaria injustificadamente a execução de dívidas correspondentes a cotas condominiais, com grande prejuízo ao interesse comum da coletividade dos condôminos.

Cogita-se superar essas restrições mediante normas editadas pelas Corregedorias de Justiça,[17] conjugadas à renúncia manifestada pelo proprietário da construção-base (incorporador) e pelos diversos adquirentes, nos respectivos títulos de transmissão ou de constituição dos sucessivos direitos de laje ou, alternativamente, por adesão a uma cláusula especial de renúncia aposta no Memorial de Incorporação.

---

[16] Código de Processo Civil: "Art. 799. Incumbe ainda ao exequente: (...) X – requerer a intimação do titular da construção-base, bem como, se for o caso, do titular de lajes anteriores, quando a penhora recair sobre o direito real de laje; XI – requerer a intimação do titular das lajes, quando a penhora recair sobre a construção-base."

[17] Veja-se o Provimento nº 58/89 da Corregedoria da Justiça do Estado de São Paulo – Normas de Serviços – Cartórios Extrajudiciais, admite a divisão do direito de laje em frações ideais se instituído para implantação de conjunto imobiliário.

INCORPORAÇÃO IMOBILIÁRIA • Melhim Namem Chalhub

A renúncia, entretanto, não é suficiente para conferir plena segurança jurídica aos participantes de uma incorporação sobre laje, por não atribuir ao incorporador e aos lajeários poderes compatíveis com o direito subjetivo típico da propriedade condominial autônoma. Ademais, não é capaz de superar o entrave causado pela exigência de intimação do titular da construção-base e dos lajeários em caso de execução.

A nosso ver, as restrições impostas pelo § 6º do art. 1.510-A e pelo art. 1.510-D justificam alteração legislativa que adeque o direito de laje aos regimes jurídicos da incorporação imobiliária e do condomínio edilício, tornando exigível a descrição e caracterização, no Memorial de Incorporação, da plataforma na qual será implantada a edificação, instruída com o respectivo projeto e o título de propriedade do lajeário-incorporador, e, de outra parte, afastando as restrições à livre disponibilidade das frações e unidades autônomas para os fins de incorporação imobiliária e implantação de condomínio edilício.[18]

Quanto à norma processual, seria suficiente uma alteração legislativa que excluísse os condomínios edilícios do campo de incidência dos incisos X e XI do art. 799 do CPC, mediante inclusão de um parágrafo único a esse dispositivo.[19]

1.1.3. A realização de *retrofit* pelo regime da incorporação imobiliária

A requalificação de edifício mediante *retrofit* pode ser estruturada em forma de incorporação imobiliária, caso em que haverá de se sujeitar ao seu regime jurídico próprio.

Na definição da Norma de Desempenho NBR 15575-1, trata-se de "remodelação ou atualização do edifício ou de sistemas, através da incorporação de novas tecnologias e conceitos, normalmente visando à valorização do imóvel, mudança de uso, aumento da vida útil e eficiência operacional e energética".[20]

Praticada há muito em cidades da Europa, a técnica passou a despertar maior interesse nos anos 2020 basicamente por dois fatores que se articulam: degradação de áreas centrais das grandes metrópoles e desativação parcial de atividades profissionais e empresariais em salas e lojas, decorrente da alteração da dinâmica do trabalho provocada pela pandemia da covid-19.

---

[18] Para o debate sobre a matéria, permitimo-nos sugerir a inclusão de um novo dispositivo no Código Civil nos seguintes termos: "Art. _____. A construção e venda de conjuntos imobiliários sobre laje sujeita-se ao disposto nos arts. 28 e seguintes da Lei nº 4.591, de 16 de dezembro de 1964, e o condomínio nela implantado aos arts. 1.331 e seguintes, a par das disposições deste Capítulo não incompatíveis com os regimes da incorporação imobiliária e do condomínio edilício. § 1º A iniciativa e a responsabilidade pela incorporação imobiliária caberão ao titular da laje para a qual foi projetado o conjunto imobiliário. § 2º Além dos documentos referidos nas alíneas do art. 32 da Lei nº 4.591, de 16 de dezembro de 1964, o Memorial de Incorporação será instruído com a descrição da plataforma sobre a qual será construído o conjunto imobiliário e seu projeto estrutural, título de propriedade do terreno e da laje, e respectivos históricos, e discriminação das frações ideais da laje."

[19] "Parágrafo único. O disposto nos incisos X e XI não se aplica às constrições incidentes sobre unidades imobiliárias integrantes de condomínio edilício implantados sobre laje, de que tratam os arts. 1.510-A e seguintes da Lei nº 10.406, de 10 de janeiro de 2002 (Código Civil)."

[20] ABNT 2013, parte 1.
O art. 53 da Lei 4.591/1964 atribui à Associação Brasileira de Normas Técnicas competência para dispor sobre critérios e normas técnicas relacionadas à incorporação imobiliária e à caracterização de edifícios sob regime de condomínio composto por unidades autônomas. A ABNT foi fundada em 28 de setembro de 1940 e foi reconhecida como entidade de utilidade pública pela Lei 4.150 de 1962.

No que tange ao primeiro fator, justifica-se a aplicação da técnica por razões de natureza urbanística e ambiental, em zonas dotadas de "infraestrutura urbana já dimensionada para o maior adensamento em tais áreas, sendo a revitalização mais sustentável que a produção de novas unidades";[21] no segundo caso, o distanciamento social e o trabalho remoto, que se tornaram habituais para grande parte da população economicamente ativa a partir de 2020 por força da pandemia, aliados à eficiência alcançada mediante uso de recursos tecnológicos, evidenciaram a conveniência de tornar habitual o exercício de inúmeras atividades profissionais na própria residência.

Essa realidade passou a despertar a atenção do poder público e da iniciativa privada não só para a requalificação de imóveis, em geral, mas também visando a conversão de imóveis comerciais para uso residencial.[22]

Essa espécie de reconstrução comporta demolições, resolução de problemas estruturais, reestruturação das partes comuns e substituição dos sistemas de instalações, com emprego de novos recursos tecnológicos, reconstrução de paredes divisórias, substituição generalizada de carpintarias, revestimentos e pisos, execução de novos revestimentos, além de outras intervenções que a situação peculiar recomendar.

Se realizada pelos proprietários para atender ao seu próprio interesse, sem comercialização no curso da obra, o *retrofit* não caracteriza incorporação imobiliária.

Se se tratar de edifício sob regime de condomínio edilício, a reconstrução deve ser deliberada pelos condôminos pelo quórum legal e sua execução independe de registro de Memorial de Incorporação, nos termos de disciplina própria instituída pelo art. 17 da Lei nº 4.591/1964, com a redação dada pela Lei nº 6.709/1979.[23]

Contudo, se se tratar de empreendimento estruturado com o propósito de promover sua comercialização durante a fase da reconstrução, com ou sem mudança de destinação ou alteração de áreas privativas e/ou comuns, nesse caso estará caracterizada a atividade empresarial da incorporação imobiliária, não só porque se trata de intervenção construtiva destinada a reconfigurar o edifício e as unidades existentes para melhor distribuição dos espaços internos e inclusão de novos recursos tecnológicos, indispensáveis para sua atualização, mas também em razão da comercialização dessas novas e futuras unidades no curso da reconstrução.

Assim, pouco importando se a obra é implantada em terra nua ou mediante requalificação de edificação já existente, o empreendedor opera a captação e gestão de recursos de terceiros para execução do programa contratual, que envolve, fundamentalmente, as seguintes atividades:

a) reconstrução das unidades imobiliárias no local, inteiramente diferentes daquelas que lá existiam, além da realização de novas construções em acréscimo às existentes;

---

[21] REIS, Eduardo Moreira. O empreendimento com *retrofit* e o regime das incorporações imobiliárias – alguns aspectos registrais e contratuais. In: ABELHA, André (coord.). *Estudos de Direito Imobiliário em homenagem a Sylvio Capanema de Souza*, São Paulo: IBRADIM Editora, 2020, p. 271.

[22] Citem-se, a título de ilustração, a Lei Complementar da cidade do Rio de Janeiro nº 229, de 14.7.2021, pela qual é instituído o "Programa Reviver Centro, que estabelece diretrizes para a requalificação urbana e ambiental, incentivos à conservação e reconversão das edificações existentes e à produção de unidades residenciais nos bairros do Centro e Lapa, assim como a Lei Municipal da cidade de São Paulo nº 17.577, de 20 de julho de 2021, que trata do Programa Requalifica Centro, que também prevê incentivos a fim de atrair investimentos para a região.

[23] Tratamos da matéria no item 1.4.8.

b) nova discriminação das frações ideais do terreno, conforme exigido pelo art. 32, alínea "i", da Lei 4.591/1964;

c) captação e gestão de recursos de terceiros obtidos na comercialização durante a construção para execução da reconstrução; e

d) averbação do "habite-se" da edificação que importará necessariamente na "individualização e discriminação" das unidades no Registro de Imóveis, com a nova configuração material decorrente da intervenção construtiva, exigida pelo art. 44 da Lei nº 4.591/1964.

Nesse caso, é exigível o registro do Memorial de Incorporação como requisito legal para realização das vendas durante a obra, sujeitando-se o incorporador a deveres legais em relação ao mercado, entre os quais avultam o de observar normas prudenciais de prevenção e alocação de riscos, o de observar o regime de vinculação de receitas, podendo optar pelo regime do patrimônio de afetação visando a proteção patrimonial dos credores vinculados ao empreendimento, notadamente os adquirentes, nos termos dos arts. 28 e seguintes da Lei 4.591/1964,[24] bem como pelo Regime Especial de Tributação (RET) de que tratam os arts. 1º ao 11-A da Lei 10.931/2004, além de observar a tipificação peculiar que a Lei das Incorporações institui para os contratos de comercialização e/ou construção celebrados no contexto dessa atividade.

Considerados esses fundamentos, a IX Jornada de Direito Civil, realizada em maio de 2022, aprovou o Enunciado 665, segundo o qual "A reconstrução de edifício realizada com o propósito de comercialização das unidades durante a obra sujeita-se ao regime da incorporação imobiliária e torna exigível o registro do Memorial de Incorporação."

1.1.4. Incorporação imobiliária mediante construção e venda de casas isoladas em lotes de terreno

Como vimos, o objeto da atividade de incorporação imobiliária não se restringe à alienação de frações ideais de terreno e respectivas acessões sob regime de condomínio edilício, mas também compreende a alienação de lotes de terreno vinculada à construção de casas isoladas ou geminadas de propriedade exclusiva, cada uma com livre acesso às vias públicas de circulação e a outras áreas de domínio público resultantes do parcelamento (loteamento ou desmembramento) onde é implantado o conjunto imobiliário.

Sua caracterização como incorporação imobiliária, sem constituição de condomínio, foi objeto de breve menção na redação original do art. 68, que já a qualificava como atividade empresarial sujeita ao regime da incorporação imobiliária, impondo ao incorporador o prévio registro de Memorial de Incorporação (art. 32), "no que lhes for aplicável".

A intensificação do exercício dessa atividade a partir dos anos 2010 deixava à mostra algumas lacunas legislativas e, para preenchê-las, a Lei 14.382/2022 deu nova redação ao art. 68, na qual define requisitos e efeitos específicos do registro Memorial de Incorporação, de modo a adequá-lo às singularidades da implantação de conjuntos imobiliários compostos por casas isoladas, inclusive mediante sua articulação com o regime jurídico do loteamento.

Assim, é dispensada a apresentação dos documentos referidos nas alíneas "e", "i", "j", "l" e "n" do art. 32 para registro do Memorial de Incorporação, pois nem todos os documentos referidos nessas alíneas são aplicáveis à estruturação de conjunto de casas objeto

---

[24]   V. 1.4.2, 1.4.8 e 2.1.1; Capítulos III, IV, V e VI.

de propriedade exclusiva, por se referirem a elementos de constituição do condomínio especial sobre frações ideais do terreno e acessões, como, por exemplo, (i) o instrumento de divisão do terreno em frações ideais autônomas com a discriminação de unidades autônomas e partes comuns e (ii) a minuta de convenção de condomínio.

O Memorial será registrado na matrícula de origem do parcelamento do solo urbano, na qual serão assentados o respectivo "termo de afetação" e os demais atos correspondentes à incorporação.[25]

Uma vez efetivado o registro, o incorporador estará sujeito aos deveres inerentes ao desempenho dessa atividade, entre eles os relativos às normas de proteção dos adquirentes, correspondentes à alocação dos direitos e obrigações do empreendimento em um patrimônio separado, de afetação, além dos demais mecanismos de prevenção, alocação e limitação de riscos do negócio, nos termos dos arts. 28 e seguintes da Lei 4.591/1964 e demais normas legais aplicáveis à incorporação imobiliária.

Na medida em que essa atividade é caracterizada como incorporação imobiliária, é assegurada ao incorporador a faculdade de adotar para a incorporação sujeita a afetação o regime especial de tributação, mediante opção de que tratam os arts. 1º a 11-A da Lei nº 10.931/2004.

Tratando-se de incorporação imobiliária, os atos e negócios jurídicos praticados após o registro do memorial e até o habite-se serão objeto de ato registral único.[26]

Essa espécie de conjunto imobiliário pode ser implantada na totalidade de um projeto de parcelamento, seja loteamento ou desmembramento, ou em parte dos lotes dele resultantes, mas não interfere nem altera a conformação e a estrutura do loteamento ou do desmembramento, de modo que suas vias de circulação, áreas verdes e outros espaços logradouros permanecem sob domínio público, pois essa atividade "é conectada com o próprio planejamento urbanístico das cidades, de maneira que não se trata apenas de uma mera incorporação imobiliária com a criação de uma célula condominial que será acoplada na cidade, mas (...), de novo bairro planejado que se desenvolve, agora, sob o manto da incorporação imobiliária."[27]

Assim, sujeitam-se a esse regime empresarial empreendimentos de porte variável, abrangendo desde conjuntos formados por poucas casas até grandes bairros residenciais ou mistos, podendo conjugar o parcelamento do solo e a construção das casas. Sua realização intensificou-se nos últimos anos, no contexto da implantação de conjuntos imobiliários do programa de financiamento habitacional Minha Casa, Minha Vida, posteriormente denominado Casa Verde e Amarela.

Dado que se trata de conjunto de casas de propriedade exclusiva, com acesso direto às vias de circulação de domínio público, a manutenção, limpeza e conservação destas é de

---

[25] Lei nº 4.591/1964, com a redação dada pela Lei nº 14.382/2022: "Art. 68. (...). § 3º A incorporação será registrada na matrícula de origem em que tiver sido registrado o parcelamento, na qual serão também assentados o respectivo termo de afetação de que tratam o art. 31-B e o art. 2º da Lei nº 10.931, de 2 de agosto de 2004, e os demais atos correspondentes à incorporação."

[26] Lei nº 4.591/1964, com a redação dada pela Lei nº 14.382/2022: "Art. 68. (...). § 4º Após o registro do memorial de incorporação, e até a emissão da carta de habite-se do conjunto imobiliário, as averbações e os registros correspondentes aos atos e negócios relativos ao empreendimento sujeitam-se às normas do art. 237-A da Lei nº 6.015, de 31 de dezembro de 1973 (Lei de Registros Públicos)."

[27] MIRANDA, Victor Vasconcelos, *Comentário ao art. 68 da Lei 4.591/1964*. In: ABELHA, André; CHALHUB, Melhim; VITALE, Olivar (Coord.). *Sistema Eletrônico de Registros públicos – Lei 14.382, de 27 de junho de 2022 comentada e comparada*. Rio de Janeiro: GenForense, 2022. p. 145 e ss).

responsabilidade do poder público, e não dos titulares das casas integrantes do conjunto. Não obstante, nada impede que esses serviços sejam prestados por associação de moradores, cuja constituição é prevista pelo § 8º do art. 2º da Lei 6.766/1979 para "loteamentos de acesso controlado"[28], ente distinto do condomínio edilício.[29]

A incorporação será registrada na matrícula de origem em que tiver sido registrado o parcelamento, na qual serão também assentados o respectivo termo de afetação e os demais atos correspondentes ao empreendimento.

Ainda nessa modalidade, o memorial de incorporação deve indicar a metragem de cada lote e da área de construção de cada casa.

1.2.   INCORPORADOR: CARACTERIZAÇÃO

Dada a caracterização da atividade empresarial de incorporação imobiliária, resulta claro que o incorporador será o titular desse negócio, aquele que toma a iniciativa de mobilizar os fatores de produção necessários para realização da construção e para oferta das unidades imobiliárias no mercado.

Ao exercer a atividade da incorporação, alguém (pessoa natural ou jurídica) agrupa pessoas, utiliza fatores de produção, com o objetivo de produzir um bem, comercializá-lo e obter lucro, assumindo os riscos correspondentes. Dessa atividade não se pode dissociar a figura do empresário (incorporador): aquele que lidera o negócio, promovendo, por si ou por terceiros, o planejamento do negócio, o estudo arquitetônico e as providências para aprovação do projeto de construção, as minutas dos atos necessários à organização do empreendimento (recibo de sinal e reserva, escritura para comercialização, convenção de condomínio etc.), a captação dos recursos necessários para executar a obra, adotando, enfim, todas as medidas necessárias à organização, execução e controle de sua atividade empresarial.

A doutrina é unânime ao qualificar como *empresarial* a atividade do incorporador, consubstanciando uma atuação profissional de tal complexidade que ensejou a tipificação, pela lei, do negócio jurídico denominado *incorporação imobiliária*, contemplando, de um lado, a figura do incorporador, a pessoa que empreende, e de outro lado a figura do adquirente, deixando clara a caracterização do incorporador como empresário.

Trata-se de atividade finalística: visa o incorporador realizar a incorporação, donde seu propósito é vender e apropriar-se do correspondente resultado econômico e financeiro. Traço marcante da incorporação imobiliária é a realização das ações necessárias para a produção de edificações coletivas, sua venda e entrega aos futuros adquirentes. É o que se extrai do art.

---

[28]   Lei n. 6.766/1979, com a redação dada pela Lei nº 13.465/2017: "Art. 2º. (...). § 8º: Constitui loteamento de acesso controlado a modalidade de loteamento, definida nos termos do § 1º deste artigo, cujo controle de acesso será regulamentado por ato do poder público Municipal, sendo vedado o impedimento de acesso a pedestres ou a condutores de veículos, não residentes, devidamente identificados ou cadastrados".

[29]   Veja-se, a propósito, a tese fixada pelo STF no julgamento do Tema 492, originário do RE 695.911/SP: "É inconstitucional a cobrança por parte de associação de taxa de manutenção e conservação de loteamento imobiliário urbano de proprietário não associado até o advento da Lei nº 13.465/17 ou de anterior lei municipal que discipline a questão, a partir do qual se torna possível a cotização de proprietários de imóveis, titulares de direitos ou moradores em loteamentos de acesso controlado, desde que, i) já possuidores de lotes, tenham aderido ao ato constitutivo das entidades equiparadas a administradoras de imóveis ou, (ii) no caso de novos adquirentes de lotes, o ato constitutivo da obrigação tenha sido registrado no competente registro de imóveis".

Cap. I • INCORPORAÇÃO IMOBILIÁRIA – CARACTERIZAÇÃO GERAL | **21**

29, pelo qual o incorporador, entre outras ações consideradas cumulativamente, "coordena e leva a termo a incorporação, responsabilizando-se pela entrega da obra concluída".

A definição do art. 29, "demasiado longa, imprecisa e deselegante",[30] torna difícil a conceituação da figura do incorporador. Melhor teria sido a adoção, pelo Congresso Nacional, da redação proposta pelo autor do Anteprojeto, que exprime uma ideia completa, em termos simples, concisos e claros: "Considera-se incorporador e se sujeita aos preceitos desta lei toda pessoa física ou jurídica que promova a construção para alienação total ou parcial de edificação composta de unidades autônomas, qualquer que seja a sua natureza ou destinação."[31]

O legislador, entretanto, optou pela formulação de um texto que na sua estrutura é desnecessariamente complicado e na construção vocabular está eivado de impropriedades conceituais, tanto jurídicas como vernaculares, como é o caso, por exemplo, de se empregar o vocábulo *transação* como sinônimo de *negócio jurídico*.

Essa deficiência legislativa tornou imprecisas as linhas definidoras do perfil do incorporador, mas é possível visualizá-lo a partir da construção doutrinária.[32]

A par do conceito fundamental de Caio Mário da Silva Pereira, já referido, Hely Lopes Meirelles vislumbra uma figura que se apresenta *multiforme*, "ora mediando o negócio, ora financiando o empreendimento, ora construindo o edifício, ora adquirindo apartamentos para revenda futura, mas em todas essas modalidades a sua constante é ser o elemento propulsor do condomínio".[33]

Mas não é só o contorcionismo do texto legal que dificulta o desenho dessa figura. É, também, a circunstância de que as situações em que se apresenta e atua o incorporador são variadas, pois o incorporador "ora é dono do terreno, ora não o é. Estipula os contratos de promessa de venda. Ele próprio constrói o edifício, ou contrata sua construção. Financia, ou obtém o financiamento da obra. Promove atos em nome dos promitentes-compradores. Dirige e administra o empreendimento. Responsabiliza-se por seu êxito. Não é, portanto, um simples intermediário, nem um simples administrador."[34]

Caio Mário da Silva Pereira cotejou a figura do incorporador com outras figuras assemelhadas (corretor, mandatário etc.), alertando, entretanto, que com elas não se confunde, pois o incorporador é mais do que qualquer uma dessas figuras: é ele "a chave do negócio (...) é quem harmoniza os interesses, encaminha as pessoas e as coisas para a consecução do resultado", e, nesse passo, aquele autor faz um paralelo entre a figura do incorporador imobiliário e a do fundador ou incorporador de sociedade anônima: "o fundador ou incorporador da sociedade anônima, que tal qual no edifício de apartamentos, é o pai da ideia de sua criação. Um paralelo entre ambos é ilustrativo: não existe edifício; alguém tem a ideia da constituição

---

[30]   PEREIRA, Caio Mário da Silva. *Condomínio e incorporações*, cit., p. 247.

[31]   Texto do art. 23 do Anteprojeto do Professor Caio Mário da Silva Pereira.

[32]   A redação que acabou se convertendo em texto legal despreza o vernáculo, a doutrina e a técnica legislativa, e sobre ela Caio Mário da Silva Pereira assim se manifesta: "Não podemos deixar de lamentar que se consagrassem, em substituição a um conceito certo, o erro de linguagem, o erro de doutrina e a deselegância de estilo (...). A ausência de conhecimentos técnicos poderia ser suprida por uma assessoria consciente. Mas não foi. E daí este artigo quilométrico, de mau entendimento e pouco vernáculo, a ferir ao mesmo tempo os ouvidos e o direito. Como foi *isto* que se converteu em lei, é sobre *isto* que teremos de trabalhar, procurando com redobrado esforço corrigir com a explicação doutrinária as deficiências legislativas." (*Condomínio e incorporações*, cit., p. 247/248, grifamos).

[33]   MEIRELLES, Hely Lopes. *Direito de construir*, São Paulo: Revista dos Tribunais, 5. ed., p. 227.

[34]   GOMES, Orlando. *Direitos reais*, cit., p. 306.

de uma ou da construção do outro; promove os contatos, aproxima os interessados; obtém capital; elabora planos; faz contratos; consegue a redação dos documentos, e tira de seus esforços, de suas boas relações, de sua imaginação, de sua experiência, a sociedade por ações ou o edifício em condomínio."[35]

A comparação é útil para visualização da figura do incorporador: é ele a pessoa que, com o discernimento próprio do empresário e à vista de dados da realidade, notadamente estatísticas, tem a percepção das tendências do mercado e da demanda por novos imóveis; com essa aptidão, e à vista da legislação de uso e ocupação do solo urbano, busca terrenos compatíveis com essas tendências, capazes de atender as demandas do mercado, articula negociação com o proprietário do terreno, promove, com os profissionais que contratar, o planejamento do negócio, a partir de estudos arquitetônicos, formula minutas de contratos, efetiva a compra ou a permuta do terreno, processa a apreciação e aprovação do projeto pelas autoridades administravas, "tudo em termos tais que o edifício se constrói segundo o plano do incorporador, e o condomínio se constitui na forma da minuta por ele redigida."[36]

Em suma, incorporador é a pessoa natural ou jurídica, que mobiliza e coordena meios de produção capazes de viabilizar a construção de edifícios formados por unidades imobiliárias autônomas e, bem assim, a constituição da propriedade condominial especial, que o Código Civil denomina "condomínio edilício."

Somente podem operar como incorporador o proprietário do terreno, o promitente comprador, o cessionário deste ou o promitente cessionário, admitindo a lei, ainda, que o construtor ou o corretor de imóveis exerça essa atividade.

No primeiro caso, o promitente ou o cessionário deverá estar imitido na posse do terreno, devendo constar do seu título aquisitivo a expressa autorização para demolir o prédio que eventualmente existir no local e, bem assim, autorização para dividir o terreno e alienar as respectivas frações ideais. A promessa, obviamente, deverá ser irrevogável e deverá estar registrada no Registro de Imóveis competente.

Caso o responsável pela incorporação seja o construtor ou o corretor, este deverá ser investido, pelo proprietário do terreno ou pelo titular dos respectivos direitos de aquisição, de mandato com poderes especiais para implementar o negócio da incorporação, notadamente poderes para outorgar em favor dos adquirentes os contratos relativos à incorporação, inclusive a escritura "definitiva" das respectivas frações ideais do terreno.

Como requisito para a prática dessa atividade, a lei exige que, antes de fazer oferta pública das unidades que pretenda vender durante a construção, o incorporador arquive no Registro de Imóveis da situação do imóvel um dossiê contendo documentos que identifiquem a futura edificação e explicitem as condições do negócio. A exigência legal está expressa no art. 32, e seu propósito basilar é a identificação do objeto do negócio a ser ofertado no mercado, bem como a identificação do titular do negócio e responsável pelo empreendimento. Essa identificação tem que ser dada à publicidade, tanto no Registro de Imóveis como nos anúncios da incorporação. A lei atribui toda a responsabilidade da atividade empresarial ao incorporador ("A iniciativa e a responsabilidade das incorporações imobiliárias caberão ao incorporador..." – art. 31) e lhe impõe sanções para a hipótese de descumprimento do comando legal (arts. 65 e 66). Havendo mais de um incorporador para o mesmo empreendimento, todos eles são solidários nas responsabilidades da incorporação (art. 31, § 3º).

---

[35] Ob. cit., p. 244.

[36] PEREIRA, Caio Mário da Silva. ob. cit., p. 245.

Cap. I • INCORPORAÇÃO IMOBILIÁRIA – CARACTERIZAÇÃO GERAL | 23

Dada a multiplicidade de atos que deverá praticar para exercer a incorporação, o incorporador poderá firmar contrato de prestação de serviços, ora figurando como prestador do serviço, ora como tomador; poderá firmar contrato de permuta ou promessa de permuta, relativamente ao terreno no qual irá erigir o edifício; poderá celebrar contrato de compra e venda ou de promessa de compra e venda, figurando ora como comprador, ou promissário comprador, ora como vendedor, ou promitente vendedor; poderá ceder créditos de que tenha se tornado titular ao alienar as unidades; poderá alienar fiduciariamente o terreno e as acessões a um financiador, como garantia de financiamento que eventualmente tomar para construir o edifício, e nesse caso será o devedor-fiduciante; de outra parte, poderá vender as unidades com pacto adjeto de alienação fiduciária, e aí será o credor-fiduciário, enquanto que o adquirente da unidade será o devedor-fiduciante; há, em suma, uma infinidade de atos e contratos passíveis de utilização pelo incorporador para consecução do seu negócio.

O incorporador pode ceder sua posição contratual, transmitindo ao cessionário os direitos e as obrigações vinculadas à incorporação. Tendo em vista a diversidade de formas de que pode se revestir o negócio da incorporação, a forma jurídica pela qual se promoverá essa cessão deverá ajustar-se aos termos em que tiver sido estruturada a incorporação. Se, por exemplo, o incorporador, sendo o proprietário do terreno e, ao mesmo tempo, o construtor do edifício, pretender ceder a totalidade de sua posição contratual, deverá contratar a venda do imóvel e a cessão dos direitos de que seja titular no contrato de construção; poderá, alternativamente, transmitir somente seus direitos e obrigações relativamente ao contrato de construção, e nesse caso celebrará apenas a cessão relativa a estas; se, entretanto, quiser transmitir a posição de incorporador, mas manter-se como construtor, venderá e cederá o ativo da incorporação (terreno, acessões, direitos creditórios decorrentes das vendas etc.) e sub-rogará o adquirente-cessionário nas obrigações correspondentes (obrigação de promover a construção, mesmo que por terceiros, obrigação de outorgar os contratos definitivos e entregar as unidades aos adquirentes etc.), e essa operação deverá ser formalizada mediante contrato de compra e venda do terreno e das acessões e contrato de cessão dos direitos creditórios e dos demais direitos e obrigações, menos os direitos e as obrigações relativas ao contrato de construção, porque pretende transmitir a posição de incorporador-proprietário, mas pretende continuar atuando como construtor do edifício. Nesse caso, o adquirente-cessionário (novo incorporador) substituirá o vendedor-cedente (antigo incorporador) na posição de incorporador, tornando-se responsável pelo cumprimento de todas as obrigações decorrentes da incorporação, tais como a de promover a conclusão da obra e a regularização da edificação no Registro de Imóveis, a de ressarcir os prejuízos decorrentes de eventual descumprimento dessas obrigações etc. Em contrapartida, o novo incorporador passa a ser titular dos direitos que adquiriu, ou seja, a propriedade das frações ideais e acessões, a titularidade dos créditos oriundos das vendas etc.

A cessão pode, evidentemente, ser parcial, continuando o cedente como coincorporador.

Na cessão de créditos oriundos das vendas, a transmissão restringe-se aos direitos creditórios, não passando para o cessionário nenhum dos demais direitos e obrigações relativas à incorporação.[37] Essa cessão tem apenas a função de antecipar receitas do incorporador e levantar recursos financeiros para realização da obra. Na cessão de crédito garantido por hipoteca ou por propriedade fiduciária, a garantia é transmitida ao cessionário, dada a vinculação do acessório ao principal, mas, tal como na cessão de crédito plena, não se transmitem

---

[37] Ver, adiante, capítulo específico sobre as modalidades de contrato empregadas no negócio da incorporação.

ao cessionário as responsabilidades relativas à incorporação, continuando o incorporador a responder com exclusividade pelas obrigações relacionadas à obra, à entrega das unidades, aos vícios da construção etc.

No que tange às suas relações com os adquirentes, o incorporador, ao vincular-se a cada um deles, celebra um contrato nominado: o contrato de incorporação, que foi tipificado pela Lei nº 4.591/1964, na qual se encontra o delineamento da relação jurídica objetivada, com os direitos e obrigações de cada uma das partes. Trata-se de contrato bilateral; as prestações dos contratantes são correspectivas, pelo que a ele se aplica o princípio da *exceptio non adimpleti contractus*; pressupõe o contrato de incorporação vantagens para ambos os contratantes: o incorporador receberá o preço ajustado e o adquirente a unidade desejada; caracteriza-o, também, a sucessividade da execução, porque as prestações e contraprestações não se executam num só momento, mas se atendem, de uma parte, pelo gradual desenvolvimento da obra, até sua conclusão, averbação no Registro de Imóveis e entrega aos adquirentes e, de outra parte, pelos pagamentos efetivados pelos adquirentes.

1.3. A DINÂMICA DA INCORPORAÇÃO

Dada a configuração da incorporação imobiliária, bem como à vista do delineamento da figura do seu protagonista, é possível vislumbrar quão complexa é a estrutura e a dinâmica dessa atividade, na medida em que requer a articulação, simultânea ou não, de uma série de variados fatores de produção. Trata-se de um processo de produção, é claro, mas tem estrutura e dinâmica distintas do processo de produção industrial em escala. Na incorporação não se pode falar em produção em escala, pois cada edifício encerra uma produção peculiar, quase artesanal.

Nesse processo, o incorporador opera como elemento catalisador, que se incumbe de mobilizar os recursos necessários à consecução do negócio, desde sua gênese até a conclusão do edifício e entrega das unidades aos adquirentes.

A atividade da incorporação não obedece a um padrão, não se ajusta a uma única modelagem de procedimentos, mas é possível identificar alguns aspectos básicos de sua estruturação e do seu desenvolvimento.

Na gênese do negócio está a identificação de um terreno potencialmente apropriado para uma incorporação, em vista do qual o incorporador promove a formulação de estudo arquitetônico e realiza uma análise preliminar de viabilidade econômica e financeira do negócio.

Decidindo-se pela realização da incorporação, o incorporador adquire o terreno por uma das formas legalmente admitidas, seja a compra e venda, com pagamento integral do preço, seja a aquisição dos direitos sobre o terreno, mediante promessa de compra e venda (ou promessa de cessão), com pagamento de uma só vez ou parcelado, seja mediante permuta, e neste caso o incorporador receberá o terreno e se obrigará a construir e entregar aos permutantes (antigos proprietários da totalidade do terreno) unidades imobiliárias a serem construídas naquele mesmo terreno, podendo, obviamente, realizar permuta por outros imóveis, não integrantes daquela incorporação.

Promove o incorporador a elaboração do projeto definitivo, processando sua apreciação e aprovação pelos órgãos competentes (administração municipal, serviços de água e esgoto, órgãos de proteção ao ambiente etc.).

Aprovado o projeto, o incorporador promove a elaboração das peças de natureza jurídica, técnica, econômica e financeira relativas à implementação do negócio, relacionadas no art. 32, entre elas a certidão de matrícula do imóvel, a vintenária e a de ônus reais, os quadros de áreas das futuras unidades imobiliárias autônomas, o orçamento, o quadro contendo os coeficientes de construção, que discriminará o custo unitário imputável às diversas unidades, declarações de idoneidade financeira passadas por instituições financeiras etc. Reunidas, essas peças compõem um dossiê que recebe a denominação de *Memorial de Incorporação* e é levado ao Registro de Imóveis, para que o Oficial do Registro promova o registro da incorporação (Lei de Registros Públicos, art. 167, I, 17).

Os elementos do Memorial evidenciam a autonomia material e financeira da incorporação e sua conformação como unidade econômica autônoma, dotada de capacidade de formação de capital com lastro no seu próprio ativo, composto pelas receitas de venda dos imóveis a construir, em montante suficiente para cumprimento do seu objeto, que corresponde à realização da obra, entrega das unidades aos adquirentes, liquidação do passivo e retorno do investimento.

O registro, com o arquivamento do memorial, constitui ato básico do negócio de incorporação imobiliária, é ato preliminar, requisito legal, indispensável para o exercício da atividade de incorporador. Sem o arquivamento do memorial, o incorporador não estará legitimado a promover a oferta pública para comercialização das unidades. O registro da incorporação seria comparável, *modus in rebus*, ao registro de contrato social de uma sociedade empresarial na Junta Comercial ou outro órgão ao qual a ordem jurídica atribua competência em razão de alguma atividade empresarial específica.

Não obstante seja o registro que legitime o incorporador a empreender sua atividade empresarial de oferta pública das frações ideais do terreno e das acessões que corresponderão às futuras unidades imobiliárias, a lei sujeita ao regime da incorporação a alienação de frações ideais vinculada a construção cujo projeto esteja aprovado ou estiver pendente de aprovação, ainda que tal comercialização ocorra antes do registro, "respondendo o alienante como incorporador".[38]

A oferta pública se faz pelos meios que o negócio comportar, podendo haver a mais ampla publicidade, por todos os meios de comunicação, ou a busca de adquirentes por meios diretos, mais simples.

Segue-se a comercialização, com a aceitação de reservas para aquisição das unidades, cadastramento dos candidatos à aquisição, análise das suas condições econômico-financeiras e subsequente assinatura dos contratos correspondentes.

O negócio com os adquirentes pode ser formalizado mediante contrato de promessa de compra e venda da unidade imobiliária ou contrato de compra e venda com pacto de alienação fiduciária, firmado entre o incorporador e cada adquirente; por essas modalidades de contrato, o incorporador se responsabiliza pela construção e entrega da unidade a preço certo, com prazo determinado para conclusão da obra, averbação da construção, individualização das unidades no Registro de Imóveis e sua entrega aos adquirentes. Pode o negócio entre o incorporador e os adquirentes, entretanto, ser formalizado mediante contrato de promessa de compra e venda de fração ideal do terreno vinculada à contratação da construção da unidade, pelo regime da empreitada ou da administração, este último chamado *a preço de custo*. E, ainda, se for contratado financiamento para a construção, poderá ser este repassado para os adquirentes.

---

[38] Lei nº 4.591/1964: "Art. 29. (...) Parágrafo único. Presume-se a vinculação entre a alienação das frações do terreno e o negócio de construção, se, ao ser contratada a venda, ou promessa de venda ou de cessão das frações de terreno, já houver sido aprovado e estiver em vigor, ou pender de aprovação de autoridade administrativa, o respectivo projeto de construção, respondendo o alienante como incorporador".

A realização da obra há de ser feita de acordo com o projeto, as especificações e o prazo pactuado nos respectivos contratos.

Os adquirentes são representados por uma Comissão de Representantes, composta por pelo menos três adquirentes, eleita em assembleia geral que reúna os contratantes ou nomeada no contrato de construção pelo próprio incorporador. A Comissão tem a incumbência de acompanhar a obra, representando os interesses dos adquirentes.

As principais obrigações das partes envolvidas no negócio são exigíveis durante o período da construção, vale dizer, a obrigação do incorporador de construir ou fazer construir e a obrigação dos adquirentes de pagar o preço, em geral em parcelas que se vencem durante a obra e, em certos casos, seguem vencendo-se após a conclusão e entrega da edificação.

Em regra, ao tomar financiamento para a construção, o incorporador dá em garantia ao financiador o próprio terreno objeto da incorporação e as acessões que sobre ele vierem a ser erigidas; essa garantia pode ser a hipoteca ou a propriedade fiduciária; outro contrato de garantia real típico dos financiamentos das incorporações imobiliárias é o de cessão fiduciária dos créditos constituídos nos contratos de comercialização; em geral, o financiamento é contratado antes do início da comercialização, de modo que, ao contratar a aquisição, o adquirente torna-se titular de uma fração ideal de terreno e de acessões já gravadas com aquela garantia real; nesses casos, em geral, uma parte do preço de aquisição é pago pelo adquirente diretamente ao financiador. Em alguns casos, o incorporador inicia as vendas e depois vem a obter financiamento para a construção; para essas hipóteses, é comum, no contrato de promessa, a inserção de cláusula-procuração, pela qual o adquirente autoriza o incorporador a tomar financiamento para a construção e a dar em garantia, ao financiador, a fração ideal e as acessões que prometera adquirir, outorgando ao incorporador mandato com poderes para manifestar concordância com a constituição da garantia.[39]

A par do gravame do terreno e das acessões, em garantia do financiamento da incorporação, a cessão fiduciária dos créditos oriundos das vendas é contrato particularmente relevante para captação de recursos destinados a essa atividade empresarial. Esse contrato de garantia foi regulamentado especificamente para os fins da incorporação imobiliária pelos arts. 18 a 20 da Lei nº 9.514/1997, tendo sido sua aplicação estendida para garantia de outras espécies de operação.

Trata-se de garantia real dotada de boa liquidez, pois seu objeto material é crédito resgatável em parcelas pelos adquirentes dos imóveis em construção, cujo recebimento é legalmente atribuído ao cessionário, gerando para este, que, no caso específico da incorporação,

---

[39] A Portaria nº 3, de 15 de março de 2001, da Secretaria de Direito Econômico do Ministério da Justiça, divulgou "elenco de cláusulas, as quais, na forma do artigo 51 da Lei nº 8.078, de 11 de setembro de 1990 (...), serão consideradas como abusivas... 15. Preveja, no contrato de promessa de compra e venda de imóvel, que o adquirente autorize ao incorporador alienante constituir hipoteca do terreno e de suas acessões (unidades construídas) para garantir dívida da empresa incorporadora, realizada para financiamento de obras." (sic). O teor da Portaria não levou em conta a função econômica e social do contrato de incorporação, pois o financiamento da construção, a que se refere, visa exatamente o cumprimento do programa contratual, que atende a legítima expectativa do adquirente, valorizada pelo Código do Consumidor, que a Portaria invoca. Ademais, o ato que eventualmente poderia ser abusivo seria o uso do mandato para outra finalidade que não seja a garantia do financiamento da construção do edifício, pois quando constituída hipoteca para esse fim (construção) a cláusula é benéfica para os adquirentes. A vedação, enfim, é enganosa, pois, ao invés de proteger os adquirentes, pode prejudicar o desenvolvimento da obra e, assim, opera em sentido contrário ao interesse dos adquirentes e à função social do contrato de incorporação.

Cap. I • INCORPORAÇÃO IMOBILIÁRIA – CARACTERIZAÇÃO GERAL

é a instituição financiadora da incorporação, a legítima expectativa de retorno dos recursos financiados, no prazo programado.

A eficácia da cessão fiduciária é reforçada pela Lei nº 11.101/2005, que exclui os créditos objeto dessa cessão em garantia dos efeitos de recuperação judicial da empresa cedente ou de sua falência (§ 3º do art. 49 e inciso IX do art. 119).[40]

Dados o nexo funcional que liga os contratos de alienação das unidades e a dependência da incorporação de suas próprias forças, o direito positivo protege seu patrimônio no interesse comum da coletividade dos contratantes por meio de mecanismos econômicos, financeiros e, até mesmo, processuais destinados a garantir a preservação do fluxo financeiro direcionado à obra e à liquidação do passivo da incorporação, dentre os quais se destacam: (i) blindagem patrimonial mediante constituição de um patrimônio separado, de afetação, para cada incorporação imobiliária (Lei nº 4.591/1964, arts. 31-A e seguintes), (ii) irretratabilidade das promessas de venda (Lei nº 4.591/1964, § 2º, do art. 32), (iii) blindagem do produto das vendas mediante impenhorabilidade dos créditos oriundos da alienação dos imóveis (atual Código de Processo Civil, Lei nº 13.105/2015, art. 833, XII), (iv) resolução de pleno direito da promessa de venda mediante procedimento extrajudicial, seguido de leilão da fração ideal e acessões do adquirente inadimplente, visando a rápida recomposição do capital da incorporação (Lei nº 4.591/1964, art. 63), dentre outras normas que vinculam os créditos oriundos das promessas prioritariamente à execução da obra e liquidação do passivo da incorporação.

É obrigação do incorporador informar aos adquirentes, periodicamente, o andamento da obra, salvo se a construção tiver sido contratada por administração, hipótese em que são realizadas reuniões periódicas para exame do andamento da obra e revisão do seu custo.

Concluída a obra para a qual tenha sido concedido financiamento por instituição financeira, formalizam-se, em regra em um único instrumento, os contratos de compra e venda entre o incorporador e os adquirentes e de financiamento entre estes e a instituição financeira, para pagamento de parte do preço da aquisição, seguindo-se o "repasse" do crédito do incorporador (correspondente ao saldo do preço de venda) à instituição financiadora, para amortização do financiamento tomado para a construção.[41]

A construção do conjunto imobiliário é averbada no Registro de Imóveis em correspondência às frações ideais do terreno, se se tratar de condomínio edilício (art. 32, "i", § 1º-A), ou nas matrículas dos respectivos lotes de terreno, se se tratar de casas isoladas ou geminadas (art. 68), à vista da certidão emitida pela municipalidade (art. 44).

Como se vê, a incorporação imobiliária tem estrutura e dinâmica complexas. Nela envolvem-se ou podem envolver-se o proprietário do terreno para o qual será projetado o edifício, o corretor que tiver feito a aproximação entre o proprietário do terreno e o futuro incorporador ou construtor, o arquiteto que formula o projeto arquitetônico, as autoridades que processam a apreciação e aprovação do projeto, os engenheiros e outros profissionais que elaboram os projetos de execução, o advogado e demais profissionais do Direito que dão forma

---

[40] AgRg em REsp 1.181.533, rel. Min. Luis Felipe Salomão, *DJe* 10.12.2013. Tratamos especificamente desse contrato de garantia em nosso *Alienação Fiduciária – Negócio Fiduciário*, itens 7.1-7.9.

[41] Na linguagem corrente do mercado, designa-se "repasse" a operação pela qual, por ocasião da entrega das unidades, a instituição financeira que financiou a construção empresta ao adquirente os recursos necessários para complementar o pagamento do saldo do preço da unidade; considerando que o incorporador é o credor desse saldo, mas é devedor do valor correspondente ao financiamento da construção, a instituição financiadora, em vez de entregar ao incorporador a quantia correspondente ao saldo do preço de venda, emprega-a na amortização do saldo devedor do financiamento da construção.

aos diversos atos relativos à incorporação, bem como promovem os respectivos registros, as empresas de publicidade e de corretagem que promovem o lançamento e a comercialização do empreendimento e, afinal, os adquirentes.

1.4. CONCLUSÃO DA OBRA E INSTALAÇÃO DO CONDOMÍNIO

O objetivo final da incorporação é, como se viu, além da conclusão da obra, a regularização da construção mediante averbação do habite-se no Registro de Imóveis, em correspondência às frações ideais discriminadas na matrícula do terreno, a entrega das unidades e a outorga dos títulos aquisitivos aos adquirentes. Essa instituição e a organização da utilização do imóvel foram inicialmente reguladas no direito brasileiro pelo Decreto nº 5.481, de 25 de junho de 1928, vindo a ser disciplinada pela Lei nº 4.591, de 16 de dezembro de 1964, à qual vieram agregar-se os arts. 1.331 a 1.358-U do Código Civil de 2002, que dispõem sobre o regime condominial especial tendo por objeto unidades imobiliárias autônomas correspondentes a apartamentos, casas, lotes de terreno ou frações de tempo em multipropriedade.

O condomínio especial de que tratam o art. 8º da Lei nº 4.591/1964, o art. 6º da Lei nº 4.864/1965 e os arts. 1.331 e seguintes do Código Civil de 2002 caracteriza-se, fundamental-mente, pela autonomia de cada fração ideal e respectivas acessões e sua interligação com partes do conjunto imobiliário que são atribuídas à propriedade comum, e por essas características distingue-se do condomínio geral de que tratam os arts. 1.314 e seguintes do Código Civil de 2002.

Usualmente, o condomínio especial tem origem na atividade da incorporação imobiliária, para cujo exercício a lei exige que o incorporador institua essa espécie de direito de proprie-dade mediante registro do Memorial de Incorporação, pois esse registro (i) opera a divisão do terreno onde será erigido o conjunto imobiliário em tantos direitos reais de propriedade quantas sejam as frações ideais a que se vincularão as futuras unidades autônomas e (ii) con-fere autonomia ao direito real de propriedade relativo a cada fração ideal e suas respectivas acessões, investindo o seu titular (incorporador e futuros adquirentes) do direito subjetivo de dispor desse direito real de propriedade ou de direito aquisitivo independentemente de anuência dos demais titulares do direito real de propriedade ou aquisitivo sobre as frações restantes ideais que compõem esse condomínio especial.

Nas hipóteses em que a edificação coletiva não for erigida pelo regime da incorporação imobiliária, como é o caso, por exemplo, de construção realizada com recursos próprios do titular do terreno, sem efetivação de qualquer venda durante a construção, o condomínio é instituído pelo registro, no Registro de Imóveis, do respectivo instrumento público ou parti-cular, *inter vivos* ou *causa mortis* (CC, art. 1.332).

1.4.1. Fundamentação legal

O Código Civil disciplina a instituição e a organização do condomínio no capítulo inti-tulado "Do condomínio edilício" (Capítulo VII, Título III, Livro III), que trata de quase toda a matéria sobre as relações entre os condôminos contida nos arts. 1º a 27 da Lei nº 4.591/1964.

A inserção da disciplina sobre o condomínio especial, por unidades autônomas, no Código Civil deu origem a dúvidas e controvérsias sobre importantes questões relativas à sua incidência sobre a organização de condomínios já formados sob a égide da Lei nº 4.591/1964 e sobre alguns aspectos, em razão de omissões e inovações terminológicas e/ou conceituais, distanciadas de certos conceitos já consolidados na doutrina e na jurisprudência.

Fundamental, por exemplo, é a caracterização legal do condomínio, e aí já se inicia im-portante questionamento. Com efeito, o art. 1.331 assim define a propriedade condominial especial: "Art. 1.331. Pode haver, em edificações, partes que são propriedade exclusiva, e partes que são propriedade comum dos condôminos." Porque "pode haver" e não "haverá"? Ora, o condomínio por unidades autônomas em conjuntos imobiliários se forma, necessariamente, pela conjunção dessas duas propriedades, a exclusiva e a comum, e necessariamente há, em todo condomínio dessa natureza, partes que são de propriedade comum e partes que são de propriedade exclusiva; sem a conjunção dessas duas modalidades de propriedade jamais poderia existir um conjunto imobiliário composto por unidades autônomas, sejam superpostas em dois ou mais pavimentos, casas ou lotes de terreno. A coexistência de partes privativas + partes comuns é da natureza desse tipo de condomínio; logo, em condomínios por unidades autônomas *haverá* partes que são de propriedade exclusiva e partes que são de propriedade comum.

Outra questão relevante diz respeito à representação do condomínio, que o Código Civil autoriza seja atribuída a terceiro, não condômino.

Há omissões sobre aspectos importantes, como é o caso da configuração específica das vagas de garagem e dos condomínios de casas, prevista na Lei 4.591/1964 sob a designação de "casas térreas ou assobradadas", no art. 8º.

Por essas e outras razões, é de se admitir que a aplicação das regras do Código Civil relativas ao condomínio venha a ser orientada pelo entendimento já consolidado na doutrina e na jurisprudência; é de se admitir, também, que prevaleçam certas regras da Lei nº 4.591/1964, sobretudo naquilo que o Código Civil é omisso.

1.4.2. Caracterização do condomínio especial por frações autônomas ou unidades autônomas

O condomínio pode ser comum ou especial. Ao primeiro, o Código Civil de 2002 atribui a denominação de "condomínio geral", dividindo-o em duas espécies: o "condomínio voluntário" e o "condomínio necessário". Ao segundo (condomínio especial) o Código Civil denomina "condomínio edilício".

Condomínio geral, seja o voluntário ou o necessário, é aquele em que uma coisa pertence simultaneamente a duas ou mais pessoas, e essas têm direitos sobre a coisa na sua totalidade, e não sobre partes determinadas da coisa; no condomínio geral, os condôminos exercem seu direito na proporção da quota atribuída a cada um, sem excluir igual direito dos demais condôminos. Cada um concorre para as despesas da coisa e para cobertura de eventuais prejuízos na proporção dos seus direitos e, em contrapartida, cada um apropria-se, na mesma proporção, do resultado econômico propiciado pela coisa. Os direitos dos condôminos são exercidos em conjunto, e não isoladamente; também não se divide a coisa para que cada condômino exerça sua propriedade sobre uma parte delimitada.

"A ideia mestra está no exercício conjunto das faculdades inerentes ao condomínio pela pluralidade de sujeitos, de tal sorte que cada um deles tenha um poder jurídico sobre a coisa inteira, em projeção de sua quota ideal, sem excluir idêntico poder dos consócios ou coproprietários. A noção já nos vem do direito romano, onde a enunciara Ulpiano, e é a mesma no direito moderno, como decorre da sistematização legal (Código Civil, art. 623 e segs. [CC/1916]) e da doutrina."[42]

---

[42] PEREIRA, Caio Mário da Silva. *Condomínio e incorporações*, cit., p. 76.

Três são as características fundamentais do condomínio geral: 1) nenhum condômino pode dar a posse, uso ou gozo da coisa a estranhos, sem que os demais condôminos consintam; 2) se quiser alienar seu quinhão, o condômino tem que dar preferência aos demais; 3) o condomínio geral é transitório.

Essa configuração, obviamente, não atende às necessidades decorrentes da grande concentração urbana, cujos espaços são ocupados mediante conjuntos imobiliários formados por dois ou mais pavimentos superpostos, casas ou lotes de terreno urbano, além de terreno onde o proprietário desejar erigir mais de uma edificação (art. 8º). Essa modalidade de conjunto imobiliário reclama a instituição de um regime condominial especial (art. 32, "i", § 1º, e CC, art. 1.332), em que as frações ou unidades guardem relativa independência, numa configuração inconfundível com a do condomínio geral, pois, como observa José de Oliveira Ascensão, a finalidade do condomínio especial é viabilizar a existência e funcionalidade de propriedades separadas, embora em prédios coletivos, nos quais a comunhão cumpre função acessória: "Escopo da propriedade horizontal não é criar uma situação de comunhão: é permitir propriedades separadas, embora em prédios coletivos. Sendo assim, há nuclearmente uma propriedade, mas esta é especializada pelo fato de recair sobre parte da coisa e de envolver acessoriamente uma comunhão sobre outras partes do prédio. Estas especialidades levam a que a lei tenha tido a necessidade de recortar um regime diferenciado".[43]

Com efeito, ao contrário do que ocorre no condomínio geral, o poder jurídico dos titulares das frações ideais ou unidades no condomínio especial ou edilício não é exercido em comum sobre a totalidade dessas frações ou unidades autônomas e das partes comuns do conjunto imobiliário; nesse condomínio especial os condôminos exercem poder exclusivo sobre as unidades imobiliárias (frações autônomas), que são objeto de apropriação e utilização privativa por parte deles (o apartamento, a sala, o lote de terreno, a fração de tempo em multipropriedade etc.), e, simultaneamente, exercem, em comunhão, a titularidade sobre as partes do conjunto imobiliário destinadas ao uso comum de todos os condôminos (elevadores, portaria etc.).

Nessa configuração especial, reúnem-se e se articulam a propriedade coletiva e a propriedade individual. O terreno, a estrutura do edifício ou da urbanização do condomínio de lotes, a rede geral de distribuição de água, de esgoto etc., as áreas de circulação e de acesso ao logradouro, tudo isso constitui objeto de propriedade condominial geral dos condôminos, e essa propriedade deve ser exercida em comum, não pode jamais ser desmembrada, nem pode ser alienada separadamente da propriedade da fração autônoma ou unidade imobiliária autônoma de que seja titular o condômino, fundamentalmente porque isso seria materialmente

---

[43] ASCENSÃO, José de Oliveira. *Direitos reais*. 5. ed. Coimbra, Coimbra Editora, 2000, p. 464. Diz-se *propriedade horizontal* porque, enquanto na propriedade ordinária o poder jurídico do titular se projeta para o subsolo e para o espaço, na propriedade de imóveis superpostos em dois ou mais pavimentos esse poder se restringe ao plano horizontal do respectivo pavimento, não podendo extrapolar a laje de piso e a laje de cobertura de cada unidade, numa configuração que excepciona o conceito do art. 1.229 do Código Civil, segundo o qual "a propriedade do solo abrange a do espaço aéreo e subsolo correspondentes." Essa denominação, esclarece Caio Mário da Silva Pereira, "prende-se a uma ideia de simetria racional. Pelo fato de não ser usada pelos romanos a divisão do imóvel, e especialmente do edifício, senão por planos *verticais*, que permitiam a projeção espacial do domínio para o alto, *usque ad coelum*, e para baixo, *usque ad inferos*, e de se não ter vulgarizado, senão recentemente, a divisão por *planos horizontais*, alguns escritores começaram a ver aí uma propriedade *horizontalmente dividida*, ou, por condensação de linguagem, uma *propriedade horizontal*." (PEREIRA, Caio Mário da Silva. *Condomínio e incorporações*. 13. ed. rev., atual. e ampl. Atualizadores: Sylvio Capanema de Souza e Melhim Namem Chalhub. Rio de Janeiro: Forense, 2018, p. 40).

impossível; sobre essa propriedade condominial geral cada condômino é titular de um quinhão, uma fração ideal. Já os apartamentos ou unidades imobiliárias autônomas destinam-se à fruição exclusiva dos seus titulares e, por isso, são objeto de propriedade individual e são dotadas de autonomia material e jurídica; são os apartamentos, os escritórios, as lojas, as vagas de garagem, os lotes de terreno, as frações de tempo na multipropriedade etc.

As frações ideais em que se divide a propriedade do terreno para efeito de implantação de conjunto imobiliário sujeitam-se a esse regime condominial especial e a elas se vinculam as acessões que corresponderão às diversas unidades que comporão a edificação projetada e cada uma delas é qualificada como objeto de direito de propriedade dotado de autonomia que viabiliza sua livre disposição pelos respectivos titulares, independente de preferência ou anuência dos titulares das demais frações ideais, assim se distinguindo do regime condominial geral a que se refere o art. 1.314 do Código Civil e do condomínio especial ou edilício de que tratam o Código Civil e a Lei nº 4.591/1964 (CC, arts. 1.331 e ss. e Lei nº 4.591/1964, art. 32, "i", § 1º-A).

Concluída a construção e averbado o habite-se as unidades imobiliárias que compõem o conjunto assimilam os atributos que caracterizam o regime condominial especial a que foram submetidas as frações ideais autônomas, pelo qual cada unidade é, por natureza, vinculada ao conjunto de que faz parte e todo esse conjunto (partes de propriedade comum + mais partes de propriedade exclusiva) constitui um bem incindível, a despeito da autonomia de que é dotada cada unidade imobiliária, e esse fato enseja a conjunção entre o direito de propriedade exclusiva e o direito de copropriedade.

Não se trata de uma *propriedade mista*, em que houvesse uma relação de dependência entre um direito de copropriedade sobre as partes comuns e um direito exclusivo de propriedade sobre a unidade imobiliária; nem se trata de um direito *principal* e um direito *acessório*, mas, como esclarece Caio Mário da Silva Pereira, trata-se de uma *fusão de direitos*, uma *simbiose orgânica*, "uma relação subjetiva una e uma relação objetiva dicotômica."[44]

Podem ser objeto de condomínio especial (a) conjunto de casas térreas ou assobradadas, construídas um único terreno, do qual se destaca uma parte ocupada pela edificação e outra reservada para jardim e quintal; (b) conjunto de edifícios de dois ou mais pavimentos, composto por unidades imobiliárias autônomas; (c) um só edifício de unidades autônomas;[45] (d) lotes de terreno (e) ou frações de tempo sob regime de multipropriedade.

---

[44] PEREIRA, Caio Mário da Silva. *Condomínio e incorporações*, cit., p. 93 e 171. "No conjunto imobiliário a unidade é uma ilha de propriedade exclusiva dentro do condomínio (...). Ponderando sobre o novo regime jurídico de condomínio em propriedade horizontal, o investigador encontra duas situações: a da *propriedade exclusiva sobre a unidade*, que é o escopo a que visa o sujeito, em franca atenção à procura de uma fórmula jurídica de aproveitamento da fração material da coisa, sem a participação de seus vizinhos ou dos cotitulares de direitos no todo. Ao mesmo passo, ressalta-lhe à observação a posição *menos relevante* do condomínio indivisível sobre o solo e as partes comuns, que somente existe em caráter finalístico para proporcionar a utilização da propriedade exclusiva. Os proprietários de apartamentos são comproprietários daquelas partes, como meio de realização do seu direito individual. Este prepondera sobre a compropriedade."

[45] Ao tratar do condomínio especial, composto de unidades autônomas, o Código Civil só se refere a "edificações", omitindo-se em relação a conjuntos de casas, estes tratados de maneira específica na Lei nº 4.591/1964 e na Lei nº 4.864/1965. O condomínio de casas, entretanto, é admitido, como esclarece o Enunciado nº 89, da I Jornada de Direito Civil, já referido em nota anterior, neste mesmo capítulo. O mesmo ocorre em relação aos condomínios de lotes de terreno, a que nos referimos adiante.

1.4.3. A instituição, o uso e a administração do condomínio especial

Nos conjuntos imobiliários implantados sobre um único terreno o direito de propriedade individual de cada condômino lhe assegura o uso, a fruição e a livre disposição da respectiva unidade imobiliária, excluídos todos os demais condôminos, enquanto seu direito de propriedade sobre as partes comuns lhe faculta usá-las e delas extrair fruição compatível com sua função, em conformidade com sua destinação e sem excluir igual direito de utilização dos demais condôminos.

Esse regime jurídico tem origem usualmente na atividade da incorporação imobiliária, cujo exercício tem como requisito legal o prévio registro do Memorial de Incorporação, pelo qual são criados os direitos de propriedade autônomos sobre as frações ideais às quais se incorporarão as acessões que constituirão a futura edificação (Lei nº 4.591/1964, art. 32, "i", § 1º-A)[46]. Quando não é originário dessa atividade, o condomínio especial/edilício é instituído pelo registro, no Registro de Imóveis, do respectivo instrumento público ou particular, *inter vivos* ou *causa mortis* (CC, art. 1.332).

A instituição do condomínio pelo registro da incorporação imobiliária é justificada pela caracterização dessa atividade como negócio jurídico de venda de frações ideais de terreno conjugada a construção de conjunto imobiliário (art. 29), cuja validade e eficácia pressupõem a identificação dessas frações no Registro de Imóveis como objeto de direito de propriedade sob regime condominial especial[47], seja para assegurar existência legal dos direitos de propriedade tendo como objeto a titularidade sobre as frações ideais do terreno a que se incorporarão as unidades, passíveis de transmissão aos adquirentes antes mesmo de iniciada a construção, mediante registro do contrato (Lei nº 6.015/1973, art. 225)[48], seja para viabilizar a livre disposição dos direitos reais sobre essas frações no curso da construção.

Por esse modo são assentados no Registro de Imóveis os caracteres que conferem "individualidade autônoma"[49] a cada uma das diversas frações de terreno e/ou unidades, em conformidade

---

[46] Esses dispositivos foram incluídos na Lei nº 4.591/1964 pela Medida Provisória 1.085/2021, convertida na Lei nº 14.382/2022 com o propósito de uniformizar procedimentos, afastando obstáculos decorrentes de normas estaduais que, a par do registro do memorial, exigiam como requisito para registro da constituição de condomínio especial a apresentação da certidão de habite-se, partindo da equivocada premissa de que só *edificações dotadas de habitabilidade* reuniriam os atributos típicos da propriedade condominial especial, e não *frações ideais autônomas* sem construção.

[47] Diz-se *condomínio especial* para designar aquele caracterizado pela conjunção da propriedade individual e da copropriedade tendo por objeto unidades ou frações autônomas, em oposição ao *condomínio geral*. Apesar de o Código Civil dispor sobre o *condomínio especial* em capítulo intitulado "condomínio edilício" e ter se referido a "edificações", suas normas não se limitam a dispor sobre a propriedade condominial de apartamentos em pavimentos superpostos, mas, também, sobre unidades integrantes de conjuntos de casas, de lotes de terreno e até mesmo sobre frações de tempo em multipropriedade e, portanto, devem ser interpretadas extensivamente, tendo presente que o objeto do condomínio é o direito de propriedade sobre o bem, e não o bem fisicamente considerado.

[48] Como se sabe, o contrato de alienação de bens imóveis só é passível de registro que opera a transmissão da propriedade ou do direito aquisitivo se nele constar caracterização do bem idêntica à que consta no Registro de Imóveis, pois, como leciona Afrânio de Carvalho, a existência legal dos imóveis, que os torna passíveis de disposição, é determinada pela identificação no Registro de Imóveis com "sua representação escrita como individualidade autônoma, com o seu modo de ser físico, que o torna inconfundível e, portanto, heterogêneo em relação a qualquer outro" (CARVALHO, Afrânio de. *Registro de imóveis*. 2. ed. Rio de Janeiro: Forense, 1982, p. 247).

[49] CARVALHO, Afrânio de. *Registro de imóveis*. 2. ed. Rio de Janeiro: Forense, 1982, p. 247.

Cap. I • INCORPORAÇÃO IMOBILIÁRIA – CARACTERIZAÇÃO GERAL

com o princípio da especialidade, e as identificam como objeto de propriedade condominial distinto da propriedade condominial geral, *pro indiviso* (CC, arts. 1.314 e ss), segundo o qual os titulares das frações só podem aliená-las após oferecer preferência aos demais titulares.[50]

Essa identificação peculiar é função típica do registro da incorporação, tal como prevista no § 1º-A do art. 32 da Lei nº 4.591/1964, que define esse ato registral como modo de constituição da propriedade condominial especial, caracterizada pela faculdade de livre disponibilidade das frações autônomas e acessões que a elas se incorporarem, independentemente de preferência dos demais condôminos (redação dada pela Medida Provisória nº 1.085/2021, convertida na Lei nº 14.382/2022).

Seja mediante registro de ato inter vivos ou causa mortis ou do memorial de incorporação, o condomínio especial edilício tem como elementos de caracterização (a) a determinação da fração ideal do terreno e partes comuns a que se vincula cada unidade, (b) a discriminação e a individualização das unidades autônomas e das partes comuns e (c) a destinação das unidades (Lei 4.591/1964, art. 32, e CC, art. 1.332).

A propriedade coletiva e a propriedade individual, conjugadas no condomínio especial, coexistem "ligadas entre si por um nexo de funcionalidade",[51] numa configuração que torna indispensável a organização da sua gestão e, nesse sentido, a lei disciplina o exercício dos direitos inerentes a essa propriedade especial, define os órgãos da administração do condomínio e as peculiaridades do seu funcionamento, tanto no curso da construção (assembleia geral e comissão de representantes, arts. 43 e ss) como na fase da utilização do conjunto imobiliário (CC, arts. 1.331 e ss), entre outros aspectos inerentes à conformação e à funcionalidade desse regime condominial especial.

Dado que, quando resulte de incorporação imobiliária, o condomínio especial por frações autônomas é instituído por efeito do registro do Memorial de Incorporação, uma vez concluída a obra, o art. 44 dispõe que o "habite-se" será averbado no Registro de Imóveis em correspondência às frações ideais autônomas às quais as acessões aderem, passando a formar, reunidas, as diversas unidades imobiliárias integrantes desse regime condominial especial, afastada a necessidade de nova instituição de condomínio edilício por ocasião do habite-se sob pena de se caracterizar *bis in idem*.

Embora usualmente resulte da incorporação imobiliária, a instituição de condomínio se faz também mediante outros procedimentos.

É o caso, por exemplo, de um grupo de pessoas que adquire um terreno para construir edifício de apartamentos e pode, na mesma escritura de compra do terreno, dispor sobre a constituição do condomínio, nesse mesmo instrumento dividindo o terreno em frações ideais, descrevendo e caracterizando as futuras unidades imobiliárias que haverão de se vincular àquelas frações e atribuindo a propriedade dessas frações e das futuras unidades a cada um dos condôminos.[52]

---

[50] Código Civil: "Art. 504. Não pode um condômino em coisa indivisível vender a sua parte a estranhos, se outro consorte a quiser, tanto por tanto. O condômino, a quem não se der conhecimento da venda, poderá, depositando o preço, haver para si a parte vendida a estranhos, se o requerer no prazo de cento e oitenta dias, sob pena de decadência. Parágrafo único. Sendo muitos os condôminos, preferirá o que tiver benfeitorias de maior valor e, na falta de benfeitorias, o de quinhão maior. Se as partes forem iguais, haverão a parte vendida os comproprietários, que a quiserem, depositando previamente o preço".

[51] Antonio Gambaro, *Trattato di diritto privato – la proprietà*, Milão: Giuffrè, 1990, p. 269.

[52] LOPES, Miguel Maria de Serpa, *Tratado dos registros públicos*. Rio de Janeiro: Freitas Bastos. 4. ed., 1961, v. IV, p. 252.

O mesmo se dá quando os coproprietários de um edifício com matrícula única no Registro de Imóveis resolvem extinguir esse condomínio geral mediante divisão do imóvel e atribuição de cada uma das unidades que o compõem à propriedade individual e autônoma de cada um deles.

Nada obsta a que o proprietário único da totalidade de um edifício composto de várias unidades o divida em frações autônomas com suas correspondentes unidades imobiliárias e firme o respectivo instrumento de constituição, pelo qual, como ensina Pontes de Miranda, "o edifício, que era *unidade* em toda a sua altura, largura e comprimento, passa a ser *pluralidade na unidade* (...). Aí está a razão por que nada obsta a que o alienante, o incorporador, o testador ou doador por adiantamento de legítima imponha, satisfeitos os pressupostos necessários, a comunhão *pro diviso*, ainda se o adquirente é uma só pessoa".[53] Prossegue Pontes de Miranda: "A declaração de vontade para dividir em apartamentos o edifício pode ser unilateral, e não importa se o declarante é uma só pessoa, ou duas, ou mais"[54], e por isso mesmo o art. 1.332 do Código Civil de 2002 prevê que o condomínio pode ser instituído "por ato entre vivos ou testamento".[55]

É com base nesses fundamentos, que a V Jornada de Direito Civil, promovida pelo Centro de Estudos Jurídicos do Conselho da Justiça Federal aprovou o Enunciado 504, pelo qual a escritura de instituição e convenção firmada pelo proprietário único do edifício é título hábil para registro nos termos dos arts. 1.332 e 1.334 do CC/2002.[56]

"Os direitos de cada condômino às partes comuns são inseparáveis de sua propriedade exclusiva", assim como das frações ideais, sendo vedado "alienar ou gravar os bens em separado" (art. 1.339, § 1º, do CC/2002); a "parte acessória" da unidade imobiliária, entretanto, pode ser alienada a outro condômino ou mesmo a estranho, mas neste caso só se permitido pelo ato constitutivo do condomínio e, ainda, "se a ela não se opuser a respectiva assembleia geral" (§ 2º do art. 1.339 do CC/2002). O dispositivo não especifica o que sejam essas "partes acessórias", mas parece que quer se referir, entre outros, aos locais destinados à guarda de veículos, que, conforme o caso, podem ser caracterizados como unidades autônomas, quando compuserem edifício-garagem, ou como partes acessórias de unidades autônomas e, ainda, como objeto de direito de uso.

O condômino pode alugar sua área no "abrigo de veículos" inclusive para estranhos ao condomínio, mas nesse caso "preferir-se-á, em condições iguais, qualquer dos condôminos a estranhos e, entre todos, os possuidores" (art. 1.338 do CC/2002).

As partes comuns, em regra, são insuscetíveis de utilização exclusiva por qualquer condômino (art. 1.335, II, do CC/2002), salvo casos excepcionais, sem que, todavia, tal uso implique apropriação da coisa comum pelo condômino; seria o caso, por exemplo, de vagas de garagem localizadas em alguma parte comum do edifício; para esses casos, as despesas relativas a essas partes comuns incumbem aos condôminos que dela se servirem com exclusividade (art. 1.340 do CC/2002).

O terraço do edifício é considerado parte comum, mas o instrumento de instituição do condomínio pode caracterizá-lo como parte privativa (§ 5º do art. 1.331 do CC/2002); nesse

---

[53]   PONTES DE MIRANDA, Francisco Cavalcanti, *Tratado de Direito Civil*. São Paulo: Revista dos Tribunais, 2012, t. XII, 1.335, 8.

[54]   Idem, § 1.332, 7.

[55]   Tratamos especificamente da matéria em nosso *Alienação fiduciária, incorporação imobiliária e mercado de capitais – Estudos e pareceres* (Editora Renovar, Rio de Janeiro, 2. tir., p. 373-390).

[56]   Enunciado 504 da V Jornada de Direito Civil: "A escritura declaratória de instituição e convenção firmada pelo titular único de edificação composta por unidades autônomas é título hábil para registro da propriedade horizontal no competente registro de imóveis, nos termos dos arts. 1.332 e 1.334 do CC".

caso, incumbem ao proprietário da cobertura as despesas de sua conservação "de modo que não haja danos às unidades inferiores" (art. 1.344 do CC/2002).[57]

A construção de outro pavimento sobre o edifício ou de outra edificação no solo comum, destinado a conter novas unidades, depende da aprovação unânime dos condôminos.

O síndico pode realizar, independente de autorização, as obras ou reparações necessárias nas partes comuns, podendo qualquer condômino realizá-las em caso de omissão daquele administrador. Se essas obras forem urgentes e importarem em "despesas excessivas, determinada sua realização, o síndico ou o condômino que tomou a iniciativa delas dará ciência à assembleia, que deverá ser convocada imediatamente" (§ 2º do art. 1.341 do CC/2002); mas, não sendo urgentes essas obras de custo "excessivo", sua realização depende de aprovação da assembleia geral, que poderá ser convocada por qualquer condômino em caso de omissão ou impedimento do síndico (§ 3º do art. 1.341 do CC/2002). As obras e os reparos necessários realizados por condômino serão a ele reembolsadas, não se autorizando o reembolso de outras obras ou reparos de outra natureza, mesmo que sejam de interesse comum (§ 4º do art. 1.341 do CC/2002).

As obras de acréscimo, destinadas a aumentar ou facilitar a utilização de partes comuns, dependem de aprovação de 2/3 dos votos dos condôminos, vedada a realização, nas partes comuns, de acessões que possam prejudicar a utilização de partes comuns ou privativas (art. 1.342 do CC/2002).

Além da instituição do condomínio, os condôminos deverão formular uma convenção, que determinará: a) a quota de contribuição dos condôminos e o modo de pagamento, para atender às despesas ordinárias e extraordinárias do condomínio; b) a forma da administração e seus órgãos; c) a competência da assembleia geral, forma de convocação e *quorum* exigido para as deliberações; d) as sanções a que estão sujeitos os condôminos ou possuidores; e e) o regimento interno. A convenção deve ser subscrita por titulares de, no mínimo, 2/3 das frações ideais, tornando-se desde logo obrigatória para os titulares de direito sobre as unidades e "para quantos sobre elas tenham posse ou detenção;" entretanto, a convenção só produz efeito perante terceiros depois de registrada no Registro de Imóveis competente; a convenção pode ser formalizada por instrumento público ou particular. Para exercício dos direitos e cumprimento dos deveres relativamente à propriedade condominial especial, equiparam- -se "aos proprietários, (...) salvo disposição em contrário, os promitentes compradores e os cessionários de direitos relativos às unidades autônomas" (§ 2º do art. 1.334 do CC/2002).

É dever do condômino (a) contribuir para as despesas do condomínio, na proporção de suas frações ideais, (b) abster-se de realizar obras que possam comprometer a segurança do edifício, (c) abster-se de alterar a forma e a cor das fachadas, das partes e das esquadrias externas; o condômino não pode dar à sua unidade destinação diversa da que tem a edificação, nem utilizá-la de maneira prejudicial ao sossego, à salubridade e à segurança dos possuidores ou de maneira prejudicial aos bons costumes.

O não pagamento de contribuições sujeita o condômino aos juros moratórios estabelecidos na convenção e à multa de 2% sobre o valor do débito; não havendo estipulação na convenção, a taxa de juros moratórios será de 1% por mês. O não cumprimento dos demais

---

[57] Na III Jornada de Direito Civil, promovida pelo CEJ do CJF entre 1º e 3 de dezembro de 2004, foi aprovado o Enunciado nº 247, segundo o qual: "No condomínio edílico é possível a utilização exclusiva de área 'comum' que, pelas próprias características da edificação, não se presta ao 'uso comum' dos demais condôminos".

deveres sujeitará o condômino ao pagamento da multa que estiver estabelecida no ato de instituição do condomínio ou na convenção, mas essa multa não poderá exceder a cinco vezes o valor de suas contribuições mensais; não havendo estipulação expressa na instituição ou na convenção, "caberá à assembleia geral, por 2/3 (dois terços) no mínimo dos condôminos restantes, deliberar sobre a cobrança da multa" (§ 2º do art. 1.336 do CC/2002).

O adquirente de unidade autônoma responde pelos débitos do alienante, em relação ao condomínio, inclusive no que tange às multas e aos juros moratórios (art. 1.345 do CC/2002).

Ao condômino, ou possuidor, que descumpra reiteradamente seus deveres gerais perante o condomínio poderá, por deliberação de 3/4 da assembleia, ser aplicada "multa correspondente até o quíntuplo do valor atribuído à contribuição para as despesas condominiais, conforme a gravidade das faltas e a reiteração, independentemente das perdas e danos que se apurem" (art. 1.337 do CC/2002). Dispõe ainda o parágrafo único desse dispositivo que "o condômino ou possuidor que, por seu reiterado comportamento antissocial, gerar incompatibilidade de convivência com os demais condôminos ou possuidores, poderá ser constrangido a pagar multa correspondente ao décuplo do valor atribuído à contribuição para as despesas condominiais, até ulterior deliberação da assembleia."

O edifício deve ser segurado contra os riscos de incêndio ou de destruição total ou parcial (art. 1.346 do CC/2002).

A administração do condomínio é organizada sob tradicional forma associativa: a assembleia geral é o órgão máximo de deliberação; o síndico é o administrador, a ele incumbindo a atividade executiva das deliberações da assembleia e o desenvolvimento das atividades rotineiras da administração. Poderá haver um conselho fiscal, composto de três membros, eleitos pela assembleia geral, com mandato não superior a dois anos, ao qual compete apreciar as contas do síndico.

Haverá, anualmente, uma assembleia geral ordinária destinada a (a) apreciar as contas do exercício findo e (b) aprovar o orçamento do condomínio e o valor das contribuições exigíveis dos condôminos; é, ainda, competência dessa assembleia, quando couber, eleger os membros da administração e alterar o regimento interno. Essa assembleia deve ser convocada pelo síndico, mas, se este não o fizer, a assembleia pode ser convocada por 1/4 dos condôminos. "Se a assembleia não se reunir, o juiz decidirá, a requerimento de qualquer condômino" (art. 1.350 e §§ do CC/2002).

Os condôminos poderão reunir-se em assembleias extraordinárias, convocadas pelo síndico ou por 1/4 dos condôminos, para deliberar sobre qualquer assunto de interesse do condomínio.

A assembleia não poderá deliberar se não tiverem sido convocados todos os condôminos.

Em regra, as deliberações da assembleia serão tomadas, em primeira convocação, pelo voto da maioria dos condôminos presentes, que representem pelo menos metade das frações ideais e, em segunda convocação, pelo voto da maioria dos presentes, sempre com a ressalva dos casos em que se exige *quorum* especial.

A mudança de destinação do edifício ou da unidade imobiliária depende da aprovação de 2/3 dos condôminos .[58] A deliberação sobre aplicação de multa a condômino que descumprir reiteradamente seus deveres deve ser tomada pelo voto de 3/4 dos demais condôminos. A

---

[58] Código Civil, com a redação dada pela Lei 14.405/2022: "Art. 1.351. Depende da aprovação de 2/3 (dois terços) dos votos dos condôminos a alteração da convenção, bem como a mudança da destinação do edifício ou da unidade imobiliária."

convenção de condomínio ou o regimento interno só poderão ser alterados pelo voto de 2/3 dos condôminos. Exige-se também o voto de 2/3 dos condôminos para aprovação de projetos de obras voluptuárias e de obras de acréscimo às partes comuns já existentes, destinadas a aumentar ou facilitar sua utilização. A deliberação sobre a reconstrução ou venda do edifício, em caso de ameaça de ruína ou de destruição total ou considerável, assim como a deliberação sobre destituição do síndico, deverá ser tomada por condôminos que representem metade mais uma das frações ideais do terreno.

A administração do condomínio caberá ao síndico, que poderá ser pessoa estranha ao condomínio, com mandato não superior a dois anos, renovável.

O síndico tem os poderes gerais de administração e de representação ativa e passiva do condomínio, incumbindo-lhe basicamente dar cumprimento à convenção e às deliberações da assembleia geral.

Pode o síndico transferir, total ou parcialmente, seus poderes de representação ou as funções administrativas, mediante aprovação da assembleia, salvo disposição em contrário da convenção.

O síndico pode ser destituído pelo voto da maioria absoluta dos condôminos por prática de irregularidades, falta de prestação de contas ou caso não administre convenientemente o condomínio (art. 1.349 do CC/2002).

Extingue-se o condomínio em caso de desapropriação e de destruição da edificação, salvo, neste caso, se os condôminos resolverem reconstruir o edifício.

No primeiro caso, a indenização será repartida entre os condôminos proporcionalmente ao valor das respectivas unidades (de acordo com o § 3º do art. 1.331 do CC/2002, a fração ideal é proporcional ao valor da unidade).

No caso de destruição total ou considerável, bem como no caso de ameaça de ruína, e deliberando os condôminos pela venda, pelo voto de condôminos que representem metade mais uma das frações ideais, o valor apurado na venda será repartido entre os condôminos na proporção do valor das unidades.

Se os condôminos deliberarem pela reconstrução, o condômino que desejar eximir-se do pagamento da parte que lhe cabe só poderá realizar seu propósito "alienando os seus direitos a outros condôminos, mediante avaliação judicial" (§ 1º do art. 1.357 do CC/2002).

1.4.4. Locais para guarda de veículos

A apropriação e o uso dos locais destinados a guarda de veículos nos edifícios é objeto de tratamento específico do direito positivo. A legislação especial (§§ 1º ao 3º do art. 2º, da Lei nº 4.591/1964, com a redação dada pela Lei nº 4.864/1965) distingue as modalidades de apropriação e uso desses locais, cuidando, inclusive, da configuração da propriedade nos edifícios-garagem. O Código Civil indica, entre as partes privativas dos edifícios, os "abrigos para veículos" (§ 1º do art. 1.331), dando a impressão que os considera "parte acessória" da unidade (art. 1.339 e seu § 2º), e nada mais fala. Dada a omissão, é de se presumir que, mesmo após inserida a regulamentação do condomínio por unidades autônomas no Código Civil, continuarão em vigor as disposições da legislação especial que disciplinam essa matéria (§§ 1º ao 3º do art. 2º, da Lei nº 4.591/1964, acrescentados pela Lei nº 4.864/1965).

De acordo com essa legislação especial e com a construção doutrinária e jurisprudencial sobre a matéria, as vagas de garagem podem ser consideradas *unidades autônomas* (obrigatoriamente numeradas, localizadas e demarcadas), *exclusivas* ou *acessórias de unidades autônomas* (destinadas à utilização exclusiva de determinada unidade, à qual se ligam como acessório) ou *direito de uso* (não têm vinculação a unidades determinadas e têm seu uso regulado pela Convenção).[59]

Os direitos sobre esses locais podem caracterizar-se como "(a) uma vaga de ocupação no espaço da garagem, demarcada ou dividida, e, às vezes, numerada, sendo, portanto, uma *vaga determinada*; e (b) uma vaga sem delimitação ou sem demarcação, constituindo-se apenas no direito de ocupar o espaço do carro, na garagem, sendo, portanto, *uma vaga indeterminada*".[60]

Essas distintas espécies de direito estão qualificadas em termos explícitos no § 1º do art. 2º da Lei nº 4.591/1964, estando contemplado no § 2º o tratamento compatível com as características de cada espécie de direito.

Há, de uma parte, vagas localizadas e demarcadas que são acessórias de determinadas unidades autônomas e, portanto, obrigatoriamente vinculadas a essas unidades, enquanto, de outra parte, há vagas não localizadas e não demarcadas, que têm existência não vinculada a unidade alguma. De acordo com essa caracterização legal, a alienação das primeiras (demarcadas e vinculadas) opera a desvinculação da vaga da unidade a que estava anteriormente vinculada e sua subsequente vinculação à unidade do adquirente; já a alienação das demais espécies de vaga (não demarcadas) não depende de desvinculação e posterior vinculação pois, obviamente, trata-se de direito de uso sem vínculo com unidade alguma. Em regra, só é facultada a transferência das vagas ou do direito de uso a condômino, pois, segundo Pontes de Miranda, o direito a essa espécie de vaga é "relativamente autônomo, portanto, transferível a outro comuneiro, de modo que outro comuneiro (não o estranho!) pode adquiri-lo."[61]

Quanto a esse aspecto, o Código Civil põe no direito positivo duas inovações.

A primeira diz respeito à locação de vagas a estranhos ao condomínio, que o atual Código faculta, ressalvada apenas a preferência, em iguais condições, dos "condôminos a estranhos e, entre todos, os possuidores" (art. 1.338).

A segunda inovação diz respeito à venda de vaga de garagem. Quanto a esse aspecto, o § 2º do art. 1.339[62] permite que o condômino aliene a outro condômino parte acessória de sua unidade, só admitindo que a aliene a estranho se permitido pelo ato constitutivo do condomínio e, ainda, "se a ela não se opuser a respectiva assembleia geral".

Independentemente desse aspecto, o § 1º do art. 1.331, na sua redação original, permitia que o condômino alienasse livremente as vagas de garagem, mas, em vista da insegurança que a

---

[59]   FIORANELLI, Ademar. *Direito registral imobiliário*, Porto Alegre, Sergio Antonio Fabris Editor, 1999, p. 582.

[60]   SILVA FILHO, Elvino. *As vagas de garagem nos edifícios de apartamentos*, São Paulo, 1977, p. 16-17.

[61]   *Tratado de direito predial*, José Konfino, Rio de Janeiro, v. 2, § 60, n. 4, p. 176/177. Essa é a orientação adotada pela legislação especial sobre condomínio. Anote-se, a propósito, que o Código Civil, embora trate inteiramente do "condomínio edilício" nos seus arts. 1.331 e seguintes, é omisso quanto à configuração da propriedade das vagas de garagem e quanto às limitações dos poderes do seu titular, o que faz crer que continuam em vigor as disposições da legislação especial que dispõem sobre essa matéria (§§ 1º ao 3º do art. 2º da Lei nº 4.591/1964, acrescentados pela Lei nº 4.864/1965). O Código Civil, no plano dos direitos reais, caracteriza as vagas de garagem como objeto de propriedade exclusiva, atribuindo-lhes o nome de "abrigos para veículos" (§ 1º do art. 1.331), e, no plano obrigacional, autoriza o condômino a alugar seu "abrigo" a estranhos ao condomínio, assegurada, entretanto, a preferência dos condôminos (art. 1.338).

[62]   Código Civil: "Art. 1.339, § 2º É permitido ao condômino alienar parte acessória de sua unidade imobiliária a outro condômino, só podendo fazê-lo a terceiro se essa faculdade constar do ato constitutivo do condomínio, e se a ela não se opuser a respectiva assembleia geral".

presença de estranhos pudesse dar causa, a Lei nº 12.607/2012 alterou sua redação para dispor que as partes de propriedade exclusiva podem ser livremente alienadas ou oneradas, "exceto os abrigos para veículos, que não poderão ser alienados ou alugados a pessoas estranhas ao condomínio, salvo autorização expressa na convenção de condomínio".[63]

Assim, a venda ou o aluguel de vagas de garagem a estranhos ao condomínio só é permitida se autorizada expressamente na convenção de condomínio.

1.4.5. Condomínio de lotes de terreno urbano

Conjuntos de lotes de terreno urbanos podem ser organizados em forma de condomínio por unidades autônomas, nos termos do art. 1.358-A e parágrafos do Código Civil e do § 7º do art. 2º da Lei nº 6.766/1979, introduzidos no direito positivo pela Lei nº 13.465, de 11.7.2017.

Por esse regime jurídico, os lotes constituem unidades imobiliárias autônomas, objeto de propriedade e ao uso exclusivo de cada titular, e as vias de circulação interna, além de outras partes destinadas à existência e à funcionalidade do conjunto imobiliário, constituem partes comuns, objeto de propriedade e uso comum dos titulares dos lotes.

De acordo com o art. 1.358-A do Código Civil, os condomínios de lotes de terreno sujeitam-se, no que couber, ao regime jurídico do condomínio edilício, observada a legislação urbanística. A fração ideal de terreno atribuída a cada lote será determinada no instrumento de instituição de condomínio e pode ser proporcional à área do solo ocupada por cada lote ou ao respectivo potencial construtivo, admitido qualquer outro critério de determinação da fração que o instituidor venha a indicar no ato de instituição.

A implantação de condomínios de lotes é atividade empresarial sujeita ao regime jurídico da incorporação imobiliária de que trata a Lei nº 4.591/1964, "equiparando-se o empreendedor ao incorporador quanto aos aspectos civis e registrários".[64]

O § 7º do art. 2º da Lei nº 6.766/1979, incluído pela Lei nº 13.465/2017, por sua vez, prevê a qualificação do lote como unidade imobiliária autônoma integrante de condomínio, e o § 4º do art. 4º da mesma lei dispõe que "poderão ser instituídas limitações administrativas e direitos reais sobre coisa alheia em benefício do poder público, da população em geral e

---

[63] Código Civil: "Art. 1.331 (...) § 1º As partes suscetíveis de utilização independente, tais como apartamentos, escritórios, salas, lojas e sobrelojas, com as respectivas frações ideais no solo e nas outras partes comuns, sujeitam-se a propriedade exclusiva, podendo ser alienadas e gravadas livremente por seus proprietários, exceto os abrigos para veículos, que não poderão ser alienados ou alugados a pessoas estranhas ao condomínio, salvo autorização expressa na convenção de condomínio" (redação dada pela Lei nº 12.607/2012; na redação original do Código era permitida a livre alienação das vagas de garagem).

[64] Código Civil, art. 1.358-A, com a redação dada pela Lei nº 14.382/2022: Art. 1.358-A. Pode haver, em terrenos, partes designadas de lotes que são propriedade exclusiva e partes que são propriedade comum dos condôminos. § 1º A fração ideal de cada condômino poderá ser proporcional à área do solo de cada unidade autônoma, ao respectivo potencial construtivo ou a outros critérios indicados no ato de instituição. § 2º Aplica-se, no que couber, ao condomínio de lotes: I – o disposto sobre condomínio edilício neste Capítulo, respeitada a legislação urbanística; e II – o regime jurídico das incorporações imobiliárias de que trata o Capítulo I do Título II da Lei nº 4.591, de 16 de dezembro de 1964, equiparando-se o empreendedor ao incorporador quanto aos aspectos civis e registrários." § 3º Para fins de incorporação imobiliária, a implantação de toda a infraestrutura ficará a cargo do empreendedor."

da proteção da paisagem urbana, tais como servidões de passagem, usufrutos e restrições à construção de muros".[65]

Até o advento da Lei nº 13.465/2017, controvertia-se sobre a divisão de glebas de terra sob forma de condomínio constituído por unidades autônomas, ainda regulamentado por alguns municípios com fundamento no art. 8º, "a", da Lei nº 4.591/1964 e no art. 3º do Decreto-lei nº 271/1967.

A questão chegou ao Supremo Tribunal Federal, que, ao julgar o Recurso Extraordinário nº 607.940-DF, aprovou tese com repercussão geral, pela qual reconhece a constitucionalidade de legislação do Distrito Federal cujas normas "mesclam os atributos do condomínio edilício previsto na Lei nº 4.591/64 e do loteamento conceituado na Lei nº 6.766/79"[66] e regulamentam o parcelamento do solo urbano pelo regime condominial, no qual os lotes constituem unidades autônomas.

A Lei nº 13.465/2017 põe fim à controvérsia, ao dispor sobre a divisão de terreno urbano sob forma de condomínio por unidades autônomas, sujeitando-o ao regime jurídico dos arts. 1.331 e seguintes do Código Civil.

Com efeito, pouco importando a conformação material das unidades do conjunto imobiliário – seja conjunto de apartamentos, casas ou lotes –, o condomínio *pro diviso*, por unidades autônomas, caracteriza-se pela articulação do direito de propriedade individual sobre determinadas partes do conjunto, atribuídas ao uso exclusivo do titular de cada unidade, e o direito de propriedade atribuído em comum a todos os titulares de lotes, incidente

---

[65] Lei nº 6.766/1979, § 7º do art. 2º e § 4º do art. 4º, incluídos pela Lei nº 13.465, de 11.7.2017:

"Art. 2º (...) § 7º O lote poderá ser constituído sob a forma de imóvel autônomo ou de unidade imobiliária integrante de condomínio de lotes".

"Art. 4º (...). § 4º No caso de lotes integrantes de condomínio de lotes, poderão ser instituídas limitações administrativas e direitos reais sobre coisa alheia em benefício do poder público, da população em geral e da proteção da paisagem urbana, tais como servidões de passagem, usufrutos e restrições à construção de muros".

[66] RE 607.940-DF: "Constitucional. Ordem urbanística. Competências legislativas. Poder normativo municipal. Art. 30, VIII, e art. 182, *caput*, da Constituição Federal. Plano Diretor. Diretrizes básicas de ordenamento territorial. Compreensão. 1. A Constituição Federal atribuiu aos Municípios com mais de vinte mil habitantes a obrigação de aprovar Plano Diretor, como '*instrumento básico da política de desenvolvimento e de expansão urbana*' (art. 182, § 1º). Além disso, atribuiu a todos os Municípios competência para editar normas destinadas a '*promover, no que couber, adequado ordenamento territorial, mediante planejamento e controle do uso do solo, do parcelamento e da ocupação do solo urbano*" (art. 30, VIII) e a fixar diretrizes gerais com o objetivo de "*ordenar o pleno desenvolvimento das funções sociais da cidade e garantir o bem-estar dos habitantes*' (art. 182, *caput*). Portanto, nem toda a competência normativa municipal (ou distrital) sobre ocupação dos espaços urbanos se esgota na aprovação de Plano Diretor. 2. É legítima, sob o aspecto formal e material, a Lei Complementar Distrital 710/2005, que dispôs sobre uma forma diferenciada de ocupação e parcelamento do solo urbano em loteamentos fechados, tratando da disciplina interna desses espaços e dos requisitos urbanísticos mínimos a serem neles observados. A edição de leis dessa espécie, que visa, entre outras finalidades, inibir a consolidação de situações irregulares de ocupação do solo, está inserida na competência normativa conferida pela Constituição Federal aos Municípios e ao Distrito Federal, e nada impede que a matéria seja disciplinada em ato normativo separado do que disciplina o Plano Diretor. 3. Aprovada, por deliberação majoritária do Plenário, tese com repercussão geral no sentido de que '*Os municípios com mais de vinte mil habitantes e o Distrito Federal podem legislar sobre programas e projetos específicos de ordenamento do espaço urbano por meio de leis que sejam compatíveis com as diretrizes fixadas no plano diretor*'".

sobre partes que servem ao conjunto das unidades. Esse conceito se aplica a qualquer forma de constituição de conjuntos imobiliários nos quais se articulem a propriedade individual e a coletiva, sejam edifícios compostos por unidades imobiliárias superpostas, com dois ou mais pavimentos, conjuntos de casas ou lotes de terreno.

A conformação material desses conjuntos imobiliários caracteriza-se pela coexistência, num mesmo imóvel, dessas partes de propriedade e uso comum (áreas de circulação etc.) e das frações/unidades individualizadas e demarcadas, sendo essa conformação definida por Caio Mário da Silva Pereira como "uma relação subjetiva una e uma relação objetiva dicotômica."[67]

Há, sem dúvida, identidade conceitual entre todas essas situações, como deflui com clareza da alínea "a" do art. 8º da Lei nº 4.591/1964, que, ao se referir aos condomínios de casas, explicita que os lotes são implantados com demarcação da propriedade individual correspondente à "parte do terreno ocupada pela edificação e também aquela eventualmente destinada como de utilização exclusiva dessas casas, como jardim e quintal, bem assim a fração ideal do todo do terreno".

Essa caracterização legal evidencia que, tanto nesses condomínios de casas como no de lotes sem construção, as situações têm a mesma natureza jurídica, constituem igualmente espécies de propriedade condominial por frações autônomas ou unidades autônomas.

O princípio dominante é um só e se aplica a todas essas situações de fracionamento da propriedade, observadas, obviamente, as singularidades das suas distintas conformações materiais, como observa Caio Mário da Silva Pereira ao referir-se à necessidade de se demarcar o perímetro de cada lote de terreno em que são edificadas as casas integrantes de um condomínio: "O princípio jurídico dominante é o mesmo do edifício urbano, guardadas as peculiaridades especiais. Cada titular é o dono da sua unidade e, como se lhe reserva um terreno à utilização exclusiva, pode cercá-lo ou fechá-lo, observando o tipo de tapume previsto na convenção. Pode aliená-lo com o terreno reservado. Mas não lhe assiste o direito de dissociar a sua unidade do conjunto condominial nem a separar da fração ideal que lhe corresponde nesse conjunto. E muito menos apropriar-se das partes de uso comum ou embaraçar sua utilização pelos demais."[68]

A especialização e atribuição da propriedade dos lotes e das partes comuns submetem-se aos mesmos procedimentos aplicáveis à instituição de condomínios de apartamentos ou casas: de uma parte, os lotes (quinhões em que for dividida a gleba, localizados e demarcados) constituem objeto de propriedade individual dos adquirentes e, de outra parte, as vias de circulação e demais partes comuns são atribuídas à copropriedade dos titulares dos lotes; estes podem usar, alienar ou gravar seus lotes independentemente de anuência dos demais condôminos, bem como podem usar as partes comuns do condomínio.

Em contrapartida, os condôminos são legalmente obrigados ao pagamento das despesas de custeio de limpeza, manutenção, vigilância e demais serviços do condomínio.

Dada essa configuração, fica claro que o condomínio por unidades autônomas é forma jurídica adequada ao atendimento da demanda social de gestão e custeio, pelos próprios titulares dos lotes, dos serviços públicos de limpeza, conservação e vigilância de conjuntos imobiliários destinados à construção de casas, pois nesse regime jurídico os titulares dos lotes

---

[67] PEREIRA, Caio Mário da Silva. *Condomínio e Incorporações*. 11. ed., rev., atual. e ampl. Atualização de Sylvio Capanema de Souza e Melhim Namem Chalhub. Rio de Janeiro: Forense, 2014, p. 65.

[68] PEREIRA, Caio Mário da Silva. *Condomínio e Incorporações*, cit., p. 45.

estão investidos no direito de propriedade das vias internas de circulação e das demais partes de uso comum, sendo esses proprietários legalmente responsáveis pelo custeio desses serviços.

É com base nesses fundamentos jurídicos que, logo após a entrada em vigor do atual Código Civil, a I Jornada de Direito Civil, promovida pelo Centro de Estudos Jurídicos do Conselho da Justiça Federal, ao apreciar a extensão da aplicação dos arts. 1.331 e seguintes do Código Civil, aprovou Enunciado segundo o qual os condomínios de lotes de terreno submetem-se ao regime jurídico da propriedade condominial por unidades autônomas, observadas, naturalmente, as peculiaridades materiais do objeto de cada um desses condomínios.[69]

Há muito sustentamos a constitucionalidade da legislação municipal sobre a matéria e defendemos a necessidade de instituição, em lei federal, de requisitos mínimos a serem observados na implantação de condomínios de lotes.

É obviamente indispensável que a legislação municipal demarque as zonas em que será admitida a implantação de condomínios, estabeleça os parâmetros para seu dimensionamento e defina outros critérios de ocupação que compatibilizem o interesse individual e o interesse coletivo, de forma a evitar que, implantados sem planejamento e sem critério urbanístico, esses conjuntos formem guetos capazes de fragmentar a cidade, obstruir o fluxo viário e violar os princípios constitucionais da preservação ambiental e das funções da cidade.[70]

A par das normas sobre o condomínio de lotes, a Lei nº 13.465/2017 dispõe também sobre o "Loteamento de Acesso Controlado", a constituição e funcionamento de associações de proprietários, titulares de direitos sobre os lotes e moradores, e o rateio, entre os associados, dos custos de manutenção, conservação e vigilância nos termos dos respectivos atos constitutivos.[71]

Trata-se dos conhecidos "loteamentos fechados", que começaram a surgir em meados do século XX como forma de suprir a deficiência dos serviços públicos de segurança, de conservação etc., que, então, passaram a ser custeados pelos próprios moradores, que se organizaram para esse fim em associações de moradores.

---

[69] Enunciado 89, CJF: "Art. 1.331: O disposto nos arts. 1.331 a 1.358 do novo Código Civil aplica-se, no que couber, aos condomínios assemelhados, tais como loteamentos fechados, multipropriedade imobiliária e clubes de campo".

[70] Tratamos da matéria no artigo *Condomínio de lotes de terreno urbano*, publicado na *Revista de Direito Imobiliário* (RT), v. 67, jul./dez. 2009, p. 101-151. Visando contribuir para a definição da matéria em lei federal, apresentamos anteprojeto de lei no Instituto dos Advogados Brasileiros em novembro de 2013, tendo sido a ideia adotada no Projeto de Lei do Senado nº 208/2015 e pela Lei nº 13.465, de 11.7.2017, e convertida no art. 1.358-A e seus parágrafos do Código Civil, que dispõem sobre a divisão de glebas de terra em forma de condomínios de lotes.

[71] Lei nº 6.766/1979, § 8º do art. 2º, incluído pela Lei nº 13.465/2017: "Art. 2º (...) § 8º Constitui Loteamento de Acesso Controlado a modalidade de loteamento, definida nos termos do § 1º deste artigo, cujo controle de acesso será regulamentado por ato do Poder Público Municipal, sendo vedado o impedimento de acesso a pedestres ou a condutores de veículos, não residentes, devidamente identificados ou cadastrados"; "Art. 36-A. As atividades desenvolvidas pelas associações de proprietários de imóveis, titulares de direitos ou moradores em loteamentos ou empreendimentos assemelhados, desde que não tenha fins lucrativos, bem como as entidades civis organizadas em função da solidariedade de interesses coletivos desse público com o objetivo de administração, conservação, manutenção, disciplina de utilização e convivência, visando à valorização dos imóveis que compõem o empreendimento, tendo em vista a sua natureza jurídica, vinculam-se, por critérios de afinidade, similitude e conexão, à atividade de administração de imóveis. Parágrafo único. A administração de imóveis na forma do *caput* sujeita seus titulares à normatização e à disciplina constantes de seus atos constitutivos cotizando-se na forma desses atos para suportar a consecução dos seus objetivos".

Na prática, o fechamento se dá por iniciativa dos moradores ou do empreendedor, em regra à revelia do poder público, que, diante do fato consumado, acaba por acomodar a situação mediante outorga de permissão de uso das ruas e demais áreas de domínio público. A permissão de uso, entretanto, não afasta os problemas causados pela inadequação do "fechamento" em face das funções sociais da cidade, podendo, ao contrário, criar ou intensificar problemas da mobilidade urbana, além de privar os cidadãos, não moradores, dos bens ou serviços que poderiam estar localizados nesses loteamentos, que não raras vezes são fechados sem compromisso com a estrutura do bairro e da cidade.

Para afastar ou mitigar esses problemas, a Lei nº 13.465/2017 dispõe que o "controle de acesso será regulamentado por ato do Poder Público Municipal, sendo vedado o impedimento de acesso a pedestres ou a condutores de veículos, não residentes, devidamente identificados ou cadastrados".

A lei disciplina essa prática, visando conferir maior segurança jurídica à atuação das associações de moradores em litígios com proprietários que se recusam a pagar as despesas de conservação e segurança, em face de eventual alegação de colisão entre princípios constitucionais, tais como o da segurança e o da liberdade de locomoção, além da liberdade de associação.

1.4.6. Condomínios de uso misto

Na sociedade contemporânea desenvolveu-se a implantação de grandes conjuntos imobiliários de uso misto em terrenos de grande dimensão, aos quais em geral se atribuem denominações tais como "condomínio multiuso", "complexo multiuso" e "supercondomínio".

Trata-se de um conjunto imobiliário formado por diversos conjuntos compostos por unidades imobiliárias destinadas a uso misto, compreendendo residências, atividades empresariais e/ou profissionais e outras que o conjunto comporte, instaladas em edificações próprias para hotel, escritórios, shopping centers etc., e amplos locais para estacionamento.

Dada a complexidade da configuração física e jurídica desses condomínios, e da diversidade de destinação dos conjuntos imobiliários neles implantados, a elaboração dos instrumentos de instituição e de convenção de condomínio, bem como dos regulamentos específicos para cada setor, exige cuidados especiais na descrição e caracterização do conjunto e dos seus diversos setores e na definição das funções de cada um, a par da indispensável discriminação das frações ideais de cada unidade, que podem ser determinadas mediante fórmulas peculiares em atenção às características especiais do condomínio.

Esses condomínios são abertos a intensa circulação de terceiros, que afluem aos estabelecimentos empresariais ali instalados, circunstância que demanda a instituição de regras peculiares de apropriação e uso das partes privativas e das partes comuns em conformidade com a natureza específica dos direitos, das obrigações e das responsabilidades inerentes ao uso do conjunto e de cada setor, de modo que se assegure o exercício regular dos direitos de propriedade e de uso, sem interferência em igual direito dos demais condôminos e usuários, o desenvolvimento regular dos negócios, enfim, a estabilidade das relações entre os moradores, condôminos, ocupantes e usuários dos serviços oferecidos.

A administração e o orçamento dessa espécie de condomínio também merecem tratamento peculiar, em conformidade com as distintas funções de cada setor e sua necessária articulação com o todo. Assim, em razão da necessidade de preservação do conjunto imobiliário ao lado da diversidade de funções de cada setor, a administração do condomínio, embora exercida por um síndico, deve ser articulada a administrações próprias dos diversos setores, convindo que a convenção de condomínio disponha sobre o orçamento geral e os orçamentos setoriais, visando distribuir adequada e proporcionalmente o custeio da administração e da manutenção da totalidade do conjunto imobiliário e dos seus diversos setores.

Considerando que nos condomínios por unidades autônomas em geral há, entre as partes comuns, área "essencial ao exercício da propriedade da unidade autônoma ou não essencial ao exercício do direito de propriedade da unidade autônoma",[72] não raras vezes nesses condomínios de uso misto se atribui a determinados condôminos o direito de uso exclusivo de certas partes comuns, o que se faz com fundamento no art. 1.340 do Código Civil de 2002. Embora se trate de domínio atribuído em comunhão, sua utilização, como observa Luiz Edson Fachin, "é restrita a um ou a alguns condôminos, por conta do disposto na convenção de condomínio. Em tais circunstâncias, as despesas relativas à conservação dessas áreas incumbem apenas aos condôminos que delas fazem uso, não sendo incluídas no rateio que determinará a contribuição que deve ser paga por todos os condôminos. A causa da obrigação em foco se desloca do fato da titularidade para a efetiva possibilidade de utilização."[73]

1.4.7. Condomínio em multipropriedade (*time sharing*). Origem e fundamentos

O compartilhamento da propriedade e da fruição de determinados bens, a que se costuma denominar multipropriedade, é prática surgida em meados do século XX na Europa.

Noticia Gustavo Tepedino que a prática teve início na França nos anos 1960, de onde se difundiu para toda a Europa e para os Estados Unidos, tendo conquistado "significativo espaço no mercado imobiliário, por permitir a divisão da utilização de imóveis em temporadas anuais, de modo a que diversos titulares pudessem se beneficiar, alternadamente, cada qual a seu turno, do mesmo imóvel, multiplicando exponencialmente o público-alvo para as casas de campo ou de praia".[74]

É forma engenhosa de ampliação e racionalização do aproveitamento econômico de bens passíveis de apropriação e uso temporário, útil tanto para o mercado consumidor como para o setor produtivo.

De uma parte, o compartilhamento propicia a apropriação e a fruição de determinado bem por um grande número de pessoas que não têm capacidade de pagar o preço da propriedade para fruição plena, pois, na multipropriedade, o preço de aquisição é proporcional a uma fração do preço de aquisição da propriedade plena, do mesmo modo que o custo de manutenção do bem será rateado entre os multiproprietários na proporção da fração de tempo atribuída a cada um deles.

Para o setor produtivo, a construção e a exploração de empreendimentos nos quais a propriedade dos imóveis é fracionada no tempo constituem promissoras fontes de negócios, pela possibilidade de multiplicação da produção e da oferta de bens ao mercado, com apreciável aumento de produtividade, abrangendo as atividades dos setores da indústria, do comércio e dos serviços.

---

[72] Recurso Especial nº 1.015.652-RS, rel. Min. Massami Uyeda, *DJe* 12.6.2009.

[73] FACHIN, Luiz Edson. *Comentários ao Código Civil*. In AZEVEDO, Antônio Junqueira de (coord.). São Paulo: Saraiva, 2. tir., 2008, v. XV, p. 268-269.

[74] TEPEDINO, Gustavo. Aspectos atuais da multipropriedade imobiliária. *Direito imobiliário*. Escritos em homenagem ao Professor Ricardo Pereira Lira. São Paulo: Editora Atlas, 2015, p. 512.

Cap. I • INCORPORAÇÃO IMOBILIÁRIA – CARACTERIZAÇÃO GERAL | **45**

A ideia é passível de aplicação para exploração de bens de distintas naturezas, como, por exemplo, aeronaves, barcos, mas observa-se sua aplicação com mais frequência no compartilhamento da propriedade imobiliária.

No direito português, a multipropriedade imobiliária é constituída em forma de *direito real de habitação periódica*, um direito real sobre coisa alheia pelo qual o titular do empreendimento atribui aos adquirentes direito real de fruição do imóvel, por determinada fração de tempo, correspondente ao direito de "habitar a unidade de alojamento pelo período a que respeita o seu direito" (Decreto-lei nº 275/93, alterado pelos Decretos-leis nº 180/99 e nº 22/2002).[75]

Coexiste esse direito com o direito do empreendedor, que conserva consigo o domínio, e entre ambos se estabelece uma outra relação jurídica, de administração do empreendimento e das unidades que o compõem, atendendo-se "a exigência da unicidade na titularidade do empreendimento – completada pela regra da indivisibilidade jurídica deste – e a unicidade da administração, num esforço para assegurar a eficácia do seu funcionamento."[76]

No Brasil, até o advento da regulamentação instituída pelos arts. 1.358-B a 1.358-U do Código Civil, com a redação dada pela Lei nº 13.777/2018, recorria-se à figura do condomínio *pro indiviso*, conjugando-a com o condomínio edilício, mediante atribuição da propriedade de um imóvel a uma pluralidade de sujeitos, que renunciavam à divisibilidade típica do condomínio *pro indiviso*, prevista no art. 1.320 do Código Civil, e ao direito de preferência dos condôminos dessa mesma unidade, na hipótese de um deles pretender vender sua fração na multipropriedade (art. 504 do Código Civil).[77]

A fórmula cumpriu durante muitos anos a função de regular o compartilhamento da propriedade no tempo, mas gerava insegurança quanto à sua natureza jurídica e chegou a ser apreciada pelo Superior Tribunal de Justiça,[78] tendo a 3ª Turma, por maioria, reconhecido que "a multipropriedade imobiliária, mesmo não efetivamente codificada, possui natureza jurídica

---

[75] Caracteriza-se o *direito real de habitação periódica* como um "direito real de gozo que poderia incidir sobre imóveis ou conjuntos imobiliários destinados a fins turísticos, perpétua ou temporariamente, durante certo período de tempo de cada ano" (MESQUITA, Manoel Henrique. Uma nova figura real: o direito de habitação periódica. *Revista de Direito e Economia*, 1982, p. 39).

Segundo J7osé de Oliveira Ascensão, esse novo direito real guarda "grande semelhança com o usufruto de casas de moradia, e ainda com o direito de habitação. Por isso a lei estabelece limitações semelhantes às deste: o titular deve habitar como o faria um bom pai de família, abstendo-se de lhe dar uso diverso" (ASCENSÃO, José de Oliveira. *Direito civil – reais*. 5. ed., reimpressão. Coimbra: Coimbra Editora, 2000, p. 518).

[76] Exposição de Motivos do Decreto-lei nº 275/1993.

[77] Por se tratar de direitos potestativos inerentes ao condomínio *pro indiviso*, essa renúncia pode ser invalidada, sujeitando os comunheiros a pedidos de extinção do condomínio ou a direito de preferência sobre a unidade imobiliária.

[78] A controvérsia quanto à natureza jurídica da multipropriedade foi apreciada pela primeira vez pelo Superior Tribunal de Justiça em 2016. A questão envolvia os direitos do titular de 2/52 de uma casa integrante de um conjunto imobiliário estruturado nos termos do condomínio edilício, adquirida nos moldes acima relatados. A unidade imobiliária autônoma figura no Registro de Imóveis em nome da empresa empreendedora, que promoveu a alienação das quotas, que não foram registradas no Registro de Imóveis. Tendo a empreendedora deixado de pagar as contribuições condominiais, a administração do condomínio ajuizou contra ela cobrança e promoveu a penhora da casa. Contra essa constrição o titular de 2/52 da casa invocou seu direito de multiproprietário por meio de embargos de terceiro, não acolhidos pelo tribunal local sob fundamento de que "não se trata de direito real de propriedade, mas

de direito real, harmonizando-se, portanto, com os institutos constantes do rol previsto no art. 1.225 do Código Civil; e o multiproprietário, no caso de penhora do imóvel objeto de compartilhamento espaço-temporal (*time sharing*), tem, nos embargos de terceiro, o instrumento judicial protetivo de sua fração ideal do bem objeto de constrição".[79]

1.4.7.1. *Elementos essenciais de caracterização*

A multipropriedade é a propriedade condominial de duas ou mais pessoas pela qual cada um dos multiproprietários é investido na faculdade de fruição alternada do bem objeto do condomínio, em unidades fixas de tempo em cada ano-calendário.

Tem como traço característico a *delimitação temporal do exercício da fruição*, pois, embora confira aos multiproprietários o feixe de direitos subjetivos inerentes à propriedade condominial, limita-a a uma determinada fração de tempo.

A *periodicidade*, portanto, é elemento essencial de caracterização da multipropriedade, que a qualifica e distingue das demais modalidades de propriedade e de fruição, pois, por essa modalidade de direito real, o multiproprietário é investido na propriedade plena, perpétua e exclusiva de uma fração do imóvel, mas o exercício do seu direito de fruição é limitado a um determinado período em cada ano-calendário.

O multiproprietário pode ceder sua fração de tempo em locação ou comodato e aliená--la ou onerá-la livremente, independente de anuência e de direito de preferência dos demais multiproprietários.

O objeto da multipropriedade, a limitação do seu exercício e as obrigações dos multi-proprietários são estabelecidos nos respectivos instrumentos de instituição e de atribuição, além de outros instrumentos relacionados ao negócio jurídico pelo qual foi convencionada a constituição desse peculiar direito real.

Na lição de Gustavo Tepedino, caracteriza-se a multipropriedade como uma "relação jurídica de aproveitamento econômico de uma coisa móvel ou imóvel, repartida em unidades

---

sim obrigacional, uma vez que o imóvel foi registrado em nome da devedora, que figurou como centra-lizadora do contrato e organizadora da utilização periódica do bem".

[79] "Processual Civil e Civil. Recurso Especial. Embargos de terceiro. Multipropriedade imobiliária (*time sharing*). Natureza jurídica de direito real. Unidades fixas de tempo. Uso exclusivo e perpétuo durante certo período anual. Parte ideal do multiproprietário. Penhora. Insubsistência. Recurso Especial conhecido e provido. (...). 4. O vigente diploma, seguindo os ditames do estatuto civil anterior, não traz nenhuma vedação nem faz referência à inviabilidade de consagrar novos direitos reais. Além disso, com os atributos dos direitos reais se harmoniza o novel instituto, que, circunscrito a um vínculo jurídico de aproveita-mento econômico e de imediata aderência ao imóvel, detém as faculdades de uso, gozo e disposição sobre fração ideal do bem, ainda que objeto de compartilhamento pelos multiproprietários de espaço e turnos fixos de tempo. 5. A multipropriedade imobiliária, mesmo não efetivamente codificada, possui natureza jurídica de direito real, harmonizando-se, portanto, com os institutos constantes do rol previsto no art. 1.225 do Código Civil; e o multiproprietário, no caso de penhora do imóvel objeto de compartilhamento espaço-temporal (*time sharing*), tem, nos embargos de terceiro, o instrumento judicial protetivo de sua fração ideal do bem objeto de constrição. 6. É insubsistente a penhora sobre a integralidade do imóvel submetido ao regime de multipropriedade na hipótese em que a parte embargante é titular de fração ideal por conta de cessão de direitos em que figurou como cessionária. 7. Recurso especial conhecido e provido" (REsp 1.546.165/SP, rel. para o acórdão Min. João Otávio de Noronha, *DJe* 06.09.2016).

fixas de tempo, de modo que diversos titulares possam, cada qual a seu turno, utilizar-se da coisa com exclusividade e de maneira perpétua".[80]

Tão relevante quanto a caracterização da multipropriedade como direito real é a dinâmica da multifacetada operação no contexto da qual está inserido o exercício dos direitos dos multiproprietários e do empreendedor.

É que o cumprimento da função da multipropriedade só é alcançado mediante administração especializada dos serviços que assegurem o funcionamento eficiente dos conjuntos imobiliários submetidos a esse regime, de modo que o imóvel e os serviços anexos estejam disponíveis para cada multiproprietário em condições adequadas de fruição no período em que lhe seja assegurada a fruição.

O exercício dos direitos dos multiproprietários depende do fornecimento de diversos serviços, prestados por uma multiplicidade de agentes, aspecto para o qual Erik Jayme chama a atenção: "estes direitos limitados de uso aliados à grande quantidade de serviços anexos prestados podem mesmo permitir tipificar este contrato como predominantemente um contrato de fornecimento de serviços. Outra característica importante é a multiplicidade de agentes que envolvem este fornecimento de serviços e a fruição dos direitos de uso assegurados pelo contrato de *time sharing*, desde o organizador (o incorporador ou verdadeiro proprietário do imóvel e do complexo turístico), simples vendedor, o verdadeiro proprietário, o administrador do imóvel e do complexo de turismo, os fornecedores diretos da alimentação, de passeios, etc.".[81]

1.4.7.2. A instituição, o uso e a administração do condomínio em multipropriedade

A Lei nº 13.777, de 20 de dezembro de 2018, incluiu no Código Civil os arts. 1.358-B a 1.358-U, instituindo regime jurídico próprio para a propriedade condominial em multipropriedade, a ela aplicando-se subsidiariamente as normas gerais sobre condomínio e as Leis nº 4.591/1964 e nº 8.078/1990 (art. 1.358-B).

A comercialização do empreendimento durante a fase da construção submete-se aos requisitos de estruturação, registro e oferta pública de imóveis pelo regime da incorporação imobiliária de que tratam os arts. 28 e seguintes da Lei nº 4.591/1964 e dispõem sobre as obrigações e responsabilidades do empreendedor e a proteção dos adquirentes.

A multipropriedade é definida como o regime jurídico pelo qual "cada um dos proprietários de um mesmo imóvel é titular de uma fração de tempo, à qual corresponde a faculdade de uso e gozo, com exclusividade, da totalidade do imóvel, a ser exercida pelos proprietários de forma alternada" (Código Civil, art. 1.358-C).

Mesmo que todas as frações de tempo venham a ser atribuídas a um mesmo titular, não se extinguirá a multipropriedade (parágrafo único do art. 1.358-C).

Institui-se o condomínio em multipropriedade por ato entre vivos ou testamento, devendo constar do instrumento de instituição a caracterização e a destinação do conjunto imobiliário, a discriminação das frações ideais do terreno e partes comuns e descrição das partes comuns e das partes privativas e sua destinação (art. 1.358-F).

---

[80] TEPEDINO, Gustavo. *Multipropriedade imobiliária*. São Paulo: Saraiva, 1993, p. 1.

[81] Apud MARQUES, Cláudia Lima. Contratos de *time sharing* e a proteção dos consumidores (crítica ao direito civil em tempos pós-modernos). *Revista de Direito do Consumidor*, vol. 22, 1997, p. 69.

A multipropriedade poderá ser instituído em instrumento próprio pelo empreendedor ou por deliberação da maioria absoluta dos coproprietários de um condomínio edilício, podendo abranger a totalidade das unidades do conjunto imobiliário ou parte delas (art. 1.358-O).

Estão abrangidas pela multipropriedade as instalações, os equipamentos e o mobiliário que guarnecem o imóvel (art. 1.358-D).

A fração de tempo de fruição de cada multiproprietário corresponderá a um período de sete dias, seguidos ou intercalados, e poderá ser (i) fixa e determinada, no mesmo período em cada ano, (ii) flutuante, pelo qual o período será determinado com base em critério previamente divulgado, ou (iii) mista, mediante combinação das modalidades fixa e flutuante (art. 1.358-E).

A duração dos períodos de fruição, correspondentes a cada fração de tempo, constará do ato de registro do instrumento de instituição de condomínio em multipropriedade (art. 1.358-F).

As regras de administração e utilização do empreendimento devem ser estabelecidas na convenção de condomínio em multipropriedade, que, dentre outras cláusulas, conterá: (i) os poderes e deveres dos multiproprietários, (ii) o número máximo de pessoas admitidas à ocupação simultânea em cada imóvel, (iii) as regras de acesso do administrador ao imóvel, (iv) a manutenção de fundo de reserva para reposição e manutenção dos equipamentos, instalações e mobiliário, (v) o regime aplicável em caso de perda ou destruição parcial ou total do imóvel e (vi) as multas por inadimplemento das obrigações do multiproprietário (art. 1.358-G).

Além do direito de fruição direta no período que lhe é atribuído, os multiproprietários poderão locar ou dar em comodato sua fração de tempo, aliená-la a título oneroso ou gratuito, independente de anuência ou cientificação dos demais multiproprietários, não havendo, também, direito de preferência dos multiproprietários para aquisição diante de terceiros, salvo se estipulado na instituição ou na convenção. O administrador deve ser informado da alienação e do nome e qualificação do adquirente (arts. 1.358-I e 1.358-L).

O voto do multiproprietário adimplente, nas assembleias do condomínio em multipropriedade, equivalerá à sua fração de tempo no imóvel, e, nas assembleias do condomínio edilício, "à quota de sua fração de tempo em relação à quota de poder político atribuído à unidade autônoma na respectiva convenção do condomínio edilício" (art. 1.358-I, inciso IV, alíneas "a" e "b").

Constituem obrigações legais do multiproprietário pagar a contribuição condominial e, quando for o caso, do condomínio edilício, reparar os danos causados ao imóvel e suas instalações, abster-se de alterar, modificar ou substituir o mobiliário, os equipamentos e as instalações do imóvel, manter o imóvel em estado de conservação e limpeza, usá-lo conforme sua destinação e exclusivamente no período correspondente à fração de que é titular, desocupá-lo até o dia e hora fixados na instituição e na convenção e permitir a realização de obras ou reparos urgentes. Em razão do descumprimento de qualquer de suas obrigações, o multiproprietário está sujeito a multa, que, em caso de reiteração, torna-se progressiva e cumulada com a perda temporária do exercício do seu direito de fruição. As despesas relativas aos reparos no imóvel e instalações caberão ao conjunto dos multiproprietários, se decorrentes de desgaste natural, e, quando de uso anormal do imóvel, exclusivamente ao multiproprietário que tenha dado causa aos danos (art. 1.358-J).

O condomínio em multipropriedade será administrado por pessoa nomeada no instrumento de instituição ou de convenção ou, na sua falta, eleita em assembleia geral. Dentre outros encargos, incumbe ao administrador (i) coordenar a utilização do imóvel pelo multiproprietário, (ii) determinar o período de uso de cada multiproprietário, quando se tratar dos sistemas flutuante ou misto, (iii) manter, conservar e limpar o imóvel, (iv) trocar ou substituir equipamentos ou mobiliário, (v) elaborar o orçamento anual do condomínio, (vi) cobrar as quotas de custeio de responsabilidade de cada multiproprietário e (vii) pagar as despesas comuns (art. 1.358-M). O administrador será necessariamente profissional (art. 1.358-R).

O art. 1.358-S prevê a possibilidade de adjudicação, pelo condomínio, da fração de tempo do multiproprietário inadimplente em relação à obrigação de pagamento das despesas ordinárias e extraordinárias do condomínio. Caso o imóvel integre empreendimento submetido ao sistema de locação das frações de tempo por uma administradora única, a convenção poderá proibir o inadimplente de utilizar o imóvel pelo tempo necessário à satisfação do crédito e conferir à administradora do *pool* a prerrogativa de locar o imóvel e aplicar o produto da locação no pagamento da dívida. Trata-se, segundo Francisco Eduardo Loureiro, de uma "modalidade de *exceptio non adimpleti contractus* de direitos reais, impedindo o multiproprietário de usar o imóvel enquanto tiver dívidas pendentes com o condomínio."[82]

De acordo com o art. 1.358-T, "o multiproprietário somente poderá renunciar de forma translativa a seu direito de multipropriedade em favor do condomínio edilício", visando assegurar a preservação do interesse comum da coletividade dos multiproprietários, mediante continuidade da utilização do imóvel.

O art. 1.358-U dispõe que as convenções de condomínio, assim como "memoriais de loteamento e os instrumentos de venda de lotes (...) poderão limitar ou impedir a instituição da multipropriedade nos respectivos imóveis", admitido o afastamento dessa vedação pela "maioria absoluta dos condôminos". Embora coerente com a natureza do condomínio, a norma é incompatível com a caracterização dos loteamentos, pois, ao referir-se sua parte final à alteração "pela maioria absoluta dos condôminos", sua aplicação restringe-se aos condomínios, admitindo-se sua aplicação até aos condomínios de lotes, mas não aos loteamentos.

1.4.8. A realização de *retrofit* em edifício sob regime de condomínio edilício. Quórum de deliberação

No item 1.1.3 vimos que o *retrofit* é técnica construtiva destinada à requalificação urbanística ou arquitetônica de edifícios, justificada por desgaste natural por ação do tempo e/ou obsolescência de sua concepção original, que reclama intervenção construtiva de vulto visando dotá-los de funcionalidade compatível com os usos, costumes e demandas da sociedade contemporânea.[83]

Quando tiver por objeto a reconstrução de edifício, sem alteração da destinação e/ou de áreas privativas e comuns, a reconstrução deve ser deliberada por quórum legalmente qualificado e sua execução independe de assentamento no Registro de Imóveis.

---

[82] LOUREIRO, Francisco Eduardo et al. *Código Civil comentado*. 13. ed. Coord. Ministro Cezar Peluso. Barueri: Manole, 2019. Comentário ao art. 1.358-S.

[83] Segundo a Norma de Desempenho NBR 15575-1, a reconstrução mediante *retrofit* caracteriza-se como "remodelação ou atualização do edifício ou de sistemas, através da incorporação de novas tecnologias e conceitos, normalmente visando à valorização do imóvel, mudança de uso, aumento da vida útil e eficiência operacional e energética." (ABNT 2013, parte 1).

O art. 53 da Lei 4.591/1964 atribui à Associação Brasileira de Normas Técnicas competência para dispor sobre critérios e normas técnicas relacionadas à incorporação imobiliária e à caracterização de edifícios sob regime de condomínio composto por unidades autônomas. A ABNT foi fundada em 28 de setembro de 1940 e foi reconhecida como entidade de utilidade pública pela Lei 4.150 de 1962.

50 | INCORPORAÇÃO IMOBILIÁRIA • *Melhim Namem Chalhub*

Entretanto, se o *retrofit* envolver alteração da destinação do edifício ou alteração em partes comuns e/ou unidades autônomas, será necessária, além da averbação do "habite-se", a rerratificação da instituição e da convenção de condomínio para nelas consignar a nova descrição e caracterização do edifício e das unidades, seguida da necessária averbação no Registro de Imóveis.

Neste caso, o tema a ser objeto de deliberação dos condôminos pode envolver (i) reconstrução das partes comuns e unidades autônomas sem criação ou extinção de unidades, (ii) criação ou extinção de partes comuns e/ou unidades autônomas, (iii) alteração da destinação do edifício e (iv) criação e/ou extinção com alteração da destinação do edifício.

O Código Civil fixa quórum de maioria qualificada para deliberação para reconstrução do edifício sob regime condominial na hipótese de sinistro que o destrua ou ameace de ruína, com a consequente *extinção do condomínio* (art. 1.357),[84] confirmando o quórum anteriormente definido no art. 14 da Lei 4.591/1964.[85]

Entretanto, nada dispõe sobre o quórum de deliberação para reconstrução, demolição ou alienação do imóvel em casos de subutilização ou obsolescência.

Para essa situação o art. 17 da Lei 4.591/1964 já fixava quórum de 2/3 das unidades, correspondentes a 80% do terreno[86], facultada à maioria a adjudicação das unidades da minoria mediante procedimento especial[87].

---

[84] Código Civil: "Seção III – Da extinção do condomínio – Art. 1.357. Se a edificação for total ou consideravelmente destruída, ou ameace ruína, os condôminos deliberarão em assembleia sobre a reconstrução, ou venda, por votos que representem metade mais uma das frações ideais."

[85] Lei 4.591/1964: "Art. 14. Na ocorrência de sinistro total, ou que destrua mais de dois terços de uma edificação, seus condôminos reunir-se-ão em assembleia especial, e deliberarão sobre a sua reconstrução ou venda do terreno e materiais, por quórum mínimo de votos que representem metade, mais uma das frações ideais do respectivo terreno."

[86] Lei 4.591/1964: "Art. 17. Os condôminos que representem, pelo menos 2/3 (dois terços) do total de unidades isoladas e frações ideais correspondentes a 80% (oitenta por cento) do terreno e coisas comuns poderão decidir sobre a demolição e reconstrução do prédio, ou sua alienação, por motivos urbanísticos ou arquitetônicos, ou, ainda, no caso de condenação do edifício pela autoridade pública, em razão de sua insegurança ou insalubridade. § 1º A minoria não fica obrigada a contribuir para as obras, mas assegura-se à maioria o direito de adquirir as partes dos dissidentes, mediante avaliação judicial, aplicando-se o processo previsto no art. 15."

[87] Lei 4.591/1964: "Art. 15. Na hipótese de que trata o § 3º do artigo antecedente, à maioria poderão ser adjudicadas, por sentença, as frações ideais da minoria. § 1º Como condição para o exercício da ação prevista neste artigo, com a inicial, a maioria oferecerá e depositará, à disposição do Juízo, as importâncias arbitradas na vistoria para avaliação, prevalecendo as de eventual desempatador. § 2º Feito o depósito de que trata o parágrafo anterior, o Juiz, liminarmente, poderá autorizar a adjudicação à maioria, e a minoria poderá levantar as importâncias depositadas; o Oficial de Registro de Imóveis, nestes casos, fará constar do registro que a adjudicação foi resultante de medida liminar. § 3º Feito o depósito, será expedido o mandado de citação, com o prazo de dez dias para a contestação. § 4º Se não contestado, o Juiz, imediatamente, julgará o pedido. § 5º Se contestado o pedido, seguirá o processo o rito ordinário. § 6º Se a sentença fixar valor superior ao da avaliação feita na vistoria, o condomínio em execução restituirá à minoria a respectiva diferença, acrescida de juros de mora à prazo de 1% ao mês, desde a data da concessão de eventual liminar, ou pagará o total devido, com os juros da mora a conter da citação. § 7º Transitada em julgado a sentença, servirá ela de título definitivo para a maioria, que deverá registrá-la no Registro de Imóveis. § 8º A maioria poderá pagar e cobrar da minoria, em execução de sentença, encargos fiscais necessários à adjudicação definitiva a cujo pagamento se recusar a minoria."

Essa regra especial não foi derrogada e não há lei posterior que trate da matéria,[88] de modo que, coexistindo com as normas gerais sobre o condomínio edilício instituídas pelo Código Civil, e sendo da mesma hierarquia, prevalece a regra da Lei 4.591/1964.[89]

A subsistência dessa regra especial torna-se especialmente relevante, seja porque constitui meio eficaz de implementação, no ambiente condominial, das normas constitucionais correspondentes às "exigências fundamentais de ordenação da cidade"[90], à realização das funções da cidade[91], à disciplina da propriedade urbanística (CF, art. 30, I, II e VIII, e art. 182, § 2º) e ao direito urbanístico (CF, art. 24, I), seja porque contribui para a efetividade de políticas públicas definidas em legislação municipal sobre requalificação urbanística.

Além disso, considerada no contexto do condomínio especial, essa regra condiciona o exercício do direito individual dos condôminos ao interesse comum da coletividade condominial e por esse modo assegura o equilíbrio dos interesses envolvidos, em conformidade com a peculiar conformação da propriedade condominial por unidades autônomas.

Poder-se-ia argumentar, entretanto, que o fato de a reconstrução envolver mudança de destinação afastaria a aplicação dessa regra especial e atrairia a deliberação sobre reconstrução urbanística para o campo de incidência do art. 1.351 do Código Civil.

Para contornar essa espécie de questionamento, e atendendo à necessidade de implementação de políticas públicas de requalificação definidas em legislação municipal no início da década de 2020,[92] a Lei nº 14.405/2022 altera a redação do art. 1.351 do Código Civil, reduzindo para 2/3 dos condôminos o quórum de deliberação de mudança de destinação do edifício ou da unidade imobiliária.[93]

De fato, a flexibilização do quórum para esse fim é conveniente, pois a unanimidade é praticamente inalcançável e não raras vezes pode ser inviabilizado por iniciativa de uma

---

[88] Decreto-lei 4.657/1942: "Art. 2º (...). § 1º A lei posterior revoga a anterior quando expressamente o declare, quando seja com ela incompatível ou quando regule inteiramente a matéria de que tratava a lei anterior."

[89] A opção pela instituição de regra especial para deliberar sobre a "reconstrução por motivos urbanísticos ou arquitetônicos", definida no art. 17 da Lei 4.591/1964, resulta de "um processo natural de diferenciação das categorias e a uma descoberta gradual, por parte do legislador, dessa diferenciação", em relação a situações merecedoras de tutela especial (BOBBIO, Norberto, *Teoria do ordenamento jurídico*. Brasília: Editora UNB, 1997, p. 90).

[90] Constituição Federal: "Art. 182. (...). § 2º A propriedade urbana cumpre sua função social quando atende às exigências fundamentais de ordenação da cidade expressas no plano diretor."

[91] Lei 10.257/2001 (Estatuto da Cidade): "Art. 39. A propriedade urbana cumpre sua função social quando atende às exigências fundamentais de ordenação da cidade expressas no plano diretor, assegurando o atendimento das necessidades dos cidadãos quanto à qualidade de vida, à justiça social e ao desenvolvimento das atividades econômicas, respeitadas as diretrizes previstas no art. 2º desta Lei".

[92] Citem-se, a título de ilustração, a Lei Complementar da cidade do Rio de Janeiro nº 229, de 14.7.2021, pela qual é instituído o "Programa Reviver Centro, que estabelece diretrizes para a requalificação urbana e ambiental, incentivos à conservação e reconversão das edificações existentes e à produção de unidades residenciais nos bairros do Centro e Lapa, assim como a Lei Municipal da cidade de São Paulo nº 17.577, de 20 de julho de 2021, que trata do Programa Requalifica Centro, que também prevê incentivos a fim de atrair investimentos para a região.

[93] Código Civil: "Art. 1.351. Depende da aprovação de 2/3 (dois terços) dos votos dos condôminos a alteração da convenção, bem como a mudança da destinação do edifício ou da unidade imobiliária." (redação dada pela lei 14.405/2022).

escassa minoria ou até mesmo um único condômino, que pode se valer dessa exigência para embaraçar a requalificação do edifício.

Contudo, e a despeito de a flexibilização do quórum ser justificada como meio de cumprimento de exigências constitucionais relativas à ordenação da cidade e também pelo interesse comum da coletividade condominial, é certo que a definição de quórum reduzido como *regra geral*, descolada de motivação urbanística que constituiu a razão de ser da adequação legislativa, extrapola o caráter excepcional e conjuntural das demandas por adequação de edificações urbanas subutilizadas ou obsoletas.

Ora, na sua nova redação, o art. 1.351 limita-se a sujeitar os interesses da minoria à opção da maioria, nada dispondo sobre os efeitos dessa deliberação em relação aos dissidentes, e a lacuna assim aberta torna incerta a observância das garantias constitucionais do direito de propriedade e do direito adquirido (CF, art. 5º, XXII e XXXVI).

Essa lacuna na lei pode justificar a busca de prestação jurisdicional por condômino que alegue lesão ou ameaça a direito, abrindo espaço para judicialização que comprometeria a realização do propósito da alteração da redação do art. 1.351 do Código Civil e agravaria os prejuízos causados pela subutilização ou obsolescência do conjunto imobiliário.

Para afastar esses riscos e assegurar a efetividade das medidas de ordenação da cidade, o quórum majoritário, nas hipóteses em que é admitido, deve ser definido com a atenção voltada para o entrelaçamento do interesse coletivo com os direitos individuais que caracteriza a situação proprietária condominial, mediante emprego de parâmetros capazes de viabilizar o equilíbrio entre o exercício do direito subjetivo de cada condômino e a funcionalidade da propriedade condominial.

A ponderação desses interesses é indispensável, pois, apesar de o interesse da coletividade condominial condicionar o exercício dos direitos individuais nesse contexto, a alteração da destinação do edifício, sobretudo envolvendo sua reconstrução, interfere diretamente no direito de propriedade individual dos condôminos e, além disso, por envolver intervenção construtiva de grande vulto, exige aporte financeiro em valor nem sempre ao alcance de todos os condôminos, situação na qual a deliberação por quórum majoritário deve ser articulada a mecanismo de preservação do direito patrimonial dos condôminos dissidentes, à semelhança daquele estabelecido pelos arts. 15 e 17 da Lei nº 4.591/1964.

Recorde-se que a instituição desse mecanismo pelo legislador do passado tomou como balizamento os limites da excepcionalidade da situação e as singularidades da propriedade condominial edilícia, em razão das quais parte da doutrina há muito reclamava o afastamento da exigência de unanimidade[94] por constituir "seríssimo óbice causador de significativos danos ao universo condominial."[95]

Considerados esses pressupostos e para afastar o risco de violação do direito de propriedade dos condôminos que integram a minoria, a legislação sobre reconstrução que envolva mudança de destinação não pode deixar de contemplar critério de preservação do conteúdo econômico do direito patrimonial dos dissidentes, a exemplo do que dispõe o art. 15 da Lei

---

[94] MONTEIRO, Washington de Barros; DABUS MALUF, Carlos Alberto, *Curso de Direito Civil*, 39. ed. atualizada. São Paulo: Saraiva, v. 9, p. 279.

[95] ELIAS FILHO, Rubens Carmo, *Condomínio edilício – Aspectos de direito material e processual*. São Paulo: Editora Atlas, 2015, p. 178.

Cap. I • INCORPORAÇÃO IMOBILIÁRIA – CARACTERIZAÇÃO GERAL | **53**

4.591/1964, que, segundo abalizada doutrina, permanece em vigor "diante da lacuna do atual Código Civil" a respeito da composição dos interesses condominiais nessa circunstância.[96]

Contudo, a par dos fundamentos em que se apoia essa posição doutrinária, e considerando que o critério estabelecido pela Lei 4.591/1964 contempla adjudicação mediante antiquado processamento judicial, é de todo conveniente sua adequação aos meios de solução de conflitos mais simples e céleres, capazes de viabilizar a efetividade da deliberação em prazo compatível com os interesses condominial e coletivo que a requalificação urbanística envolve.

---

[96] FACHIN, Edson Luiz, *Comentários ao Código Civil*. São Paulo: Saraiva, 2003, v. XIV, p. 15. LOUREIRO, Francisco Eduardo, Código Civil comentado, coord. Cezar Peluso. São Paulo: Manole, 12. ed., 2018, p. 1.337.

_||_

O MEMORIAL DE INCORPORAÇÃO

NOTA INTRODUTÓRIA

A Medida Provisória nº 1.085/2021, convertida na Lei nº 14.382/2022, introduziu importantes alterações na Lei 4.591/1964, especialmente em relação ao registro do memorial de incorporação, que são comentadas ao longo do livro e sintetizadas abaixo:

a) Condomínio de lotes. O § 2º, II, do art. 1.358-A do Código Civil explicita que a implantação de condomínio de lotes sujeita-se ao regime da incorporação imobiliária para os efeitos civis e registrais, devendo o empreendedor, portanto, registrar o memorial de incorporação como pré-requisito para o exercício dessa atividade.

b) O art. 32 e sua alínea "i" e § 1º-A dispõem sobre a constituição do condomínio especial/edilício por efeito do registro do memorial de incorporação, tendo por objeto cada uma das frações ideais do terreno e respectivas acessões, e o art. 44 prevê que o habite-se será objeto de averbação que sujeita as unidades ao regime do condomínio especial/edilício já instituído, independente de qualquer outro ato registral.

c) Cancelamento da averbação do patrimônio de afetação no Registro de Imóveis. A nova lei inclui parágrafos no art. 31-E que explicitam o procedimento de cancelamento da averbação do patrimônio de afetação.

d) Registro do memorial de incorporação. Além de ajustes de redação, a Lei n. 14.382/2022 introduz as seguintes modificações na Lei n. 4.591/1964 quanto ao procedimento registral: (a) os prazos para a apresentação de exigências e emissão da certidão do registro foram alterados de 15 dias corridos para 10 dias úteis, eliminando dúvidas sobre sua contagem; (b) em caso de memorial eletrônico (cada vez mais comum), não há documentação a devolver; e (c) a certidão de objeto e pé, cuja obtenção é muitas vezes morosa, pode ser substituída pelo relatório sobre o andamento do processo "digital". O termo utilizado deixa a dúvida se a regra se aplica a processos ainda físicos, o que parece ser o mais correto, desde que o incorporador apresente o relatório sobre o andamento e as cópias que permitam a correta identificação do objeto e status da lide, atendendo ao objetivo de dar transparência ao público.

e) Concretização e validade da incorporação. A nova redação do art. 33 esclarece que a incorporação se considera concretizada desde que tenha ocorrido uma das

INCORPORAÇÃO IMOBILIÁRIA • *Melhim Namem Chalhub*

seguintes situações: (a) formalização de alienação ou de oneração de alguma fração ideal e respectivas acessões; (b) contratação de financiamento para a construção; ou (c) início das obras. Enquanto não ocorrer um desses eventos o incorporador deve averbar a cada 180 dias a atualização das certidões e demais documentos cujo prazo de validade esteja vencido.

f) <u>Destituição do incorporador</u>. Para as hipóteses previstas nos incisos VI e VII do art. 43, a nova lei institui procedimento de destituição do incorporador da gestão do empreendimento nos termos dos parágrafos que inclui nesse artigo, que, em síntese, dispõem (a) Se o incorporador, sem comprovada justa causa, paralisar ou retardar as obras, poderá, caso desatenda a notificação de retomada, ser destituído pela maioria absoluta dos adquirentes, facultando-se aos interessados terminar a obra; (b) No prazo de 15 dias contados da notificação que comunicar sua destituição, o incorporador deverá imitir a comissão de representantes na posse do empreendimento, entregando-lhe os documentos da incorporação, e pagando e comprovando a quitação das suas quotas de construção, de modo a viabilizar a realização de auditoria; (c) As unidades não negociadas pelo incorporador ficam indisponíveis até que o incorporador comprove a regularidade do pagamento das suas quotas de construção, podendo a comissão de representantes, após notificação e inércia do incorporador, promover a venda de tais unidades, com aplicação do produto obtido no pagamento do débito correspondente; (d) A ata da assembleia que deliberar a destituição será registrada em cartório de registro de títulos e documentos, e dela deverão constar nome e qualificação dos adquirentes presentes, e as respectivas unidades e títulos aquisitivos, ainda que não registrados. Tal ata constitui documento hábil para a averbação da destituição e a implementação das medidas necessárias à imissão do condomínio na posse do empreendimento e à investidura da comissão de representantes dos adquirentes na administração e atos de disposição; à inscrição do condomínio edilício no Cadastro Nacional das Pessoas Jurídicas; e à conclusão da obra e liquidação do patrimônio da incorporação; (e) Em caso de insolvência do incorporador que tiver optado pelo regime da afetação, e não sendo a obra retomada pelos adquirentes, a assembleia geral poderá, pelo voto de 2/3 dos adquirentes, deliberar pela venda do terreno e demais ativos do patrimônio de afetação, distribuindo, na proporção dos recursos aportados, o resultado líquido da venda, depois de pagas as dívidas. Não havendo saldo a repartir, os adquirentes serão credores privilegiados do incorporador, cujos bens pessoais responderão subsidiariamente.

2.1. CARACTERIZAÇÃO E FUNÇÃO DO MEMORIAL DE INCORPORAÇÃO

O ato jurídico básico do negócio jurídico da incorporação imobiliária é o *memorial de incorporação*, que será arquivado[1] no Registro de Imóveis e registrado na matrícula do terreno para o qual estiver projetada a edificação objeto da incorporação.

---

[1] A Lei nº 4.591/1964 fala em "arquivamento do memorial" (art. 32), enquanto a Lei nº 6.015/1973 fala em "registro da incorporação" (art. 167, I, 17). A diferença de nomenclatura parece não ter relevância especial e talvez seja explicada pela padronização estabelecida pela Lei de Registros Públicos e pelo Código Civil (art. 1.227).

Cap. II • O MEMORIAL DE INCORPORAÇÃO | 57

O registro do memorial cumpre dupla função, na medida em que é modo de constituição de direito de propriedade condominial especial/edilício.

Esse é o ato registral que opera a divisão do terreno e sujeita cada uma das frações ideais daí resultantes, bem como as acessões que a elas incorporarão e que constituirão as futuras unidades imobiliárias, ao regime do condomínio especial/edilício.

Ao mesmo tempo, esse registro é meio de estruturação da atividade da incorporação imobiliária e de divulgação do empreendimento a ser executado.

Por esse modo o registro da incorporação identifica cada uma das frações ideais do terreno como objeto de direito de propriedade sob regime condominial especial (art. 32, "i", § 1º-A), destinadas à venda "objetivando a vinculação de tais frações a unidades autônomas, em edificações a serem construídas ou em construção sob regime condominial" (art. 29).

É também exigido o registro do memorial para organização de conjunto imobiliário a ser composto por casas isoladas ou geminadas, mediante "alienação de lotes (...), quando vinculada à construção de casas isoladas ou geminadas", objeto de propriedade singular e, portanto, não sujeitas ao regime condominial (art. 68).

Os elementos que compõem o memorial de incorporação estabelecem a estrutura do negócio da incorporação, fixando sua caracterização e identificação. É um dossiê que contém todas as informações e todos os documentos que descrevem e caracterizam o empreendimento planejado, tais como o título de propriedade do terreno, cópia do projeto aprovado pelas autoridades, o orçamento da obra e a especificação dos materiais, entre outros.

O exame das peças que integram esse dossiê possibilita a compreensão do negócio a realizar, pois, dada a documentação que reúne, o memorial exibe em termos claros, precisos e completos todos os dados do negócio, bem como a conformação da futura edificação, com as plantas de situação do terreno e as do projeto aprovado, entre outras, em que estão enunciadas as características gerais do empreendimento, notadamente as metragens das futuras unidades imobiliárias, sua localização no pavimento, a distribuição das peças de cada unidade e, enfim, a discriminação de todos os elementos a serem considerados na constituição da propriedade imobiliária que a incorporação há de gerar.

Além disso, o memorial identifica o responsável pelo negócio, que é o incorporador, e possibilita ao Oficial de Registro de Imóveis divulgar seu nome em todas as informações que vier a emitir a respeito da incorporação e a respeito da titularidade do terreno.

A exigência de registro do memorial está no art. 32, pelo qual o incorporador só estará autorizado a alienar ou onerar frações ideais de terreno e acessões que corresponderão às futuras unidades autônomas após ter registrado o memorial de incorporação no Registro de Imóveis competente.

Embora a alienação sem que o incorporador tenha promovido o arquivamento do memorial não conduza à nulidade ou anulabilidade do contrato de alienação, por ser considerada irregularidade sanável, como reiteradamente têm decidido os tribunais,[2] há julgados

---

[2]   Do Superior Tribunal de Justiça, Decisão de 18.2.2002, com a seguinte ementa: "Direito civil. Contrato de promessa de compra e venda. Apartamentos em condomínio de edifício. Falta de registro do memorial de incorporação no Cartório de Imóveis. Art. 32 da Lei 4.591/64. Inexistência de nulidade ou anulabilidade do contrato. Irregularidade sanável" (REsp 192.315-MG, 4ª Turma, rel. Min. Sálvio de Figueiredo Teixeira, j. 13.11.2001, *DJ* 18.2.2002). No mesmo sentido, REsp 49.847-SP (*DJ* 9.10.95): "Incorporação. Alienação de unidades. Falta de arquivamento determinado pelo artigo 32 da Lei 4.591/64. O desatendimento, pelo incorporador, daquela imposição legal não conduz a nulidade nem anulabilidade do compromisso de venda". Do voto do relator, Min. Eduardo Ribeiro, destaca-se: "O

58 | INCORPORAÇÃO IMOBILIÁRIA • *Melhim Namem Chalhub*

que admitem a resolução do contrato quando a irregularidade, por insanável, inviabilize a plena consecução do negócio.[3]

Uma vez arquivado no Registro de Imóveis, o memorial torna-se acessível a qualquer pessoa, notadamente aquelas que tenham interesse em adquirir unidades na futura edificação; os documentos que o integram possibilitam a análise do negócio a ser feito, em todos os seus pormenores.

Há, no memorial, documentos de natureza jurídica, técnica, financeira e empresarial, que se destinam a dar à pessoa interessada na aquisição condições de conhecer com exatidão o objeto que pretende comprar, bem como avaliar o risco da aquisição.

Vejamos.

Documentos basilares, de natureza jurídica, que integram o memorial, são o título de propriedade do terreno onde será construído o edifício e a discriminação das frações ideais que constituirão objeto dos diversos direitos de propriedade em que se dividirá a propriedade do terreno (art. 32, "i"). Sem examinar esses documentos, o pretendente à aquisição não conhecerá a credencial fundamental com a qual o proprietário do terreno e/ou incorporador propõe o negócio e, portanto, não poderá se sentir seguro quanto à constituição do direito de propriedade condominial especial.

Entre os documentos de natureza técnica que compõem o memorial estão a cópia do projeto de construção aprovado pelas autoridades, o quadro das áreas da futura edificação, que contêm os elementos de descrição e de caracterização de toda a edificação e de cada uma das futuras unidades, individualmente, tudo isso possibilitando visualizar o que será a futura propriedade condominial.

São de especial importância, também, os documentos de natureza financeira, isto é, o orçamento da obra e o quadro que registra os coeficientes de construção, possibilitando ao adquirente conhecer o custo total da obra e o custo que será imputado especificamente à unidade que pretende adquirir.

Aspecto igualmente relevante no Memorial são as declarações que devem ser prestadas pelo incorporador, em geral no próprio contexto do requerimento dirigido ao Oficial

---

objeto do contrato não era ilícito, bem ao contrário (...) Assim sendo, há que se ter como possível seja sanada a falta, evidenciando-se não haver prejuízo para a outra parte, de nenhum modo atingida a utilidade do contrato. Uma vez efetivado o arquivamento, desaparece qualquer razão para que se desconstitua o contrato." No mesmo sentido são os acórdãos da 3ª Turma do STJ nos REsps 53.559-SP (*DJ* 18.12.95), 90.743-SP (*DJ* 14.10.96), 175.903 (*DJ* 1.8.00), 67.723 (*DJ* 2.10.00) e AgRg nos EDcl no REsp 1.107.117/SC (*DJe* 28.02.2011).

[3]   É o caso, por exemplo, de ausência de título de propriedade ou de direitos aquisitivos sobre o terreno, que é essencial para legitimar o incorporador a cumprir sua obrigação de transmitir propriedade imobiliária, bem como de fazer e dar, que consiste na construção, entrega das unidades e outorga dos títulos aquisitivos aos adquirentes. É nesse sentido acórdão do STJ, 3ª Turma, REsp 535.438-SP, rel. Min. Nancy Andrighi, *DJ* 14.6.2004: "Processo Civil e Civil. Recurso especial. Fundamento inatacado. Incorporação imobiliária. Aplicação por analogia de dispositivo. Possibilidade. Peculiaridades do caso concreto. É inadmissível o recurso especial se existe fundamento inatacado capaz, por si só, de manter a conclusão do julgado. Diante das peculiaridades do caso concreto, em que se constatou irregularidades decorrentes da ausência de contrato de promessa de venda ou de permuta das frações ideais do terreno, permitindo à incorporadora promover a incorporação, o que ensejou a rescisão dos contratos de promessa de compra e venda de unidades autônomas, salientando-se que a incorporadora é proprietária de parte do terreno, é possível a aplicação por analogia do art. 40, § 3º, da Lei das Incorporações, para impossibilitar a alienação pela incorporadora das unidades autônomas até que esta restitua aos respectivos ex-titulares os valores das parcelas de construção que adicionaram à unidade".

Cap. II • O MEMORIAL DE INCORPORAÇÃO | 59

do Registro. Entre essas manifestações ressalta o "termo de afetação", criado pelo art. 31-B, incluído na Lei nº 4.591/1964 pela Lei nº 10.931/2004). A afetação, como se verá no capítulo seguinte, é ato pelo qual o incorporador segrega no seu patrimônio o terreno e as acessões relativas à incorporação, bem como os direitos e as obrigações a ela vinculadas, tornando-as incomunicáveis em relação aos direitos e às obrigações do seu patrimônio geral ou de outros patrimônios de afetação que ele tenha criado. A afetação da incorporação tem a função de proteger patrimonialmente os direitos dos credores vinculados ao empreendimento, e prioriza o interesse comum dos adquirentes ao lhes conferir o poder de assumir a administração do empreendimento nas hipóteses previstas em lei e ao lhes assegurar meios para prosseguir a obra diretamente, em caso de destituição do incorporador ou sua falência.

O arquivamento do memorial, assim, dá visibilidade ao negócio da incorporação imobiliária, possibilitando ao pretendente à aquisição conhecer a estrutura do negócio, a partir da documentação do terreno, da descrição do edifício e da unidade que pretende adquirir, do custo da obra e das condições cadastrais do incorporador.

2.1.1. A instituição do condomínio edilício pelo registro do Memorial de Incorporação

Como vimos (1.4.3) a propriedade de um mesmo imóvel pode ser atribuída a várias pessoas sob *regime condominial geral*, "caracterizando-se pela *indivisão* do objeto e *divisão* dos sujeitos", que são titulares das frações do imóvel e exercem a propriedade na proporção dessas frações, simultaneamente com os demais condôminos, ou, de outra parte, *sob regime condominial especial*, caracterizado pela "combinação de propriedades autônomas, distintas, separadas, com o condomínio de partes do edifício."[4]

O condomínio especial é instituído por ato *inter vivos* ou *causa mortis* registrado no Registro de Imóveis ou mediante registro da incorporação imobiliária antes de iniciada a venda das frações ideais do terreno e respectivas acessões que constituirão as futuras unidades autônomas.

Essa espécie de propriedade condominial especial/edilícia recebe variadas denominações,[5] sem criar diferentes espécies ou mesmo subespécies, mas apenas "para distingui-lo do ordinário ou geral", como observa Orlando Gomes,[6] tais como *condomínio de edificação* (art. 7º e CC, art. 1.331 e ss.), *condomínio edilício* (CC, art. 1.331), *regime condominial especial* (Lei nº 4.591/1964, art. 32, "i", § 1º-A), *condomínio de terreno* "onde não houver edificação",

---

4   GOMES, Orlando, *Direitos Reais*. Rio de Janeiro: GenForense, revista, atualizada e aumentada por Edson Fachin, 19. ed., 2009, p. 239 e 257 (destaques do autor).

5   Observa Caio Mário da Silva Pereira que "O Código Civil de 2002 trata do condomínio especial dos edifícios coletivos nos seus arts. 1.331 a 1.358, sob o título ´Do Condomínio Edilício´, denominação que criticamos durante toda a fase da elaboração do Projeto do Código, sem sucesso. Cabe o registro, aliás, que esta espécie de condomínio recebeu denominações as mais variadas, ´propriedade horizontal" (...); ´condomínio especial´; condomínio de edifícios divididos em planos horizontais´, e ´copropriedade de prédio de apartamentos´, dentre muitas outras" (PEREIRA, Caio Mário da Silva, *Instituições de Direito Civil*. Revista e atualizada por Carlos Edison do Rego Monteiro Filho. Rio de Janeiro: GenForense, 25. ed., 2017, p. 182).

6   GOMES, Orlando. *Direitos Reais*. 19. ed. Atual.r Edson Fachin Rio de Janeiro: Forense, 2009, p. 250. Diz o autor: "A terminologia não é uniforme. Insiste-se em qualificá-la, acentuando um dos seus aspectos, como condomínio, acrescentando, para distingui-lo do ordinário ou geral, as seguintes expressões: *relativo*, sui generis, *por andares* ou *apartamentos de edifícios* com apartamentos autônomos, *condomínio em edificações*, ou *condomínio especial em edifícios*. Qualquer dessas denominações pode ser aceita".

60 INCORPORAÇÃO IMOBILIÁRIA • *Melhim Namem Chalhub*

destinado a uma incorporação ou a várias incorporações (Lei nº 4.591/1964, arts. 8º e 32 e Lei nº 4.864/1965, art. 6º), *condomínio de lotes de terreno* (CC, art. 1.358-A) ou *condomínio de frações de tempo* sob regime de multipropriedade (CC, arts. 1.358-B e ss.), entre outras.

A falta de uniformidade terminológica é irrelevante, observando Orlando Gomes que "qualquer dessas denominações pode ser aceita" porque todas elas dizem respeito ao condomínio especial identificado pela conjunção da propriedade exclusiva e da propriedade comum *pro indiviso* e caracterizado por idênticos elementos de caracterização, a saber: (a) determinação das frações ideais sobre o terreno e partes comuns, (b) identificação dos apartamentos ou "unidades isoladas entre si", existentes ou a construir e (c) destinação do imóvel, tanto pela Lei nº 4.591/1964[7] como pelo Código Civil.[8]

Assim, independentemente da configuração física do imóvel, é irrelevante que o condomínio especial seja identificado pelas expressões *condomínio edilício* ou *regime condominial especial*, e considerada a identidade dos elementos de caracterização estabelecidos pela Lei 4.591/1964 e pelo Código Civil, os Enunciados de Interpretação nº 89[9] da I Jornada de Direito Civil e nº 100[10] da I Jornada de Direito Processual Civil, esclarecem que todas essas denominações dizem respeito a uma mesma espécie de condomínio, pouco importando os diferentes nomes que se lhes atribua.

Dados esses pressupostos, e considerando que, quando originário da atividade da incorporação imobiliária, o condomínio especial ou edilício é constituído pelo registro da incorporação antes de iniciada a construção, a edificação implantada por meio dessa atividade empresarial assimilará o regime jurídico do condomínio especial/edilício a que já estava sujeito desde o registro da incorporação, disso resultando que o reconhecimento da existência legal da propriedade sob regime do condomínio edilício da edificação nele implantada se dá pelo princípio da acessão, simplesmente mediante averbação da construção na matrícula do terreno "em correspondência às frações ideais discriminadas na matrícula do terreno" (Lei nº 4.591/1964, art. 44), não se justificando a exigibilidade de constituição de novo condomínio especial/edilício pelo simples fato da alteração da configuração física do imóvel.

2.1.1.1. *Principais alterações introduzidas pela Lei nº 14.382/2022*

Este preâmbulo é justificado para melhor compreensão das alterações introduzidas na Lei nº 4.591/1964 pela Medida Provisória nº 1.085/ 2021, convertida na Lei nº 14.382/2022,

---

[7] Lei nº 4.591/1964: "Art. 32. (...). i) instrumento de divisão do terreno em frações ideais autônomas que contenham a sua discriminação e a descrição, a caracterização e a destinação das futuras unidades e partes comuns que a elas acederão."

[8] Código Civil: "Art. 1.332. Institui-se o condomínio edilício por ato entre vivos ou testamento, registrado no Cartório de Registro de Imóveis, devendo constar daquele ato, além do disposto em lei especial: I – a discriminação e individualização das unidades de propriedade exclusiva, estremadas uma das outras e das partes comuns; II – a determinação da fração ideal atribuída a cada unidade, relativamente ao terreno e partes comuns; III – o fim a que as unidades se destinam".

[9] I Jornada de Direito Civil – Enunciado 89: "O disposto nos arts. 1.331 a 1.358 do novo Código Civil aplica-se, no que couber, aos condomínios assemelhados, tais como loteamentos fechados, multipropriedade imobiliária e clubes de campo."

[10] I Jornada de Direito Processual Civil - Enunciado 100: Extensão da expressão "condomínio edilício" no CPC/73: "Interpreta-se a expressão condomínio edilício do art. 784, X, do CPC de forma a compreender tanto os condomínios verticais, quanto os horizontais de lotes, nos termos do art. 1.358-A do Código Civil."

sobretudo a nova redação do art. 32, sua alínea "i" e seu § 1º-A, que reproduz os elementos de caracterização do condomínio edilício estabelecidos pelo art. 1.332 do Código Civil e define o registro da incorporação como modo de sua constituição. Essa intervenção legislativa foi motivada pela necessidade de elucidar dúvidas interpretativas, que, por obstaculizar ou dificultar a atribuição de direitos reais aquisitivos de frações ideais de terreno autônomas aos adquirentes, os expunham a risco e dificultavam o exercício de suas prerrogativas, sobretudo em situações de crise da incorporadora, nas quais a prévia instituição do condomínio é essencial para assegurar a recuperação dos direitos patrimoniais dos adquirentes[11] (ver item 10.3).

Ressaltam dentre essas alterações (a) nova redação do art. 32, que substitui a expressão "arquivamento" dos documentos que compõem o memorial por "registro" da incorporação (Lei 6.015/1973, art. 167, inciso I, 17), tendo em vista que esse é o ato registral pelo qual se constitui o direito de propriedade condominial edilício sobre frações de terreno, às quais acederão as futuras unidades; (b) adequação do caput do art. 32 à tipificação do contrato estabelecida pelo art. 29 ("venda de frações ideais de terreno objetivando a vinculação de tais frações a unidades autônomas"), mediante substituição da locução genérica "negociar sobre unidades autônomas" por "alienar ou onerar as frações ideais de terrenos" e respectivas acessões; (c) alinhamento dos elementos de caracterização do regime condominial especial/edilício estabelecidos pelo art. 32, "i", da Lei das Incorporações e pelo art. 1.332 do Código Civil, e (d) nova redação do art. 44, de modo a explicitar que a conclusão da construção comporta apenas sua averbação "em correspondência às frações ideais do terreno", sem alteração do regime jurídico condominial a que se sujeita a edificação.

2.1.1.2. Funções do registro do memorial de incorporação

Duas são as principais funções do registro do memorial de incorporação: (a) estruturar e divulgar o negócio e (b) criar os direitos de propriedade a serem alienados, quando a incorporação for projetada para implantação em um único terreno, submetido ao regime do condomínio especial.

Com efeito, para além da estruturação da atividade empresarial de implantação de conjuntos imobiliários e divulgação de suas características, a que nos referimos no item anterior, o registro do Memorial de Incorporação opera a constituição do condomínio edilício tendo por objeto as frações ideais resultantes da divisão do terreno (v. item 1.4.3), em conformidade com o princípio da especialidade, também conhecido como especialização ou determinação do imóvel, segundo o qual o direito de propriedade sobre imóveis só tem sua existência legalmente reconhecida a partir da identificação de sua individualidade autônoma[12] em assentamento no Registro de Imóveis (Lei 6.015/1973, art. 176, § 1º, II).

Na medida em que a lei caracteriza o negócio da incorporação como "venda de frações ideais de terreno (...), sob regime condominial" (art. 29), sua celebração tem como pressuposto necessário a existência de direito de propriedade sobre cada uma dessas frações ideais, com

---

[11]   Os mecanismos de controle e segurança jurídica da incorporação imobiliária são apreciados em trabalho publicado em: https://civileimobiliario.com.br/parecer-juridico-elaborado-pelo-dr-melhim-namem--chalhub-a-respeito-das-associacoes-pro-construcao/.

[12]   Segundo Afrânio de Carvalho, a existência legal dos imóveis é determinada pela identificação no Registro de Imóveis com "sua representação escrita como individualidade autônoma, com o seu modo de ser físico, que o torna inconfundível e, portanto, heterogêneo em relação a qualquer outro" (CARVALHO, Afrânio de. *Registro de imóveis*. 2. ed. Rio de Janeiro: Forense, 1982, p. 247).

identificação expressa em forma decimal ou ordinária e indicação numérica dos apartamentos que a elas acederão (art. 32, alínea "i", e § 1º-A). É essa identificação que as torna passíveis de alienação válida e eficaz, pois só são passíveis de registro os contratos nos quais a descrição do imóvel (fração ideal e acessões) coincidir com os caracteres que o identificam como objeto de direito de propriedade no Registro de Imóveis, sob pena de serem considerados "irregulares" (Lei nº 6.015/1973, art. 225).

2.1.1.3. *O registro da incorporação como modo de instituição do condomínio especial/ edilício*

Como requisito essencial para exercício da atividade da incorporação, o art. 8º da Lei nº 4.591/1964 e o art. 6º da Lei nº 4.864/1965 preveem a instituição de condomínio especial por ato unilateral do incorporador sobre terreno "onde não houver edificação", podendo compreender eventual "desdobramento da incorporação em várias incorporações", partindo do pressuposto de que "a instituição de condomínio é compatível com os casos em que a construção está por fazer-se".[13]

Essas regras são complementadas pelo art. 32, cuja alínea "i", com a redação dada pela Medida Provisória nº 1.085/2021, convertida na Lei nº 14.382/2022, identifica o condomínio constituído pelo registro da incorporação com os mesmos elementos de caracterização do condomínio edilício estabelecidos pelo art. 1.332 do Código Civil.[14]

De acordo com essas regras, o registro da incorporação qualifica as frações ideais resultantes da divisão do terreno como objeto de direito de propriedade condominial especial, identificando-as pela sua expressão ordinária ou decimal e pela destinação que a elas vincula as futuras unidades e as partes comuns do conjunto imobiliário projetado (Lei nº 4.591/1964 e CC, art. 1.332), caracteres que lhes conferem existência legal com os atributos da individualidade e da livre disponibilidade indispensáveis à celebração do contrato de incorporação imobiliária.

---

[13]   "Pensa-se por vezes que a incorporação se faz quando o edifício não está ainda construído, e a instituição de condomínio após a construção. Mas esse critério de distinção não pode ser verdadeiro, porque logo o art. 8º da Lei 4.591 prevê a instituição de condomínio em terreno onde não houver construção e se pretender erigir mais de uma. Logo, a instituição de condomínio é compatível com os casos em que a construção está ainda por fazer-se" (...). "Havendo incorporação, será necessário realizar *também* a instituição de condomínio? Isso seria absurdo, pois a incorporação contém todos os elementos exigidos pela instituição de condomínio (cfr. art. 7º e art. 32/al. 'i') e implica necessariamente a declaração de vontade de instituir a propriedade horizontal. A solução só pode ser esta: a incorporação engloba uma instituição de condomínio, mas é mais do que uma instituição" (ASCENSÃO, Maria Teresa Pereira de Castro; ASCENSÃO, José de Oliveira. Instituição, incorporação e convenção de condomínio. *Revista de Direito Civil* (RT), v. 10, out./dez. 1979, p. 143 e seguintes).

[14]   Lei nº 4.591/1964, com a redação dada pela MP nº 1.085/2021, convertida na Lei nº 14.382/2022: "Art. 32. O incorporador somente poderá alienar ou onerar as frações ideais de terrenos e acessões que corresponderão às futuras unidades autônomas após o registro, no registro de imóveis competente, do memorial de incorporação composto pelos seguintes documentos: (...); i) instrumento de divisão do terreno em frações ideais autônomas que contenham a sua discriminação e a descrição, a caracterização e a destinação das futuras unidades e partes comuns que a elas acederão; j) minuta de convenção de condomínio que disciplinará o uso das futuras unidades e partes comuns do conjunto imobiliário; (...). § 1º-A. O registro do memorial de incorporação sujeita as frações do terreno e as respectivas acessões a regime condominial especial, investe o incorporador e os futuros adquirentes na faculdade de sua livre disposição ou oneração e independe de anuência dos demais condôminos".

A qualificação dessas frações e respectivas acessões como objeto de propriedade condominial especial é requisito indispensável ao exercício da atividade da incorporação imobiliária, pois, se essas frações não fossem dotadas de individualidade autônoma em conformidade com sua destinação, estariam sujeitas ao regime do condomínio geral (CC, arts. 504 e 1.314 e seguintes), que comprometeria a efetividade dos direitos dos condôminos e dos financiadores do empreendimento em razão da dependência recíproca para negociar, típica da comunhão *pro indiviso*.

A atribuição de individualidade autônoma às frações e respectivas acessões viabiliza o registro dos contratos de comercialização e, até mesmo, a averbação dos instrumentos preliminares de ajuste, que confere direito real aquisitivo aos adquirentes nos termos do § 4º do art. 35, e seus efeitos se projetam sobre todo o campo dos direitos reais, como evidencia o art. 1.488 do Código Civil[15], segundo o qual a hipoteca constituída sobre o terreno, em garantia de financiamento do empreendimento, pode ser desdobrada na proporção das frações ideais visando limitar a responsabilidade financeira de cada adquirente.

É em razão desses efeitos que Caio Mário da Silva Pereira ressalta que "a grande inovação instituída pela Lei nº 4.591/1964 foi a *criação de direito real*, instituído em favor dos adquirentes de unidades, como também do incorporador, com o *registro da incorporação*" (destaques do autor).[16]

Essas situações, dentre outras, ilustram a função do registro da incorporação como modo de constituição do condomínio especial/edilício tendo por objeto as frações e respectivas acessões, regime jurídico esse que não se altera por efeito da averbação da construção, pois, como se sabe, a edificação retratada na certidão de habite-se nada mais é do que a configuração física definitiva das acessões já revestidas dos elementos de caracterização do condomínio especial/edilício estabelecidos pelos arts. 8º e 32 da Lei nº 4.591/1964, pelo art. 6º da Lei nº 4.864/1965 e pelo art. 1.332 do Código Civil.

2.1.1.4. *A administração do condomínio especial durante a fase da construção*

Em todo o curso da existência do condomínio, abrangendo a fase da construção e da utilização do conjunto imobiliário, a propriedade comum e a propriedade individual coexistem "ligadas entre si por um nexo de funcionalidade"[17], em razão do qual os direitos subjetivos dos condôminos e a administração dos seus interesses são objeto de tratamento legal diferenciado, em conformidade com a configuração material do imóvel em cada uma dessas fases.

Nessa direção, as normas da Lei nº 4.591/1964 (arts. 34 e ss.) e do Código Civil (arts. 1.333 e ss.) identificam as relações jurídicas inerentes à situação proprietária condominial especial, tratam do exercício dos direitos subjetivos dos condôminos, assim como dos seus deveres, e instituem diferentes regimes de gestão do condomínio para a fase da construção e para a fase da fruição do imóvel.

---

[15] Código Civil: "Art. 1.488. Se o imóvel, dado em garantia hipotecária, vier a ser loteado, ou se nele se constituir condomínio edilício, poderá o ônus ser dividido, gravando cada lote ou unidade autônoma, se o requererem ao juiz o credor, o devedor ou os donos, obedecida a proporção entre o valor de cada um deles e o crédito."

[16] PEREIRA, Caio Mário da Silva. *Condomínio e incorporações*. 14. ed. rev., atual. e ampl. Atualizadores: Sylvio Capanema de Souza e Melhim Namem Chalhub. Rio de Janeiro: Forense, 2020, p. 284/285.

[17] Antonio Gambaro, *Trattato di diritto privato – la proprietà*, Milão: Giuffrè, 1990, p. 269.

Em relação à administração do condomínio especial na fase da construção, os arts. 34 e seguintes da Lei nº 4.591/1964 instituem normas compatíveis com a conformação, funcionalidade e dinâmica do condomínio nesse período e atribuem sua gestão no curso das obras a uma comissão de representantes composta por três adquirentes (art. 50), nomeada no contrato de construção, se for o caso, ou eleitos em assembleia geral dos condôminos convocada pelo incorporador até seis meses após o registro da incorporação (ver itens 5.7.1 e 5.7.2).

Ao definir os atos de competência dessa comissão e período de sua atuação, a lei trata de certas peculiaridades, situações ou procedimentos operacionais relacionados à fase da construção mediante emprego da expressão "condomínio da construção", e disso são exemplos (i) o art. 31-F, § 1º, e o art. 43, § 3º,[18] que se referem à deliberação de assembleia geral para constituição do condomínio especial/edilício, nos casos em que o incorporador não o tiver constituído por ocasião do registro da incorporação e vier a falir ou a ser destituído, e (ii) o art. 213 da Lei nº 6.015/1973,[19] cujo § 10 distingue a representação do condomínio especial/edilício em procedimento de retificação de registro, dispondo no inciso I que o condomínio geral será representado por qualquer condômino e no inciso II que condomínio especial será representado pelo síndico a partir do habite-se e pela comissão de representantes quando ainda em fase de construção, situação na qual o identifica como "condomínio por frações autônomas".

Anote-se, por relevante, que o emprego de distintas expressões para realçar situações fáticas típicas da fase da construção não importa em alteração de nenhum dos elementos de caracterização do condomínio especial/edilício estabelecidos pelos arts. 8º e 32 da Lei nº 4.591/1964, pelo art. 6º da Lei nº 4.864/1965 e pelo art. 1.332 do Código Civil, pois, a despeito da diversidade terminológica, há um só condomínio especial/edilício, constituído pelo registro da incorporação.

Anda no período da construção e até que seja concluída a edificação, cabe à comissão de representantes a gestão do condomínio, inclusive em juízo, em todos os assuntos de interesse dessa coletividade (art. 50); o acompanhamento da construção a partir dos demonstrativos trimestrais que receberá do incorporador (art. 43, I); a prática dos atos necessários à preservação do fluxo normal da obra, inclusive medidas judiciais e extrajudiciais relacionadas ao procedimento de destituição do incorporador em casos de paralisação ou retardamento injustificado da obra e, ainda, de insolvência (ver item 10.3), hipóteses em que essa comissão está investida em mandato legal para, em caso de inadimplemento de obrigações dos adquirentes ou do incorporador, promover leilão das respectivas frações ideais e acessões visando a satisfação de créditos do patrimônio da incorporação, entre outros atos de representação em geral ou previstos expressamente pela Lei nº 4.591/1964.

O mandato legal da comissão de representantes para administração do condomínio expira por ocasião da conclusão da obra, passando o condomínio a partir da entrega da edificação

---

[18] Lei 4.591/1964, com a redação dada pela Lei 14.382/2022: "§ 3º A ata de que trata o § 2º deste artigo, registrada no registro de títulos e documentos, constituirá documento hábil para: (...); c) à inscrição do respectivo condomínio da construção no CNPJ".

[19] Lei nº 6.015/1973: "Art. 213. O oficial retificará o registro ou a averbação: (...). § 10. Entendem-se como confrontantes os proprietários e titulares de outros direitos reais e aquisitivos sobre os imóveis contíguos, observado o seguinte: I - o condomínio geral, de que trata o Capítulo VI do Título III do Livro III da Parte Especial da Lei nº 10.406, de 10 de janeiro de 2002 (Código Civil), será representado por qualquer um dos condôminos; II - o condomínio edilício, de que tratam os arts. 1.331 a 1.358 da Lei nº 10.406, de 10 de janeiro de 2002 (Código Civil), será representado pelo síndico, e o condomínio por frações autônomas, de que trata o art. 32 da Lei nº 4.591, de 16 de dezembro de 1964, pela comissão de representantes."

Cap. II • O MEMORIAL DE INCORPORAÇÃO | 65

com habite-se a ser administrado por um síndico e demais órgãos de representação definidos pelos arts. 1.333 e seguintes do Código Civil (sobre o uso e a administração do condomínio após o habite-se, v. item 1.4.3).

2.1.1.5. *Averbação da construção sem alteração da natureza do condomínio especial/edilício*

Encerrada a fase da construção, o oficial do Registro de Imóveis procederá à "averbação da construção em correspondência às frações ideais discriminadas na matrícula do terreno" (art. 44) sem alterar o regime da propriedade condominial especial já instituído pelo registro da incorporação, pois a edificação assimila o regime a que se sujeita o solo por efeito da acessão.[20]

Assim, sabendo-se que, no condomínio edilício, articulam-se partes indivisas e partes divisas do imóvel, as acessões incorporadas às frações ideais do terreno conformam-se ao regime jurídico instituído pelo registro da incorporação e à destinação definida no projeto por simples efeito do princípio *superficies solo cedit*, como leciona Pontes de Miranda: "a acessão àquelas [partes indivisas] beneficia a todos os comuneiros e a acessão a essas [partes divisas] somente àquele ou aqueles a que tocam as partes divisas, razão por que o mesmo fato pode beneficiar a todos e a algum ou a alguns, conforme o que acede se integra na parte indivisa ou na parte divisa".[21]

A modificação do aspecto físico do terreno decorrente do fenômeno da acessão não altera o regime jurídico do condomínio especial/edilício previamente instituído para a futura edificação pelo registro da incorporação, uma vez que "a propriedade da coisa acessória ou incorporada não depende de novo título; é a mesma propriedade, apenas aumentada",[22] sendo essa a razão pela qual a lei determina que, expedido o habite-se, o oficial do Registro de Imóveis proceda à averbação da construção (art. 44), e não ao *registro*.

Assim é porque, como ensina Afrânio de Carvalho, a construção é objeto de simples averbação porque "não muda nem a causa nem a natureza do título que deu origem à inscrição, não subverte o assento original, tão somente o subentende".[23]

Por isso é que a Lei nº 4.591/1964 dispõe que, na incorporação imobiliária, a sujeição da edificação ao regime do condomínio edilício é reconhecida por simples ato declaratório que atesta a alteração fática operada no terreno mediante averbação da construção "em

---

[20] Como se sabe, por efeito da acessão, a existência legal de uma *edificação singular* em um terreno é reconhecida por simples averbação do habite-se sem que isso importe em qualquer alteração do regime de propriedade exclusiva a que o terreno estava sujeito, bem como da sua titularidade. Diversos são os efeitos da construção mediante concessão do direito de superfície, que excepciona o princípio da acessão e importa em bifurcação temporária da propriedade, de que resultam duas propriedades distintas, a do solo, que permanece no patrimônio do concedente, e a da construção, ou da plantação, atribuída temporariamente ao concessionário ou superficiário, cada uma delas dotada de autonomia (Código Civil, arts. 1.369 e ss e Estatuto da Cidade, arts. 21 e ss.).

[21] PONTES DE MIRANDA, Francisco Cavalcanti. *Tratado de Direito Privado*. 12. ed. São Paulo: RT, §§ 1.206 e 1.211.

[22] GOMES, Orlando, *Direitos reais*. cit., p. 176.

[23] CARVALHO, Afrânio de. *Registro de imóveis*. Rio de Janeiro: Forense, 1976, p. 110. Diz o autor: "A averbação não muda nem a causa nem a natureza do título que deu origem à inscrição, não subverte o assento original, tão somente o subentende. A estrutura de uma inscrição não pode, portanto, ser mudada pela averbação de um ato retro operante, podendo apenas servir de substrato a um ato que, reconhecendo a existência inteiriça, em um instante do tempo, daí parte para dar-lhe nova figura em instante ulterior".

66 | INCORPORAÇÃO IMOBILIÁRIA • *Melhim Namem Chalhub*

correspondência às frações ideais discriminadas na matrícula do terreno" (art. 44), independente de outro ato registral, de modo que eventual instituição de novo regime condominial
edilício quando concluída a construção constituiria *bis in idem*.

2.2. OS DOCUMENTOS QUE INTEGRAM O MEMORIAL DE INCORPORAÇÃO[24]

O art. 32 da Lei 4.591/1964 estabelece a obrigatoriedade de registro da incorporação,
antes do lançamento do empreendimento à venda, mediante arquivamento dos documentos
e demais peças que compõem o memorial de incorporação, nos seguintes termos:

> Art. 32. O incorporador somente poderá alienar ou onerar as frações ideais de terrenos e
> acessões que corresponderão às futuras unidades autônomas após o registro, no registro de
> imóveis competente, do memorial de incorporação composto pelos seguintes documentos:[25]
>
> a) título de propriedade do terreno, ou de promessa, irrevogável e irretratável, de compra
> e venda ou de cessão de direitos ou de permuta, do qual conste cláusula de imissão na
> posse do imóvel, não haja estipulações impeditivas de sua alienação em frações ideais
> e inclua consentimento para demolição e construção, devidamente registrado;
>
> b) certidões negativas de impostos federais, estaduais e municipais, de protesto de títulos,
> de ações cíveis e criminais e de ônus reais relativamente ao imóvel, aos alienantes do
> terreno e ao incorporador;
>
> c) histórico dos títulos de propriedade do imóvel, abrangendo os últimos 20 anos,
> acompanhado de certidão dos respectivos registros;
>
> d) projeto de construção devidamente aprovado pelas autoridades competentes;
>
> e) cálculo das áreas da edificação, discriminando, além da global, a das partes comuns,
> e indicando, para cada tipo de unidade, a respectiva metragem da área construída;
>
> f) certidão negativa de débito para com a Previdência Social, quando o titular do direito
> sobre o terreno for o responsável pela arrecadação das respectivas contribuições;
>
> g) memorial descritivo das especificações da obra projetada, segundo modelo a que se
> refere o inciso IV, do art. 53, desta lei;
>
> h) avaliação do custo global da obra, atualizada à data do arquivamento, calculada de
> acordo com a norma do inciso III, do art. 53, com base nos custos unitários referidos no
> art. 54, discriminando-se, também, o custo de construção de cada unidade, devidamente
> autenticada pelo profissional responsável pela obra;
>
> i) instrumento de divisão do terreno em frações ideais autônomas que contenham a
> sua discriminação e a descrição, a caracterização e a destinação das futuras unidades e
> partes comuns que a elas acederão;
>
> j) minuta de convenção de condomínio que disciplinará o uso das futuras unidades e
> partes comuns do conjunto imobiliário;[26]
>
> l) declaração em que se defina a parcela do preço de que trata o inciso II do art. 39;
>
> m) certidão do instrumento público de mandato, referido no § 1º do art. 31;

---

[24] A relação de documentos apresentada nesta obra é aquela constante da Lei nº 4.591/1964 e poderá ser
acrescida de outros documentos que venham a ser exigidos em razão de normas supervenientes.

[25] Redação dada pelo art. 10 da MP nº 1.085/2021, convertida na Lei 14.382/2022. A redação original tinha
o seguinte teor: "Art. 32. O incorporador sòmente poderá negociar sôbre unidades autônomas após ter
arquivado, no cartório competente de Registro de Imóveis, os seguintes documentos".

[26] Redação dada pelo art. 10 da MP nº 1.085/2021, convertida na Lei nº 14.382/2022.

n) declaração expressa em que se fixe, se houver, o prazo de carência (art. 34);[27]

p) declaração, acompanhada de plantas elucidativas, sobre o número de veículos que a garagem comporta e os locais destinados à guarda dos mesmos.

Os documentos indicados nas alíneas "a", "b", "c" e "e", como se sabe, estão relacionados à regularidade da titulação e à capacidade do incorporador para contrair obrigações e para transmitir a propriedade das futuras unidades, livres de ônus, em especial a certidão de matrícula do imóvel, o histórico dos títulos de propriedade e as certidões negativas.

A propósito desses documentos merece referência o art. 54 da Lei nº 13.097/2015, segundo o qual os negócios de transmissão ou constituição de direitos reais imobiliários "são eficazes em relação a atos jurídicos precedentes, nas hipóteses em que não tenham sido registradas ou averbadas na matrícula do imóvel" determinadas informações, tais como ações reais ou reipersecutórias, execuções, penhoras ou outros atos de constrição ou restrição administrativa, além de ações cujos resultados possam reduzir seu proprietário à insolvência, nos termos do art. 792 do CPC, assim como "qualquer tipo de constrição judicial incidente sobre o imóvel ou sobre o patrimônio do titular do imóvel, inclusive proveniente de ação de improbidade administrativa ou a oriunda de hipoteca judiciária".[28]

A despeito da grande simplificação propiciada por essa norma, continuam indispensáveis para o registro do Memorial de Incorporação informações de outras fontes, seja por força da ressalva do § 1º do mesmo art. 54, seja pela necessidade de análise de outras situações que, embora ali não referidas, possam comprometer a segurança jurídica da transmissão ou da constituição de direitos reais sobre o imóvel.

É o caso, entre outros, das dívidas perante a Fazenda Pública, que não estão compreendidas na inoponibilidade prevista no art. 54 da Lei nº 13.097/2015. Nesse caso, há presunção de fraude ante a existência de dívida inscrita, tal como dispõe o art. 185 do Código Tributário Nacional, sendo necessária, portanto, a apresentação da Certidão Conjunta Negativa de débitos relativos aos tributos federais e à dívida ativa da União.[29]

Há, também, as hipóteses de ineficácia em relação à massa falida, previstas nos arts. 129 e 130 da Lei nº 11.101/2005 (Lei de Falência e Recuperação de Empresa).

São também excluídas da regra da inoponibilidade a "aquisição e extinção da propriedade que independam de registro", como são as transmissões *mortis causa* e a usucapião, e as operações relativas a imóveis da União, dos Estados, do Distrito Federal, dos Municípios e de suas fundações e autarquias (art. 58 da Lei nº 13.097/2015).

Os documentos que integram o Memorial de Incorporação, relacionados no art. 32 da Lei 4.591/1964, devem ser anexados a requerimento dirigido pelo incorporador ao Oficial do Registro de Imóveis do lugar onde estiver situado o imóvel objeto da incorporação.

Trata-se de requerimento simples, não havendo forma especial definida em lei.

Entretanto, para maior clareza, simplicidade e racionalidade, é de toda conveniência que o requerimento seja formulado em peça única, em que o incorporador descreva por completo o empreendimento e esclareça todas as suas características, de modo que bastará a

---

27 A alínea "o" foi revogada pela MP nº 1.085/2021, convertida na Lei nº 14.382/2022.

28 Apreciamos a matéria nos itens 3.5.3.1 e 8.3 desta obra.

29 Código Tributário Nacional: "Art. 185. Presume-se fraudulenta a alienação ou oneração de bens ou rendas, ou seu começo, por sujeito passivo em débito para com a Fazenda Pública, por crédito tributário regularmente inscrito como dívida ativa. Parágrafo único. O disposto neste artigo não se aplica na hipótese de terem sido reservados, pelo devedor, bens ou rendas suficientes ao total pagamento da dívida inscrita".

leitura dessa única peça para que o interessado tenha uma visão básica completa do negócio e maior facilidade de exame das peças que o instruem.

Em regra, os documentos devem ser apresentados em original, admitindo-se cópias autenticadas em certos casos, conforme dispuser o órgão da administração judiciária local.

Os documentos que compõem o memorial podem ser encaminhados ao competente Registro de Imóveis por meio eletrônico,[30] cabendo ao Oficial apresentar em dez dias úteis, por escrito, as exigências que julgar necessárias e, uma vez satisfeitas, terá dez dias úteis para promover o registro e fornecer certidão, cabendo-lhe suscitar dúvida em caso de divergência.[31] Após cento e oitenta dias da data do registro do Memorial, a lei sujeita a validade e a eficácia desse ato à concretização da incorporação, caracterizada pela contratação de financiamento, ou pela venda ou oneração de alguma fração ideal ou, alternativamente, pelo início das obras do empreendimento. Enquanto não ocorrido nenhum desses atos, o incorporador só poderá negociar frações ideais e futuras acessões se, a cada cento e oitenta dias, atualizar as certidões e documentos que tiverem seu prazo de validade vencido.[32]

A par desses aspectos essenciais para a segurança jurídica dos negócios imobiliários, e da incorporação imobiliária em particular, importa apreciar nos itens subsequentes alguns dos aspectos específicos da documentação que deve integrar o Memorial de Incorporação.

2.2.1. Título de propriedade do terreno, ou de promessa, irrevogável e irretratável, de compra e venda ou de cessão de direitos ou de permuta, do qual conste cláusula de imissão na posse do imóvel, não haja estipulações impeditivas de sua alienação em frações ideais e inclua consentimento para demolição e construção, devidamente registrado

Como se vê, estão legitimados a promover incorporações tanto o proprietário do terreno no qual será erigido o conjunto imobiliário, como, também, o titular de direito real de aquisição do terreno. Essencial é que o incorporador esteja investido no poder de disposição da propriedade do imóvel, ou do direito de aquisição a ela relativo dotado dos requisitos abaixo referidos, pois é por meio do registro do memorial de incorporação que se opera a divisão do

---

[30] Ver Decreto nº 10.278/2020, que dispõe sobre "a técnica e os requisitos para a digitalização de documentos públicos ou privados, a fim de que os documentos digitalizados produzam os mesmos efeitos legais dos documentos originais."

[31] Lei nº 4.591/1964, com a redação dada pela Medida Provisória nº 1.085/2021, convertida na Lei 14.382/2022: "Art. 32. (...) § 6º Os oficiais do registro de imóveis terão 10 (dez) dias úteis para apresentar, por escrito, todas as exigências que julgarem necessárias ao registro e, satisfeitas as referidas exigências, terão o prazo de 10 (dez) dias úteis para fornecer certidão e devolver a segunda via autenticada da documentação, quando apresentada por meio físico, com exceção dos documentos públicos, e caberá ao oficial, em caso de divergência, suscitar a dúvida, segundo as normas processuais aplicáveis".

[32] Lei nº 4.591/1964, com a redação dada pelo art. 10 da Medida Provisória nº 1.085/2021, convertida na Lei 14.382/2022: "Art. 33. Se, após 180 (cento e oitenta) dias da data do registro da incorporação, ela ainda não se houver concretizado, por meio da formalização da alienação ou da oneração de alguma unidade futura, da contratação de financiamento para a construção ou do início das obras do empreendimento, o incorporador somente poderá negociar unidades depois de averbar a atualização das certidões e de eventuais documentos com prazo de validade vencido a que se refere o art. 32 desta Lei.. Parágrafo único. Enquanto não concretizada a incorporação, o procedimento de que trata o caput deste artigo deverá ser realizado a cada 180 (cento e oitenta) dias".

terreno em frações ideais e sua sujeição ao regime condominial especial por unidades autô-nomas, pois, do contrário, não poderia celebrar o negócio jurídico que caracteriza a atividade da incorporação imobiliária, isto é, a transmissão da propriedade do imóvel ou os direitos reais de aquisição sobre o imóvel.

Qualquer que seja o objeto do título – de domínio pleno ou de direito aquisitivo –, é igualmente essencial que esteja registrado no Registro de Imóveis.

O título de domínio pleno do imóvel pode ser a compra e venda, doação, permuta, adjudicação, o formal de partilha ou outro ato que possa servir de título para transmissão da propriedade plena.

A promessa de compra e venda, a cessão de direitos aquisitivos ou a promessa de cessão também podem habilitar a pessoa a promover incorporação, mas neste caso é necessário que esse título se revista das seguintes características:

– seja irrevogável;
– não contenha cláusula que impeça sua alienação em frações ideais;
– contenha permissão para demolir prédio eventualmente existente no local;
– contenha permissão para construir a edificação objetivada pela incorporação.

Além dessas características, o incorporador deve, obviamente, ter a posse do imóvel.

A cláusula da irrevogabilidade visa evitar que o eventual desfazimento da promessa entre o titular do domínio e o incorporador frustre o empreendimento. A irrevogabilidade é do máximo interesse do adquirente, pois, com essa cláusula, aquele que adquirir unidades imobiliárias do incorporador terá assegurado o direito à obtenção compulsória do contrato (art. 35, § 4º, inclusive mediante procedimento extrajudicial (Lei nº 6.015/1973, art. 216-B). A promessa de cessão de direito está equiparada à promessa de compra e venda por força do art. 69 da Lei nº 4.380, de 21 de agosto de 1964, sendo ambas irretratáveis por força de lei (§ 2º do art. 32, com a redação dada pela Lei nº 10.931/2004).

No caso de permuta do terreno por unidades a serem construídas no local, o proprietário do terreno aliena um determinado quinhão ao incorporador e conserva no seu patrimônio o quinhão ao qual serão vinculadas as futuras unidades autônomas que a ele, proprietário do terreno, pertencerão. Trata-se de modalidade introduzida pelo art. 39 que, segundo J. Nas-cimento Franco e Nisske Gondo, não era facilmente aceita antes da Lei das Incorporações, só vindo a ser consagrada sua aceitação com o advento dessa lei; a partir daí, passou a cons-tituir importante fator para a ativação de inúmeras incorporações imobiliárias. Há também a promessa de permuta, cuja admissão ao registro foi durante muito tempo questionada até que veio a ser incluída no rol dos títulos registráveis.[33-34] A possibilidade jurídica de permuta de coisa existente (terreno) por coisa futura (unidades imobiliárias por construir e, portanto, ainda não existentes) foi consolidada em face da faculdade contida no art. 39; o Código Civil de 2002 afasta qualquer dúvida quanto ao fundamento legal da permuta de coisa existente por coisa futura, ao dispor, no art. 533, que se aplicam à permuta as disposições referentes à compra e venda e ao admitir, no art. 483, a venda de coisa futura.[35]

---

[33] FRANCO, J. Nascimento, e GONDO, Nisske, *Incorporações imobiliárias*, 3. ed. São Paulo: Revista dos Tribunais, 1984, p. 44.

[34] Lei nº 6.015/1973, com a redação dada pela Medida Provisória nº 1.085/2021: "Art. 167. No Registro de Imóveis, além da matrícula, serão feitos: I – o registro: (...); 30. da permuta e da promessa de permuta".

[35] Código Civil: "Art. 533. Aplicam-se à troca as disposições referentes à compra e venda, com as seguin-tes modificações: I – salvo disposição em contrário, cada um dos contratantes pagará por metade as

70 | INCORPORAÇÃO IMOBILIÁRIA • *Melhim Namem Chalhub*

Caso a construção do edifício esteja projetada para dois ou mais terrenos, é necessária sua anexação, para que venham a constituir um único terreno, o que pode ser formalizado mediante requerimento simples dirigido ao Oficial do Registro de Imóveis, instruído com as respectivas planta e certidão emitidas pela administração municipal. Se, entretanto, os terrenos pertencerem a pessoas distintas, a anexação só poderá ser efetivada após permuta de quinhões entre os proprietários do terreno, de modo a que ambos sejam investidos de titularidade sobre o imóvel.

2.2.2. Certidões negativas de impostos federais, estaduais e municipais, de protesto de títulos, de ações cíveis e criminais e de ônus reais, relativamente ao imóvel, aos alienantes do terreno e ao incorporador

As certidões referem-se a débitos fiscais perante a União, o Estado e o Município, e dizem respeito ao imóvel, aos alienantes do terreno e ao incorporador.

A expressão *certidões negativas* é imprópria, pois o mesmo art. 32, no seu § 5º, esclarece que a eventual existência de ônus fiscais ou reais, a não ser, obviamente, aqueles que impeçam alienação, não impede o registro. É necessário que o Oficial ressalve esse fato, para que o pretendente tenha pleno conhecimento e possa avaliar os riscos a que poderá ficar sujeito, se vier a comprar unidades no empreendimento.

Devem ser apresentadas certidões expedidas pelos Cartórios de Protestos e de Distribuição de Ações Cíveis e Criminais, em nome do incorporador, do alienante do terreno, se for pessoa distinta do incorporador, visando demonstrar a situação jurídico-patrimonial dessas pessoas, para avaliação de risco de aquisição da unidade imobiliária. A certidão poderá ser substituída "por impressão do andamento do processo digital", caso demonstre de modo suficiente o estado do processo.[36]

Para o pretendente à aquisição, é indispensável a leitura dessas certidões e o exame dos processos relativos a ações eventualmente distribuídas em face do incorporador ou do alienante do terreno. Feito por advogado, esse exame pode indicar se há ou não risco de fraude contra credores ou fraude de execução, que podem levar à anulação da operação de compra e venda do imóvel ou podem torná-la ineficaz, podendo causar sérios prejuízos ao pretendente à aquisição.[37]

---

despesas com o instrumento da troca; II – é anulável a troca de valores desiguais entre ascendentes e descendentes, sem consentimento dos outros descendentes e do cônjuge do alienante. (...). Art. 483. A compra e venda pode ter por objeto coisa atual ou futura. Neste caso, ficará sem efeito o contrato se esta não vier a existir, salvo se a intenção das partes era de concluir contrato aleatório."

[36] Lei nº 4.591/1964, com a redação dada pela Medida Provisória nº 1.085/2021, convertida na Lei nº 14.382/2022: "Art. 32. (...) § 14. Quando demonstrar de modo suficiente o estado do processo e a repercussão econômica do litígio, a certidão esclarecedora de ação cível ou penal poderá ser substituída por impressão do andamento do processo digital".

[37] As hipóteses de fraude contra credores e de fraude de execução estão previstas, fundamentalmente, nos arts. 158 e seguintes do Código Civil de 2002 (correspondem aos arts. 106 e seguintes do Código Civil de 1916), art. 792 do CPC/2015 (corresponde ao art. 593 do Código de Processo Civil de 1973 e 185 do Código Tributário Nacional): Código Civil (2002): "Art. 159. Serão igualmente anuláveis os contratos onerosos de devedor insolvente, quando a insolvência for notória, ou houver motivo para ser conhecida do outro contratante". Código de Processo Civil (Lei nº 13.105/2015): "Art. 792. A alienação ou a oneração de bem é considerada fraude à execução: I – quando sobre o bem pender ação fundada em

De outra parte, as certidões dos Distribuidores de ações cíveis e criminais visam, também, atestar a capacidade para contratar, seja do incorporador ou do alienante do terreno (seria o caso da certidão negativa de interdição).

A apresentação das certidões dos distribuidores criminais visa demonstrar a existência de ação criminal cujo resultado possa refletir sobre o imóvel objeto da incorporação.

A lei exige a apresentação de certidões dos Cartórios de Protesto sem, entretanto, prever qualquer objeção ou ressalva quanto à eventual existência de títulos protestados em nome do incorporador. Isso, não obstante, parece conveniente a prestação de esclarecimento por parte do incorporador, quando houver montante de protestos que o justifique, sempre se tendo em mente que os mecanismos da Lei das Incorporações buscam os meios de assegurar a consecução da incorporação, com a conclusão da obra, averbação da construção e entrega das unidades aos adquirentes, contemplando todo um sistema de proteção dos adquirentes.

A certidão de ônus reais sobre o imóvel objeto da incorporação é fundamental para que o pretendente à aquisição tenha conhecimento de sua real situação e possa avaliar os riscos que assumirá ao adquirir a unidade imobiliária. A lei não impede a realização de incorporação em imóvel gravado, mas exige que a existência de gravame seja declarada expressamente em qualquer documento de ajuste, com a indicação da sua natureza e das condições de sua liberação (art. 37), sob pena de tipificação de contravenção contra a economia popular (art. 66, II).

Isso não obstante, o exame da certidão de ônus reais é de especial importância. É preciso que o pretendente à aquisição saiba que o simples fato de o memorial estar registrado não significa que o imóvel esteja livre de ônus, pois a existência de ônus não impede o registro, salvo nos casos em que o ônus, por sua natureza, impeça a construção ou a alienação do imóvel, como são os casos de servidão de não edificar, cláusula de inalienabilidade etc., ou, ainda, em caso de ato de constrição judicial sobre o imóvel; nestes casos, a incorporação não pode ser registrada.[38]

Quanto à existência de garantias reais sobre o imóvel, vinculadas ao cumprimento das obrigações decorrentes de empréstimo para o empreendimento, embora não haja impedimento ao registro da incorporação e à averbação do "termo de afetação", é conveniente que o credor e, bem assim, os adquirentes tomem ciência do registro.

---

direito real ou com pretensão reipersecutória, desde que a pendência do processo tenha sido averbada no respectivo registro público, se houver; II – quando tiver sido averbada, no registro do bem, a pendência do processo de execução, na forma do art. 828; III – quando tiver sido averbado, no registro do bem, hipoteca judiciária ou outro ato de constrição judicial originário do processo onde foi arguida a fraude; IV – quando, ao tempo da alienação ou da oneração, tramitava contra o devedor ação capaz de reduzi-lo à insolvência; V – nos demais casos expressos em lei. § 1º A alienação em fraude à execução é ineficaz em relação ao exequente. § 2º No caso de aquisição de bem não sujeito a registro, o terceiro adquirente tem o ônus de provar que adotou as cautelas necessárias para a aquisição, mediante a exibição das certidões pertinentes, obtidas no domicílio do vendedor e no local onde se encontra o bem. § 3º Nos casos de desconsideração da personalidade jurídica, a fraude à execução verifica-se a partir da citação da parte cuja personalidade se pretende desconsiderar. § 4º Antes de declarar a fraude à execução, o juiz deverá intimar o terceiro adquirente, que, se quiser, poderá opor embargos de terceiro, no prazo de 15 (quinze) dias". Código Tributário Nacional: "Art. 185. Presume-se fraudulenta a alienação ou oneração de bens ou rendas, ou seu começo, por sujeito passivo em débito para com a Fazenda Pública por crédito tributário regularmente inscrito como dívida ativa. Parágrafo único. O disposto neste artigo não se aplica na hipótese de terem sido reservados, pelo devedor, bens ou rendas suficientes ao total pagamento da dívida inscrita" (redação dada pela Lei Complementar nº 118, de 9.2.2005).

[38] GONDO, J. Nascimento e GONDO, Nisske. *Incorporações imobiliárias*, cit., p. 49 e 83.

2.2.3. Histórico dos títulos de propriedade do imóvel, abrangendo os últimos 20 anos, acompanhado de certidão dos respectivos registros

O histórico dos títulos de propriedade do imóvel deve ser apresentado em duas vias autenticadas pelo incorporador.

Para simplificação, esse histórico deve integrar o próprio requerimento de arquivamento do memorial, não havendo necessidade de ser apresentado separadamente.

A elaboração desse documento se baseia nas certidões expedidas pelo Oficial do Registro de Imóveis sobre a propriedade; discorre sobre a filiação dominial do imóvel nos vinte anos anteriores, com a indicação dos nomes de vendedores e compradores, título e data da transmissão, bem como os respectivos registros. O prazo de 20 anos se justificava porque era o prazo de prescrição aquisitiva previsto no Código Civil de 1916, mas o Código Civil de 2002 reduziu esse prazo para 15 anos (art. 1.238), de modo que é esse novo prazo que deverá prevalecer, a partir da vigência do Código Civil. Observa Flauzilino Araújo dos Santos que, não obstante, "ante as hipóteses do art. 2.028 do Código Civil, recomenda-se a manutenção da apresentação do histórico de 20 anos".[39] A este propósito, Francisco Arnaldo Schmidt registra importante questionamento sobre a eficácia dessa certidão, levando-se em conta que o direito positivo brasileiro não contempla o registro da posse e, "dependendo de sua natureza e duração, a posse gera efeitos na titularidade do imóvel, que pode ser afetada pelo instituto da usucapião. Em virtude disso, adquire maior importância o cumprimento da exigência legal que obriga ao esclarecimento quanto à eventual ocupação do terreno onde se pretende erguer a edificação (art. 38 da LCI)."[40]

2.2.4. Projeto de construção devidamente aprovado pelas autoridades competentes

O projeto de construção deve ser apresentado por cópia, em duas vias, autenticadas pelo profissional responsável pela obra e pelo incorporador, com firmas reconhecidas, acompanhadas da licença de construção.

A descrição da edificação constante do projeto há de refletir-se nos quadros de áreas elaborados segundo normas da Associação Brasileira de Normas Técnicas, por determinação da Lei das Incorporações (art. 53).

2.2.5. Cálculo das áreas da edificação, discriminando, além da global, a das partes comuns, e indicando, para cada tipo de unidade, a respectiva metragem da área construída

Por força do art. 53, o Poder Executivo, pelo extinto Banco Nacional da Habitação, atribuiu à Associação Brasileira de Normas Técnicas (ABNT) a incumbência da edição de normas visando estabelecer critérios de cálculo dos custos unitários, para execução de orçamentos da construção, para avaliação do custo global da obra, assim como modelo de memorial

---

[39] SANTOS, Flauzilino Araújo dos. *Condomínios e incorporações no Registro de Imóveis. Teoria e prática*, São Paulo: Mirante e Et cetera Editora, 2012, p. 226.

[40] SCHMIDT, Francisco Arnaldo. *Incorporação imobiliária: teoria e prática*, Secovi-RS, 1995, p. 50.

descritivo dos acabamentos, critérios para entrosamento entre o cronograma das obras e o pagamento das prestações.

Entre os formulários e quadros elaborados pela ABNT, figuram os quadros nos quais são enunciados os cálculos das áreas da edificação.

As áreas são identificadas no projeto de construção e reproduzidas nos quadros, em que são enunciadas discriminadamente.

Nesses quadros são indicadas a área privativa de cada unidade autônoma e a participação proporcional de cada uma delas nas partes e coisas de uso comum. A soma das áreas privativas, abrangendo as áreas comuns e o total das áreas das unidades, coincidirá, obviamente, com a área total da edificação.

O quadro II indica o cálculo das áreas e a fração ideal das unidades; ao lado da coluna 37, que fornece a área global, a coluna 38 indica a área equivalente da construção, traduzindo, em metros quadrados, o custo efetivo da área global da unidade em face do custo total da obra, pois cada unidade autônoma é composta de áreas e dependências cujo custo pode ser menor do que o de outras, tendo em vista sua natureza e tipos de material e mão de obra empregados. Por isso, a área equivalente de construção, definição de ordem econômica, é sempre menor do que a global.

A discriminação das frações ideais do terreno e das partes comuns da edificação é enunciada numa das colunas do quadro II, cuja soma, obviamente, corresponderá a um inteiro, significando que a totalidade do terreno foi proporcionalmente dividida e atribuída, em proporção, às unidades imobiliárias da edificação.

Essa coluna do quadro II atende ao comando da alínea *i* do art. 32, pela qual deve integrar o memorial da incorporação o "instrumento de divisão do terreno em frações ideais autônomas que contenham a sua discriminação e a descrição, a caracterização e a destinação das futuras unidades e partes comuns que a elas acederão", que é um dos elementos identificadores do objeto da propriedade imobiliária submetida ao regime especial do condomínio (art. 32, "i", § 1º-A e art. 1.331 do Código Civil).

A regulamentação da propriedade condominial por unidades autônomas ou frações autônomas instituída pela Lei nº 4.591/1964 não impunha qualquer critério para definição da fração ideal de terreno; deixava a escolha do modo de calcular a cargo das partes interessadas, tendo se consagrado, na prática, como critério mais utilizado, o da área de construção de cada unidade, não sendo incomum, entretanto, a adoção, como referencial, do valor comercial de cada unidade; pode-se, por exemplo, atribuir peso maior às unidades localizadas em pavimentos superiores, em relação àquelas localizadas em pavimentos inferiores, assim como atribuir fração ideal maior às unidades localizadas na frente do edifício, em comparação com as de meio ou de fundos. O Código Civil rompeu com essa tradição, na redação original, que determinava fosse a fração ideal do terreno calculada unicamente em função do valor das unidades imobiliárias, mas a Lei nº 10.931/2004 veio a restaurar a regra anteriormente estabelecida pela Lei nº 4.591/1964.[41]

---

[41]　Redação original do Código Civil de 2002: "Art. 1.331. (...) § 3º A fração ideal no solo e nas outras partes comuns é proporcional ao valor da unidade imobiliária, o qual se calcula em relação ao conjunto da edificação". Redação do § 3º do art. 1.331 alterada pela Lei nº 10.931, de 2004: "§ 3º A cada unidade imobiliária caberá, como parte inseparável, uma fração ideal no solo e nas outras partes comuns, que será identificada em forma decimal ou ordinária no instrumento de instituição do condomínio".

Importa notar que poderá haver áreas comuns de divisão proporcional e áreas comuns de divisão não proporcional. As primeiras são as áreas e dependências de uso comum de todos os ocupantes do prédio, que são divididas entre todas as unidades autônomas; e as segundas são aquelas que, por sua natureza ou localização, são distribuídas apenas entre algumas unidades do prédio, sendo exemplo mais comum destas a área de circulação e manobra dos pavimentos em que estão localizados os espaços destinados a estacionamento.

O cálculo das áreas é de especial importância, não só porque é fator que define a constituição da propriedade imobiliária sob esse regime especial, como, também, porque é sobre essa distribuição de áreas que se calcula a responsabilidade de cada adquirente em relação ao custo da construção, quando se celebra com os adquirentes contrato de construção, por empreitada ou por administração, ao invés de se contratar a venda da unidade como coisa futura, a "preço fechado". De acordo com esse princípio, os votos dos adquirentes contratantes da construção serão proporcionais às suas respectivas frações ideais de terreno (art. 49, § 4º).

2.2.6. Certidão negativa de débito para com a Previdência Social, quando o titular do direito sobre o terreno for o responsável pela arrecadação das respectivas contribuições

O registro do memorial de incorporação depende da apresentação da Certidão Negativa de Débito perante o Instituto Nacional do Seguro Social – CND do INSS, além das certidões negativas de débito fiscal perante a União, o Estado e o Município.

2.2.7. Memorial descritivo das especificações da obra projetada, segundo modelo a que se refere o inciso IV do art. 53 da Lei nº 4.591

O memorial descritivo das especificações deve ser apresentado em duas vias, com as assinaturas do construtor e do incorporador. É peça de especial importância, pois contém os elementos necessários para que o pretendente à aquisição conheça o grau de qualidade da construção projetada.

O memorial é formulado de acordo com o modelo estabelecido pela ABNT (art. 53, IV), sendo expresso nos quadros V a VIII da NBR 12.721.

2.2.8. Avaliação (orçamento) do custo global da obra, atualizada à data arquivamento, de acordo com a norma do inciso III do art. 53, com base nos custos unitários referidos no art. 54, discriminando-se, também, o custo de construção de cada unidade, devidamente autenticada pelo profissional responsável pela obra

O orçamento é formulado com base no projeto de construção e à vista dos quadros de áreas e do memorial descritivo com suas especificações. Trata-se de peça essencial nos negócios de incorporação, sobretudo naqueles em que, ao invés de se contratar a venda das unidades como coisa futura, se contrate a construção, seja por empreitada ou por administração, pois, enquanto no primeiro caso (venda da unidade como coisa futura) a responsabilidade pelo custeio da construção é exclusiva do incorporador, no segundo caso essa responsabilidade é dos adquirentes.

O orçamento será apresentado em duas vias, assinadas pelo profissional responsável pela obra (art. 32, *h*).

Os valores do orçamento devem exprimir o custo da construção na data do arquivamento do memorial, de modo a possibilitar aferição por parte dos pretendentes à aquisição, podendo ser atualizado periodicamente de acordo com o que vier a ser pactuado com os adquirentes.

2.2.9. Instrumento de divisão do terreno em frações ideais autônomas que contenham a sua discriminação e a descrição, a caracterização e a destinação das futuras unidades e partes comuns que a elas acederão[42]

A divisão do terreno em frações autônomas, sua identificação no Registro de Imóveis e sua vinculação às futuras unidades são elementos indispensáveis não só para constituição da propriedade imobiliária pelo regime especial da Lei nº 4.591/1964, da qual decorrerá a especificação do imóvel a ser comercializado, como, também, é fator que influirá em todos os direitos e obrigações dos adquirentes. É em razão dessa divisão que as frações ideais são identificadas no Registro de Imóveis, na matrícula do terreno, e são legalmente qualificadas como objeto de direito real de propriedade passível de livre alienação ou oneração, independe de preferência ou anuência dos titulares das demais frações, como previsto no § 1º-A do art. 32.

Na nova redação introduzida pela Medida Provisória nº 1.085/2021, convertida na Lei nº 14.382/2022, a alínea "i" caracteriza o condomínio especial/edilício com os mesmos elementos estabelecidos pelo art. 1.332 do Código Civil ao definir o condomínio edilício.

A denominação "instrumento de divisão do terreno em frações autônomas ..." não constitui inovação substancial, pois a simples "discriminação das frações ...", como constava na redação original, tem como pressuposto lógico a divisão, da qual resulta a discriminação em forma decimal ou ordinária.

É admitida a divisão e discriminação por instrumento particular, na mesma forma adotada anteriormente à vigência da Medida Provisória nº 1.085/2021, convertida na Lei nº 14.382/2022.

A fração ideal delimita a propriedade de cada condômino no terreno e nas partes comuns da edificação.

Além disso, é com base na fração ideal que se calcula a participação proporcional de cada adquirente na vida condominial, se outra proporção não for fixada na Convenção de Condomínio.

O *quorum* para aprovação ou alteração da Convenção de Condomínio é calculado com base nas frações ideais do terreno (2/3 das frações ideais que compõem o condomínio – art. 1.333 do Código Civil de 2002; o art. 1.351 desse Código Civil de 2002 exige, para as alterações, o voto de 2/3 dos condôminos, e não de condôminos que representem 2/3 das frações; para as deliberações de assembleia geral, o Código Civil admite que a convenção estabeleça *quorum* com base em proporção diversa à das frações).

As quotas de contribuição dos condôminos para satisfação das despesas comuns são também calculadas com base na fração ideal de suas respectivas unidades, salvo disposição em contrário da Convenção de Condomínio (art. 1.336, I, do Código Civil de 2002, com a redação dada pela Lei nº 10.931, de 2 de agosto de 2004, que restaurou o critério estabelecido anteriormente pelo art. 12, § 1º, da Lei nº 4.591/1964).

Da mesma forma, a reconstrução e venda, caso o edifício venha a ser total ou consideravelmente destruído, são matérias deliberadas com base na fração ideal. A repartição

---

[42] Alínea *i* do art. 32 da Lei nº 4.591/1964, com redação dada pela Medida Provisória nº 1.085/2021.

do produto da venda entre os condôminos, entretanto, será feita na proporção do valor das unidades (§ 3º do art. 1.331 do CC/2002).

2.2.10. Minuta de convenção de condomínio que disciplinará o uso das futuras unidades e partes comuns do conjunto imobiliário[43]

É obrigação do incorporador instruir o requerimento de registro da incorporação com a minuta da futura Convenção de Condomínio, que haverá de disciplinar a utilização da edificação, depois de concluída.

A minuta será apresentada em duas vias, assinadas pelo incorporador.

Trata-se tão somente de minuta, mas deve entre outras estipulações, dispor sobre as questões previstas no art. 1.332 e 1.334 do Código Civil de 2002,[44] a saber:

a) a discriminação e individualização das unidades e das partes comuns;

b) a determinação da fração ideal de cada unidade;

c) a destinação das unidades e das partes comuns;

d) a quota proporcional e o modo de pagamento das contribuições ordinárias e extraordinárias dos condôminos;

e) a forma de administração do condomínio;

f) a competência das assembleias, a forma de sua convocação e o *quorum* exigido para as deliberações;

g) as sanções a que estão sujeitos os condôminos ou possuidores;

h) a determinação do regimento interno do condomínio.

Uma vez concluída e averbada a construção e individualizadas as unidades, os condôminos instalarão o condomínio de utilização da edificação e aprovarão a convenção de condomínio, podendo, se quiserem, adotar a minuta constante do memorial, aprovando-a mediante assinatura de condôminos que representem 2/3 das frações ideais.

2.2.11. Declaração em que se defina a parcela do preço de que trata o inciso II do art. 39

Esse documento é necessário nas hipóteses em que o incorporador tiver adquirido o terreno objeto da incorporação mediante contrato de permuta ou promessa de permuta, pelo qual recebe determinado quinhão do terreno e, em troca, se obriga a construir e entregar ao permutante determinadas unidades a serem construídas no mesmo terreno.

O incorporador, entretanto, poderá não sub-rogar essa obrigação, ficando responsável ele mesmo pelo custo da construção das unidades dos permutantes. O documento é assinado pelo incorporador e pelo construtor.

---

[43] Nova redação da alínea *j* do art. 32 da Lei nº 4.591/1964, com a redação dada pelo art. 10 da Medida Provisória nº 1.085/2021.

[44] As disposições obrigatórias da Convenção de Condomínio constavam do art. 9º da Lei nº 4.591/1964 e do art. 7º da Lei nº 4.864/1965, vindo a se integrar o Código Civil, promulgado em 2002.

Cap. II • O MEMORIAL DE INCORPORAÇÃO | 77

A declaração visa cientificar os adquirentes de que suportarão o encargo de construir as unidades destinadas ao antigo dono do terreno.

De acordo com o art. 39, a declaração discriminará a parcela que eventualmente tiver sido paga em dinheiro ao proprietário do terreno, bem como indicará as unidades que serão entregues a este, em pagamento do valor da permuta; prevê, ainda, o art. 39 que deverá ficar claro se o proprietário ficou ou não sujeito a alguma prestação ou encargo; deve, ainda, ficar consignada a quota-parte das unidades a serem entregues em pagamento do terreno que corresponderá a cada uma das unidades, a qual deverá ser expressa em metros quadrados.

O quadro IV da NBR 12.721 contempla o cálculo das unidades reservadas ao proprietário do terreno, denominando-as *área sub-rogada*.

Trata-se de informação especialmente importante nas construções contratadas por administração, em que o custo da construção das unidades do proprietário do terreno fica explicitado, ficando o adquirente (contratante da construção) cientificado da área de construção que terá que custear da sua própria unidade e da área de construção que terá que custear para o proprietário do terreno, em pagamento da permuta.

2.2.12. Certidão do instrumento público de mandato, referido no § 1º do art. 31

Nos casos de incorporação autorizada pelo titular do terreno (proprietário, promitente comprador, promitente cessionário de direitos aquisitivos etc.), este poderá atribuir o encargo da incorporação a um construtor ou a um corretor.

Nesse caso, o proprietário do terreno outorgará mandato ao construtor ou ao corretor, a quem atribuirá a função de incorporador, conferindo-lhe os poderes necessários à implementação da incorporação, notadamente com poderes para outorgar em favor dos adquirentes os contratos correspondentes à transmissão das frações ideais e respectivas unidades imobiliárias.

O mandato deverá ser outorgado por instrumento público e identificará expressamente a incorporação imobiliária, transcrevendo o disposto no § 4º do art. 35 (§ 1º do art. 31).

2.2.13. Declaração em que se fixe, se houver, o prazo de carência (art. 34)[45]

A lei faculta ao incorporador desistir da realização do empreendimento, se verificar que não há condições de mercado para absorver as unidades e sustentar o custo da construção. O prazo de carência é o período dentro do qual o incorporador pode exercer essa faculdade, denunciando o fato mediante comunicação ao Oficial do Registro de Imóveis e aos subscritores de quotas da incorporação.

Na declaração de carência, o incorporador fixará as condições em que poderá exercer a faculdade de desistir do negócio; em geral, a condição básica é a obtenção de determinado limite mínimo de venda de unidades.

O prazo máximo de carência é de 180 dias, desde que não ultrapasse o termo final de validade do registro da incorporação, ou, se for o caso, de sua revalidação.

Se o incorporador exercer a faculdade e denunciar a incorporação, deverá restituir aos adquirentes as importâncias por estes pagas.

---

[45] Ver, adiante, comentário específico.

2.2.14. Declaração, acompanhada de plantas elucidativas, sobre o número de veículos que a garagem comporta e os locais destinados à guarda destes[46]

A declaração e as plantas elucidativas sobre as vagas de garagem devem ser apresentadas em duas vias, assinadas pelo incorporador e pelo responsável técnico da obra, com firmas reconhecidas, podendo a declaração ser enunciada no próprio corpo do requerimento de registro.

As vagas podem ser representadas por locais numerados e vinculados a unidades, com fração ideal própria, ou podem ser apenas espaços destinados a estacionamento como acessórios das unidades, mas em qualquer hipótese a declaração é exigida para que fique claramente definida a quantidade de vagas de garagem e os espaços a elas destinados.

São esses os documentos exigidos pelo art. 32 como peças obrigatórias do Memorial de Incorporação, a serem levados ao Registro de Imóveis.

2.3. CONTRATO-PADRÃO

Além da documentação enumerada pelo art. 32, importa atentar para casos em que se possa considerar útil ou conveniente a padronização do contrato, com a enunciação das cláusulas comuns a todos os adquirentes, devendo, nesse caso, os contratos específicos de cada adquirente conter apenas as cláusulas, termos ou condições específicas ou variáveis caso a caso.

Como se sabe, a incorporação imobiliária é contrato complexo, integrado por atos e contratos diversos, articulados entre si, entre os quais se destaca o contrato de alienação das unidades, que pode ser representado pelo contrato de compra e venda, com ou sem pacto adjeto de alienação fiduciária, promessa de venda, além de outros.

Optando o incorporador por formalizar os contratos em termos padronizados, deverá arquivar no Registro de Imóveis a minuta de contrato-padrão (§ 4º do art. 67).

Entendem alguns doutrinadores que, embora não incluído na relação de documentos do art. 32, a minuta do contrato-padrão é peça essencial do processo e deveria constar obrigatoriamente do memorial de incorporação, pois os adquirentes precisariam conhecer antecipadamente as cláusulas que constarão do futuro contrato.[47]

2.4. PRAZO DE CARÊNCIA

A par da sua natural complexidade, a incorporação envolve elevados investimentos.

No momento do lançamento, a incorporação, em regra, contempla apenas o projeto de construção, a programação financeira e o planejamento de sua execução. Pode ser que o incorporador não consiga adesões em número suficiente, que possibilite captar o volume de recursos financeiros necessários para cumprir a programação da construção e concluir a obra em prazo compatível com o porte do empreendimento, e se realmente se verificar tal insuficiência, o negócio estará fadado ao fracasso, causando prejuízos não só ao incorporador, mas, também, aos adquirentes e outros credores vinculados ao negócio.

Para resguardar o incorporador e os adquirentes desse risco de insucesso, a lei criou um mecanismo pelo qual o incorporador pode realizar uma avaliação prévia das condições de

---

[46] Ver comentário específico no Capítulo I.
[47] FRANCO, J. Nascimento; GONDO, Nisske. *Incorporações imobiliárias,* cit., p. 74.

Cap. II • O MEMORIAL DE INCORPORAÇÃO | 79

viabilidade econômico-financeira do negócio, uma espécie de "consulta prévia", após a qual decidirá se irá, efetivamente, levar avante a incorporação ou se desistirá.

Essa avaliação prévia não pode prolongar-se por prazo indeterminado, mas deve ser feita em certo tempo, a que a lei denomina *prazo de carência*, que é um período dentro do qual o incorporador promove o lançamento da incorporação e recebe propostas de compra; se, dentro do prazo de carência, o incorporador verificar que a quantidade de propostas de compra não proporcionará o volume de recursos necessários à realização da incorporação, poderá desistir do negócio, restituindo as quantias que tiver recebido.

Seria algo como uma *chamada de capital* para futura constituição de sociedade por ações, em que também há um período inicial em que são captados os recursos correspondentes à subscrição inicial para formação de capital; malograda a tentativa de constituição da sociedade, no prazo de 6 meses, os subscritores recebem em restituição o capital que tiverem aportado (Lei nº 6.404/1976, arts. 80 e 81, parágrafo único).[48]

É o prazo de carência, assim, o período dentro do qual é facultado ao incorporador desistir da incorporação.[49]

Para exercer essa faculdade o incorporador deve incluir no Memorial de Incorporação declaração em que manifeste expressamente sua intenção de se valer dessa permissão legal, pois, do contrário, estará irrevogavelmente obrigado a promover a incorporação desde o momento em que negociar qualquer unidade.

A declaração do prazo de carência está prevista na alínea *n* do art. 32, dela devendo constar as condições que autorizarão o incorporador a desistir da incorporação (art. 34, § 1º).

O prazo de carência não poderá ultrapassar o termo final do prazo de validade do registro da incorporação, ou, se for o caso, da revalidação desse registro (art. 34, § 2º).

A existência de prazo de carência deverá constar de todos os documentos preliminares de ajuste, se houver (art. 34, § 3º).

Se, no curso do prazo de carência, o incorporador realmente desistir do negócio, deverá denunciar esse fato por escrito ao Oficial do Registro de Imóveis e comunicar a cada um dos adquirentes ou candidatos à aquisição, sob pena de responsabilidade civil e criminal. A desistência será averbada no Registro de Imóveis (art. 34, § 4º).

O prazo de carência é improrrogável (art. 34, § 6º).

A declaração do prazo de carência deve ser apresentada em duas vias, com assinatura do incorporador e seu cônjuge, se casado, e firma reconhecida. Em regra, essas condições dizem respeito à obtenção de recursos para realização da incorporação, mediante comercialização de certo número de unidades. Essas condições haverão de variar caso a caso, obviamente, cabendo ao incorporador estimar qual o número de unidades que haverá de lhe assegurar receita suficiente para executar a obra no prazo programado. Outras condições poderão ser invocadas, como, por exemplo, a superveniência de algum plano econômico que inviabilize o negócio, o excessivo aumento do custo do material e da mão de obra etc. Da declaração deve

---

[48]   O inciso II do art. 80 prevê como requisito para constituição da sociedade por ações que o subscritor deposite pelo menos 10% do preço de emissão das ações subscritas em dinheiro; o art. 81 e seu parágrafo único estabelecem que o fundador da sociedade depositará essas quantias em estabelecimento bancário e que, não se concretizando a constituição da sociedade em 6 meses, o banco restituirá as quantias depositadas diretamente aos subscritores.

[49]   "Art. 34. O incorporador poderá fixar, para efetivação da incorporação, prazo de carência dentro do qual lhe é lícito desistir do empreendimento."

80 | INCORPORAÇÃO IMOBILIÁRIA • *Melhim Namem Chalhub*

constar a obrigação do incorporador de restituir aos candidatos as quantias por estes pagas, no prazo de 30 dias da denúncia, sob pena de sujeitar-se à cobrança mediante execução, devendo, então, fazer a restituição com reajuste monetário e juros de 6% ao ano.

Aspecto relevante, que pode dar causa a controvérsia, diz respeito à revalidação do prazo de carência. Esse prazo corresponde ao prazo de validade do registro da incorporação, que é de 180 dias. Observe-se que a lei não fixou o prazo de carência em números absolutos, mas vinculou-o ao prazo de validade do registro, ou seja, o prazo de validade da carência acompanha o prazo de validade do registro da incorporação. Pode o incorporador, eventualmente, revalidar o registro e não mais pretender exercer a faculdade de desistência; nesse caso, simplesmente promoverá a revalidação, omitindo-se quanto à carência e, assim, passará a ficar vinculado ao negócio e obrigado a promovê-lo, irrevogavelmente. Mas, para que seja revalidada a carência por ocasião da revalidação do registro do Memorial de Incorporação, o incorporador deverá manifestar expressamente essa intenção, com a clareza estabelecida pela lei no seu art. 34 e parágrafos.

Se, ao final do termo estabelecido no prazo de carência, não se logrou obter as condições que viabilizariam a realização da incorporação, o incorporador deverá denunciar a incorporação, mediante comunicação ao Oficial do Registro de Imóveis, para que este promova o cancelamento do registro da incorporação, averbação essa que desvinculará o terreno da finalidade que havia sido definida para a incorporação, liberando-o para qualquer outro negócio. Manifestada a denúncia, o incorporador terá 30 dias para restituir aos adquirentes ou candidatos à aquisição as quantias por estes pagas (art. 36), sob pena de se sujeitar à cobrança mediante execução, hipótese em que pagará também os valores correspondentes ao reajuste dos valores que tiver recebido e, ainda, sobre esses valores reajustados, juros de 6% ao ano, tudo computado da data em que tiver recebido as quantias dos adquirentes ou candidatos à aquisição.[50]

Caso o incorporador deixe de denunciar a incorporação, apesar de se terem verificado as condições para que a denúncia ocorra, o proprietário do terreno poderá fazê-lo (art. 35, § 3°), na hipótese em que tiver outorgado ao incorporador a procuração de que trata o art. 31, § 1°. Para esse fim, o proprietário do terreno terá 5 dias para denunciar a incorporação, contado do término do prazo de carência, e ficará responsável, solidariamente com o incorporador, pela obrigação de restituição aos adquirentes ou candidatos à aquisição. A medida visa resguardar os direitos do proprietário do terreno, desvinculando-o de uma incorporação fracassada, mas, também, protege os adquirentes ou candidatos à aquisição, na medida em que atribui à pessoa do proprietário uma função de fiscalização que também beneficia outras pessoas vinculadas ao empreendimento.

A denúncia da incorporação, dentro do prazo de carência, é medida de avaliação da viabilidade do negócio, no contexto do mercado, sendo, portanto, fator de proteção do negócio e de todas as partes que eventualmente nele se envolverem, entre elas os adquirentes.

---

[50] TJRJ. 16ª Câmara Cível. Apelação Cível 2000.001.2948, 20.6.2000, relator Des. Nilson de Castro Dião: "Civil. Incorporação. Prazo de carência. Desistência do empreendimento. Art. 34 da Lei n° 4.591/1964. Direito do Incorporador. Devolução das quantias pagas, com acréscimo de correção monetária e juros de 6% a.a. 1. É direito do incorporador fixar prazo de carência dentro do qual poderá desistir do empreendimento com a devolução das quantias que recebeu, corrigidas e com juros de 6% a.a., nos termos dos arts. 34 e 36 da Lei n° 4.591/1964. 2. Essa possibilidade de desistência do empreendimento não se confunde com a irretratabilidade da promessa de compra e venda, porquanto aquela abrange a todo o empreendimento, enquanto essa é específica de cada promessa."

Isso não obstante, vez por outra se indaga se o Código de Defesa do Consumidor (CDC) teria suprimido essa faculdade, na medida em que seu art. 51, nos incisos IX e XI, declara nulas as cláusulas contratuais que "deixem ao fornecedor a opção de concluir ou não o contrato, embora obrigando o consumidor" e, ainda, aquelas que "autorizem o fornecedor a cancelar o contrato unilateralmente, sem que igual direito seja conferido ao consumidor."

Não vemos razão para supor que esses dispositivos do CDC tenham derrogado a disposição do art. 34 da Lei das Incorporações, porque a possibilidade de denúncia dentro do prazo de carência, visando a avaliação realista das condições de execução da obra, é medida que, fundamentalmente, visa assegurar a viabilidade econômica da incorporação e, assim, proteger o adquirente, pois a denúncia afasta o risco de o adquirente sofrer prejuízos eventualmente decorrentes de um negócio fadado ao insucesso.

Essa e outras questões relativas ao cotejo entre o sistema de proteção do adquirente, na Lei das Incorporações, e o sistema de proteção do consumidor, no CDC, serão mais detidamente apreciadas em capítulo próprio, adiante.

2.5. TERMO DE AFETAÇÃO

Para submeter a incorporação ao regime da afetação, o incorporador deverá firmar um "termo de afetação", representando sua averbação na matrícula do imóvel. A matéria é objeto de comentário específico no capítulo III desta obra.

III

A INCORPORAÇÃO IMOBILIÁRIA COMO PATRIMÔNIO DE AFETAÇÃO

a) A teoria da afetação e sua aplicação às incorporações imobiliárias
b) Comentários aos arts. 31-A a 31-F da Lei nº 4.591/1964, com a redação dada pelo art. 53 da Lei nº 10.931, de 2 de agosto de 2004

a) A teoria da afetação e sua aplicação às incorporações imobiliárias

3.1. INTRODUÇÃO

O acervo patrimonial que compõe uma incorporação imobiliária – terreno, acessões, receitas provenientes das vendas, obrigações vinculadas ao negócio, bem como os respectivos encargos fiscais, trabalhistas e previdenciários etc. – é suscetível de afetação, pela qual esse conjunto de direitos e obrigações fique segregado, tendo a exclusiva finalidade de conclusão da obra e entrega das unidades aos adquirentes.

A afetação não interfere no conteúdo do direito subjetivo do incorporador, mas condiciona o exercício dos seus poderes, vinculando-o ao cumprimento da função econômica e social da incorporação afetada.

O "patrimônio de afetação" visa proteger a incorporação afetada contra os riscos patrimoniais de outros negócios da empresa incorporadora, visando a que seus eventuais insucessos em outros negócios não interfiram na estabilidade econômico-financeira da incorporação afetada.

Por efeito da afetação, cria-se um regime de vinculação de receitas, pelo qual as quantias pagas pelos adquirentes ficam afetadas à consecução da incorporação, vedado, nos limites definidos pela lei, o desvio de seus recursos para outras finalidades. O volume dos recursos afetados, entretanto, limita-se ao *quantum* necessário à execução da obra e regularização do edifício no Registro de Imóveis, estando excluídas da afetação, portanto, as quantias que excederem a esse limite, das quais o incorporador pode se apropriar sem restrição alguma.

A afetação patrimonial torna incomunicável o acervo correspondente à incorporação, vinculando-o à satisfação dos créditos a ela vinculados, entre eles o direito dos adquirentes em relação às unidades imobiliárias adquiridas, os direitos creditórios dos trabalhadores da obra, do fisco, da previdência, da entidade financiadora, dos fornecedores etc.

Disso resulta que o patrimônio de afetação só responde pelas suas próprias dívidas e obrigações.

A incorporação afetada tem contabilidade própria, destacada da contabilidade da empresa incorporadora. O controle e a fiscalização da incorporação se fazem mediante demonstrações periódicas do andamento da obra, em cotejo com a respectiva programação financeira. A movimentação dos recursos é feita em conta-corrente bancária específica.

Na medida em que esse regime visa assegurar a conclusão da obra e a entrega das unidades aos adquirentes, sua instituição resulta na criação de uma reserva patrimonial com essa destinação específica, e, para assegurar efeito prático a essa "blindagem", a Comissão de Representantes dos adquirentes fica investida de poderes para assumir a administração da incorporação em caso de atraso injustificado da obra ou em caso de falência. Neste caso, a Comissão assumirá a administração da incorporação diretamente, independente de intervenção judicial, promoverá a venda, em leilão extrajudicial, das unidades imobiliárias do "estoque" da empresa incorporadora e prosseguirá a obra com autonomia, imune aos efeitos da falência, recolhendo à massa falida, no final da obra, o saldo positivo, se houver.

Considerando a incomunicabilidade do patrimônio de afetação e o regime de vinculação de receitas daí decorrente, os adquirentes, ao assumir a administração, estarão obrigados a destinar as receitas do orçamento da incorporação exclusivamente ao pagamento das suas próprias dívidas e obrigações, vedada a utilização dessas receitas para pagamento de débitos não vinculados à incorporação.

Nos termos em que foi concebido, o regime de afetação da incorporação imobiliária constitui importante mecanismo de resolução extrajudicial de problemas decorrentes do desequilíbrio econômico-financeiro da incorporação, na medida em que, independente de intervenção judicial, possibilita aos adquirentes substituir o incorporador na administração do negócio e prosseguir a obra. Caso venha a ocorrer a falência da incorporadora, os créditos vinculados à incorporação afetada não estarão sujeitos a habilitação no Juízo da falência, devendo ser satisfeitos com as receitas da própria incorporação, cuja administração passa a ser conduzida pela comissão de representantes dos adquirentes, com autonomia em relação ao processo falimentar.

Consideradas a noção de patrimônio e a teoria da afetação, o fato de se segregar e afetar um determinado conjunto de bens, direitos e obrigações não importa em quebra da unidade do patrimônio, pois o conjunto segregado, embora afetado ao cumprimento de determinada função, continua integrando o patrimônio do respectivo titular, com a ressalva do encargo a que está sujeito. Por isso, os resultados produzidos por cada patrimônio de afetação, sejam positivos ou negativos, constituem parte do patrimônio geral e, portanto, uma vez apurados, devem ser reunidos no balanço geral do sujeito; aí, são consolidados, apurando-se o lucro operacional do titular do patrimônio geral.

Fundado nesses princípios, o Instituto dos Advogados Brasileiros – IAB aprovou anteprojeto de lei, nos termos da Indicação nº 220, de 14 de julho de 1999,[1] que, encaminhado a diversos parlamentares, foi convertido nos Projetos de Lei da Câmara dos Deputados nºs 2.109/1999, 3.455/2000 e 3.751/2000.

A ideia sensibilizou os setores do Poder Executivo ligados ao sistema financeiro e ao setor imobiliário, levando o Presidente da República a editar a Medida Provisória nº 2.221, em 4 de setembro de 2001, que adotava a parte inicial do anteprojeto do IAB, a ele acrescentando,

---

[1] O anteprojeto e sua fundamentação doutrinária foram publicados em nosso trabalho *Propriedade imobiliária: função social e outros aspectos*, Rio de Janeiro, Renovar, 2000.

Cap. III • A INCORPORAÇÃO IMOBILIÁRIA COMO PATRIMÔNIO DE AFETAÇÃO

entretanto, disposições conflitantes com a natureza da afetação e com seu sentido social; tais acréscimos prejudicavam os adquirentes, ao invés de proteger sua posição patrimonial, pois tornava comunicável o patrimônio afetado, que é, por natureza, incomunicável, além de agregar novos e pesados encargos às obrigações dos adquirentes; em suma, os dispositivos acrescentados pela MP nº 2.221, ao invés de tutelar os interesses dos adquirentes, mediante compensação da desvantagem da sua posição patrimonial, aumentou o desnível entre eles, o incorporador e o Fisco. Efetivamente, a MP nº 2.221/2001, ao invés de tornar obrigatória a afetação, deixou sua adoção a critério exclusivo do incorporador.[2] Além disso, embora reafirmasse a incomunicabilidade como característica essencial da afetação, abria canais de comunicação entre os bens e as receitas de cada patrimônio de afetação com os demais patrimônios de afetação e com o patrimônio geral da empresa, possibilitando desvio de recursos para finalidades estranhas à destinação do patrimônio de afetação, inclusive para cobrir dívidas pessoais do incorporador; e, *last but not least*, tornava os adquirentes solidariamente responsáveis pelas dívidas da empresa incorporadora falida, inclusive por dívidas estranhas ao patrimônio de afetação ao qual estivessem vinculados os adquirentes. Tamanha iniquidade levou alguns parlamentares a propor emendas ao texto da MP nº 2.221/2001 visando compatibilizá-lo com a natureza da afetação e com a finalidade de proteção dos credores vinculados à incorporação afetada, sobretudo mediante supressão das disposições que impunham a solidariedade dos adquirentes pelas dívidas da empresa incorporadora falida.

O texto da MP nº 2.221/2001 continha distorções de tal magnitude que essa norma só foi aplicada a uma ou duas incorporações, e mesmo assim a título experimental, em empreendimentos objeto de financiamento. A existência de financiamento, como se sabe, em princípio, é capaz de neutralizar o risco de paralisação da obra, tendo em vista que garante ao incorporador os recursos necessários ao pagamento das diversas etapas da construção, circunstância que livraria o adquirente da responsabilidade solidária pelos débitos da empresa incorporadora.

Dadas as graves distorções da MP nº 2.221/2001, os setores do Poder Executivo vinculados à atividade incorporativa, bem como as respectivas entidades de classe, passaram a desenvolver estudos e a submeter a matéria a exaustivos debates visando excluir do seu texto as disposições conflitantes com o fundamento axiológico da afetação das incorporações imobiliárias, desses esforços resultando o Projeto de Lei nº 3.065, do Poder Executivo, que resgatava a concepção original do anteprojeto, tendo sido encaminhado ao Congresso Nacional em 4 de março de 2004.[3] Esse projeto, com as emendas acolhidas pelo Relator, Deputado Ricardo Izar, veio a

---

[2]   "Art. 30-A. A critério do incorporador, a incorporação imobiliária poderá ser submetida ao regime da afetação, pelo qual o terreno e as acessões objeto de incorporação imobiliária, bem como os demais bens e direitos a ela vinculados, manter-se-ão apartados do patrimônio do incorporador e constituirão patrimônio de afetação, destinado à consecução da incorporação correspondente e à entrega das unidades imobiliárias aos respectivos adquirentes." "§ 1º O patrimônio de afetação não se comunica com os demais bens, direitos e obrigações do patrimônio geral do incorporador ou de outros patrimônios de afetação por ele constituídos e só responde por dívidas e obrigações vinculadas à incorporação respectiva."

[3]   O Poder Executivo reuniu no Projeto de Lei nº 3.065/2004 matérias diversificadas, relacionadas ao setor imobiliário, ao sistema financeiro e ao mercado de capitais, regulamentando o regime especial tributário do patrimônio de afetação, a Letra de Crédito Imobiliário, a Cédula de Crédito Imobiliário, a Cédula de Crédito Bancário, aspectos financeiros e processuais relacionados aos contratos imobiliários, entre eles a exigência de pagamento das quantias incontroversas por parte do comprador, nas ações que tenham por objeto obrigação decorrente de contratos de comercialização de imóveis a prazo, o patrimônio de afetação, as garantias fiduciárias no mercado financeiro e de capitais, notadamente o processo de busca e apreensão de bens móveis objeto de propriedade fiduciária, os critérios de fixação da fração ideal de

86 | INCORPORAÇÃO IMOBILIÁRIA • Melhim Namem Chalhub

ser convertido na Lei nº 10.931, de 2 de agosto de 2004, que revogou a Medida Provisória nº 2.221/2001, acrescentou à Lei nº 4.591/1964 os arts. 31-A a 31-F e criou um regime tributário especial para as incorporações que venham a ser submetidas ao regime da afetação.

Neste capítulo, a matéria está dividida em duas partes: a primeira parte trata da concepção teórica da afetação e sua aplicação às incorporações imobiliárias e a segunda contém comentários aos arts. 31-A a 31-F da Lei nº 4.591/1964, com a redação que lhes deu o art. 53 da Lei nº 10.931/2004.

3.2. A ESTRUTURA DA INCORPORAÇÃO IMOBILIÁRIA E OS RISCOS DOS CREDORES EM FACE DE EVENTUAL INSOLVÊNCIA DO INCORPORADOR

O contrato de incorporação caracteriza-se pela venda antecipada de unidades imobiliárias integrantes de conjunto imobiliário a ser construído ou em construção.

Sob qualquer das formas de que se revista (promessa de compra e venda de unidade como coisa futura, promessa de venda de fração do terreno conjugada com contrato de construção etc.), o contrato de incorporação caracteriza-se pela venda de coisa futura, unidades imobiliárias em construção, com pagamento antecipado de parte do preço de aquisição. Dada essa configuração, a atividade da incorporação envolve os riscos próprios da atividade construtiva e importa em captação de recursos do público e envolve interesse da economia popular. Nesse contexto, os adquirentes, em regra, encontram-se em posição de desvantagem técnica e econômica em face da empresa incorporadora. Por essas razões, e por outros aspectos relacionados ao conteúdo social do contrato de incorporação, os direitos dos adquirentes mereceram tutela especial da Lei nº 4.591/1964, na qual ressaltam os seguintes aspectos: (a) exigência de arquivamento do Memorial de Incorporação, como requisito prévio da oferta pública do empreendimento, (b) sanções civis e penais contra o incorporador que, por ação ou omissão, frustrar a segurança jurídica do negócio, (c) irretratabilidade do contrato de promessa de compra e venda, assegurando aos adquirentes a obtenção compulsória do contrato definitivo, (d) dever do incorporador de informar sobre o andamento da obra, (e) direito dos adquirentes de substituir o incorporador, e (f) classificação dos créditos dos adquirentes, em caso de falência do incorporador, como créditos privilegiados.

Esses mecanismos, entretanto, não se mostram suficientemente eficazes, na prática, para salvaguardar os direitos dos adquirentes em caso de desequilíbrio econômico e financeiro do incorporador, capaz de provocar a frustração do empreendimento ou, pior, a insolvência do incorporador, pois, nessas hipóteses, os direitos dos adquirentes haveriam de ser contaminados por efeito de outras dívidas do incorporador, que, mesmo tendo origem em negócios estranhos à incorporação, poderiam comprometer o terreno, as acessões e até os créditos oriundos da comercialização, levando muitas vezes os adquirentes a perder todas as economias que tiverem entregue ao incorporador.

De fato, embora cada incorporação tenha objeto específico e orçamento próprio, este capaz de propiciar receitas suficientes para levar a cabo a incorporação, independente de

---

terreno e de rateio de despesas, nos condomínios edilícios, o procedimento extrajudicial de retificação de registro de imóveis, a competência para aplicação de recursos do FGTS, a locação de imóveis objeto de propriedade fiduciária e, finalmente, a proibição de cobrança de taxa pela elaboração de instrumento particular de contratos relacionados a financiamento do SFH e do SFI.

outras fontes de receita, o certo é que elementos estranhos podem interferir na estruturação e no desenvolvimento físico e financeiro dos diversos empreendimentos de determinado incorporador e levar uma ou mais incorporações ao desequilíbrio e à frustração da finalidade social e econômica do contrato.

Na ausência de mecanismos específicos de proteção patrimonial, os riscos dos credores da incorporação são incalculáveis, notadamente o risco dos adquirentes.

Com efeito, o acervo de cada uma das incorporações imobiliárias empreendidas por determinado incorporador integra seu patrimônio geral, e seus respectivos bens e direitos constituem garantia geral dos credores do incorporador. Assim sendo, na medida em que não haja discriminação dos débitos por empreendimento, nem segregação patrimonial, os bens e direitos de que o incorporador seja titular em determinado empreendimento podem ser excutidos para pagamento de débito relacionado a outro empreendimento. Disso resulta que, a despeito de o memorial de incorporação fixar os limites orçamentários de cada incorporação, a verdade é que, não havendo segregação patrimonial do acervo de cada incorporação, os bens e direitos integrantes de cada um deles podem responder pelas mais diversas dívidas e obrigações do incorporador; é que, reunidos no patrimônio geral do incorporador, esses bens e direitos formam, com as correspondentes obrigações, uma unidade coesa, sem qualquer destaque ou afetação e, portanto, podem vir a responder por obrigações vinculadas a qualquer das incorporações de que seja titular a empresa incorporadora, por força do princípio segundo o qual o patrimônio é a garantia geral dos credores.

Assim sendo, em caso de falência da incorporadora, os bens que integram seu patrimônio – e aí estão os acervos de todas as suas incorporações – devem ser arrecadados à massa, daí surgindo dúvidas e incertezas quanto à plena eficácia das disposições dos incisos III e VI do art. 43 da Lei nº 4.591/1964.

De fato, o inciso III do art. 43 prevê que, em caso de falência do incorporador, os adquirentes serão considerados credores privilegiados da massa, enquanto o inciso VI admite a substituição do incorporador, em caso de atraso ou paralisação da obra.

É que, em regra, sobrevindo a falência do incorporador, o terreno e as acessões, quando integrantes do patrimônio do incorporador, sem qualquer destaque, bem como os demais direitos do incorporador poderão ser arrecadados, e os adquirentes só poderão obter a satisfação dos seus direitos após a liquidação do ativo da massa, em Juízo, no final do processamento da falência, que se prolonga por muitos anos, ou mediante alvará nas hipóteses cabíveis.

É verdade que, na redação original, a Lei das Incorporações já atribuía aos direitos creditórios dos adquirentes a categoria dos créditos "privilegiados", mas esse privilégio não chega a produzir efeito positivo, pois as preferências dos créditos trabalhistas e fiscais, entre outros, deslocam os créditos dos adquirentes (de privilégio geral) para os últimos lugares na ordem legal de preferências.

Outro aspecto relevante diz respeito à destituição do incorporador, de que tratamos no item 10.3.

Com efeito, caso haja injustificado atraso ou paralisação da obra, o processamento da destituição do incorporador enfrenta obstáculos difíceis de superar, circunstância que pode dar causa a exacerbada postergação do reinício da obra, agravando os prejuízos dos adquirentes. O fato, por exemplo, de o incorporador ser titular do domínio sobre o terreno torna extremamente discutível sua destituição.[4]

---

[4] Tratamos mais detidamente da matéria no item 10.3.

Em suma, embora a construção seja, em regra, erigida em grande parte com recursos dos adquirentes, estes não têm nenhuma preferência sobre esse ativo, nem mesmo um eventual direito de indenização ou retenção por benfeitorias. É possível, assim, que, em caso de falência da empresa incorporadora, o produto da venda da construção executada em parte com investimentos dos adquirentes seja desfrutado por outros credores, muitos dos quais não terão dado nenhuma contribuição para a construção; os adquirentes só poderão apropriar-se da sobra, depois de satisfeitos os credores que lhes antecedem, na ordem legal de preferências, mesmo que tais créditos preferenciais sejam estranhos à obra.

Risco idêntico sofre o financiador da incorporação, pois os recursos que tiver aportado à obra, convertidos em *pedra e cal*, serão também submetidos a concurso, para rateio entre todos os credores cujas preferências antecederem à sua, mesmo aqueles credores que não tenham contribuído para a execução das acessões levantadas no terreno.

Em síntese, em ambos os casos, outros credores, não vinculados à obra, mas que tenham preferência sobre os adquirentes e o financiador, se apropriarão da construção realizada com recursos dos adquirentes e do financiador da obra, deixando para esses a sobra, se houver.

Essas modalidades de risco, além de inúmeros outros riscos próprios da atividade da incorporação imobiliária, surgem com frequência em razão do aumento dos riscos a que está sujeita a atividade empresarial em geral.

Efetivamente, não obstante todas as salvaguardas já previstas originalmente na Lei das Incorporações e no sistema de proteção contratual estabelecido pelo Código de Defesa do Consumidor, o direito positivo não contemplava, até a promulgação da Lei nº 10.931/2004, mecanismos de proteção patrimonial que evitassem ou pelo menos delimitassem os riscos dos adquirentes.

Com efeito, a construção de um edifício de grande porte prolonga-se por mais de dois anos, e nesse período os adquirentes sujeitam-se a riscos patrimoniais, sejam decorrentes de inadequada administração dos recursos que tiverem entregue ao incorporador, sejam decorrentes de eventual desequilíbrio do patrimônio geral do incorporador.

É verdade que, na modalidade de incorporação em que se contrata a construção pelo regime da administração, a Lei nº 4.591/1964 já prevê um controle efetivo dos recursos financeiros aportados pelos adquirentes, determinando que sua movimentação seja feita em conta-corrente bancária separada para cada empreendimento, evitando-se, com isso, a confusão de contas e o desvio de recursos de uma obra para outra (art. 58, II). Entretanto, para as demais modalidades de contrato utilizadas nas incorporações, não se exigia segregação de receitas, omissão que poderia dar causa a eventual promiscuidade e a "mau emprego dos recursos de um prédio em outro", causando grandes prejuízos por causa de "mau emprego das verbas, quando o dinheiro dos adquirentes de unidades em um edifício é desviado para outro construído pelo mesmo profissional e, quando se informam aqueles, lá se foram os recursos e vem a falta de numerário."[5]

Tal é a complexidade da atividade e tais os riscos dos "parceiros" do incorporador, que já em 1960, ao divulgar, em sua obra *Propriedade horizontal*, o anteprojeto que veio a ser convertido na Lei nº 4.591/1964, o Professor Caio Mário da Silva Pereira advertia que a lei deveria prever o credenciamento de um órgão fiscalizador encarregado de acompanhar a execução das incorporações e velar pelo cumprimento dos encargos imputáveis ao incorporador. Nesse

---

[5]   PEREIRA, Caio Mário da Silva. *Condomínio e incorporações*, cit., p. 319.

sentido, seu anteprojeto de lei propunha a criação de um registro obrigatório dos incorporadores e de um sistema fiscalizador.[6]

A proposição, de fato, contribuiria para melhorar o controle dessa atividade empresarial, com reflexos benéficos para os adquirentes de modo geral. Entretanto, não teria eficácia para afastar ou delimitar os riscos patrimoniais dos adquirentes, não sendo capaz nem mesmo de contornar os efeitos de eventual insolvência do incorporador.

J. Nascimento Franco refere-se a sistema de controle e fiscalização previsto no direito positivo francês, pelo qual "a iniciativa da incorporação depende de condições várias, a primeira das quais é a filiação do incorporador à Câmara Sindical dos Construtores Incorporadores (*Chambre Syndicale des Constructeurs Promoteurs*), à qual compete examinar o planejamento jurídico e econômico do empreendimento e a supervisão das obras até final (...). No caso de fracasso do incorporador, seja qual for o motivo, a incorporação e a construção prosseguem sob controle da Câmara Sindical dos Incorporadores, que assume a direção do empreendimento e leva-o a bom termo."[7]

Esse mesmo autor refere-se à lacuna da legislação argentina, no que tange à proteção patrimonial dos adquirentes em face dos riscos empresariais da incorporação; essa legislação limita-se a exigir do incorporador uma manifestação de vontade de "afetar o imóvel à *subdivisão* e à *transferência do domínio* de unidades" pelo regime da propriedade horizontal.[8] Observe-se que, no caso argentino, a afetação não é utilizada como mecanismo de proteção contra o risco de eventual malogro do empreendimento, mas apenas vincula a destinação do terreno, de modo a impedir que o incorporador o venda para outra finalidade que não seja a subdivisão, vedação que também, há muito, já existia no direito brasileiro. A subdivisão, na verdade, é pré-requisito do lançamento da incorporação, qualquer que seja o sistema jurídico, e significa apenas que, uma vez manifestada a vontade de realizar a incorporação, seja mediante escritura pública, como no caso argentino, seja mediante registro do memorial de incorporação, como no caso brasileiro, o incorporador não pode alterar essa destinação do terreno, salvo nas hipóteses em que a lei permite. A deficiência, entretanto, diz respeito à falta de proteção patrimonial dos adquirentes, e disso a lei argentina não trata, circunstância que até ensejou proposta de criação, naquele país, de garantias específicas contra prejuízos patrimoniais dos adquirentes, isso visando vincular os recursos entregues pelos adquirentes ao incorporador, que ainda não existe no sistema argentino, e não a subdivisão do terreno.[9]

---

[6] "Em nosso livro da *Propriedade horizontal* já tratáramos do assunto, e sugerimos então que se incumbissem as autoridades administrativas locais desse mister, bem como aos Conselhos Regionais de Engenharia e Arquitetura, dada a proximidade patente entre a atividade do incorporador e a do construtor (às vezes reunidas na mesma pessoa), e ainda pelo fato notório da eficiência e elevação com que se conduzem esses Conselhos. No Anteprojeto que redigimos tivemos a mesma cautela, mas parece que na tramitação legislativa faltou quem tivesse conhecimento especializado da matéria, para imprimir sistema a este ponto tão importante. A Lei nº 4.591, de 16 de dezembro de 1964, não cria um órgão específico de fiscalização." *Condomínio e incorporações*, cit., p. 257.

[7] *Incorporações imobiliárias*, cit., p. 19.

[8] Lei nº 20.509: "Articulo 1 – Todo propietario de edificio construido o en construcción o de terreno destinado a construir en él un edificio (...) debe hacer constar, en escritura pública, su declaración de voluntad de afectar el inmueble a la subdivisión y transferencia del dominio de unidades por tal régimen."

[9] "Es necesario exigir fianza o garantía suficiente a las empresas promotoras de propiedad horizontal, por el sistema de consorcios, para evitar perjuicios patrimoniales a los adquirentes de unidades a construirse que hayan efectuado aportes, en el caso de suspensión definitiva de la construcción, por no constitución del llamado consorcio o por quiebra o por culpa del promotor" (*apud* FRANCO, J. Nascimento, cit., p. 19).

J. Nascimento Franco ressalta a gravidade da falta de um sistema de controle dos recursos recebidos pelo incorporador, assinalando que "essa falha tornou praticamente inoperante todas as cautelas que a Lei 4.591 estabeleceu em defesa dos adquirentes, pois os incorporadores inescrupulosos continuam, como dantes, a desviar o dinheiro para outros empreendimentos ou para custeio de seus gastos pessoais (...). Já é tempo, portanto, de preocupar-se o legislador em aperfeiçoar esse sistema, através de normas que disciplinem as atividades do incorporador e que coíbam as infrações por ele praticadas, principalmente o atraso ou a paralisação das obras."[10] Destacando que tal fato provoca grave lesão no patrimônio dos condôminos, J. Nascimento Franco invoca a experiência estrangeira, ressaltando a legislação espanhola que, visando limitar os riscos dos adquirentes, proíbe a venda no início da construção, só a permitindo depois de construída a metade do edifício.[11]

É possível perceber que, a despeito do sistema de proteção contratual constante da Lei das Incorporações, é difícil dimensionar e superar os riscos patrimoniais do adquirente de unidade imobiliária em construção, dada a complexidade da estrutura empresarial do negócio e considerando as dificuldades do adquirente para acompanhar, controlar e avaliar a atividade industrial correspondente à incorporação.

Além disso, eventuais litígios decorrentes de financiamento da construção do edifício poderiam colocar em risco a participação dos adquirentes no negócio.

É que, em muitos casos, o terreno e as acessões são hipotecados em favor do financiador da obra e as hipotecas são registradas com anterioridade às promessas; em alguns casos o incorporador comercializa as frações ideais mesmo sem ter arquivado o memorial de incorporação. Em grande parte das incorporações, o incorporador se torna titular dos direitos sobre o terreno mediante permuta por unidades imobiliárias a serem construídas no próprio local ou em outras incorporações em andamento, pagando aos antigos proprietários do terreno apenas uma pequena parte em dinheiro. Em regra, dos contratos-padrão de compromisso de compra e venda das frações ideais e acessões consta cláusula autorizando o incorporador a tomar financiamento e também a hipotecar o terreno e as acessões. Sucede que grande parte dos adquirentes deixa de registrar seus contratos, circunstância que torna sua situação ainda mais frágil, pois, ainda que, posteriormente, venham a promover o registro de seus compromissos, a sequela que constitui atributo dos direitos reais faria com que a hipoteca tivesse prioridade sobre seus direitos de promitentes compradores, de modo que para liberar seus direitos imobiliários esses adquirentes teriam que satisfazer o crédito hipotecário registrado com anterioridade.[12]

A propósito da posição em que se encontram os adquirentes, em caso de falência da empresa incorporadora, merece referência a solução adotada em relação à falência da Construtora Encol, no final da década de 1990. A solução, como se verá, atendeu os interesses dos

---

[10]   *Incorporações imobiliárias*, cit., p. 21.

[11]   Trata-se do § 3º do art. 159 da Ley del Suelo, de 12.5.56, do seguinte teor: "En tanto no se hubiere edificado en la mitad, por lo menos, de lo convenido, el superficiario no podrá enajenar su derecho, sin autorización del suelo, salvo pacto en contrario" (*apud* VENTURA, Antonio Traveset y Gonzales, *Derecho de edificación sobre finca ajena y la propiedad horizontal*. Barcelona: Bosch Casa Editorial, 1963, p. 107).

[12]   A esse propósito, importa registrar que, em relação aos contratos de promessa de venda celebrados antes da constituição da garantia hipotecária, a jurisprudência vem se firmando no sentido do cancelamento da hipoteca da unidade cujo promitente comprador tenha efetivado o pagamento do preço de aquisição diretamente à empresa incorporadora, mesmo que esta não tenha repassado à entidade financiadora os valores pagos pelo promitente comprador.

Cap. III • A INCORPORAÇÃO IMOBILIÁRIA COMO PATRIMÔNIO DE AFETAÇÃO | **91**

adquirentes, mas para tal transferiu para o patrimônio do condomínio as unidades imobiliárias que se encontravam no "estoque" da incorporadora, unidades essas que, na verdade, eram de propriedade da incorporadora e, portanto, deveriam integrar o ativo da massa falida.

Com efeito, uma vez decretada a falência da Construtora Encol, representantes de comissões de representantes de condomínios de edifícios por ela incorporados requereram no juízo da falência a transferência, para os condomínios, das unidades do "estoque" da incorporadora falida, bem como as unidades dos condôminos que não tivessem aderido ao programa de obras aprovado nas assembleias gerais. Os pedidos foram acolhidos, sob o fundamento de que "tais unidades sempre pertenceram ao condomínio e não ao incorporador, portanto, com a falência deste, continuam pertencendo ao condomínio..." e que "a Massa Falida da Encol S/A Engenharia, Comércio e Indústria, não tem nenhum direito sobre as chamadas "unidades estoques", as quais sempre pertenceram ao Condomínio e não à ex-incorporadora, ora falida".[13]

---

[13] A título de ilustração, tome-se o requerimento de alvará apresentado pelo Condomínio do Empreendimento Costa Verde, do Rio de Janeiro, processo 199901195790. Destacam-se alguns trechos do parecer do representante do Ministério Público e da sentença: *Parecer do Ministério Público* – "O empreendimento condominial, o edifício de residências em condomínio tem que ser visto à luz do que estabelece a Lei nº 4.591/1964, como determina a própria Lei de Falências. O incorporador não era proprietário das unidades não vendidas. Como incorporador e construtor competia-lhe a venda das mesmas e enquanto não vendidas arcar com as despesas desta construção. Todavia, estas eram e são unidades de um todo de que são proprietários todos os condôminos. Se estes agora assumem a responsabilidade pelo empreendimento, se assumem suas dívidas, se assumem todas as obrigações do empreendimento, têm que assumir também o possível direito que o incorporador teria sobre estas unidades. E aqui volta-se a repetir, tais unidades não pertenciam ao incorporador, competindo-lhe sim a venda das mesmas e enquanto não vendidas arcar com as despesas desta construção nos termos da lei, já que sua atividade de incorporador é atividade mercantil e visava lucro. Tais unidades sempre pertenceram ao condomínio e não ao incorporador, portanto, com a falência deste, continuam pertencendo ao condomínio, que agora deverá se incumbir do término da obra e, portanto, da venda das referidas unidades. Não há que se falar em transferência destas unidades pela Massa Falida, como dação em pagamento ou qualquer outro instituto jurídico. Todavia, questão prática põe freio à continuidade das obras pelos condôminos em face de falência do incorporador e diante do fato de tais unidades ainda constarem no registro de incorporação em nome do incorporador. A solução jurídica única é a manifestação desse juízo universal no sentido de que sendo tais unidades de propriedade do condomínio, só a elas pertencem, a fim de que a Comissão de Representantes a ser criada conforme disposição expressa da Lei de Incorporação possa promover a venda das referidas unidades, utilizando-se dos poderes que lhe são conferidos pelo art. 63, § 5º, da citada lei." *Sentença* – "Como bem colocado no parecer acima destacado, a Massa Falida da Encol S/A Engenharia, Comércio e Indústria, não tem nenhum direito sobre as chamadas 'unidades estoques', as quais sempre pertenceram ao Condomínio e não à ex-incorporadora, ora falida. No tocante às chamadas unidades 'dos não aderentes', caberá ao Condomínio, que assumiu a responsabilidade pela continuidade da edificação, através de sua Comissão de Representantes, adotar o procedimento previsto na Lei nº 4.591/1964, ou seja, constituir o inadimplemento em mora e depois proceder à venda das referidas unidades. Assim, para evitar que a Massa Falida da Encol S/A Engenharia, Comércio e Indústria obtenha vantagem econômica com aquilo que não lhe pertence, *in casu*, as 'unidades estoque' e 'unidades dos não aderentes', merece acolhimento a pretensão da parte requerente para que as referidas unidades sejam consideradas excluídas de qualquer vinculação com a Massa Falida, propiciando a retomada e conclusão da edificação, independente de qualquer compensação financeira, como acima consignado. Ante o exposto, à luz da legislação vigente, entendimento doutrinário acima mencionado, acolhendo a manifestação do Ministério Público, e visando propiciar o prosseguimento da construção do empreendimento descrito na inicial, hei por bem declarar como de propriedade da requerente as 78 (setenta e oito) unidades denominadas estoques existentes no empreendimento descrito na inicial,

92 INCORPORAÇÃO IMOBILIÁRIA • *Melhim Namem Chalhub*

O caso mostra com clareza a vulnerabilidade da posição jurídico-econômica dos adquirentes e a necessidade da instituição de um sistema que proteja os direitos dos adquirentes, mas, ao mesmo tempo, respeite os direitos dos demais credores da massa falida.

3.3. A TEORIA DA AFETAÇÃO E SUA APLICAÇÃO NO NEGÓCIO DA INCORPORAÇÃO IMOBILIÁRIA[14]

A incorporação imobiliária se ajusta com perfeição à ideia da afetação patrimonial, considerada sua estrutura e função econômica e social, sendo até lícito admitir que, ao configurar esse negócio, na Lei nº 4.591/1964, o legislador tenha se orientado pelas linhas mestras da teoria da afetação.

Os mesmos pressupostos de natureza social, econômico-financeira e negocial justificam a sujeição da atividade do parcelamento do solo urbano (loteamento) ao regime da afetação patrimonial, o que veio a ser regulamentado pelos arts. 18-A a 18-F da Lei nº 6.766/1979, que adaptam o negócio do loteamento às normas dos arts. 31-A a 31-F da Lei nº 4.591/1964.[15]

Observe-se a estrutura do negócio incorporativo, traçada a partir do art. 28, com especial atenção para o contorno físico-econômico-financeiro-jurídico traçado pelo Memorial de Incorporação de que trata o art. 32.

O dossiê que forma o Memorial de Incorporação define o objeto do respectivo negócio incorporativo, identificando com precisão os elementos que o compõem e que são capazes de conferir autonomia física e financeira à incorporação, tornando-a única, inconfundível, independente. Ao fixar esses caracteres, mediante reunião de elementos de identificação específica de cada empreendimento, a Lei nº 4.591/1964 confere condições de autonomia material a cada incorporação, circunstância que naturalmente atrai o negócio jurídico da incorporação para a órbita da teoria da afetação, pois o conteúdo do negócio incorporativo que o Memorial de Incorporação exprime já terá estabelecido a caracterização e os limites do patrimônio a afetar, observada a destinação própria da atividade da incorporação, que é a construção e a entrega das unidades aos respectivos adquirentes.

Observe-se a estrutura do Memorial de Incorporação: trata-se de dossiê que contém cópia do projeto de construção, bem como a descrição e caracterização da futura edificação e de cada uma das futuras unidades imobiliárias autônomas; ali está também a discriminação das frações ideais do terreno a que as unidades haverão de se vincular; além disso, contém o orçamento, que quantifica o custo total da obra e discrimina o custo de cada unidade imobiliária, bem como

---

bem como para excluir e afastar qualquer direito da Massa Falida sobre as unidades dos não aderentes à continuidade das obras do mesmo empreendimento, devendo a Comissão de Representantes dos adquirentes ou condomínio adotar o procedimento previsto na Lei de Incorporação para a venda da mesma, sendo que na alienação das referidas unidades não haverá necessidade de qualquer interferência ou nova autorização por parte deste juízo."

[14] Dessa matéria cuidamos em nossos trabalhos *Propriedade imobiliária: função social e outros aspectos* e *Trust; Perspectivas do direito contemporâneo para administração da propriedade e garantia*, ambos editados pela Editora Renovar, Rio de Janeiro, em 2000 e 2001.

[15] Lei nº 6.766/1979: "Art. 18-A. A critério do loteador, o loteamento poderá ser submetido ao regime da afetação, pelo qual o terreno e a infraestrutura, bem como os demais bens e direitos a ele vinculados, manter-se-ão apartados do patrimônio do loteador e constituirão patrimônio de afetação, destinado à consecução do loteamento correspondente e à entrega dos lotes urbanizados aos respectivos adquirentes (Incluído pela Lei nº 14.620, de 2023)".

outras peças enumeradas pelo art. 32, tudo isso compondo um conjunto que dá caracterização própria a cada negócio de incorporação e condições potenciais de autossustentação. De fato, cada incorporação tem receita própria, decorrente dos créditos oriundos da alienação das unidades do empreendimento ou, eventualmente, de recursos provenientes de financiamento específico para a obra, e essas fontes, em princípio, são suficientes para conferir autonomia financeira a cada negócio incorporativo, pois o volume potencial das receitas é, naturalmente, superior ao custo da obra.

A incorporação, assim, tem estrutura econômico-financeira capaz de lhe propiciar autossustentação, independente de outras fontes de receita.

Ora, de acordo com a teoria da afetação, admite-se a segregação patrimonial ou a qualificação de determinado patrimônio segundo encargos que se impõem a certos bens para efeito de vinculá-los a determinada finalidade. E para esse fim, a capacidade de autossustentação constitui fator decisivo de eficácia da afetação, na medida em que torna a consecução do negócio independente de outras fontes de recursos que não as receitas próprias do patrimônio a afetar.

Segundo essa teoria, é possível a existência de várias massas patrimoniais sob titularidade de um mesmo sujeito, constituídas com a precípua finalidade de se alcançar determinados fins ou para viabilizar determinada exploração econômica. Para esse fim, não é necessário que o bem objeto da afetação seja retirado do patrimônio do titular, mas, sim, que seja vinculado a determinada finalidade, sempre mediante expressa autorização legal, estando compreendidos nessa teoria o bem de família, o dote, as rendas vitalícias, as substituições etc. Implica a afetação que os credores vinculados ao patrimônio especial têm ação somente sobre bens dele integrantes, com exclusão dos outros bens do patrimônio do devedor, ou significa que esses credores têm preferência sobre os bens afetados.

Patrimônios de afetação são incomunicáveis por natureza. A incomunicabilidade é uma de suas características essenciais, pois, para cumprir sua finalidade de proteção de um bem socialmente relevante ou para assegurar a consecução de determinada atividade econômica merecedora de tutela especial, é indispensável que os bens afetados fiquem afastados dos efeitos de negócios estranhos ao objeto da afetação. A incomunicabilidade visa afastar riscos patrimoniais que possam prejudicar ou frustrar a realização da finalidade social e econômica definida para o patrimônio de afetação. É o caso, por exemplo, do imóvel destinado a moradia da família, que só responde pelas dívidas e obrigações vinculadas ao imóvel, entre elas o imposto predial, as quotas de condomínio, os salários dos empregados da casa e as contribuições previdenciárias relativas a esses empregados, entre outras.

Não há, entretanto, desmembramento ou cisão do patrimônio geral, nem criação de uma nova personalidade.

Com efeito, não obstante a incomunicabilidade, a constituição desses patrimônios especiais não resulta em desmembramento do patrimônio geral: este permanece uno, abrangendo todo o conjunto de direitos e obrigações do sujeito, pois, como assinala Caio Mário da Silva Pereira, "ainda que se procure destacar mais de um acervo ativo-passivo de valores jurídicos, sempre há de exprimir a noção de patrimônio a ideia de conjunto, de reunião, e esta, segundo a própria razão natural, é una." Assim, não obstante haja casos em que a origem ou a destinação de determinados bens e direitos justifique a criação de acervos especiais, ainda assim não se tem pluralidade ou divisibilidade de patrimônio, e "não obstante a separação de tais acervos ou massas, o patrimônio do indivíduo há de ser tratado como unidade, em razão da unidade subjetiva das relações jurídicas".

Vinculado a um fim especial, o acervo afetado é alvo de tratamento destacado no patrimônio geral, sem que se crie uma personalidade: "Os bens, objeto da afetação, a nosso ver, acham-se, sem dúvida, vinculados ao fim, encontram-se gravados de encargo, ou são objeto de restrição. Assim entendendo, aprovamos a disposição contida no Projeto de novo Código Civil, que autoriza separar do patrimônio da pessoa um conjunto de bens ou direitos vinculados a um fim determinado, seja por mandamento legal, seja por destinação do titular. Separados do patrimônio, e afetados a um fim, são tratados como bens independentes do patrimônio geral do indivíduo. A afetação, porém, implicará composição de um patrimônio sem se verificar a criação de uma personalidade, como se dá com as fundações. Caso contrário, eles se prendem ao fim, porém continuam encravados no patrimônio do sujeito. Não há, pois, razão para romper com a concepção tradicional da unidade do patrimônio, com a qual se concilia a ideia de poderem existir, no patrimônio, massas de bens objetivamente considerados: bens dotais, bens de ausentes, bens da herança etc.".[16]

O patrimônio de afetação é, assim, uma universalidade de direitos e obrigações destinada ao cumprimento de determinada função e integrado ao patrimônio geral.

Organizado para determinado fim, esse complexo de bens, direitos e obrigações é dotado de autonomia funcional para alcançar esse fim, pois, como observa Messineo, o conceito de patrimônio separado "tem um certo nexo com o conceito de universalidade e com o problema da responsabilidade limitada (...) e sobre ele incidem direitos e obrigações autônomas."[17]

Assim, dentro do patrimônio geral do sujeito coexistiriam duas ou mais massas patrimoniais que, embora incomunicáveis, podem estar relacionadas por laços de interdependência, cujos limites e intensidade hão de ser determinados pela natureza da função a que estiver destinada a massa patrimonial especial, preservando-se sempre as condições necessárias à consecução do objetivo da afetação.

A afetação pode corporificar-se de formas distintas, conforme a função do acervo afetado e em atenção à espécie de negócio em que venha a ser aplicada.

Veja-se, por exemplo, o caso dos fundos de investimento imobiliário. Trata-se de operação pela qual os investidores subscrevem quotas de investimento, entregando o respectivo numerário a uma instituição administradora, para que ela realize aplicações imobiliárias que propiciem renda em favor dos investidores. Para cumprir sua função, a instituição deverá realizar operações de compra, venda e/ou locação de imóveis, e realizará essas operações diretamente, adquirindo em seu próprio nome os imóveis que constituirão a carteira de investimento, mas adquire os bens em caráter resolúvel, tornando-se "proprietária fiduciária", modalidade em que, embora figure como proprietária, sua titularidade é apenas nominal, pois o conteúdo econômico da propriedade é atribuído aos subscritores das quotas do fundo; a sociedade administradora torna-se proprietária desses bens e direitos apenas para que cumpra o encargo de administrá-los, jamais para tirar proveito de sua exploração econômica, de modo que o resultado positivo líquido dessa exploração é destinada aos subscritores, ressalvada, naturalmente, a remuneração da empresa pelo serviço de administração do fundo.

Já na incorporação imobiliária o incorporador adquire o terreno para si próprio, é o beneficiário da exploração econômica do negócio; neste caso, a função da afetação é a consecução da incorporação, com a conclusão da obra e entrega das unidades aos respectivos adquirentes; na medida em que o incorporador promova a incorporação mediante venda de coisa futura, a "preço fechado", sua obrigação é de resultado e, portanto, responde pela execução da obra com seu patrimônio geral; de outra parte, o lucro apurado no negócio da incorporação é dele e,

---

[16] PEREIRA, Caio Mário da Silva. *Instituições de Direito Civil*. Rio de Janeiro: Forense, 17. ed., 1995, vol. I, p. 240 e 248.

[17] MESSINEO, Francesco. *Manual de derecho civil y comercial*. Buenos Aires: Ediciones Jurídicas Europa-América, 1971, v. II, p. 265.

portanto, uma vez extinto o patrimônio de afetação, o montante do resultado desse negócio é absorvido pelo patrimônio geral do incorporador; assim, caso o produto da venda das unidades de determinada incorporação não seja suficiente para levá-la a cabo, o incorporador terá que extrair recursos do seu patrimônio geral e destiná-los à conclusão da incorporação e, de outra parte, caso haja resultado positivo na incorporação, este será levado para o patrimônio geral, passando a compor o lucro que há de se refletir no lucro tributável da empresa incorporadora.

Em ambos os casos – fundo de investimento e incorporação imobiliária – sobressai com clareza o contorno da autonomia funcional do acervo patrimonial envolvido, mas a interdependência entre as massas patrimoniais geral e especial ressalta com toda nitidez no negócio da incorporação imobiliária.

As lições de Caio Mário da Silva Pereira e de Messineo permitem apreender claramente a configuração dessa espécie de patrimônio a que se atribui destinação especial. A *autonomia funcional* do acervo ao qual se atribui uma destinação específica explica a articulação entre os elementos de um mesmo patrimônio, pois os bens que integram o patrimônio de afetação, como adverte Caio Mário da Silva Pereira, "continuam encravados no patrimônio do sujeito". Vale dizer: o patrimônio de afetação não é um patrimônio dissociado do patrimônio geral do sujeito, mas permanece a ele articulado, nele operando destacadamente, e esse destaque é feito para que tal acervo possa cumprir determinada função, daí por que se fala que sua autonomia é *funcional*, não plena. A esses fundamentos deve-se dar redobrada atenção quando da interpretação dos textos legislativos que disciplinam a constituição de patrimônios de afetação.

Veja-se o caso da afetação de créditos imobiliários para efeito de securitização.

A Lei nº 9.514/1997, ao tratar do patrimônio de afetação constituído por créditos do ativo de companhia securitizadora, visando lastrear a emissão de Certificados de Recebíveis Imobiliários – CRI, diz que esses créditos "constituem patrimônio separado, que não se confunde com o da companhia securitizadora" (Lei nº 9.514/1997, art. 11, I). Na verdade, esses créditos integram, sim, o patrimônio da companhia securitizadora, mas são destacados dentro dele e submetem-se a tratamento especial, de acordo com a função definida para eles, que é a satisfação dos créditos dos subscritores de CRI, das despesas de administração desse patrimônio especial e dos seus respectivos encargos, inclusive os encargos fiscais. Ao dizer que esse patrimônio "não se confunde com o da companhia securitizadora", a lei não o considera excluído daquele patrimônio geral, mas lhe atribui uma relativa autonomia, que é qualificada pela sua função, daí *autonomia funcional*, condicionada que é a atender a destinação específica de satisfação dos créditos de que sejam titulares os subscritores dos títulos emitidos pela companhia securitizadora. Trata-se, então, de uma esfera patrimonial que se move com autonomia funcional, mas dentro da esfera patrimonial maior, que é o patrimônio geral da companhia securitizadora.

Essa autonomia, embora relativa, implica a existência de ativo e passivo próprios de cada patrimônio de afetação, que podem ser formados tanto pelos bens, direitos e obrigações com os quais esse patrimônio tiver sido originalmente constituído, como, também, pelos frutos advindos da sua gestão e do seu desenvolvimento natural, a ele integrando-se, obviamente, os encargos inerentes à natureza do negócio e da sua funcionalidade econômica e social, pois, como observa Milena Donato Oliva, "na medida em que consubstancia universalidade de direito, pode haver mutabilidade dos elementos do patrimônio separado, de acordo com a finalidade que o unifica".[18]

---

[18] OLIVA, Milena Donato. *Do negócio fiduciário à fidúcia*. São Paulo: Atlas, 2014, p. 61.

Importa registrar, por relevante, que a formação de patrimônios especiais, visando a consecução de determinadas finalidades, deve ser autorizada por lei, devendo o regime legal específico que disciplinar a segregação patrimonial estabelecer as condições da afetação, os limites e a forma de consecução das finalidades para as quais há de se operar a segregação, podendo-se dizer que patrimônios separados são "massas de bens que constituem, dentro de um patrimônio geral, verdadeiras universalidades de direito, e cuja sub-rogação real e função de garantia se efetuam de forma autônoma".[19]

A necessidade de autorização legal se explica por que a separação patrimonial relativiza o princípio segundo a qual o patrimônio constitui garantia geral dos credores e, ainda, o princípio da livre utilização do patrimônio por parte do seu titular. De fato, a permissão legal para formação de patrimônios especiais faculta ao sujeito segregar ou excluir certos bens do seu patrimônio e dar-lhes destinação determinada, exclusiva; tal faculdade, se não disciplinada por regime legal especial e cercada de cautelas especiais, pode dar ensejo a fraude, daí a necessidade de intervenção legislativa, pela qual se estabeleça um regime especial de garantia a que a massa desse patrimônio estiver vinculada, com rigorosa limitação dos poderes atribuídos ao seu titular, condicionando o exercício desses poderes ao cumprimento da finalidade para a qual tiver sido constituído o patrimônio separado. Assim, por exemplo, nos atos de natureza fiduciária, em que se constitui um patrimônio de afetação em nome do fiduciário, este só pode exercer sobre os bens afetados os direitos e as ações que sejam adequadas e necessárias à consecução da finalidade para a qual esses bens tenham sido afetados.

A formação de patrimônio especial, afetado a determinada finalidade, submete-se às mesmas restrições impostas à alienação de bens, em geral, sendo ineficaz a separação patrimonial que configure fraude de execução e anulável a afetação que vier a ser constituída em fraude contra credores.

De outra parte, a formação desses patrimônios separados só se torna efetiva se o tratamento especial atribuído à massa patrimonial segregada for oponível a terceiros, daí por que é essencial sejam esses atos dados à publicidade, através do sistema de registro; é majoritária a doutrina que entende estar a formação desses patrimônios submetida ao princípio *numerus clausus*. Assim, para resguardo do interesse de terceiros, é necessário dar visibilidade a esses patrimônios, devendo a lei prever expressamente os meios de publicidade de acordo com os sistemas de registro pertinentes.

A afetação encontra justificativa na necessidade de se privilegiarem determinadas atividades sociais ou econômicas merecedoras de tutela especial.[20]

---

[19] TOMÉ, Maria João Romão Carreiro Vaz; CAMPOS, Diogo Leite de. *A propriedade fiduciária (trust)*, Coimbra: Livraria Almedina, 1999, p. 226.

[20] O direito positivo brasileiro registra precedentes a esse respeito, entre eles a Lei nº 8.668, de 25 de junho de 1993, que dispõe sobre a constituição e o regime tributário dos Fundos de Investimento Imobiliário. Esse diploma legal veio disciplinar de maneira nítida a segregação patrimonial para fins de administração desses fundos, definindo seus contornos e estabelecendo as limitações a que fica sujeita a empresa administradora, no exercício dos poderes inerentes à propriedade que constitua objeto de patrimônio de afetação. Nesse caso, os bens e direitos que integram o patrimônio do fundo de investimento são atribuídos à propriedade da empresa administradora, mas em caráter fiduciário, significando que a administradora só poderá exercer os poderes de proprietária para cumprimento da destinação desses bens e direitos e em benefício dos subscritores de quotas do fundo, pois é destinado a estes o proveito econômico e financeiro do acervo do fundo. A segregação patrimonial visa manter a carteira de investimentos apartada do patrimônio da sociedade administradora para proteção dos titulares de quotas do fundo.

Diz Messineo que a razão de existirem patrimônios de afetação e sua função prática estão ligadas à ideia "1) de atribuir ou reservar certos bens a uma determinada *exclusiva destinação*, de maneira que fique excluída outra destinação, mesmo que não possa ser alcançada; 2) ou então de reservar a um certo *grupo de credores* um determinado núcleo de bens, sobre os quais possam eles *satisfazer-se com exclusão dos outros*, com a consequência de que os *outros credores* fiquem *excluídos* e de que, sobre os outros bens, tal grupo de credores não pode alegar direitos ou que, ao contrário, este grupo pode satisfazer-se só subsidiariamente, e se necessário, sobre os restantes bens do sujeito (devedor)."[21]

A incorporação imobiliária é uma das situações merecedoras de tutela especial, em razão do conteúdo econômico e social que encerra.

Além do interesse social de que se reveste a incorporação imobiliária, a estrutura desse negócio se amolda naturalmente à ideia da afetação, na medida em que, pelo contorno do empreendimento, visualizam-se os elementos que lhe conferem identidade própria, especialmente por causa do seu objeto, que é único, inconfundível, e do seu orçamento próprio, conjugado com a programação de receitas próprias suficientes para a completa realização do empreendimento. Dada essa conformação especial, o negócio da incorporação se ajusta com perfeição à ideia da afetação por causa de sua natural segregação e da densidade do seu conteúdo social.

Por esse modo, o incorporador, antes mesmo de oferecer uma incorporação a público, pode segregar no contexto do seu patrimônio o terreno e os direitos de construção a ele vinculados, de modo a criar condições jurídicas para que o negócio se desenvolva com autonomia funcional, para atender às obrigações vinculadas à realização da incorporação em questão e em proveito dos adquirentes, como sejam as obrigações fiscais específicas, as relativas aos materiais e à mão de obra, à dívida decorrente de eventual financiamento etc.

A afetação torna efetiva a aplicação de importantes mecanismos destinados ao cumprimento da função social da propriedade, sem afrontar o direito subjetivo do incorporador-proprietário. Observe-se, por exemplo, que a afetação torna o acervo da incorporação imune a agressão por parte de credores cujos créditos não estejam a ela vinculados, evitando seja esse acervo sobrecarregado por dívidas que não lhe digam respeito, tal como ocorre com a proteção, pela impenhorabilidade, do imóvel destinado à moradia da família.

De outra parte, a constituição da afetação não impede o incorporador-proprietário de extrair de sua propriedade o proveito econômico próprio do negócio; apenas restringe o modo de exercício dos seus poderes, condicionando-o à consecução da incorporação, nos termos programados, pois a afetação atribui ao incorporador um poder-dever sobre a propriedade objeto da incorporação, segundo a finalidade econômica e social do negócio incorporativo. Vale dizer: o incorporador é o titular do resultado econômico decorrente da exploração da sua propriedade, mas, desde que a destinou para a incorporação, passa a ter o dever de exercer seus poderes estritamente no sentido de consumar essa destinação.

Dada essa concepção, fica claro que, uma vez arquivado o Memorial de Incorporação e averbado o "termo de afetação" no Registro de Imóveis, o terreno, as acessões, as receitas provenientes da venda das unidades e, de outro lado, as obrigações (entre as quais as de natureza fiscal, trabalhista, os débitos por aquisição de materiais), tudo isso passa a formar um núcleo patrimonial especial que, embora continue a integrar o patrimônio geral do incorporador, funciona destacadamente em relação a ele, ou seja, opera com a autonomia necessária à

---

[21] *Manual de derecho civil y comercial*, cit., p. 263.

consecução daquela incorporação específica. Por isso, as receitas de determinada incorporação, até o limite necessário à conclusão e entrega do edifício, são reservadas para satisfação das suas próprias obrigações, não podendo ser desviadas para outras obras ou para outras finalidades que não estejam vinculadas à realização da construção e sua regularização no Registro de Imóveis (art. 44). Pela afetação, a construção de edifício pelo regime da incorporação, bem como os demais atos relativos à incorporação, têm sua própria esfera patrimonial, dentro da qual estarão confinados os direitos e as obrigações das partes envolvidas, que, de uma parte, se beneficiarão dos resultados do negócio e, na contrapartida, responderão pelas respectivas dívidas, respondendo só eles por essas dívidas, ressalvada a responsabilidade do incorporador, esta decorrente das suas obrigações legais e contratuais relativas à construção e à entrega de coisa futura, por preço determinado ou determinável.[22]

De fato, na medida em que o patrimônio de afetação corresponda a um complexo de direitos e obrigações funcionalmente organizado para determinada finalidade, deve desenvolver-se por suas próprias forças e no limite dessas forças; constituindo uma universalidade, responde pelas obrigações contraídas para consecução da finalidade para a qual tiver sido estruturado ou para o cumprimento das obrigações que a essa finalidade estiverem vinculadas; só ele responde pelas obrigações relativas a essa massa, e responde somente por essas obrigações, excluídas expressamente as obrigações que estejam fora dessa esfera patrimonial. A autonomia que se confere ao patrimônio separado é para que se assegure o cumprimento da função atribuída a esse conjunto de bens, direitos e obrigações, sendo certo que, após cumprida essa função, os bens afetados ou seus remanescentes retornam ao patrimônio geral do titular, salvo se tiver sido estabelecida alguma outra destinação, de acordo com as peculiaridades do caso, pois, como assinala Ferrara, o modo de extinção da afetação pode variar de caso a caso.[23]

A partir dessa estruturação, a segregação patrimonial dos bens integrantes de cada incorporação imobiliária e sua afetação à finalidade específica desse negócio atende plenamente ao propósito de salvaguardar os interesses dos adquirentes, sem prejuízo dos créditos vinculados também especificamente a cada empreendimento, que igualmente estarão resguardados sob o mesmo manto.

Com efeito, a afetação pode constituir importante mecanismo de segurança dos adquirentes de unidades imobiliárias integrantes de incorporação imobiliária, na medida em que, representando um patrimônio com autonomia funcional em relação ao patrimônio geral do incorporador, protege as unidades imobiliárias dele integrantes contra efeitos patrimoniais negativos decorrentes de eventuais desequilíbrios econômico-financeiros do incorporador, notadamente contra os efeitos de sua insolvência.

Aspecto relevante é o assentamento da afetação da incorporação no Registro de Imóveis da situação do empreendimento.

---

[22] Veja-se também, por exemplo, a estrutura dos fundos de investimento de ações, em que se constitui um patrimônio autônomo, separado do patrimônio da sociedade administradora, para segurança dos subscritores de quotas do fundo; os beneficiários desse patrimônio são, exclusivamente, esses subscritores e, assim, só eles serão beneficiados com os aumentos patrimoniais decorrentes da valorização de certas ações integrantes do patrimônio, ou serão prejudicados pelos decréscimos patrimoniais decorrentes da desvalorização.

[23] *Trattato*, v. I, p. 875, *apud* Francesco Messineo, *Manual de derecho civil y comercial*, Buenos Aires: Ediciones Juridicas Europa-América, 1971. Tradução de Santiago Sentis Melendo, p. 263.

Na medida em que tem como objeto direito real imobiliário, a afetação do acervo da incorporação imobiliária só se considera eficaz perante terceiros mediante assentamento no Registro de Imóveis da situação do imóvel, por meio de averbação do *termo de afetação*.

Com essa configuração, a regra contida no inciso VI do art. 43 da Lei das Incorporações poderá ganhar plena eficácia, na medida em que a assunção da obra por parte dos adquirentes far-se-á com segurança, delimitados que estarão os riscos que anteriormente cercavam tais situações.

De fato, passando cada empreendimento a formar uma esfera patrimonial autônoma, embora dentro do patrimônio geral do incorporador, os créditos trabalhistas, previdenciários, fiscais, os garantidos por direito real etc., todos eles vinculam-se especificamente ao empreendimento a que disserem respeito, ficando a incorporação imune aos efeitos das dívidas e obrigações vinculadas a outros negócios do incorporador, de modo que, na hipótese de quebra, o empreendimento segregado poderá prosseguir com a autonomia que a afetação lhe confere, afastando dos riscos da falência os adquirentes e os demais credores vinculados diretamente à incorporação.

Importa ressaltar que a afetação não elimina por completo a possibilidade de prejuízo dos adquirentes, mas delimita esse risco, fazendo com que ele fique contido no limite das obrigações próprias do empreendimento, tendo como teto o preço contratado para aquisição das unidades. Se o incorporador vier a falir, o empreendimento não será arrecadado à massa, mas passará a ser administrado diretamente pelos adquirentes, por meio da sua comissão de representantes. Vale dizer: os adquirentes das unidades imobiliárias de determinada obra e os credores daquela obra devem obter a satisfação dos seus direitos com as receitas do empreendimento e, por outro lado, não sofrem os efeitos dos desequilíbrios do patrimônio geral do incorporador, nem são contaminados por eventual insucesso de outros empreendimentos do mesmo incorporador, porque os compromissos de cada empreendimento afetado devem ser atendidos pelas suas receitas próprias.

3.4. O ANTEPROJETO DE LEI DO INSTITUTO DOS ADVOGADOS BRASILEIROS – IAB, OS PROJETOS DE LEI DA CÂMARA DOS DEPUTADOS, A MEDIDA PROVISÓRIA Nº 2.221, DE 4 DE SETEMBRO DE 2001, E O PROJETO DE LEI DO PODER EXECUTIVO Nº 3.065, DE 4 DE MARÇO DE 2004

Considerando a necessidade de tutela especial dos direitos dos adquirentes de imóveis em construção, e fundado na teoria de afetação, o Instituto dos Advogados Brasileiros – IAB aprovou anteprojeto de lei anexo à Indicação nº 220, apresentada ao IAB em 8 de julho de 1999,[24] propondo que seja a incorporação caracterizada como um patrimônio de afetação, ideia que foi bem acolhida na Câmara dos Deputados, onde foram apresentados 4 Projetos de Lei, de nºs 2.109/1999, 3.455/2000, 3.751/2000 e 1.150/2003, observada a estrutura e a concepção do anteprojeto do IAB. As proposições contemplavam a inserção de novos dispositivos na Lei das Incorporações, assim dispondo, em essência:

---

[24]   O anteprojeto, de nossa lavra, está reproduzido em nosso trabalho *Propriedade imobiliária – função social e outros aspectos*, Rio de Janeiro: Renovar, 2000.

a) o acervo de cada incorporação imobiliária constitui patrimônio de afetação, destinado à conclusão da construção e entrega das unidades aos respectivos adquirentes;

b) o patrimônio de afetação é incomunicável em relação ao patrimônio geral do incorporador e às demais incorporações e só responde pelas suas próprias dívidas e obrigações;

c) cada patrimônio de afetação tem contabilidade separada;

d) em caso de injustificado atraso ou paralisação da obra, bem como no caso de insolvência do incorporador, os adquirentes estão autorizados a prosseguir a construção, sob administração da Comissão de Representantes;

e) a obra prosseguirá com as receitas próprias da incorporação, que correspondem às parcelas devidas pelos adquirentes relativas ao saldo do preço das unidades;

f) a falência do incorporador não interfere nas incorporações-patrimônios-de-afetação e, assim, os acervos das diversas incorporações não são passíveis de arrecadação à massa;

g) ainda em caso de falência, a Comissão de Representantes promoverá leilão para venda das unidades imobiliárias que o incorporador ainda não tiver vendido até então ("estoque"); o valor apurado será utilizado no pagamento dos créditos fiscais, do condomínio e do proprietário do terreno, devendo o saldo ser arrecadado à massa.

Estando em tramitação os 3 primeiros Projetos de Lei, o Poder Executivo editou a Medida Provisória nº 2.221, em 4 de setembro de 2001, adotando a concepção acima resumida, exceto quanto à obrigatoriedade da afetação, e agregando novas disposições que, como já visto, se contrapunham aos fins da afetação da incorporação imobiliária.

Com efeito, a MP nº 2.221/2001 se dividia, basicamente, em três partes: a primeira parte (art. 30-A) qualificava a incorporação imobiliária como patrimônio de afetação; a segunda parte (art. 30-B) tratava do modo de constituição do patrimônio de afetação, bem como da organização do negócio e dos mecanismos de controle dos adquirentes sobre a obra; e a terceira parte (art. 30-C) cuidava dos efeitos da afetação, estabelecendo procedimentos a serem implementados pelos adquirentes para assumir a incorporação e dar prosseguimento à obra, em caso de atraso ou paralisação da obra e, ainda, em caso de falência do incorporador.

Mas, além dos arts. 30-A, 30-B e 30-C, que constavam do anteprojeto, a Medida Provisória acrescentara os arts. 30-D até 30-G, que ditavam procedimentos para recolhimento de débitos fiscais, previdenciários e trabalhistas, admitindo a solução de litígios decorrentes do contrato de incorporação mediante arbitragem, tornando irrevogáveis os contratos de promessa de compra e venda ou de cessão de unidades imobiliárias integrantes de incorporação e, finalmente, estabelecendo que as contribuições para o PIS/PASEP e o COFINS seguiriam o mesmo regime de reconhecimento de receitas previsto na legislação do imposto de renda.

Os arts. 30-A, 30-B e 30-C com seu § 1º seguiam a concepção do anteprojeto do Instituto dos Advogados Brasileiros e dos Projetos de Lei da Câmara dos Deputados de nºs 2.109/1999, 3.455/2000 e 3.751/2000, salvo quanto à não compulsoriedade da afetação.[25]

Entretanto, os §§ 2º a 9º do art. 30-C, o art. 30-D, seus incisos e parágrafos voltavam-se contra o interesse dos adquirentes, prejudicando-os ao invés de protegê-los. Esses dispositivos, fundamentalmente, violavam o princípio da isonomia (Constituição Federal, arts. 5º e 150) e contrariavam o art. 121, parágrafo único, inciso I, do Código Tributário Nacional. Além disso

---

[25] O anteprojeto e os Projetos concebem a afetação como regra geral, aplicável compulsoriamente a todas as incorporações, mas a MP nº 2.221/2001 deixava a constituição dessa garantia a critério exclusivo do incorporador.

Cap. III • A INCORPORAÇÃO IMOBILIÁRIA COMO PATRIMÔNIO DE AFETAÇÃO | **101**

(a) vulneravam a natureza da afetação, que é a incomunicabilidade explicitada no art. 31-A e seu § 1º, (b) violavam os princípios da equidade e do equilíbrio do contrato, consagrados no Código Civil (arts. 421 e seguintes) e reproduzidos no Código de Defesa do Consumidor (arts. 4º, III, 7º, 39, IV e V, e 51, IV, § 1º, II, e § 4º), (c) rompiam a equivalência das prestações própria do contrato de incorporação e (d) violavam o princípio da vedação do enriquecimento sem causa (Código Civil, arts. 884 e seguintes).

Os dispositivos que a MP nº 2.221/2001 acoplou à estrutura anteprojeto original, se viessem a ser aplicados, inverteriam o sentido do sistema de proteção dos adquirentes, pois (a) tornavam ilimitados os riscos dos adquirentes, ao invés de delimitá-los, (b) beneficiavam credores estranhos à obra, mediante usurpação de bens e direitos dos adquirentes, e (c) aumentavam a desigualdade contratual entre o incorporador e os adquirentes.

Com efeito, o § 1º do art. 30-A da MP nº 2.221/2001 estabeleceu a incomunicabilidade do patrimônio de afetação, mas seu art. 30-D, seus incisos e parágrafos, em sentido diametralmente oposto, tornavam-no comunicável e imputavam aos adquirentes a responsabilidade pelo pagamento das obrigações do incorporador falido, de natureza fiscal, previdenciária e trabalhista.

Além das impropriedades do art. 30-D, seguia a MP nº 2.221/2001 violando o sistema de proteção da economia popular, a saber: (1º) a parte inicial do art. 30-A tornava o patrimônio de afetação uma faculdade do incorporador, desprezando sua função de garantia compulsória em favor dos adquirentes em geral; (2º) o § 2º do art. 30-C proibia os adquirentes de dar prosseguimento à obra se não pagassem, em 60 dias, os débitos do incorporador falido.

Tão logo recebida no Congresso Nacional, a MP nº 2.221/2001 foi alvo de emendas pelas quais (i) se propunha a supressão dos dispositivos que transferiam para os adquirentes as dívidas do incorporador falido e (ii) limitavam as obrigações dos adquirentes ao valor pactuado para a compra das suas unidades.

Além dessa supressão, e considerando que a captação de recursos que caracteriza a atividade da incorporação imobiliária, bem como tendo em vista a função social que deve ser cumprida pela propriedade aí envolvida, as emendas preconizavam a compulsoriedade da afetação, de modo que essa garantia incidisse *ope legis* sobre todas as incorporações, por causa de sua função de proteção da economia popular.

Diante de tantas e tamanhas violações, o próprio Poder Executivo cuidou de propor a revogação da MP nº 2.221/2001, ao encaminhar ao Congresso Nacional um Projeto de Lei no qual aproveitava o teor das emendas que os parlamentares haviam apresentado, exceto aquela que estabelecia a compulsoriedade da afetação. Trata-se do Projeto de Lei nº 3.065/2004, que foi anexado ao Projeto de Lei nº 2.109/1999 e foi aprovado pelo Congresso Nacional na forma do Substitutivo do Relator, Deputado Ricardo Izar, convertendo-se na Lei nº 10.931/2004.

A Lei nº 10.931/2004 revogou a MP nº 2.221/2001, e introduziu na Lei nº 4.591/1964 os arts. 31-A a 31-F, que são objeto dos comentários a seguir.

A par dessas disposições de direito material, o atual Código de Processo Civil (Lei nº 13.105/2015) veio instituir normas destinadas a assegurar a efetividade do regime de vinculação de receitas destinado à consecução do objeto da incorporação imobiliária e dos recursos financeiros destinados à execução da obra, nos termos de emendas que submetemos ao debate no Instituto dos Advogados Brasileiros – IAB por ocasião da tramitação do Projeto do CPC na Câmara dos Deputados.

Nesse sentido, o art. 833, XII, do CPC/2015 torna impenhoráveis os créditos oriundos das alienações de unidades integrantes das incorporações imobiliárias, vinculados à execução da obra, e os §§ 3º e 4º do art. 862 dão tratamento peculiar à penhora de edifícios em construção sob o regime da incorporação imobiliária; o § 3º prevê que, "em relação aos edifícios

INCORPORAÇÃO IMOBILIÁRIA • *Melhim Namem Chalhub*

em construção sob regime de incorporação imobiliária, a penhora somente poderá recair sobre as unidades imobiliárias ainda não comercializadas pelo incorporador", e o § 4º dispõe que, sendo necessário afastar o incorporador, a incorporação passará a ser administrada "pela comissão de representantes dos adquirentes ou, se se tratar de construção financiada, por empresa ou profissional indicado pela instituição fornecedora dos recursos para a obra, devendo ser ouvida, neste último caso, a comissão de representantes dos adquirentes".

A eventualidade de penhora de unidades imobiliárias ainda não comercializadas deve ser examinada com especial cautela, pois elas compõem o único lastro para formação do capital necessário à realização da incorporação. Dada a natural segregação patrimonial de cada incorporação imobiliária, os bens e direitos que integram seu ativo respondem exclusivamente pelas dívidas e obrigações a ela vinculadas e, assim sendo, as unidades imobiliárias só são penhoráveis em garantia de dívidas e obrigações vinculadas ao empreendimento de que sejam parte. Essa interpretação é coerente com a regra da impenhorabilidade dos créditos oriundos das vendas, instituída pelo art. 833, XII, do CPC/2015; afinal, a penhora de unidades importa em rompimento da blindagem patrimonial da incorporação e suprime parte do lastro capaz de gerar os créditos considerados impenhoráveis pelo CPC, podendo comprometer a realização da incorporação, em prejuízo da coletividade dos contratantes.

b) Comentários aos arts. 31-A a 31-F da Lei nº 4.591/1964, com a redação dada pelo art. 53 da Lei nº 10.931, de 2 de agosto de 2004

3.5. A ESTRUTURA NORMATIVA DO REGIME DA AFETAÇÃO DAS INCORPORAÇÕES IMOBILIÁRIAS. ASPECTOS GERAIS

3.5.1. Art. 31-A – Caracterização da incorporação imobiliária como patrimônio de afetação

Dispõe o art. 31-A que "a critério do incorporador, a incorporação poderá ser submetida ao regime da afetação, pela qual o terreno e as acessões objeto de incorporação imobiliária, bem como os demais bens e direitos a ela vinculados, manter-se-ão apartados do patrimônio do incorporador e constituirão patrimônio de afetação, destinado à consecução da incorporação correspondente e à entrega das unidades imobiliárias aos respectivos adquirentes."

A despeito do grande alcance econômico e social desse mecanismo no contexto das incorporações imobiliárias, a parte inicial do art. 31-A peca por deixar os adquirentes à mercê dos incorporadores, pois, ao invés de estabelecer a afetação como regra geral, compulsória, deixa sua adoção a critério do incorporador.

Ora, a afetação da incorporação imobiliária é instrumento de proteção da economia popular, pois um dos seus propósitos basilares é disciplinar a captação de recursos que é realizada por meio da venda antecipada de unidades imobiliárias em construção. Esse fato, por si só, indica que toda e qualquer incorporação é merecedora de tutela especial sob forma de segregação patrimonial, que deve ser instituída independente de qualquer manifestação do incorporador, bastando para tal o registro do Memorial de Incorporação.

Nada justifica que esse instrumento seja manejado a critério do incorporador, pois a proteção da economia popular não pode ser objeto de conveniência particular, mas, ao contrário, é matéria de interesse público que, a exemplo do que sucede no âmbito das relações de consumo, decorre do "reconhecimento da vulnerabilidade do consumidor no mercado de consumo" (Lei nº 8.078/1990, art. 4º, I), daí a necessidade de intervenção legislativa para compensar eventual desvantagem do contratante mais fraco.

Cap. III • A INCORPORAÇÃO IMOBILIÁRIA COMO PATRIMÔNIO DE AFETAÇÃO

Ao deixar a afetação a critério do incorporador, a Lei nº 10.931/2004 concede vantagem exagerada ao incorporador, agravando ainda mais a vulnerabilidade dos adquirentes e contrapondo-se ao fundamento axiológico da norma, expresso na concepção original do anteprojeto do Instituto dos Advogados Brasileiros e em todos os Projetos de Lei da Câmara, que, unissonamente, caracterizavam o acervo da incorporação imobiliária como um patrimônio afetado à destinação específica de garantir os direitos patrimoniais dos adquirentes.

É, em suma, um caso estranhíssimo em que o devedor (incorporador) é quem decide se constituirá ou não garantia patrimonial ao seu credor (adquirente), algo tão inadmissível quanto deixar a critério do incorporador a faculdade de constituir ou não constituir garantia do cumprimento de suas obrigações decorrentes de financiamento da construção.

Vindo o incorporador a instituir o regime da afetação para determinada incorporação, seu acervo passará a constituir um núcleo patrimonial destacado dentro do patrimônio do incorporador, com ativo e passivo próprios, formados pelos bens, direitos e obrigações com os quais tiver sido originalmente constituído, assim como pelos bens, direitos e obrigações que, ao longo do desenvolvimento do negócio, forem se incorporando àquele acervo inicial, isto é, as acessões que vierem a ser erigidas, os equipamentos que vierem a ser adquiridos, os créditos oriundos das vendas de unidades, os débitos relativos a material e mão de obra, os débitos tributários etc.

Observe-se que, ao apresentar o Memorial de Incorporação ao Registro de Imóveis, o incorporador já terá feito investimentos e despesas relativas ao negócio, sejam os investimentos correspondentes ao pagamento do preço do terreno, bem como ao custo da formulação dos projetos, da licença de obras, entre outros. Uma vez averbada a afetação, os bens, direitos e as obrigações correspondentes a esse acervo já anteriormente formado consideram-se desde logo afetados e passam a constituir uma massa patrimonial destacada no contexto do patrimônio geral do incorporador; terá início, então, a contabilização separada da incorporação.

Esse patrimônio especial, como se sabe, não tem personalidade jurídica distinta da personalidade do incorporador, daí por que a contabilização separada não indica cisão do patrimônio geral do incorporador, mas, tão só, uma conta gráfica em que se registram os atos relativos à incorporação e corporifica o tratamento especial que a lei define para a afetação.

É preciso ter sempre presente que as expressões "patrimônio separado", "patrimônio apartado", "patrimônio segregado" ou "patrimônio autônomo" não indicam que o acervo da incorporação seja um patrimônio distinto, desvinculado do patrimônio do incorporador, pois a autonomia que se atribui a esse patrimônio especial é apenas funcional, daí por que essa autonomia deve ser interpretada em estrita conformidade com a função para a qual tiver sido instituída a afetação. Implica essa segregação, assim, a constituição de um núcleo patrimonial com destinação especial, que, embora segregado, permanece dentro do patrimônio geral do incorporador e nele fica submetido a uma disciplina especial para que se cumpra a função de conclusão da obra e entrega das unidades aos adquirentes.

Dada essa concepção, os registros contábeis dessa conta gráfica iniciam-se tão logo averbado no Registro de Imóveis o "termo de afetação" (que marca o surgimento do patrimônio de afetação), registrando-se nessa conta como ativo realizável o terreno onde será erigido o edifício, bem como todos os demais investimentos realizados até então, enquanto no passivo registra-se a contrapartida do incorporador, correspondente ao valor do terreno e dos investimentos lançados no ativo do patrimônio de afetação. Ainda na fase inicial do negócio, os materiais adquiridos e os serviços contratados para a incorporação serão registrados nessa mesma conta gráfica. Iniciando-se os serviços preliminares do empreendimento, antes mesmo que a comercialização das unidades gere recursos para o negócio, a alimentação financeira da obra e demais despesas da incorporação continuará sendo feita pelo incorporador, em regra com recursos extraídos do seu patrimônio geral; esses recursos deverão ser reembolsados ao incorporador, mediante reposição ao seu patrimônio geral, se daí tiverem sido extraídos, como previsto nos §§ 6º e 7º do art. 31-A. Importa observar que, além de, eventualmente, utilizar recursos financeiros do patrimônio geral do incorporador, o patrimônio de afetação poderá utilizar também máquinas, equipamentos e outros bens, direitos ou serviços daquele patrimônio geral. Do mesmo modo que deverão ser repostos ao patrimônio geral do incorporador os recursos que dele tiverem sido extraídos, também deverá ser ressarcida pelo patrimônio de afetação a utilização dos bens, direitos e serviços fornecidos pelo patrimônio geral. O ingresso de recursos provenientes da comercialização das unidades, ou oriundos de financiamento, possibilitará o ressarcimento dos recursos adiantados pelo incorporador, observadas as peculiaridades da programação do contrato de incorporação.

O art. 31-A define a destinação do patrimônio de afetação nas incorporações: ele é "destinado à consecução da incorporação correspondente e à entrega das unidades imobiliárias aos respectivos adquirentes." Nestes termos, a lei indica que a incorporação permanecerá afetada desde que tenha sido prenotado o pedido de averbação do *termo de afetação* e até que a construção seja averbada no Registro de Imóveis e ali sejam individualizadas as unidades imobiliárias, com registro em nome dos adquirentes, tal como dispõe o art. 44 da Lei das Incorporações, e, bem assim, até que seja resgatada a dívida da empresa incorporadora perante a entidade financiadora do negócio.

A afetação não retira a titularidade do incorporador sobre os direitos creditórios oriundos da comercialização das unidades, mas vincula-os à consecução da incorporação. Essa vinculação, entretanto, não implica afetação total das receitas do negócio, pois, na incorporação imobiliária, a afetação só vincula a soma necessária à consecução da edificação, entrega aos adquirentes e extinção das obrigações de financiamento da construção.

Com base nesses pressupostos, a lei exclui do patrimônio de afetação "os recursos financeiros que excederem a importância necessária à conclusão da obra (art. 44), considerando-se os valores a receber até sua conclusão e à quitação de financiamento para a construção, se houver" (art. 31-A, § 8º, I), assim como "o valor referente ao preço de alienação da fração ideal do terreno", quando a construção tiver sido contratada pelo regime da administração (art. 31-A, § 8º, II).

O reembolso, em favor do incorporador, do preço que este tiver pago pela aquisição do terreno somente poderá ser feito "quando da alienação das unidades autônomas, na proporção das respectivas frações ideais, considerando-se tão somente os valores efetivamente recebidos pela alienação" (§ 7º do art. 31-A).

A delimitação dos recursos financeiros sobre os quais deverão incidir os efeitos da afetação é aspecto de especial relevância.

Sabe-se que a composição do preço de venda de cada unidade imobiliária em incorporação compreende, em proporção, o valor do terreno (frações ideais), o custo da construção, a remuneração do construtor, os custos de publicidade e venda, entre outros. Essa composição é, em parte, evidenciada pelo disposto no art. 41, que, referindo-se ao contrato de venda a preço global, determina sejam enunciados discriminadamente "o preço da quota de terreno e o da construção." Assim, ao fazer constar, em cada contrato de venda, a discriminação do preço, especificando o valor da fração ideal do terreno e o valor da construção, o incorporador estará estabelecendo os parâmetros que indicarão o montante do numerário a ser afetado.

Dada a estrutura da incorporação imobiliária, os investimentos iniciais, em regra, são feitos com recursos do incorporador. Tais investimentos referem-se aos custos de aquisição do terreno, de elaboração e aprovação dos projetos relativos ao empreendimento, às taxas e aos emolumentos de licenças e alvarás, aos serviços iniciais da construção, à publicidade, à comissão de corretagem etc. Sabe-se também que a lei visa assegurar a existência de recursos suficientes para promover a construção e levar a cabo a incorporação. Considerada a composição do preço de cada unidade, e tendo em vista a finalidade da lei, é possível inferir que os efeitos da afetação devem abranger somente o volume de recursos necessário à execução da obra até seu final e à regularização da edificação no Registro de Imóveis, e não mais do que isso, podendo considerar-se excluída do patrimônio de afetação a importância que exceder desse *quantum*. Tendo em conta, além disso, os investimentos realizados pelo incorporador, é razoável admitir que, ressalvadas eventuais peculiaridades de cada caso específico, os valores por ele despendidos para aquisição do terreno e outros não relacionados com a obra não estariam sujeitos às restrições decorrentes da afetação.

Com efeito, na medida em que a finalidade da afetação é a consecução do negócio incorporativo, que compreende a execução da obra, sua regularização no Registro de Imóveis, concluindo com a entrega dessas unidades, a transmissão da propriedade aos seus respectivos titulares e o resgate do financiamento da construção, se houver, conclui-se que a vinculação de recursos financeiros está limitada ao efetivo custo da consecução do negócio.

Considerada, assim, a estrutura do negócio incorporativo, é possível inferir que, ao excluir da afetação as importâncias que excederem o *quantum* necessário à realização da obra, a lei estaria dizendo, *grosso modo*, que os recursos financeiros afetados correspondem ao valor do orçamento atualizado da incorporação, menos, é óbvio, o valor dos serviços já realizados e já pagos. É de se admitir, em princípio, que, do montante das receitas do empreendimento (que compreende quantias relativas ao preço das frações ideais de terreno e às parcelas da construção), o valor afetado poderia estar associado ao valor do orçamento real da obra, atualizado e/ou revisado de acordo com o que dispõe a Lei das Incorporações e os contratos de cada caso específico, acrescido dos custos de regularização do edifício, de acordo com o art. 44 da Lei das Incorporações. Advirta-se, entretanto, que só mesmo no desenvolvimento de cada incorporação, em presença dos elementos específicos que a caracterizam, é que poderão ser quantificados os recursos financeiros que devem permanecer afetados. O orçamento pode servir como parâmetro, mas não como limite fixo para todos os casos.

Questão igualmente relevante é a responsabilidade do incorporador.

A segregação patrimonial resultante da afetação não exonera o incorporador de sua responsabilidade, estando explicitado na lei que ele responde com seu patrimônio geral e pessoal pelos prejuízos que causar ao patrimônio de afetação (§ 2º do art. 31-A). A regra reproduz princípio já anteriormente consagrado na Lei nº 4.591/1964. A obrigação do incorporador é de resultado e sua obrigação, objetiva; até mesmo por isso a lei dispõe que ele é responsável pelo pagamento das despesas de construção das unidades não vendidas, só se exonerando dessa responsabilidade depois que as tiver vendido (§ 5º do art. 31-A e § 6º do art. 35).

Para viabilizar a consecução do negócio é permitida a constituição de garantias reais sobre o terreno e acessões, mas desde que os recursos provenientes da respectiva operação de crédito sejam integralmente aplicados na incorporação. É claro que, se o incorporador tiver adiantado recursos para a incorporação, poderá utilizar parte do produto do financiamento para reembolsar-se, tal como está previsto, de maneira expressa, pelos §§ 6º e 7º do art. 31-A.

É admitida, também, a cessão dos créditos oriundos da comercialização das unidades, seja cessão plena ou cessão fiduciária. Os recursos que o incorporador receber por essa cessão passarão a integrar o patrimônio de afetação (§ 4º do art. 31-A); do montante desses recursos o incorporador poderá reembolsar-se dos valores correspondentes às quantias que tiver adiantado (§§ 6º e 7º do art. 31-A), bem como das demais quantias que excederem a importância necessária à conclusão da obra e a sua individualização no Registro de Imóveis, respeitada a programação contida no contrato.

A cessão fiduciária desses créditos e a sujeição do produto da cobrança ao regime da afetação patrimonial constituem importantes mecanismos de controle do orçamento da incorporação não apenas pela comissão de representantes dos adquirentes, mas, sobretudo, pelo financiador da construção e, em razão da sua efetividade como fatores de cumprimento do contrato de financiamento e de realização do programa contratual da incorporação, a Resolução 4.676/2018 do Conselho Monetário Nacional, com a redação dada pela sua Resolução 4.909/2021,[26] institui como requisitos para a concessão do financiamento da construção, a partir de 2023, (i) o registro dos contratos de cessão fiduciária em "sistema de registro operado por entidade registradora de ativos financeiros" e (ii) a sujeição da incorporação ao regime da afetação patrimonial.

Nos conjuntos constituídos por mais de um bloco de edifícios ou por "subconjuntos de casas", a afetação poderá incidir discriminadamente sobre cada bloco ou sobre cada subconjunto de casas "para as quais esteja prevista a mesma data de conclusão" (art. 31-A, § 9º, I e II). A norma é coerente com a faculdade atribuída ao incorporador pelo art. 6º da Lei nº 4.864/1965, pelo qual "poder-se-á estipular o desdobramento da incorporação em várias incorporações". Assim, nos casos de grandes empreendimentos, constituídos por mais de um bloco de edifícios, a afetação poderá incidir sobre cada um desses blocos, separadamente, de modo que a cada bloco (edifício) corresponda um patrimônio de afetação, permanecendo os demais livres de afetação. Essa faculdade tem como pressuposto a conveniência de lançamento dos diversos blocos em momentos distintos e, bem assim, a capacidade de autossustentação financeira para cada edificação.

Nas hipóteses em que houver financiamento para a incorporação, a comercialização das unidades deverá contar com a anuência da entidade financiadora ou deverá ser a ela cientificada (§ 11 do art. 31-A). Trata-se de regra que interessa especialmente aos adquirentes e à financiadora, de modo que aqueles fiquem cientificados das condições do contrato, pois serão sub-rogados nos direitos e nas obrigações do financiamento, caso venham a assumir a incorporação.

A lei deixa claro que o fato de haver financiamento para a construção não importa em transferência, para o financiador, de responsabilidades por vícios de construção ou por outras obrigações que são próprias da atividade do incorporador ou do construtor. Do mesmo modo, a cessão, plena ou fiduciária, de créditos decorrentes das vendas de unidades, também não transmite ao cessionário desses créditos nenhuma das obrigações ou responsabilidades do incorporador ou do construtor, "permanecendo estes como únicos responsáveis pelas

---

[26] Resolução do Conselho Monetário Nacional 4.909, de 27.5.2021, que acrescenta à Resolução 4.676/2018 os arts. 7º-A a 7º-C: "Art. 7º-A Os direitos creditórios recebidos em garantia pelas instituições financeiras e demais instituições autorizadas a funcionar pelo Banco Central do Brasil relativos a operações de financiamento para produção de imóveis devem ser registrados em sistema de registro operado por entidade registradora de ativos financeiros. Parágrafo único. A liberação dos recursos relativos aos financiamentos para produção de imóveis somente poderá ocorrer após a realização do registro de que trata o *caput*." (...). "Art. 7º-C As instituições financeiras e demais instituições autorizadas a funcionar pelo Banco Central do Brasil somente podem disponibilizar financiamento para produção de imóveis de empreendimento submetido ao regime de afetação de que trata a Lei nº 4.591, de 16 de dezembro de 1964. (...). Art. 25-B. O disposto nos arts. 7º-A, 7º-B e 7º-C aplica-se às operações de financiamento para produção de imóveis contratadas a partir de 1º de janeiro de 2023."

Cap. III • A INCORPORAÇÃO IMOBILIÁRIA COMO PATRIMÔNIO DE AFETAÇÃO

obrigações e pelos deveres que lhes são imputáveis" (§ 12 do art. 31-A). Até a vigência da Lei nº 10.931/2004 ainda se controvertia sobre a eventual responsabilidade do financiador pela atividade do incorporador ou do construtor, inclusive pelos defeitos resultantes da técnica de aplicação de materiais e de má execução de serviços. A nova lei põe fim à controvérsia, deixando claro que a responsabilidade por vícios de construção e pelas demais obrigações típicas da atividade incorporativa e construtiva é exclusivamente do incorporador e do construtor, por ela não respondendo o financiador.

3.5.2. Art. 31-B – Forma e modo de constituição do patrimônio de afetação

O art. 31-B contempla as normas relativas à forma e ao modo de constituição do patrimônio de afetação.

O instrumento que serve como forma de constituição é um termo subscrito pelo incorporador e pelos titulares de direitos aquisitivos sobre o terreno. Essa manifestação pode ser expressa num requerimento dirigido ao oficial do Registro de Imóveis ou numa declaração anexada ao Memorial de Incorporação.

Não há necessidade de nenhuma formalidade especial para elaboração do "termo de afetação". Se o incorporador preferir, poderá formular a declaração numa folha à parte, mas, de um modo ou de outro, o conteúdo do "termo de afetação" é uma simples declaração, que pode ser enunciada, por exemplo, nos seguintes termos: "declara o incorporador que a presente incorporação está submetida ao regime da afetação, nos termos e para os efeitos dos arts. 31-A e seguintes da Lei nº 4.591/1964, inseridos pelo art. 53 da Lei nº 10.931/2004."

O modo de constituição é a averbação desse "termo" no Registro de Imóveis.

Prevê o art. 31-B que "considera-se constituído o patrimônio de afetação mediante averbação, a qualquer tempo, no Registro de Imóveis, de termo firmado pelo incorporador e, quando for o caso, também pelos titulares de direitos reais de aquisição sobre o terreno".

Quanto aos signatários do "termo de afetação", é equivocada a exigência da participação dos "titulares de direitos reais de aquisição", parecendo mais apropriada a redação contida no Projeto de Lei nº 2.109/1999, que contemplava a assinatura do incorporador e, quando fosse o caso, também do construtor e do proprietário do terreno ou seus sucessores.

Na primeira edição deste livro, ao comentar a MP nº 2.221/2001, referimo-nos aos titulares de direitos reais, em geral, argumentando que se justificava sua cientificação e anuência, pois, muito embora a afetação não descaracterize o direito subjetivo do incorporador, ela condiciona o exercício dos seus poderes, vinculando-os ao cumprimento da finalidade para a qual o imóvel foi afetado. Melhor examinando o texto que veio a ser convertido em lei, entretanto, permitimo-nos reformular aquela opinião, ressaltando o fato de que a afetação é uma garantia em favor dos próprios adquirentes, que não lhes impõe qualquer encargo. Assim, manifestamo-nos agora pela impropriedade da anuência dos adquirentes e pela necessidade da interveniência de outros titulares de direitos reais sobre o terreno.

Com efeito, o incorporador não é necessariamente o proprietário do terreno. Nos termos do art. 31, alínea *b*, podem atuar como incorporador o construtor ou o corretor de imóveis; nesse caso, o terreno permanece, por inteiro, no patrimônio do proprietário do terreno. Além dessa hipótese legal, o promitente comprador, bem como o cessionário ou o promitente cessionário dos direitos do promitente comprador, estão também legitimados a realizar uma incorporação imobiliária; está também habilitado a atuar como incorporador aquele que se tornar titular de parte do terreno mediante contrato de permuta; neste último caso (permuta), o proprietário do terreno transmite ao incorporador a propriedade da maior parte do terreno

108 | INCORPORAÇÃO IMOBILIÁRIA • *Melhim Namem Chalhub*

e mantém em seu patrimônio uma pequena parte; em contrapartida, o incorporador se obriga a construir determinados apartamentos para o proprietário do terreno.

Nas situações em que o incorporador não seja o proprietário do terreno, o outorgante das garantias sobre o imóvel há de ser, necessariamente, o respectivo proprietário ou titular dos direitos aquisitivos, e essa outorga se faz mediante sua assinatura no instrumento pelo qual se constitua a garantia. Por isso, a afetação sobre terreno do qual o incorporador seja apenas promitente comprador ou cessionário dos direitos aquisitivos deve ser outorgada em conjunto pelo proprietário do terreno e pelo promitente comprador ou cessionário (incorporador), devendo o incorporador, pois, firmar o respectivo "termo de afetação".

Além disso, pode ocorrer a hipótese de o incorporador ter obtido empréstimo para comprar o terreno e, em garantia, pode ter constituído uma hipoteca sobre ele ou pode tê-lo alienado fiduciariamente, em garantia; pode, ainda, ter constituído uma dessas garantias em favor do proprietário-permutante do terreno.

O Projeto de Lei da Câmara nº 2.109/1999 atendia a todas essas variáveis, dispondo, no art. 30-B, que o "termo" seria "firmado pelo incorporador e, quando for o caso, também pelo construtor, pelo proprietário do terreno e pelos titulares de direitos reais sobre o imóvel objeto da incorporação, sejam de natureza aquisitiva ou de garantia".

Entretanto, tantas foram as alterações durante a tramitação do projeto, que a lei se omitiu quanto à indispensável anuência do proprietário do terreno e de outras pessoas eventualmente vinculadas ao negócio, acabando por aprovar redação que contempla uma única anuência, que, além de dispensável, por inócua, pode ser inexequível na prática, dadas as dificuldades para se obter assinaturas de todos os adquirentes.

De fato, equivocou-se o legislador ao dispensar a assinatura do proprietário do terreno e dos titulares de direitos reais de aquisição ou de garantia e exigir a assinatura dos promitentes compradores das unidades.

Para melhor ilustração da questão, recorde-se que em todos os Projetos de Lei apresentados na Câmara sobre a matéria (2.109/1999, 3.445/2000, 3.751/2000 e 1.150/2003) o imóvel considerava-se afetado compulsoriamente mediante registro do Memorial de Incorporação. Assim, quando o art. 30-B desses Projetos falava em "titulares de direitos reais (...) de natureza aquisitiva ou de garantia", estava se referindo àqueles que prometeram vender ou ceder o terreno ao incorporador e, ainda, eventualmente, àquele que, antes mesmo do registro do Memorial, fosse titular de um crédito contra o incorporador, cujo pagamento estaria garantido por hipoteca ou outro direito real de garantia sobre o terreno.

Assim, fica claro que, na proposição original, a afetação existiria *antes de qualquer venda*, daí por que os titulares de direitos reais de aquisição sobre o imóvel, a que se referiam os aludidos Projetos de Lei, só podiam ser (i) o dono do terreno, que o teria prometido vender ao incorporador ou com ele tivesse permutado, ou (ii) o promitente comprador do terreno, bem como promitente cessionário ou cessionário do promitente comprador ou de algum promitente cessionário ou cessionário, que tivesse prometido ceder ou tivesse cedido seus direitos ao incorporador, isto porque, repita-se, todos esses Projetos de Lei estavam se referindo a uma situação anterior ao início das vendas, pois a afetação seria averbada juntamente com o Memorial de Incorporação, isto é, antes de o incorporador lançar as unidades à venda.

A isso acresce outra importante alteração do texto constante dos citados Projetos de Lei. É que, por alteração do art. 31-A, a afetação deixou de ser compulsória, ficando facultado ao incorporador constituí-la a qualquer tempo, seja por ocasião do registro do Memorial ou mesmo após o registro, e assim sendo é possível que, ao formular o pedido de averbação do "termo de afetação", já tenha realizado vendas e, então, os "titulares de direitos reais de

Cap. III • A INCORPORAÇÃO IMOBILIÁRIA COMO PATRIMÔNIO DE AFETAÇÃO

aquisição" a que se refere serão o promitente vendedor ou promitente cedente do terreno ao incorporador, e, também, os adquirentes das unidades.

Assim, por efeito das alterações a que o Projeto de Lei nº 2.109/1999 foi submetido no Congresso, o texto convertido em lei passou a admitir que a afetação seja constituída por pessoa que não seja proprietária do terreno, bem como sem anuência do credor com garantia real sobre o terreno, apesar de exigir a anuência dos titulares de direitos reais de aquisição.

Ora, a afetação é um encargo e corresponde a uma garantia, razão pela qual sua constituição se faz, necessariamente, mediante manifestação expressa do proprietário do bem ou do titular dos direitos sobre os quais houver de incidir, não sendo possível, jamais, admitir-se a constituição de garantia real por pessoa que não seja titular da coisa dada em garantia.

Já quanto ao titular de direito de garantia, sua anuência até poderia ser dispensada, tendo em vista que a averbação da afetação não comprometerá a validade e eficácia da garantia preexistente, em face do princípio da prioridade. É nesse sentido a regra do § 5º do art. 32 da Lei nº 4.591/1964, pelo qual a existência de ônus reais ou fiscais não impede o registro do Memorial de Incorporação.

É preciso, portanto, adequar a redação do art. 31-B e seu parágrafo único aos princípios fundamentais dos direitos reais.

A par desse aspecto, a questão deve ser examinada também sob a perspectiva dos adquirentes de unidades.

Nesse caso, a exigência é dispensável e pode até tornar inexequível a afetação, sendo prejudicial aos adquirentes.

Com efeito, a afetação é uma garantia em favor dos credores, entre eles os adquirentes, que são beneficiários de uma tutela especial, de modo que a tomada da sua assinatura no "termo" constitui ato burocrático absolutamente estéril, que pode até prejudicar a comunidade de adquirentes, caso algum deles, por qualquer razão, se recuse a firmar o "termo".

Só se justificaria a anuência dos adquirentes em caso de algum ato que pudesse prejudicá-los, mas parece paradoxal exigir sua assinatura para constituir uma garantia em favor deles mesmos, que não lhes impõe nenhum encargo a não ser o de assumir a administração da incorporação e dar prosseguimento à obra nos casos que a lei específica.

Não se pode esquecer que a afetação importa numa restrição ao patrimônio separado do incorporador, mas essa restrição é instituída exatamente para assegurar os direitos dos adquirentes.

Na prática já começam a surgir dificuldades para a tomada de assinaturas de adquirentes, podendo até ocorrer grande demora nessa diligência e até a recusa de algum deles por qualquer razão.

É preciso levar em conta os graves prejuízos que essa distorção poderia causar. De fato, a recusa de algum adquirente poderá levar a comunidade de adquirentes a sofrer prejuízos de difícil ou impossível reparação. A lei é omissa quanto às consequências dessa falta de anuência, circunstância que pode gerar dúvidas e incertezas dos operadores. Nesse caso, salvo melhor juízo, o oficial do Registro de Imóveis poderá suscitar dúvida ao juiz competente; alternativamente, o incorporador ou a comissão de representantes poderia, diante desse fato, requerer suprimento judicial que assegurasse a averbação do "termo" mesmo sem assinatura de todos os adquirentes. Em suma, considerando que a afetação é garantia em favor dos adquirentes, e não em favor de terceiros, a exigência de anuência poderia causar mais prejuízos à comunidade de adquirentes do que a dispensa.

Saliente-se, ademais, que a afetação não deve ser obstada pela existência de ônus sobre o imóvel, exceto, é claro, os impeditivos de alienação, pois é ela um encargo que incide sobre o imóvel visando o cumprimento da função social da propriedade, mediante consecução da incorporação. Além disso, o parágrafo único do art. 31-B é coerente com o princípio geral segundo o qual a existência de ônus reais não impede a alienação do bem onerado, ressalvada, entretanto, a necessidade de expressa menção à existência do ônus, e, na linha desse princípio, a nova lei reproduz o § 5º do art. 32, pelo qual "a existência de ônus fiscais ou reais, salvo os impeditivos da alienação, não impedem o registro, que será feito com as devidas ressalvas, mencionando-se, em todos os documentos, extraídos do registro, a existência e a extensão dos ônus."

Merece, pois, ser parcialmente reformulada a redação do art. 31-B da Lei nº 4.591/1964, substituindo-se a exigência de "assinatura" dos promitentes compradores pela sua "cientificação."[27]

Para as hipóteses em que não seja exigível o arquivamento do memorial, isto é, aquelas hipóteses em que a construção do edifício não se caracterize como atividade empresarial, a afetação deve ser definida pelos próprios titulares das frações ideais do terreno no ato da instituição de condomínio, durante a construção. São os casos de construção em que grupos de pessoas se reúnam para realizar determinada construção para uso próprio e não com a habitualidade que caracteriza a atividade empresarial de produção e comercialização de empreendimentos imobiliários. Como se sabe, a atividade de construir ou fazer construir edificação coletiva só se caracteriza como incorporação se seu titular o fizer em termos empresariais, com finalidade lucrativa. A configuração dessa finalidade empresarial é essencial para que a atividade de construção de edificações coletivas se caracterize como incorporação, cujo traço marcante é a "venda antecipada de apartamentos de um edifício a construir", pela qual o incorporador realiza a captação de recursos que "consiste em obter o capital necessário à construção do edifício, mediante venda, por antecipação, dos apartamentos de que se constituirá".[28]

A incorporação, como assinala Caio Mário da Silva Pereira, é "atividade mercantil por natureza e o incorporador constitui uma empresa comercial imobiliária"[29], daí por que não se caracteriza como incorporação a atividade de construção que não se ajuste ao conceito de atividade empresarial, isto é, que mobilize fatores de produção visando lucro. Ora, na medida em que uma construção não implique a caracterização de incorporação, seria absurdo exigir o arquivamento de um "memorial de *incorporação*" (até porque, também, esse arquivamento é requisito para oferta pública, visando a comercialização, que não ocorre nesse caso).

Assim, nos casos em que é dispensável o arquivamento do memorial de incorporação, isto é, nos casos em que a construção de edificação constituída por unidades imobiliárias autônomas não seja caracterizada como atividade empresarial, o instrumento de instituição de condomínio deve conter todos os elementos caracterizadores da futura edificação, das frações ideais e sua vinculação às futuras unidades imobiliárias autônomas, bem como a divisão e a atribuição dessas frações e unidades aos participantes do condomínio, de modo que fiquem

---

[27] Sugerimos a seguinte redação: "Art. 31-B. Considera-se constituído o patrimônio de afetação mediante averbação, a qualquer tempo, no Registro de Imóveis, de termo firmado pelo incorporador e, quando for o caso, pelo proprietário do terreno, bem como por aqueles que tiverem transmitido seus direitos aquisitivos sobre o mesmo ao incorporador. Parágrafo único. A afetação não será obstada pela existência de ônus reais sobre o terreno e acessões ou de contratos de alienação de unidades integrantes da incorporação, devendo os adquirentes ser cientificados da constituição da afetação, mediante carta dirigida pelo incorporador."

[28] GOMES, Orlando. *Direitos reais*, cit., p. 305; DINIZ, Maria Helena. *Curso...*, cit., p. 493. Ver, neste trabalho, o Capítulo I – *Caracterização geral*.

[29] *Condomínio e incorporações*, cit., p. 241.

Cap. III • A INCORPORAÇÃO IMOBILIÁRIA COMO PATRIMÔNIO DE AFETAÇÃO | 111

nesse instrumento fixados os elementos caracterizadores das futuras unidades imobiliárias autônomas, bem como fiquem desde logo estipulados os termos em que deverão ser exercidos os poderes dos respectivos titulares.

A propósito, Serpa Lopes, invocando Butera, assinala que é perfeitamente possível convencionar, ainda na fase da construção, ou até mesmo no ato da aquisição do terreno, a divisão deste em frações que venham a vincular-se a unidades a construir e "proporcionar e individuar o espaço aéreo que cada um titular ocupará para construir ou fazer construir, unicamente, no interesse próprio"[30], e nesse caso a divisão e atribuição das unidades já estará estipulada desde a gênese da construção do edifício, ocasião em que "podem os condôminos proceder à atribuição das unidades autônomas que ficarão pertencendo a cada um deles, extinguindo-se, por essa forma, a indivisão sobre as áreas de uso privativo. Trata-se de divisão atípica, menos solene, que dispensa a escritura pública."[31]

Os efeitos da afetação produzem-se desde a prenotação do "termo de afetação" ou do instrumento de instituição de condomínio, de acordo com o art. 1.246 do Código Civil[32] e o art. 191 da Lei de Registros Públicos (Lei nº 6.015/1973).

As incorporações já registradas poderão vir a ser submetidas ao regime da afetação a qualquer tempo, bastando que o incorporador o requeira, firmando o respectivo "termo".

3.5.3. Arts. 31-C e 31-D – Fiscalização e controle da incorporação. Obrigações do incorporador

O art. 31-C confere poderes à Comissão de Representantes e à entidade financiadora do empreendimento para nomear, a suas expensas, pessoa física ou jurídica para fiscalizar e acompanhar a incorporação. Ressalva o § 1º do art. 31-C que o fato da nomeação dessa pessoa não importa em imputar à comissão ou à entidade financiadora qualquer responsabilidade pela qualidade da obra, pelo prazo de entrega ou por qualquer outra obrigação do incorporador ou da construtora, seja responsabilidade legal ou contratual, pois tal fiscalização e acompanhamento visam tão somente a defesa dos direitos dos credores – adquirentes e entidade financiadora – relacionados aos contratos de compra e venda e de financiamento. A ressalva é compatível com a natureza do serviço e coerente com a regra do § 12 do art. 31-A, pelo qual a concessão de financiamento e a constituição de garantias em favor do financiador não importam em transferência para este das responsabilidades do incorporador ou do construtor.

Essa atividade deve ser realizada com toda cautela e reservadamente, pois o profissional terá acesso a documentos e informações protegidas pelo sigilo da atividade empresarial da incorporadora. Parece ter havido certo exagero do legislador nesse aspecto. De fato, aqueles que confiaram seus recursos ao empresário da incorporação devem ter assegurado o direito de fiscalizar e acompanhar a incorporação, e é exatamente nesse sentido que a lei obriga o incorporador a apresentar-lhes trimestralmente um relatório do estado da obra e de sua correspondência com o prazo pactuado. Se tais informações não forem suficientes para controle da aplicação dos recursos, aí, sim, seria razoável a busca de documentos e informações que

---

[30] Butera, *apud* Serpa Lopes, *Tratado dos registros públicos*. Rio de Janeiro: Freitas Bastos, 4. ed., 1961, v. IV, p. 252.

[31] FRANCO, J. Nascimento; GONDO, Nisske. *Condomínio de edifícios*, São Paulo: Revista dos Tribunais, 1984, 2. ed., p. 14 e 15.

[32] Corresponde ao art. 534 do Código Civil de 1916.

complementassem ou esclarecessem aspectos obscuros. Talvez, então, devesse a lei prever a busca de tais dados somente no caso de o incorporador, notificado, não os tenha entregue tempestivamente.

O profissional que, ao realizar a fiscalização e o acompanhamento, tiver acesso a informações sobre o patrimônio de afetação, sejam informações de caráter comercial, tributário ou de qualquer outra natureza, deve agir com zelo e dedicação, bem como manter sigilo, respondendo pelo descumprimento desse dever. Eventualmente, o profissional que tiver sido contratado pela entidade financeira para esse serviço poderá fornecer cópia do seu relatório à comissão de representantes, não constituindo esse ato quebra de sigilo.

O art. 31-D contempla as obrigações do incorporador.

A primeira delas é promover a boa administração e a preservação do patrimônio de afetação. Trata-se de obrigação naturalmente associada à sua condição de titular da incorporação.

O incorporador tem obrigação de bem administrar o patrimônio de afetação, cuidando da preservação dos bens e direitos a ele vinculados, inclusive mediante adoção de medidas judiciais, respondendo com seus bens pessoais por atos de má gestão. É sua obrigação manter destacados em seu patrimônio os bens, direitos e obrigações objeto de cada incorporação e, em consequência, manter registros contábeis próprios para cada incorporação, com contabilidade separada da sua contabilidade geral, bem como apresentar à Comissão de Representantes balancetes coincidentes com o trimestre civil, em relação ao respectivo patrimônio de afetação (art. 31-D, VI).

Para manter os adquirentes informados do cumprimento do cronograma da obra, o incorporador é obrigado a entregar à comissão de representantes, no mínimo a cada três meses, relatório sobre o estado da obra em que demonstre sua correspondência com o prazo pactuado nos respectivos contratos ou com os recursos financeiros que integrem o patrimônio de afetação, recebidos no período. Ressalvam-se, naturalmente, eventuais alterações quanto ao prazo da obra, decorrentes de modificações sugeridas pelo incorporador e aprovadas pela comissão de representantes. Salvo nas incorporações em que houver financiamento, cujo contrato defina explicitamente cada etapa da obra e seu respectivo valor, a elaboração desses demonstrativos pode tornar-se complexa e sua avaliação muito difícil, tendo em vista que raramente há rigorosa coincidência de ritmo entre o fluxo de receitas e as demandas financeiras para custeio da obra.

Esses mecanismos próprios da afetação dão visibilidade à movimentação física e financeira do empreendimento, e, por isso, permitem aos adquirentes avaliar o andamento da obra e prevenir situações de desequilíbrio que possam prejudicar a evolução do negócio, mediante destituição do incorporador, nos casos e nos termos definidos em lei.

Os recursos financeiros do patrimônio de afetação serão mantidos em conta de depósito específica, devendo haver uma conta de depósito para cada patrimônio de afetação (art. 31-D, V). A movimentação da conta é atribuição do incorporador, pois é ele o titular do negócio e, portanto, ele é que está investido dos poderes de administração normal dos respectivos recursos.

O incorporador deve assegurar a auditor nomeado pela comissão de representantes ou pela entidade financiadora acesso à obra e aos elementos do patrimônio de afetação (art. 31-D, VII). Deve, ainda, assegurar ao mesmo auditor o acesso às informações necessárias à verificação do saldo do preço de venda das unidades (art. 31-F, § 19). Aqui, também, o legislador excedeu-se e, tal como comentamos acima, a atuação desse preposto só deveria ser admitida caso o incorporador se negasse a dar informações e nas situações em que tal faturamento se justificasse.

A escrituração de cada patrimônio de afetação deve ser completa, mesmo que a empresa incorporadora esteja dispensada pela legislação tributária (art. 31-D, VIII).

Cap. III • A INCORPORAÇÃO IMOBILIÁRIA COMO PATRIMÔNIO DE AFETAÇÃO | 113

A elaboração das demonstrações financeiras e, bem assim, a apuração do lucro tributável da empresa incorporadora não oferece dificuldade, ressalvada apenas a exigência de manutenção de contabilidade separada para cada patrimônio de afetação. Essa separação contábil, entretanto, embora se revista de extraordinária importância para controle por parte dos adquirentes e demais credores de cada incorporação, é apenas mecanismo procedimental, que, embora se mostre relevante para implementação do regime especial tributário adiante referido, não repercute no conceito unitário do patrimônio e, portanto, não produz qualquer efeito quanto à responsabilidade tributária da sociedade incorporadora.

Com efeito, operar com patrimônios segregados para cada incorporação significa, do ponto de vista contábil e tributário, operar com controles separados, discriminados por incorporação, sem que isso implique tratamento diferenciado aos resultados parciais obtidos em cada uma das incorporações. Esses resultados integram o patrimônio geral da empresa incorporadora e não podem ser desmembrados, sob pena de violação do princípio segundo o qual o patrimônio é garantia geral dos credores. O respeito à unidade do patrimônio tem especial relevância nesse aspecto, pois um eventual desmembramento por incorporação poderia abrir perspectiva para a prática de fraudes contra credores. Ressalve-se, entretanto, o regime especial tributário instituído pelos arts. 1º a 11-A da Lei nº 10.931/2004, que prevê tributação separada por patrimônio de afetação, à alíquota de 7% da receita mensal recebida em cada incorporação afetada.

Deve o incorporador "diligenciar a captação dos recursos necessários à incorporação (...) cuidando de preservar os recursos necessários à conclusão da obra" (art. 31-D, III). A primeira parte desse dispositivo diz respeito a tarefa típica da atividade de incorporação imobiliária, que se caracteriza exatamente pela mobilização dos fatores de produção necessários à realização da obra, e entre eles estão, naturalmente, os recursos financeiros que impulsionam a construção. Captar recursos para a incorporação, seja mediante comercialização das unidades, seja mediante obtenção de financiamento, é tarefa inerente à atividade do incorporador. A segunda parte do dispositivo articula-se, coerentemente, com as disposições dos §§ 6º, 7º e 8º do art. 31-A: de fato, só ficam submetidos a afetação os recursos necessários à execução da obra, até sua conclusão, com a averbação da construção, a individualização das unidades no Registro de Imóveis e o resgate do respectivo financiamento; o incorporador pode apropriar-se das importâncias que excederem a essa quantia, mas, de acordo com o art. 31-D, III, deve "preservar os recursos necessários à conclusão da obra." "Preservar os recursos" tem sentido elástico, significando que o incorporador deve administrar adequadamente os recursos, inclusive buscando antecipar receitas, mediante cessão de créditos, ou tomada de financiamento para assegurar a existência de recursos em montante compatível para atender tempestivamente as necessidades da obra, ao longo de todo o curso da sua execução, de modo que não faltem as verbas necessárias para o suprimento de cada etapa dos serviços da construção e, assim, a incorporação se desenvolva no ritmo programado e chegue ao seu termo sem turbulências provocadas por escassez de recursos.

Quanto à execução da obra e à demonstração do seu estado, é obrigação do incorporador apresentar aos adquirentes, a cada três meses, relatório em que demonstre esse estado físico e sua correspondência com o prazo pactuado para conclusão da incorporação, "ressalvadas eventuais modificações sugeridas pelo incorporador e aprovadas pela Comissão de Representantes" (art. 31-D, IV). Na medida em que possam tomar conhecimento do estado da obra, em comparação com a programação enunciada pelos cronogramas físico e financeiro ou, na falta destes, com a programação que se possa inferir das estipulações contratuais relativas ao prazo da obra, os adquirentes disporão de elementos de avaliação da evolução da incorporação, podendo, se for o caso, adotar medidas necessárias à defesa dos seus interesses, seja

114 | INCORPORAÇÃO IMOBILIÁRIA • *Melhim Namem Chalhub*

mediante auditoria nas contas do patrimônio de afetação ou mesmo mediante destituição do incorporador, se se configurar a situação em que seja admitida essa destituição.

Esse demonstrativo é um dos instrumentos mais importantes para plena eficácia da afetação patrimonial nas incorporações; mediante acompanhamento da obra na periodicidade recomendada pela lei, torna-se mais fácil harmonizar os cronogramas quando ainda são pequenos os atrasos verificados na execução da obra. Além disso, esse acompanhamento é essencial para que os adquirentes possam adotar eficazmente as medidas de notificação e substituição do incorporador, possibilitando evitar ou diminuir perdas. Esse é um dos mais relevantes aspectos da lei, pois a partir desse controle é que poderão ser deflagrados os efeitos práticos da afetação, que até então estará em estado latente.

Os adquirentes poderão destituir o incorporador em duas hipóteses: (1ª) paralisação da obra, sem justa causa, por mais de 30 dias, ou retardamento do seu andamento, também sem justa causa e (2ª) insolvência do incorporador (art. 43, III e VII). Verificada uma dessas hipóteses, a Comissão de Representantes assumirá a administração da incorporação e promoverá a imediata realização de assembleia geral, para que os adquirentes resolvam se querem prosseguir a obra ou se preferem liquidar o patrimônio de afetação, vendendo o acervo e distribuindo entre si o produto líquido da venda, depois de pagos os débitos vinculados à incorporação. Nesse caso, se houver financiamento, será ouvida a entidade financiadora, até porque os adquirentes são sub-rogados nos direitos e nas obrigações do contrato de financiamento (art. 43, VI).[33]

3.5.3.1. *Impenhorabilidade dos créditos oriundos das vendas e outras normas relacionadas à vinculação das receitas da incorporação (Lei nº 13.105/2015 – CPC/2015)*[34]

A par das normas de direito material instituídas pela lei especial, a preservação dos recursos necessários à execução da obra é objeto de norma específica do Código de Processo Civil (Lei nº 13.105/2015), que considera impenhoráveis os créditos oriundos da alienação das unidades integrantes das incorporações imobiliárias (art. 833, XII). A impenhorabilidade instituída pelo CPC/2015 é regra geral de preservação dos recursos oriundos das vendas, aplicável a toda e qualquer incorporação, mesmo àquelas não submetidas ao regime da afetação, e, dado seu caráter cogente, veio preencher importante lacuna da Lei nº 4.591/1964, pois enquanto esta prevê a afetação apenas como uma faculdade do incorporador,[35] o art. 833, XII, do CPC/2015 importa em afetação compulsória das receitas das vendas de toda e qualquer incorporação, vinculando-as à execução da obra, independentemente de o incorporador ter ou não optado pela constituição de um patrimônio de afetação para a incorporação imobiliária em questão.

A impenhorabilidade instituída pelo CPC e os arts. 31-A a 31-F da Lei 4.591/1964 passam a formar, assim, um conjunto de normas de grande eficácia com vistas à realização do objeto da incorporação imobiliária – execução da obra, liquidação do passivo e retorno do

---

[33] Sobre o modo de destituição do incorporador e seus efeitos, ver item 10.3.

[34] Ver, também, item *8.3 – Inoponibilidade dos atos não inscritos*, no qual tratamos da extensão e do alcance dos arts. 54, 55 e 59 da Lei nº 13.097/2015.

[35] Código de Processo Civil (Lei nº 13.105/2015): "Art. 833. São impenhoráveis: (...); XII – os créditos oriundos de alienação de unidades imobiliárias, sob regime de incorporação imobiliária, vinculados à execução da obra".

investimento; no plano do direito material, a Lei das Incorporações permite a constituição de um patrimônio separado para cada incorporação, que se desenvolve com autonomia funcional em relação ao patrimônio geral da empresa incorporadora e confere poderes aos adquirentes, pela sua comissão de representantes, para, mediante procedimento extrajudicial, assumir a administração da obra e dar-lhe prosseguimento até mesmo em caso de quebra da empresa incorporadora, com autonomia em relação ao processo de falência e independentemente de intervenção judicial; no plano do direito instrumental, a impenhorabilidade dos créditos oriundos das vendas dos imóveis em construção confere efetividade específica às normas da Lei das Incorporações, assegurando a preservação dos recursos necessários à realização da função econômica e social dos contratos de venda de imóveis em construção em qualquer incorporação, ainda que não afetada.

A regra da impenhorabilidade, entretanto, não é absoluta, pois os bens e direitos do ativo da incorporação podem ser penhorados para garantia das obrigações integrantes do seu próprio passivo; o que não é admissível é que os bens e direitos de uma incorporação sejam objeto de constrição para pagamento de despesas a ele estranhas, como já visto (§ 1º do art. 31-A).

Outra norma destinada a proteger os adquirentes de imóveis integrantes de incorporações imobiliárias é a do art. 55 da Lei nº 13.097/2015, segundo o qual a alienação ou a oneração das unidades integrantes de uma incorporação não poderá ser objeto de evicção ou ineficácia, "mas eventuais credores do alienante ficam sub-rogados no preço ou no eventual crédito imobiliário".[36]

Juntamente com os arts. 31-A e seguintes da Lei nº 4.591/1964 e com o art. 833, XII, do CPC/2015, o art. 55 da Lei nº 13.097/2015 faz parte de um conjunto de normas destinado a assegurar a consecução do objeto da incorporação e, do mesmo modo que as normas da Lei das Incorporações e do CPC/2015, visa também a blindagem dos recursos de cada incorporação e sua vinculação à execução da obra, liquidação do seu próprio passivo e retorno do investimento. Assim, ao sub-rogar os credores do alienante "no preço ou no eventual crédito imobiliário", refere-se apenas aos credores vinculados à incorporação a que disser respeito a evicção.

Essa é a interpretação sistemática do art. 55 da Lei nº 13.097/2015, pois uma eventual sub-rogação de todos os credores no preço de alienação das unidades ou no crédito delas oriundos neutralizaria os efeitos do conjunto de normas que, pela via da autonomia patrimonial da incorporação imobiliária, sustenta o sistema de proteção dos credores vinculados a cada empreendimento, notadamente os adquirentes dos imóveis em construção.

Assim, a aplicação desse dispositivo deve atender à função econômica e social da incorporação imobiliária, tendo presente, portanto, que o produto das vendas das unidades ou os créditos delas oriundos destinam-se à execução da obra e à liquidação do passivo, de modo que, enquanto não alcançado esse propósito, os credores a que se refere o art. 55 da Lei nº 13.097/2015 são os titulares de créditos vinculados à incorporação em questão, não se admitindo a penhora de créditos integrantes do ativo de uma incorporação para garantia de

---

[36] Lei nº 13.097/2015: "Art. 55. A alienação ou oneração de unidades autônomas integrantes de incorporação imobiliária, parcelamento do solo ou condomínio edilício, devidamente registrada, não poderá ser objeto de evicção ou de decretação de ineficácia, mas eventuais credores do alienante ficam sub-rogados no preço ou no eventual crédito imobiliário, sem prejuízo das perdas e danos imputáveis ao incorporador ou empreendedor, decorrentes de seu dolo ou culpa, bem como da aplicação das disposições constantes da Lei nº 8.078, de 11 de setembro de 1990".

dívida integrante do passivo do patrimônio geral da incorporadora ou de outros patrimônios de afetação que ela tenha constituído.

Ainda visando conferir efetividade à autonomia da incorporação imobiliária, independentemente de averbação do regime de afetação no Registro de Imóveis, o § 4º do art. 862 do CPC/2015 dispõe que, sendo necessário afastar o incorporador da administração da incorporação, esta passará a ser administrada "pela comissão de representantes dos adquirentes ou, se se tratar de construção financiada, por empresa ou profissional indicado pela instituição fornecedora dos recursos para a obra, devendo ser ouvida, neste último caso, a comissão de representantes dos adquirentes".

3.5.4. Os efeitos da afetação das incorporações em face do sistema tributário. Aspectos fundamentais

A atividade da incorporação imobiliária comporta a exigibilidade de impostos cujo fato gerador seja a propriedade, como o imposto predial e territorial urbano – IPTU, assim como impostos, taxas e contribuições relativas à atividade empresarial do incorporador, entre elas a Contribuição para o Financiamento da Seguridade Social – COFINS, o imposto sobre a renda, a Contribuição Social sobre o Lucro Líquido – CSLL da empresa, entre outros.

A afetação, por sua natureza, em nada altera o regime tributário em que está inserida a atividade da incorporação, nem modifica a responsabilidade tributária dela decorrente, pois o conjunto de bens, direitos e obrigações que constitui o patrimônio de afetação não é excluído do patrimônio geral do incorporador, sendo, antes, um dos elementos que integram esse patrimônio geral, ainda que o patrimônio de afetação seja dotado de autonomia funcional; essa autonomia, como se sabe, importa no destaque do acervo da incorporação afetada apenas para cumprimento de sua função, sem prejudicar a garantia do crédito tributário.

Anote-se, de plano, que se mantém inalterada a responsabilidade tributária da empresa incorporadora, respeitada a concepção tradicional da unidade do patrimônio.

Assim, no que tange aos impostos e taxas decorrentes dos resultados da atividade da incorporação, não há que se pensar, como quis a revogada MP nº 2.221/2001, em atribuir qualquer responsabilidade aos adquirentes. O contribuinte é o incorporador, havendo apenas a responsabilidade da comissão de representantes de, em caso de falência da empresa incorporadora, recolher os valores correspondentes às obrigações tributárias, previdenciárias e trabalhistas, vinculadas ao respectivo patrimônio de afetação, cujos fatos geradores tenham ocorrido até a data da decretação da falência (Lei nº 10.931/2004, art. 9º). É certo, entretanto, que tal recolhimento há de se fazer com as receitas da própria incorporação, na medida em que o § 1º do art. 31-A dispõe que o patrimônio de afetação não se comunica com outros patrimônios "e só responde por dívidas e obrigações vinculadas à incorporação respectiva".

Dada essa realidade, os resultados das diversas incorporações (com ou sem afetação) de uma mesma empresa incorporadora são reunidos no seu balanço geral, no qual são consolidados, apurando-se o lucro tributável da empresa no período, sobre o qual o incorporador pagará o respectivo imposto de renda e a CSLL. O mecanismo está explicitado no Regulamento do Imposto de Renda – RIR, que manda proceder à reunião dos resultados de cada uma das diversas incorporações (nada importando se afetadas ou não) para apuração do lucro real. Bem a propósito, em parecer em que analisa a MP nº 2.221/2001 sob a perspectiva do imposto de renda, o jurista Cid Heráclito de Queiroz, ex-Procurador-Geral da Fazenda Nacional, esclarece: "O lucro operacional (RIR, art. 277) proveniente do empreendimento, somado aos resultados não operacionais e às participações, resultará no lucro líquido (RIR, art. 248), que,

Cap. III • A INCORPORAÇÃO IMOBILIÁRIA COMO PATRIMÔNIO DE AFETAÇÃO | **117**

ajustado pelas adições, exclusões ou compensações, constituirá o lucro real (RIR, art. 246), que representará a base de cálculo (RIR, art. 219) do imposto de renda do incorporador e instituidor do patrimônio de afetação."[37]

Não pode ser de outra forma, e é Caio Mário da Silva Pereira quem observa: "não há razão para romper com a concepção da unidade do patrimônio, com a qual se concilia a ideia de poderem existir, no patrimônio, massas de bens objetivamente considerados..."[38] É por isso que, ao se falar que o patrimônio de afetação é um "patrimônio autônomo", não se está referindo a uma "cisão para se criar um novo patrimônio, distinto do patrimônio do titular, mas, sim, da atribuição de uma autonomia funcional, por causa da destinação desses bens (...) Vale dizer: o fato de o patrimônio estar qualificado por uma afetação não implica necessariamente sua configuração como um patrimônio distinto, independente ou dissociado do patrimônio do sujeito; ele é, necessariamente, objeto de destaque especial, e é assim destacado para que possa exercer a função que para ele foi definida (daí por que se fala que sua autonomia é *funcional*, não plena), mas pode operar em articulação com o patrimônio geral do titular. A reunião dos resultados das diversas incorporações no balanço geral da incorporadora é coerente com o princípio, comum aos patrimônios de afetação, pelo qual, após cumprida a função de determinado patrimônio, os bens afetados retornam ao patrimônio geral do titular..." como destacamos em outro trabalho, com fundamento na doutrina de Ferrara e Messineo.[39]

Ora, na atividade da incorporação imobiliária, o cumprimento da função do patrimônio de afetação corresponde à conclusão da incorporação, e, uma vez entregues as unidades aos respectivos adquirentes e resgatado o financiamento, se houver, o saldo das unidades não vendidas, bem como os créditos relativos às vendas, ficam exonerados do encargo da afetação, tornando-se livres e desembaraçados no patrimônio geral do incorporador, aí apurando-se o lucro real da empresa, mediante reunião dos resultados de todas as incorporações, de modo que o lucro operacional oriundo de cada incorporação, somado aos resultados não operacionais e às participações, propiciará "um lucro líquido, que, ajustado pelas adições, exclusões ou compensações, constituirá o lucro real (RIR, art. 246), que representará a base de cálculo (RIR, art. 219) do imposto de renda do incorporador e instituidor do patrimônio de afetação."[40]

A lógica é elementar: é o incorporador quem faz jus aos frutos do seu esforço empreendedor e, de outra parte, em razão do risco que assumiu ao empreender, é ele que terá que suportar os prejuízos, se malsucedida a incorporação. Disso resulta, por elementar, que a responsabilidade tributária pela renda resultante do negócio da incorporação, mesmo sob o regime da afetação, continuará sendo do incorporador, pois é ele o beneficiário dos lucros e, na contrapartida, é ele o sujeito passivo das perdas decorrentes da atividade, como, aliás, claramente dispõe o art. 31-A, coerentemente com o princípio enunciado pelo inciso I do parágrafo único do art. 121 do Código Tributário Nacional.

O princípio se aplica, obviamente, a todos os demais tributos e contribuições decorrentes da atividade empresarial, como a CSLL, o PIS e a COFINS, que constituem encargo do negócio do incorporador, pelos quais ele é o único responsável tributário.

---

[37]   Parecer sobre a compatibilidade entre o art. 76 da Medida Provisória nº 2.158, de 24.8.01, e as disposições da Medida Provisória nº 2.221, de 4.9.01.

[38]   *Instituições de direito civil*, Rio de Janeiro: Forense, 1995, p. 251.

[39]   *Trust – Perspectivas do direito contemporâneo na transmissão da propriedade para administração de investimentos e garantia*, Rio de Janeiro: Renovar, 2001, p. 125.

[40]   Idem, Heráclito de Queiroz, Parecer citado.

118 | INCORPORAÇÃO IMOBILIÁRIA • *Melhim Namem Chalhub*

Além do regime do lucro real, a Lei nº 10.931/2004 criou um outro regime, opcional, a critério do incorporador, aplicável somente nos casos em que tenha sido constituído patrimônio de afetação. Por esse regime opcional o incorporador pagará a alíquota de 4% sobre a receita mensal recebida.[41]

Quanto aos tributos incidentes sobre o imóvel também não há qualquer dúvida de que a responsabilidade pelo seu pagamento é e continuará sendo do incorporador, ressalvado que, nessa hipótese, os adquirentes poderão vir a ser responsabilizados por sucessão, caso existam débitos fiscais onerando o imóvel por ocasião da transmissão da propriedade, salvo quando constar do título de transmissão a prova da quitação. É como dispõe o art. 130 do Código Tributário Nacional[42] e, igualmente, dispunha o art. 677 do Código Civil de 1916.[43] Está assegurada aos adquirentes, entretanto, ação regressiva para haver do incorporador o ressarcimento dos encargos anteriores à venda, exceto nas hipóteses em que os adquirentes tenham assumido expressamente a responsabilidade por esses débitos.

No que tange à atividade empresarial da incorporação, devem ser destacadas as obrigações tributárias que incidam sobre a atividade da empresa, no seu todo, e as obrigações vinculadas especificamente às suas obras; no primeiro caso, a responsabilidade é da empresa incorporadora e não pode ser transferida para os patrimônios de afetação que ela tenha constituído; no segundo caso, em que se encontra, por exemplo, o Imposto Sobre Serviços – ISS relativo aos serviços prestados diretamente à obra, responde o patrimônio de afetação respectivo.

Em síntese, cada patrimônio de afetação só responde pelas obrigações e dívidas vinculadas à incorporação respectiva (§ 1º do art. 31-A), daí por que os impostos incidentes sobre o imóvel ou sobre os serviços prestados especificamente na incorporação devem ser satisfeitos com as receitas provenientes desse patrimônio especial, assegurando aos beneficiários desse patrimônio ação regressiva para haver do incorporador o ressarcimento desses valores. Quanto aos impostos que têm como fato gerador o lucro do incorporador, estes são de responsabilidade exclusiva dele, incorporador, tal como dispõe o Regulamento do Imposto de Renda e o Código Tributário Nacional (art. 121, parágrafo único, inciso I).

3.5.4.1. *O regime especial de tributação aplicável em caráter opcional às incorporações imobiliárias sob regime de afetação. Arts. 1º a 11 da Lei nº 10.931/2004*

Pode o incorporador optar pelo regime do lucro real ou pelo regime especial tributário criado pelos arts. 1º a 11-A da Lei nº 10.931/2004.

O "regime especial de tributação do patrimônio de afetação" é aplicável exclusivamente às incorporações submetidas ao regime da afetação e é opcional. Abrange o Imposto de Renda das Pessoas Jurídicas (IRPJ), a Contribuição para os Programas de Integração Social e de

---

[41] A alíquota foi originalmente fixada em 7% pela Lei nº 10.931/2004, reduzida para 6% pela Lei nº 12.024/2009 e para 4% pela Lei nº 12.844/2013.

[42] CTN: "Art. 130. Os créditos tributários relativos a impostos cujo fato gerador seja a propriedade, o domínio útil ou a posse de bens imóveis, e bem assim os relativos a taxas pela prestação de serviços referentes a tais bens, ou a contribuições de melhoria, sub-rogam-se na pessoa dos respectivos adquirentes, salvo quando constante do título a prova de sua quitação. Parágrafo único. No caso de arrematação em hasta pública, a sub-rogação ocorre sobre o respectivo preço."

[43] Código Civil de 1916: "Art. 677. O ônus dos impostos sobre prédios transmite-se aos adquirentes, salvo constando da escritura as certidões do recebimento, pelo fisco, dos impostos devidos e, em caso de venda em praça, até o equivalente do preço da arrematação."

Formação do Patrimônio do Servidor Público (PIS/PASEP), a Contribuição Social sobre o Lucro Líquido (CSLL) e a Contribuição para o Financiamento da Seguridade Social.

A alíquota é de 4% da receita mensal recebida (Lei nº 12.844/2013), e esse pagamento corresponderá ao pagamento unificado dos seguintes impostos e contribuições:

I – IRPJ – Imposto de Renda das Pessoas Jurídica;

II – PIS/PASEP – Contribuição para os Programas de Integração Social e de Formação do Patrimônio do Servidor Público;

III – CSLL – Contribuição Social sobre o Lucro Líquido;

IV – Contribuição para Financiamento da Seguridade Social.

As Leis 12.024/2009, 13.970/2019 e 14.118/2021 instituem alíquota de 1% para incorporações de interesse social.

Pelo regime especial, a incorporação afetada terá um número de inscrição próprio no Cadastro Nacional de Pessoas Jurídicas – CNPJ, bem como código de arrecadação próprio. Os débitos do regime especial não poderão ser parcelados.

Incide o RET sobre as receitas das vendas de todas as unidades integrantes da incorporação, identificadas no memorial de incorporação, independente da data da comercialização, sujeitando-se essa atividade a esse regime enquanto subsistir o patrimônio de afetação, desde a data em que efetivada a opção do incorporador por esse regime especial (Lei 10.931/2004, art. 2º) até que extinto o patrimônio de afetação, o que só ocorrerá mediante comprovação do último dos seguintes eventos (i) averbação da construção, registro dos títulos de domínio ou de direito de aquisição em nome dos adquirentes, (ii) pagamento do financiamento da construção, se houver, e (iii) quitação do preço de venda dos "imóveis integrantes da incorporação" (Lei 10.931/2004, art. 1º). De acordo com o art. 4º, § 1º, dessa lei, a alíquota unificada do RET incide sobre "a totalidade das receitas auferidas" nessa atividade empresarial, abrangendo o produto das vendas de todas as unidades, consideradas em bloco, bem com as receitas financeiras e as variações monetárias.[44]

Se o incorporador não optar pelo regime especial, continuarão sendo adotados os mesmos procedimentos de apuração de resultados e oferecimento à tributação, apurando-se o resultado de cada incorporação e, após, reunindo-se esses resultados no balanço geral do incorporador. Para esse fim, procede-se à reunião dos resultados de cada uma das incorporações da empresa, somados aos resultados não operacionais e às participações, apurando-se o lucro líquido, ajustando-o pelas adições, exclusões ou compensações, donde de apura o lucro real, que constitui a base de cálculo do imposto de renda da empresa incorporadora (Regulamento do Imposto de Renda.

A lei deixa claro que os adquirentes não têm qualquer responsabilidade, direta ou indiretamente, em relação ao imposto de renda e à contribuição social sobre o lucro da empresa

---

[44] Lei 10.931/2004, com a redação dada pela Lei 13.970/2019: "Art. 11-A. O regime especial de tributação previsto nesta Lei será aplicado até o recebimento integral do valor das vendas de todas as unidades que compõem o memorial de incorporação registrado no cartório de imóveis competente, independentemente da data de sua comercialização, e, no caso de contratos de construção, até o recebimento integral do valor do respectivo contrato." Essa nova disposição deixa claro que o RET é aplicável inclusive às vendas contratadas após o "habite-se", pondo fim em definitivo a dúvidas surgidas em razão de interpretação dada em Solução de Consulta no sentido de que tais vendas estariam excluídas desse regime especial (Solução de Consulta 304 – Cosit, de 26.12.2018).

incorporadora, bem como a quaisquer obrigações oriundas de outras atividades do incorporador não relacionadas diretamente com a incorporação objeto de afetação (art. 31-F, § 20).

3.5.5. A extinção do patrimônio de afetação

O patrimônio de afetação extingue-se pela consecução de sua finalidade – conclusão da obra, averbação da construção e entrega das unidades imobiliárias aos adquirentes – e, quando for o caso, pela extinção das obrigações do incorporador perante o financiador (art. 31-E, I), mas pode extinguir-se, alternativamente, mediante liquidação deliberada pela assembleia geral dos adquirentes ou pela revogação, caso haja denúncia da incorporação (art. 31-E, II e III); neste último caso, só será considerado extinto o patrimônio de afetação depois de restituídas aos adquirentes as quantias que estes tiverem pago (art. 36).

A extinção da afetação pela consecução da sua finalidade importa em desafetação das unidades remanescentes e dos créditos vincendos relativos à comercialização. Ao requerer a desafetação, o incorporador deverá comprovar a quitação do financiamento, se houver. Tendo em vista que a averbação da construção e o registro dos contratos de venda constam do próprio Registro de Imóveis destinatário do requerimento, não deve ser exigida do incorporador a apresentação das certidões de averbação da construção e do registro dos títulos de domínio ou de direito real de aquisição em nome dos adquirentes, bastando que indique, no requerimento, os números das matrículas e dos respectivos registros, bem como da averbação.

Na hipótese de concessão de financiamento ao adquirente, para pagamento do preço de aquisição, a desafetação haverá de ser feita unidade por unidade, na medida em que for registrado o respectivo contrato. É que por esse ato estarão sendo atendidos todos os requisitos do art. 31-E, I, ou seja, estará sendo registrada a propriedade ou o direito real de aquisição em nome do adquirente e estará sendo resgatado o financiamento da incorporação, na proporção da unidade vendida, permanecendo afetadas as demais unidades, que serão sucessivamente desafetadas na medida em que, individualmente, forem sendo atendidos esses requisitos.

Se os requisitos para desafetação do acervo da incorporação (art. 31-E, I) forem atendidos com número de unidades inferior à totalidade das unidades da edificação, as unidades remanescentes deverão ser desafetadas e inteiramente liberadas no patrimônio geral do incorporador. Isso poderá ocorrer caso o incorporador não tenha vendido todas as unidades do empreendimento, mantendo um certo número em "estoque"; nesse caso, uma vez entregues e registradas em nome dos adquirentes as unidades vendidas e resgatado o financiamento, é assegurado ao incorporador a desafetação das unidades remanescentes, devendo, para tal, comprovar o cumprimento dos referidos requisitos, mediante requerimento dirigido ao oficial do Registro de Imóveis.[45]

Na hipótese de desafetação decorrente de liquidação do patrimônio de afetação, o requerimento deverá ser dirigido pela Comissão de Representantes e deverá ser instruído com

---

[45] Lei nº 4.591/1964, com a redação dada pela Medida Provisória nº 1.085/2021, convertida na Lei 14.382/2022: "Art. 31-E. (...) § 2º Por ocasião da extinção integral das obrigações do incorporador perante a instituição financiadora do empreendimento e após a averbação da construção, a afetação das unidades não negociadas será cancelada mediante averbação, sem conteúdo financeiro, do respectivo termo de quitação na matrícula matriz do empreendimento ou nas respectivas matrículas das unidades imobiliárias eventualmente abertas."

Cap. III • A INCORPORAÇÃO IMOBILIÁRIA COMO PATRIMÔNIO DE AFETAÇÃO | **121**

o comprovante o pagamento das obrigações vinculadas ao referido patrimônio (art. 31-F, §§ 17 e 18).[46]

3.5.6. A afetação em face da recuperação judicial e da falência da empresa incorporadora. Nota introdutória

A terceira parte das normas relativas à afetação trata dos seus efeitos no caso de insolvência do incorporador e institui procedimentos a serem adotados para investidura da Comissão de Representantes na administração da incorporação e prosseguimento da obra, bem como das providências relativas à liquidação do passivo do patrimônio de afetação, especialmente em relação aos débitos fiscais, previdenciários e trabalhistas.

Considerando que essas normas foram incluídas na Lei nº 4.591/1964 em 2004, pela Lei nº 10.931, nada dispõem sobre a recuperação judicial de empresa, que veio a ser introduzida no direito positivo no ano seguinte (Lei nº 11.101/2005); esta, por sua vez, trata da matéria apenas na parte relativa à falência, nada dispondo em relação à recuperação de empresa.

A inexistência de norma específica sobre o procedimento de recuperação de empresa, entretanto, não compromete a subsistência das incorporações imobiliárias afetadas, que poderão prosseguir sua atividade com autonomia, protegidas pelo regime da incomunicabilidade, que vincula suas receitas à execução da obra e liquidação do passivo do empreendimento imobiliário e veda seu redirecionamento para fins diversos dessa destinação, nos termos dos arts. 31-A a 31-E da Lei nº 4.591/1964.

Tratamos especificamente da recuperação judicial de empresa no item 3.6.1, adiante.

Em relação à falência, dispõe o *caput* do art. 31-F que a "insolvência do incorporador não atinge os patrimônios de afetação constituídos, não integrando a massa concursal o terreno, as acessões e demais bens, direitos creditórios, obrigações e encargos objeto da incorporação".

Nesta parte, a Lei nº 10.931/2004 corrige o grave paradoxo decorrente da Medida Provisória nº 2.221/2001; é que tal Medida Provisória, num dispositivo, caracterizava a incorporação como um patrimônio incomunicável, em benefício dos adquirentes, mas noutro dispositivo tornava-o comunicável com o patrimônio geral do incorporador e imputava aos adquirentes responsabilidade solidária pelo pagamento das dívidas da empresa falida, de natureza tributária, previdenciária e trabalhista, compreendendo todo o passivo da empresa falida, estivessem ou não estivessem tais dívidas vinculadas ao patrimônio de afetação de que participassem tais adquirentes, e até mesmo as dívidas pessoais do falido, como, por exemplo, as dívidas do imposto de renda da empresa incorporadora falida.[47]

---

[46]   Lei nº 4.591/1964, com a redação dada pela Medida Provisória nº 1.085/2021, convertida na Lei 14.382/2022: "Art. 31-E. (...) § 4º Após a denúncia da incorporação, proceder-se-á ao cancelamento do patrimônio de afetação, mediante o cumprimento das obrigações previstas neste artigo, no art. 34 desta Lei e nas demais disposições legais."

[47]   Os dispositivos da MP nº 2.221/2001 eram o art. 30-D e seus §§, que tinham a seguinte redação: "Art. 30-D. Para efeito, exclusivamente, do disposto no § 2º do art. 30-C, a vinculação das obrigações ali referidas, devidas pela pessoa jurídica, inclusive por equiparação, nos termos da legislação do imposto de renda, dar-se-á pelo rateio: I – do total das obrigações da pessoa jurídica relativas ao imposto de renda e à contribuição social sobre o lucro na proporção da receita bruta relativa a cada patrimônio de afetação em relação à receita bruta total da pessoa jurídica, considerando-se receita bruta aquela definida na legislação do imposto de renda; II – do total das obrigações da pessoa jurídica relativas às Contribuições para os Programas de Integração Social e de Formação do Patrimônio do Servidor Público (PIS/PASEP)

e à Contribuição para o Financiamento da Seguridade Social (COFINS) na proporção da receita bruta relativa a cada patrimônio de afetação em relação à receita bruta total da pessoa jurídica, considerando-se receita bruta aquela definida na legislação específica dessas contribuições. § 1º Na hipótese das demais obrigações trabalhistas, tributárias e previdenciárias, a vinculação dar-se-á de forma direta, abrangendo tão somente aquelas geradas no âmbito do próprio patrimônio de afetação, na forma das respectivas legislações de regência. § 2º As demais obrigações trabalhistas, tributárias e previdenciárias comuns dos patrimônios de afetação que não possam ser individualizadas a cada patrimônio serão rateadas na proporção do respectivo custo do patrimônio de afetação em relação ao custo total dos patrimônios de afetação. § 3º As demais obrigações trabalhistas, tributárias e previdenciárias, não vinculadas exclusivamente aos patrimônios de afetação, serão rateadas na proporção da receita bruta do respectivo patrimônio em relação à receita bruta total da pessoa jurídica, considerando-se receita bruta aquela definida na legislação do imposto de renda". Na primeira edição deste trabalho, quando ainda vigorava a MP 2.221/2001, manifestamo-nos no sentido de que essas disposições se contrapunham à incomunicabilidade, que é da natureza da afetação, e ao fundamento axiológico que constitui a razão de ser da norma que a instituiu, que é a proteção dos direitos patrimoniais dos adquirentes, mediante: a) garantia de entrega das unidades aos adquirentes, mesmo que o incorporador venha a falir (art. 31-A e seu § 1º); b) garantia, pela incomunicabilidade, de que a eventual insolvência do incorporador não contaminará o acervo da incorporação afetada, de modo que, em caso de falência, o terreno, as acessões, os direitos e as obrigações objeto da incorporação não integrarão a massa concursal, possibilitando que os adquirentes se apropriem de suas unidades livres dos efeitos da falência (*caput* do art. 31-C); c) estrita vinculação das receitas e despesas de cada incorporação, impedindo o desvio de recursos para finalidades estranhas à incorporação (§ 1º do art. 31-A); d) delimitação dos riscos dos adquirentes, assegurando, também pela incomunicabilidade, que o patrimônio de afetação "só responde por dívidas e obrigações vinculadas à incorporação respectiva" (§ 1º do art. 31-A); e, em consequência, e) limitação dos desembolsos dos adquirentes ao valor contratado para aquisição de sua unidade. O art. 30-D, seus incisos e parágrafos, da MP 2.221/2001, entretanto, voltavam-se contra a *ratio legis*, fazendo configurar um texto normativo com dois comandos distintos e opostos: *o primeiro estabelecendo a incomunicabilidade das incorporações* e, portanto, limitando os riscos dos adquirentes, e *o segundo mandando comunicar as obrigações*, tornando ilimitados os riscos dos adquirentes. Mesmo que, por absurdo, se admita que os procedimentos do art. 30-D, seus incisos e parágrafos (da MP 2.221) tenham sido motivados por receio de fraude contra credores, ainda assim tais normas não poderiam prevalecer, seja porque estariam punindo as vítimas (adquirentes) e deixando impune o fraudador, seja porque esses procedimentos corresponderiam a uma presunção de que a afetação seria em si mesma um ato fraudulento. Ora, ao prever procedimentos que transferiam para os adquirentes as obrigações da massa falida, aqueles dispositivos invertiam o sentido da norma, aumentando os encargos dos adquirentes e reduzindo as obrigações do falido. Além dessa inversão, esses dispositivos também invertem a posição dos adquirentes, transformando-os de credores em devedores, pois, como se sabe, os adquirentes são credores do incorporador, em relação à obrigação deste de construir e entregar as unidades imobiliárias integrantes da incorporação. Vistos sob a perspectiva de eventual presunção de que a afetação seria em si mesma um ato fraudulento, esses dispositivos mostravam-se igualmente incompatíveis com o ordenamento. Com efeito, a afetação corporifica ato de oneração de bens e direitos, tal como a hipoteca, a alienação fiduciária e tantos outros atos pelos quais um sujeito submete um bem a ônus real. Claro que uma venda pode ser realizada em fraude, assim como uma hipoteca também pode ser constituída em fraude, mas isso não converte o contrato de venda ou o contrato de hipoteca em atos fraudulentos em si mesmos. O que importa é que haja adequada prevenção ou repressão da fraude, sempre e quando alguma dessas modalidades de contrato vier a ser empregada com esse fim, e que o direito positivo já regulamenta de maneira adequada e completa nesse sentido, mediante normas específicas que incidem de maneira geral sobre toda espécie de fraude, nada importando se perpetrada mediante venda, mediante hipoteca, mediante alienação fiduciária, mediante afetação etc. Independentemente dos privilégios que confere aos credores oficiais, o ordenamento contempla os meios necessários à repressão da fraude em face dos

Tamanha heresia não resistiria à crítica mais superficial, e o próprio Poder Executivo, ao encaminhar ao Congresso Nacional o Projeto de Lei nº 3.065/2004, cuidou de extirpar as inconstitucionalidades e injuridicidades, ajustando a norma ao seu fundamento axiológico.

De fato, é da natureza da afetação que o acervo de cada empreendimento fique reservado ao grupo de credores vinculado diretamente à incorporação, para que, como assinala Messineo,

---

credores em geral. De fato, se, eventualmente, a afetação importar em redução do ativo de determinado patrimônio a ponto de torná-lo insuficiente para satisfazer seu passivo, essa afetação poderá configurar fraude contra credores ou fraude de execução e, assim, poderá perder eficácia, do mesmo modo que perderá eficácia uma hipoteca ou uma venda cuja realização torne o ativo do sujeito insuficiente para satisfazer seu passivo. A matéria está regulamentada nos arts. 158 a 165 e 171 do Código Civil de 2002, nos arts. 792 e 774, I, do Código de Processo Civil de 2015 e no art. 185 do Código Tributário Nacional, entre outras disposições que proíbem que qualquer pessoa, física ou jurídica, institua afetação de bens ou de patrimônios em fraude contra os credores em geral, "notadamente contra os trabalhadores", em fraude de execução ou em fraude contra a Fazenda Pública. Nos casos de quebra, especificamente, a Lei de Falências contempla a revogação dos atos praticados pelo devedor antes da falência, deixando claro que não produzem efeito em relação à massa, "tenha ou não o contratante conhecimento do estado econômico-financeira do devedor, seja ou não intenção de este fraudar credores", vários atos de disposição ou oneração de bens, daí podendo resultar a arrecadação do bem ou do direito em favor dos credores, em geral (Lei 11.101/2005, art. 129). Além de contrariar a natureza do instituto do patrimônio de afetação, os procedimentos do art. 30-D, seus incisos e parágrafos da referida Medida Provisória 2.221/2001 eram inconstitucionais, violando o princípio da isonomia, seja do ponto de vista dos adquirentes ou do incorporador. De fato, esses dispositivos imputavam aos adquirentes, no regime de afetação, obrigação estranha às obrigações típicas dos contratos de aquisição imobiliária, a que está sujeito todo e qualquer adquirente de imóveis em incorporação, tenha ou não havido afetação da incorporação, pois é da essência do contrato de compra e venda a equivalência relativa entre a prestação e a contraprestação. Ao retirar a comutatividade dos contratos relativos às incorporações afetadas, esses dispositivos conferem tratamento desigual a pessoas que se encontram em posição equivalente e, portanto, violam o princípio constitucional da isonomia. Vista a questão sob o ângulo do incorporador, o art. 30-D, seus incisos e parágrafos instituíam tratamento desigual entre incorporadores, quando contribuintes, dando aos incorporadores falidos o benefício de exonerarem-se de suas dívidas fiscais, previdenciárias e trabalhistas, pois aqueles dispositivos transferiam para os adquirentes a responsabilidade pelo pagamento dessas dívidas; já o incorporador que desenvolve suas atividades normalmente, com equilíbrio econômico-financeiro, continua responsável pelo pagamento de tais débitos, não havendo como atribuir responsabilidade solidária dos adquirentes. A par desses aspectos fundamentais, a responsabilização dos adquirentes pelo pagamento daquelas dívidas e desses impostos violava, especificamente, princípios fundamentais do contrato e do Código Tributário Nacional. Com efeito, a incorporação é contrato comutativo, caracterizado pela equivalência entre a prestação do incorporador (construir e entregar um apartamento) e a contraprestação do adquirente (pagar o preço contratado). O art. 30-D da MP 2.221/2001 rompia essa equação, ao acrescentar novas obrigações à contraprestação natural do adquirente, que podiam importar em aumento do preço de aquisição da unidade, em caso de falência, obrigando-os a pagar valor superior ao contratado para a compra e venda. Vista a questão sob o aspecto tributário, o art. 30-D violava o princípio contido no art. 121, parágrafo único, inciso I, do Código Tributário Nacional, pelo qual ninguém pode ser responsabilizado pelo pagamento de determinado imposto sem que haja "relação pessoal e direta com a situação que constitua o respectivo fato gerador" e, é claro, os adquirentes não têm nenhuma relação com o fato gerador do imposto de renda da incorporadora, que é o lucro da empresa, não podendo, portanto, nos termos do CTN, ser responsabilizados por esse pagamento. Bem analisados o art. 30-D, seus incisos e parágrafos, da MP 2.221/2001, fica claro que sua presença configurava antinomia teleológica, na medida em que operavam em sentido contrário à finalidade da norma, pois, em vez de garantir a limitação dos riscos patrimoniais dos adquirentes, tornavam ilimitados esses riscos (*Da incorporação imobiliária*, p. 128 e seguintes).

"possam eles *satisfazer-se com exclusão dos outros* [credores em geral]; com a consequência de que os *outros credores* fiquem *excluídos* e de que, sobre os outros bens, tal grupo de credores não pode alegar direitos ou que, ao contrário, este grupo pode satisfazer-se só subsidiariamente, e se necessário, sobre os restantes bens do sujeito (devedor)".[48]

Não poderia, portanto, jamais, prevalecer a norma que invertia a posição dos adquirentes, convertendo-os de credores do incorporador em sujeitos passivos das obrigações deste.

Na primeira edição deste trabalho, denunciamos a antinomia entre essas normas, manifestando nossa convicção de que, em situações em que se houvesse de solucionar o conflito, haveriam de prevalecer sempre as normas que assegurassem a limitação dos riscos dos adquirentes, dada a incomunicabilidade inerente à afetação, única forma de proteger os valores sociais visados pela lei; até porque a lógica do razoável recomenda que se considere não escrita a disposição "que possa produzir resultados opostos aos pretendidos pela norma", não havendo dúvida de que as disposições do art. 30-D produziriam resultados opostos à finalidade social da afetação nas incorporações imobiliárias.[49] Felizmente, entretanto, a solução do conflito veio mediante processo legislativo, que extirpou de uma vez por todas as incongruências contidas na Medida Provisória nº 2.221/2001.

Nos itens seguintes trataremos dos aspectos da afetação patrimonial relacionados à recuperação judicial de empresa e dos procedimentos a serem adotados em caso de falência da incorporadora.

3.5.6.1. A afetação em face da recuperação judicial

Regulamentado pela Lei nº 11.101/2005, alterada pela Lei 14.112/2020, o procedimento de recuperação judicial de empresa visa fornecer meios que viabilizem a superação de situação de crise econômico-financeira de empresa e a continuidade de sua atividade, "a fim de permitir a manutenção da fonte produtora, do emprego dos trabalhadores e dos interesses dos credores, promovendo, assim, a preservação da empresa, sua função social e o estímulo à atividade econômica" (art. 47).

A iniciativa da recuperação compete à empresa devedora, que, estando em situação de crise, demonstre dispor de potencial econômico para recompor o curso normal de sua atividade, necessitando para tal renegociar com seus credores condições de pagamento de suas obrigações.

Uma vez comprovado o atendimento dos requisitos instituídos pela Lei nº 11.101/2005, o juiz defere o processamento do pedido da empresa devedora e abre prazo para os credores habilitarem seus créditos perante o administrador e para a empresa apresentar o plano de recuperação.

Em regra, o plano compreende medidas como dilação de prazo para pagamento das dívidas, redução do seu valor, dação em pagamento, novação de dívidas, venda de bens do seu ativo, redução de salários, entre outros meios definidos no art. 50.

Aprovado pela assembleia geral dos credores, o plano implica novação dos créditos anteriores ao pedido de recuperação. As decisões da assembleia vinculam a empresa recuperanda e todos os credores.

---

[48] *Manual de derecho civil y comercial*, cit., p. 263.

[49] DINIZ, Maria Helena. *Conflito de normas*. São Paulo: Saraiva, 1987, p. 62. No mesmo sentido, Miguel Reale anota que, ao defrontar-se com normas antinômicas, o magistrado "deverá refazer o caminho da fórmula normativa ao ato normativo, tendo presente fatos e valores, para aplicar, em sua plenitude, o significado nelas objetivado, optando pela que for mais favorável" (*O direito como experiência*. São Paulo: Saraiva, 1968, p. 247).

Cap. III • A INCORPORAÇÃO IMOBILIÁRIA COMO PATRIMÔNIO DE AFETAÇÃO | **125**

A atividade da empresa recuperanda prosseguirá sob administração dos seus próprios diretores e sob fiscalização do administrador judicial, observadas as novas condições de cumprimento das obrigações da empresa em recuperação constantes do plano.

Na recuperação judicial de empresas de incorporação imobiliária os empreendimentos cujos direitos e obrigações constituem núcleos patrimoniais separados, de afetação, continuam a desenvolver suas atividades com autonomia, com observância do regime de incomunicabilidade e de vinculação de receitas instituído pelos arts. 31-A a 31-E da Lei nº 4.591/1964.

A adequada análise dessa peculiar situação recomenda sejam revisitados os fundamentos sobre os quais assentam as normas que disciplinam a constituição dos patrimônios de afetação, sua dinâmica e, ao final, a reincorporação do seu resultado ao patrimônio geral da empresa incorporadora.

Como vimos, patrimônios de afetação, em geral, são compostos por bens destinados a uma função específica e para realizá-la são submetidos ao regime da incomunicabilidade, da qual resultam a vinculação de receitas e a limitação de responsabilidade; cumprida a função, o conjunto de direitos e obrigações que forma o patrimônio separado é desafetado e o que dele remanescer é reincorporado ao patrimônio geral do instituidor, livre do vínculo que o prendia à destinação para a qual foi afetado.

Alinhada a essa concepção, a Lei nº 4.591/1964 faculta ao incorporador isolar o conjunto de direitos e obrigações de suas incorporações em patrimônios de afetação e limita a responsabilidade de cada um deles às "dívidas e obrigações vinculadas à incorporação respectiva"; em razão dessa vinculação, o terreno e as acessões sobre ele erigidas, assim como os créditos oriundos da alienação dos imóveis, "somente poderão ser objeto de garantia real em operação de crédito cujo produto seja integralmente destinado à consecução da edificação correspondente e à entrega das unidades" (art. 31-A, §§ 1º, 3º e 4º).

A vinculação de receitas instituída pelo direito material é objeto de norma específica também no Código de Processo Civil, que, partindo da premissa de que a realização de uma incorporação imobiliária depende de suas próprias forças, torna impenhoráveis os créditos oriundos das vendas dos imóveis integrantes do empreendimento, vinculados à execução da respectiva obra (CPC, art. 833, XII).

Uma empresa de incorporação imobiliária pode constituir tantos patrimônios de afetação quantas sejam as incorporações que pretender realizar, devendo alocar cada um deles em um núcleo patrimonial separado, que "não se comunica com os demais bens, direitos e obrigações do patrimônio geral do incorporador ou de outros patrimônios de afetação por ele constituídos e só responde por dívidas e obrigações vinculadas à incorporação respectiva" (§ 1º do art. 31-A).

A separação patrimonial de cada incorporação afetada é efetivada mediante simples averbação de um "termo de afetação" no Registro de Imóveis, a partir da qual o incorporador se sujeita a obrigações típicas da afetação, de modo a assegurar a realização, ou liquidação, do negócio encapsulado no patrimônio de afetação, livre dos efeitos de eventual desequilíbrio econômico-financeiro da empresa incorporadora em cujo patrimônio geral esse núcleo patrimonial esteja alocado, inclusive e especialmente em casos de falência ou recuperação judicial.

Para a hipótese de falência da empresa incorporadora, as Leis nos 4.591/1964 (art. 31-F e parágrafos) e 11.101/2005 (art. 119, IX)[50] instituem normas procedimentais destinadas à

---

[50] Lei nº 11.101/2005: "Art. 119. Nas relações contratuais a seguir mencionadas prevalecerão as seguintes regras: (...); IX – os patrimônios de afetação, constituídos para cumprimento de destinação específica,

desvinculação da administração dos patrimônios de afetação da administração da massa falida e sua atribuição à comissão de representantes dos adquirentes, conferindo-lhe poderes para praticar os atos necessários ao prosseguimento da obra ou promover a liquidação do patrimônio de afetação.[51]

A legislação nada dispõe em relação à recuperação judicial, mas a inexistência de norma específica não compromete a efetividade da proteção patrimonial dos credores das incorporações afetadas, nem prejudica seu regular prosseguimento no contexto do procedimento de recuperação judicial da empresa incorporadora.

Com efeito, os patrimônios de afetação, por incomunicáveis, conservam sua integridade e autonomia tanto em face de recuperação judicial como de falência, mas os efeitos da falência – cessação da atividade da empresa e liquidação do seu ativo – tornam necessária a instituição de normas que disciplinem o exercício dos direitos dos credores e a administração dos patrimônios de afetação constituídos pela empresa falida.

Essa é a *ratio* das normas especiais que, em caso de falência, atribuem de poderes à comissão de representantes dos adquirentes para administração da incorporação, prosseguimento do negócio ou liquidação do patrimônio separado, venda, em leilão, das unidades do "estoque" da incorporadora falida, outorga dos títulos definitivos aos adquirentes, independentemente de alvará judicial, recebimento das receitas e pagamento das obrigações do passivo do patrimônio separado, arrecadação à massa do saldo de créditos ou recursos financeiros, após a extinção do patrimônio de afetação etc. (art. 31-F e parágrafos).

Já a recuperação judicial, ao contrário, não comporta, nem justifica, a transferência da administração dos patrimônios de afetação para a comissão de representantes dos adquirentes por se tratar de procedimento que se caracteriza pela continuação da atividade da empresa recuperanda, sob administração dos seus próprios diretores e fiscalização do administrador judicial.[52]

É essa substancial distinção entre a falência e a recuperação judicial, em relação ao exercício dos direitos dos credores e à administração do patrimônio de afetação, que constitui a razão de ser das normas procedimentais instituídas para caso de falência, constantes do art. 31-F e seus parágrafos da Lei nº 4.591/1964, estas necessárias em razão dos efeitos da falência, mas dispensáveis em face da recuperação judicial.

No contexto da recuperação, as incorporações afetadas seguirão seu curso sustentadas pelas receitas oriundas de vendas e de financiamento da construção, nos termos dos arts.

---

obedecerão ao disposto na legislação respectiva, permanecendo seus bens, direitos e obrigações separados dos do falido até o advento do respectivo termo ou até o cumprimento de sua finalidade, ocasião em que o administrador judicial arrecadará o saldo a favor da massa falida ou inscreverá na classe própria o crédito que contra ela remanescer".

[51] Como vimos, esses dispositivos determinam a transferência da administração dos patrimônios de afetação para a comissão de representantes dos adquirentes; atribuem aos adquirentes a faculdade de, em assembleia geral, deliberar pela continuação da obra ou liquidação do patrimônio de afetação com autonomia em relação à falência; determinam a instituição do condomínio da construção; outorgam poderes à comissão de representantes para receber as parcelas do saldo do preço e aplicá-las na conclusão da obra, assim como para assinar as escrituras de venda em favor dos adquirentes e, ainda, para vender as unidades de propriedade da incorporadora falida, entre outros atos necessários à preservação dos direitos dos credores do patrimônio de afetação.

[52] BEZERRA FILHO, Manoel Justino, *Lei de Recuperação de Empresas e Falência – Lei 11.101/2005 – comentada artigo por artigo*. 12. ed. São Paulo: Revista dos Tribunais, 2017, p. 192.

Cap. III • A INCORPORAÇÃO IMOBILIÁRIA COMO PATRIMÔNIO DE AFETAÇÃO | **127**

31-C, 31-D e 31-E da Lei nº 4.591/1964, vedado seu desvio para fins a elas estranhos, por força da vinculação de receitas e da impenhorabilidade estabelecida pelo art. 833, XII, do CPC.

Recorde-se, por relevante, que os patrimônios de afetação são incomunicáveis por definição legal e só por lei a incomunicabilidade pode ser extinta ou excepcionada, o que não ocorreu em relação à recuperação judicial.

Assim, estando uma incorporação submetida ao regime legal da incomunicabilidade, os créditos oriundos dos contratos de alienação das unidades imobiliárias que a compõem, vinculados à realização do objeto da afetação, e as obrigações a eles correspondentes, não integram o plano de recuperação judicial.

Isto posto, e na medida em que a empresa recuperanda deve continuar em atividade, os administradores da empresa recuperanda prosseguirão o recebimento dos preços convencionados nos contratos de venda, assim como os recursos provenientes de financiamento, se houver, na execução da obra e liquidação do passivo da incorporação; nessa atividade, esses mesmos administradores manterão separadas a conta corrente e a contabilidade de cada incorporação afetada, fornecerão à comissão de representantes demonstrativos trimestrais sobre o empreendimento e continuarão a praticar os demais atos típicos da administração dos patrimônios de afetação, definidos no art. 31-D da Lei nº 4.591/1964.

Cessada a incomunicabilidade, por efeito do cumprimento da destinação da afetação, isto é, conclusão da obra, entrega das unidades aos adquirentes e resgate do financiamento da construção, se houver, extingue-se o patrimônio de afetação e seu resultado será incorporado ao patrimônio geral da empresa recuperanda. Se, nessa ocasião, a recuperação judicial ainda estiver em curso, o conjunto dos direitos e das obrigações assim desafetado passará a submeter-se ao plano aprovado pela assembleia dos credores.

A aplicação dessas normas passou a ter grande repercussão 12 anos após a sanção das Leis nºs 10.931/2004 e 11.101/2005, quando vieram a ser formulados os primeiros pedidos de recuperação judicial de empresas incorporadoras.

Merecem destaque aspectos que envolvem a dinâmica da afetação de incorporação imobiliária que integra o objeto social de uma sociedade empresária de propósito específico (SPE), cuja constituição é prática comum no mercado das incorporações imobiliárias.

Em regra, ligadas a uma empresa *holding*, diversas SPEs de incorporação imobiliária compõem um grupo empresarial, cada uma delas tendo por objeto social a realização de uma única incorporação.

A limitação do objeto social de sociedade empresária a um único empreendimento imobiliário, entretanto, não confere eficácia semelhante à do regime da afetação, pois, enquanto os titulares de créditos contra uma SPE sujeitam-se aos efeitos da quebra, os credores vinculados aos patrimônios de afetação têm seus créditos excluídos dos efeitos da insolvência; além disso, esses credores são investidos de poderes para promover extrajudicialmente a realização dos seus direitos.

Em razão da proteção legal dos patrimônios de afetação contra esses riscos, as instituições financeiras, não raras vezes, condicionam a concessão de financiamento a uma SPE de incorporação imobiliária a que essa empresa constitua um patrimônio de afetação para a incorporação que integra seu objeto social.

Dada essa estruturação, percebe-se uma sobreposição de estruturas patrimoniais distintas destinadas à realização de um mesmo negócio, a saber, o patrimônio da SPE, que abrange a totalidade do conjunto dos direitos e obrigações da sociedade empresária, e o patrimônio de afetação, que se restringe aos ativos necessários à execução da obra, entrega das unidades vendidas e liquidação do passivo da construção;[53] por definição legal, o patrimônio de afetação não se confunde com o patrimônio geral da sociedade incorporadora, não havendo simetria entre eles, daí porque um não constitui, necessariamente, a integral projeção do outro.[54]

Alguns aspectos dessa peculiar situação foram apreciados no contexto de procedimentos de recuperação judicial nos anos 2017/2018, merecendo atenção dois acórdãos proferidos em agravos de instrumento pela 2ª Câmara Especializada de Direito Empresarial do Tribunal de Justiça de São Paulo.

No primeiro caso, o Tribunal rejeitou pedido de consolidação substancial, abrangendo o patrimônio geral da empresa *holding* e o de cada SPE a ela vinculada, inclusive SPEs cujo empreendimento esteja afetado, e foi além, ao não reconhecer legitimidade a essas SPEs para requerer recuperação judicial.

Fundamentando-se em que o regime legal de incomunicabilidade assegura a esses patrimônios especiais autonomia em relação ao procedimento de recuperação, o Tribunal rejeitou o argumento de que a omissão legislativa sobre a matéria sujeitaria os créditos vinculados a essas incorporações aos efeitos da recuperação, com fundamento em que, se no caso de falência, que é o mais, o direito dos credores vinculados ao patrimônio de afetação é preservado, não se justificaria que na recuperação judicial, que é o menos, viesse "a se sujeitar os credores relativos a patrimônios de afetação à modificação de seus direitos, com alteração de sua substância ou da forma de satisfação".[55]

Todavia, apesar de entender que os créditos vinculados às incorporações imobiliárias não são atingidos pelos efeitos da recuperação da empresa, considera que o tratamento conferido pela Lei nº 4.591/1964 aos adquirentes é incompatível com as soluções da Lei nº 11.101/2005,

---

[53] Lei nº 4.591/1964: "Art. 31-A. (…). § 8º Excluem-se do patrimônio de afetação: I – os recursos financeiros que excederem a importância necessária à conclusão da obra (art. 44), considerando-se os valores a receber até sua conclusão e, bem assim, os recursos necessários à quitação de financiamento para a construção, se houver; e II – o valor referente ao preço de alienação da fração ideal de terreno de cada unidade vendida, no caso de incorporação em que a construção seja contratada sob o regime por empreitada (art. 55) ou por administração (art. 58)".

[54] Lei nº 4.591/1964: "Art. 31-A. (…). § 1º O patrimônio de afetação não se comunica com os demais bens, direitos e obrigações do patrimônio geral do incorporador ou de outros patrimônios de afetação por ele constituídos e só responde por dívidas e obrigações vinculadas à incorporação respectiva".

[55] "Recuperação judicial. Grupo Viver. Incorporadoras e SPEs responsáveis pelos empreendimentos, em pedido conjunto (consolidação processual). Decisão agravada que determinou que as SPEs com patrimônio de afetação instituído deveriam formular planos distintos, admitindo assim consolidação substancial apenas no que diz respeito às controladoras e SPEs sem essa garantia. Inconformismo das recuperandas, buscando assegurar a consolidação substancial para todas as empresas do grupo, com apresentação de plano unitário e massificação da posição dos credores em relação ao conjunto das devedoras. Descabimento. Julgamento de outro agravo de instrumento, interposto por banco credor contra a mesma decisão aqui recorrida, no qual se adotou solução diametralmente oposta, recusando-se sequer a possibilidade de requerimento de recuperação por parte das SPEs com patrimônio de afetação e excluindo-as do processo" (Agravo de Instrumento 2007654-14.2017.8.26.0000, 2ª Câmara de Direito Empresarial do TJSP, rel. Des. Fábio Tabosa, j. 12.06.2017).

Em relação ao direito dos adquirentes, o voto do relator observa que, não sendo ele de natureza pecuniária, mas caracterizando-se como obrigação de fazer e dar, "a recuperação perante eles, a rigor, nem mesmo poderia produzir efeitos no tocante à obrigação precípua de cada compromisso de compra e venda, que é a de entrega das unidades negociadas (prestação de dar coisa, portanto), não débito pecuniário".

razão pela qual excluiu "a possibilidade de requerimento de recuperação por parte das SPEs com patrimônio de afetação".

No segundo caso, o tribunal admitiu a recuperação judicial de SPE com patrimônio de afetação, confirmou a validade do plano e identificou os créditos concursais e os extraconcursais, estes de responsabilidade do patrimônio de afetação.

Coerentemente com os critérios de segregação estabelecidos pelos arts. 31-F e seguintes, o acórdão reconhece que devem ser excluídos do plano "os créditos diretamente decorrentes do empreendimento e ligados à afetação, assim compreendidos, além da própria entrega da unidade e o quanto a isto se volte, mesmo que por iniciativa dos promissários, tal qual se vem de assentar sobre seus direitos básicos, o montante das parcelas pagas que acaso deva ser devolvido. Porém, o que então não se estenderia às indenizações que representam, afinal, obrigação substitutiva e subsidiária, ou relação derivada, *indireta*, se se preferir."[56]

Esses e outros aspectos suscitam reflexão ante a singularidade da situação, sempre com a atenção voltada para a efetividade da limitação de responsabilidade típica do regime jurídico da afetação patrimonial.

O principal desses aspectos refere-se à imunidade dos patrimônios de afetação, que é legalmente assegurada no contexto da recuperação judicial, qualquer que seja a estrutura societária a que esteja articulada. Assim, pouco importa se a empresa incorporadora afeta várias incorporações mediante simples averbação do "termo de afetação", e as mantém segregadas dentro do seu patrimônio geral, como prevê a lei, ou se afeta a incorporação que integra o objeto social de uma SPE, sendo também irrelevante se cria alguns patrimônios de afetação dentro do seu patrimônio geral e outros dentro do patrimônio de cada uma das SPEs a ela vinculadas. Em qualquer dessas situações é admitida a recuperação judicial, inclusive de SPE, ressalvadas objeções peculiares a casos concretos.

---

[56] "Agravo de instrumento. Recuperação judicial. Plano aprovado. Inexistência de irregularidade a reconhecer. Ausência de violação à paridade de tratamento dos credores. Opções para o pagamento a que qualquer credor pode livremente aderir, sequer alvitrada ilícita cooptação, com isso, para votação em assembleia. Taxa de juros que se explicita conforme índice expressamente identificado. Patrimônios de afetação claramente excluídos do feito recuperatório. Cláusula a respeito indicada que, em caso de inadimplemento, não é impeditiva de falência senão mediante prévia assembleia. Decisão mantida. Recurso desprovido." A propósito do tratamento peculiar dos patrimônios de afetação integrante de uma SPE, merecem destaque os seguintes trechos do voto do relator: "Daí o fato de se terem trazido à recuperação as empresas titulares do patrimônio de afetação, mas não estes patrimônios afetados, enquanto universalidades próprias e com específica destinação. Problema outro é definir exatamente o que nele se inclui ou mesmo que específicas relações ele garante. Ou seja, relacionado ao empreendimento, o que se sujeita e o que não se sujeita à recuperação. A propósito, o plano, no item 1.6.30, diferenciou, quanto às SPEs com patrimônio de afetação, e bem acerca da concursalidade, os créditos decorrentes da devolução das parcelas de compromissos dissolvidos, não sujeitos ao plano, porquanto vinculados à afetação, de outros 'créditos decorrentes de ações judiciais movidas por adquirentes de unidades imobiliárias ou condomínios em empreendimentos sujeitos a Patrimônio de Afetação oriundos de, mas não se limitando a, responsabilidade civil, perdas e danos, indenização por danos material ou moral', então sujeitos à recuperação. A questão que aqui se coloca, uma vez reputados extraconcursais, pela direta ligação com a afetação, os créditos consistentes na devolução de parcelas pagas pelo preço de promessas de venda e compra, diz especificamente com as indenizações eventualmente devidas a credores adquirentes de unidades, que ficaram, diversamente, submetidas ao plano, destarte fora da garantia representada pela segregação" (TJSP, Agravo de Instrumento 2023264-85.2018.8.26.0000, 2ª Câmara de Direito Privado, rel. Des. Cláudio Godoy, *DJe* 12.09.2018).

O que importa é que em qualquer dessas combinações de estruturas societárias o patrimônio de afetação é excluído dos efeitos da recuperação judicial, não integra o plano de recuperação e segue seu curso com autonomia até que o conjunto de direitos e obrigações a ele correspondente venha a ser desafetado nos termos da lei.

Coerentemente com essa lógica da limitação de responsabilidade do patrimônio de afetação, a VIII Jornada de Direito Civil, realizada em abril de 2018, aprovou o Enunciado 628, segundo o qual, no contexto do procedimento de recuperação judicial, os patrimônios de afetação, em geral, e não somente os correspondentes a uma incorporação imobiliária, "prosseguirão sua atividade com autonomia e incomunicáveis em relação ao patrimônio geral (...) até que extintos (...), quando seu resultado patrimonial, positivo ou negativo, será incorporado ao patrimônio geral da sociedade instituidora."[57]

Aspecto igualmente relevante diz respeito às prerrogativas dos adquirentes, cujos poderes de deliberação, em situações de crise, devem ser exercidos com vistas à realização da função da afetação, que compreende não só a conclusão da obra e entrega dos imóveis, mas igualmente a satisfação dos direitos dos demais credores.

Efetivamente, a Lei nº 4.591/1964 confere determinadas prerrogativas aos adquirentes, entre elas as de, em assembleia geral, (i) em caso de paralisação injustificada da obra ou retardamento excessivo da sua execução, deliberar pela destituição do incorporador, ou, (ii) em caso de insolvência do incorporador, e não sendo possível à maioria prosseguir na construção, deliberar pela venda do terreno e acessões. Além disso, especificamente em caso de falência, a lei atribui à comissão de representantes a administração do patrimônio de afetação, hipótese em que, também em assembleia geral, os adquirentes deliberarão pelo prosseguimento da obra ou pela liquidação do patrimônio de afetação.

Essas prerrogativas, entretanto, não conferem poder absoluto aos adquirentes.

A destituição do incorporador, a que se refere o art. 43, VI, por exemplo, tem por objeto seu afastamento das atividades relacionadas à construção e não alcança o direito subjetivo em que está investido como incorporador, na qualidade de proprietário do terreno e de titular do resultado da incorporação, positivo ou negativo.

De outra parte, o poder de administração legalmente conferido aos adquirentes não interfere na sua posição creditória preferencial em relação aos demais credores do patrimônio de afetação, pois o propósito basilar da afetação patrimonial é a consecução do negócio e a satisfação dos direitos do grupo de credores a ele vinculados. Sendo essa a função da afetação, a tutela especial conferida aos adquirentes diz respeito aos seus poderes para implementar a conclusão da obra e entrega das unidades, respeitados os direitos dos demais titulares de créditos vinculados à incorporação, seja ante a deliberação pelo prosseguimento da obra ou pela liquidação do patrimônio de afetação; neste último caso, a lei dispõe que o produto da venda do ativo destina-se ao pagamento dos credores vinculados ao patrimônio afetado, em conformidade com a ordem legal de preferência (art. 31-F, § 18). Importante particularidade diz respeito à discriminação entre os créditos excluídos do plano de recuperação e aqueles sujeitos aos seus efeitos.

---

[57] "Enunciado 628 – Art. 1.711: Os patrimônios de afetação não se submetem aos efeitos de recuperação judicial da sociedade instituidora e prosseguirão sua atividade com autonomia e incomunicáveis em relação ao seu patrimônio geral, aos demais patrimônios de afetação por ela constituídos e ao plano de recuperação até que extintos, nos termos da legislação respectiva, quando seu resultado patrimonial, positivo ou negativo, será incorporado ao patrimônio geral da sociedade instituidora."

Considerando que a autonomia conferida pela Lei nº 4.591/1964 ao patrimônio de afetação das incorporações imobiliárias é imperfeita, ou relativa, distinguem-se (i) os créditos relacionados ao escopo da afetação, pelos quais respondem os bens e direitos afetados (salvo se o patrimônio de afetação se tornar insuficiente, hipótese em que por eles responde o patrimônio geral do incorporador), e (ii) os demais créditos, não relacionados ao escopo da afetação, que são satisfeitos pelo ativo do patrimônio geral do incorporador e por eventual saldo que restar do patrimônio de afetação, depois de integralmente satisfeitas as obrigações relacionadas aos fins da incorporação.

Com base nesses pressupostos, a 2ª Câmara de Direito Privado do Tribunal de Justiça do Estado de São Paulo, no acórdão proferido no Agravo de Instrumento nº 2023264-85.2018.8.26.0000, reconheceu a validade do plano que, de uma parte, excluiu dos efeitos da recuperação os créditos dos trabalhadores da obra, do permutante do terreno, do financiador da construção e dos adquirentes, neste caso compreendendo o direito de receber seu imóvel ou o direito à restituição decorrente de distrato ou resolução de promessa de venda, e, de outra parte, incluiu no plano de recuperação todos os demais créditos estranhos ao objeto da afetação, entre os quais os relacionados à responsabilidade civil da incorporadora, correspondentes a indenizações por atraso de obra ou vício de construção, que, por não serem vinculados à execução e regularização das edificações e à liquidação do respectivo passivo, são atribuídos ao seu patrimônio geral.[58]

O tema foi apreciado pela 3ª Turma do Superior Tribunal de Justiça, que, por unanimidade, no julgamento do REsp 1.975.067 / SP, rejeitou pretensão de empresa incorporadora em procedimento de recuperação judicial de incluir no plano de recuperação créditos vinculados a empreendimentos submetidos a afetação patrimonial, com fundamento em que os direitos e obrigações segregados no patrimônio de afetação são incomunicáveis em relação ao patrimônio geral da empresa incorporadora e aos patrimônios de afetação por ela criados, preservando, assim, a incolumidade da incorporação imobiliária afetada.[59]

---

[58] Conforme consta no voto do relator, "os créditos diretamente decorrentes do empreendimento e ligados à afetação, assim compreendidos, além da própria entrega da unidade (...), e o montante das parcelas pagas que acaso deva ser devolvido. Porém, o que então não se estenderia às indenizações que representam, afinal, obrigação substitutiva e subsidiária, ou relação derivada, *indireta*, se se preferir."

[59] "Recurso especial. Empresarial. Sociedades de propósito específico. Incorporação imobiliária. Patrimônio de afetação. Recuperação judicial. Incompatibilidade. Ausência de patrimônio separado. Recuperação. Possibilidade. Consolidação substancial. Vedação. Destituição. Prerrogativa. Adquirentes. Viabilidade econômica. Exame. Não ocorrência. 1. Recurso especial interposto contra acórdão publicado na vigência do Código de Processo Civil de 2015 (Enunciados Administrativos nºs 2 e 3/STJ). 2. Cinge-se a controvérsia a definir i) se a recuperação judicial é compatível com as sociedades de propósito específico, com ou sem patrimônio de afetação, que atuam na atividade de incorporação imobiliária, ii) se no caso concreto estão preenchidos os requisitos para o processamento da recuperação judicial das recorrentes, iii) se é possível a realização de constatação prévia, e iv) se a Corte de origem analisou a viabilidade econômica da empresa. 3. As sociedades de propósito específico que atuam na atividade de incorporação imobiliária e administram patrimônio de afetação estão submetidas a regime de incomunicabilidade, criado pela Lei de Incorporações, incompatível com o da recuperação judicial. Os créditos oriundos dos contratos de alienação das unidades imobiliárias, assim como as obrigações decorrentes da atividade de construção e entrega dos referidos imóveis são insuscetíveis de novação. Ademais, o patrimônio de afetação não pode ser contaminado pelas outras relações jurídicas estabelecidas pelas sociedades do grupo. (...)." (STJ, REsp 1975067-SP, rel. Ministro Ricardo Villas Bôas Cueva, DJe 25.5.2022, transitado em julgado em 6.10.2022).

132 INCORPORAÇÃO IMOBILIÁRIA • *Melhim Namem Chalhub*

Esses e outros aspectos evidenciam que a complexidade do conjunto de normas que disciplina a afetação das incorporações imobiliárias e a recuperação judicial de empresa recomenda detida reflexão sobre sua aplicação prática, em busca da adequada interpretação sistemática e teleológica que viabilize a composição dos interesses em jogo, em conformidade com as prerrogativas e direitos dos adquirentes.

Assim, diante de situação de crise de uma SPE com patrimônio de afetação, tendo presente a prioridade conferida pela Lei nº 4.591/1964 à conclusão da obra e entrega dos imóveis aos adquirentes e inexistindo impedimento legal a que uma SPE se submeta a recuperação judicial, nada obsta o deferimento do seu pedido, nos termos da lei.

No curso desse procedimento, a obra prosseguirá sob administração dos diretores da incorporadora e fiscalização do administrador judicial. Situações de crise do patrimônio de afetação podem ser superadas pela aplicação das normas da própria Lei nº 4.591/1964, mas não se pode deixar de considerar instrumentos como *stay period*, dilatação de prazo, alienação de ativos sem risco de contaminação por dívidas anteriores, entre outros meios de renegociação típicos do procedimento de recuperação, que podem ser úteis para recomposição do passivo com vistas à consecução do propósito prioritário da afetação de uma incorporação imobiliária integrante do objeto social de uma SPE.

3.5.6.2. Art. 31-F – Normas procedimentais aplicáveis em decorrência de decretação da falência da empresa incorporadora

Dispõe o art. 119, IX, da Lei nº 11.101/2005 (Lei de Recuperação de Empresa e Falência), que "os patrimônios de afetação (...) obedecerão ao disposto na legislação respectiva", prescrevendo que os bens, direitos e obrigações do patrimônio de afetação permanecerão separados dos do falido até o cumprimento da sua finalidade, isto é, no caso das incorporações, a conclusão da obra, averbação da construção, entrega das unidades aos adquirentes e resgate do financiamento da construção. Após, o administrador judicial arrecadará o saldo à massa ou inscreverá o crédito que remanescer contra a massa.

Uma vez que a falência da incorporadora não atinge as incorporações submetidas a afetação, o art. 31-F prevê que, nos 60 dias que se seguirem à decretação da quebra, os adquirentes realizarão assembleia geral na qual, por maioria simples, deliberarão pela ratificação do mandato dos membros da Comissão de Representantes ou elegerão novos membros e, em primeira convocação, por dois terços dos votos dos adquirentes, ou, em segunda convocação, pela sua maioria absoluta, instituirão o condomínio da construção, bem como deliberarão, alternativamente, pela continuação da obra ou pela liquidação do patrimônio de afetação, estabelecendo os termos em que se deva proceder uma ou outra (art. 31-F, § 1º).

A convocação para essa assembleia será feita pela Comissão de Representantes ou, na sua falta, por um sexto dos titulares das frações ideais, ou, ainda, por determinação do juiz da falência. Havendo financiamento para construção, a convocação poderá ser feita pela entidade financiadora (art. 31-F, § 1º).

Na hipótese de paralisação da obra, ou seu atraso injustificado, também se aplica o mesmo procedimento, visando a substituição do incorporador e a continuação da obra sob administração da Comissão de Representantes.

Os §§ 3º a 6º do art. 31-F conferem poderes à Comissão de Representantes para, em caso de falência da incorporadora, outorgar aos adquirentes o contrato definitivo a que estiverem obrigados o incorporador e o titular do domínio ou dos direitos aquisitivos sobre o imóvel objeto da incorporação. Esse mandato há de ser exercido sempre em cumprimento aos contratos preliminares.

Cap. III • A INCORPORAÇÃO IMOBILIÁRIA COMO PATRIMÔNIO DE AFETAÇÃO

A despeito dessas normas protetivas, o art. 9º da Lei nº 10.931/2004 impõe pesada sanção aos adquirentes, dispondo em sentido diametralmente oposto ao propósito da lei.

Com efeito, dispõe o art. 9º que, em caso de falência, "perde eficácia a deliberação pela continuação da obra (...), bem como os efeitos do regime de afetação instituídos por esta lei, caso não se verifique o pagamento das obrigações tributárias, previdenciárias e trabalhistas, vinculadas ao respectivo patrimônio de afetação (...), as quais deverão ser pagas pelos adquirentes em até um ano daquela deliberação, ou até a data da concessão do habite-se, se este ocorrer em prazo inferior."

Nos termos em que está redigido, o art. 9º viola, a um só tempo, os princípios da isonomia, da defesa do consumidor e do devido processo legal.

Ora, a lei já contempla a sub-rogação dos adquirentes nos direitos e obrigações da incorporadora, obrigando-os, portanto, ao pagamento dos débitos fiscais, previdenciários e trabalhistas vinculados à respectiva incorporação (§ 11 do art. 31-F). Considerando que um dos pressupostos dessa lei é a vulnerabilidade econômica e técnica dos adquirentes, deveria conceder aos adquirentes condições de pagamento mais favoráveis do que as condições que normalmente são asseguradas às empresas, em geral. Esta á uma das hipóteses em que o princípio constitucional da isonomia se realiza pela desigualdade de tratamento, pelo qual se dá tratamento privilegiado para as categorias de pessoas que se encontrem em situação de desvantagem econômica ou técnica, como é o caso dos adquirentes de imóveis em construção, diante da caótica situação decorrente da falência da incorporadora.

Por isso mesmo, a lei deveria buscar o equilíbrio de acordo com o critério da proporcionalidade, assegurando aos adquirentes, no mínimo, as mesmas condições de pagamento concedidas às organizações empresariais.

Com efeito, sabendo-se que, em razão da falência, a situação orçamentária da incorporação será, num primeiro momento, deficitária, a isonomia recomenda a concessão de maior facilidade de pagamento aos adquirentes, desigualando o tratamento, pois o valor mais relevante a ser atendido é o da continuidade da obra, com todos os benefícios sociais e econômicos daí decorrentes, e não sua paralisação arrecadação à massa falida, se não resgatados em um ano os débitos a que se refere o art. 9º da Lei nº 10.931/2004.

De outra parte, a assunção da administração será um encargo excessivamente pesado para os adquirentes, que estarão se empenhando pessoalmente para salvar suas economias, não para obter lucro.

Importa notar que, a despeito de constituir uma tutela especial que visa compensar a vulnerabilidade dos adquirentes, a afetação protege, igualmente, os demais credores do empreendimento, entre eles os trabalhadores, a previdência e o fisco.

De acordo com esse sistema, os compradores, através da Comissão de Representantes, assumem a administração da incorporação e pagam diretamente os débitos trabalhistas e demais débitos, na ordem legal de preferência, sem sofrer os efeitos da falência.

Incompreensivelmente, entretanto, o art. 9º prevê a desafetação da incorporação e a consequente arrecadação desse patrimônio à massa falida, ao dispor que "perdem eficácia (...) os efeitos do regime de afetação instituídos por esta lei, caso não se verifique o pagamento (...) em até um ano daquela deliberação."

Embora o art. 9º seja, efetivamente, danoso aos interesses de todos os credores vinculados ao empreendimento, é particularmente desastroso para os trabalhadores.

É que, independentemente de afetação, os compradores continuam a ter direito de prosseguir a obra, mas, extinguindo-se a afetação, como dispõe o art. 9º, os trabalhadores perdem o direito de receber seus créditos diretamente do patrimônio de afetação, sendo obrigados a habilitar seus créditos no processo de falência, no qual deverão aguardar seu encerramento para recebê-los, o que só ocorrerá após a realização do ativo da massa falida.

Ao proibir os adquirentes de dar prosseguimento à obra se não pagarem, desde logo, os débitos não honrados pelo incorporador, o art. 9º suprime direitos que já se encontravam assegurados pela Lei nº 4.591/1964, que já lhes garantia o direito de prosseguir a obra sem necessidade de resgate imediato dos débitos pendentes. A supressão de direitos dos adquirentes é inadmissível, mesmo que eles sejam devedores, ainda que sejam devedores inadimplentes e mesmo que se mantenham na condição de devedores inadimplentes. Ora, a pendência de débito não priva a pessoa do uso e da fruição de seus bens ou direitos, mesmo que estes estejam submetidos a constrição judicial. Observe-se que, no processo comum de execução judicial, o depositário dos bens penhorados é, em regra, o próprio devedor, que continua no seu uso e fruição, sem qualquer restrição, salvo se houver risco de frustração da prestação jurisdicional e o credor se opuser, fundamentadamente. Quando se trata de bem imóvel, o devedor continua na sua posse, uso e gozo até que se conclua o processo de execução e, mesmo havendo expropriação do bem, o devedor só será desapossado mediante mandado judicial de imissão ou de reintegração de posse. Vê-se, assim, que o art. 9º não tem precedente no direito positivo. Trata-se de inqualificável arbitrariedade, que causa prejuízo para todos quantos estejam envolvidos na questão, seja pela paralisação da obra, seja pelo não recebimento do crédito. Além de não resolver problema algum, essa norma ainda cria novos problemas.

A par da arbitrariedade, a proibição é desnecessária, pois os débitos em questão estão garantidos pelo próprio patrimônio de afetação constituído pelo acervo da incorporação. De fato, nos precisos termos da definição legal, é o ativo do patrimônio de afetação que responde pelas obrigações contraídas para cumprimento da sua finalidade, e só ele responde por essas obrigações (ressalvada, obviamente, a responsabilidade do incorporador pelos prejuízos que causar). De outra parte, não há que se ter receio de que os adquirentes se esquivem do pagamento, subtraiam bens do ativo do patrimônio de afetação ou os transfiram para outro local, pois esse ativo é constituído de *pedra e cal*, fixo, inarredável. Além dessa estabilidade material, esse ativo é financeiramente valorizável e o prosseguimento da obra só tende a valorizá-lo ainda mais, aumentando a garantia até mesmo dos credores a que se refere o art. 9º da Lei nº 10.931/2004.

A tudo isso acresce que essa proibição jamais poderia ser cogitada, pois se contrapõe à própria finalidade da norma legal, que é facilitar a liberação para que a obra prossiga sem obstáculos, e não a bloquear, como se depreende desse art. 9º.

A proibição se mostra ainda mais desarrazoada à vista da regra da sub-rogação dos adquirentes nos direitos e obrigações relativas à incorporação, e para esse fim os adquirentes custearão as despesas necessárias à conclusão da obra, aportando recursos na proporção dos coeficientes de construção atribuíveis a cada unidade imobiliária, até o limite correspondente ao preço de aquisição de suas unidades (§ 12 do art. 31-F).

Para prosseguimento da construção, os adquirentes deverão continuar a realizar os pagamentos previstos nos respectivos contratos de aquisição ou de construção, mas os pagamentos deverão ser feitos à Comissão de Representantes, "permanecendo o somatório desses recursos submetido à afetação, nos termos do art. 31-A, até o limite necessário à conclusão da incorporação" (art. 31-F, § 12, I).

Nesse sentido, a lei confere à Comissão de Representantes mandato legal, irrevogável, para receber as parcelas do saldo do preço, bem como promover as medidas judiciais ou extrajudiciais necessárias a esse fim, inclusive promovendo o leilão previsto no art. 63, bem como os atos relativos à consolidação da propriedade e ao leilão de que tratam os art. 26 e 27 da Lei nº 9.514/1997, aplicando na incorporação todo o produto que arrecadar (art. 31-F, § 12, II).

As receitas da incorporação, cujas quantias serão recebidas pela Comissão de Representantes, são "os valores das parcelas a receber, vincendas e vencidas e ainda não pagas, de

Cap. III • A INCORPORAÇÃO IMOBILIÁRIA COMO PATRIMÔNIO DE AFETAÇÃO | 135

cada adquirente, correspondentes ao preço de aquisição das respectivas unidades ou do preço de custeio de construção, bem como os recursos disponíveis afetados" (art. 31-F, § 12, III).

Na tarefa de administração do empreendimento, a Comissão de Representantes atuará como substituta do incorporador, agindo por seus membros ou por prepostos, sendo admissível que venham a ser contratados engenheiros, administradores ou outros profissionais habilitados a promover a execução dos atos relacionados ao prosseguimento da incorporação.

Caso o saldo dos preços das promessas de compra e venda não seja suficiente para concluir a construção, os adquirentes poderão promover arrecadação extra entre eles próprios. Nessa hipótese, "cada adquirente responderá individualmente pelo saldo porventura existente entre as receitas do empreendimento e o custo da conclusão da incorporação na proporção dos coeficientes de construção atribuíveis às respectivas unidades, se outro critério de rateio não for deliberado em assembleia geral por dois terços dos votos dos adquirentes" (art. 31-F, § 12).

A obrigação dos adquirentes está limitada ao valor contratado para aquisição das suas unidades, mas esse fato não significa que eles devam, necessariamente, interromper o aporte de recursos uma vez atingido esse valor; podem e, conforme as circunstâncias, talvez devam, continuar aportando recursos além daquele limite, se julgarem conveniente a conclusão da obra; o limite de responsabilidade dos adquirentes apenas indica que o *quantum* do aporte que exceder o valor contratado para a aquisição poderá ser ressarcido pelo incorporador, malgrado as dificuldades de obtenção de ressarcimento em caso de falência.

Uma vez concluída a incorporação, com a averbação da construção no Registro de Imóveis e instituído o condomínio (art. 44), a Comissão de Representantes deverá levantar uma espécie de balanço patrimonial de encerramento, apurando o saldo positivo ou negativo do empreendimento; no primeiro caso, a Comissão deverá arrecadá-lo à massa e, no segundo, havendo saldo negativo, o valor a este correspondente constituirá crédito a ser habilitado na massa, respondendo o incorporador com seus bens pessoais (inciso VII do art. 43).

Para assegurar as medidas necessárias à continuação da obra, a Comissão de Representantes, no prazo de 60 dias a contar da data da assembleia geral que tiver deliberado pelo prosseguimento da incorporação, promoverá a venda das unidades do "estoque" do incorporador, ou seja, aquelas unidades que, quando da decretação da falência, não tiverem sido alienadas pelo incorporador (§ 14 do art. 31-F). A medida assegura os efeitos práticos da afetação patrimonial, facilitando o ingresso de novos participantes com capacidade financeira para suportar os custos da obra, pois, caso o incorporador falido mantivesse sua titularidade sobre essas unidades, ele é que deveria pagar as quotas de construção correspondentes ao seu custo, nos termos do § 6º do art. 35. A venda deverá ser feita em leilão público, de acordo com os critérios estabelecidos no art. 63, ficando o arrematante sub-rogado nos direitos e nas obrigações relativas à fração ideal e acessões objeto da arrematação, inclusive, em proporção, nas obrigações relativas ao custeio da obra e nas obrigações do respectivo financiamento, se houver, bem como naquelas referentes ao custeio das unidades eventualmente reservadas para o proprietário-do-terreno-permutante, no caso do art. 39 (§ 15 do art. 31-F).

A solução adotada para continuação da obra inspira-se nas normas dos arts. 43, III, bem como no princípio contido no art. 117 da Lei de Recuperação de Empresa.[60]

---

[60] Corresponde ao art. 43 da antiga Lei de Falências (Decreto-lei nº 7.661/1945), assim dispondo a Lei nº 11.101/2005: "Art. 117. Os contratos bilaterais não se resolvem pela falência e podem ser cumpridos pelo administrador judicial se o cumprimento reduzir ou evitar o aumento do passivo da massa falida ou for necessário à manutenção e preservação de seus ativos, mediante autorização do Comitê".

Prevê o art. 43 da Lei das Incorporações a possibilidade de prosseguimento da obra, em caso de falência do incorporador, e essa disposição articulava-se com o art. 43 da antiga Lei de Falências (Decreto-lei nº 7.661/1945), pelo qual os contratos bilaterais, como são os contratos de incorporação, poderiam ser executados se o síndico entendesse ser de conveniência para a massa. A Lei de Recuperação de Empresa, que substitui a antiga Lei de Falências, contempla semelhante disposição no art. 117, pelo qual é possível ao administrador judicial, mediante autorização do Comitê de Credores, cumprir os contratos bilaterais, se tal cumprimento reduzir ou evitar o aumento do passivo da massa ou se for necessário à manutenção e preservação do seu ativo. No caso do contrato de incorporação, considerando a densidade social que esse negócio encerra, a regra do § 14 do art. 31-F dispensa a análise de conveniência que é atribuída ao administrador e determina, em termos cogentes, que os titulares de direitos sobre as unidades imobiliárias integrantes da incorporação deliberem pela continuação da obra ou pela liquidação do patrimônio de afetação, atribuindo à Comissão de Representantes o encargo de promover a execução do contrato de incorporação, com os poderes de administração do negócio, e vender, em público leilão, as unidades do estoque da incorporadora, arrecadando ao ativo da massa o saldo que porventura restar, após satisfeitos os créditos vinculados ao patrimônio de afetação, na ordem de preferência estabelecida no § 18 do art. 31-F.

Com efeito, se o incorporador ainda tiver unidades imobiliárias em "estoque", qualquer solução fora da teoria da afetação mostra-se estéril, provocando elevados prejuízos aos adquirentes, muitas vezes prejuízos irrecuperáveis. De fato, as unidades "em estoque" correspondem a ativo do incorporador e, portanto, não sendo afetada a incorporação, integram o acervo da massa falida e a ela devem ser arrecadadas, cabendo sua administração ao síndico da massa; estando em andamento a construção, é do incorporador a responsabilidade pelo custeio das unidades "em estoque", o que, em regra, se faz mediante pagamento de parcelas mensais correspondentes ao custo das sucessivas etapas da obra.

Arrecadadas essas unidades à massa, incumbe ao administrador avaliar se interessa ou não cumprir o contrato, pagando mensalmente as prestações, decisão essa que será adotada de acordo com a conveniência da massa e mediante autorização do Comitê, nos termos do art. 117 da Lei de Recuperação de Empresa. Há contratos cujo cumprimento pode interessar à massa, e assim o administrador poderá deliberar e executar mediante autorização do Comitê. Nas incorporações imobiliárias, entretanto, o cumprimento do contrato é, na maioria dos casos, inviável.

As unidades "em estoque" deverão, obviamente, submeter-se às regras aplicáveis aos bens integrantes do ativo da massa, sendo certo que a liquidação do ativo depende de todo o processamento da falência, com minuciosa apuração de todas as contas do ativo e do passivo e a consequente identificação dos bens e direitos do ativo, bem como a definição do quadro de credores. Caso o administrador decida pelo não cumprimento do contrato em relação às unidades "em estoque" que tiverem sido arrecadadas à massa, os adquirentes sofrerão pesados prejuízos, na medida em que, se eventualmente prosseguirem a execução da obra, terão que suportar os custos das unidades do falido até que se resolva a questão do inadimplemento, seja pela aplicação do art. 63 da Lei das Incorporações, seja pela liquidação do ativo da massa.

É para evitar esses problemas e assegurar a realização da finalidade econômica e social do contrato que a norma do art. 31-F prevê que as unidades do "estoque" do incorporador serão ofertadas em público leilão para venda antecipada, a exemplo do que prevê o art. 113

Cap. III • A INCORPORAÇÃO IMOBILIÁRIA COMO PATRIMÔNIO DE AFETAÇÃO | 137

da Lei de Recuperação de Empresa,[61] antecipação essa que, no caso da incorporação, atende ao propósito legal de prosseguimento da obra, respeitados os direitos do falido e dos demais credores. Ora, sabendo-se, por elementar, que dificilmente o incorporador falido teria disponibilidade financeira para suportar esses custos, e considerando a necessidade de continuação da obra, para assegurar os direitos da coletividade de condôminos, a medida mais razoável é a venda antecipada das unidades do "estoque", com o que se atendem todos os interesses em jogo, respeitando-se os direitos de todos quantos nele estejam envolvidos: do ponto de vista do grupo de adquirentes, serão assegurados os meios para manutenção do fluxo financeiro necessário ao andamento normal da obra e sua conclusão; do ponto de vista dos credores em geral, estará respeitado seu direito sobre o produto da venda do ativo da massa e, por fim, sob a perspectiva do falido, este será exonerado do encargo de pagar as quotas de construção.

Essas medidas afastam os entraves normalmente verificados no processo de falência, propiciando solução que, a despeito da sua celeridade, preserva os direitos patrimoniais do incorporador e dos seus credores, ao mesmo passo em que colocam no lugar do incorporador falido um novo adquirente, que assume a obrigação de aportar os recursos necessários ao prosseguimento da obra.

Isso não obstante, é de se admitir que, em casos excepcionais, deva ser considerada a conveniência da massa, desde que não prejudique o interesse da comunidade dos adquirentes, e, assim, sejam preservadas as unidades do "estoque" do incorporador, pois, concluída a construção, poderá ser obtido melhor preço, em benefício da massa; nesse caso, o síndico poderá deliberar pela execução do contrato, no que tange a essas unidades imobiliárias, responsabilizando-se, obviamente, pelo pagamento das quotas de construção que lhes sejam atribuídas.

Os §§ 16, 17 e 18 do art. 31-F estabelecem os requisitos e as formalidades para realização do leilão, bem como a ordem de preferências e a distribuição do produto da venda. Para esse fim, nos anúncios do leilão devem ser divulgados o valor das acessões não pagas pelo incorporador (§ 6º do art. 35) e o preço da fração ideal do terreno e das acessões (arts. 40 e 41).

São asseguradas preferências, sucessivamente, (a) ao proprietário do terreno, nas hipóteses em que este seja pessoa distinta do incorporador, a preferência para comprar as acessões vinculadas à fração objeto da venda, a ser exercida nas 24 horas que se seguirem à data designada para o leilão, e (b) ao condomínio, caso o proprietário não exerça sua preferência, ou caso não haja licitantes, a preferência para comprar as frações ideais e acessões, mas neste caso a compra depende de deliberação da assembleia geral dos condôminos, adotada pela maioria simples dos adquirentes presentes; a preferência do condomínio deve ser exercida nas 48 horas seguintes à data designada para o leilão.

O leilão será realizado por leiloeiro contratado pela Comissão de Representantes, de acordo com as disposições do art. 63 e seus parágrafos.

Até 5 dias após ter recebido o preço da venda, a Comissão de Representantes distribuirá o produto da venda nos seguintes termos: *em primeiro lugar*, pagará as obrigações trabalhistas, previdenciárias e tributárias vinculadas ao respectivo patrimônio de afetação, "observada a ordem de preferência prevista na legislação, em especial o disposto no art. 186 do Código Tributário Nacional" (§ 18 do art. 31-F, inciso I); *em segundo lugar*, reembolsará aos adquirentes as quantias que estes, com recursos próprios, tiverem adiantado para pagamento das

---

[61] Corresponde ao art. 73 da antiga Lei de Falências, assim dispondo o art. 113 da Lei 11.101/2005: "Art. 113. Os bens perecíveis, deterioráveis, sujeitos a considerável desvalorização ou que sejam de conservação arriscada ou dispendiosa, poderão ser vendidos antecipadamente, após a arrecadação e a avaliação, mediante autorização judicial, ouvidos o Comitê e o falido no prazo de 48 (quarenta e oito) horas".

138 | INCORPORAÇÃO IMOBILIÁRIA • *Melhim Namem Chalhub*

obrigações trabalhistas, previdenciárias e tributárias; *em terceiro lugar*, reembolsará à entidade financiadora do empreendimento a quantia que esta tiver entregue para a construção, "salvo se outra forma não vier a ser convencionada entre as partes interessadas" (§ 18 do art. 31-F, inciso III); *em quarto lugar*, a Comissão de Representantes entregará "ao Condomínio o valor que este tiver desembolsado para a construção das acessões de responsabilidade do incorporador (§ 6º do art. 35 e § 5º do art. 31-A), na proporção do valor obtido na venda" (§ 18 do art. 31-F, inciso IV); *em quinto lugar*, entregará ao proprietário do terreno, "nas hipóteses em que este seja pessoa distinta da pessoa do incorporador, o valor apurado na venda, em proporção ao valor atribuído à fração ideal" (§ 18 do art. 31-F, inciso V); e, finalmente, *em sexto lugar*, a Comissão de Representantes arrecadará "à massa falida o saldo que porventura remanescer" (§ 18 do art. 31-F, inciso VI).

O art. 31-F e seus parágrafos conferem poderes especiais à comissão de representantes para adotar todas as medidas necessárias à implementação dos atos decorrentes da assembleia geral que deliberar pelo prosseguimento da obra ou pela liquidação do patrimônio de afetação.

Para o caso de prosseguimento da obra, a comissão assumirá a administração da incorporação visando a conclusão da obra e a entrega das unidades aos adquirentes.

Para tal, fica investida de poderes para "firmar com os adquirentes das unidades autônomas o contrato definitivo a que estiverem obrigados o incorporador, o titular do domínio e o titular dos direitos aquisitivos do imóvel objeto da incorporação" (§ 3º do art. 31-F). Refere-se a lei à escritura "definitiva" da unidade imobiliária ou da fração ideal, conforme tiver sido firmado o contrato preliminar com o incorporador. Há casos, como já visto, em que o vínculo contratual relativo à fração ideal do terreno é estabelecido com o proprietário do terreno, e não com o incorporador; nesse caso, o adquirente firma um contrato preliminar, em geral promessa de compra e venda, com o proprietário do terreno e firma um contrato de construção articulado com o contrato de promessa da fração ideal; nesse caso, quem terá legitimidade para outorgar o contrato definitivo, isto é, a escritura "definitiva" da fração ideal do terreno, é o proprietário do terreno, daí por que o § 3º do art. 31-F confere à comissão para firmá-lo em nome do "titular do domínio." Na maioria dos casos, entretanto, o próprio incorporador é que é o proprietário do terreno e, então, o contrato definitivo de que fala a lei será a escritura "definitiva" da unidade, compreendendo a fração ideal e as respectivas acessões que correspondem à unidade imobiliária. O mandato legal que a lei confere à comissão é medida de extraordinário alcance social, pois assegura aos adquirentes a obtenção da sua escritura independente de intervenção judicial; como se sabe, anteriormente era o juiz da falência que autorizava a assinatura de cada contrato, fazendo-o mediante deferimento de requerimento de alvará para cada adquirente; além disso, afasta a eventual necessidade de propositura de ações de adjudicação compulsória. Saliente-se que, mesmo se houver obrigações a cumprir por parte dos adquirentes, seja perante o incorporador ou perante entidade financiadora do empreendimento, ainda assim a lei permite que a comissão lhes outorgue o contrato definitivo, mas, nesse caso, exige que seja constituída "garantia real sobre o imóvel, para assegurar o pagamento do débito remanescente" (§ 6º do art. 31-F).

Dispõe a lei que, caso decidam pela continuação da obra, os adquirentes "ficarão automaticamente sub-rogados nos direitos, nas obrigações e nos encargos relativos à incorporação, inclusive aqueles relativos ao contrato de financiamento da obra, se houver" (§ 11 do art. 31-F).

Essa disposição é completada pelos parágrafos seguintes, que investem a comissão de representantes de poderes para, em nome do incorporador, receber as parcelas vincendas do saldo do preço e dar quitação, bem como as medidas judiciais e extrajudiciais necessárias a esse recebimento, inclusive promovendo o leilão extrajudicial das unidades dos adquirentes

Cap. III • A INCORPORAÇÃO IMOBILIÁRIA COMO PATRIMÔNIO DE AFETAÇÃO | **139**

inadimplentes, sempre visando arrecadar os recursos previstos no orçamento da incorporação e aplicá-los na construção.

É igualmente com a finalidade de promover a consecução da incorporação que a comissão de representantes está autorizada a vender, em público leilão extrajudicial, as unidades do "estoque" do incorporador.

Saliente-se que a sub-rogação não transfere aos adquirentes as responsabilidades típicas da atividade da incorporação; o que visa essa disposição, coerentemente com a finalidade da lei, é assegurar a apropriação das unidades por parte dos adquirentes. Considerando a hipótese de a obra estar em andamento, a lei atribui aos adquirentes, por meio da comissão de representantes, as tarefas necessárias à sua conclusão, fixando o valor da respectiva contrapartida, daí por que o § 12 do mesmo art. 31-F dispõe que "cada adquirente responderá individualmente pelo saldo porventura existente entre as receitas do empreendimento e o custo da conclusão da incorporação na proporção dos coeficientes de construção atribuíveis às respectivas unidades", se outro critério não for definido pela assembleia geral. Tal disposição está articulada à norma do inciso II do mesmo § 12, pelo qual as prestações que se vencerem a partir da decretação da falência passarão a ser pagas à comissão de representantes, "permanecendo o somatório desses recursos submetidos à afetação", visando a conclusão da obra e entrega das unidades aos adquirentes.

A lei esclarece quais são as receitas do empreendimento, a saber, "os valores das parcelas a receber, vincendas e vencidas e ainda não pagas, de cada adquirente, correspondentes ao preço das respectivas unidades ou do preço de custeio de construção, bem como os recursos disponíveis afetados" (inciso III do § 12 do art. 31-F), isto é, aqueles que estiverem depositados na conta-corrente bancária especial. Como já visto, o incorporador deverá manter os recursos de cada patrimônio de afetação separados, em conta-corrente bancária específica de cada um deles. A conta é aberta e movimentada pela própria empresa incorporadora e em seu próprio nome. Entretanto, caso venha a empresa a falir, os recursos passarão a ser movimentados pela comissão de representantes e, para esse fim, deverá ela providenciar a abertura de nova conta-corrente e para essa transferir o saldo que porventura existir na conta-corrente especial anteriormente aberta pela incorporadora.

Ainda se referindo às tarefas que a comissão de representantes deverá assumir na hipótese de falência da incorporadora, a lei dispõe que estão compreendidos no custo da conclusão da incorporação "todo o custeio da construção do edifício e a averbação da construção das edificações para efeito de individualização e discriminação das unidades, nos termos do art. 44" (inciso III do § 12 do art. 31-F).

Para considerar cumprida a finalidade do patrimônio de afetação e consumada sua extinção, não basta a conclusão da obra, sendo necessário, também, que sejam individualizadas as unidades no Registro de Imóveis, registrados os títulos aquisitivos em nome dos adquirentes e, quando for o caso, resgatada a dívida do incorporador perante a entidade financiadora do empreendimento (art. 31-E, I).

Tendo em vista que os adquirentes ficam sub-rogados nos direitos e nas obrigações do incorporador, inclusive naquelas decorrentes de contrato de financiamento da incorporação, o resgate do financiamento poderá ser representado pela assunção dessa dívida pelos adquirentes, na proporção dos coeficientes de construção das suas respectivas unidades. Nesse caso, os adquirentes passarão a pagar diretamente à financiadora, ficando o incorporador exonerado da dívida na proporção correspondente à assunção pelos adquirentes.

No que tange às dívidas do patrimônio de afetação, muito embora o art. 31-E considere extinto esse patrimônio especial mediante extinção das suas obrigações somente perante a entidade financiadora, o certo é que a extinção depende do resgate de todas as dívidas a ele vinculadas, só sendo inscritas na massa os débitos não resgatados com o produto do ativo do referido patrimônio. Assim, se no patrimônio de afetação não houver recursos para satisfação de todos os credores a ele vinculados, os remanescentes deverão habilitar seus créditos na massa falida, observada a respectiva classificação.

Uma vez cumprida essa destinação, com a extinção do patrimônio de afetação, a comissão de representantes deve entregar o saldo que houver ao administrador da massa falida. Se, nesse momento, houver saldo na conta-corrente bancária especial do patrimônio de afetação, esse saldo deverá ser arrecadado em dinheiro à massa falida. Pode ocorrer, entretanto, que, além do saldo em dinheiro, ainda haja crédito do incorporador a ser recebido após a conclusão da obra, devendo esse crédito ser arrecadado pelo administrador.

Caso haja insuficiência de recursos, como previsto no § 12 do art. 31-F, serão necessários novos aportes por parte dos adquirentes, o que será feito por cada um na proporção do coeficiente de construção da respectiva unidade, salvo se a assembleia definir outro critério. Nesse caso, concluída a obra e entregues as unidades, os adquirentes habilitarão seus créditos na falência.

É nesse sentido que a Lei de Recuperação de Empresa dispõe, ao prever que os patrimônios de afetação constituídos pelo falido continuarão operando até cumprirem sua destinação, observada a legislação específica; uma vez advindo o termo da afetação ou cumprida sua finalidade, "o administrador judicial arrecadará o saldo a favor da massa falida ou inscreverá na classe própria o crédito que contra ela remanescer" (Lei nº 11.101/2005, art. 119, IX).[62]

Ainda na mesma hipótese de insolvência ou destituição do incorporador, a lei contempla a possibilidade de liquidação do patrimônio de afetação, também deliberada em assembleia geral dos adquirentes, como já visto. Também para esse caso a lei confere mandato à Comissão de Representantes não só para promover a venda extrajudicial, mediante leilão, das unidades do "estoque" do incorporador, mas também para, em nome dos adquirentes, promover a venda das respectivas frações ideais do terreno e das correspondentes acessões, observados os parâmetros de preço e condições estabelecidos pela assembleia geral. Está a Comissão de Representantes investida de poderes para firmar a escritura, transmitir domínio e posse e receber o preço, devendo prestar contas aos adquirentes e entregar-lhes "o produto líquido da alienação, no prazo de cinco dias da data em que tiver recebido o preço ou cada parcela do preço", sendo certo que "os valores pertencentes aos adquirentes não localizados deverão ser depositados em Juízo" (art. 31-F, §§ 7º a 10).

Esse mandato tem grande utilidade prática e extraordinário efeito desburocratizante. É que a liquidação do patrimônio de afetação opera-se mediante venda do terreno e das acessões, na sua totalidade, e essas são de propriedade de todos os que se tornaram titulares de frações ideais, devendo todos eles figurar como alienantes na escritura de venda. Essa providência permite superar dificuldades de duas naturezas. A primeira é relacionada à obtenção de consenso quanto à deliberação de vender, ao preço de venda e às condições de pagamento do preço. A segunda diz respeito à tomada de assinatura de todos os condôminos e, quando for o

---

[62] Lei nº 11.101/2005: "Art. 119. Nas relações contratuais a seguir mencionadas prevalecerão as seguintes regras: (...) IX – os patrimônios de afetação, constituídos para cumprimento de destinação específica, obedecerão ao disposto na legislação respectiva, permanecendo seus bens, direitos e obrigações separados dos do falido até o advento do respectivo termo ou até o cumprimento de sua finalidade, ocasião em que o administrador judicial arrecadará o saldo a favor da massa falida ou inscreverá na classe própria o crédito que contra ela remanescer".

Cap. III • A INCORPORAÇÃO IMOBILIÁRIA COMO PATRIMÔNIO DE AFETAÇÃO | 141

caso, dos seus cônjuges. O atual dispositivo afasta essas dificuldades, atribuindo competência à assembleia geral para a deliberação de venda e conferindo poderes à Comissão de Representantes para firmar a escritura em nome de todos os condôminos, prestando-lhes contas e entregando-lhes o produto da venda, com a ressalva de que, em relação aos condôminos não localizados, a quota que lhes cabe será depositada à sua disposição, em Juízo.

Encerrando a regulamentação da afetação patrimonial no campo das incorporações imobiliárias, o § 20 do art. 31-F afasta qualquer possibilidade de serem transferidas para os adquirentes quaisquer obrigações do incorporador não relacionadas diretamente com a incorporação a que estão vinculados, sendo certo, naturalmente, considerando a natureza comutativa do contrato de incorporação, que o limite das obrigações dos adquirentes é o valor correspondente ao preço pactuado para aquisição de sua unidade. Se, eventualmente, o somatório dos valores correspondentes aos preços de aquisição for insuficiente para a conclusão da obra, cabe aos próprios adquirentes deliberarem pelo aporte de novos recursos, ficando claro que esse aporte só se dará por livre deliberação dos próprios adquirentes.

IV

O CONTRATO DE INCORPORAÇÃO IMOBILIÁRIA

4.1. CARACTERIZAÇÃO GERAL

Considera-se incorporação imobiliária o negócio jurídico pelo qual o incorporador se obriga a efetivar a "venda de frações ideais de terreno objetivando a vinculação de tais frações a unidades autônomas, em edificações a serem construídas ou em construção *sob regime condominial*" (destaque nosso), ou a "alienação de lotes (...), quando vinculada à construção de casas isoladas ou geminadas", *sob regime de propriedade exclusiva* (arts. 29 e 68); em contrapartida, obrigam-se os adquirentes a pagar o preço das unidades que se comprometeram a adquirir.

Em ambos os casos, o contrato tem como ato inaugural o registro do Memorial de Incorporação e compreende a obrigação do incorporador de promover a construção, por si ou por terceiro, "responsabilizando-se, conforme o caso, pela entrega, a certo prazo, preço e determinadas condições, das obras concluídas" (art. 29), com a correspondente averbação no Registro de Imóveis (art. 44).

Em relação aos empreendimentos destinados à implantação de condomínio especial/edilício, o direito de propriedade correspondente às frações ideais de terreno é constituído pelo registro da incorporação, que as torna passíveis de livre alienação ou oneração (art. 32, "i", § 1º-A, ver item 2.1.1).

Trata-se de negócio de relativa complexidade, estruturado mediante celebração de diferentes contratos (como, por exemplo, o contrato de promessa de compra e venda, o contrato de construção, entre outros), que são reunidos e passam a operar em estreita correlação uns com os outros para realizar a função da incorporação, mediante articulação dos meios necessários à produção de unidades imobiliárias em edificações coletivas, sua averbação no Registro de Imóveis e transmissão da propriedade aos respectivos adquirentes.

A Lei nº 4.591/1964 instituiu um regime jurídico especial para a formação, execução e extinção do contrato de incorporação, dotando-o de feição própria, mais ampla e mais complexa do que aquela que caracteriza isoladamente cada uma das espécies de contrato que, reunidas, formarão uma nova estrutura contratual, dotada de elementos capazes de atender à racionalidade econômica própria dessa atividade e à sua função social. É que, apesar de ter por objeto a transmissão de propriedade imobiliária, o fato de o contrato ser celebrado durante a construção e envolver a obrigação do vendedor de promover a construção, por si ou por terceiros, reveste-o de características distintas da simples compra e venda e reclama

144 | INCORPORAÇÃO IMOBILIÁRIA • *Melhim Namem Chalhub*

a articulação de mecanismos próprios para atender às peculiaridades do negócio jurídico da incorporação.

Disso é exemplo o contrato de promessa de compra e venda, empregado com frequência nas incorporações imobiliárias.

Os elementos de tipificação da promessa encontram-se basicamente nos arts. 1.417 e 1.418 do Código Civil de 2002 (independente da anterior tipificação do Decreto-lei 58/1937 e da Lei 6.766/1979); entretanto, para cumprir a função da incorporação, é necessário agregar à estrutura básica da promessa outros elementos além daqueles estabelecidos pelo Código Civil, sejam os inerentes à construção, sejam os requisitos legais definidos na Lei 4.591/1964, tais como o prévio registro do Memorial de Incorporação, a apresentação, pelo incorporador, de relatórios periódicos sobre o andamento da obra, e, ainda, a atuação da comissão de representantes dos adquirentes na execução do contrato.

O mesmo ocorre em relação ao contrato de compra e venda, ao contrato de compra e venda com pacto adjeto de hipoteca ou de alienação fiduciária e, ainda, a outras espécies de contrato capazes de servir à incorporação, que, a despeito dos seus regimes jurídicos próprios, devem atender também aos requisitos estabelecidos pela Lei nº 4.591/1964 quando celebrados no contexto da incorporação.

Três traços distinguem, mais expressivamente, o contrato de incorporação dos contratos de venda e de construção, considerados isoladamente.

O primeiro traço peculiar do contrato de incorporação é a articulação da construção à venda; a construção é atividade imanente ao contrato de venda de imóvel no regime jurídico da incorporação, que o distingue da venda de imóvel cuja construção já esteja averbada no Registro de Imóveis; a construção será sempre elemento essencial do contrato de incorporação, pouco importando que o objeto do contrato seja a venda da unidade como coisa futura, a preço certo, por conta e risco do incorporador, ou, diferentemente, a venda de fração ideal do terreno e a execução da obra a risco do adquirente.

A segunda peculiaridade é o caráter coletivo do contrato, que vincula os adquirentes por um liame semelhante à *affectio societatis*, isso significando, de uma parte, que a execução do programa contratual depende da atuação coordenada e uníssona de todos os adquirentes e do incorporador e, de outra parte, que as questões de natureza individual são condicionadas pelo interesse comum da coletividade dos adquirentes, dada a função de aporte de capital exercida pela promessa.[1]

Nessa espécie de atividade empresarial a noção de comunidade e de coligação subjaz na sua própria racionalidade econômico-social, como em outras atividades semelhantes, em que prepondera o interesse comum da coletividade dos contratantes.

Associada a essa peculiaridade das promessas de venda dos imóveis integrantes das incorporações está a irretratabilidade, que a Lei nº 4.591/1964, com a redação dada pela Lei nº 10.931/2004, estabelece como elemento desse contrato não somente porque o adquirente é merecedor de tutela especial, individualmente, mas, também, porque, além de cumprirem a função de transmissão de direito aquisitivo, esses contratos operam como instrumentos de

---

[1]   A fórmula da sociedade entre os condôminos de edifício chegou a ser aventada, antes da Lei nº 4.591/1964, como meio de organização dessa modalidade de negócio. Situações em que pessoas se agrupam para promover, por si mesmas, a edificação são, vez por outra, vistas como uma espécie de "sociedade civil"; assim, também, os tribunais argentinos, como anotam J. Nascimento Franco e Nisske Gondo, citando Laureano Arturo Moreira e Hernán Racciatti (*Incorporações...* cit., p. 14).

formação do capital da incorporação, de modo que, no seu conjunto, vinculam-se por um nexo funcional, formando uma cadeia que constitui a fonte de alimentação financeira da incorporação.

O terceiro traço que distingue os contratos de alienação de imóveis dos contratos de venda ou promessa de venda no contexto da incorporação imobiliária é a sujeição destes últimos a mecanismos legais de controle e fiscalização a cargo da comissão de representantes dos adquirentes, considerado o interesse comunitário presente na gênese e na execução do contrato de incorporação.

Os poderes atribuídos pela lei à comissão de representantes visam à proteção do interesse comum da coletividade, subjacente a cada contrato, mediante exame dos relatórios periódicos sobre o estado da obra para verificar sua correspondência com o prazo pactuado e acompanhar o direcionamento do fluxo financeiro da incorporação ao pagamento das suas obrigações correntes, com vistas à realização do programa contratual no prazo pactuado, inclusive com poderes para assumir a administração da incorporação em caso de insolvência do incorporador, entre outras situações em que a lei admite ou determina sua intervenção nos contratos individuais.[2]

A atividade da construção, a conduta típica da *affectio societatis* e a participação de órgãos de representação conjugam-se como elementos naturais do contrato de incorporação, que o compõem independente de manifestação das partes porque constituem requisitos que a lei exige para que seja preenchido seu conteúdo necessário, pois, como observa Pontes de Miranda, "o conceito de conteúdo não pode cingir-se ao conteúdo dos atos jurídicos negociais, nem pode o jurista olvidar, ou conscientemente por de lado o elemento cogente (...). São elementos *naturais* (...); existem tais elementos porque, sem necessidade de manifestação de vontade dos que negociam, ou do que negocia, a lei mesma os estabelece."[3]

A partir da união de contratos e da implementação de outros atos jurídicos, entre estes, em especial, o registro da incorporação, identifica-se o negócio jurídico da incorporação, "formando o centro nuclear da incorporação imobiliária *lato sensu*, encontramos um negócio jurídico unitário, composto de diversas outras declarações reunidas, complementares umas das outras: é o negócio jurídico incorporativo, ou incorporação imobiliária *stricto sensu*."[4]

Efetivamente, a despeito de se formar pela reunião de várias espécies de contrato, o negócio jurídico da incorporação imobiliária constitui modalidade contratual típica, cujo regime jurídico próprio contempla suas características, seus requisitos e efeitos, estando seus contornos delineados com nitidez e inteireza na lei.

Formaliza-se pela coligação de contratos distintos, fundamentalmente os referidos contratos de compra e venda ou o de promessa de compra e venda e, eventualmente, o de construção, aliados a outros atos essenciais, como, por exemplo, a averbação da construção do conjunto imobiliário na matrícula do terreno, em correspondência às frações ideais do terreno, se integrantes de condomínio edilício, ou na matrícula de cada lote de terreno, quando se tratar de conjunto de casas isoladas ou geminadas (art. 68). , prevista no art. 44.

---

[2]   Tratamos especificamente da matéria em parecer que integra nosso *Alienação fiduciária, incorporação imobiliária e mercado de capitais – estudos e pareceres*. Rio de Janeiro: Renovar, 1. reimp., 2015, p. 297 e ss.

[3]   PONTES DE MIRANDA, Francisco Cavalcanti, *Tratado de Direito Privado*. Rio de Janeiro: Borsoi, 1954, p. 320.

[4]   CAMBLER, Everaldo Augusto. *Incorporação imobiliária: ensaio de uma teoria geral*. São Paulo: Revista dos Tribunais, 1993, p. 180.

O interesse coletivo que constitui traço marcante de sua função social dá o tom do escopo e condiciona a funcionalidade econômica dessa espécie de contrato, vinculando as partes por uma afinidade semelhante àquela que vincula os membros de uma sociedade.

Com efeito, a vinculação entre as partes contratantes – incorporador e adquirente – embora se formalize individualmente, mediante contratos contrato de compra e venda, com ou sem contratação da construção, encerram direitos e obrigações comuns a todos os demais adquirentes e ao incorporador e formam uma comunidade voltada para o objetivo comum de conclusão da obra e apropriação das unidades imobiliárias, por parte dos adquirentes, de um lado, e, de outro lado, de apropriação do resultado do negócio, por parte do incorporador.

O contrato de incorporação – assim considerado aquele cujo objeto é a transmissão da propriedade em construção pelo regime da Lei nº 4.591/1964 – exprime uma relação jurídica individual, mas o escopo do contrato extravasa o limite da individualidade de cada contratante, na medida em que a reunião dos adquirentes para alcançar uma finalidade comum atribui ao conjunto de adquirentes uma feição unitária. Afinal, os contratos coligados têm o fim comum de fazer nascer várias propriedades imobiliárias novas, ligadas entre si e integrantes de um conjunto imobiliário, e nesse fim comum esses contratos encontram seu ponto de conjunção. A despeito da individualidade de cada contrato, é materialmente impossível pensar na consecução de um contrato individual de incorporação sem o concomitante cumprimento de todos os demais contratos que têm como objeto a construção da edificação coletiva.[5]

Dada essa característica peculiar, as questões de natureza individual de cada adquirente são condicionadas pelo interesse comum que subjaz a cada contrato de alienação das unidades, correspondente à consecução do objeto da incorporação, compreendendo a apropriação das unidades imobiliárias por cada adquirente e a liquidação do passivo da incorporação.

É em torno desse interesse comum que incorporador e adquirentes formam uma coletividade que se vincula por meio de contratos de feição comunitária nos quais, como observa Judith Martins-Costa, a noção de comunidade e de coligação subjaz na própria racionalidade econômico-social de atividades empresariais da espécie da incorporação imobiliária, "uma vez que num dos polos não está meramente o interesse de uma soma aritmética de 'individualidades', mas interesses supraindividuais ou coletivos (...), razão pela qual na apreciação desses contratos, os direitos subjetivos de cada um dos contratantes não podem ser vistos de modo atomístico, como se cada um fosse uma entidade isolada, envolvido na hobbesiana luta de todos contra todos. Dessa compreensão resulta a afirmação da transindividualidade ou comunitariedade que está no fulcro da operação jurídica e econômica de tais contratos".[6]

Essa conexão, justificada pelos "interesses transindividuais ou coletivos", indica que os direitos subjetivos de cada contratante devem ser sopesados em face do interesse comum que vincula a coletividade, pois a realização da função econômica e social do contrato de alienação de imóveis em construção pelo regime da incorporação imobiliária, mesmo visto sob a perspectiva de um só adquirente, se concretiza mediante cumprimento das obrigações, pecuniárias ou não, do incorporador e do conjunto dos adquirentes.

---

[5] Observe-se, a propósito, o contrato de seguro de garantia de obrigações do incorporador e do construtor, que envolve a totalidade das unidades imobiliárias autônomas, não sendo possível cindir o grupo de adquirentes, pois a obrigação da seguradora é concluir a obra na sua totalidade e não parte dela ou algumas unidades.

[6] MARTINS-COSTA, Judith, Reflexões sobre o princípio da função social dos contratos. *O direito da empresa e das obrigações*. São Paulo: Fundação Getúlio Vargas/Quartier Latin, 2006, p. 241.

Em razão dessa feição coletiva, a Lei nº 4.591/1964 criou órgãos de representação dos adquirentes perante o incorporador, o construtor ou terceiros, atribuindo-lhes importantes funções na execução do contrato de incorporação (arts. 49 e 50).

No que tange às obrigações do incorporador perante os adquirentes, a incorporação tem como termo inicial a data do registro da incorporação,[7] no Registro de Imóveis da situação do empreendimento (art. 32), e como termo final a data da averbação da construção nesse mesmo Registro (art. 44), não se excluindo, obviamente, a responsabilidade do incorporador em relação a todo o passivo da incorporação, à garantia dos adquirentes contra o risco da evicção e sua responsabilidade pós-contratual. Não obstante o registro do Memorial marque o início da incorporação, pode o termo inicial corresponder, excepcionalmente, à data da primeira alienação de fração ideal do terreno, caso o incorporador a tenha contratado antes de ter arquivado o memorial de que trata o art. 32. É o que se deduz do que dispõem o art. 29 e seu parágrafo único; de acordo com esses dispositivos, o alienante responderá como incorporador mesmo se, à época da alienação, o projeto de construção ainda estiver pendente de aprovação pela autoridade administrativa, daí por que essa venda antecipada não descaracteriza a atividade de incorporação e sujeita o alienante a todas as responsabilidades inerentes à incorporação.

Efetivamente, ao arquivar o memorial de incorporação no Registro de Imóveis, o incorporador estabelece os referenciais que nortearão a criação de novas unidades imobiliárias, sendo certo que, ressalvada a hipótese de denúncia prevista no art. 34, a manifestação de vontade do incorporador, até mesmo no instrumento preliminar de ajuste, estabelecerá, definitivamente, uma vinculação entre o terreno para o qual está projetado o conjunto imobiliário e as futuras unidades imobiliárias que o integram. Em relação à hipótese do art. 32, "i", § 1º-A, essa vinculação projeta o nascimento de uma nova espécie de propriedade, com configuração diversa da propriedade única e exclusiva do terreno: a partir do registro da incorporação, passará a existir uma propriedade condominial especial, *pro diviso*, caracterizada pela afetação do terreno à implantação do conjunto imobiliário integrante do Memorial de Incorporação. O direito positivo argentino configura de maneira explícita essa afetação, vinculando o terreno ao regime da propriedade condominial em planos horizontais; nos termos da lei argentina, não pode o incorporador desviar-se dessa finalidade, estando a ela vinculado mesmo em caso de não ter efetuado o registro correspondente, como observa Laureano Arturo Moreira: "O proprietário vendedor que não tiver cumprido a afetação do imóvel ao regime da prehorizontalidade e não tiver feito a inscrição registral dos contratos que outorgar, relativamente às unidades imobiliárias, não pode reclamar dos adquirentes o cumprimento das suas obrigações ou a resolução do contrato. Os direitos que a Lei 19.724 confere aos adquirentes são irrenunciáveis." É importante não confundir essa aplicação da teoria da afetação com sua aplicação à atividade empresarial da incorporação. No direito argentino, a afetação incide tão-só sobre o terreno, para vinculá-lo "à subdivisão e transferência do domínio" pelo regime da propriedade horizontal; diversa é a concepção com a qual a teoria foi adotada em nosso direito: aqui, a afetação tem como objeto a atividade empresarial e vincula a totalidade do acervo de cada incorporação, segregando-a e criando um regime de vinculação de receitas, de modo que estas se destinem ao pagamento das dívidas e obrigações da incorporação a que se refere.[8]

---

7   O registro é eficaz desde a data de sua prenotação no Registro de Imóveis (Código Civil/2002, art. 1.246).

8   "El propietario enajenante que no há cumplido con la afectación del inmueble al régimen de la prehorizontalidad, y, en su caso, con la inscripción registral de los contratos que otorgar con relación a las unidades, no puede reclamar a los adquirentes el cumplimiento de sus obligaciones o la resolución del contrato.

INCORPORAÇÃO IMOBILIÁRIA • *Melhim Namem Chalhub*

A vinculação é da natureza da atividade, pois a propriedade condominial visada pelo incorporador não tem a configuração do condomínio geral regulado pelos arts. 1.314 e seguintes do Código Civil , mas subordina-se ao regime especial da propriedade condominial especial, denominada "condomínio edilício" pelo Código Civil.[9] Neste caso, o fracionamento do terreno tem estrita correspondência com determinada quantidade de unidades imobiliárias autônomas e com suas respectivas partes comuns, em proporção, bem como com a configuração dessas unidades e das partes condominiais, daí dizer-se em direito argentino que o terreno está afetado ao regime do que denominam *prehorizontalidad*, impondo-se ao incorporador a responsabilidade pelo cumprimento dessa afetação, sem direito de arrependimento.

Com efeito, o fim visado pelo incorporador ao promover a incorporação e contratar a venda com os adquirentes é a "produção de um efeito jurídico real, qual seja, o nascimento do direito de propriedade sobre o bem imóvel a ser construído"[10] e essa manifestação é irretratável, salvo na hipótese, já referida, de denúncia, nos termos permitidos pela lei.

Dada essa estruturação, é possível perceber com nitidez as linhas mestras do conjunto de obrigações a que está vinculado o incorporador, nos termos da Lei nº 4.591/1964, que o responsabiliza não somente pela promoção da construção, por si ou por terceiros, e pela outorga dos contratos aos adquirentes, mas também pela constituição da propriedade sob regime condominial especial, com individualização das frações ideais imobiliárias autônomas sob regime condominial especial, como observa Pontes de Miranda: "Às vezes o negócio jurídico constitutivo entre vivos, que faz o estatuto real do edifício de apartamentos, tem três períodos distintos: o do pré-contrato, v.g., promessa de compra-venda de cada apartamento; o da divisão e transferência 'pro-indiviso' do terreno e partes comuns do edifício e 'pro diviso' dos apartamentos; o da eficácia real daquela divisão e daquela transferência."[11]

Los derechos que confiere al adquirente la ley 19.724 son irrenunciables." *Contratos sobre departamentos en construcción*, t. 1, p. 62, *apud* FRANCO J. Nascimento; GONDO, Nisske. *Incorporações Imobiliárias*, Revista dos Tribunais, São Paulo, 1991, 3. ed., p. 26. A Lei 19.724, com a redação que lhe deu a Lei 20.509, dispõe no seu art. 1º: "Articulo 1 – Todo propietario de edificio construido o en construcción o de terreno destinado a construir en él un edificio, que se proponga adjudicarlo o enajenarlo a título oneroso por el régimen de propiedad horizontal, debe hacer constar, en escritura pública, su declaración de voluntad de afectar el inmueble a la subdivisión y transferencia del dominio de unidades por tal régimen. Debe hacer constar, en escritura pública, su declaración de voluntad de afectar el inmueble a la subdivisión y transferencia del dominio de unidades por tal régimen." O art. 4º da mesma lei proíbe o proprietário de vender ou gravar o imóvel em desacordo com a subdivisão própria das edificações coletivas, admitida, entretanto, a desafetação nas hipóteses mencionadas no art. 7º (a inexistência de vendas no prazo de seis meses, a resolução de todos os contratos de vendas de unidades ou a não realização da obra, após o decurso do prazo de um ano do registro da afetação).

9   A matéria era, anteriormente, regulada pelo Título I da Lei 4.591/1964 e passou a ser disciplinada pelos arts. 1.331 e seguintes do Código Civil de 2002, aplicando-se, entretanto, em alguns aspectos, a Lei 4.591/1964. Observe-se, por exemplo, que a constituição de propriedade condominial por unidades autônomas não se restringe a edificações de dois ou mais pavimentos compostas por "apartamentos, escritórios, salas, lojas, sobrelojas ou abrigos para veículos", como faz crer o § 1º do art. 1.331 do Código Civil de 2002, podendo ter por objeto, também, "casas térreas ou assobradadas", cujas partes privativas compreendem não só a parte construída, mas, também, a "parte reservada para utilização exclusiva dessas casas, como jardim e quintal", referidas no art. 8º, *a*, da Lei nº 4.591/1964, e art. 3º do Decreto-lei nº 271/1967 (v. item 1.4.5).

10   CAMBLER, Everaldo Augusto. ob., cit., p. 184.

11   *Tratado de direito predial*, v. II, § 33.

Cap. IV • O CONTRATO DE INCORPORAÇÃO IMOBILIÁRIA | **149**

Articulam-se nesse negócio, assim, obrigações de dar e de fazer, que operam seus efeitos em etapas sucessivas, até a conclusão do edifício ou do conjunto de casas e transferência definitiva das unidades autônomas aos respectivos adquirentes.

O negócio da incorporação, assim, não se exaure nos atos de construir, ou fazer construir, e alienar, mas vai além e compreende, também, a averbação da construção no Registro de Imóveis. Com esse assentamento, materializa-se a razão jurídica do contrato de incorporação, observando Everaldo Augusto Cambler que "a atividade incorporativa, correspondente à totalidade da promoção pré-condominial, extrapola os limites do contrato de incorporação".[12]

E não poderia deixar de ser assim, pois se o caráter finalístico do negócio é a produção e entrega de um bem imóvel, com a criação de direito de propriedade condominial especial no caso do art. 32, § 1º-A,, e considerando que a constituição da propriedade imobiliária se dá mediante registro no Registro de Imóveis, não há dúvida de que a noção do negócio jurídico da incorporação tem como ponto de partida a identificação das frações ideais do terreno e deve compreender o ato de averbação das unidades quando concluída a construção (art. 44).

Ao tratar das funções e da causa desse tipo contratual, Caio Mário da Silva Pereira destaca dois aspectos fundamentais: *primeiro*, no que tange à constituição de uma nova modalidade de propriedade, que resultará do registro do memorial de incorporação, esclarecido que, após o decurso do prazo de carência, *fica estabelecido ius in re oponível erga omnes como todo direito real* e, *segundo*, no que diz respeito ao delineamento das obrigações das partes contratantes, atendendo as peculiaridades do negócio.[13]

4.2. NATUREZA JURÍDICA DO CONTRATO DE INCORPORAÇÃO IMOBILIÁRIA

A incorporação imobiliária é negócio jurídico típico bilateral, consensual, oneroso, comutativo, solene e de execução continuada.

É negócio *típico* porque tem configuração própria definida de maneira explícita pela lei, fundamentalmente no parágrafo único do art. 28 e nos arts. 29 e 68. A Lei nº 4.591/1964 conferiu tipicidade ao contrato de incorporação, fixando sua estrutura e seus contornos, definindo as condições de sua contratação, enunciando seus efeitos, identificando a figura central (o incorporador) em torno da qual gravitam os atos concernentes ao negócio e tratando das obrigações das partes.

Bilateral porque encerra uma série de obrigações correspectivas para os participantes do contrato. É o caso do contrato de construção entre o incorporador e o construtor, em que há, de um lado, a obrigação de aportar os recursos necessários para a obra (obrigação do incorporador e/ou dos adquirentes) e, de outro lado, a correspondente obrigação de realizar a obra (obrigação do construtor). Na contratação com o adquirente (contrato de compra, venda, promessa de compra e venda ou outra forma jurídica aplicável ao caso), há, de um lado, a obrigação do incorporador de construir ou fazer construir a edificação e entregar a unidade aos adquirentes e, de outra parte, há a obrigação do adquirente de pagar o preço, nos termos pactuados no respectivo contrato.

---

[12] Ob. cit., p. 262.

[13] *A nova tipologia contratual no direito civil brasileiro, in Estudos em homenagem ao professor Washington de Barros Monteiro*, Saraiva, São Paulo, 1982, p. 138.

150 INCORPORAÇÃO IMOBILIÁRIA • Melhim Namem Chalhub

A incorporação consubstancia negócio *consensual* porque se aperfeiçoa mediante declaração de vontade das partes envolvidas.

É *oneroso* porque as partes contratantes visam vantagens, impondo-se, em contrapartida, encargos recíprocos.

Comutativo porque as obrigações das partes guardam relativa equivalência: o preço que o adquirente se obriga a pagar ao incorporador guarda relativa equivalência com o valor da unidade imobiliária objeto do contrato.

Solene porque sua validade depende da observância da forma prescrita em lei e do cumprimento de uma série de requisitos, entre eles o registro da incorporação no Registro de Imóveis, a celebração de contrato escrito e o registro dos contratos de alienação, também no Registro de Imóveis.

É negócio de *execução continuada* porque as prestações a ele relativas não são atendidas num só instante, mas escalonadamente, como são o caso da construção, que, obviamente, se faz por etapas, e o do pagamento, que, em regra, se faz parceladamente.

4.3. ELEMENTOS DO CONTRATO

Os elementos que compõem o contrato de incorporação imobiliária são de natureza obrigacional e real, aqueles representados pelas obrigações de dar e fazer que o negócio encerra e estes representados pela eficácia real, pois esse negócio tem por finalidade a constituição de direito real de propriedade.

Veja-se o contrato de construção, em que há, de um lado, a obrigação de executar a obra e, de outro lado, a obrigação de pagar o respectivo preço.

A relação jurídica entre o incorporador e o adquirente consubstancia, em regra, contrato pelo qual aquele se obriga transmitir propriedade de terreno ou fração de terreno e a construir ou fazer construir e entregar a unidade ao adquirente, e este, em contrapartida, se obriga a pagar o preço estabelecido para a obtenção da propriedade da unidade imobiliária que constitui o objeto do contrato.

4.3.1. Objeto

O objeto do contrato de incorporação contempla elementos de natureza obrigacional e de natureza real, correspondentes às obrigações de fazer e de dar, ou seja, de uma parte, a obrigação do incorporador de construir ou fazer construir o conjunto imobiliário e entregar as unidades aos adquirentes, transmitindo-lhes a propriedade, e, de outra parte, a obrigação do adquirente de pagar o preço. Na forma de promessa de compra e venda, o elemento de natureza obrigacional consiste no compromisso que as partes assumem "de contratar a transferência do domínio, logo que se complete o pagamento do preço",[14] associado à obrigação do incorporador de promover a construção e sua averbação no Registro de Imóveis.

O elemento de natureza real que compõe o contrato de incorporação é a atribuição, ao adquirente, do direito real de aquisição e da propriedade da fração ideal do terreno e respectivas acessões cuja construção o incorporador se compromete a promover.

---

[14] ANDRADE, Darcy Bessone de Oliveira. *Da compra e venda, promessa e reserva de domínio*, Belo Horizonte: Bernardo Alvares, 1960, p. 193.

4.3.2. Causa

Muito embora nosso direito não inclua a causa como um dos elementos do contrato, sua consideração é útil para melhor compreensão do conteúdo e do alcance do contrato de incorporação em face das circunstâncias peculiares do caso e da conduta das partes, de acordo com sua funcionalidade econômica e social.

A despeito de se tratar de questão suscetível de controvérsias doutrinárias, a identificação da causa é especialmente útil como elemento qualificador do negócio jurídico da incorporação imobiliária e como critério de sua interpretação, dada a estreita vinculação da causa à função social dos contratos.

Com efeito, o contrato de incorporação imobiliária compreende a venda de frações de terreno coligada ao negócio da construção, que se vinculam a atos registrais e se articulam a partir da causa comum correspondente à constituição da propriedade condominial mediante registro da incorporação[15] e à implantação de conjunto imobiliário.

A partir da criação do direito de propriedade tendo por objeto as frações ideais de um terreno, mediante registro da incorporação no Registro de Imóveis, o incorporador estará habilitado a vendê-las em articulação com o negócio da construção (art. 29) mediante contratos pelos quais se obriga a promover a construção, sua averbação "em correspondência às frações ideais discriminadas na matrícula do terreno" (art. 44) e a entrega das unidades aos adquirentes, com título dotado dos requisitos legais necessários à sua investidura na propriedade.

Nesse contexto, a identificação da causa viabiliza a interpretação do contrato em termos compatíveis com seu específico fim econômico-social, visando a satisfação do interesse comum da coletividade dos contratantes, subjacente a cada contrato de alienação das unidades.

A partir da compreensão da causa do contrato de incorporação é possível melhor apreender a noção da afetação da incorporação. A razão jurídica desse contrato, de que tratamos ao longo desta obra, explica e justifica a segregação dos bens, direitos e obrigações relativas a cada empreendimento em um patrimônio especial, no qual se sujeitam ao regime de incomunicabilidade e de vinculação de receitas visando assegurar a consecução do seu específico escopo jurídico-econômico.[16]

4.3.3. Partes

A incorporação imobiliária tem como sujeitos, em regra, o incorporador e os adquirentes, podendo envolver outras figuras, conforme vier a ser configurado o negócio em cada caso específico, como, por exemplo, o proprietário do terreno (se for pessoa distinta do incorporador ou se o negócio de aquisição do terreno se fizer mediante permuta), o construtor (se o incorporador entender de atribuir a outrem a construção), entre outros.

---

[15] Caio Mário identifica no Memorial de Incorporação um "caráter de bilateralidade", na medida em que nele se encontram dados que são comuns a todos os contratos de comercialização, que se integram "por tal forma que tudo se passa como se em cada contrato fossem transcritos todos os dados do memorial" (PEREIRA, Caio Mário da Silva. *Condomínio e incorporações*. 14. ed. rev., atual. e ampl. Atualizadores: Sylvio Capanema de Souza e Melhim Namem Chalhub. Rio de Janeiro: Forense, 2020, p. 284/285).

[16] V. capítulo específico sobre a incorporação imobiliária como patrimônio de afetação.

152 | INCORPORAÇÃO IMOBILIÁRIA • *Melhim Namem Chalhub*

A identificação dos sujeitos do negócio há de decorrer da característica de cada operação, considerada sua estrutura própria. Veja-se, apenas a título de ilustração, algumas situações, das quais surgirão as distintas relações jurídicas e seus respectivos sujeitos:

a) o incorporador torna-se proprietário pleno do terreno e, além disso, assume ele mesmo a construção e não tomará financiamento para a construção; nesse caso, usualmente celebra contrato de promessa de venda com o adquirente e, assim, os sujeitos do negócio serão apenas esses: o incorporador e o adquirente;

b) o incorporador torna-se titular dos direitos aquisitivos sobre o terreno mediante promessa de compra e venda, com pagamento parcelado, incumbindo-se ele mesmo da construção, sem tomar financiamento para construir; nesse caso, serão sujeitos do negócio jurídico (i) o proprietário do terreno (que, no caso, é quem está legitimado a transmitir ao adquirente o domínio sobre a fração ideal do terreno), (ii) o incorporador (na qualidade de incorporador e, também, na qualidade de cedente dos direitos aquisitivos sobre a fração ideal do terreno) e (iii) o adquirente;

c) em qualquer das hipóteses anteriores (*a* e *b*), pode ocorrer que o incorporador não seja construtor e, portanto, venha a contratar a construção com terceiro; nesse caso, o construtor passará a figurar, também, como parte contratante. Então, seriam partes (i) o incorporador e (ii) o adquirente, num caso; (i) o incorporador, (ii) o adquirente e (iii) o construtor, no outro caso, e (i) o incorporador, (ii) o proprietário do terreno, (iii) o adquirente e (iv) o construtor, no outro caso.

A identificação dos sujeitos do contrato de incorporação dependerá, assim, das peculiaridades de cada situação.

Independentemente das partes que figurem nos contratos relativos à incorporação, há outras figuras que, embora não participem do contrato, atuam no negócio da incorporação, interferindo diretamente na relação jurídica, até mesmo no que toca ao preço e à resolução do contrato e venda forçada do imóvel do adquirente inadimplente, como é o caso da Comissão de Representantes. Trata-se de um colegiado formado por, pelo menos, 3 condôminos, eleitos em assembleia geral ou nomeados no contrato de construção, conforme o caso, atribuindo a lei a esse colegiado o encargo de fiscalizar o empreendimento em todos os seus termos, acompanhar a obra e representar os condôminos perante o incorporador ou o construtor (arts. 50 e 61). A Comissão de Representantes tem mandato até a conclusão da obra. Entre seus poderes, ressaltam aqueles estabelecidos no art. 63, § 5º, a serem exercidos em caso de atraso de pagamento das contribuições de condôminos, e aqueles enunciados no § 7º do art. 31-F e no art. 31-C, a serem exercidos em caso de investidura da comissão na administração da incorporação, por destituição do incorporador ou por falência deste.

Como qualquer negócio jurídico, a incorporação imobiliária pressupõe, além de objeto lícito, agente capaz e forma prescrita ou não defesa em lei.

4.3.3.1. *Capacidade das partes*

Segundo os princípios de ordem geral, devem as partes ter capacidade para contrair obrigações, exigindo-se do incorporador, se titular de direito de propriedade ou de direitos aquisitivos sobre o terreno, também capacidade para transmitir esses direitos.

Além da capacidade, a lei exige que o incorporador tenha legitimidade para promover a incorporação e, portanto, alienar frações ideais vinculadas a futuras unidades imobiliárias ou representar o alienante, mediante procuração com poderes especiais.

4.3.3.2. Legitimidade

A lei reservou para determinadas figuras a legitimidade para promover incorporações imobiliárias, a saber (art. 31):

> a) o proprietário do terreno sobre o qual será erigido o edifício;
>
> b) o promitente comprador, o cessionário deste ou o promitente cessionário, bem como o permutante ou promitente permutante, desde que do título conste cláusula de imissão de posse, não haja estipulações impeditivas de sua alienação em frações ideais e inclua consentimento para demolição e construção, título esse que deve estar registrado no Registro de Imóveis;
>
> c) o construtor, desde que investido, pelo proprietário do terreno, pelo promitente comprador e cessionário deste ou pelo promitente cessionário, de mandato por instrumento público, para o fim específico de promover os atos relativos à incorporação, devendo o mandato explicitar o direito do subscritor de fração ideal de averbar o documento de ajuste preliminar (§ 4º do art. 35);
>
> d) o corretor de imóveis, desde que, igualmente, investido dos poderes referidos na alínea anterior; e
>
> e) o ente da Federação imitido na posse a partir de decisão proferida em processo judicial de desapropriação em curso ou o cessionário deste, conforme comprovado mediante registro no registro de imóveis competente.[17]

Aspecto de especial relevância quanto à legitimação para figurar como incorporador diz respeito à livre disponibilidade sobre o terreno onde será erigida a edificação, bem como ao pleno exercício da posse sobre o mesmo, à inexistência de qualquer impedimento para venda do terreno, em frações ideais vinculadas a futuras unidades, e, ainda, ao expresso consentimento para demolição e construção.

A despeito da legitimação de figuras distintas para atuar como incorporador (proprietário, promitente comprador ou cessionário, permutante, construtor ou corretor), há sempre a exigência da lei de que ele esteja investido do poder jurídico de disposição do imóvel e, ainda, das condições jurídicas necessárias para erigir a construção, de modo a se assegurar a efetividade da transmissão da propriedade, o efetivo apossamento do terreno e a subsequente construção.

Ao legitimar o construtor ou o corretor, como mandatário com poderes irrevogáveis (art. 31, § 1º), a lei cuida de assegurar o interesse de terceiros, adquirentes, ao garantir seu direito à averbação, no Registro de Imóveis, do contrato ou de qualquer instrumento preliminar de ajuste, e, bem assim, seu direito à obtenção compulsória do contrato respectivo.

4.3.4. Forma

Consideradas as modalidades de contrato pelos quais pode ser pactuada a incorporação, o negócio será sempre formalizado por escrito, exigindo-se o registro, no Registro de Imóveis competente, para os atos que digam respeito à organização da incorporação e à transmissão da propriedade imobiliária ou de direitos a ela relativos, bem como para os atos relativos à constituição de direitos reais sobre o imóvel objeto da incorporação.

---

[17] Item incluído no art. 31 pela Lei 12.424/2011.

O registro da incorporação é o ponto de partida para todos e quaisquer assentamentos relativos à aquisição de direitos reais sobre frações ideais de terreno e acessões. É exigência legal (art. 32) e é por efeito desse registro que, na hipótese do § 1º-A do art. 32, as frações ideais resultantes da divisão do terreno são qualificadas no Registro de Imóveis como objeto de direito de propriedade, dele constando a descrição e a caracterização das unidades imobiliárias que constituirão a edificação, bem como as coisas comuns do conjunto imobiliário, suas áreas de construção, a identificação das vagas de garagem ou do direito de guarda de veículos etc.; essas características é que possibilitam identificar, no contrato, o objeto de natureza real do negócio, que será a atribuição da fração ideal e das acessões que a ela haverão de vincular-se para constituir a unidade imobiliária.

O contrato, qualquer que seja a forma em que estiver expresso (até mesmo o ajuste preliminar celebrado por instrumento particular – art. 35, § 4º), é registrável no Registro de Imóveis e o registro é que assegura sua validade contra terceiros e confere direito real ao adquirente sobre a futura unidade imobiliária.

Por força do art. 35-A, incluído pela Lei nº 13.786/2018, os elementos essenciais do contrato de venda ou promessa de venda devem constar em forma de quadro-resumo na parte inicial do instrumento contratual. Embora seja usual na celebração de contratos em larga escala na sociedade contemporânea, em regra por adesão, o quadro-resumo passa a ser exigido como requisito do contrato de incorporação imobiliária em atenção às relações de consumo, tendo sido justificada "para conferir mais transparência ao ambiente contratual e aumentar a segurança jurídica das relações obrigacionais" (v. item 5.2).

Uma vez firmado o contrato com o adquirente, ou, até mesmo, um simples documento preliminar que contenha os elementos essenciais do negócio específico (identificação completa do adquirente e da unidade imobiliária, indicação do preço etc.), os elementos do memorial a ele se agregam como expressão da manifestação de vontade do incorporador. De acordo com o § 4º do art. 35, um simples instrumento de ajuste preliminar pode ser "averbado no registro de imóveis, averbação que conferirá direito real oponível a terceiros, com o consequente direito à obtenção compulsória do contrato correspondente." Vê-se, portanto, que, a despeito da solenidade exigida por lei para os contratos que visem constituir direito real, a Lei das Incorporações mitiga essa exigência, em benefício do adquirente, ao considerar completo o contrato de compromisso de venda mediante simples adesão do adquirente a um ajuste preliminar, que, para esse fim, se agrega ao memorial de incorporação, com ele formando o contrato.

O memorial identifica aquilo que haverá de ser o objeto dos direitos a serem transmitidos em cada contrato de venda, isto é, a fração ideal do terreno e a futura unidade autônoma que a ela se vinculará, bem como o conteúdo das obrigações essenciais do incorporador nesse contrato, notadamente o projeto que deverá ser executado, a especificação dos materiais que deverão ser aplicados na obra e o valor da obra expresso em orçamento, tudo isso integra o memorial.

Por conter todos esses elementos de caracterização, o memorial integra-se ao instrumento de ajuste, de venda ou de promessa de venda como parte inseparável do negócio jurídico da incorporação.

Tratando-se de direito real imobiliário, a publicidade registral é elemento indispensável e se efetiva mediante registro do contrato no Registro de Imóveis da situação do imóvel. É requisito de segurança do negócio, indispensável no negócio imobiliário que tenha por objeto direito real, pois é pelo assentamento no Registro de Imóveis, e só por esse assentamento, que se constitui ou se transmite a propriedade imobiliária, bem como quaisquer direitos reais a ela relativos.

Outro importante aspecto do contrato de incorporação é a "averbação da construção em correspondência às frações ideais discriminadas na matrícula do terreno" (art. 44), pela qual a edificação será descrita em conformidade com a certidão do habite-se.

O registro do contrato de compra e venda, ou de promessa de compra e venda produz o efeito de atribuir ao adquirente a propriedade ou os direitos reais de aquisição à fração ideal do terreno e à futura unidade. Esse é o efeito natural do registro, no Registro de Imóveis competente, do contrato de aquisição de unidade imobiliária.

A atribuição poderá tornar-se necessária, entretanto, nas hipóteses que não configurem incorporação imobiliária, ou seja, nos casos em que um grupo de pessoas adquire terreno e nele levanta construção de edifício de unidades imobiliárias para uso próprio, e não visando atividade empresarial. Nesses casos é necessário um ato de divisão do terreno em frações ideais e um ato específico de atribuição das unidades a cada uma dessas pessoas, com as respectivas frações ideais sobre o terreno e partes comuns. Essa atribuição implica a extinção do condomínio geral e a instituição de um condomínio especial e pode ser feita a qualquer tempo, antes da averbação da construção, não sendo necessário que se aguarde a conclusão da obra para se convencionar a divisão e a atribuição das unidades; Serpa Lopes observa, nesse sentido, que "se tal extinção [do condomínio geral] não houver figurado expressamente na escritura inicial, então cumpre, após a averbação dos apartamentos, que se faça a transcrição de uma nova escritura, para que, extinguindo o condomínio inicial, declare ser a forma dessa extinção a conversão da copropriedade em propriedade em planos horizontais, especificando cada um dos apartamentos e os seus respectivos proprietários, outorgantes da convenção."[18]

---

[18] Serpa Lopes, *Tratado dos registros públicos*, cit. É perfeitamente possível convencionar, no ato da aquisição do terreno, sua divisão em frações que venham a vincular-se a unidades a construir, em edifícios coletivos cuja construção não configure a atividade empresarial da incorporação; nesse sentido, Serpa Lopes cita Butera, para quem é possível "proporcionar e individuar o espaço aéreo que cada um titular ocupará para construir ou fazer construir, unicamente, no interesse próprio"; por esse modo, a divisão e atribuição das unidades já terá sido estipulada desde a gênese da construção do edifício, ocasião em que, como observam J. Nascimento Franco e Nisske Gondo, "podem os condôminos proceder à atribuição das unidades autônomas que ficarão pertencendo a cada um deles, extinguindo-se, por essa forma, a indivisão sobre as áreas de uso privativo. Trata-se de divisão atípica, menos solene, que dispensa a escritura pública" (*Condomínio de edifícios*, São Paulo: Revista dos Tribunais, 1984, 2. ed., p. 14 e 15). Nesses casos, um ato de atribuição após a averbação da construção serviria apenas para repetir o ato inicialmente formalizado pelas partes, sendo, portanto, inteiramente dispensável. Diversa, entretanto, é a hipótese de coproprietários que tiverem erigido o edifício sem convencionar a divisão, e, nesse caso, sim, será necessário um ato de atribuição quando da averbação da construção e da instituição do condomínio especial; então, será feita a extinção do condomínio inicial mediante "conversão da copropriedade na propriedade em planos horizontais, especificando cada um dos apartamentos e os seus respectivos proprietários" (Serpa Lopes, ob. e p. cit.). No caso de construção de edifício pelo regime da incorporação imobiliária, a desnecessidade desse ato é flagrante, pois nesse caso a atribuição das unidades aos adquirentes é convencionada logo no primeiro contrato firmado entre o incorporador e o adquirente (promessa de compra e venda, promessa de cessão etc.), dispensada a celebração de novo ato pelo qual se venha a repetir que a unidade atribuída a determinado adquirente é aquela que as partes atribuíram no instrumento de promessa ou, até mesmo, no instrumento de ajuste referido no § 4º do art. 35.

V

A CONTRATAÇÃO DA VENDA DAS UNIDADES

5.1. GENERALIDADES

A partir do registro da incorporação, o incorporador estará habilitado a celebrar os contratos de alienação das frações ideais do terreno e respectivas acessões que corresponderão às futuras unidades autônomas e às partes comuns do conjunto imobiliário.

Como vimos, formaliza-se o negócio jurídico da incorporação imobiliária mediante celebração de contratos coligados, em cuja formação e execução combinam-se vários atos e negócios jurídicos, os quais, a despeito de sua autonomia, se reúnem e permanecem coligados para cumprir uma nova função, típica do negócio jurídico da incorporação.

Formam-se todos esses atos mediante manifestação de vontade do incorporador e do adquirente, podendo comportar, também, a participação de outros contratantes, como, por exemplo, um construtor distinto da figura do incorporador.

Em todos esses contratos, alguns elementos essenciais, que são imutáveis, encontram-se previamente enunciados e reunidos no Memorial de Incorporação, como, por exemplo, as frações ideais de terreno, a descrição das futuras unidades imobiliárias, sua área de construção, com a indicação daquela que é de utilização exclusiva do adquirente e da área que é de propriedade comum, o orçamento da construção, entre outros. Esses elementos se projetam sobre todos os contratos e figurarão em todos eles, não havendo possibilidade de se firmar contrato algum com caracterização ou discriminação diferente daquela que estiver enunciada no memorial, excetuadas circunstâncias especiais, em que a solução deve ser examinada caso a caso.

Além dos elementos imutáveis de cada um e de todos os contratos que vierem a ser celebrados com os adquirentes, há, também, determinadas obrigações e certos direitos do incorporador que haverão de ser comuns a todos os contratos, importando ressaltar que essas obrigações são impostas por lei. Na verdade, são deveres do incorporador, que visam a proteção contratual do adquirente, cujo cumprimento é exigível do incorporador antes mesmo da contratação.

Em regra, na prática do mercado, a promessa de venda de frações ideais + acessões é celebrada em forma de promessa de venda de unidades a serem construídas, para entrega futura, a preço fechado, só sendo adotada alternativamente a contratação da venda ou promessa de venda da fração ideal do terreno e a prestação dos serviços de construção das acessões que haverão de corresponder às unidades, pelo regime da administração, a preço de custo, ou por empreitada, a preço fixo ou reajustável.

Além dessa estrutura negocial básica, a relação jurídica com o adquirente pode comportar, também, outros negócios, entre os quais:

a) a contratação de financiamento para construção e aquisição; ou

b) a sub-rogação do adquirente em contrato de financiamento que, eventualmente, o incorporador tiver formalizado antes da venda;

c) a alienação fiduciária da fração ideal do terreno e acessões a ela vinculadas, em garantia da dívida que o adquirente tiver assumido para a aquisição, perante o incorporador ou perante o financiador;

d) a caução de direitos aquisitivos da fração ideal e acessões.

Os contratos dos quais resultar a transmissão da propriedade da fração ideal e acessões que corresponderão à futura unidade, bem como os contratos relativos à criação de quaisquer outros direitos reais sobre tais imóveis, inclusive os direitos reais de garantia, deverão ser registrados no Registro de Imóveis da situação do imóvel.

A lei impõe ao incorporador a obrigação de outorgar o contrato aos adquirentes no prazo de sessenta dias, contados do final do prazo de carência, se houver. No caso de descumprimento dessa obrigação, a lei põe à disposição do adquirente importante mecanismo de proteção contratual, ao autorizar o registro de qualquer instrumento preliminar de ajuste que tenha firmado com o incorporador, e esse registro "conferirá direito real, oponível a terceiros, com o consequente direito à obtenção compulsória do contrato correspondente" (§ 4º do art. 35).

Aspecto de extraordinária importância na contratação com o adquirente, já referido anteriormente, é "a averbação da construção em correspondência às frações ideais discriminadas na matrícula do terreno" (art. 44), pois é esse o ato que configurará a consumação das obrigações do incorporador na fase da construção.

Concluída essa fase, deverá o incorporador entregar as unidades aos respectivos adquirentes. Em regra, o incorporador convoca uma assembleia geral, usualmente denominada "assembleia de instalação do condomínio", que elege um síndico (ainda que com mandato provisório) e escolhe uma comissão para promover a vistoria das partes comuns e receber a edificação. Essa assembleia é o momento oportuno para aprovação da Convenção de Condomínio pelo grupo de adquirentes, a partir da minuta que compõe o Memorial de Incorporação. É nessa ocasião que os adquirentes realizam a vistoria de suas respectivas unidades, também para efeito de atestarem sua conformidade com as especificações e recebê-las. Havendo reparos a realizar, a edificação e as unidades são, em regra, recebidas com ressalvas, para que o incorporador corrija as irregularidades. Na "assembleia de instalação" é comum a discussão e aprovação de um orçamento provisório das despesas comuns, com a fixação das respectivas quotas de contribuição dos condôminos.

5.2. REQUISITOS E CONDIÇÕES DO CONTRATO DE INCORPORAÇÃO

Considerando que a venda ou a promessa de venda é, em regra, caracterizada como financiamento imobiliário, seja por parte do incorporador e/ou de instituição financeira, a análise da capacidade de pagamento do adquirente é norma prudencial exigida pelo art. 54-D do Código de Defesa do Consumidor, com a redação dada pela Lei 14.181/2021[1], nas operações que configurem relação de consumo, visando, de uma parte, impedir a concessão de crédito sem prévia análise da capacidade de pagamento do pretendente e, de outra parte, evitar que a dívida comprometa as condições financeiras mínimas de sua subsistência.

Nesses casos (v. item 6.2), a comercialização pode ser objeto de financiamento direto pelo incorporador ou por instituição financeira, na qual o adquirente paga parte do preço parceladamente ao incorporador durante a obra e, após o "habite-se", integraliza o pagamento do preço com financiamento de instituição financeira, celebrando contratos de compra e venda, financiamento e pacto adjeto de garantia fiduciária ou hipotecária.

Qualquer que seja a forma jurídica adotada, o negócio jurídico da incorporação imobiliária comporta, de um lado, obrigações do incorporador, que são as de promover o registro da incorporação pelo qual se constitui a propriedade tendo por objeto as frações ideais do terreno, construir ou fazer construir a edificação, averbá-la em correspondência a essas frações, no Registro de Imóveis da situação do imóvel, e entregar a unidade a cada adquirente, e, de outro lado, a obrigação do adquirente de pagar o preço e cumprir as demais obrigações constituídas no contrato.

Os elementos e requisitos do contrato são aqueles típicos de negócio jurídico de transmissão da propriedade de imóvel representado por fração ideal de terreno e de coisa futura, representada pelo imóvel a construir, e, eventualmente, de prestação dos serviços de construção, envolvendo, além da identificação dos elementos essenciais – a coisa, o preço e o consenso –, estipulações peculiares à atividade da incorporação imobiliária, entre os quais se destacam:

---

[1] Lei 8.078/1990, com a redação dada pela Lei 14.181/2021: "Art. 54-D. Na oferta de crédito, previamente à contratação, o fornecedor ou o intermediário deverá, entre outras condutas: I – informar e esclarecer adequadamente o consumidor, considerada sua idade, sobre a natureza e a modalidade do crédito oferecido, sobre todos os custos incidentes, observado o disposto nos arts. 52 e 54-B deste Código, e sobre as consequências genéricas e específicas do inadimplemento; II – avaliar, de forma responsável, as condições de crédito do consumidor, mediante análise das informações disponíveis em bancos de dados de proteção ao crédito, observado o disposto neste Código e na legislação sobre proteção de dados; III – informar a identidade do agente financiador e entregar ao consumidor, ao garante e a outros coobrigados cópia do contrato de crédito. Parágrafo único. O descumprimento de qualquer dos deveres previstos no *caput* deste artigo e nos arts. 52 e 54-C deste Código poderá acarretar judicialmente a redução dos juros, dos encargos ou de qualquer acréscimo ao principal e a dilação do prazo de pagamento previsto no contrato original, conforme a gravidade da conduta do fornecedor e as possibilidades financeiras do consumidor, sem prejuízo de outras sanções e de indenização por perdas e danos, patrimoniais e morais, ao consumidor". Lei 8.078/1990, com a redação dada pela Lei 14.181/2021: "Art. 54-D. Na oferta de crédito, previamente à contratação, o fornecedor ou o intermediário deverá, entre outras condutas: I – informar e esclarecer adequadamente o consumidor, considerada sua idade, sobre a natureza e a modalidade do crédito oferecido, sobre todos os custos incidentes, observado o disposto nos arts. 52 e 54-B deste Código, e sobre as consequências genéricas e específicas do inadimplemento; II – avaliar, de forma responsável, as condições de crédito do consumidor, mediante análise das informações disponíveis em bancos de dados de proteção ao crédito, observado o disposto neste Código e na legislação sobre proteção de dados; III – informar a identidade do agente financiador e entregar ao consumidor, ao garante e a outros coobrigados cópia do contrato de crédito. Parágrafo único. O descumprimento de qualquer dos deveres previstos no caput deste artigo e nos arts. 52 e 54-C deste Código poderá acarretar judicialmente a redução dos juros, dos encargos ou de qualquer acréscimo ao principal e a dilação do prazo de pagamento previsto no contrato original, conforme a gravidade da conduta do fornecedor e as possibilidades financeiras do consumidor, sem prejuízo de outras sanções e de indenização por perdas e danos, patrimoniais e morais, ao consumidor".

a) indicação da existência de financiamento para a construção, se for o caso, bem como declaração da existência de gravame sobre o imóvel, constituído em garantia desse financiamento;

b) o regime da construção, se contratadas destacadamente a venda da fração ideal e a prestação dos serviços de construção, as condições de execução da obra, o prazo de conclusão e suas eventuais prorrogações, com a estipulação de penalidades para o caso de inadimplemento das obrigações do incorporador;

c) as condições de pagamento do preço e os encargos, com expressa indicação dos índices e critérios de reajustamento e da taxa de juros, se houver;

d) indicação das obras e serviços não incluídos no preço, que deverão ser pagos separadamente pelo adquirente, tais como as ligações dos serviços públicos, a decoração da portaria etc.;[2]

e) as cláusulas penais, moratórias e compensatórias, a que estarão sujeitas as partes que deixarem de cumprir suas obrigações contratuais;

f) indicação das hipóteses de resolução do contrato, explicitando os procedimentos de realização de leilão extrajudicial, se for o caso.

Essas e outras cláusulas essenciais desse tipo de contrato devem ser sintetizadas em um quadro-resumo na parte inicial do instrumento contratual, por força do art. 35-A, incluído pela Lei nº 13.786/2018, contendo os seguintes dados: (i) preço e forma de pagamento, (ii) a parcela considerada como "entrada" e sua forma de pagamento, (iii) o valor da corretagem e a identificação do beneficiário, (iv) a indicação do valor das parcelas do preço e seus vencimentos, (v) os índices de atualização monetária, (vi) as taxas de juros, (vii) os ônus que recaem sobre o imóvel, especialmente as garantias constituídas no contrato de financiamento da construção, (viii) as consequências do rompimento do contrato, (ix) a forma do exercício de arrependimento de que trata o art. 49 do CDC, (x) o prazo e quitação da parcela exigível após o "habite-se", (xi) o número do registro do Memorial de Incorporação e (xii) o prazo de conclusão da obra e as consequências do inadimplemento dessa obrigação pelo incorporador.[3]

---

[2] "Validade da cláusula contratual que transfere ao promitente-comprador a obrigação de pagar a taxa de ligações definitivas nos contratos de promessa de compra e venda de unidade autônoma em regime de incorporação imobiliária, ainda que sem fixar valor certo ou estimado no instrumento contratual, desde que atendidos os seguintes parâmetros: a) previsão clara da cobrança no instrumento contratual com definição dos serviços públicos abrangidos a serem pagos pelo consumidor, sendo vedada qualquer cobrança em desacordo com o art. 51 da Lei 4.591/64; b) que o valor total cobrado não corresponda a um percentual desarrazoado ou aleatório do preço do imóvel, que, concretamente, onere excessivamente o consumidor" (Tese aprovada por unanimidade pela 2ª Turma Recursal de Uniformização Cível do TJRJ, 0005230-43.2018.8.19.0210, 2018.700.546654-5, Sessão de 05.12.2018).

[3] Lei nº 4.591/1964, com a redação dada pela Lei nº 13.786/2018: "Art. 35-A. Os contratos de compra e venda, promessa de venda, cessão ou promessa de cessão de unidades autônomas integrantes de incorporação imobiliária serão iniciados por quadro-resumo, que deverá conter: I – o preço total a ser pago pelo imóvel; II – o valor da parcela do preço a ser tratada como entrada, a sua forma de pagamento, com destaque para o valor pago à vista, e os seus percentuais sobre o valor total do contrato; III – o valor referente à corretagem, suas condições de pagamento e a identificação precisa de seu beneficiário; IV – a forma de pagamento do preço, com indicação clara dos valores e vencimentos das parcelas; V – os índices de correção monetária aplicáveis ao contrato e, quando houver pluralidade de índices, o período de aplicação de cada um; VI – as consequências do desfazimento do contrato, seja por meio de distrato, seja por meio de resolução contratual motivada por inadimplemento de obrigação do adquirente ou do

Na IX Jornada de Direito Civil, realizada em maio de 2022, foi aprovado o Enunciado nº 653, segundo o qual "o quadro-resumo a que se refere o art. 35-A da Lei n. 4.591/1964 é obrigação do incorporador na alienação de imóveis em fase de construção ou já construídos", caso em que são dispensadas as informações que não dizem respeito à fase de execução da obra.

O resumo das condições do negócio na parte inicial do instrumento contratual é prática usual na sociedade contemporânea, em contratos celebrados em larga escala, em regra por adesão, e está há muito consagrada no mercado da incorporação imobiliária visando dar destaque especial aos elementos essenciais do contrato e facilitar sua pronta compreensão pelos adquirentes. Aos elementos usualmente empregados no mercado o art. 35-A acrescenta alguns outros, como, por exemplo, o valor referente à comissão de corretagem, a identificação do corretor que intermediou o negócio e a forma de exercício do direito de arrependimento.[4]

São merecedores de atenção os incisos III, VI, VIII, X e XII, que dispõem sobre a comissão de corretagem, o prazo de carência para arrependimento, a indicação dos ônus reais incidentes sobre o terreno e acessões e a exigência de menção aos efeitos do descumprimento, pelo incorporador, do prazo de conclusão da obra e sua prorrogação. O inciso III determina a indicação do valor da comissão de corretagem, das condições de pagamento e do corretor que intermediou a alienação do imóvel.

---

incorporador, com destaque negritado para as penalidades aplicáveis e para os prazos para devolução de valores ao adquirente; VII – as taxas de juros eventualmente aplicadas, se mensais ou anuais, se nominais ou efetivas, o seu período de incidência e o sistema de amortização; VIII – as informações acerca da possibilidade do exercício, por parte do adquirente do imóvel, do direito de arrependimento previsto no art. 49 da Lei nº 8.078, de 11 de setembro de 1990 (Código de Defesa do Consumidor), em todos os contratos firmados em estandes de vendas e fora da sede do incorporador ou do estabelecimento comercial; IX – o prazo para quitação das obrigações pelo adquirente após a obtenção do auto de conclusão da obra pelo incorporador; X – as informações acerca dos ônus que recaiam sobre o imóvel, em especial quando o vinculem como garantia real do financiamento destinado à construção do investimento; XI – o número do registro do memorial de incorporação, a matrícula do imóvel e a identificação do cartório de registro de imóveis competente; XII – o termo final para obtenção do auto de conclusão da obra (habite-se) e os efeitos contratuais da intempestividade prevista no art. 43-A desta Lei. § 1º Identificada a ausência de quaisquer das informações previstas no *caput* deste artigo, será concedido prazo de 30 (trinta) dias para aditamento do contrato e saneamento da omissão, findo o qual, essa omissão, se não sanada, caracterizará justa causa para rescisão contratual por parte do adquirente. § 2º A efetivação das consequências do desfazimento do contrato, referidas no inciso VI do *caput* deste artigo, dependerá de anuência prévia e específica do adquirente a seu respeito, mediante assinatura junto a essas cláusulas, que deverão ser redigidas conforme o disposto no § 4º do art. 54 da Lei nº 8.078, de 11 de setembro de 1990 (Código de Defesa do Consumidor)."

4   Como se sabe, os elementos essenciais do contrato a que se refere esse quadro-resumo são a coisa, o preço e o consenso (Código Civil, arts. 481 e 482), mas, ao indicar os 12 elementos que considera essenciais dos contratos de venda ou promessa de venda na incorporação imobiliária, o legislador se esqueceu de exigir a identificação da coisa a ser vendida – a unidade imobiliária. É óbvio que a omissão será suprida na prática, até porque, se os contratantes indicassem no contrato exclusivamente os elementos indicados nessa lei, não obteriam seu registro, pois faltaria um dos seus elementos essenciais. Faz-se este registro para lamentar as grosseiras falhas conceituais e de técnica de elaboração de normas legais observadas no processo legislativo brasileiro nos últimos tempos. Nesse caso, o legislador omitiu-se em relação ao próprio objeto da compra e venda e da promessa de compra e venda, mas em outras disposições dessa mesma lei confunde as hipóteses de extinção do contrato por nulidade/anulabilidade e por resolução por inadimplemento da obrigação de informar.

Ao exigir a indicação desses elementos no quadro-resumo do contrato, a lei incorpora ao direito positivo o reconhecimento, pela jurisprudência, da validade da cláusula contratual pela qual se atribui ao adquirente o pagamento da comissão de corretagem, "desde que previamente informado o preço total da aquisição da unidade autônoma, com o destaque do valor da comissão de corretagem promessa de venda" (STJ, REsp 1.599.511-SP, Tema 938). Segundo a jurisprudência do STJ, é irrelevante, "para o efeito de atender ao dever de informação, que a data da aceitação proposta seja a mesma da celebração do contrato".[5] A caracterização do resultado útil do serviço de corretagem, bem como o momento de exigibilidade do pagamento da respectiva comissão, de que tratamos adiante.

O inciso VI diz respeito a cláusula usualmente empregada nos contratos de promessa de venda de imóveis integrantes de incorporações, mas é particularmente relevante para os adquirentes, pois exige a indicação das consequências do inadimplemento das obrigações tanto do adquirente quanto do incorporador, com destaque negritado para as penalidades e os prazos de restituição de quantias ao adquirente.

Inovação relevante é a faculdade de arrependimento conferida ao adquirente, a ser exercida no prazo de sete dias da assinatura, desde que o contrato tenha sido celebrado no estande de venda ou fora da sede da incorporadora. Se exercido esse direito, o incorporador deverá restituir ao adquirente a totalidade das quantias recebidas, inclusive aquela correspondente à comissão de corretagem. Findo esse prazo e não tendo o adquirente exercido o direito de arrependimento, considera-se irretratável a promessa de compra e venda independente de qualquer outra manifestação dos contratantes (art. 67-A, §§ 10, 11 e 12).

Trata-se de prazo de carência para reflexão do adquirente sobre sua decisão de adquirir, particularmente sobre sua capacidade para cumprir a obrigação assumida no contrato que acabou de celebrar, correspondente ao pagamento do preço no prazo e nas condições estipuladas. Tem natureza e finalidade semelhantes à carência conferida ao incorporador pelo art. 34, para confirmar a realização da incorporação ou dela desistir.

Em ambos os casos, a lei confere aos contratantes prazo para avaliar sua capacidade financeira de cumprir o programa contratual e confirmar a obrigação assumida.

Ao criar esse prazo de carência na fase da formação do contrato, a Lei nº 13.786/2018 confirma seu alinhamento ao princípio geral da obrigatoriedade do contrato.

Considerando que, por força do § 2º do art. 32, a promessa de venda de imóveis integrantes de incorporação imobiliária é legalmente qualificada como contrato irretratável, o

---

[5] "Recurso especial. Direito civil e do consumidor. Incorporação imobiliária. Comissão de corretagem. Cláusula de transferência da obrigação ao consumidor. Validade. Aceitação da proposta e formalização do contrato no mesmo dia. Validade. Dever de informação observado. Recurso repetitivo nº 1.599.511/SP. 1 – Nos termos do entendimento consolidado no Recurso Especial nº 1.599.511/SP, sob o rito dos recursos repetitivos, não é abusiva a 'cláusula contratual que transfere ao promitente-comprador a obrigação de pagar a comissão de corretagem nos contratos de promessa de compra e venda de unidade autônoma em regime de incorporação imobiliária, desde que previamente informado o preço total da aquisição da unidade autônoma, com o destaque do valor da comissão de corretagem'. 2 – Irrelevância, para o efeito de atender ao dever de informação, que a data da aceitação proposta seja a mesma da celebração do contrato. 3 – Recurso especial provido" (STJ, REsp 1.793.665/SP, rel. Min. Maria Isabel Gallotti, *DJe* 15.03.2019).

arrependimento é regra excepcional e se sujeita ao procedimento definido especificamente para esse contrato pelos §§ 10, 11, e 12 do art. 67-A.[6]

De acordo com o § 12 do art. 67, transcorrido esse prazo de 7 dias sem que o promitente comprador tenha exercido o direito de arrependimento, sujeita-se a promessa à irretratabilidade instituída pelo § 2º do art. 32.[7]

Por força dessa disposição, a lei reafirma, mais uma vez, que o contrato de promessa de venda de imóveis integrantes de incorporação imobiliária não pode ser extinto mediante resilição unilateral, mas tão somente mediante resilição bilateral (distrato) ou resolução por inadimplemento, tanto de obrigação do incorporador quanto do adquirente. Dado o alto grau de comprometimento de renda do adquirente na aquisição de um imóvel, esse prazo de carência para arrependimento não deveria restringir-se aos contratos celebrados fora da sede da empresa incorporadora, mas deveria abranger todos os contratos, inclusive os celebrados na sede da incorporadora.

A carência instituída por lei nesses termos, para confirmação ou desistência do negócio, à semelhança da carência concedida ao incorporador pelo art. 34 para confirmar ou desistir da realização da incorporação, sujeita a caracterização do resultado útil do serviço de corretagem à confirmação do contrato de promessa por parte do adquirente, a ela condicionando a remuneração do corretor, de que trata o art. 725 do CC. "Código Civil: Art. 725. A remuneração é devida ao corretor uma vez que tenha conseguido o resultado previsto no contrato de mediação, ou ainda que este não se efetive em virtude de arrependimento das partes."

Com efeito, a remuneração do corretor é condicionada ao resultado útil da mediação e é devida "ainda que este não se efetive em virtude de arrependimento das partes."

Esse resultado deve ser identificado no caso concreto, em conformidade com as peculiaridades do contrato pelo qual foi convencionada a transmissão da propriedade, pois "somente nascerá o direito à comissão caso a corretagem logre êxito em trazer um resultado útil para as partes." REsp 1.339.642-RJ, rel. Min. Nancy Andrighi, *DJe* 18.3.2013.

No caso específico da promessa de venda de imóvel integrante de incorporação imobiliária, entretanto, esse resultado, que condiciona a exigibilidade da remuneração, é definido por lei, que inclui o direito temporário de arrependimento do adquirente entre os elementos de tipificação dessa promessa e determina a restituição da comissão de corretagem caso o

---

[6] Lei nº 4.591/1964, com a redação dada pela Lei nº 13.786/2018: "Art. 67-A. (...) § 10. Os contratos firmados em estandes de vendas e fora da sede do incorporador permitem ao adquirente o exercício do direito de arrependimento, durante o prazo improrrogável de 7 (sete) dias, com a devolução de todos os valores eventualmente antecipados, inclusive a comissão de corretagem. § 11. Caberá ao adquirente demonstrar o exercício tempestivo do direito de arrependimento por meio de carta registrada, com aviso de recebimento, considerada a data da postagem como data inicial da contagem do prazo a que se refere o § 10 deste artigo."

[7] Lei nº 4.591/1964, com a redação dada pela Lei nº 13.786/2018: "Art. 67-A. (...). § 12. Transcorrido o prazo de 7 (sete) dias a que se refere o § 10 deste artigo sem que tenha sido exercido o direito de arrependimento, será observada a irretratabilidade do contrato de incorporação imobiliária, conforme disposto no § 2º do art. 32 da Lei nº 4.591, de 16 de dezembro de 1964." Tratando-se de ato inerente à formação do contrato, a norma relativa à carência para arrependimento ou confirmação da promessa deveria estar junto ao § 2º do art. 32, que, excepcionalmente à regra da irretratabilidade desse parágrafo, conferiria ao promitente comprador direito de arrependimento, importando seu silêncio na ratificação da irretratabilidade.

adquirente o exerça no prazo de sete dias, contados da celebração da promessa fora da sede da incorporadora.

Na medida em que a higidez da promessa de venda tipificada pela Lei 4.591/1964 decorre do não exercício do direito de arrependimento pelo adquirente, esse fato deve ser considerado na aferição do resultado útil do contrato de corretagem que o levou à celebração da promessa fora da sede da incorporadora.

O inciso X do art. 35-A evidencia a atenção dada pelo legislador à importância do financiamento para construção do conjunto imobiliário, mas exige que constem no quadro-resumo "informações acerca dos ônus que recaiam sobre o imóvel, em especial quando o vinculem como garantia real do financiamento destinado à construção do investimento". A exigência está alinhada ao art. 1.488 do Código Civil, que, como vimos, se refere à possibilidade de limitação da responsabilidade de cada adquirente em relação a esse financiamento, na proporção das frações ideais criadas pelo registro do Memorial de Incorporação.

O inciso XII do art. 35-A diz respeito aos efeitos da mora e do inadimplemento do incorporador em relação à obrigação de concluir a obra no prazo fixado no contrato, admitida sua prorrogação por 180 dias. O dispositivo faz remissão ao art. 43-A e seus parágrafos, que reconhecem a validade da cláusula de tolerância para conclusão da obra. Ultrapassado o prazo de 180 dias sem que a obra esteja concluída, considera-se caracterizado o inadimplemento absoluto dessa obrigação do incorporador, que autoriza a resolução do contrato por iniciativa do adquirente, da qual resulta a obrigação de restituição integral das quantias pagas e da multa estabelecida no contrato. Caso o adquirente adimplente opte pela conservação do contrato mesmo após expirado o prazo de tolerância de 180 dias, fará jus ao recebimento de 1% por mês ou fração pelo prazo que exceder ao prazo de tolerância, a título de indenização das perdas e danos pelo atraso superior a 180 dias.

Esses dados constituem elementos relevantes do contrato, especialmente no interesse do adquirente, devendo ser rubricados pelo adquirente todos os textos relativos a esses incisos.[8]

Se houver omissão de dados no quadro-resumo, o incorporador é obrigado a supri-la no prazo de trinta dias da data em que o adquirente solicitar, dispondo o § 1º do art. 35-A que o não suprimento "caracterizará justa causa para rescisão contratual por parte do adquirente".[9] Assim, o não cumprimento da obrigação do incorporador de consignar no quadro-resumo os dados referidos no § 2º do art. 35-A no prazo de trinta dias do requerimento do adquirente faz nascer para este a pretensão de resolução do contrato.

A nosso ver, a qualificação da falta de algum dos dados do quadro-resumo como "justa causa para rescisão contratual" é equivocada, pois a indicação desses elementos constitui requisito de validade, de modo que sua falta dá causa à nulidade do contrato. O legislador, entretanto, optou pela criação da obrigação legal do incorporador de suprir as lacunas no prazo de trinta dias da notificação que receber, sob pena de resolução do contrato.

---

[8] Lei nº 4.591/1964, com a redação dada pela Lei nº 13.786/2018: "Art. 35-A. (...) § 2º A efetivação das consequências do desfazimento do contrato, referidas no inciso VI do *caput* deste artigo, dependerá de anuência prévia e específica do adquirente a seu respeito, mediante assinatura junto a essas cláusulas, que deverão ser redigidas conforme o disposto no § 4º do art. 54 da Lei nº 8.078, de 11 de setembro de 1990 (Código de Defesa do Consumidor)."

[9] Lei nº 4.591/1964, com a redação dada pela Lei nº 13.786/2018: "Art. 35-A. (...) § 1º Identificada a ausência de quaisquer das informações previstas no *caput* deste artigo, será concedido prazo de 30 (trinta) dias para aditamento do contrato e saneamento da omissão, findo o qual, essa omissão, se não sanada, caracterizará justa causa para rescisão contratual por parte do adquirente."

Antes de apreciar as espécies de contrato de uso mais frequente nas incorporações, importa registrar, em linhas gerais, os direitos e as obrigações do incorporador e do adquirente, no contrato de incorporação.

5.3. OBRIGAÇÕES DO INCORPORADOR

As principais obrigações a que está sujeito o incorporador, que, em regra, são comuns a todas as espécies de contrato utilizáveis na atividade de incorporação, podem ser assim sintetizadas:

1. a primeira e fundamental obrigação do incorporador, que constitui requisito para legitimá-lo a oferecer os imóveis à venda, é promover o registro da incorporação, pelo qual as frações ideais do terreno são identificadas no Registro de Imóveis como objeto de direito de propriedade sob regime condominial especial, nos termos já acima considerados (art. 32);

2. é obrigação do incorporador manter seu nome indicado ostensivamente no local da construção (art. 31, § 2º);

3. em todos os anúncios que fizer, bem como nos contratos e quaisquer papéis relativos à incorporação, o incorporador deve mencionar o número do registro do memorial (art. 32, § 3º);

4. atualizar a documentação do memorial e revalidar o registro da incorporação se, no prazo de 180 dias do registro provisório, a incorporação não estiver efetivada, nem tiver sido denunciada (art. 33, combinado com o art. 12 da Lei nº 4.864/1965);

5. explicitar em todos os ajustes preliminares que firmar com os adquirentes a existência do prazo de carência, se houver (art. 34, § 3º);

6. denunciar a desistência da incorporação ao Registro de Imóveis, quando for o caso, e comunicá-la imediatamente aos adquirentes (art. 34, § 4º, e art. 35, § 2º);

7. terminado o prazo de carência sem denúncia da incorporação, tem o incorporador a obrigação de, em sessenta dias, outorgar aos adquirentes o contrato correspondente (promessa de compra, contrato de construção, conforme o caso); não havendo prazo de carência, o prazo de sessenta dias se conta da data de qualquer ajuste preliminar (arts. 35 e 66, III, e art. 13 da Lei nº 4.864/1965);

8. caso não outorgue os contratos aos adquirentes, o incorporador sujeita-se à multa de 50% calculada sobre os valores que houver deles recebido, cobrável mediante execução (art. 35, § 5º);[10]

---

[10] O percentual pode mostrar-se exacerbado e tem sido reduzido em determinados casos, por força da aplicação do art. 413 do Código Civil de 2002, pelo qual "a penalidade deve ser reduzida equitativamente pelo juiz se a obrigação principal tiver sido cumprida em parte, ou se o montante da penalidade for manifestamente excessivo, tendo-se em vista a natureza e a finalidade do negócio". De fato, se o adquirente ajuizar a execução logo após expirado o prazo legal de 60 dias, o percentual de 50% incidirá apenas sobre o valor do sinal e de duas ou três parcelas mensais, podendo o adquirente optar pela resolução do contrato ou pelo seu prosseguimento. Entretanto, podem ocorrer situações em que, apesar de não outorgar o contrato, o incorporador construa e entregue o edifício e o adquirente prossegue o pagamento, só vindo a requerer a execução após a conclusão da obra, depois de ter pago a quase totalidade do preço. É o caso do REsp 200.657-DF, rel. Min. César Asfor Rocha, em que a multa foi

9. em caso de denúncia da incorporação, restituir aos adquirentes as importâncias por estes pagas, no prazo de trinta dias a contar da desistência; caso não o faça, essas importâncias são exigíveis mediante ação de execução, com reajuste monetário e juros de 6% ao ano, sobre os valores reajustados (art. 36);

10. mencionar, nos contratos de construção, os nomes dos responsáveis pelo custeio da construção, responsabilizando-se (o incorporador) pelo custeio das unidades não vendidas (art. 35, § 6º);

11. mencionar em todos os instrumentos de ajuste a eventual existência de ônus real ou fiscal sobre o terreno (arts. 37 e 66, II); a mesma exigência se dá quando houver alguma ação que possa comprometer a titularidade do imóvel;

12. mencionar nos instrumentos de ajuste a eventual ocupação do imóvel, esclarecendo a que título ela se dá e as condições de sua desocupação (art. 38);

13. nas hipóteses em que o incorporador tiver contratado a aquisição do terreno mediante permuta ou promessa de permuta, deve explicitar nos instrumentos de comercialização qual é a parcela que será paga em dinheiro, ou a quota-parte, expressa em metros quadrados, das áreas das unidades a serem entregues em pagamento do terreno (art. 39); deve ser esclarecido, também, se o alienante do terreno ficou ou não sujeito a qualquer prestação ou encargo (art. 39, parágrafo único);

14. deve o incorporador discriminar, nos contratos de venda a preço global, as parcelas relativas ao valor da fração ideal de terreno e ao valor da construção (art. 41);

15. deve o incorporador informar periodicamente aos adquirentes o estado da obra, demonstrando sua correspondência com o prazo pactuado, não podendo alterar o projeto nem desviar-se do plano de construção, salvo autorização unânime dos compradores ou exigência legal (art. 43, I, II, IV e VI),[11] nem alterar o preço e as condições de pagamento, salvo se expressamente previsto o reajustamento (art. 43, V), não podendo, também, alterar o prazo sem anuência da comissão de representantes; não pode o incorporador retardar injustificadamente as obras ou paralisá-las por mais de trinta dias, sob pena de destituição nos termos da lei;

---

reduzida para 10%, tendo em vista que o incorporador concluiu a obra e a entregou no prazo, mas o contrato que outorgara não pode ser registrado por fato impeditivo relacionado a débitos do incorporador perante o INSS: "A multa prevista no § 5º do art. 35 da Lei nº 4.591/1964 sujeita-se às regras gerais sobre a mora, estatuídas no art. 955 e seguintes do Código Civil e este, em seu art. 924 [Código de 1916], permite ao julgador reduzir proporcionalmente a pena estipulada para o caso de mora ou de inadimplemento, quando se cumpriu em parte a obrigação. Considerando as peculiaridades da espécie em que, mais do que em parte, a obrigação foi cumprida por inteiro, a multa fica reduzida para 5% (cinco por cento) do valor das parcelas pagas."

[11] A jurisprudência tem reconhecido que, apesar de a lei exigir aprovação unânime dos adquirentes, "a negativa deve ser analisada sob o prisma do art. 187 do Código Civil. Isso porque, nenhuma prerrogativa legal pode ser exercida ao ponto de lesar os interesses de terceiros igualmente protegidos pelo ordenamento jurídico e pelo direito subjetivo. Por isso, ainda que afirmem a existência do direito de anuírem à modificação pretendida pela empreendedora, sob pena de inviabilizá-la, a negativa deveria se balizar pela razoabilidade, sob pena de configurado o abuso na manifestação dessa faculdade jurídica" (TJSP, 3ª Câmara de Direito Privado, Apelação Cível nº 0019529-20.2009.8.26.0477, Rel. Des. Donegá Morandini, julgado em 18/08/2020). Nesses casos, tem sido admitida a alteração de projeto mediante aprovação de quórum majoritário nas hipóteses em que não cause prejuízos aos adquirentes individualmente e à coletividade dos adquirentes.

Cap. V • A CONTRATAÇÃO DA VENDA DAS UNIDADES — 167

16. nas hipóteses de contratação da construção por empreitada reajustável, discriminar o preço da fração ideal do terreno e o preço da construção, indicando os critérios e índices de reajuste a que está sujeita a obra em quaisquer contratos, cartas-proposta, escrituras e demais papéis, bem como na publicidade escrita em que conste o preço, excluídos os anúncios classificados (art. 56);

17. quando a construção tiver sido contratada por administração, a preço de custo, mencionar no contrato a data em que será iniciada a obra e o valor estimado do orçamento, atualizando esse valor no caso de ajustes celebrados até as fundações, após o seu término e nas transferências de contrato ou sub-rogações (art. 59);

18. ainda nas construções por administração, é dever do incorporador manter para cada condomínio contabilidade específica (art. 58, I) e conta-corrente bancária própria (art. 58, II); idêntico dever é imputável ao incorporador nas incorporações submetidas ao regime da afetação (art. 31-D);

19. nas construções por administração, deve o incorporador discriminar o custo do terreno e o orçamento atualizado da construção, indicando o mês a que este se refere e a especificação da obra (art. 62);

20. requerer a averbação da construção da edificação "em correspondência às frações ideais discriminadas na matrícula do terreno", "após a expedição do "habite-se", bem como a individualização e discriminação das unidades, com a consequente instituição do condomínio de utilização do edifício (art. 44);

21. o incorporador deve comparecer às assembleias gerais que houver convocado (art. 49, § 3º);

22. tem o incorporador, ainda, a obrigação de fiscalizar o cumprimento, pelo construtor e pelos empreiteiros, das obrigações fiscais e previdenciárias, pelas quais possam ser solidariamente responsáveis o proprietário do terreno, o dono da obra e o adquirente das unidades.

5.4. DIREITOS DO INCORPORADOR

Na contrapartida das obrigações, são assegurados ao incorporador os direitos correspondentes ao seu negócio, entre os quais citam-se, exemplificativamente, os seguintes:

1. arrependimento, que corresponde ao direito de desistência da realização da incorporação dentro do prazo de carência, se o tiver fixado;[12]

2. exigir do adquirente a assinatura do contrato definitivo, depois de expirado o prazo de carência, quando houver, sob pena de rescisão do instrumento preliminar de ajuste;

---

[12] TJRJ. 16ª Câmara Cível. Apelação Cível 2000.001.2948, 20.6.2000, relator Des. Nilson de Castro Dião: "Civil. Incorporação. Prazo de carência. Desistência do empreendimento. Art. 34 da Lei nº 4.591/1964. Direito do Incorporador. Devolução das quantias pagas, com acréscimo de correção monetária e juros de 6% a.a. 1. É direito do incorporador fixar prazo de carência dentro do qual poderá desistir do empreendimento com a devolução das quantias que recebeu, corrigidas e com juros de 6% a.a., nos termos dos arts. 34 e 36 da Lei nº 4.591/1964. 2. Essa possibilidade de desistência do empreendimento não se confunde com a irretratabilidade da promessa de compra e venda, porquanto aquela abrange a todo o empreendimento, enquanto essa é específica de cada promessa."

3. exigir o pagamento do preço estabelecido nos instrumentos de ajuste, promessas de compra e venda ou qualquer outro instrumento de alienação, podendo, em caso de mora, (a) promover a execução do seu crédito, (b) ajuizar ação de resolução do contrato, oferecendo previamente ao adquirente oportunidade para purga de mora, nos termos do Decreto-lei nº 745/69, (c) promover a interpelação do adquirente para purgação da mora e, uma vez concretizada a resolução de pleno direito, caso caracterizado o inadimplemento absoluto decorrente da não purgação, adotar os procedimentos de venda da unidade mediante leilão extrajudicial (art. 63 e parágrafos e art. 1º da Lei nº 4.864/1965) ou, ainda (d) promover o leilão da unidade caso tenha contratado a venda com pacto adjeto de alienação fiduciária (Lei nº 9.514/97, art. 27); para qualquer dessas hipóteses, o art. 41 prevê que, na falta de pagamento das prestações do terreno, os efeitos da mora recairão também sobre a parte relativa à construção, ainda que o pagamento desta esteja regularizado ou já esteja integralizado;

4. nas hipóteses referidas no item anterior, o incorporador poderá transferir a terceiros os direitos do adquirente cujo contrato tiver sido desfeito em razão do inadimplemento da obrigação de pagar as parcelas vencidas do preço de aquisição da unidade ou do contrato de construção (art. 63, § 8º, e art. 1º, VII, da Lei nº 4.864/1965);

5. tem o incorporador, assim como tem o condomínio, direito de retenção da unidade como garantia do recebimento do seu crédito, retenção essa que exercerá até que o adquirente efetive o pagamento de sua dívida (art. 52).

5.5. OBRIGAÇÕES DOS ADQUIRENTES

É obrigação fundamental dos adquirentes de unidades em incorporação imobiliária pagar o preço ajustado para a compra e venda, o qual pode corresponder ao preço total da unidade (fração ideal do terreno e acessões que constituirão a futura unidade imobiliária) ou, destacadamente, o preço da fração e o da construção; em regra, em qualquer das duas modalidades o pagamento é feito em parcelas; se tiver sido celebrado contrato de construção, o pagamento a cargo dos adquirentes poderá ser vinculado ao cumprimento de cada etapa da obra.

Constitui, ainda, obrigação dos adquirentes não interferir na obra, não só para não prejudicar o andamento dos serviços, mas, sobretudo, para proteger sua integridade física.

5.6. DIREITOS DOS ADQUIRENTES

Em contrapartida ao cumprimento de sua obrigação de pagar, tem o adquirente o direito de receber a unidade imobiliária identificada no contrato de aquisição, figurando, ainda, entre seus principais direitos:

1. obter do incorporador o contrato relativo à aquisição da unidade (ou o contrato de aquisição da fração ideal e o de construção), no prazo de sessenta dias a contar do final do prazo de carência, se houver; se não houver prazo de carência, o prazo para a outorga do contrato se conta da data de qualquer documento de ajuste preliminar (art. 35, § 1º);

Cap. V • A CONTRATAÇÃO DA VENDA DAS UNIDADES | **169**

2. promover a averbação, no Registro de Imóveis, da carta-proposta ou do documento de ajuste preliminar para aquisição da unidade, caso o incorporador deixe de outorgar o contrato relativo à respectiva unidade (art. 32, § 4º);

3. obter do incorporador o pagamento da multa de 50% sobre a quantia que a ele tiver pago, caso seja descumprida a obrigação de outorga do contrato a que se refere o *caput* do art. 35;

4. no caso de denúncia da incorporação, receber do incorporador, em restituição, as quantias que a ele tiver pago, assegurado ao adquirente cobrá-la por via de execução, com reajuste e juros de 6% ao ano sobre o valor reajustado;

5. acompanhar o andamento da obra, mediante atuação da Comissão de Representantes;

6. obter do incorporador, também por meio da Comissão de Representantes, relatórios periódicos em que fique demonstrado o andamento da obra em correspondência com o prazo pactuado no contrato ou em correspondência com o cronograma da obra;

7. promover a notificação do incorporador por meio da Comissão de Representantes caso, injustificadamente, haja retardamento da obra ou sua paralisação por mais de trinta dias, para que ele reinicie a obra em trinta dias e lhe dê andamento normal;

8. destituir o incorporador, caso não atenda a notificação referida no item anterior, também por meio da Comissão de Representantes;

9. assumir, representados pela Comissão de Representantes, a administração da obra em caso de destituição ou de falência do incorporador;

10. obter do incorporador indenização dos prejuízos decorrentes da não conclusão da obra ou do seu retardamento injustificado;

11. promover, no Registro de Imóveis, a averbação da construção, caso o incorporador ou o construtor não o faça (art. 44, § 2º);

12. obter, do incorporador e/ou do dono do terreno, a escritura de compra e venda da unidade e/ou da fração ideal do terreno, inclusive mediante adjudicação compulsória ou ação de cumprimento de obrigação de fazer, conforme o caso. Na hipótese de falência da empresa incorporadora, a comissão de representantes dos adquirentes fica investida de poderes para outorgar a escritura (art. 31-F, § 3º, da Lei nº 4.591/1964, com a redação dada pelo art. 53 da Lei nº 10.931/2004).

5.7. ÓRGÃOS DE REPRESENTAÇÃO DOS ADQUIRENTES NAS RELAÇÕES DECORRENTES DO CONTRATO DE INCORPORAÇÃO

Em regra, os adquirentes celebram seus contratos individualmente, apesar de ser admissível a contratação coletiva, notadamente no que tange à construção.

Não obstante seja essa relação jurídica estabelecida individualmente, a configuração do negócio da incorporação encerra interesses e direitos comuns a todos os adquirentes, que, em verdade, juntamente com o incorporador, formam uma comunidade, vinculados por uma afinidade semelhante à *affectio societatis*.

Com efeito, a par daquela relação jurídica individual, correspondente a cada contrato, o fato de os adquirentes de unidades imobiliárias em construção estarem reunidos para alcançar uma finalidade que extrapola o limite de suas individualidades torna o agrupamento "um organismo social dotado, como o homem, de um poder próprio para agir e, por isso, se categoriza como sujeito de direitos".[13] Dada essa configuração, os contratos de aquisição das unidades são coligados por um nexo funcional, em razão do qual a administração dos interesses comuns dos adquirentes deve ser implementada a partir de orientação e deliberação do conjunto desses adquirentes, bem como por órgão que os represente perante o incorporador, o construtor e terceiros. O órgão máximo de deliberação dos assuntos de interesse dos adquirentes é a *assembleia geral dos contratantes*, como definida pela lei no art. 49, enquanto o órgão de fiscalização e de administração é a *Comissão de Representantes*, definida no art. 50.

A esses órgãos a lei reserva papel importante na execução do contrato de incorporação, salientando-se que suas funções ganharam maior eficácia na defesa dos interesses dos adquirentes a partir da legislação que regulamentou o regime da afetação patrimonial nas incorporações imobiliárias. É que essa nova configuração da incorporação deu aos adquirentes maior poder de controle sobre o negócio, possibilitando-lhes uma fiscalização mais consequente do desenvolvimento da obra, na medida em que o incorporador deve lhes apresentar trimestralmente um relatório demonstrando o estado da obra e sua correspondência com os recursos arrecadados e com o prazo pactuado. Além disso, a nova norma deu aos adquirentes, por intermédio da Comissão de Representantes, os meios para assumir diretamente a administração da incorporação, mediante procedimento extrajudicial simples e célere. Dada essa nova concepção, exige-se atuação mais intensa dos órgãos de representação dos adquirentes, até mesmo mediante contratação de profissionais habilitados para assessorá-los no acompanhamento do negócio.

A matéria está regulada nos arts. 31-C, 31-F, 49 e 50 da Lei das Incorporações.

5.7.1. Assembleia geral dos contratantes

Ao tratar dos aspectos gerais da fase da construção do edifício, a Lei das Incorporações prevê, no art. 49, a possibilidade de os adquirentes reunirem-se em assembleia geral e adotarem deliberações de interesse geral dos adquirentes.[14]

A realização de assembleias é prevista para todas as modalidades de contrato de incorporação, inclusive para as hipóteses em que o incorporador tenha contratado a entrega da unidade a preço e prazo certos, mas sua utilidade é maior caso os adquirentes tenham celebrado contrato de construção, seja por empreitada ou por administração.

As assembleias durante a obra poderão ser convocadas pelo incorporador, pelo construtor ou, ainda, por 1/3 dos adquirentes, mediante carta da qual conste a pauta dos assuntos, protocolada ou registrada com antecedência mínima de 5 dias para a primeira convocação e mais 3 dias para a segunda convocação.

É indispensável que sejam convocados todos os adquirentes, pois a falta de convocação de qualquer adquirente poderá dar causa a anulação da assembleia.

---

[13] FRANCO, J. Nascimento; GONDO, Nisske. *Incorporações imobiliárias,* cit., p. 155. Os autores citam o caso de uma ação judicial que patrocinaram em nome de uma Comissão de Representantes que pretendia assumir a direção da obra em razão do fracasso do incorporador: "Fracassando este e assumindo o encargo de dar andamento às obras, por intermédio da comissão, a maioria menos não faz do que agir em benefício de todos, salvando o patrimônio comum."

[14] "Art. 49. Os contratantes da construção, inclusive no caso do art. 43, para tratar de seus interesses, com relação a ela, poderão reunir-se em assembleia cujas deliberações, desde que aprovadas por maioria simples dos votos presentes, serão válidas e obrigatórias para todos eles, salvo no que afetar ao direito de propriedade previsto na legislação."

A carta convocatória deve indicar a hora e o local da reunião; embora a lei seja omissa quanto ao local, é natural que a assembleia se realize na obra, salvo se ali não houver dependências adequadas. Deve a convocação explicitar com clareza todos os assuntos a serem tratados, de modo que os convocados tenham prévio conhecimento da matéria e possam examiná-lo suficientemente. A indicação genérica dos assuntos toma de surpresa os participantes da assembleia e pode dar ensejo a impugnações e até a anulação da assembleia se não houver, pelo menos, correlação de assuntos.

A assembleia se instalará em primeira convocação com o mínimo de metade dos contratantes e em segunda convocação com qualquer número. Quando a assembleia tiver sido convocada pelo incorporador ou pelo construtor, é obrigatória a presença do convocante; quando convocada por adquirentes, é obrigatória a presença de pelo menos a metade dos adquirentes-convocantes; em ambos os casos, a presença desses convocantes é obrigatória até mesmo para instalação da assembleia em segunda convocação.

Os votos serão proporcionais às frações ideais de terreno.[15]

Os adquirentes poderão ser representados por procurador, devendo o instrumento de mandato conter poderes específicos para propor, discutir e votar matérias na assembleia.

As deliberações serão aprovadas pela maioria simples dos votos dos adquirentes presentes e são obrigatórias para todos os adquirentes, salvo no que afetarem o direito de propriedade.

A lei atribui poderes e responsabilidades especialmente relevantes à assembleia geral dos adquirentes, sobretudo em razão da lei que caracteriza a incorporação como patrimônio de afetação, e até mesmo para dar efeito prático à concepção do patrimônio separado, visando a consecução da incorporação.

Aspecto de especial importância é a preferência que tem o condomínio para adquirir unidades de adquirente inadimplente e de incorporador insolvente, tal como previsto no art. 31-F, § 17, II, e no art. 63, § 3º. O direito de preferência será exercido no prazo de 24 horas após o leilão, sendo necessário, portanto, que a assembleia seja convocada com bastante antecedência, para que se realize pelo menos no dia do leilão, de modo que o condomínio tenha tempo hábil para exercer a preferência. A carta convocatória para essa assembleia deverá conter todos os dados relativos ao contrato do adquirente inadimplente ou, quando for o caso, às unidades do incorporador falido, indicando o valor do débito, a identificação das unidades, suas especificações etc. A deliberação sobre o exercício do direito de preferência depende de *quorum* diferenciado, a saber: no caso de preferência na compra de unidade de adquirente inadimplente, a deliberação deve ser adotada pela unanimidade dos participantes da assembleia; já para exercer a preferência em caso de leilão de unidades do incorporador insolvente, a deliberação será tomada por maioria simples dos adquirentes.

As hipóteses de *quorum* especial para as deliberações são assim definidas pela lei:

a) maioria absoluta dos adquirentes para revogação de decisão da Comissão de Representantes, em assembleia especialmente convocada para esse fim, com a ressalva dos direitos de terceiros quanto aos efeitos já produzidos (art. 50, § 2º);

---

[15] Ao tratar das assembleias gerais do condomínio do edifício, já em fase de utilização, o art. 24, § 3º, da Lei nº 4.591/1964 facultava a adoção de outro referencial para os votos. O Código Civil de 2002, no art. 1.352, parágrafo único, seguiu essa mesma orientação.

b) unanimidade dos presentes para exercer o direito de preferência para aquisição da unidade imobiliária do adquirente inadimplente, em caso de leilão, devendo a assembleia ser realizada 24 horas após a realização do leilão (art. 63, § 3º);

c) maioria absoluta dos votos dos adquirentes para destituição do incorporador, em caso de retardamento injustificado da obra (art. 43, VI);

d) dois terços dos adquirentes, em primeira convocação, ou maioria absoluta, em segunda convocação, para deliberar sobre o prosseguimento da incorporação ou sobre a liquidação do patrimônio de afetação, em caso de destituição do incorporador ou falência do incorporador (art. 31-F, § 1º);

e) dois terços dos adquirentes, em primeira convocação, ou maioria absoluta, em segunda convocação, para instituir o condomínio da construção, na hipótese de insolvência do incorporador (art. 31-F, § 1º);

f) maioria simples dos adquirentes presentes para exercer o direito de preferência para aquisição da unidade imobiliária do incorporador, em caso de leilão decorrente de falência deste (art. 31-F, § 17, II);

g) dois terços dos adquirentes para deliberar sobre a venda do terreno e acessões caso não tenha sido deliberada a continuação da incorporação, em caso de insolvência do incorporador (art. 43, VII).

5.7.2. Comissão de Representantes

A lei instituiu a figura da Comissão de Representantes (art. 50) para representar os adquirentes no acompanhamento da construção, em todas as suas etapas, fiscalizando a arrecadação das contribuições dos adquirentes e a aplicação dos recursos por parte do construtor, bem como para promover, entre outras atividades, a venda de unidade pertencente a adquirente inadimplente e a incorporador insolvente e, ainda, para assumir a administração da incorporação em caso de falência ou destituição do incorporador, praticando todos os atos necessários a tal fim, inclusive a realização da venda das unidades que, na data da decretação da falência, ainda não tiverem sido alienadas pelo incorporador.

Nos termos do art. 50, o incorporador deve nomear ou promover a realização de assembleia geral para eleição dos membros da comissão no prazo de seis meses a contar do registro do Memorial de Incorporação.[16]

A atribuição de poderes à Comissão funda-se na teoria da representação, de que tratam os arts. 115 a 120 do Código Civil de 2002, tendo como "ideia-força essencial o *poder* conferido ao representante para falar e agir pelo representado."[17]

---

[16] Lei nº 4.591/1964, com a redação dada pelo art. 10 da Medida Provisória nº 1.085/2021: "Art. 50. Será designada, no contrato de construção ou eleita em assembleia geral, a ser realizada por iniciativa do incorporador, no prazo de até seis meses, contado da data do registro do memorial de incorporação, uma comissão de representantes composta por, no mínimo, três membros escolhidos dentre os adquirentes para representá-los perante o construtor ou, no caso previsto no art. 43, o incorporador, em tudo o que interessar ao bom andamento da incorporação e, em especial, perante terceiros, para praticar os atos resultantes da aplicação do disposto nos art. 31-A a art. 31-F".

[17] PEREIRA, Caio Mário da Silva, ob. cit., p. 311.

Na incorporação imobiliária cuida-se de *representação legal*, que é exercida pela Comissão de Representantes tal qual a representação legalmente atribuída ao administrador na falência ou na recuperação judicial da sociedade empresária, ao sindicato para atuar nas hipóteses definidas em lei, ao agente fiduciário para atuar em nome dos subscritores de cotas de fundos de investimento e de títulos securitizados, entre outras.

Estabelecida e delimitada pela lei, a representação dos adquirentes pela Comissão constitui elemento natural do conteúdo do contrato de incorporação, sendo um daqueles casos em que, como observa Orlando Gomes "a representação adquire o relevo de verdadeiro *munus*, agindo o representante como se fora titular de um ofício, mas de direito privado, no sentido de que exerce uma função ou atividade obrigatória, investido em autêntico e indiscutível *poder*, na acepção técnica do termo."[18]

A Comissão é composta por 3 membros, ressalvado que nas incorporações em que o número de contratantes seja igual ou inferior a 3 todos eles comporão a Comissão.

Uma vez eleitos em assembleia geral ou nomeados em contrato, os membros da Comissão de Representantes passam imediatamente a exercer suas funções, não sendo necessária a formalização de mandato especial. Para validade perante terceiros, é necessário o registro, em Registro de Títulos e Documentos, da ata da assembleia que os elegeu ou do contrato no qual foram nomeados.

O contrato fixará a duração do mandato dos membros da Comissão (art. 50, § 3º), admitindo-se seja atribuído igual poder à assembleia, até porque esta pode destituir esses membros e revogar as decisões da Comissão (art. 50, §§ 2º e 3º). Dada a natureza de suas funções, é natural que a atuação da Comissão de Representantes se estenda até a conclusão da obra, quando se efetiva a instalação do condomínio e se atribui a administração a um síndico.

A destituição de qualquer dos membros da Comissão compete à assembleia, nos termos e pelo *quorum* estipulados no contrato (art. 50, § 3º), podendo a assembleia, também, pela "maioria absoluta dos votos dos contratantes", revogar qualquer decisão da Comissão, ressalvados os direitos de terceiros quanto aos efeitos já produzidos (art. 50, § 2º).

Encerra-se o mandato de qualquer dos membros da Comissão pela morte, renúncia, interdição, venda da unidade imobiliária ou qualquer outro fato que o incompatibilize para a função. Dispõe o § 3º do art. 50 que, em caso de venda da unidade, o mandato se transfere ao novo adquirente, salvo se este não aceitar. Anotam J. Nascimento Franco e Nisske Gondo que não há sucessão *causa mortis* nas funções de membro da Comissão, "salvo se o contrato permitir, hipótese em que o falecido se substitui por cônjuge ou herdeiro", ressalvando que o cônjuge pode substituir o falecido por direito próprio, na qualidade de meeiro nos direitos aquisitivos.[19]

A lei confere à Comissão de Representantes os seguintes poderes, além de outros que possa lhe conferir o contrato:

a) acompanhar o andamento da obra, fiscalizando a atuação do incorporador e do construtor, especialmente quanto à obediência ao projeto e às especificações (art. 55, § 3º);

b) fiscalizar o cálculo do reajustamento, nos contratos de construção por empreitada reajustável (art. 55, § 4º);

---

[18] GOMES, Orlando. *Introdução ao Direito Civil*. Rio de Janeiro: Forense, 5. ed., 1977, p. 484.

[19] *Incorporações imobiliárias*, p. 169.

c) nos contratos por administração, promover, juntamente com o construtor, a revisão da estimativa de custo, a cada seis meses, comunicando aos adquirentes o novo valor das quotas de construção e seu esquema de pagamento (art. 60 e seu parágrafo único);

d) ainda nos contratos por administração, fiscalizar a arrecadação das contribuições destinadas à construção, fiscalizar as concorrências relativas a compra de materiais e contratação de serviços, examinar os documentos de caixa e os balancetes das receitas e despesas do condomínio, aprovando-os ou impugnando-os, e, ainda, contratar, em nome do condomínio, com qualquer adquirente, a realização de modificações na respectiva unidade imobiliária (art. 61, *a* até *d*);

e) promover a cobrança extrajudicial de adquirente em mora, notificando-o para purgação da mora no prazo de dez dias, sob pena de venda da unidade e utilização do produto da venda para satisfação do crédito do condomínio (art. 63, § 1º);

f) vender, em leilão público, a unidade do adquirente inadimplente, destinando o produto da venda à satisfação do crédito do condomínio, encargos, eventuais débitos fiscais e previdenciários e despesas do leilão, entregando-lhe o saldo, se houver (art. 63, §§ 4º a 9º);

g) assumir a administração da incorporação em caso de destituição ou de insolvência do incorporador (arts. 31-F, § 1º, 43, §§ 1º ao 5º, e 862, § 4º, do CPC/2015);

h) na hipótese de insolvência do incorporador, promover a venda das unidades que, na data da decretação da falência, ainda não tiverem sido alienadas pelo incorporador, distribuindo o produto da venda entre os credores, conforme a ordem legal de preferências arrecadando o saldo à massa falida (art. 31-F, § 14);

i) promover os atos necessários à notificação judicial em caso de retardamento ou paralisação da obra por 30 dias ou mais, sem justa causa, bem como os demais atos necessários à sua destituição caso não reinicie a obra em 30 dias, mediante realização de assembleia geral, e, ainda, as medidas extrajudiciais e judiciais necessárias à sua investidura na gestão da incorporação mediante imissão na posse da obra, nos documentos etc.;[20]

j) promover os atos judiciais ou extrajudiciais necessários à formalização da destituição do incorporador, realização das assembleias gerais relacionadas a esse ato, imissão do condomínio na posse do empreendimento e realização da correspondente auditoria, entre outros previstos no art. 43 e seus parágrafos.

A Comissão de Representantes atua em qualquer modalidade de incorporação, seja naquelas em que se contrata a construção (por empreitada ou por administração) ou naquelas em que o incorporador contrata a venda da unidade como coisa futura.

Embora a presença da Comissão seja mais intensa nas incorporações em que os adquirentes contratem a construção por administração, sua atuação não se restringe a essa espécie de contrato, pois é legalmente prevista para toda espécie de contrato de incorporação. O art. 50 deixa claro que, pouco importando a modalidade de contrato que os adquirentes tenham celebrado com o incorporador – seja construção por conta dos adquirentes ou *compra e venda de unidade a prazo e preço certos* (art. 43) –, em qualquer dessas estruturas de negócio a Comissão de Representantes está investida dos poderes estabelecidos pela Lei de Incorporações.

É igualmente equivocada a suposição de que as normas do regime da afetação patrimonial possibilitariam a extrapolação dos limites legais dos poderes da Comissão de Representantes, a ponto de interferir nas especificações da obra ou até na administração da empresa

---

[20] Tratamos da matéria no item 10.3.

incorporadora. Não há possibilidade de tal extrapolação, pois não é legalmente admitida alteração do programa contratual expresso no Memorial de Incorporação, nem a quebra do sigilo da atividade empresarial do incorporador, tendo em vista que os poderes da Comissão de Representantes restringem-se à verificação do cumprimento do cronograma de execução da obra e da existência de recursos suficientes para sua conclusão; a lei só prevê sua investidura na administração da incorporação em casos excepcionais, isto é, em caso de falência do incorporador ou paralisação ou atraso injustificado da obra, e mesmo assim depois de atendidos determinados procedimentos legais. Para se aferir os limites dos poderes da Comissão de Representantes é útil cotejar as incorporações sob regime de afetação, em que se tenha contratado a venda da unidade a preço certo ou a construção por empreitada, com as incorporações por administração; feito esse cotejo, observa-se que na administração, mesmo sem afetação, os poderes da Comissão são muito mais amplos, pois está legalmente autorizada a fiscalizar até mesmo as concorrências para compra de materiais e para contratação de serviços, enquanto no regime da afetação seus poderes, em relação à implementação do contrato, são limitados à verificação do cumprimento do cronograma e da existência de recursos para conclusão da obra, não alcançando as compras, contratações, especificações e contas, que continuam a ser atribuições exclusivas do incorporador.

A Comissão de Representantes, na verdade, atua como elemento catalisador da realização do programa contratual, visando atender as expectativas não só dos adquirentes, mas, igualmente, do incorporador e de terceiros envolvidos na incorporação, sobretudo a partir da caracterização da incorporação imobiliária como patrimônio de afetação. É para esse fim que o art. 53 da Lei nº 10.931/2004 conferiu poderes específicos à Comissão de Representantes para, em caso de falência e em outras situações ali previstas, assumir a administração da incorporação e a direção da obra para viabilizar sua conclusão, com o pagamento dos credores e entrega das unidades aos adquirentes.[21]

---

[21] A matéria está comentada no capítulo III, que trata da afetação da incorporação imobiliária.

VI
ESPÉCIES DE CONTRATO MAIS FREQUENTES NA INCORPORAÇÃO IMOBILIÁRIA

6.1. OS CONTRATOS MAIS UTILIZADOS PARA COMERCIALIZAÇÃO DAS UNIDADES IMOBILIÁRIAS: CONTRATO DE PROMESSA DE COMPRA E VENDA, CONTRATO DE CONSTRUÇÃO E CONTRATO DE COMPRA E VENDA COM PACTO ADJETO DE ALIENAÇÃO FIDUCIÁRIA

Os contratos que vinculam o incorporador aos adquirentes das frações ideais e acessões que corresponderão às unidades imobiliárias nas incorporações imobiliárias produzem efeitos de natureza obrigacional e real. Por esses contratos, as partes assumem obrigações de dar e fazer e visam a constituição e apropriação de propriedade imobiliária. O incorporador se responsabiliza pela implementação de todos os atos necessários à produção do imóvel e se obriga a transmitir o respectivo direito de propriedade aos adquirentes.

Os contratos utilizados com mais frequência para comercialização dos imóveis nas incorporações imobiliárias são o de promessa de compra e venda, o de construção e o de compra e venda com pacto adjeto de alienação fiduciária, a saber:

a) Contrato de promessa de compra e venda da unidade como "coisa futura"

É modalidade que se utiliza nas hipóteses, muito frequentes, em que o incorporador assume o risco da construção, estabelecendo desde logo o preço final da unidade e obrigando-se a entregá-la concluída e averbada no Registro de Imóveis. Nesse caso, o incorporador outorga um contrato de promessa de compra e venda no qual se convenciona sua obrigação de transmitir a propriedade da futura unidade, com a obrigação do adquirente, na contrapartida, de pagar-lhe o preço em parcelas. É promessa de venda de coisa futura, a preço certo, também vulgarmente conhecido como *venda a preço fechado*.

Caso o incorporador não seja proprietário do terreno, mas seja promitente comprador ou promitente cessionário (hipótese menos comum), a alienação reveste-se da forma de promessa de cessão ou de cessão de direitos da fração ideal do terreno e promessa de venda das acessões que constituirão a unidade.

b) **contrato de promessa de compra e venda da fração ideal do terreno, firmado com o incorporador, e contrato de construção firmado com construtor ou com o próprio incorporador**

Essa modalidade de contrato é utilizada nas hipóteses em que o incorporador se obriga a transmitir a propriedade ou os direitos aquisitivos sobre a fração ideal e contrata a construção da unidade, ou promove a contratação da construção por terceiro, construtor. No "preço fechado", uma vez pactuado o preço, o incorporador correrá o risco de construir por valor maior ou menor do que o valor constante do orçamento, não podendo repassar nenhum ônus da construção para o adquirente; já na venda da fração ideal do terreno conjugada com contratação da construção, pelo adquirente, este é que assumirá o risco de a construção custar mais ou menos do que o que constar do orçamento (em todas as hipóteses, obviamente, se fala em orçamento reajustado ou revisado).

c) **compra e venda com pacto adjeto de alienação fiduciária**

A alienação fiduciária de bens imóveis é modalidade de contrato de garantia, regulamentada pela Lei nº 9.514/1997, a ela se aplicando as normas gerais instituídas pelos arts. 1.361 e seguintes do Código Civil de 2002, naquilo que não forem incompatíveis com o regime especial da alienação fiduciária imobiliária (CC/2002, art. 1.368-B). É contrato pelo qual o devedor (que, no caso da incorporação, é o adquirente), com escopo de garantia, convenciona transmitir ao credor (que, no caso da incorporação, é o incorporador, podendo ser uma instituição financeira, se houver financiamento) a propriedade de bem imóvel. O credor recebe a propriedade resolúvel do imóvel e a mantém em um núcleo separado no seu patrimônio pelo prazo necessário a que o devedor pague o preço de aquisição, revertendo a propriedade plena ao devedor (adquirente) tão logo este conclua o pagamento do preço.

O objeto do contrato de alienação fiduciária é a transmissão da propriedade resolúvel, em garantia, do bem imóvel, vale dizer, o solo e tudo o que sobre ele se erigir, circunstância que torna essa modalidade de contrato aplicável ao negócio da incorporação. Nesse caso, a alienação fiduciária terá como objeto a fração ideal do terreno e as acessões que a ela se agregarem.

Essas são as espécies de contratos utilizadas com mais frequência nas relações entre o incorporador e os adquirentes.

Nas páginas seguintes procuraremos fixar as características de cada uma delas, no âmbito das incorporações imobiliárias.

6.1.1. Contrato de promessa de compra e venda da unidade como coisa futura

A promessa de compra e venda foi tipificada no direito brasileiro em 1937, inicialmente para imóveis loteados, pelo Decreto-lei nº 58/1937, no momento em que se iniciava o processo de urbanização no Brasil, visando essencialmente ordenar a atividade do parcelamento do solo urbano e propiciar segurança ao adquirente do lote de terreno. Só em 1949 essa modalidade de contrato veio a ser admitida para imóveis não loteados, generalizando-se sua aplicação em todo o comércio imobiliário.

Trata-se de contrato que contempla a obrigação das partes de celebrar um contrato futuro, que é o contrato de compra e venda. O promitente vendedor, sendo titular do domínio sobre o lote, se obriga a transmiti-lo ao promitente comprador, desde que este conclua o pagamento do preço ajustado; de sua parte, o promitente comprador se obriga a pagar esse preço. Por força da promessa, o domínio do promitente vendedor fica onerado, mediante vínculo que se cria com o promitente comprador; de outra parte, cria-se em favor do promitente comprador um direito de aquisição, sob condição suspensiva, tendo como objeto a propriedade do imóvel; em razão desse contrato, o promitente comprador é investido nos direitos de usar e fruir, mas o promitente vendedor conserva o domínio.

Sobre essa estruturação, o Decreto-lei nº 58 conferiu ao direito do promitente comprador a natureza de direito real, oponível a terceiros, quando "averbada" a promessa[1] no Registro de Imóveis. Esse diploma legal deu especial segurança ao promitente comprador, na medida em que afastou os riscos a que, anteriormente, ficava sujeito, pois, nos termos do art. 1.088 do Código Civil de 1916, a inexecução do contrato resolver-se-ia em perdas e danos; nesse aspecto, o novo ordenamento introduziu profunda alteração, assegurando ao promitente comprador a obtenção do contrato definitivo de compra e venda tão logo tivesse ultimado o pagamento, sob pena de a propriedade do lote de terreno lhe ser adjudicado por sentença. Importa notar que o Código de Processo Civil de 1939, no art. 346, assegurava ao promitente comprador a obtenção do contrato definitivo, mediante adjudicação compulsória, tendo sido esse direito estendido a todos os promitentes compradores, ou seja, aos titulares de direitos sobre terrenos loteados e sobre imóveis em geral, não loteados.

A Lei nº 649/49, deu nova redação ao art. 22 do Decreto-lei nº 58/37, atribuindo direito real aos promitentes compradores de imóveis não loteados, desde que registrado o contrato, conferindo-lhes o direito de adjudicação compulsória.

Na configuração do contrato de promessa de compra e venda, verifica-se que o promitente vendedor transmite ao promitente comprador os poderes inerentes ao *jus utendi* e ao *jus fruendi*, mas conserva para si a parte essencial dos poderes inerentes ao *jus disponendi*, pois só depois que o promitente comprador complementa o pagamento do preço é que o promitente vendedor lhe outorga a escritura de compra e venda, viabilizando a transmissão do domínio. O promitente comprador, assim, não tem poder de disposição sobre o imóvel, mas, isso não obstante, sendo titular de direito real de aquisição, pode dispor desse direito, e o faz mediante contrato de cessão ou de promessa de cessão de direitos aquisitivos. O poder de disposição do promitente comprador está, assim, limitado pelo poder que o promitente vendedor conservou. O domínio, assim, na promessa, funciona como que uma espécie de *garantia* em favor do promitente vendedor, num mecanismo que alguns autores aproximam do contrato de alienação fiduciária, em que o credor se torna proprietário fiduciário do bem, retendo-o, com escopo de garantia, até que o devedor complemente o pagamento da dívida.

Trata-se de contrato preliminar pelo qual as partes se obrigam a firmar o contrato definitivo de compra e venda. Apesar de o promitente vendedor conservar para si o domínio sobre o imóvel prometido vender, a verdade é que, para ele, esse domínio deixa de ter substância material ou jurídica, pois fica submetido a uma compressão que o reduz quase que à expressão mínima. Na verdade, a conservação desse domínio configura quase que uma garantia, apenas uma garantia de pagamento do preço da promessa, em favor do promitente vendedor. José Osório de Azevedo Júnior observa que, "à medida que o crédito vai sendo recebido, aquele pouco que restava do direito de propriedade junto ao compromitente vendedor, isto é, aquela pequena parcela do poder de dispor, como que vai desaparecendo até se apagar de todo."[2]

Nesse contexto, à medida que o promitente comprador paga as parcelas do preço, dá-se como que uma expansão dos seus poderes no conteúdo do direito de propriedade sobre o

---

[1]   De acordo com o sistema instituído pela Lei nº 6.015/1973, o ato relativo ao assentamento do contrato de promessa passou a ser "registro", e não mais "averbação".

[2]   AZEVEDO JÚNIOR, José Osório de. Compromisso de compra e venda. 5. ed., São Paulo: Malheiros, 2006, p. 7.

imóvel, sobre o qual, desde a contratação da promessa, já exercia os de usar e fruir, investido que é de direito exclusivo de aquisição do lote de terreno, nos termos em que já o assegurava o art. 5º do Decreto-lei nº 58/37. Por isso mesmo, uma eventual alienação do domínio por parte do promitente vendedor não atingirá de modo algum o direito do promitente comprador, pois, por força da sequela, o direito do promitente comprador será exigível contra quem quer que detenha o domínio. Dada essa estruturação, a construção doutrinária e jurisprudencial já consagrou o entendimento de que o imóvel objeto de promessa de compra integra o patrimônio do promitente comprador, ficando o promitente vendedor só com o crédito, numa construção jurisprudencial que vai aproximando a promessa cada vez mais da compra e venda, aproximação que se torna inequívoca e definitiva uma vez pago o preço: a partir daí, os poderes do *dominus* se exaurem por completo, só lhe restando a obrigação de outorgar o contrato definitivo.[3]

O contrato de promessa de compra e venda que integra a incorporação imobiliária é contrato de eficácia real, que, "assim denominado pelos seus efeitos, confere ao titular um poder jurídico sobre a coisa, e é resultante da execução de uma obrigação."[4] Não obstante sua eficácia real, essas obrigações não perdem o caráter essencial de direito a uma prestação.

Independentemente desse efeito real atribuído pelo direito comum às promessas de compra e venda, na incorporação imobiliária o efeito constitutivo de direito real está presente de maneira específica na Lei nº 4.380/1964 (art. 69), que confere direito real ao promitente cessionário de direitos aquisitivos.

Ainda que o incorporador não seja construtor, é sua responsabilidade promover a construção, pois sua obrigação como incorporador só estará implementada mediante a entrega do imóvel com habite-se com título passível de investir o adquirente na propriedade , o que se dá após a averbação da construção (art. 44).

---

[3]   A necessidade de outorga do contrato definitivo é formalidade que se pode considerar dispensável, entendendo grande parte da doutrina que, na medida em que a promessa esteja estruturada com os requisitos do contrato definitivo, a lei deveria autorizar o registro do domínio em nome do promitente comprador, bastando que esse comprovasse a quitação do preço e atendesse os procedimentos próprios do registro. De fato, se o promitente comprador dispõe de um instrumento de promessa de compra formalizado com os requisitos do contrato definitivo, se já resgatou integralmente o preço e se tem em mão o comprovante de quitação do preço, nada justifica que seja exigida a formalização de um outro contrato (o de compra e venda) para viabilizar o registro do domínio, até porque esse outro contrato apenas reproduzirá o teor do instrumento de promessa. Na linha dessa concepção, a Lei nº 9.785, de 29.01.99, alterou a Lei de Parcelamento do solo urbano para dispensar a formalização de escritura de compra e venda nessas hipóteses, de acordo com o § 6º, que foi acrescentado ao art. 26 da Lei nº 6.766/79, nos seguintes termos: "Art. 26. (...) § 6º Os compromissos de compra e venda, as cessões e as promessas de cessão valerão como título para o registro da propriedade do lote adquirido, quando acompanhados da respectiva prova de quitação." Por ocasião da tramitação do Projeto de Lei nº 3.065/2004, anexado ao Projeto de Lei da Câmara nº 2.109/1999, que tratava do "patrimônio de afetação" nas incorporações, sugerimos Emenda, que recebeu o nº 28, acrescentando um parágrafo ao art. 32 da Lei 4.591/1964, do seguinte teor: "§ 3º A aquisição da propriedade da unidade imobiliária integrante de incorporação imobiliária, prometida vender por contrato irretratável, mediante instrumento público, independe de nova escritura, valendo como título para registro da propriedade o instrumento de promessa de compra e venda, de cessão da promessa ou de promessa de cessão, acompanhado da prova de quitação do preço e do comprovante de pagamento do imposto de transmissão inter vivos." A emenda não foi acolhida.

[4]   CAMBLER, Everaldo Augusto, ob. cit., p. 123.

Cap. VI • ESPÉCIES DE CONTRATO MAIS FREQUENTES NA INCORPORAÇÃO IMOBILIÁRIA | **181**

Predomina nas incorporações a contratação de promessa de venda de *coisa futura*, tendo como objeto a unidade imobiliária que ainda será construída, ao invés da contratação da venda da fração ideal do terreno conjugada com ao negócio da construção. Embora legalmente caracterizada como "venda de frações ideais de terreno objetivando a vinculação de tais frações a unidades autônomas, em edificações a serem construídas ou em construção sob regime condominial" (art. 29),[5] a venda a preço fechado é a modalidade que mais se ajusta ao negócio da incorporação, na qual a prestação do incorporador compreende a transmissão da propriedade e a "entrega da unidade a prazo e preços certos, determinados ou determináveis (art. 43), estando compreendida nessa prestação a obrigação de construir, por si ou por terceiros, mas por sua inteira conta, risco e responsabilidade, custe quanto custar.

Na Lei das Incorporações, a venda da unidade imobiliária como *coisa futura* está regulada nos arts. 41 a 43, enquanto o Código Civil de 2002, no art. 483, admite o contrato de venda de coisa futura.

O fato de o conjunto imobiliário ainda não estar edificado não impede a contratação da venda das futuras unidades que o integrarão, pois a venda consiste em obrigação de dar tanto coisa determinada como coisa a ser produzida e ainda não individuada no momento da contratação, mas passível de determinação, pois, como ensina Caio Mário da Silva Pereira, "se, na falta de uma determinação inicial a coisa for *determinável*, isto é, suscetível de individuação no momento da execução, o contrato forma-se desembaraçadamente."[6]

Na atividade da incorporação imobiliária, o conteúdo do registro do Memorial de Incorporação fornece os elementos do contrato de alienação a partir da identificação das frações ideais do terreno como objeto de direito de propriedade autônomo, sob regime condominial, e das acessões que vierem a se incorporar permanentemente ao solo e formar as futuras unidades autônomas.

É que, por efeito do registro da incorporação, fica constituído direito de propriedade tendo por objeto cada uma das frações ideais do terreno, sob regime condominial, assim como ficam definidos os elementos identificadores das unidades imobiliárias que a elas se vincularão e serão vendidas ainda em construção, as áreas de construção das futuras unidades, entre outros, elementos esses que permitem a perfeita identificação da futura unidade, viabilizando sua completa descrição e caracterização no instrumento do contrato.

É verdade que, ao se firmar um contrato de promessa, na fase da construção, o objeto do direito aquisitivo transmitido é apenas a fração ideal, que, por força do registro da incorporação, estará indissoluvelmente articulada às futuras acessões que com ela constituirão a futura unidade imobiliária, esta também descrita e caracterizada de acordo com o projeto,

---

5   Lei nº 4.591/1964: "Art. 29. Considera-se incorporador a pessoa física ou jurídica, comerciante ou não, que embora não efetuando a construção, compromisse ou efetive a venda de frações ideais de terreno objetivando a vinculação de tais frações a unidades autônomas, em edificações a serem construídas ou em construção sob regime condominial, ou que meramente aceite propostas para efetivação de tais transações, coordenando e levando a termo a incorporação e responsabilizando-se, conforme o caso, pela entrega, a certo prazo, preço e determinadas condições, das obras concluídas. Parágrafo único. Presume-se a vinculação entre a alienação das frações do terreno e o negócio de construção, se, ao ser contratada a venda, ou promessa de venda ou de cessão das frações de terreno, já houver sido aprovado e estiver em vigor, ou pender de aprovação de autoridade administrativa, o respectivo projeto de construção, respondendo o alienante como incorporador."

6   PEREIRA, Caio Mário da Silva, *Instituições de Direito Civil – Contratos*. Rio de Janeiro: GenForense, 12. ed., 2005, Atualizador: Regis Fichtner, p. 177.

INCORPORAÇÃO IMOBILIÁRIA • *Melhim Namem Chalhub*

igualmente por efeito do registro do Memorial; ao se contratar a promessa nesse momento, se estabelece um vínculo sobre o terreno em vista da destinação definida pelo memorial de incorporação e esse vínculo tem natureza real, vai se estendendo naturalmente às acessões (até mesmo em razão da acessoriedade da acessão em relação ao solo ao qual tiverem aderido) e, concluída a construção, concretiza-se o direito real sobre a unidade.

Anotam J. Nascimento Franco e Nisske Gondo, citando Frédéric Aeby, que nas incorporações há sempre um contrato de venda futura, mesmo quando dissimulada por algum contrato de construção (por empreitada ou administração), acrescentando: "Na verdade, é o incorporador quem escolhe o terreno, procura o construtor, minuta o contrato e estabelece os preços e as condições, sobrando aos condôminos apenas a posição de meros aderentes à incorporação. Assim, embora a construção se faça sob o regime de empreitada ou de administração e não obstante se comprometam a adquirir a fração ideal do terreno do próprio incorporador (...) os interessados têm, na realidade, é a intenção de *adquirir* um apartamento."[7]

A esses aspectos acresce que o § 2º do art. 32 qualifica como irretratáveis a promessa de compra e venda e a promessa de cessão de imóveis integrantes de incorporações imobiliárias.

A irretratabilidade é inerente à natureza peculiar das promessas de venda dos imóveis integrantes das incorporações imobiliárias não somente para proteção patrimonial do adquirente, individualmente, mas, também, como fator de estabilidade do fluxo financeiro oriundo das vendas, necessário à realização do objeto da incorporação.

O implemento das obrigações do contrato de promessa de compra e venda dá-se mediante complementação do pagamento do preço pelo promitente comprador e, da parte do incorporador, mediante outorga do contrato de compra e venda[8] e averbação do habite-se, que noticia a conclusão da construção da unidade imobiliária (art. 44), em correspondência às frações ideais sob regime de propriedade especial em condomínio edilício constituído pelo registro do Memorial de Incorporação (art. 32, § 1º-A).

É obrigação do incorporador outorgar ao adquirente o contrato de compra e venda tão logo integralizado o pagamento do preço, assegurado ao adquirente o direito à adjudicação compulsória em caso de recusa do incorporador, que poderá ser implementada mediante procedimento extrajudicial perante o oficial do Registro de Imóveis da situação do imóvel (ver item 6.1.2.1).

6.1.2. Contrato de promessa de compra e venda de fração ideal de terreno vinculado a contrato de construção

Além da contratação da promessa de venda na modalidade em que o incorporador é promitente vendedor da unidade autônoma, assumindo ele com exclusividade todo o risco da construção, há duas outras modalidades de contratação, quais sejam, a venda ou promessa de venda da fração ideal do terreno com a concomitante contratação da construção por empreitada (arts. 55 a 57) e a venda ou promessa de venda da fração ideal do terreno com a contratação da construção por administração (arts. 58 a 62).

Em qualquer dessas duas últimas modalidades, contrata-se a compra e venda ou a promessa de compra e venda da fração ideal do terreno do mesmo modo pelo qual se contrata a

---

[7] Ob. cit., p. 133.

[8] Ressalvado que, no contrato de compromisso de compra e venda de lotes de terreno celebrados nos termos da Lei nº 6.766/1979 é dispensada a outorga do contrato de compra e venda (Lei nº 9.785/1999).

Cap. VI • ESPÉCIES DE CONTRATO MAIS FREQUENTES NA INCORPORAÇÃO IMOBILIÁRIA | 183

venda ou promessa de venda da unidade como *coisa futura*, tal como considerado no capítulo anterior, e a essa promessa de venda da fração ideal se agrega ao negócio da construção da unidade imobiliária, que poderá ser celebrado com o próprio incorporador ou com terceiro.

Ao se adotar a contratação da construção da unidade, apenas agrega-se ao contrato de venda ou de promessa de venda da fração ideal um contrato de construção, por um dos dois regimes previstos pela lei (o de empreitada ou o de administração), que serão objeto dos comentários a seguir.

6.1.2.1. *Adjudicação compulsória mediante procedimento extrajudicial*

O inadimplemento da obrigação do promitente vendedor de outorgar a escritura de compra e venda, nas promessas de venda em geral cujo preço tenha sido pago, legitima o promitente comprador à ação de execução direta da obrigação de prestar declaração de vontade, nos termos do art. 501 do Código de Processo Civil,[9] em razão da qual "a sentença (...), uma vez transitada em julgado, produzirá todos os efeitos da declaração não emitida", substituindo, assim, o contrato de compra e venda da unidade imobiliária ou da fração ideal do terreno.

Em relação às promessas de venda de frações ideais de terreno ou unidades autônomas integrantes de incorporação imobiliária a legitimação do promitente comprador é conferida pelo § 2º do art. 32 da Lei nº 4.591/1964[10].

Em qualquer dos casos o registro da sentença investe o adquirente no domínio pleno do imóvel.[11]

No plano do direto material, a adjudicação compulsória é objeto da regra geral dos arts. 16 e 22 do Decreto-lei nº 58/1937[12] e do art. 1.418 do Código Civil,[13] assim como das regras

---

[9] Código de Processo Civil: "Art. 501. Na ação que tenha por objeto a emissão de declaração de vontade, a sentença que julgar procedente o pedido, uma vez transitada em julgado, produzirá todos os efeitos da declaração não emitida."

[10] Lei nº 4.591/1964: "Art. 32. (...). § 2º Os contratos de compra e venda, promessa de venda, cessão ou promessa de cessão de unidades autônomas são irretratáveis e, uma vez registrados, conferem direito real oponível a terceiros, atribuindo direito a adjudicação compulsória perante o incorporador ou a quem o suceder, inclusive na hipótese de insolvência posterior ao término da obra."

[11] Na atividade de parcelamento do solo urbano, uma vez pago o preço da promessa, a propriedade é atribuída ao adquirente do lote mediante simples registro da respectiva promessa, independentemente de outorga de outra escritura ("definitiva"), como prevê o § 6.º do art. 26 da Lei nº 6.766/1979.
"Art. 26. (...). § 6.º Os compromissos de compra e venda, as cessões e as promessas de cessão valerão como título para o registro da propriedade do lote adquirido, quando acompanhados da respectiva prova de quitação".

[12] Decreto-lei nº 58/1937: "Art. 16. Recusando-se os compromitentes a outorgar a escritura definitiva no caso do artigo 15, o compromissário poderá propor, para o cumprimento da obrigação, ação de adjudicação compulsória, que tomará o rito sumaríssimo. (Redação dada pela Lei nº 6.014, de 1973). (...). Art. 22. Os contratos, sem cláusula de arrependimento, de compromisso de compra e venda e cessão de direitos de imóveis não loteados, cujo preço tenha sido pago no ato de sua constituição ou deva sê-lo em uma, ou mais prestações, desde que, inscritos a qualquer tempo, atribuem aos compromissos direito real oponível a terceiros, e lhes conferem o direito de adjudicação compulsória nos termos dos artigos 16 desta lei, 640 e 641 do Código de Processo Civil."

[13] Código Civil: "Art. 1.418. O promitente comprador, titular de direito real, pode exigir do promitente vendedor, ou de terceiros, a quem os direitos deste forem cedidos, a outorga da escritura definitiva de compra e venda, conforme o disposto no instrumento preliminar; e, se houver recusa, requerer ao juiz a adjudicação do imóvel."

especiais dos arts. 25 e 27 da Lei nº 6.766/1979[14] aplicáveis às promessas de compra e venda de lotes de terreno, e, ainda, do art. 32, §2º, no âmbito da incorporação imobiliária.

Para imprimir celeridade e reduzir o custo da transferência forçada da propriedade, a Lei nº 14.382/2022 incluiu na Lei nº 6.015/1973 o art. 216-B, pelo qual institui procedimento extrajudicial de adjudicação compulsória do domínio de imóvel, "sem prejuízo da via jurisdicional."[15]

De acordo com essa alteração legislativa, são legitimados a requerer o título definitivo mediante adjudicação compulsória extrajudicial o promitente comprador, seu cessionário ou promitentes cessionários ou sucessores, titulares de promessa com preço integralizado.

É também legitimado o próprio promitente vendedor, cuja pretensão em face do promitente comprador já vem sendo reconhecida pelo Judiciário com o apelido de *adjudicação inversa*,[16] admitindo-se ainda a legitimação dos promitentes permutantes (CC, art. 533, e Lei nº 6.015/1973, art. 167, I, 18 e 30).

É competente para o processamento da adjudicação compulsória extrajudicial o Registro de Imóveis da situação do imóvel objeto do pedido, ao qual o interessado deverá dirigir requerimento de intimação do contratante (promitente vendedor ou seu sucessor, promitente comprador, promitente cessionário ou sucessores) para celebração do contrato definitivo no prazo de quinze dias, contado da entrega de notificação extrajudicial, podendo o oficial do Registro de Imóveis delegar essa diligência ao oficial do registro de títulos e documentos.

A adjudicação independe de registro da promessa, nos termos da Súmula 239 do STJ,[17] uma vez que a obrigação de fazer correspondente à outorga do contrato é de natureza pessoal.[18]

---

[14] Lei nº 6.766/1969: "Art. 25. São irretratáveis os compromissos de compra e venda, cessões e promessas de cessão, os que atribuam direito a adjudicação compulsória e, estando registrados, confiram direito real oponível a terceiros. (...). Art. 27. Se aquele que se obrigou a concluir contrato de promessa de venda ou de cessão não cumprir a obrigação, o credor poderá notificar o devedor para outorga do contrato ou oferecimento de impugnação no prazo de 15 (quinze) dias, sob pena de proceder-se ao registro de pré-contrato, passando as relações entre as partes a serem regidas pelo contrato-padrão."

[15] Lei nº 6.015/1973, com a redação dada pela Lei nº 14.382/2022: "Art. 216-B. Sem prejuízo da via jurisdicional, a adjudicação compulsória de imóvel objeto de promessa de venda ou de cessão poderá ser efetivada extrajudicialmente no serviço de registro de imóveis da situação do imóvel, nos termos deste artigo."

[16] TJSP, Apelação Cível 1000266-57.2021.8.26.0511, 1ª Câmara de Direito Privado, rel. Francisco Loureiro, j. 8.4.2022; TJSP, 33ª Câmara de Direito Privado, Agravo de Instrumento 2041069-12.2022.8.26.0000, rel. Sá Moreira de Oliveira, j. 4.4.2022; TJSP, 10ª Câmara de Direito Privado, Apelação Cível 1012297-30.2021.8.26.0602, rel. Márcio Boscaro1/4.2022). Não raras vezes promitentes compradores de imóveis em incorporação imobiliária ou loteamento deixam de formalizar o título definitivo, situação que mantém o incorporador e/ou o loteador expostos ao risco de execução e constrição por dívida de IPTU e despesas de condomínio. A legitimidade dos promitentes vendedores para ajuizamento de ação de obrigação de fazer contra seus promitentes compradores tem sido reconhecida pelos tribunais.

[17] Súmula 239 do STJ: "O direito à adjudicação compulsória não se condiciona ao registro do compromisso de compra e venda no cartório de imóveis." Dentre os precedentes indicados para formação dessa Súmula merece atenção o Resp nº 30/DF, de relatoria do Ministro Eduardo Ribeiro, de cujo voto se extrai: "a promessa de compra e venda tem por objeto um facere [grifo do original], constitui-se em vínculo que se traduz em direito pessoal. Seu cumprimento não se justifica esteja a depender do ingresso do título no Registro Imobiliário."

[18] Do Projeto aprovado no Congresso Nacional constava o § 2º do art. 216-B que preconizava a dispensa do registro da promessa e, ainda, da comprovação da regularidade fiscal do promitente vendedor, nestes termos: "Art. 216-B. (...). § 2º O deferimento da adjudicação independe de prévio registro dos

Do mesmo modo que na usucapião extrajudicial, o requerente da adjudicação compulsória extrajudicial deve ser representado por advogado.

O requerimento deverá ser formulado à semelhança de uma petição inicial e instruído com o instrumento de promessa, a identificação do imóvel, o nome e a qualificação do promitente comprador ou de seus sucessores constantes do contrato de promessa, procuração com poderes específicos e, ainda, instrumento de comprovação do pagamento integral do preço, certidões dos distribuidores forenses que demonstrem a inexistência de litígio envolvendo o contrato e comprovante do pagamento do ITBI.

O objeto do pedido é o "registro do domínio em nome do promitente comprador, servindo de título a respectiva promessa de compra e venda ou de cessão ou o instrumento que comprove a sucessão" (Lei 6.015/1973, art. 216-B, § 3º).

Na qualificação registral do procedimento (Lei 6.015/1973, art. 188), caberá ao oficial do Registro de Imóveis examinar se o pedido está instruído com os documentos indicados nas alíneas do § 1º do art. 216-B, se há neles algum vício formal passível de ser sanado, para o que intimará a parte ou o advogado, bem como se a promessa se sujeita a termo ou condição, cuja pendência comprometeria a transmissão do domínio, além de outros aspectos.

O art. 216-B não prevê a possibilidade de impugnação, mas, não obstante, não há restrição ao exercício direito de ampla defesa pelo requerido, em caso de lesão ou ameaça a direito, mediante impugnação, que poderá ser rejeitada pelo oficial, cabendo ao interessado o manejo de suscitação de Dúvida, com a remessa dos autos ao juízo da comarca da situação do imóvel.[19]

Assegurado o direito de defesa às partes,[20] e à vista das provas que instruem o requerimento, notadamente a prova pré-constituída do pagamento integral do preço (Lei nº 6.015/1973, art. 216-B, § 1º, II),[21] o oficial do registro de imóveis procederá ao registro da propriedade em nome do promitente comprador, sem necessidade de lavratura de escritura definitiva, servindo de título a respectiva promessa de compra e venda ou de cessão ou o instrumento que comprove sua sucessão.

---

instrumentos de promessa de compra e venda ou de cessão e da comprovação da regularidade fiscal do promitente vendedor."

[19] Observa Marcus Vinicius Motter Borges que "mostra-se bastante crível que, na prática, o requerido compareça ao procedimento e, de maneira formal, insurja-se contra o pedido de reconhecimento do domínio do imóvel em nome do promitente comprador." (BORGES, Marcus Vinicius Motter, *Adjudicação compulsória extrajudicial*, In: ABELHA, André; CHALHUB, Melhim; VITALE, Olivar (coord.). *Sistema Eletrônico de Registros públicos – Lei 14.382, de 27 de junho de 2022 comentada e comparada*. Rio de Janeiro: GenForense, 2022, p. 372 e ss).

[20] Sobre o assunto: "Estando o pedido em ordem e tendo sido assegurado o direito de defesa, o oficial do registro de imóveis, fará o registro da propriedade em nome do promitente comprador" (NALINI, José Renato; GERMANO, José Luiz; GONÇALVES, Thomas Nosch. Cartórios agora podem fazer adjudicação compulsória. *Instituto Brasileiro de Direito da Família (IBDFAM)*, Belo Horizonte, 2 jun. 2022. Disponível em: https://ibdfam.org.br/artigos/1824/Cartórios+agora+podem+fazer+adjudicação+compulsória#_ftn1. Acesso em: 21 setembro 2022).

[21] Lei 6.015/1973, com a redação dada pela Lei 14.382/2022: "Art. 216-B. (...). § 1º São legitimados a requerer a adjudicação o promitente comprador ou qualquer dos seus cessionários ou promitentes cessionários, ou seus sucessores, bem como o promitente vendedor, representados por advogado, e o pedido deverá ser instruído com os seguintes documentos: (...); II - prova do inadimplemento, caracterizado pela não celebração do título de transmissão da propriedade plena no prazo de 15 (quinze) dias, contado da entrega de notificação extrajudicial pelo oficial do registro de imóveis da situação do imóvel, que poderá delegar a diligência ao oficial do registro de títulos e documentos."

6.1.3. Contrato de construção: empreitada e administração

No caso de contratação da aquisição da fração ideal do terreno separadamente da contratação da construção da unidade, figurarão no contrato de construção o construtor, como prestador de serviços, e o adquirente, como tomador dos serviços de construção. O incorporador, se for construtor, pode figurar no contrato de construção como prestador do serviço da construção, ele próprio.

A construção pode ser contratada por empreitada ou por administração.

Na empreitada, o preço da construção tem seu valor estabelecido no contrato, podendo ser fixo ou reajustável, enquanto na administração o preço da construção não é fixado no contrato, mas apenas estimado, assumindo os adquirentes o valor efetivo que vier a ser apurado ao longo da obra. Em ambas as hipóteses, o custeio das obras cabe aos adquirentes, sendo a construção realizada em nome destes.

A contratação da construção do edifício, por qualquer das modalidades citadas, vincula todos os adquirentes, em termos irrevogáveis, não havendo possibilidade de um adquirente, isoladamente, romper o contrato. Em caso de inadimplemento que implique a venda do imóvel em público leilão, como previsto no art. 63, o arrematante torna-se proprietário da fração ideal do terreno (ou torna-se titular dos respectivos direitos aquisitivos) e se sub-roga no contrato de construção, passando a integrar o condomínio da construção. Do mesmo modo, o contrato de construção continua íntegro na hipótese de rescisão do contrato de promessa de compra e venda da fração ideal do terreno; nesse sentido, o art. 42 prevê que a pessoa em cujo favor se tenha operado a resolução sub-rogar-se-á nos direitos e obrigações do contrato de construção.

A formalização do contrato de construção, por qualquer dos regimes citados, pode ser efetivada no contexto do contrato firmado entre os adquirentes e o incorporador ou pode ser efetivada por instrumento separado, firmado entre os adquirentes e o construtor. A contratação da construção está, obviamente, vinculada à contratação da aquisição da fração ideal do terreno, mas é possível a resolução do contrato de construção, destacadamente, nas hipóteses previstas em lei, mantendo-se o contrato de compra e venda ou de promessa de compra e venda da fração ideal do terreno, possibilitando aos adquirentes prosseguirem a realização da obra. Essa possibilidade já há muito era reconhecida pelos tribunais, como registram J. Nascimento Franco e Nisske Gondo, e agora tornou-se ainda mais clara, pois, caracterizando-se a incorporação imobiliária como um patrimônio de afetação, destinado à entrega das unidades aos adquirentes, a lei regulamentou de maneira explícita a investidura dos adquirentes na administração da obra.

A empreitada pode ser de material e mão de obra ou somente de mão de obra, e em qualquer das hipóteses o contrato será de prestação de serviços, tal como previsto no Código Civil (arts. 610 e seguintes).

Já o contrato de construção pelo regime da administração contempla apenas a execução dos serviços da construção, em que o construtor se limita, basicamente, a dirigir a obra e fornecer a mão de obra.

A Lei das Incorporações regulamenta ambas as modalidades de contrato de construção, denominando-as *construção por empreitada* (arts. 55 a 57) e *construção por administração* (arts. 58 a 62).

A construção por empreitada pode ser contratada por preço fixo ou por preço reajustável, de acordo com a variação de índices previamente convencionados.

Na contratação da construção, verificam-se algumas situações distintas, a saber:

> a) o incorporador pode ser, ele mesmo, o construtor; nesse caso, ele mesmo celebrará com o adquirente o contrato de construção;

Cap. VI • ESPÉCIES DE CONTRATO MAIS FREQUENTES NA INCORPORAÇÃO IMOBILIÁRIA

b) o incorporador pode ser pessoa distinta da pessoa do construtor; nesse caso, o contrato de construção pode ser firmado pelo incorporador com esse construtor e, à medida que forem sendo vendidas as frações ideais do terreno, o adquirente vai se sub-rogando nos direitos e nas obrigações do contrato de construção;

c) ainda na hipótese de o incorporador ser pessoa distinta da pessoa do construtor, o contrato de construção pode ser firmado separadamente, diretamente entre o construtor e o adquirente.

Em qualquer das modalidades de contratação da empreitada, o incorporador responde pela entrega da unidade, ressalvada, obviamente, a exceção de contrato não cumprido, devendo indenizar os adquirentes pelos prejuízos que estes sofrerem em razão de retardamento ou paralisação da obra, cabendo ao incorporador direito de regresso contra o construtor, se for deste a culpa (art. 43, II).

Na empreitada, a contratação da construção se faz por prazo certo, realizando-se os pagamentos por etapa de obra executada, de acordo com um cronograma físico e um cronograma financeiro previamente estabelecido, que devem integrar o contrato de construção.

Na construção por administração (arts. 58 a 62), também chamada *a preço de custo*, a obrigação do construtor é promover a execução dos serviços relativos à obra, responsabilizando-se por sua direção técnica e pelo fornecimento da mão de obra necessária a tal fim. De outra parte, os adquirentes figurarão no contrato como tomadores do serviço, sendo sua responsabilidade pagar o custo integral da obra, compreendendo material, mão de obra, remuneração do construtor, impostos, taxas etc.

No contrato de construção por administração não há preço definido, mas apenas uma estimativa inicial de custo e essa estimativa é revista semestralmente, para atualização do custo; se houver revisão do custo, serão fixados os novos valores das quotas de contribuição dos adquirentes. Essas revisões são feitas em comum acordo entre a Comissão de Representantes e o construtor (art. 60). Antes de iniciada a obra, deverá ser realizada uma assembleia geral para aprovar o orçamento e estabelecer o esquema de pagamento das quotas de obra, podendo ser adotado aquele que tiver sido proposto pelo incorporador. Nessa assembleia também será eleita a Comissão de Representantes, composta por três membros pelo menos (art. 50).

A lei exige que, na hipótese de o incorporador pretender promover a incorporação mediante contratação da construção por administração, deverá, em toda publicidade e qualquer outro documento relativo ao negócio, indicar separadamente o preço da fração de terreno e o valor do orçamento estimativo atualizado, com a indicação do mês a que se refere (art. 62).

O contrato de construção, qualquer que seja a modalidade, deverá conter, além dos dados específicos sobre as partes contratantes, o preço e as condições do negócio, o seguinte:

a) a identificação do projeto de construção aprovado pelas autoridades;

b) as especificações básicas da obra, com expressa menção ao memorial descritivo que integra o Memorial de Incorporação;

c) o número do registro do Memorial de Incorporação no Registro de Imóveis competente;

d) a existência ou inexistência de ônus real ou fiscal sobre o imóvel, bem como de qualquer ação contra os alienantes capaz de comprometer o imóvel, indicando sua natureza;

e) a circunstância de não haver ocupantes no imóvel ou, se estiver ocupado, as condições em que se dará a desocupação;

f) o prazo de entrega do edifício, bem como as condições de sua eventual prorrogação;

g) o valor contratado para a construção, bem como os valores das respectivas parcelas, seus vencimentos, os índices e critérios de reajustamento (na empreitada reajustável), os critérios de revisão do preço e de cobrança do novo valor das parcelas (no contrato pelo regime de administração);

h) a menção dos responsáveis pelo pagamento da construção de cada unidade;

i) a nomeação dos membros da Comissão de Representantes, exceto nos casos de sua eleição por assembleia geral dos condôminos;

j) a enumeração dos poderes conferidos à Comissão de Representantes, em complemento aos que lhe são outorgados pela lei;

k) estipulação referente aos pagamentos das despesas relativas às ligações da edificação à rede de serviços públicos, bem como das despesas relativas à instalação do condomínio e seu funcionamento.

O projeto de construção aprovado e o memorial descritivo das especificações fazem parte integrante e complementar do contrato.

A cláusula relativa à atuação da Comissão de Representantes deve ser a mais exaustiva possível, indicando a periodicidade das suas reuniões, as condições de apreciação das contas, os procedimentos a serem implementados no caso de leilão de fração ideal e acessões correspondentes a unidade de adquirente inadimplente, entre outras.

Cláusula de especial importância é a que se refere aos índices e critérios de reajustamento, no caso da empreitada, bem como à revisão do preço da construção, no caso da administração, cabendo à Comissão de Representantes importante papel na fiscalização desse processo de reajustamento e de revisão.

Igualmente importante é a definição, no contrato, da responsabilidade pelo pagamento das despesas com ligações dos serviços públicos e aquelas relativas à instalação, ao funcionamento e à regulamentação do condomínio, que o incorporador ou o construtor pode atribuir aos adquirentes. A matéria está tratada no art. 51 e diz respeito às despesas de ligação de água, esgoto, eletricidade, gás, telefone, entre outras, bem como ao custeio da organização legal e regulamentação do condomínio, tais como honorários de advogado, emolumentos, taxas etc., relativos à formulação e ao registro da instituição e convenção de condomínio (que pode observar a minuta constante do Memorial de Incorporação ou pode ser outra, elaborada de acordo com o interesse dos adquirentes), e, ainda, despesas relativas ao funcionamento do condomínio, entre estas as instalações e mobiliário do *hall* de entrada do edifício, os equipamentos de intercomunicação, de controle eletrônico de portas etc. Em regra, o custo da construção diz respeito às despesas diretas e indiretas da obra, compreendendo todas as despesas constantes do orçamento que integra o Memorial de Incorporação, sendo obrigação do incorporador ou do construtor executar tais serviços pelo valor constante do orçamento. Entretanto, as despesas a que se refere o art. 51 nem sempre integram o memorial e, portanto, devem ser pagas à parte pelos adquirentes, havendo na jurisprudência reconhecimento majoritário da validade da cláusula contratual que defina claramente os serviços, vedada cobrança em desacordo com o art. 51 da Lei das Incorporações, desde que o valor cobrado "não corresponda a um percentual desarrazoado ou aleatório do preço do imóvel, que, concretamente, onere excessivamente o consumidor."[22]

---

[22] TJRJ, Conselho Recursal dos Juizados Especiais Cíveis, Turma de unificação cível, Incidente de uniformização de jurisprudência no processo 0005230-43.2018.8.19.0210, j. 19.12.2018 (ver nota de rodapé no item 5.2).

Cap. VI • ESPÉCIES DE CONTRATO MAIS FREQUENTES NA INCORPORAÇÃO IMOBILIÁRIA | **189**

As majorações do valor das quotas de contribuição deverão ser comunicadas pela Comissão de Representantes aos adquirentes com antecedência mínima de 45 dias. A majoração do valor das quotas, entretanto, não é compulsória, podendo as partes deliberar pela manutenção desse valor, a despeito de eventual aumento de custo de material e mão de obra; se for mantido o valor da contribuição apesar da elevação do custo, é claro que o prazo da obra há de se prolongar pelo tempo necessário a que se arrecadem os recursos necessários para suportar seu custo real. Quanto a esse aspecto, a lei é flexível, prevendo seu art. 60 a possibilidade de serem alterados os esquemas de pagamento quanto ao total das quotas, ao número delas, ao valor e à sua distribuição no tempo.

Os recursos destinados à obra serão movimentados em conta-corrente bancária em nome do condomínio. Devem ser depositados nessa conta todas as quotas de construção pagas pelos adquirentes, assim como é por meio dessa conta que deverão ser feitos os pagamentos de todos os encargos do condomínio, sendo vedada a intercomunicação com contas de outras incorporações administradas pelo mesmo incorporador ou com contas do próprio incorporador.

No contrato de construção pelo regime da administração, as faturas, duplicatas, recibos e quaisquer outros documentos referentes à obra serão emitidos exclusivamente em nome do condomínio (art. 58, I).

Embora a lei preveja a atuação da Comissão de Representantes em ambas as modalidades de contrato de construção (empreitada e administração), essa atuação é mais intensa no contrato de construção por administração, pois neste a Comissão tem responsabilidade pela revisão do orçamento a cada seis meses e, além disso, tem que fiscalizar as concorrências para compra dos materiais ou contratação de serviços, devendo, também, deter-se em pormenores, como, por exemplo, a fiscalização da arrecadação e o exame dos balancetes do construtor, das receitas e das despesas, podendo impugná-los (art. 61).

Aspecto de especial relevância na execução do contrato é a manutenção do ritmo de obra pactuado ou estimado, pois todos, adquirentes, construtor e incorporador, têm interesse em que a obra seja concluída e entregue no prazo programado.

Para garantir o fluxo financeiro que mantenha esse ritmo, a lei prevê, na empreitada, a possibilidade de reajustamento dos valores da construção e, na administração, a revisão semestral da estimativa de custo, como acima referido.

Além disso, ainda para manter o fluxo financeiro necessário à continuidade da obra, a lei confere à Comissão de Representantes poderes para, em caso de mora, adotar procedimentos céleres de cobrança e, até mesmo, para promover a venda da fração ideal e das acessões do adquirente inadimplente, visando recompor o fluxo da arrecadação destinada à execução da obra.

O procedimento é regulado pelo art. 63: havendo atraso de pagamento das parcelas por noventa dias, ou de 3 prestações, o adquirente em mora será notificado pela Comissão de Representantes para pagar os valores em atraso no prazo de dez dias, contados do recebimento da notificação; expirado o prazo sem que o adquirente tenha efetivado o pagamento, a Comissão de Representantes estará autorizada a promover a venda da fração ideal e das acessões de que seja titular o adquirente inadimplente, mediante público leilão. O valor apurado no leilão é utilizado para satisfação do crédito do condomínio, entregando-se ao adquirente em mora o saldo que remanescer, depois de deduzidas as despesas e os débitos fiscais (art. 63 e parágrafos).

Igual procedimento é facultado ao incorporador (Lei nº 4.864/1965).

Importante aspecto do contrato de construção é o direito de retenção conferido ao incorporador, ao construtor e ao condomínio (art. 52), tendo como objeto unidades imobiliárias pertencentes a adquirentes inadimplentes, observado, obviamente, que um dos requisitos do exercício desse direito é a "retenção legítima", não se reconhecendo esse direito com relação à

190 INCORPORAÇÃO IMOBILIÁRIA • *Melhim Namem Chalhub*

cobrança de quantias não previstas no contrato ou não aprovadas pela assembleia geral, hipótese em que se ressalva o direito de o credor promover a cobrança pelas vias judiciais adequadas.

6.1.4. Contrato de compra e venda a crédito com pacto adjeto de alienação fiduciária

Além dos contratos de promessa de compra e venda de unidade, ou de promessa de compra e venda de fração ideal de terreno conjugado com o contrato de construção, outra modalidade contratual aplicável no negócio da incorporação é a compra e venda a crédito com pacto adjeto de alienação fiduciária.

Como se viu, em qualquer das modalidades de promessa, o incorporador transmite ao adquirente os direitos aquisitivos sobre o imóvel, os *iura utendi* e *fruendi*, e conserva consigo o domínio, que só transmitirá quando o adquirente complementar o pagamento do preço.

Na compra e venda com pacto adjeto de alienação fiduciária, o incorporador transmitirá ao adquirente, desde logo, o domínio pleno do imóvel, e, em ato subsequente, o adquirente o alienará ao incorporador, em caráter fiduciário, em garantia do crédito que dele recebeu para pagamento do preço de aquisição. A alienação que o adquirente faz ao incorporador, em caráter fiduciário, opera a transmissão a este apenas a propriedade resolúvel e tem a finalidade exclusiva de garantia do pagamento do saldo do preço.

Em ambas as hipóteses (promessa de compra e venda ou compra e venda com alienação fiduciária), o credor do preço manter-se-á como titular do domínio, ressalvadas as peculiaridades de cada uma dessas espécies de contrato, e somente transmitirá o domínio ao adquirente depois de complementado o pagamento do preço; na promessa, o adquirente (promissário) depende de uma nova manifestação de vontade do promitente para obter o domínio, enquanto na alienação fiduciária o adquirente (fiduciante) readquire o domínio que transmitira em caráter fiduciário independente de qualquer nova manifestação de vontade do proprietário fiduciário, bastando um simples termo de quitação emitido por este, como se verá adiante.

A alienação fiduciária de bens imóveis foi instituída no direito positivo pela Lei nº 9.514/1997, e está regulada nos seus arts. 22 a 32, com as alterações introduzidas pelas Leis nºs 10.931/2004, 11.076/2004, 11.481/2007, 12.810/2013, e 13.043/2014 e 13.465/2017. A alienação fiduciária é definida pela lei como o "negócio jurídico pelo qual o devedor, ou fiduciante, com o escopo de garantia, contrata a transferência ao credor, ou fiduciário, da propriedade resolúvel de coisa imóvel" (art. 22), facultada sua contratação por qualquer pessoa, quer física, quer jurídica, não se restringindo às entidades que operam no Sistema de Financiamento Imobiliário (SFI).[23]

É legalmente admitida a alienação fiduciária de quaisquer bens imóveis, sejam terrenos, com ou sem acessões, o domínio útil de imóveis ou a propriedade superficiária, bem como o direito de uso especial para fins de moradia e o direito real de uso, desde que suscetível de alienação, ressalvado que a propriedade fiduciária sobre o direito real de uso e sobre a propriedade superficiária tem duração limitada ao prazo da respectiva concessão (art. 22 da Lei nº 9.514/1997, § 1º, incisos I a VI, e § 2º.

No caso de alienação fiduciária de bens enfitêuticos, "será exigível o pagamento do laudêmio, se houver consolidação do domínio útil no fiduciário".

---

[23] Cf. Capítulo IV, item 3, do nosso *alienação fiduciária – negócio fiduciário.* 8. ed. Rio de Janeiro: Forense, 2023.

Cap. VI • ESPÉCIES DE CONTRATO MAIS FREQUENTES NA INCORPORAÇÃO IMOBILIÁRIA | 191

A ressalva é coerente com a disposição do § 7º do art. 26, pelo qual o imposto de transmissão *inter vivos*, na transmissão da propriedade para o credor fiduciário, só se torna exigível se houver consolidação da propriedade plena em nome do fiduciário, e só deverá ser paga quando da efetivação do registro da consolidação no Registro de Imóveis. O fundamento é o art. 156, II, da Constituição Federal, que dispensa o pagamento do ITBI quando a transmissão do bem imóvel se faz a título de garantia, como é o caso da alienação fiduciária.

A alienação fiduciária poderá ser contratada para garantia de quaisquer obrigações, em geral, e não somente para garantia da obrigação de pagar o saldo do financiamento imobiliário, podendo ser prestada por terceiros (Lei nº 10.931/2004, art. 51).

Na medida em que a posse direta do imóvel objeto de alienação fiduciária é atribuída ao fiduciante, é da responsabilidade deste o pagamento de todos os impostos, taxas, contribuições condominiais e quaisquer outros encargos que recaiam ou venham a recair sobre o imóvel, até a data em que o fiduciário ou seus sucessores vierem a ser imitidos ou reintegrados na posse (§ 8º do art. 27 da Lei nº 9.514/1997, com a redação dada pela Lei nº 10.931/2004).[24]

Nos termos do art. 49 da Lei nº 10.931/2004, se, em alguma medida judicial, o devedor-fiduciante obtiver decisão liminar que tenha "interferido na eficácia de cláusulas do contrato de crédito imobiliário correspondente ou suspendido encargos dele decorrentes", poderá o juiz cassar a medida caso o devedor-fiduciante deixe de pagar, tempestivamente, os tributos, as quotas condominiais e outros encargos incidentes sobre o imóvel, além dos valores incontroversos das parcelas do financiamento.

Nas ações que tenha por objeto obrigação decorrente de empréstimo, financiamento ou alienação imobiliários, o autor deverá discriminar, na inicial, as obrigações que pretende controverter, quantificando o valor do incontroverso, sob pena de inépcia da inicial (Lei nº 10.931/2004, art. 50, e Código de Processo Civil, art. 330, §§ 2º e 3º).[25] O valor do incontroverso deverá continuar sendo pago normalmente em todo o curso da ação, mas o valor controvertido deverá ser depositado em instituição oficial ou no próprio credor; neste último caso, o credor deverá assegurar ao devedor a mesma remuneração que dele cobrar no contrato em questão.

O imóvel objeto de propriedade fiduciária poderá ser locado independente de concordância do credor-fiduciário. Entretanto, "será considerada ineficaz, e sem qualquer efeito perante o fiduciário ou seus sucessores, a contratação ou a prorrogação de locação de imóvel alienado fiduciariamente por prazo superior a um ano sem concordância por escrito do fiduciário" (art. 37-B da Lei nº 9.514/1997, incluído na Lei nº 4.591/1964 pela Lei nº 10.931/2004).

Os arts. 22 a 24 da Lei nº 9.514/1997 estabelecem os requisitos do contrato, que conterá:

 a) o valor do principal da dívida;
 b) o prazo e as condições de reposição do empréstimo ou do crédito do fiduciário;
 c) a taxa de juros e os encargos incidentes;

---

[24] Tratamos da matéria mais detidamente em nosso *Alienação fiduciária – negócio fiduciário*, 8. ed., item 4.1.1.1, Aspectos patrimoniais e tributários relevantes relacionados à propriedade fiduciária em garantia.

[25] Código de Processo Civil: "Art. 330. A petição inicial será indeferida quando: I – for inepta; (...). § 2º Nas ações que tenham por objeto a revisão de obrigação decorrente de empréstimo, de financiamento ou de alienação de bens, o autor terá de, sob pena de inépcia, discriminar na petição inicial, dentre as obrigações contratuais, aquelas que pretende controverter, além de quantificar o valor incontroverso do débito. § 3º Na hipótese do § 2º, o valor incontroverso deverá continuar a ser pago no tempo e modo contratados".

d) a cláusula de constituição da propriedade fiduciária, com a descrição do imóvel objeto da alienação fiduciária e a indicação do título e modo de aquisição;

e) a cláusula assegurando ao fiduciante, enquanto adimplente, a livre utilização, por sua conta e risco, do imóvel objeto da alienação fiduciária;

f) a indicação, para efeito de venda em público leilão, do valor do imóvel e dos critérios para a respectiva revisão;

g) a cláusula dispondo sobre os procedimentos de que trata o art. 27.

Além desses requisitos legais, que são essenciais, é de toda conveniência que o contrato de alienação elucide com clareza outros aspectos igualmente importantes, entre eles as penalidades pela mora, os procedimentos de intimação para abertura de oportunidade para purgação da mora, os termos em que se dá a consolidação da propriedade no credor, os valores pelos quais o imóvel será oferecido em leilão, as condições em que deve ser restituído o imóvel, com a estipulação de taxa de ocupação a ser devida a partir da consolidação da propriedade, a contratação de seguros, além de outros aspectos que as características peculiares de cada negócio recomendarem.

Nas incorporações, a contratação dar-se-á mediante duas operações coligadas, que podem se realizar, em regra, nos seguintes termos: o incorporador contrata a venda com o adquirente e, em ato subsequente, este último, já agora como proprietário do imóvel que acabou de adquirir, aliena-o fiduciariamente ao incorporador; na primeira operação, o incorporador figurará como vendedor e o adquirente como comprador; na segunda operação, o adquirente passará a figurar como devedor e como alienante-fiduciante, enquanto o incorporador passará a figurar como credor e como proprietário-fiduciário. Em razão da sua condição de credor-fiduciário, o incorporador ficará investido da propriedade fiduciária sobre a unidade vendida ao adquirente, isto é, uma propriedade com escopo de garantia; já o adquirente, em sua condição de devedor-fiduciante, ficará investido da posse direta sobre o imóvel e de titular do direito de readquirir a propriedade do imóvel.

"Constitui-se a propriedade fiduciária de coisa móvel mediante registro, no competente Registro de Imóveis, do contrato que lhe serve de título" (art. 23 da Lei nº 9.514/1997), operando-se em consequência "o desdobramento da posse, tornando-se o fiduciante possuidor direto e o fiduciário possuidor indireto sobre a coisa móvel" (parágrafo único do art. 23 da Lei nº 9.514/1997).

Com o pagamento da dívida, resolve-se a propriedade fiduciária do imóvel, revertendo a propriedade plena ao fiduciante (adquirente); nesse caso, o fiduciário deverá fornecer ao fiduciante o termo de quitação até trinta dias após o resgate do preço; à vista do termo de quitação, o oficial do Registro de Imóveis competente efetua o cancelamento do registro da propriedade fiduciária, disso resultando a reversão da propriedade para o fiduciante (adquirente).

Está prevista a cessão da posição contratual, tanto por parte do credor-fiduciário, como por parte do devedor-fiduciante, hipóteses em que o cessionário é sub-rogado nos direitos e nas obrigações do contrato de alienação fiduciária. Então, o cessionário passará a ser o novo devedor-fiduciante, com todos os direitos e todas as obrigações de que era titular o cedente.

Na hipótese de insolvência do devedor-fiduciante, é assegurada ao fiduciário a restituição do imóvel, na forma da legislação pertinente.

Assim se dá a evolução natural do contrato de alienação fiduciária, operando-se a execução voluntária do contrato mediante pagamento da dívida. Observe-se que a propriedade do credor (incorporador ou seu cessionário, inclusive entidade financeira) é resolúvel, ou seja, uma propriedade que extinguir-se-á se e quando ocorrer a condição a que está subordinada, e essa condição é o pagamento; uma vez verificado o pagamento, resolve-se o direito de propriedade

Cap. VI • ESPÉCIES DE CONTRATO MAIS FREQUENTES NA INCORPORAÇÃO IMOBILIÁRIA | **193**

do credor, automaticamente, sem necessidade de intervenção judicial e mesmo sem necessidade de qualquer ato extrajudicial, bastando o registro no Registro de Imóveis competente.

Entretanto, se falha a condição, consolida-se a propriedade no credor, também automaticamente, seguindo-se os procedimentos de acertamento de direitos creditórios entre as partes, que contempla, inclusive, a venda do imóvel em leilão.

Com efeito, verificando-se atraso de pagamento, o fiduciante será intimado, pelo oficial do Registro de Imóveis competente, para purgar a mora no prazo de quinze dias.

As partes podem estabelecer prazo de carência a ser observado antes da expedição da carta de notificação para purgação da mora, considerando-se fixado em 15 dias se não tiver sido convencionado no contrato.

A intimação para purga de mora só será expedida depois de decorrido o prazo de carência.

O prazo para purgação da mora, nas operações de crédito com garantia fiduciária imobiliária, em geral, é de 15 dias, mas essa regra é excepcionada para os financiamentos habitacionais, para os quais a lei confere ao devedor fiduciante um prazo adicional de 30 dias após a expiração do prazo de 15 dias. Para estes casos, a lei dispõe que a consolidação da propriedade em nome do credor só poderá ser averbada 30 dias após a expiração do prazo de 15 dias fixado na intimação para purgação da mora e faculta ao devedor pagar as parcelas vencidas e encargos até a data dessa averbação. Assim, nos financiamentos habitacionais o prazo para purgação da mora é dilatado para no mínimo 45 dias, tomando-se como termo inicial a data do recebimento da carta de intimação e como termo final o 30º dia a contar da data em que expirar o prazo fixado na carta de intimação ou o momento imediatamente anterior à averbação da consolidação; passado esse prazo sem que o devedor fiduciante tenha efetivado o pagamento das parcelas vencidas da dívida, o oficial do Registro de Imóveis procederá à averbação da consolidação da propriedade, após a qual não é mais admitida a purgação da mora por não mais existir suporte contratual que poderia viabilizar a continuidade do vínculo, podendo o ex-devedor fiduciante readquirir o imóvel mediante exercício do direito de preferência em face de terceiros até a data da realização do segundo leilão pelo valor do saldo devedor, acrescido dos encargos e das despesas com ITBI, emolumentos de averbação da consolidação etc., com fundamento no § 2º-B do art. 27 incluído na Lei nº 9.514/1997, pela Lei nº 13.465/2017 e alterado pela Lei nº 14.711/2023.[26]

A matéria foi submetida a Incidente de Resolução de Demandas Repetitivas nº 2166423-86.2018.8.26.0000 (IRDR) pelo Tribunal de Justiça de São Paulo, que fixou tese restritiva da aplicação da nova regra aos contratos celebrados a partir da vigência da Lei nº 13.465/2017,[27]

---

[26] Lei nº 9.514/1997: "Art. 27. (...). § 2º-B Após a averbação da consolidação da propriedade fiduciária no patrimônio do credor fiduciário e até a data da realização do segundo leilão, é assegurado ao fiduciante o direito de preferência para adquirir o imóvel por preço correspondente ao valor da dívida, somado às despesas, aos prêmios de seguro, aos encargos legais, às contribuições condominiais, aos tributos, inclusive os valores correspondentes ao imposto sobre transmissão *inter vivos* e ao laudêmio, se for o caso, pagos para efeito de consolidação da propriedade fiduciária no patrimônio do credor fiduciário, e às despesas inerentes aos procedimentos de cobrança e leilão, hipótese em que incumbirá também ao fiduciante o pagamento dos encargos tributários e das despesas exigíveis para a nova aquisição do imóvel, inclusive das custas e dos emolumentos".

[27] Tese fixada no IRDR 2166423-86.2018.8.26.0000 do TJSP: "A alteração introduzida pela Lei nº 13.465/2017 ao art. 39, II, da Lei nº 9.514/97 tem aplicação restrita aos contratos celebrados sob a sua vigência, não incidindo sobre os contratos firmados antes da sua entrada em vigor, ainda que constituída a mora ou consolidada a propriedade, em momento posterior ao seu início de vigência".

mas, ao julgar os recursos especiais interpostos contra essa decisão, a Segunda Seção do STJ pôs fim, em definitivo, à controvérsia, no sentido de que "Após a edição da Lei nº 13.465, de 11/7/2017, que introduziu no art. 27 da Lei nº 9.514/1997 o § 2º-B, não se cogita mais da aplicação subsidiária do Decreto-Lei nº 70/1966, visto que, consolidada a propriedade fiduciária em nome do credor fiduciário, descabe ao devedor fiduciante a purgação da mora, sendo-lhe garantido apenas o exercício do direito de preferência na aquisição do bem imóvel objeto de propriedade fiduciária."[28]

Uma vez consolidada a propriedade em seu nome, o credor-fiduciário deverá ofertar o imóvel em dois leilões nos sessenta dias subsequentes.

No primeiro leilão o imóvel será ofertado por preço mínimo igual ao valor que, no contrato, as partes tiverem atribuído ao imóvel para efeito de leilão ou o valor aferido pela prefeitura para fixação do valor do ITBI, o que for maior.

Para o segundo leilão a lei estabelece critérios diferenciados conforme a excussão se refira a imóvel de moradia do devedor fiduciante, adquirida ou construída com financiamento garantido por propriedade fiduciária (exceto se se tratar de operação de autofinanciamento de grupo de consórcio) ou a imóveis objeto de garantia de operações de crédito em geral.

No primeiro caso, o art. 26-A e seus parágrafos, que tratam da alienação fiduciária empregada em garantia de financiamento tomado pelo devedor fiduciante para aquisição ou construção de moradia própria, dispõem que o lance mínimo para arrematação do imóvel no segundo leilão será pelo menos igual ou superior "ao valor integral da dívida garantida pela alienação fiduciária mais antiga vigente sobre o bem," acrescentando que, se não se alcançar esse referencial mínimo, a dívida será considerada extinta, com quitação recíproca e investido o credor na livre disponibilidade do imóvel que já se encontra em seu patrimônio.[29] A alocução "alienação fiduciária mais antiga vigente sobre o bem" diz respeito à eventualidade de haver

---

[28] "Recursos especiais. Imóvel. Alienação fiduciária. Garantia. Lei nº 9.514/1997. Mora purgação. Impossibilidade após Consolidação. Propriedade. Credor fiduciante. Vigência. Lei nº 13.465/2017. Alterações incorporadas. Direito de Preferência. Negativa de prestação jurisdicional. Não ocorrência. Nulidade. Acórdão. Afastamento. 1. O propósito recursal cinge-se a definir a possibilidade de purgação da mora, nos contratos de mútuo imobiliário com pacto adjeto de alienação fiduciária, submetidos à Lei nº 9.514/1997 com a redação dada pela Lei nº 13.465/2017, nas hipóteses em que a consolidação da propriedade em favor do credor fiduciário ocorreu na vigência da nova lei. 2. Não se reconhece a negativa de prestação jurisdicional ventilada quando o Tribunal de origem analisa todas as questões relevantes para a solução da lide, de forma fundamentada. 3. Após a edição da Lei nº 13.465, de 11/7/2017, que introduziu no art. 27 da Lei nº 9.514/1997 o § 2º-B, não se cogita mais da aplicação subsidiária do Decreto-Lei nº 70/1966, visto que, consolidada a propriedade fiduciária em nome do credor fiduciário, descabe ao devedor fiduciante a purgação da mora, sendo-lhe garantido apenas o exercício do direito de preferência na aquisição do bem imóvel objeto de propriedade fiduciária. Precedentes. 4. Recurso especial adesivo da Associação Brasileira de Mutuários – ABM não conhecido. Parcialmente conhecidos e, na parte conhecida, providos os demais recursos especiais interpostos" (STJ, REsp 1.942.898-SP, 2ª Seção, rel. Min. Ricardo Villas Bôas Cueva, j. 23.8.2023, DJe 12.9.2023).

[29] Lei nº 9.514/1997: "Art. 26-A. (...). § 3º No segundo leilão, será aceito o maior lance oferecido desde que seja igual ou superior ao valor integral da dívida garantida pela alienação fiduciária mais antiga vigente sobre o bem, das despesas, inclusive emolumentos cartorários, dos prêmios de seguro, dos encargos legais, inclusive tributos, e das contribuições condominiais. § 4º Se no segundo leilão não houver lance que atenda ao referencial mínimo para arrematação estabelecido no § 3º deste artigo, a dívida será considerada extinta, com recíproca quitação, hipótese em que o credor ficará investido da livre disponibilidade. § 5º A extinção da dívida no excedente ao referencial mínimo para arrematação configura condição

garantias fiduciárias sucessivas do mesmo imóvel, por efeito de contratação de alienação fiduciária da propriedade superveniente, de que tratamos no item 6.1.4.2.

Diverso é o tratamento dado às operações de crédito em geral com garantia fiduciária, pois, nesse caso, se no segundo leilão não houver lance suficiente para o resgate integral da dívida, encargos e despesas, o devedor continuará obrigado pelo pagamento do saldo remanescente, que poderá ser cobrado por meio de ação de execução e, se for o caso, mediante excussão de outras garantias que tenham sido constituídas, ressalvada a faculdade do credor fiduciário de aceitar, a seu critério, lance que corresponda à metade do valor de avaliação do bem, aferida pelo critério definido pela Lei nº 9.514/1997 para oferta no primeiro leilão.

Nesse caso, se o credor, exercendo essa faculdade, aceitar lance inferior ao valor da dívida (mas não inferior à metade da avaliação), o saldo devedor pendente de pagamento e, portanto, exigível do devedor fiduciante em prosseguimento da execução, corresponderá à diferença entre o valor da arrematação aceita pelo credor e o montante integral da dívida, encargos, custas, emolumentos e despesas de execução que constitui o referencial mínimo para o segundo leilão.

Essa é a lógica da aferição do saldo remanescente de um débito em execução caso o valor apurado no leilão do bem objeto da constrição seja inferior ao valor em execução, e, a despeito do intrincado texto do § 6º-A do art. 27[30], deve ser a adequada compreensão dessa disposição, interpretada em articulação com as demais disposições com ela relacionadas, de modo a extrair sentido conforme a lógica da situação em questão.

Nesse caso, considerando que a faculdade de aceitação de valor correspondente à metade da avaliação só é conferida ao credor exequente se não houver lance que cubra o valor integral da dívida, encargos e despesas de execução, a única interpretação compatível com o propósito de aferição do valor pendente de pagamento parece ser aquela que defina como valor a ser abatido do valor da dívida aquele que, não sendo inferior à metade do valor da avaliação do imóvel, é inferior ao montante da dívida e despesas.

Além disso, o valor de avaliação a ser considerado nessa aferição será o maior entre o valor definido pelas partes no contrato e aquele apurado pela Prefeitura para cálculo do ITBI devido para efeito de consolidação da propriedade, por ser esse o valor definido pela Lei nº 9.514/1997 para oferta do imóvel no primeiro leilão.

Outro aspecto relevante em relação ao procedimento de excussão do imóvel diz respeito à eventualidade de, ao diligenciar a execução no Registro de Imóveis, o credor se deparar com o assentamento de algum ato de indisponibilidade, penhora ou outras constrições efetivadas em decorrência de medidas judiciais ou administrativas contra o direito do devedor fiduciante.

---

resolutiva inerente à dívida e, por isso, estende-se às hipóteses em que o credor tenha preferido o uso da via judicial para executar a dívida".

[30] Lei nº 9.514/1997: "Art. 27. (...). § 5º Se no segundo leilão não houver lance que atenda ao referencial mínimo para arrematação estabelecido no § 2º, o fiduciário ficará investido na livre disponibilidade do imóvel e exonerado da obrigação de que trata o § 4º deste artigo. § 5º-A Se o produto do leilão não for suficiente para o pagamento integral do montante da dívida, das despesas e dos encargos de que trata o § 3º deste artigo, o devedor continuará obrigado pelo pagamento do saldo remanescente, que poderá ser cobrado por meio de ação de execução e, se for o caso, excussão das demais garantias da dívida, ressalvada a hipótese de extinção do saldo devedor remanescente prevista no § 4º do art. 26-A desta Lei. § 6º-A Na hipótese de que trata o § 5º, para efeito de cálculo do saldo remanescente de que trata o § 5º-A, será deduzido o valor correspondente ao referencial mínimo para arrematação do valor atualizado da dívida, conforme estabelecido no § 2º deste artigo, incluídos os encargos e as despesas de cobrança".

196 | INCORPORAÇÃO IMOBILIÁRIA • *Melhim Namem Chalhub*

Considerando que, em ações ou execuções movidas contra o devedor fiduciante esses atos de constrição somente poderão ter como objeto, obviamente, o direito que se encontra no patrimônio do próprio devedor fiduciante, e não do credor fiduciário, os §§ 11 e 12 incluídos no art. 27 da Lei nº 9.514/1997 pela Lei 14.711/2023, deixam claro que eles não produzem efeito sobre o direito de crédito e a propriedade fiduciária, de que é titular o credor fiduciário, razão pela qual não obstam a consolidação da propriedade no patrimônio do fiduciário e o leilão, ressalvado o direito dos credores titulares dos direitos reais ou constrições inscritas posteriormente à alienação fiduciária ficará sub-rogado no saldo que porventura restar após o segundo leilão.[31]

Em relação a esse procedimento de extinção do contrato e liquidação da relação creditícia, em razão de inadimplemento da obrigação do devedor fiduciante, o STJ fixou tese jurídica no Tema 1.095/ STJ que define a prevalência do procedimento extrajudicial disciplinado pelos arts. 26 e 27 da Lei nº 9.514/1997 como veículo adequado à execução do crédito constituído nos contratos de compra e venda com pacto adjeto de alienação fiduciária em garantia nos seguintes termos:

> Tema 1.095: "Em contrato de compra e venda de imóvel com garantia de alienação fiduciária devidamente registrado, a resolução do pacto, na hipótese de inadimplemento do devedor, devidamente constituído em mora, deverá observar a forma prevista na Lei nº 9.514/97, por se tratar de legislação específica, afastando-se, por conseguinte, a aplicação do Código de Defesa do Consumidor".[32]

O art. 30 da Lei 9.514/1997 assegura a reintegração de posse ao credor-fiduciário, seu cessionário ou sucessores, inclusive aquele que vier a adquirir o imóvel no leilão, estabelecendo prazo de sessenta dias para desocupação do imóvel.

Uma vez comprovada a mora e consolidada a propriedade no fiduciário, se o devedor continuar na posse do imóvel, deverá pagar taxa de ocupação em valor correspondente a 1% do valor que tiver sido estabelecido no contrato para leilão do imóvel.[33]

No que tange aos efeitos da alienação fiduciária em face das relações locatícias, o direito de preferência, de que trata o art. 32 da Lei nº 8.245/1991, nos contratos firmados a partir de 1º de

---

[31]   Lei nº 9.514/1997: "Art. 27. (...). § 11. Os direitos reais de garantia ou constrições, inclusive penhoras, arrestos, bloqueios e indiponibilidades de qualquer natureza, incidentes sobre o direito real de aquisição do fiduciante não obstam a consolidação da propriedade no patrimônio do credor fiduciário e a venda do imóvel para realização da garantia. § 12. Na hipótese prevista no § 11 deste artigo, os titulares dos direitos reais de garantia ou constrições sub-rogam-se no direito do fiduciante à percepção do saldo que eventualmente restar do produto da venda".

[32]   STJ, 2ª Seção, rel. Min. Marco Buzzi, j. 26.10.2022, *DJe* 19.12.2022. Tratamos da matéria de modo específico no item 11.8.2 desta obra e no item 6.11 de nossa obra *Alienação fiduciária – negócio fiduciário*.

[33]   "Recurso especial. Compra e venda. Alienação fiduciária. Posse. Reintegração. Taxa de ocupação. Percentual. Adequação. Julgador. Discricionariedade. Impossibilidade. Art. 37-A da Lei nº 9.514/1997. Especialidade. Cronologia normativa. Critérios. Incidência. Diálogo das fontes. Inaplicabilidade. Provimento. 1. Recurso especial interposto contra acórdão publicado na vigência do Código de Processo Civil de 2015 (Enunciados Administrativos nºs 2 e 3/STJ). 2. A jurisprudência desta Corte consolidou a compreensão de que, em face de uma (aparente) antinomia normativa, a existência de lei posterior e especial regendo o tema determina a norma aplicável à hipótese concreta. Precedentes. 3. Recurso especial conhecido e provido" (REsp 1.999.485-DF, 3ª Turma, rel. Min Nancy Andrighi, rel. p/ acórdão Min. Ricardo Villas Bôas Cueva, *DJe* 16.12.2022).

outubro de 2001, "não alcançará também os casos de constituição da propriedade fiduciária e de perda da propriedade ou venda por quaisquer das formas de realização de garantia, inclusive mediante leilão extrajudicial" (parágrafo único do art. 32 da Lei nº 8.245/1991, incluído pela Lei nº 10.931/2004). Assim, caso o proprietário de determinado imóvel pretenda aliená-lo em caráter fiduciário, e o imóvel estiver locado, o locatário não terá preferência, estando o proprietário-locador dispensado de notificar o locatário para dar conhecimento do negócio.

Se o imóvel estiver locado quando da consolidação da propriedade, "a locação poderá ser denunciada com prazo de 30 dias para desocupação, salvo se tiver havido aquiescência por escrito do fiduciário, devendo a denúncia ser realizada no prazo de 90 dias a contar da data da consolidação da propriedade no fiduciário, devendo essa condição constar expressamente em cláusula contratual específica, destacando-se das demais por sua apresentação gráfica" (§ 7º do art. 27 da Lei nº 9.514/1997, incluído pela Lei nº 10.931/2004).

6.1.4.1. *Natureza jurídica dos direitos do devedor-fiduciante e do credor--fiduciário*

A propriedade transmitida ao credor-fiduciário tem caráter de *propriedade resolúvel* e, assim, o devedor-fiduciante transmite ao credor-fiduciário um direito de propriedade limitado, porque destinado apenas a exercer função de garantia. Esse direito, na definição de Teixeira de Freitas,[34] está "subordinado a durar somente até o cumprimento de uma cláusula ou condição resolutiva, ou até o vencimento de um prazo resolutivo, para o efeito da restituição da coisa ao seu antigo dono".

Por efeito do contrato de alienação fiduciária, o devedor-fiduciante se despe da qualidade de proprietário do bem, na medida em que transmite essa propriedade ao credor-fiduciário; com o registro desse contrato no Registro de Imóveis, atribui-se ao credor-fiduciário a propriedade resolúvel do imóvel; o devedor-fiduciante passa a ser titular de direito de aquisição sob condição suspensiva, tendo o mesmo imóvel como objeto, podendo o devedor-fiduciante tornar-se novamente titular da propriedade plena ao implementar a condição de pagamento da dívida.

Tem, assim, o devedor-fiduciante uma pretensão restitutória, que constitui uma expectativa real, subordinada, entretanto, ao implemento da condição.[35]

Nessa estruturação, o devedor-fiduciante é titular de um direito de propriedade sob condição suspensiva, que depende da realização da condição, estando esta consubstanciada no conjunto de obrigações constituído no contrato do qual a propriedade fiduciária é garantia. Assim, de uma parte, vista a relação jurídica do ângulo do credor, o implemento da condição resolutiva opera a extinção de sua propriedade resolúvel, ao passo que, de outra parte, considerada a relação jurídica sob a perspectiva do devedor-fiduciante, a realização da condição suspensiva opera a aquisição, por reversão, da propriedade plena. Verificada a condição, a propriedade é recuperada definitivamente pelo fiduciante pela simples ocorrência do acontecimento (que é o cumprimento das obrigações de devedor-fiduciante), independentemente de qualquer outra manifestação de vontade do credor-fiduciário e, bem assim, sem necessidade de intervenção judicial.

---

[34] *Esboço*, art. 4.302.

[35] GOMES, Orlando. *Alienação fiduciária em garantia*. São Paulo: Revista dos Tribunais, 1975, p. 54.

Situação análoga à da posição do fiduciante é a do adquirente na compra e venda com reserva de domínio, em que "o comprador, antes de pagar integralmente o preço, tem, como titular que é de propriedade sob condição suspensiva, direito expectativo, em cujo conteúdo se encontram os *iura possidendi, utendi e fruendi.*"[36] Pontes de Miranda alinha, entre os direitos expectativos, aqueles que se originam de negócios jurídicos a prazo ou sob condição, porque a verificação do termo ou o implemento da condição opera a aquisição do *direito expectado,* de modo que aquele que frustra a *expectação a termo ou sob condição* tem que sofrer os efeitos do art. 129 do Código Civil de 2002. Em síntese, o direito eventual do fiduciante integra seu patrimônio e, como "direito expectado, é elemento do patrimônio do expectante, pode ser arrestado, penhorado, ou entrar em massa concursal, e se transmite entre vivos e a causa de morte."[37]

Para Galvão Telles, uma das hipóteses características de "expectativa é a dos contratos ou outros negócios jurídicos celebrados sob condição suspensiva"[38] e, nessa configuração, tem o "titular do direito eventual, no caso de condição suspensiva", a faculdade de exercer todos os atos destinados a conservá-lo, tal como prescreve o art. 130 do Código Civil de 2002, notadamente, no caso da alienação fiduciária, o de defender a posse direta que lhe é atribuída pelo contrato, com os interditos possessórios, inclusive contra o próprio fiduciário. Além disso, sendo titular de um direito real, que decorre da própria configuração da propriedade resolúvel e da natureza real do *direito expectado* (que é a propriedade),[39] tem o fiduciante legitimidade para promover as ações reais contra quem quer que viole esse direito.

Esse direito expectativo tem natureza real, pois, como registra Enneccerus-Nipperdey, o direito expectativo é da mesma natureza do direito expectado (este é o direito de propriedade).[40]

Ao atribuir ao fiduciante, com exclusividade, o direito real de aquisição e a posse direta do imóvel objeto de alienação fiduciária, o Código Civil o sujeita aos riscos da coisa, impondo-lhe o dever de "empregar na guarda da coisa a diligência exigida por sua natureza" (CC, art. 1.363, II) e a obrigação de suportar os custos e riscos da sua utilização, entre os quais se encontram os custos de manutenção, os impostos, taxas e demais encargos.

No que tange especificamente à garantia fiduciária, os arts. 24, I, e 27, § 8º, da Lei nº 9.514/1997 atribuem ao fiduciante o pagamento dos encargos incidentes sobre o imóvel desde a data da sua imissão na posse, entre eles as obrigações tributárias e a taxa condominial, enquanto o parágrafo único do art. 1.368-B esclarece que tais encargos passarão à responsabilidade do credor fiduciário "a partir da data em que vier a ser imitido na posse direta do bem".[41]

Alinhado a essas normas do direito material, o CPC trata das diligências penhora do direito aquisitivo do fiduciante nos arts. 674, § 1º, 789, 799, I, 804, § 3º, e 835, XII.

---

[36] ALVES, José Carlos Moreira. *Alienação fiduciária em garantia.* Rio de Janeiro: Forense, 1979, p. 132.

[37] PONTES DE MIRANDA, Francisco Cavalcanti. *Tratado de direito privado,* § 577, nº 9.

[38] *Expectativa jurídica (algumas notas),* O Direito, 1 (1958), 2-6, *apud* Luís Lima Pinheiro, *A cláusula de reserva da propriedade,* Livraria Almedina, Coimbra, 1988, p. 54.

[39] PONTES DE MIRANDA, Francisco Cavalcanti, ob. e loc. cit.

[40] *Apud* ALVES, José Carlos Moreira, *Alienação...,* p. 131.

[41] Código Civil: "Art.1.368-B (...) Parágrafo único. O credor fiduciário que se tornar proprietário pleno do bem, por efeito de realização da garantia (...), passa a responder pelo pagamento dos tributos sobre a propriedade e a posse, taxas, despesas condominiais e quaisquer outros encargos, tributários ou não, incidentes sobre o bem objeto da garantia, a partir da data em que vier a ser imitido na posse direta do bem".

Cap. VI • ESPÉCIES DE CONTRATO MAIS FREQUENTES NA INCORPORAÇÃO IMOBILIÁRIA | 199

De fato, por integrar a categoria dos direitos reais de garantia, a propriedade fiduciária vincula-se exclusivamente ao cumprimento da obrigação garantida, "não se equiparando, para quaisquer efeitos, à propriedade plena de que trata o art. 1.331" (CC, art. 1.367).

Anote-se, por relevante, que se trata de a obrigação *propter rem*, que, em caso de concorrência de direitos reais sobre a coisa, é imputável ao "titular imediato dos poderes sobre a coisa", "quem diretamente aufere seus benefícios", situação oposta à do credor fiduciário e de outros titulares de direitos reais aos quais não é dado o controle e a fruição da coisa, como bem ilustra Maurício Bunazar.[42]

A situação, contudo, suscita controvérsia, a propósito da qual a 4ª Turma do STJ julgou questão de ordem na sessão de 17.10.2023 e afetou o julgamento dos REsps 2.100.103-PR, 1.929.926-SP e 2.082.647-SP à Segunda Seção, com objetivo de fixar tese jurídica sobre o seguinte tema: "Possibilidade (ou não) de penhora de imóvel alienado fiduciariamente para satisfação de débitos condominiais".

Quando da atualização desta obra para a 8ª edição (março/2024) o STJ os recursos ainda se encontram pendentes de julgamento.

6.1.4.2. *Alienação fiduciária da propriedade superveniente*

Como vimos, a alienação fiduciária é negócio jurídico de transmissão condicional, pelo qual o devedor fiduciante se demite da propriedade e a atribui ao credor fiduciário em caráter resolúvel em garantia de certa obrigação, vindo a readquiri-la por efeito do adimplemento e do consequente cancelamento do registro da propriedade fiduciária anteriormente constituída.

O direito do devedor fiduciante está subordinado a uma condição suspensiva, enquanto o do credor fiduciário se sujeita a uma condição resolutiva, cujos efeitos operam simultaneamente.

Enquanto pendente essa condição o poder jurídico do devedor fiduciante ficará limitado a, alternativamente, (i) alienar fiduciariamente a *propriedade superveniente*, que vier a adquirir por efeito do cumprimento da obrigação garantida, ou (ii) caucionar (empenhar) seu *direito aquisitivo*[43].

---

[42] BUNAZAR, Maurício, *Obrigação propter rem – aspectos teóricos e práticos*. São Paulo: Atlas, 2014. Diz o autor: "Destarte, havendo concorrência de direitos subjetivos reais sobre a mesma coisa, caso o direito positivo não haja atribuído expressamente a um dos sujeitos *in relationem* o dever de adimplir a obrigação *propter rem*, esta posição jurídica passiva deve ser atribuída ao titular imediato dos poderes sobre a coisa. Assim, por exemplo, havendo sobre a mesma coisa direito subjetivo de propriedade e direito subjetivo de superfície, caberá ao superficiário arcar com as despesas e obrigações *propter rem* relacionadas ao uso e gozo da coisa, afinal é quem diretamente aufere seus benefícios".

[43] A constituição de garantias reais sobre a propriedade superveniente era prevista no art. 756 do Código Civil de 1916, como leciona Pontes de Miranda: "durante o tempo em que a condição suspensiva pende, o direito ao direito futuro – o direito expectativo – é transferível, empenhável (caucionável), arrestável, penhorável e herdável (salvo condição de vida); bem como suscetível de ser garantido por fiança, hipoteca e penhor". PONTES DE MIRANDA, Francisco Cavalcanti. *Tratado de direito privado*. 12. ed. São Paulo: Revista dos Tribunais, 2012, § 545, nos 6 e 9, e § 2.420. No mesmo sentido, PEREIRA, Caio Mário da Silva. *Instituições de direito civil*. 20. ed. rev. e atual. por Maria Celina Bodin de Moraes. Rio de Janeiro: Forense, 2004, v. I, p. 566. Tratamos da matéria em nosso *Alienação fiduciária – negócio fiduciário*, cit. item 4.2.2.

O Código Civil trata dessa transmissão condicional no § 3º do art. 1.361,[44] ao dispor que a propriedade superveniente se torna eficaz desde o registro do correspondente contrato de alienação fiduciária, isto significando que a propriedade fiduciária em garantia se considera atribuída ao credor fiduciário desde a data desse registro.

Embora válida entre as partes desde a contratação, a alienação fiduciária da propriedade superveniente só terá eficácia contra terceiros depois de implementada a condição. A prioridade do direito do credor fiduciário é determinada pela data do registro do contrato no Registro de Imóveis.

Trata-se de direito eventual, e na medida em que a propriedade fiduciária é direito real, o registro é indispensável para preservar a eficácia *erga omnes* do direito do credor. Para esse fim, o contrato deve ser registrado logo que celebrado, visando proteger o direito garantido contra o risco de preterição por titulares de outros direitos que eventualmente venham a ser constituídos sobre o imóvel enquanto pendia a condição.[45]

O registro é um dos atos de conservação a que o art. 130 do Código Civil se refere genericamente, e, como observa Jéverson Luís Bottega, é "medida ajustada ao sistema registral imobiliário e direcionada à promoção de segurança jurídica, pois os efeitos de sua pactuação atingirão terceiros que eventualmente contratarem com o titular do direito real de aquisição [devedor fiduciante]".[46]

A necessidade do registro é evidenciada pela eventualidade de ocorrência de inúmeras situações capazes de comprometer o direito sob condição, como seria, por exemplo, o caso de o outorgante desse direito vir a se tornar incapaz ou alterar-se seu estado civil, mas, estando registrado o contrato, tais alterações não produzem qualquer efeito em relação à eficácia do ato de constituição da propriedade fiduciária sobre a propriedade superveniente, pois a eficácia é *ipso jure*.

É como ensina Pontes de Miranda: "A eficácia, ao implir-se a condição, é *ipso iure*. Realizada, nasce o crédito, a pretensão, ou a ação, ou se produz a modificação jurídica real (criação, transferência ou cessação do direito real), ou pessoal, que teria de provir do ato de disposição. A ciência dos figurantes, ou seus sucessores, e a sua vontade no momento de se ampliar a condição, não importam. A vontade, que fixou a condição, foi manifestada no passado e inseriu-se, como determinação inexa, no ato jurídico. Não importa, portanto, ter caído em incapacidade, ou ter morrido o outorgante, ou o outorgado; salvo se só àquele aproveitaria ou se o ato somente poderia ser praticado pelo outorgado, sendo capaz, ou se só ele, embora não capaz, poderia praticar".[47]

Assim, vindo a ser implementada a condição, o registro assegura a eficácia da propriedade fiduciária em garantia desde a data em que tiver sido efetivado na matrícula do imóvel sem necessidade de nenhum outro ato de confirmação daquele registro: o efeito real é automático,

---

[44] Código Civil: "Art. 1.361. (...). § 3º A propriedade superveniente, adquirida pelo devedor, torna eficaz, desde o arquivamento, a transferência da propriedade fiduciária".

"Art. 1.420. Só aquele que pode alienar poderá empenhar, hipotecar ou dar em anticrese; só os bens que se podem alienar poderão ser dados em penhor, anticrese ou hipoteca. § 1º A propriedade superveniente torna eficaz, desde o registro, as garantias reais estabelecidas por quem não era dono".

[45] PEREIRA, Caio Mário da Silva. *Instituições de Direito Civil*, cit., p. 566.

[46] BOTTEGA, Jéverson Luís. *Qualificação registral imobiliária à luz da crítica hermenêutica do Direito*. Belo Horizonte: Conhecimento, 2021, p. 140.

[47] PONTES DE MIRANDA, Francisco Cavalcanti, *Tratado*, 2012, cit., § 545, nº 4.

Cap. VI • ESPÉCIES DE CONTRATO MAIS FREQUENTES NA INCORPORAÇÃO IMOBILIÁRIA | **201**

dependente apenas da efetiva implementação da condição, isto significando que, em relação à propriedade fiduciária em garantia de que tratam os arts. 22 e seguintes da Lei nº 9.514/1997 e os arts. 1.361 e seguintes do Código Civil, a transferência da propriedade fiduciária ao credor que recebeu em garantia o direito à propriedade superveniente considera-se efetivada desde a data do registro do contrato de alienação fiduciária da propriedade superveniente pelo qual foi convencionada a garantia.[48]

Na prática, entretanto, a despeito do reconhecimento da registrabilidade da alienação fiduciária da propriedade superveniente com fundamento nos arts. 1.361, § 3º, e 1.420, § 1º, do Código Civil,[49] não raras vezes o registro era obstaculizado com fundamento em que essa espécie de contrato não se encontra indicada em termos explícitos no rol de títulos admitidos ao registro, de que trata o art. 167, I, da Lei de Registros Públicos.[50]

Esse óbice gerava insegurança jurídica, impedindo o aproveitamento do potencial econômico dos imóveis que, embora já alienados fiduciariamente, são dotados de valor de mercado capaz de garantir múltiplas operações de crédito e podem ser objeto de nova alienação fiduciária tendo por objeto a propriedade superveniente, que o devedor fiduciante vier a adquirir quando do cumprimento da obrigação garantida.

Para pôr fim em definitivo a essa controvérsia, a Lei nº 14.711/2023 incluiu no art. 22 da Lei nº 9.514/1997 os §§ 3º ao 9º, que explicitam a registrabilidade desse contrato e dispõem sobre seus efeitos.

Nesse sentido, o § 3º do art. 22 dispõe que "a alienação fiduciária da propriedade superveniente, adquirida pelo fiduciante, é suscetível de registro no registro de imóveis desde a data de sua celebração, tornando-se eficaz a partir do cancelamento da propriedade fiduciária anteriormente constituída".[51]

---

[48] A expressão "arquivamento" empregada pelo Código Civil corresponde ao "registro" do contrato, e essa regra se aplica à propriedade fiduciária de bem imóvel por força do seu art. 1.368-A.

[49] "Registro de Imóveis – Dúvida julgada procedente – Alienação Fiduciária em Garantia (propriedade superveniente) – Alteração da Lei nº 9.514/1997 pela Lei nº 14.711/2023 – Admissão do Registro da Alienação fiduciária da propriedade Superveniente (artigo 22, § 3º) – Negócio Jurídico celebrado antes da alteração Legislativa. Irrelevância, por duas razões. Primeiro, pela inexistência de título contraditório indicativo da violação de direito de terceiro entre a data da celebração do negócio e a vigência da lei nova. Segundo, porque não havia vedação expressa à Alienação Fiduciária em Garantia Superveniente no Regime original da Lei 9514/97. Regime geral das garantias compatível com a constituição de direito real de garantia sobre propriedade superveniente. Óbice afastado – Recurso a que se dá provimento" (TJSP, Conselho Superior da Magistratura, Apelação Cível 1000125-58.2023.8.26.0126, rel. Des. Francisco Loureiro, Corregedor Geral da Justiça, j. 16.2.2024).

[50] Nesse sentido: "Suscitação de dúvida registral. Registro de instrumento particular de confissão de dívida e constituição de alienação fiduciária de bem imóvel em garantia. Propriedade superveniente. Invalidade. O oficial do registro imobiliário tem sua atuação delimitada pelo princípio da tipicidade, de modo que são registráveis os títulos e atos previstos em lei. A alienação fiduciária de bem imóvel em garantia é passível de registro, diferentemente da alienação fiduciária sobre a denominada 'propriedade superveniente', nos termos do art. 167, inc. I, 35, da Lei de Registros Públicos. Circunstância dos autos em que inviável o registro por se tratar de propriedade superveniente" (TJ-RS, 18ª Câmara Cível, Apelação 70069852457, rel. Des. João Moreno Pomar, j. 25.8.2016).

[51] Lei 9.514/1997: "Art. 22. (...). § 3º A alienação fiduciária da propriedade superveniente, adquirida pelo fiduciante, é suscetível de registro no registro de imóveis desde a data de sua celebração, tornando-se eficaz a partir do cancelamento da propriedade fiduciária anteriormente constituída".

202 | INCORPORAÇÃO IMOBILIÁRIA • *Melhim Namem Chalhub*

A contratação e o registro da alienação fiduciária da propriedade superveniente independem de anuência do credor titular da propriedade fiduciária anteriormente registrada, pois a eficácia da nova garantia é subordinada à extinção daquela que já se encontrava registrada, com a consequente averbação do seu cancelamento.

Os §§ 4º ao 9º do art. 22 disciplinam a coexistência dos direitos do credor garantido por *propriedade fiduciária atual* e do credor garantido por *propriedade fiduciária superveniente*, em relação aos efeitos da sub-rogação do credor fiduciário que pagar a dívida do devedor fiduciante comum.[52]

Podem ser constituídas sucessivamente tantas garantias fiduciárias quanto o potencial econômico do imóvel for capaz de suportar para o fim específico de garantia, observados o limite recomendado conforme o correspondente coeficiente de garantia, a sucessividade inerente à eficácia de cada uma dessas garantias e a ordem de prioridade do registro (art. 22, § 4º).

Assim, na excussão da garantia fiduciária anterior, da qual resulte arrematação a terceiros, os direitos dos credores titulares de propriedade fiduciária superveniente sub-rogam-se no saldo positivo, se houver, do preço obtido no leilão, efetivando-se o cancelamento dos registros das respectivas propriedades fiduciárias.

Qualquer dos credores pode pagar a dívida do devedor fiduciante comum, ficando sub-rogado no crédito e na correspondente propriedade fiduciária superveniente, nos termos do art. 346 do Código Civil (art. 22, § 5º),[53] e, tendo se tornado titular único dos créditos e das garantias fiduciárias, pode declarar vencidas todas elas (art. 22, § 6º),[54] desde que essa faculdade esteja prevista no contrato de alienação fiduciária da propriedade superveniente (art. 22, § 8º). Além disso, se o credor pretender exercer essa faculdade deverá incluir essa pretensão na carta de intimação para purgação de mora que enviar ao devedor e ao fiduciante (art. 22, § 9º).

Na atividade da incorporação imobiliária essa garantia pode ser útil caso a incorporadora dê quitação integral do preço como forma de viabilizar a celebração da venda com financiamento concedido ao comprador por instituição financeira, mas ainda reste pendente a obrigação do comprador de lhe pagar uma parcela do preço da venda, representada por uma nota promissória emitida em caráter *pro soluto*, sem garantia.

---

[52]   Lei 9.514/1997: "Art. 22. (...). § 4º Havendo alienações fiduciárias sucessivas da propriedade superveniente, as anteriores terão prioridade em relação às posteriores na excussão da garantia, observado que, no caso de excussão do imóvel pelo credor fiduciário anterior com alienação a terceiros, os direitos dos credores fiduciários posteriores sub-rogam-se no preço obtido, cancelando-se os registros das respectivas alienações fiduciárias. § 5º O credor fiduciário que pagar a dívida do devedor fiduciante comum ficará sub-rogado no crédito e na propriedade fiduciária em garantia, nos termos do inciso I do *caput* do art. 346 da Lei nº 10.406, de 10 de janeiro de 2002 (Código Civil). § 6º O inadimplemento de quaisquer das obrigações garantidas pela propriedade fiduciária faculta ao credor declarar vencidas as demais obrigações de que for titular garantidas pelo mesmo imóvel, inclusive quando a titularidade decorrer do disposto no art. 31 desta Lei. § 7º O disposto no § 6º aplica-se à hipótese prevista no § 3º deste artigo. § 8º O instrumento constitutivo da alienação fiduciária na forma do § 3º deve conter cláusula com a previsão de que trata o § 6º deste artigo. § 9º Na hipótese de o fiduciário optar por exercer a faculdade de que trata o § 6º deste artigo, deverá informá-lo na intimação de que trata o § 1º do art. 26 desta Lei".

[53]   Código Civil: "Art. 346. A sub-rogação opera-se, de pleno direito, em favor: I – do credor que paga a dívida do devedor comum".

[54]   O § 6º do art. 22 faz referência à sub-rogação prevista no art. 31 da Lei nº 9.514/1997, que trata de sub-rogação do fiador ou do terceiro interessado, mas a hipótese é a do art. 346, I, do Código Civil, que se refere ao credor que paga a dívida do devedor comum, como acertadamente dispõe o § 5º do mesmo art. 22.

Cap. VI • ESPÉCIES DE CONTRATO MAIS FREQUENTES NA INCORPORAÇÃO IMOBILIÁRIA | **203**

Nesse caso, o comprador pode alienar fiduciariamente à incorporadora a propriedade superveniente que ele vier a adquirir quando tiver efetivado o pagamento do financiamento à instituição financeira, hipótese em que a incorporadora passará a contar com garantia fiduciária que passará a produzir efeito a partir da quitação daquele financiamento e do cancelamento da propriedade fiduciária em garantia de que era titular a instituição financeira.

Se o comprador-devedor fiduciante se tornar inadimplente perante a instituição financeira e essa promover a execução de que tratam os arts. 26 e 27 da Lei nº 9.514/1997, o direito da incorporadora se limitará ao saldo, se houver, do produto da arrematação ocorrida no leilão realizado pela instituição financeira.

Alternativamente, se o financiamento da instituição financeira for quitado, torna-se eficaz a alienação fiduciária da propriedade superveniente e, nesse caso, vindo o comprador--devedor fiduciante a se tornar inadimplente perante a incorporadora, esta poderá promover a execução fiduciária nos termos dos arts. 26 e 27 da Lei nº 9.514/1997.

6.1.5. A cobrança de juros durante a construção

Nas modalidades de contrato de incorporação imobiliária a que acabamos de nos referir, alguns compradores de imóveis "na planta" pagam o preço de uma só vez, antes do recebimento das chaves, mas a maioria o paga a prazo, caso em que incidem juros desde a data da celebração do contrato, inclusive sobre a parte do preço exigível durante a construção.

A permissão para cobrança de juros está no art. 1º, *caput*, e seu inciso II, da Lei nº 4.864/1965.[55]

Apesar dessa permissão legal, muitas empresas incorporadoras, a partir do final da década de 1990, por efeito de Termos de Ajustamento de Conduta entre empresas incorporadoras e o Ministério Público, no Distrito Federal em 1997 e no Rio de Janeiro em 2006, deixaram de cobrar juros sobre a parte do preço exigível durante a construção, passando a computar no preço de venda o custo financeiro dos capitais (bens e dinheiro) demandados no período da construção e estipulando taxa específica de juros somente sobre a parte do preço exigível depois de concluída a obra.

Contemporaneamente a essas iniciativas, a Secretaria de Direito Econômico do Ministério da Justiça divulgou, por meio da Portaria nº 3 de março de 2001, um "elenco de cláusulas, as quais, na forma do art. 51 da Lei nº 8.078, de 11 de setembro de 1990 (...), serão consideradas como abusivas...", e entre elas está a cláusula pela qual se convenciona o pagamento de juros sobre parte do preço vencível durante a construção.[56]

Inicialmente, a jurisprudência vacilava, ora reconhecendo a legalidade da cláusula de cobrança de juros a partir da contratação, mesmo durante a construção (STJ, REsps 379.941-SP e 662.822-DF) tendo em vista que é condição para o pagamento parcelado,[57]; ora, em

---

[55] Lei nº 4.864/1965: "Art. 1º Sem prejuízo das disposições da Lei nº 4.591, de 16 de dezembro de 1964, os contratos que tiverem por objeto a venda ou a construção de habitações com pagamento a prazo poderão prever a correção monetária da dívida, com o consequente reajustamento das prestações mensais de amortização e juros, observadas as seguintes normas: I – (...); II – A parte financiada, sujeita à correção monetária, deverá ser paga em prestações mensais de igual valor, incluindo amortização e juros convencionados à taxa máxima fixada pelo Conselho Monetário Nacional...".

[56] "Serão consideradas como abusivas, notadamente para fim de aplicação do inciso IV, do art. 22, do Decreto nº 2.181: (...) 14. estabeleça, no contrato de venda e compra de imóvel, a incidência de juros antes da entrega das chaves."

[57] "Contrato de compra e venda de imóvel. Pagamento parcelado. Juros legais da data da assinatura do contrato. Não é abusiva a cláusula do contrato de compra e venda de imóvel que considera acréscimo

204 | INCORPORAÇÃO IMOBILIÁRIA • *Melhim Namem Chalhub*

sentido contrário, inadmitindo a cobrança de juros durante a construção sob o argumento de que nesse período a empresa incorporadora não aporta capital próprio para execução do empreendimento, antes, forma o capital da incorporação com os aportes efetuados pelos adquirentes por meio do pagamento do preço de aquisição das unidades.[58]

Nos tribunais estaduais registrava-se igual divergência.

Em meio a essas distintas concepções, o Superior Tribunal de Justiça veio a pacificar a jurisprudência a partir da decisão proferida nos Embargos de Divergência em Recurso Especial nº 670.117-PB, publicada em 26.11.2012, que reconhece a legalidade da cobrança de juros antes da entrega das chaves, nos contratos de venda de imóveis a prazo pelo regime da incorporação imobiliária, considerando que, a rigor, o pagamento do preço é estabelecido para pagamento à vista, e, na medida em que o incorporador abre crédito ao adquirente mediante parcelamento do pagamento, "afigura-se, nessa hipótese, legítima a cobrança dos juros compensatórios".[59-60]

A par do reconhecimento pelo STJ da regularidade da incidência de juros remuneratórios no curso da construção, merecem atenção certos elementos da configuração dos distintos contratos empregados na incorporação imobiliária, que não chegaram a ser considerados nos pronunciamentos dos tribunais.

---

no valor das prestações, desde a data da celebração, como condição para o pagamento parcelado" (REsp 379941/SP, 3ª Turma do Superior Tribunal de Justiça, votação unânime, rel. Min. Carlos Alberto Menezes Direito).

[58] "Em contratos de promessa de compra e venda de imóvel em construção, descabe a cobrança de juros compensatórios antes da entrega das chaves do imóvel – 'juros no pé' –, porquanto, nesse período, não há capital da construtora/incorporadora mutuado ao promitente comprador, tampouco utilização do imóvel prometido" (REsp 670.117/PB, Rel. Min. Luís Felipe Salomão, 4ª. T., *DJe* 23.9.2010).

[59] "Embargos de divergência. Direito Civil. Incorporação imobiliária. Imóvel em fase de construção. Cobrança de juros compensatórios antes da entrega das chaves. Legalidade. 1. Na incorporação imobiliária, o pagamento pela compra de um imóvel em fase de produção, a rigor, deve ser à vista. Nada obstante, pode o incorporador oferecer prazo ao adquirente para pagamento, mediante parcelamento do preço. Afigura-se, nessa hipótese, legítima a cobrança de juros compensatórios. 2. Por isso, não se considera abusiva cláusula contratual que preveja a cobrança de juros antes da entrega das chaves, que, ademais, confere maior transparência ao contrato e vem ao encontro do direito à informação do consumidor (art. 6º, III, do CDC), abrindo a possibilidade de correção de eventuais abusos. 3. No caso concreto, a exclusão dos juros compensatórios convencionados entre as partes, correspondentes às parcelas pagas antes da efetiva entrega das chaves, altera o equilíbrio financeiro da operação e a comutatividade da avença. 4. Precedentes: REsp nº 379.941/SP, rel. Min. Carlos Alberto Menezes Direito, 3ª T., j. 3.10.2002, *DJ* 2.12.2002, p. 306, REsp nº 1.133.023/PE, REsp nº 662.822/DF, REsp nº 1.060.425/PE e REsp nº 738.988/DF, todos relatados pelo Ministro Aldir Passarinho Júnior, REsp nº 681.724/DF, relatado pelo Ministro Paulo Furtado, (Desembargador convocado do TJBA), e REsp nº 1.193.788/SP, relatado pelo Ministro Massami Uyeda. 5. Embargos de divergência providos, para reformar o acórdão embargado e reconhecer a legalidade da cláusula do contrato de promessa de compra e venda de imóvel que previu a cobrança de juros compensatórios de 1% (um por cento) a partir da assinatura do contrato" (Embargos de Divergência em REsp 670.117-PB, 2ª Seção, rel. Min. Antônio Carlos Ferreira, *DJe* 26.11.2012).

[60] Importa registrar, por relevante, que, a despeito do reconhecimento da legalidade dessa cláusula, persiste a obrigação de abster-se de cobrar juros sobre as parcelas exigíveis durante a construção por parte daquelas empresas que, como acima nos referimos, assumiram tal obrigação nos Termos de Ajustamento de Conduta celebrados com o Ministério Público; essas empresas, presumivelmente, continuarão a computar no preço de venda o custo financeiro dos capitais (bens e dinheiro) demandados no período da construção, a que já nos referimos e que chegou a ser considerado no acórdão do EREsp 670.117-PB.

Cap. VI • ESPÉCIES DE CONTRATO MAIS FREQUENTES NA INCORPORAÇÃO IMOBILIÁRIA | 205

Sabendo-se que a comercialização de unidades nas incorporações pode materializar-se mediante distintos tipos contratuais, dois deles merecem destaque por comportarem diferentes tratamentos em relação ao juro: o contrato de construção, que não comporta cobrança de juro, e o o financiamento concedido por financiadora diretamente ao adquirente, no qual o juro é exigível por ser elemento essencial dessa espécie de negócio jurídico.

No caso do contrato de construção, o incorporador vende a fração ideal do terreno e o adquirente contrata a construção pelo regime da empreitada ou da administração, com o próprio incorporador ou com outra empresa construtora.

Diversa é a hipótese em que o adquirente toma financiamento de uma financiadora (seja para compra ou para construção) ainda durante a obra, seja negociando individualmente com a financeira, seja sub-rogando-se parcialmente em financiamento anteriormente tomado pela empresa incorporadora para a construção e venda do empreendimento. Nessa hipótese, a partir do momento em que o adquirente toma o financiamento passa a dever juros, mesmo que esse financiamento seja tomado antes da entrega das chaves, por constituir a exigibilidade dos juros elemento essencial do contrato celebrado com a financiadora (espécie de mútuo com fins econômicos), para o qual "presumem-se devidos juros" por expressa disposição do art. 591 do Código Civil de 2002.[61]

A par da exigibilidade dos juros nesse caso por expressa previsão legal, essa espécie de contrato não se submete aos Termos de Ajustamento de Conduta firmados pelas incorporadoras no final da década de 1990 e início da década de 2000, que as impedem de cobrar juros durante a obra, seja porque as entidades financiadoras não integram a relação obrigacional neles constituída e, ainda, porque a incorporadora não integra a relação jurídica constituída na operação de crédito contratada pelo adquirente, na qualidade de mutuário, com a financiadora.

Esses financiamentos, em regra, são formalizados no contexto de um conjunto de três contratos coligados, isto é, (i) financiamento entre o adquirente e a financeira, (ii) compra e venda entre o adquirente e a incorporadora e (iii) constituição de garantia do financiamento, entre o adquirente e a financeira.

A operação é comum na dinâmica do financiamento da incorporação imobiliária; foi utilizada com muita frequência no passado, nas décadas de 1940 a 1960, pela Caixa Econômica Federal e pelas Caixas Estaduais; nas décadas de 1960 a 1980, pelos agentes financeiros do Banco Nacional da Habitação, e voltou a ser praticada a partir do final da década de 1990 pelo mercado em geral, com fundamento na Lei nº 9.514/1997, no contexto da expansão do crédito imobiliário.

É operação de financiamento típica do mercado financeiro, espécie de mútuo para a qual a exigibilidade de juros é elemento do conteúdo mínimo do negócio jurídico.

Esse financiamento para construção e aquisição de imóveis pelo regime da incorporação imobiliária pode ser contratado no contexto de distintas estruturas operacionais.

Uma das formas é a contratação de financiamento entre uma financiadora e o incorporador, mantendo-se este a posição de devedor; concluída a obra, o incorporador outorga as escrituras de venda aos adquirentes, a financiadora concede financiamento a estes, para pagamento do saldo do preço, e lança esse valor a crédito do incorporador, para amortização do saldo devedor correspondente ao financiamento da construção (a operação é vulgarmente conhecida como

---

[61] Código Civil de 2002: "Art. 591. Destinando-se o mútuo a fins econômicos, presumem-se devidos juros, os quais, sob pena de redução, não poderão exceder a taxa a que se refere o art. 406, permitida a capitalização anual".

"repasse": na conta-corrente correspondente ao financiamento concedido ao incorporador, o saldo do preço de venda de cada unidade é a ele creditado logo após a celebração da respectiva escritura de venda, quando da conclusão da obra, assim se procedendo em relação à efetivação das escrituras das demais unidades do empreendimento, até que se complete a amortização do financiamento da construção).[62]

Outra forma operacional é a contratação do financiamento entre a financiadora e o incorporador e a sub-rogação do adquirente à medida em que for se desenvolvendo a comercialização das unidades; nesse caso, concomitantemente à compra da unidade dá-se a subsequente sub-rogação do adquirente nos direitos e obrigações do financiamento perante a financiadora, na proporção do crédito correspondente à unidade adquirida, podendo essa sub-rogação operar-se no momento da aquisição, ainda durante a construção (Código Civil de 2002, art. 1.488). Nas situações em que a garantia do financiamento da construção do empreendimento for a propriedade fiduciária do imóvel em construção, a atribuição dessa garantia à instituição financeira, assim como a cessão, a esta, da titularidade fiduciária dos créditos oriundos da comercialização, "não implicam a transferência para o credor [financiador] de nenhuma das obrigações ou responsabilidades do cedente, do incorporador ou do construtor, permanecendo estes como únicos responsáveis pelas obrigações e pelos deveres que lhes são imputáveis" (art. 31-A, § 12).

Para atender a essa modalidade de operação o art. 1.488 do Código Civil de 2002 prevê que o valor do financiamento concedido ao incorporador ou ao loteador para realização de determinado empreendimento pode ser desdobrado em proporção ao crédito correspondente a cada unidade; por essa forma individualiza-se o financiamento correspondente a cada unidade e, em consequência, limita-se a obrigação do adquirente ao *quantum* correspondente ao financiamento da sua unidade imobiliária. Excepciona-se, assim, a indivisibilidade da garantia, visando restringir o risco financeiro dos adquirentes de unidades imobiliárias em incorporações ou em loteamentos.

Em qualquer dessas alternativas (sub-rogação ou financiamento direto), constitui-se uma relação creditícia entre a financiadora e os adquirentes, passando estes, ainda no curso da construção, a ocupar a posição de devedores do financiamento correspondente às suas unidades; em qualquer desses casos, o valor do financiamento é liberado em nome dos adquirentes e debitado na sua conta de tomadores de financiamento (por efeito da sub-rogação ou do contrato de mútuo ou financiamento que ele, adquirente, tiver celebrado com a financiadora), sendo o valor de cada parcela do financiamento entregue ao incorporador ou à construtora mediante comprovação da execução de cada etapa da obra a que corresponder o valor a ser liberado, mas em nome e por conta do adquirente que contratou o financiamento.

Os sujeitos da relação creditícia, nesses casos, são a entidade financeira e os adquirentes, sendo estes, e não a incorporadora, os devedores dos juros desde a celebração do contrato, mesmo durante a obra; o termo inicial da exigibilidade dos juros é a data da liberação de cada parcela do financiamento, e a base de cálculo sobre a qual incidem é o saldo devedor do financiamento, formado pelo somatório das parcelas liberadas acrescido dos juros e demais encargos.

---

[62] Outra forma de resgate do financiamento obtido pelo incorporador é a cessão de crédito; por esse modo, uma vez concluída a obra, o incorporador efetiva a venda das unidades aos adquirentes que, no mesmo instrumento, confessam dever ao incorporador o saldo do preço e se obrigam a pagar a prazo, oferecendo o próprio imóvel adquirido em garantia hipotecária ou fiduciária; sendo titular desse crédito, o incorporador o cede ao banco, amortizando por essa forma, com parte do produto de cada venda, a dívida oriunda do financiamento que tomou para execução da obra.

Cap. VI • ESPÉCIES DE CONTRATO MAIS FREQUENTES NA INCORPORAÇÃO IMOBILIÁRIA 207

As distintas configurações legalmente admissíveis para a comercialização das unidades integrantes de uma incorporação imobiliária não comportam tratamento uniforme para a exigibilidade de juros, devendo, antes, ser examinado cada caso concreto em conformidade com o tipo contratual empregado.

6.1.6. Obrigação de pagamento dos encargos tributários e de despesas de condomínio

A obrigação de pagamento dos impostos e das despesas de condomínio sobre imóvel objeto de alienação fiduciária e de promessa de compra e venda tem fontes normativas distintas.

Em relação ao Imposto Territorial Rural (ITR) e ao Imposto Predial e Territorial Urbano (IPTU), o fato gerador é a propriedade, o domínio útil ou a posse do bem imóvel (CTN, arts. 29 e 32), e o contribuinte é o proprietário, o titular do domínio útil ou o possuidor a qualquer título (CTN, arts. 31 e 34).[63]

A propriedade, ou o domínio útil, é o fato gerador natural dos impostos reais, por traduzir o feixe de direitos subjetivos correspondentes à fruição e à disposição do bem, e por exercê-los é que seu titular é qualificado como contribuinte.

A posse também é fato gerador dos impostos reais, mas somente se exercida com fundamento em direito real, tal como reconhecido pelo direito positivo nos casos do usufruto, do uso e da habitação (CC/2002, arts. 1.403, 1.413 e 1.416),[64] da alienação fiduciária (CC/2002, art. 1.368-B,[65] e Lei nº 9.514/1997, arts. 23, parágrafo único, 24, V, e 27, § 8º[66]) e da promessa de compra e venda (Constituição Federal, art. 150, § 3º, e CC/2002, art. 1.417).[67]

O CTN qualifica o possuidor como contribuinte, de maneira genérica ("possuidor a qualquer título"), mas ele só será sujeito passivo se estiver investido em posse vinculada a direito real, como observa Sacha Calmon: "a posse prevista no Código Tributário Nacional,

---

[63] Código Tributário Nacional: "Art. 29. O imposto, de competência da União, sobre a propriedade territorial rural tem como fato gerador a propriedade, o domínio útil ou a posse de imóvel por natureza, como definido na lei civil, localização fora da zona urbana do Município. (...). Art. 31. Contribuinte do imposto é o proprietário do imóvel, o titular de seu domínio útil, ou o seu possuidor a qualquer título (...). Art. 32. O imposto, de competência dos Municípios, sobre a propriedade predial e territorial urbana tem como fato gerador a propriedade, o domínio útil ou a posse de bem imóvel por natureza ou por acessão física, como definido na lei civil, localizado na zona urbana do Município. (...). Art. 34. Contribuinte do imposto é o proprietário do imóvel, o titular do seu domínio útil, ou o seu possuidor a qualquer título".

[64] Código Civil de 2002: "Art. 1.403. Incumbem ao usufrutuário: I – (...); II – as prestações e os tributos devidos pela posse ou rendimento da coisa usufruída".

[65] Código Civil: "Art. 1.368-B. A alienação fiduciária em garantia de bem móvel ou imóvel confere direito real de aquisição ao fiduciante, seu cessionário ou sucessor".

[66] Lei 9.514/1997: "Art. 27. (...) § 8º Responde o fiduciante pelo pagamento dos impostos, taxas, contribuições condominiais e quaisquer outros encargos que recaiam ou venham a recair sobre o imóvel, cuja posse tenha sido transferida para o fiduciário, nos termos deste artigo, até a data em que o fiduciário vier a ser imitido na posse".

[67] Constituição de 1988: "Art. 150. (...). § 3º – As vedações do inciso VI, 'a', e do parágrafo anterior não se aplicam ao patrimônio, à renda e aos serviços, relacionados com exploração de atividades econômicas regidas pelas normas aplicáveis a empreendimentos privados, ou em que haja contraprestação ou pagamento de preços ou tarifas pelo usuário, nem exonera o promitente comprador da obrigação de pagar imposto relativamente ao bem imóvel".

208 | INCORPORAÇÃO IMOBILIÁRIA • *Melhim Namem Chalhub*

como tributável, é a da pessoa que já é ou pode vir a ser proprietária da coisa",[68] sendo essa a posição jurídica da qual estão investidos o promitente comprador e o fiduciante, que são os destinatários da propriedade plena do imóvel quando efetivarem o pagamento da dívida.

Não constitui fato gerador do ITR e do IPTU a posse resultante de relação meramente obrigacional, como aquela exercida nos contratos de locação, comodato ou *leasing* (arrendamento mercantil), pois nesses casos há obrigação do possuidor perante o locador, o comodante ou o arrendante, mas não perante o Fisco.

Alinhada a essa concepção consagrada no direito positivo, a jurisprudência do STJ fundamenta-se em que o usufrutuário é o contribuinte do IPTU porque é titular da parte substancial dos direitos subjetivos inerentes à propriedade, notadamente a fruição,[69] não havendo solidariedade do nu-proprietário, pois "apenas o usufrutuário é quem possui o direito de usar e fruir exclusivamente do bem".[70]

A obrigação de pagamento das despesas de condomínio e assemelhadas segue a mesma lógica: essa obrigação é atribuída aos usufrutuários e aos titulares do uso e da habitação por força dos arts. 1.403, 1.413 e 1.416 do Código Civil de 2002, aos fiduciantes pelo § 8º do art. 27 da Lei nº 9.514/1997 e aos promitentes compradores de unidades imobiliárias de condomínio edilício, ou seus cessionários pelo art. 1.334, I, e seu § 2º, do Código Civil de 2002.[71] Neste último caso, o Superior Tribunal de Justiça, em decisão proferida pelo regime do recurso repetitivo, firmou o entendimento de que a obrigação de pagamento das despesas de condomínio decorre da relação de direito material dos promitentes compradores com o imóvel, representado pela posse, e da inequívoca ciência desse fato pela administração do condomínio, e não do registro da promessa.[72]

---

[68] CALMON, Sacha. *Do imposto sobre a propriedade predial e territorial urbana.* São Paulo: Saraiva, 1982, p. 119-120.

[69] REsp 1.127.871-DF, 2ª T., rel. Min. Castro Meira, *DJe* 15.12.2009; AgRg no REsp 698.041-RJ, 1ª T., rel. Min. Francisco Falcão, *DJe* 06.03.2006; REsp 606.103-RJ, 2ª T., rel. Min. João Otávio de Noronha, *DJe* 21.2.2005; REsp 691.714-SC, 2ª T., rel. Min. Franciulli Netto, *DJe* 27.6.2005; REsp 667.938-RJ, 1ª T., rel. Min. Francisco Falcão, *DJe* 19.12.2005; REsp 203.098/SP, 3ª T., rel. Min. Carlos Alberto Menezes Direito, *DJ* 8.3.2000. Destaque-se do voto do Min. Franciulli Netto no REsp 691.714-SC: [...] "Este Superior Tribunal de Justiça, ao apreciar a matéria, assentou que, 'em tese, o sujeito passivo do IPTU é o proprietário e não o possuidor, a qualquer título (...). Ocorre que, em certas circunstâncias, a posse tem configuração jurídica de título próprio, de investidura do seu titular como se proprietário fosse. É o caso do usufrutuário que, como todos sabemos, tem a obrigação de proteger a coisa como se detivesse o domínio' (REsp 203.098/SP, Rel. Min. Carlos Alberto Menezes Direito, *DJ* 8.3.2000). Dessarte, nas hipóteses de usufruto de imóvel, não há falar em solidariedade passiva do proprietário e do usufrutuário no tocante ao imposto sobre a propriedade predial e territorial urbana quando apenas o usufrutuário é quem detém o direito de usar e fruir exclusivamente do bem".

[70] "No que se refere à legitimidade do usufrutuário para questionar a cobrança de IPTU, nada tem de obscuro o aresto que entendeu encontrar-se o acórdão recorrido em consonância com o entendimento desta Corte acerca do assunto, porquanto, nas hipóteses de usufruto de imóvel, não há falar em solidariedade passiva no tocante ao IPTU quando apenas o usufrutuário é quem possui o direito de usar e fruir exclusivamente do bem" (EDcl no AgRg no REsp 698.041-RJ, rel. Min. Francisco Falcão, *DJe* 4.5.2006).

[71] Código Civil de 2002: "Art. 1.334. Além das cláusulas referidas no art. 1.332 e das que os interessados houverem por bem estipular, a convenção determinará: I – a quota proporcional e o modo de pagamento das contribuições dos condôminos para atender às despesas ordinárias e extraordinárias do condomínio (...) § 2º São equiparados aos proprietários, para os fins deste artigo, salvo estipulação em contrário, os promitentes compradores e os cessionários de direitos relativos às unidades autônomas".

[72] "Processo Civil. Recurso Especial representativo de controvérsia. Art. 543-C do CPC [de 1973 correspondente ao art. 1.036 do CPC/2015]. Condomínio. Despesas comuns. Ação de Cobrança. Compromisso

Cap. VI • ESPÉCIES DE CONTRATO MAIS FREQUENTES NA INCORPORAÇÃO IMOBILIÁRIA | 209

A qualificação da posse como fato gerador dos impostos reais tem especial relevância quando resultante de compra e venda a crédito com pacto adjeto de alienação fiduciária em garantia ou de promessa de compra e venda de imóveis, celebradas no contexto de incorporação imobiliária, atividade na qual essas espécies de contrato são empregadas com maior frequência.

É que a função primordial desses contratos é propiciar a fruição do imóvel pelo adquirente (devedor fiduciante) ou pelo promitente comprador e é para realizá-la que eles são investidos na posse e no direito real de aquisição (CC/2002, arts. 1.368-B e 1.417, e Lei nº 9.514/1997, art. 23, parágrafo único), enquanto na outra face desse negócio, o fiduciário ou o promitente vendedor é titular do domínio resolúvel, sem qualquer direito de fruição, até porque seu direito cumpre função de garantia.[73]

Especificamente em relação ao fiduciante, o art. 1.368-B do Código Civil de 2002, incluído pela Lei nº 13.043/2014, atribui-lhe direito real de aquisição, que, aliado à posse na qual está investido, o qualifica como contribuinte dos impostos sobre o bem (CTN, arts. 29 e 32), e seu parágrafo único dispõe que esses encargos passarão à responsabilidade do credor fiduciário se e quando este vier a se tornar proprietário do bem e possuidor direto, em decorrência de execução da dívida garantida.[74] Assim é porque, pelo contrato de alienação fiduciária, o fiduciante, a despeito de alienar fiduciariamente o bem, conserva consigo a posse ancorada em direito real de aquisição, exerce, com exclusividade, os poderes jurídicos inerentes à fruição, apropria-se de todo o potencial econômico do bem e tem a faculdade de dispor do direito real que o art. 1.368-B do Código Civil de 2002 lhe confere.

Vista a situação jurídica na perspectiva do fiduciário, apesar de o contrato de garantia ser denominado "alienação" fiduciária, ele, fiduciário, não incorpora a propriedade em seu

---

de compra e venda não levado a registro. Legitimidade passiva. Promitente vendedor ou promissário comprador. Peculiaridades do caso concreto. Imissão na posse. Ciência inequívoca. 1. Para efeitos do art. 543-C do CPC [1973], firmam-se as seguintes teses: a) O que define a responsabilidade pelo pagamento das obrigações condominiais não é o registro do compromisso de compra e venda, mas a relação jurídica material com o imóvel, representada pela imissão na posse pelo promissário comprador e pela ciência inequívoca do condomínio acerca da transação. b) Havendo compromisso de compra e venda não levado a registro, a responsabilidade pelas despesas de condomínio pode recair tanto sobre o promitente vendedor quanto sobre o promissário comprador, dependendo das circunstâncias de cada caso concreto. c) Se ficar comprovado: (i) que o promissário comprador se imitira na posse; e (ii) o condomínio teve ciência inequívoca da transação, afasta-se a legitimidade passiva do promitente vendedor para responder por despesas condominiais relativas a período em que a posse foi exercida pelo promissário comprador" (STJ, 2ª Seção, REsp 1.345.331-RS, rel. Min. Luis Felipe Salomão, *DJe* 20.4.2015).

[73] Código Civil de 2002: "Art. 1.367. A propriedade fiduciária em garantia de bens móveis ou imóveis sujeita-se às disposições do Capítulo I do Título X do Livro III da Parte Especial deste Código e, no que for específico, à legislação especial pertinente, não se equiparando, para quaisquer efeitos, à propriedade plena de que trata o art. 1.231". É como a qualificam as leis especiais que dispõem sobre a propriedade fiduciária em garantia, sejam as relativas a bens imóveis e móveis: Lei nº 4.728/1965 (art. 66-B e parágrafos), Decreto-lei nº 911/1969 (art. 2º), Lei nº 7.565/1976 (art. 148), Lei nº 9.514/1997 (art. 22), entre outros diplomas legais.

[74] Código Civil de 2002: "Art. 1.368-B. A alienação fiduciária em garantia de bem móvel ou imóvel confere direito real de aquisição ao fiduciante, seu cessionário ou sucessor. Parágrafo único. O credor fiduciário que se tornar proprietário pleno do bem, por efeito de realização da garantia, mediante consolidação da propriedade, adjudicação, dação ou outra forma pela qual lhe tenha sido transmitida a propriedade plena, passa a responder pelo pagamento dos tributos sobre a propriedade e a posse, taxas, despesas condominiais e quaisquer outros encargos, tributários ou não, incidentes sobre o bem objeto da garantia, a partir da data em que vier a ser imitido na posse direta do bem".

210 INCORPORAÇÃO IMOBILIÁRIA • *Melhim Namem Chalhub*

patrimônio por efeito desse contrato, pois ela é alocada num compartimento separado desse patrimônio e ali permanece afetada ao fim de garantia para o qual lhe foi transmitida, sem incrementar o ativo do seu patrimônio. Por isso mesmo, a lei exclui da incidência do Imposto de Circulação de Mercadorias (ICMS) a alienação fiduciária de bens móveis e do Imposto de Transmissão de Bens Imóveis (ITBI) a alienação fiduciária de bens imóveis;[75] coerentemente, a propriedade fiduciária daí resultante não constitui fato gerador do ITR e do IPTU porque essa espécie de propriedade não integra o patrimônio do fiduciário, ao qual se vincula apenas com função de garantia, excluída qualquer faculdade de fruição.[76]

Alinhada a esses pressupostos, a jurisprudência do STJ em relação ao usufruto e outras figuras das quais resulta a atribuição da posse registra que, embora, "em tese, o sujeito passivo do IPTU é o proprietário, e não o possuidor (...), em certas circunstâncias a posse tem configuração jurídica de título próprio, de investidura do seu titular como se proprietário fosse" (STJ, REsp 203.098-SP).[77]

---

[75] É em razão da tipificação da alienação fiduciária como contrato de garantia que a transmissão da propriedade ao credor fiduciário não constitui fato gerador do Imposto de Transmissão *Inter Vivos* (ITBI) e do Imposto de Circulação de Mercadorias (ICMS). No primeiro caso, o art. 156, II, da Constituição Federal exclui da incidência do ITBI a constituição de direitos reais sobre imóveis com função de garantia, e com fundamento nessa norma constitucional o art. 26, § 7º, da Lei nº 9.514/1997 dispõe que o ITBI será exigível somente se a propriedade plena vier a ser transferida ao credor fiduciário, mediante consolidação, por efeito de excussão do bem; no segundo caso, o art. 3º, VII, da Lei Complementar nº 87/1996 exclui da incidência do ICMS as operações decorrentes de alienação fiduciária: "Art. 1º Compete aos Estados e ao Distrito Federal instituir o imposto sobre operações relativas à circulação de mercadorias (...). Art. 2º O imposto incide sobre: I – operações relativas à circulação de mercadorias (...). Art. 3º O imposto não incide sobre: (...); VII – operações decorrentes de alienação fiduciária em garantia, inclusive a operação efetuada pelo credor em decorrência do inadimplemento do devedor".

[76] As peculiares características dos distintos direitos reais de gozo e de garantia determinam a identificação da posse como fato gerador dos impostos reais, e do fiduciante e do promitente comprador como contribuintes, como deflui da lição de Caio Mário da Silva Pereira: "enquanto nos direitos reais de gozo o titular tem o poder de usar e fruir a coisa diretamente, nos de garantia não ocorrem restrições à sua utilização pelo proprietário, que apenas adquire a faculdade de obter a satisfação da obrigação assegurada, através do preço dela ou de sua renda. Os primeiros oferecem ao titular o uso contínuo da coisa, os segundos, a eventual disposição dela para pagamento da dívida" (PEREIRA, Caio Mário da Silva, *Instituições de Direito Civil*. Rio de Janeiro: Forense, v. IV, 15. ed., 2001, p. 203).

[77] As decisões referem-se à imputação do IPTU ao usufrutuário. REsp 203.098/SP, Rel. Min. Carlos Alberto Menezes Direito, *DJ* 8.3.2000. Veja-se, ainda, trecho do voto do Min. Franciulli Netto no REsp 691.714-SC, decisão também unânime publicada no *DJ* de 27.6.2005: "Recurso Especial. Tributário. Imposto predial e territorial urbano. Usufruto. Legitimidade passiva do usufrutuário. Precedente deste sodalício. Segundo lição do saudoso mestre Pontes de Miranda, 'o direito de usufruto compreende o usar e fruir, ainda que não exerça, e a pretensão a que outrem, inclusive o dono, se o há, do bem, ou do patrimônio, se abstenha de intromissão tal que fira o uso e a fruição exclusivos. É direito, *erga omnes*, de exclusividade do usar e do fruir'. O renomado jurista perlustra, ainda, acerca do dever do usufrutuário de suportar certos encargos, que 'os encargos públicos ordinários são os impostos e taxas, que supõem uso e fruto da propriedade, como o imposto territorial e o predial'. Na mesma linha de raciocínio, este Superior Tribunal de Justiça, ao apreciar a matéria, assentou que, 'em tese, o sujeito passivo do IPTU é o proprietário e não o possuidor, a qualquer título (...). Ocorre que, em certas circunstâncias, a posse tem configuração jurídica de título próprio, de investidura do seu titular como se proprietário fosse. É o caso do usufrutuário que, como todos sabemos, tem a obrigação de proteger a coisa como se detivesse o domínio' (REsp 203.098/SP, Rel. Min. Carlos Alberto Menezes Direito, *DJ* 8.3.2000). Dessarte, nas hipóteses de usufruto de imóvel, não há falar em solidariedade passiva do proprietário e do usufrutuário

Cap. VI • ESPÉCIES DE CONTRATO MAIS FREQUENTES NA INCORPORAÇÃO IMOBILIÁRIA | **211**

A eficácia da promessa de venda é dotada de especial relevância quando contratada no contexto da incorporação imobiliária porque nesse caso é irretratável por definição legal (Lei nº 4.591/1964, § 2º do art. 32), e, ainda, porque é imune aos riscos de evicção ou de decretação de ineficácia do título de aquisição do incorporador (Lei nº 13.097/2015, art. 55).

O direito real de aquisição constituído pela alienação fiduciária e pela promessa tem valor econômico e responde pelas obrigações do fiduciante e do promitente comprador, notadamente aquelas correspondentes aos impostos reais e às despesas de condomínio; trata-se de direito real penhorável por expressa disposição do Código de Processo Civil[78] e passível de adjudicação ou arrematação.[79] Não obstante sejam esses encargos, nos termos do art. 34 do CTN, exigíveis do fiduciante e do promitente comprador, enquanto possuidores, não se pode deixar de considerar a possibilidade de, em processo de execução movido contra eles, a penhora recair sobre o domínio do fiduciário ou do promitente vendedor, tendo em vista a natureza *propter rem* dessas obrigações.[80]

No concurso entre o crédito garantido por direito real e aqueles relativos aos impostos reais e às contribuições condominiais, prevalecem estes, por serem gerados pelo bem objeto da garantia e por corresponderem à sua preservação.[81]

Especificamente em relação ao IPTU incidente sobre imóvel objeto de promessa de compra e venda, a jurisprudência do STJ consolidou-se, nos termos do Enunciado nº 399 da Súmula, no sentido de que "cabe à legislação municipal estabelecer o sujeito passivo do IPTU",[82]

---

no tocante ao imposto sobre a propriedade predial e territorial urbana quando apenas o usufrutuário é quem detém o direito de usar e fruir exclusivamente do bem".

[78] Código de Processo Civil (Lei nº 13.105/2015): "Art. 835. A penhora observará, preferencialmente, a seguinte ordem: (...); XII – direitos aquisitivos derivados de promessa de compra e venda e de alienação fiduciária em garantia".

[79] LOUREIRO, Eduardo Francisco, *Responsabilidade Civil e sua repercussão nos tribunais*. SILVA, Regina Beatriz Tavares da (coord.). São Paulo: Saraiva-FGV, 2. ed., 2009, p. 197-198. O art. 804, § 3º, do CPC/2015 dispõe que a alienação forçada, no processo de execução, do direito aquisitivo do promitente comprador ou do fiduciante, é ineficaz em relação ao promitente vendedor e ao fiduciário que dela não tenham sido intimados: "Art. 804. (...). § 3º A alienação de direito aquisitivo de bem objeto de promessa de venda, de promessa de cessão ou de alienação fiduciária será ineficaz em relação ao promitente vendedor, ao promitente cedente ou ao proprietário fiduciário não intimado".

[80] "Cobrança de despesas condominiais. Fase de cumprimento de sentença. Em se tratando de execução de débito de condomínio, a penhora recairá de modo preferencial sobre o imóvel gerador da despesa, por força da natureza *propter rem* da obrigação, que não se ocupa com o nome do titular do domínio nem com a causa que vincula alguém ao bem: a coisa responde por si, mesmo que seja objeto de alienação fiduciária. Agravo provido" (TJSP, 29ª Câmara de Direito Privado, AI 2141282-07.2014.8.26.0000, rel. des. Sílvia Rocha, j. 24.9.2014).

[81] "Na execução de crédito relativo a cotas condominiais, este tem preferência sobre o hipotecário." (Súmula 478, 2ª Seção, DJe 19.6.2012)

"Civil. Agravo no Agravo de Instrumento. Recurso Especial. Crédito hipotecário. Crédito oriundo de despesas condominiais em atraso. Preferência. Ausência de novos argumentos. – Por se tratar de obrigação *propter rem*, o crédito oriundo de despesas condominiais em atraso prefere ao crédito hipotecário no produto de eventual arrematação" (STJ, 3ª T., AgRg no Ag 707.558-RS, rel. Min. Nancy Andrighi, *DJe* 19.12.2005).

[82] Entre os precedentes nos quais se sustenta essa Súmula, ressaltam-se os seguintes excertos: (i) "o possuidor, na qualidade de promitente comprador, pode ser considerado contribuinte do IPTU, conjuntamente com o proprietário do imóvel, responsável pelo pagamento" (REsp 979.970-SP, rel. Min. Luiz Fux, *DJ* 18.6.2008); (ii) tendo adquirido imóvel mediante promessa irrevogável, os promitentes compradores

212 | INCORPORAÇÃO IMOBILIÁRIA • *Melhim Namem Chalhub*

já tendo essa Corte superior afastado, entretanto, a responsabilidade do promitente vendedor em relação a imóvel objeto de promessa irrevogável, registrada no Registro de Imóveis, em cuja posse esteja imitido o promitente comprador.[83]

É nestes termos que o Código Civil e as leis especiais relativas à matéria particularizam a regra geral do CTN em relação às situações possessórias referidas, e coerentemente a jurisprudência identifica determinadas situações possessórias capazes de tornar o possuidor sujeito passivo dos encargos, como é o caso do promitente comprador investido na posse, mesmo que a promessa não tenha sido registrada,[84] isto porque "o que importa para configuração da legitimidade é a posse direta e a ciência inequívoca do condomínio a respeito da posse."[85]

No contexto dessas situações, merece atenção a configuração peculiar da promessa de compra e venda e da alienação fiduciária em garantia.

Em eventual execução de dívida contra o promitente comprador, seu direito aquisitivo pode ser objeto de penhora, o mesmo ocorrendo em relação ao direito aquisitivo atribuído ao

---

"são titulares de direito real à aquisição do bem, com legítimo interesse ao ajuizamento de ação anulatória de lançamento fiscal referente ao imóvel adquirido" (REsp 868.826-RJ, rel. Min. Castro Meira, *DJ* 1.8.2007); (iii) "ao legislador municipal cabe eleger o sujeito passivo do tributo, contemplando qualquer das situações previstas no CTN. Definindo a lei como contribuinte o proprietário, o titular do domínio útil ou o possuidor a qualquer título, pode a autoridade administrativa optar por um ou por outro visando a facilitar o procedimento de arrecadação" (REsp 475.078-SP, rel. Min. Teori Albino Zavascki, *DJ* 27.9.2004).

[83] "Processual Civil. Tributário. IPTU. Contrato de promessa de compra e venda de imóvel. Legitimidade passiva do possuidor (promitente comprador) e do proprietário (promitente vendedor). 1. É certo que a jurisprudência desta Corte Superior de Justiça é no sentido de que tanto o promitente comprador (possuidor a qualquer título) do imóvel quanto seu proprietário/promitente vendedor (aquele que tem a propriedade registrada no Registro de Imóveis) são contribuintes responsáveis pelo pagamento do IPTU. (...). 2. No entanto, o acórdão de fls. 141/147, proferido na forma do disposto no art. 543-C, § 8º, do CPC [de 1973 correspondente ao § 1º do art. 1.040 do CPC/2015], bem demonstrou a inaplicabilidade desse entendimento ao caso concreto, nos seguintes termos: 'O acórdão proferido por este Colegiado teve por fundamento não a só existência de contrato de promessa de compra e venda do imóvel gerador do tributo, mas as específicas circunstâncias de haver ele sido firmado em caráter irrevogável e irretratável, com imediata imissão do promitente-comprador na posse, e subsequente averbação no Registro de Imóveis (daí advindo os efeitos jurídicos previstos nos arts. 1.417 e 1.418 do Código Civil), além do manifesto exaurimento do prazo para usucapião do bem. Contornos específicos, que fazem destacar-se um caso particular na massa de demandas repetitivas, reclamam detido pronunciamento jurisdicional, como forma mesmo de aperfeiçoar o regime estabelecido na Lei nº 11.672/2008'" (STJ, 2ª Turma, REsp 1.204.294/RJ, rel. Min. Mauro Campbell Marques, *DJe* 21.6.2011).

[84] "Condomínio. Cobrança de quotas. Legitimidade passiva. Precedentes da Corte. 1. A só ausência de registro no Ofício Imobiliário não confere legitimidade ao promitente cessionário, ainda mais quando, como no caso, está comprovado que o condomínio tinha plena ciência de que a cessão havia sido realizada. 2. Recurso especial conhecido e provido" (REsp 658.452/SP, rel. Min. Carlos Alberto Menezes Direito, Terceira Turma, *DJ* de 6.8.2007).

"Recurso Especial. Agravo Regimental. Ação de cobrança. Condomínio. Despesas. Legitimidade passiva. Promitente comprador. As despesas e cotas condominiais devem ser cobradas do adquirente do imóvel ou do promitente comprador e não do seu antigo proprietário, mesmo que ainda não levado a registro no Cartório de Registro Imobiliário o contrato correspondente, se o condomínio tiver ciência da alienação, como no caso dos autos. Agravo improvido" (AgRg no REsp nº 893.960, relator Ministro Sidnei Beneti, Terceira Turma, *DJ* de 12.12.2008).

[85] Trecho do voto do Ministro João Otávio Noronha no EDcl no AgIn nº 1.135.304-SP, 4ª Turma do STJ, *DJe* 17.8.2009.

Cap. VI • ESPÉCIES DE CONTRATO MAIS FREQUENTES NA INCORPORAÇÃO IMOBILIÁRIA | **213**

fiduciante pelo contrato de alienação fiduciária em garantia, tal como expressamente prevê o art. 835, XII, do Código de Processo Civil de 2015, pois, como ensina Pontes de Miranda, o direito aquisitivo, de natureza real, "pode ser arrestado, penhorado ou entrar em massa concursal".[86]

A esse propósito, observa Francisco Eduardo Loureiro que "os direitos de compromissário têm natureza patrimonial e são passíveis de alienação – cessão – a terceiros, inclusive por mero trespasse. Logo, são perfeitamente penhoráveis e aptos à excussão.[87] O arrematante se sub-rogará na posição de promitente comprador, com os créditos e obrigações inerentes ao contrato. Pode ainda o credor adjudicar os direitos de promitente comprador, na forma prevista no Código de Processo Civil, ou arrematar para si o imóvel, lançando em hasta pública com o seu crédito".[88]

O valor econômico desses direitos, para efetivação da penhora, corresponderá, a princípio, à diferença entre o valor de mercado do imóvel e o valor do saldo da dívida fiduciária ou do saldo devedor do preço da promessa de compra e venda.

A par dessa construção doutrinária e legislativa, merece especial atenção o Enunciado nº 399 da Súmula do STJ, antes referido, segundo o qual "cabe à legislação municipal estabelecer o sujeito passivo do IPTU" relativo aos imóveis prometidos à venda.

Compete, efetivamente, ao município "instituir e arrecadar os tributos da sua competência", sobre a propriedade predial e territorial relativo a imóvel situado em zona urbana (Constituição Federal, arts. 30, III, e 156, I), mas, ao exercer essa competência, o legislador municipal deve ater-se à concepção enunciada na correspondente legislação federal, significando que, para efeito de incidência de IPTU, os atributos e efeitos da *posse* e os direitos e obrigações do *possuidor* não podem extrapolar as balizas conceituais demarcadas pelo Código Civil e pela legislação civil especial.

Contudo, e coerentemente com os conceitos do direito privado, não se pode deixar de considerar a possibilidade de, em execuções de débitos correspondentes a IPTU, o domínio do promitente vendedor ser penhorado sob fundamento de que se trata de obrigação *propter*

---

[86] PONTES DE MIRANDA, Francisco Cavalcanti, *Tratado de Direito Privado*. Rio de Janeiro: Borsoi, 1954, § 577, nº 9. Decisão proferida pela 16ª Câmara Cível do Tribunal de Justiça do Estado do Rio de Janeiro no Agravo de Instrumento 0063787-86.2009.8.19.0000, rel. o Des. Marco Aurélio Bezerra de Melo, tem a seguinte ementa: "Execução. Decisão impugnada deferindo a penhora sobre bem alienado fiduciariamente. Com a constituição da alienação fiduciária em garantia, o bem alienado passa a ser de propriedade, ainda que resolúvel, do credor, não sendo possível, portanto, a penhora para suportar outra dívida contraída pelo devedor fiduciante. Neste sentido, eventual penhora apenas poderá recair sobre os direitos aquisitivos do devedor fiduciante. Provimento do recurso para reformar a decisão interlocutória recorrida, desconstituindo o termo de penhora realizado, conquanto ainda seja possível ao credor-agravado postular na instância ordinária a penhora dos direitos aquisitivos do devedor fiduciante. Decisão reformada. Precedentes do TJRJ e do STJ".

[87] "Promessa de compra e venda não registrada. Penhora da posse de imóvel. Possibilidade. Direito processual civil. Execução de sentença que condena a pagar dívida referente a cotas condominiais. Penhora de direito e ação sobre unidade autônoma do condomínio. Possibilidade, ainda que o imóvel pertença a pessoa idosa. Disposição contida no § 5º do art. 659 do CPC [de 1973 correspondente ao § 1º do art. 845 do CPC/2015] que não cria depósito obrigatório, podendo o executado não aceitar o encargo, caso em que deverá entregar as chaves do imóvel ao depositário que venha a ser nomeado pelo juízo da execução. Recurso desprovido" (TJRJ, 1ª Câmara Cível, Agravo de Instrumento 0001741-27.2010.8.19.0000, rel. Des. Alexandre Câmara, j. 24.3.2010).

[88] LOUREIRO, Eduardo Francisco, *Responsabilidade Civil e sua repercussão nos tribunais*. SILVA, Regina Beatriz Tavares da (coord.). São Paulo: Saraiva-FGV, 2. ed., 2009, p. 197-198.

rem, ou até, para alguns autores, caracterizaria ônus real, isto significando que "quem deve é a coisa" e, portanto, o imóvel responderia pela dívida, pouco importando quem esteja no polo passivo da ação. Dada essa eventualidade, é de se admitir que a notificação determinada pelos arts. 799, I e IV, e 804, § 3º, do CPC/2015 e pelo art. 72 da Lei nº 11.977/2009 visam atender a essa circunstância, pois, cientificado da execução, o promitente vendedor, ou o proprietário fiduciário, poderá adotar as medidas que entender necessárias à preservação do seu direito.

Outro aspecto que igualmente merece reflexão é a eventualidade de a lei atribuir a responsabilidade ao promitente vendedor, tal como invocado por um dos precedentes da Súmula.[89]

Esses e outros aspectos podem contribuir para conciliar os termos da Súmula 399 com os princípios constitucionais e o sistema legislativo, que, para situações equivalentes à do promitente comprador, imputam os encargos sobre o imóvel àquele cuja posse está vinculada a direito real de aquisição, como é o caso do fiduciante.[90]

Assim, embora a Súmula goze, em princípio, de certa força de persuasão, sua aplicação deve ser interpretada conforme a Constituição, cotejando-se os paradigmas dos quais se originou e as peculiaridades do caso concreto para o qual vier a ser invocada.

É em atenção à relatividade dos efeitos da Súmula que, posteriormente à edição do Enunciado 399, o STJ veio a reconhecer sua não incidência em relação ao promitente comprador investido na posse e no direito aquisitivo em caráter irrevogável e com título registrado no Registro de Imóveis, pois nesse caso a promessa lhe confere direito real, com os atributos que caracterizam o direito de propriedade, hipótese em que há de prevalecer a essência do direito sobre a forma jurídica.[91]

---

[89] AgRg no REsp 1.022.614-SP, rel. Min. Humberto Martins, *DJ* 17.4.2008. Extrai-se do voto do relator: "verifico que o recurso especial informa o dispositivo previsto pela lei municipal que tenha concluído pela responsabilidade do possuidor indireto pelo pagamento do IPTU (fl. 59), e, como há propriedade formalizada no registro competente, não há como se excluir a responsabilidade tributária do proprietário. Para tanto, mister se faz o exame do art. 128 do CTN. Na hipótese, portanto, a responsabilidade pelo pagamento do tributo é de ambos".

[90] A hipótese é semelhante à dos imóveis que compõem as carteiras dos fundos de investimento imobiliário; esses imóveis são adquiridos pela administradora do fundo, mas em caráter fiduciário, e constituem patrimônio de afetação, destinado aos cotistas do fundo, que são os titulares do conteúdo econômico dos imóveis e dos resultados financeiros da sua exploração; do mesmo modo que os encargos sobre o imóvel objeto de alienação fiduciária são imputáveis ao fiduciante, porque este é que tem a fruição, os encargos sobre os imóveis que compõem a carteira dos fundos são atribuídos aos cotistas (também qualificados como fiduciantes), igualmente em razão de serem estes os beneficiários da exploração econômica dos imóveis integrantes da carteira; neste caso específico, considerando que os imóveis não se encontram na posse dos beneficiários, mas, sim, da administradora, esta é que promove o recolhimento dos encargos, mas na qualidade de gestora do fundo, e não como sujeito passivo da obrigação de pagar os encargos incidentes sobre os imóveis que compõem a carteira.

[91] "Processual Civil. Tributário. IPTU. Contrato de promessa de compra e venda de imóvel. Legitimidade passiva do possuidor (promitente comprador) e do proprietário (promitente vendedor). 1. É certo que a jurisprudência desta Corte Superior de Justiça é no sentido de que tanto o promitente comprador (possuidor a qualquer título) do imóvel quanto seu proprietário/promitente vendedor (aquele que tem a propriedade registrada no Registro de Imóveis) são contribuintes responsáveis pelo pagamento do IPTU. Cumpre destacar que no REsp 1.110.551/SP e no REsp 1.111.202/SP, de minha relatoria, julgados em 10.06.2009, *DJe* 18.06.2009, submetidos ao Colegiado pelo regime da Lei nº 11.672/08 (Lei dos Recursos Repetitivos), que introduziu o art. 543-C do CPC, reafirmou-se o posicionamento acima exposto. 2. No entanto, o acórdão de fls. 141/147, proferido na forma do disposto no art. 543-C, § 8º, do CPC,

Cap. VI • ESPÉCIES DE CONTRATO MAIS FREQUENTES NA INCORPORAÇÃO IMOBILIÁRIA | 215

Em relação aos impostos reais incidentes sobre imóvel objeto de propriedade fiduciária em garantia, importa ter presente a classificação dessa espécie de propriedade como direito real de garantia, ao lado do penhor, da hipoteca e da anticrese, "não se equiparando, para quaisquer efeitos, à propriedade plena de que trata o art. 1.231" (CC, art. 1.367).

Assim, a propriedade fiduciária em garantia vincula o bem especificamente ao cumprimento da obrigação (CC, art. 1.419) e, portanto, confere ao credor fiduciário apenas direito de satisfazer seu crédito com o produto da venda do bem, vedado o pacto comissório que o autorize a apropriar-se do bem (CC, arts. 1.365 e 1.428). Tratando-se de atribuição de direito real em garantia, a propriedade fiduciária não constitui fato gerador de impostos patrimoniais sobre o bem vinculado ao pagamento da dívida, pois o credor fiduciário, do mesmo modo que o credor hipotecário, não é investido no feixe de direitos subjetivos inerentes à propriedade plena (CC, arts. 1.228 e 1.331).

Com efeito, os atributos da propriedade fiduciária em garantia, do mesmo modo que os da hipoteca, restringem as faculdades do seu titular à sequela e à preferência, que limitam seu poder à excussão do bem para satisfazer seu crédito em dinheiro, em caso de inadimplemento da obrigação do devedor fiduciante.

É o que dispõe o art. 1.367 do Código Civil, que, com a nova redação dada pela Lei nº 13.043/2014, remete a disciplina da propriedade fiduciária ao Título do Código Civil que dispõe sobre a categoria dos direitos reais de garantia ao lado da hipoteca, do penhor e da anticrese, "não se equiparando [a propriedade fiduciária em garantia], para quaisquer efeitos, à propriedade plena de que trata o art. 1.331."[92]

---

bem demonstrou a inaplicabilidade desse entendimento ao caso concreto, nos seguintes termos: 'O acórdão proferido por este Colegiado teve por fundamento não a só existência de contrato de promessa de compra e venda do imóvel gerador do tributo, mas as específicas circunstâncias de haver ele sido firmado em caráter irrevogável e irretratável, com imediata imissão do promitente-comprador na posse, e subsequente averbação no Registro de Imóveis (daí advindo os efeitos jurídicos previstos nos arts. 1.417 e 1.418 do Código Civil), além do manifesto exaurimento do prazo para usucapião do bem. Contornos específicos, que fazem destacar-se um caso particular na massa de demandas repetitivas, reclamam detido pronunciamento jurisdicional, como forma mesmo de aperfeiçoar o regime estabelecido na Lei nº 11.672/2008'. 3. Além disso, no que se refere ao acórdão proferido em sede de apelação (fls. 86/94), o Tribunal de origem, entre outros fundamentos, entendeu que, ainda que o promitente comprador não seja o proprietário em virtude da ausência de registro da escritura de compra e venda no Cartório de Imóveis, ele o tornou em razão da usucapião, explicitando que 'por força de promessa de compra e venda celebrada em caráter irrevogável e irretratável, com transmissão imediata da posse, lavrada no ano de 1979, devidamente averbada no competente cartório de registro de imóveis', sendo que, 'de tão longínqua a data de formação do contrato, já se exauriu, há muito, o prazo da usucapião', razão pela qual deve ser afastada a responsabilidade do promitente vendedor. Ocorre que, nas razões recursais, o Município do Rio de Janeiro nem sequer atacou o fundamento acerca da aquisição do imóvel pela usucapião, o que atrai a incidência da Súmula 283 do Supremo Tribunal Federal, por analogia: 'É inadmissível o recurso extraordinário, quando a decisão recorrida assenta em mais de um fundamento suficiente e o recurso não abrange todos eles'. 4. Recurso Especial não conhecido" (STJ, 2ª Turma, REsp 1.204.294/RJ, rel. Min. Mauro Campbell Marques, *DJe* 21.6.2011).

92 Código Civil: "Art. 1.367. A propriedade fiduciária em garantia de bens móveis ou imóveis sujeita-se às disposições do Capítulo I do Título X do Livro III da Parte Especial deste Código e, no que for específico, à legislação especial pertinente, não se equiparando, para quaisquer efeitos, à propriedade plena de que trata o art. 1.231."

216 | INCORPORAÇÃO IMOBILIÁRIA • *Melhim Namem Chalhub*

Assim, tal como ocorre nos demais direitos reais de garantia, a lei restringe os poderes do credor fiduciário à (i) vinculação do bem ao cumprimento da obrigação, e não à pessoa do credor (CC, art. 1.419),[93] (ii) vedação ao pacto comissório, que impede o credor de ficar com a coisa objeto de propriedade fiduciária se a dívida não for paga no vencimento (CC, art. 1.365),[94] e (iii) obrigação de vender o bem, judicial ou extrajudicialmente, para pagar-se em dinheiro, entregando ao devedor o saldo, se houver (CC, art. 1.364).[95]

E, de outra parte, na medida em que o devedor fiduciante conserva consigo todo o poder jurídico e econômico sobre o bem objeto da garantia (CC, arts. 1.361, § 2º, e 1.368-B, e Lei 9.514/1997, art. 23 e p. único),[96] o Código Civil lhe impõe o dever de "empregar na guarda da coisa a diligência exigida por sua natureza" (CC, art. 1.363, II) e de suportar "os custos e riscos da utilização da coisa", inclusive os correspondentes encargos tributários, cujo fato gerador é a posse ancorada em direito real de aquisição, de que o devedor fiduciante é titular (CTN, arts. 32 e 34).

A situação assim caracterizada evidencia, como vimos, que a alienação fiduciária em garantia, seja de bem móvel infungível ou de bem imóvel, não constitui fato gerador do ICMS, no primeiro caso, nem do ITBI, no segundo caso, pois, como observa Aliomar Baleeiro,[97] "inexiste operação que transfira efetivamente a titularidade do bem", sendo essa a razão pela qual o art. 3º, VII, da Lei Complementar 87/1996 exclui do campo de incidência do ICMS as "operações decorrentes de alienação fiduciária em garantia, inclusive a operação efetuada pelo credor em decorrência do inadimplemento do devedor", e, de outra parte, o art. 156, II, da Constituição Federal exclui os direitos reais de garantia do campo de incidência do ITBI, ao dispor que esse imposto incide sobre a "transmissão de direitos reais (...), exceto os de garantia"[98], entre os quais se encontra a propriedade fiduciária por expressa definição do art. 1.367 do Código Civil.

Com fundamento na discriminação entre a alienação plena e a alienação fiduciária, assim estabelecida pela Constituição Federal e pelo CTN, e, mais, considerando que o art. 110 da Lei nº 5.172/1966 (Código Tributário Nacional – CTN) dispõe que os fatos geradores e a identificação do sujeito passivo dos tributos têm como pressupostos necessários

---

[93] Código Civil: "Art. 1.419. Nas dívidas garantidas por penhor, anticrese ou hipoteca, o bem dado em garantia fica sujeito, por vínculo real, ao cumprimento da obrigação." Essa disposição é aplicável à propriedade fiduciária em garantia por força do art. 1.368-A do Código Civil.

[94] Código Civil: "Art. 1.365. É nula a cláusula que autoriza o proprietário fiduciário a ficar com a coisa alienada em garantia, se a dívida não for paga no vencimento."

[95] Código Civil: "Art. 1.364. Vencida a dívida, e não paga, fica o credor obrigado a vender, judicial ou extrajudicialmente, a coisa a terceiros, a aplicar o preço no pagamento de seu crédito e das despesas de cobrança, e a entregar o saldo, se houver, ao devedor."Código Civil: "Art. 1.366. Quando, vendida a coisa, o produto não bastar para o pagamento da dívida e das despesas de cobrança, continuará o devedor obrigado pelo restante. "

[96] Lei 9.514/1997: "Art. 23. Constitui-se a propriedade fiduciária de coisa imóvel mediante registro, no competente Registro de Imóveis, do contrato que lhe serve de título. Parágrafo único. Com a constituição da propriedade fiduciária, dá-se o desdobramento da posse, tornando-se o fiduciante possuidor direto e o fiduciário possuidor indireto da coisa imóvel."

[97] BALEEIRO, Aliomar, *Direito tributário brasileiro*. Atualizadora Misabel Abreu Machado Derzi. 14. ed., Rio de Janeiro: GEN-Forense, 2018, p. 404.

[98] Constituição Federal: "Art. 156. Compete aos Municípios instituir impostos sobre: (...) II - transmissão "inter vivos", a qualquer título, por ato oneroso, de bens imóveis, por natureza ou acessão física, e de direitos reais sobre imóveis, exceto os de garantia, bem como cessão de direitos a sua aquisição".

"a definição, o conteúdo e o alcance de institutos, conceitos e formas de direito privado",[99] o ITBI somente seria devido se a propriedade vier a ser consolidada no patrimônio do credor, pois esse é a transferência da propriedade plena que constitui fato gerador desse imposto.[100]

Quanto aos impostos patrimoniais, ao definir a propriedade como fato gerador do IPTU, o art. 156, I, da Constituição Federal[101], tem em vista os atributos que conferem ao proprietário o poder de fruição e disposição do bem, e a partir dessa definição o CTN identifica como sujeito passivo o proprietário e, ainda, o possuidor, e, neste caso, como observa Aliomar Baleeiro, "a posse é atributo da propriedade e deve ser incluída no conceito desta, para os efeitos do Direito Fiscal, como já o faziam as leis estatais."[102]

Ressalve-se, contudo, que a posse só caracteriza hipótese de incidência do IPTU quando vinculada a direito real, e não a decorrente de vínculo meramente obrigacional, como a da locação ou do comodato, pois, como observa Sacha Calmon, "a posse prevista no Código Tributário Nacional, como tributável, é a da pessoa que já é ou pode vir a ser proprietária da coisa".[103]

É o caso da posse atribuída ao devedor fiduciante pelo art. 23 da Lei nº 9.514/1997, em razão da qual seu art. 27, § 8º reconhece sua sujeição ao IPTU, com fundamento nos arts. 29, 31, 32 e 34 do CTN, só vindo o credor fiduciário a responder pelo IPTU e pelos demais encargos que recaem sobre o imóvel se, em caso de inadimplemento da obrigação garantida, vier a se tornar proprietário pleno e imitido na posse do imóvel (CC, art. 1.368-B, p. único, com a redação dada pela Lei nº 13.043/2014).[104]

Essa é a lógica dos arts. 32 e 34 do CTN, em relação à qual é digno de o acórdão proferido no REsp 1.726.733-SP, que destaca a *causa* da alienação fiduciária como fundamento da sua

---

[99] Nas palavras de Paulo de Barros Carvalho, trata-se de regra pedagógica que constitui "obstáculo poderoso e definitivo (...) à liberdade de que desfruta o legislador tributário para disciplinar os efeitos jurídicos inerentes aos tributos (CARVALHO, Paulo de Barros, *Curso de direito tributário*. 22. ed. São Paulo: Saraiva, 2010, p. 138).

[100] Lei 9.514/1997: "Art. 26. Vencida e não paga, no todo ou em parte, a dívida e constituído em mora o fiduciante, consolidar-se-á, nos termos deste artigo, a propriedade do imóvel em nome do fiduciário. (...). § 7º Decorrido o prazo de que trata o § 1º sem a purgação da mora, o oficial do competente Registro de Imóveis, certificando esse fato, promoverá a averbação, na matrícula do imóvel, da consolidação da propriedade em nome do fiduciário, à vista da prova do pagamento por este, do imposto de transmissão *inter vivos* e, se for o caso, do laudêmio."

[101] Constituição Federal: "Art. 156. Compete aos Municípios instituir impostos sobre: I - propriedade predial e territorial urbana;"

[102] BALEEIRO, Aliomar, *Direito Tributário Brasileiro*, cit., p. 518.

[103] COÊLHO, Sacha Calmon Navarro, *Do imposto sobre a propriedade predial e territorial urbana*. São Paulo: Saraiva, 1982, p. 119-120.

[104] Lei 9.514/1997: "Art. 27. (...). § 8o Responde o fiduciante pelo pagamento dos impostos, taxas, contribuições condominiais e quaisquer outros encargos que recaiam ou venham a recair sobre o imóvel, cuja posse tenha sido transferida para o fiduciário, nos termos deste artigo, até a data em que o fiduciário vier a ser imitido na posse."Código Civil: "Art. 1.368-B. (...). Parágrafo único. O credor fiduciário que se tornar proprietário pleno do bem, por efeito de realização da garantia, mediante consolidação da propriedade, adjudicação, dação ou outra forma pela qual lhe tenha sido transmitida a propriedade plena, passa a responder pelo pagamento dos tributos sobre a propriedade e a posse, taxas, despesas condominiais e quaisquer outros encargos, tributários ou não, incidentes sobre o bem objeto da garantia, a partir da data em que vier a ser imitido na posse direta do bem."

ilegitimidade para responder pelo IPTU, ao ressaltar que "a intenção do devedor fiduciante, ao oferecer o imóvel como garantia ao contrato de alienação fiduciária, não é, ao fim e ao cabo, transferir para o credor fiduciário a propriedade plena do bem, diversamente do que ocorre na compra e venda, mas apenas garantir o adimplemento do contrato de financiamento a que se vincula, objetivando que, mediante o pagamento integral da dívida, a propriedade plena do bem seja restituída ao seu patrimônio."[105]

Alinhada a esses fundamentos, a jurisprudência majoritária do STJ vem reconhecendo a ilegitimidade passiva do credor fiduciário nessas hipóteses,[106] tendo sido afetados para apreciação sob rito dos recursos repetitivos os Recursos Especiais 1.192.001-SP, 1.959.212-SP e 1.949.182-SP (Tema 1.158-STJ) visando "definir se há responsabilidade tributária solidária e legitimidade passiva do credor fiduciário na execução fiscal em que se cobra IPTU de imóvel objeto de contrato de alienação fiduciária."

6.2. OUTRAS MODALIDADES DE CONTRATO APLICÁVEIS NA INCORPORAÇÃO IMOBILIÁRIA

Além dos contratos aplicáveis com mais frequência no negócio jurídico da incorporação imobiliária, há outras modalidades de contrato igualmente utilizáveis, embora com menor frequência, entre os quais interessa destacar os contratos de permuta ou de promessa de permuta, de financiamento da construção e da compra e venda, o contrato de hipoteca, o de cessão fiduciária de direitos creditórios oriundos da comercialização das unidades, o de caução de direitos creditórios oriundos da comercialização e o de caução de direitos aquisitivos relativos às frações ideais e acessões do empreendimento.

6.2.1. Contrato de permuta

A permuta, ou a promessa de permuta, de parte ideal de um terreno por unidades imobiliárias a serem construídas no local é contrato de utilização corrente no mercado das incorporações imobiliárias.

Por esse contrato, o proprietário de determinado terreno contrata a transmissão, ao incorporador, de um quinhão do seu terreno, reservando-se a propriedade do outro quinhão; por esse contrato, o incorporador obriga-se a construir para o proprietário-permutante determinadas

---

[105] REsp 1.726.733-SP, rel. Min. Marco Aurélio Bellizze, 3ª Turma, *DJe* 16.10.2020.

[106] "Tributário. IPTU. Sujeito passivo. Imóvel objeto de Alienação fiduciária. Credor. Responsabilidade antes da consolidação da Propriedade. Impossibilidade. 1. O Superior Tribunal de Justiça, em julgamento submetido ao rito dos recursos especiais repetitivos, consolidou o entendimento de que cabe ao legislador municipal eleger o sujeito passivo do IPTU, entre as opções previstas no CTN. 2. A jurisprudência desta Corte, interpretando o art. 34 do CTN, também orienta não ser possível a sujeição passiva ao referido imposto do proprietário despido dos poderes de propriedade, daquele que não detém o domínio útil sobre o imóvel ou do possuidor sem ânimo de domínio. 3. O credor fiduciário, antes da consolidação da propriedade e da imissão na posse no imóvel objeto da alienação fiduciária, não pode ser considerado sujeito passivo do IPTU, uma vez que não se enquadra em nenhuma das hipóteses previstas no art. 34 do CTN. 4. Agravo conhecido e provido o recurso especial." (AgInt 1.796.224–SP, 1ª Turma, rel. Min. Gurgel de Faria, DJe 9.12.2021). No mesmo sentido, os seguintes acórdãos e decisões monocráticas: AgInt 1.886.266-SP, 2ª Turma, rel. Min. Assusete Magalhães, j. 14.12.2021; AgInt 1.925.869-SP, 1ª Turma, rel. Min. Gurgel de Faria, j. 30.10.2021; AgInt 1.955.393-SP, 1ª Turma, rel. Min. Gurgel de Faria, j. 1.12.2021.

Cap. VI • ESPÉCIES DE CONTRATO MAIS FREQUENTES NA INCORPORAÇÃO IMOBILIÁRIA

unidades imobiliárias, que haverão de vincular-se ao quinhão que aquele proprietário reservara para si; é obrigação do incorporador entregar essas unidades ao proprietário-permutante, promovendo por sua conta o registro em nome deste, no Registro de Imóveis.

Essa espécie de contrato se ajusta com perfeição às necessidades do mercado de incorporações imobiliárias e foi regulamentada para as incorporações nos termos dos arts. 32, alínea "a", e 39 da Lei nº 4.591/1964. Até então só se admitia a permuta ou a promessa de permuta tendo como objeto coisa já existente, e não coisa futura, como é a unidade imobiliária projetada. A Lei das Incorporações introduziu essa importante inovação, ao admitir a contratação de promessa de permuta, tendo como objeto parte de um terreno existente por coisa futura, representada pela unidade imobiliária a construir.

A alínea "a" do art. 32, ao tratar da titularidade sobre o terreno, para efeito de realização de incorporação imobiliária, indica, além do título de propriedade, também o da "promessa, irrevogável e irretratável, de compra e venda ou de cessão de direitos ou de permuta". O art. 39, por sua vez, cuida das incorporações em que a aquisição do terreno se faça mediante permuta de unidades a serem construídas no local, dispondo que nas incorporações em que a aquisição do terreno se der com pagamento total ou parcial em unidades projetadas, deverão ser discriminados, em todos os documentos de ajuste, a parcela a ser paga em dinheiro e a quota-parte das unidades a serem construídas em pagamento do terreno.

Os efeitos jurídicos da promessa de permuta, para fins de incorporação imobiliária, são idênticos aos da promessa de compra e venda irrevogável.

Por analogia à regra do art. 533 do Código Civil de 2002, que manda aplicar à permuta as disposições referentes à compra e venda, com as necessárias adaptações, aplicam-se às promessas de permuta as regras relativas às promessas de compra e venda, como, aliás, há muito reconhecido pelo STF.[107] Nesse sentido, J. Nascimento Franco e Nisske Gondo registram que "os tribunais há muito vêm reconhecendo perfeita afinidade entre a promessa de venda e compra e a promessa de permuta".[108] Anote-se que, a despeito de o registro desse contrato constituir pré-requisito para o registro do Memorial de Incorporação, exigido pela alínea *a* do art. 32, havia registradores que se recusavam a efetivá-lo por inexistir expressa indicação dessa espécie de contrato na Lei de Registros Públicos, tendo sido essa lacuna suprida pela Medida Provisória nº 1.085/2021, convertida na Lei 14.382/2022, que prevê expressamente o registro da permuta ou promessa de permuta ao incluí-las entre as espécies de contrato objeto de incorporação imobiliária, nos itens 18 e 30 do inciso I do art. 167 da LRP.[109] Eventual discrepância entre as frações ideais e unidades identificadas pelos permutantes e as que vierem

---

[107] RE 89.501-9, citado na 'Revista de Direito Imobiliário', vol. 6, p.134-135. Dispõe o acórdão que "os mesmos princípios que regem a execução das promessas de compra e venda de imóveis aplicam-se ao negócio jurídico caracterizado como promessa de permuta", ressalvando, contudo, que "a inscrição no Registro de Imóveis é condição essencial à adjudicação compulsória de imóvel prometido à permuta por instrumento particular."

[108] *Incorporações imobiliárias*, cit., p. 44.

[109] Lei nº 6.015/1973, com a redação dada pelo art. 11 da Medida Provisória nº 1.085/2021, convertida na Lei 14.382/2022: "Art. 167. No Registro de Imóveis, além da matrícula, serão feitos. (...) 18) dos contratos de promessa de venda, cessão ou promessa de cessão de unidades autônomas condominiais e de promessa de permuta, a que se refere a Lei nº 4.591, de 16 de dezembro de 1964, quando a incorporação ou a instituição de condomínio se formalizar na vigência desta Lei; (...) 30) da permuta e da promessa de permuta".

a constar nas peças do Memorial de Incorporação é superada por simples rerratificação da escritura de permuta ou promessa de permuta.

Para atender a essa modalidade de negócio, em que o proprietário de determinado terreno transmite a um incorporador a propriedade de um certo quinhão e reserva para si o quinhão ao qual se agregarão as unidades que o incorporador construirá e entregará ao proprietário do terreno, é também comum no mercado uma outra estrutura formal de negócio, embora com a mesma causa e os mesmos efeitos da permuta tradicional: é que, em vez de contratar a permuta ou a promessa de permuta do terreno com reserva de um quinhão, o proprietário contrata a venda, ou promessa de venda, do terreno, na sua totalidade, ao incorporador, e, em ato imediatamente subsequente, o incorporador, já como titular do terreno, contrata com o antigo proprietário uma promessa de compra e venda, ou promessa de dação, de determinadas unidades a serem construídas, obrigando-se a vender ou a dar ao antigo dono do terreno as unidades equivalentes ao preço do terreno; para adotar essa estrutura, as partes, em geral, declaram, na escritura de compra e venda do terreno, que o preço é pago no ato e seu valor é representado por uma nota promissória *pro soluto*, fazendo-se, a seguir, uma escritura de novação, pela qual se substitui a obrigação de pagar o preço em dinheiro, que haveria de ser cumprida mediante resgate da nota promissória, pela obrigação de pagar o preço da aquisição do terreno mediante construção e entrega ao antigo proprietário das acessões que corresponderão às unidades, cujo custo equivalha ao preço convencionado para o terreno.

Essa fórmula foi construída na prática do mercado, mas, a nosso ver, é inadequada ao negócio da incorporação, além de constituir risco para o proprietário do terreno, que transmite sua propriedade ao incorporador e, em contrapartida, torna-se apenas titular de um direito de crédito, de difícil realização, notadamente em caso de insolvência do incorporador, pois, nesse caso, o antigo proprietário do terreno estará incluído entre os credores quirografários do falido, só podendo vir a receber seu crédito depois de satisfeitos todos os demais créditos, que têm preferência sobre os créditos quirografários. Os riscos podem, naturalmente, ser compensados com garantias prestadas pelo incorporador ou por terceiros, mas a substituição do clássico contrato de permuta pela celebração de dois contratos com a mesma finalidade é absolutamente desnecessária, na medida em que a permuta se encontra regulada no sistema legislativo em condições compatíveis com a configuração e a função da atividade da incorporação imobiliária. A possibilidade jurídica da troca de coisa existente (terreno) por coisa futura (imóvel a construir), como já dissemos, já era contemplada no art. 39, e veio a ser consolidada pelo art. 483 do Código Civil de 2002, que trata da compra e venda de coisa futura e se aplica à permuta por expressa disposição do seu art. 533.[110]

Por essas e outras razões, J. Nascimento Franco e Nisske Gondo também fazem severas críticas a essa prática desnecessária e distorcida, salientando que "a indigitada promessa de dação em pagamento nenhuma semelhança apresenta com a promessa de compra e venda e, assim, não constitui direito real, nem enseja adjudicação compulsória das unidades prometidas".[111]

Seja como for, a coligação dos contratos de compra e venda, novação e dação ou promessa de dação de imóveis a construir consagrou-se como comportamento-padrão do mercado e é reconhecida como permuta até mesmo para efeito tributário nos termos do art. 132, § 2º,

---

[110] Código Civil de 2002: "Art. 533. Aplicam-se à troca as disposições referentes à compra e venda, com as seguintes modificações: (...)".

[111] *Incorporações imobiliárias*, cit., p. 29.

do Regulamento do Imposto de Renda, Decreto Federal 9.580/2018,[112] que a qualifica como permuta e restringe o imposto devido pelo proprietário do terreno ao valor da torna, se houver.

Outra variação de forma negocial praticada no mercado, visando a atribuição da propriedade de terreno para realização de incorporação imobiliária, é a transferência de ações ou quotas de sociedade empresária cujo único ativo é um terreno; nesse caso, a contraprestação pela venda das participações societárias é, também, a dação de unidades imobiliárias a serem nele construídas.

Do mesmo modo que a coligação de contratos antes referida, aqui também a razão jurídica do negócio de venda de ações ou quotas de sociedade empresária proprietária do terreno é a realização do fim econômico típico da permuta, mediante exploração da atividade de incorporação imobiliária no terreno que se encontre no patrimônio da sociedade cujas ações ou quotas foram transmitidas à incorporadora.[113]

A par dessas formas, há também a permuta financeira, pela qual o proprietário transmite a propriedade do terreno e, em contraprestação, o incorporador se obriga a pagar o preço mediante entrega de parte das receitas obtidas nas vendas.

6.2.2. Contrato de mútuo e contrato de financiamento

Frequentemente, realizam-se incorporações imobiliárias com recursos financeiros fornecidos por entidades financeiras, visando a execução da obra e, muitas vezes, também o financiamento da comercialização das unidades imobiliárias.

Essas operações financeiras são realizadas, em geral, sob forma de contratos de financiamento ou de mútuo.

No que toca ao fornecimento de recursos para a aquisição de imóvel, em que o emprestador entrega os recursos ao tomador de uma só vez, nenhuma dúvida há de que o negócio se reveste da forma de contrato de mútuo, nos termos em que está regulado pelo Código Civil.

Já no que tange ao fornecimento de recursos para realização da incorporação, em que o emprestador entrega os recursos à medida em que se executa cada etapa da obra, não há uniformidade de interpretação: há quem diga que se trata de mútuos sucessivos, porque a liberação dos recursos relativos a cada etapa da obra corresponderia a um contrato de mútuo; há quem diga que se trata de "abertura de crédito", porque o emprestador coloca determinado valor à disposição do incorporador, para que este vá sacando à medida que executa cada etapa da obra; outros, ainda, dizem tratar-se de "financiamento", que, embora tenha alguma

---

[112] Decreto Federal 9.580/2018 (Regulamento do Imposto de Renda): "Art. 132. Na determinação do ganho de capital, serão excluídas (Lei nº 7.713, de 1988, art. 22, caput, inciso III): I - as transferências *causa mortis* e as doações em adiantamento da legítima, observado o disposto no art. 130; e II - a permuta exclusivamente de unidades imobiliárias, objeto de escritura pública, sem recebimento de parcela complementar em dinheiro, denominada torna, exceto na hipótese de imóvel rural com benfeitorias. § 1º Para fins disposto neste artigo, equiparam-se a permuta as operações quitadas de compra e venda de terreno, acompanhadas de confissão de dívida e de escritura pública de dação em pagamento de unidades imobiliárias construídas ou a construir. § 2º Na hipótese de permuta com recebimento de torna, deverá ser apurado o ganho de capital apenas em relação à torna."
Essa norma regulamentar constava anteriormente na Instrução Normativa nº 107/1988 da Receita Federal.

[113] Ver também item 11.2.4. Resolução da permuta ou da promessa de venda entre o proprietário do terreno e o incorporador. Efeitos em relação aos adquirentes das unidades em construção.

semelhança com a abertura de crédito, seria mais adequado à construção, por causa da destinação específica dos recursos colocados à disposição do incorporador.

Importa atentar para o fato de que, dessas modalidades, a única que está tipificada é a do contrato de mútuo.[114] Quanto às demais (abertura de crédito e financiamento), são modalidades que, embora ainda não tipificadas, apresentam cada uma delas caracterização peculiar, com estrutura e função próprias.

A abertura de crédito constou do Projeto do Código Civil, mas não foi aprovada. Nos termos propostos, trata-se de operação tipicamente bancária, em que o banco-creditador põe à disposição do creditado um certo limite de crédito; a utilização desse crédito, mediante saque em conta-corrente especial (tipo "cheque especial") é uma faculdade do creditado, que, assim, pode utilizar o crédito ou deixar de utilizá-lo, a seu critério. Por outro lado, os recursos colocados à disposição do creditado, na abertura de crédito, além da livre utilização, são também de livre destinação, podendo o creditado aplicá-los naquilo que lhe convier, sem disso dar conta ao banco-creditador.

Já o financiamento tem índole distinta, sobretudo quanto às obrigações do creditado, no que tange ao saque dos recursos e à sua destinação. Com efeito, na abertura de crédito, o creditado é livre para aplicar os recursos do crédito aberto em qualquer finalidade, que ele mesmo define de acordo com sua conveniência, enquanto no financiamento os recursos têm destinação definida no contrato, obrigando-se o financiado a dar-lhes essa destinação específica, de acordo com os termos, cláusulas e condições do contrato. De outra parte, na abertura de crédito o saque dos recursos é uma faculdade do creditado, enquanto no financiamento o financiado tem obrigação de sacar os recursos e aplicá-los na destinação definida no contrato.

Ambas são modalidades de negócio de crédito, sendo o âmbito de aplicação do financiamento mais abrangente do que o da abertura de crédito, pelo menos nos termos em que esta foi definida no Projeto do Código Civil.

Além das distinções verificadas entre as características dos contratos de abertura de crédito e de financiamento, a conceituação dessas modalidades distingue-se do conceito do contrato de mútuo. Fundamentalmente, o mútuo é contrato real, de execução única, que se aperfeiçoa mediante entrega do dinheiro ao mutuário, havendo obrigações apenas para este último (que, basicamente, são as obrigações de repor no patrimônio do mutuante a quantia mutuada e pagar-lhe a remuneração correspondente), enquanto a abertura de crédito e o financiamento são contratos de execução continuada, que contemplam obrigações de fazer de parte a parte. Com efeito, no mútuo o mutuante entrega o dinheiro de uma só vez, no ato da contratação, enquanto na abertura de crédito e no financiamento o creditador e o financiador assumem obrigação de entregar os recursos posteriormente à celebração do contrato; de outra parte, na maioria das hipóteses, o cumprimento da obrigação do financiador (de entregar o dinheiro) está condicionada ao cumprimento de determinada obrigação por parte do financiado (no caso do financiamento da incorporação, por exemplo, a obrigação é a de executar todas as etapas de obra).

De fato, o suprimento de recursos para uma incorporação se faz em correspondência com o cumprimento da obrigação do incorporador, ou do construtor, de executar cada etapa da obra, ou seja, o financiado (incorporador/construtor) executa a etapa da obra e só aí é que passará a fazer jus ao recebimento da importância correspondente a essa etapa de obra.

---

[114] Código Civil de 2002: "Art. 586. O mútuo é o empréstimo de coisas fungíveis. O mutuário é obrigado a restituir ao mutuante o que dele recebeu em coisas do mesmo gênero, qualidade e quantidade."

Cap. VI • ESPÉCIES DE CONTRATO MAIS FREQUENTES NA INCORPORAÇÃO IMOBILIÁRIA | **223**

Não comportando, neste trabalho, nenhuma definição doutrinária quanto a essas modalidades de contrato, até porque são elas examinadas em profundidade em obras específicas sobre os contratos de crédito, atribuímos a designação *financiamento* ao contrato de fornecimento de recursos financeiros para a construção.

Ainda que se considere eventual imprecisão técnica na classificação do contrato de fornecimento de recursos para realização da incorporação, a função e os efeitos do contrato são inconfundíveis.

Pelo contrato de financiamento, a entidade financeira fornece ao incorporador certa soma de recursos para execução da obra e em regra os libera em parcelas, em valores correspondentes ao custo de cada etapa da construção, como programado em cronograma físico e financeiro que integra o contrato; admitem-se liberações parciais se a etapa correspondente não foi executada por inteiro, caso em que a entidade financiadora liberará quantia proporcional aos serviços efetivamente executados. Mediante comprovação da execução de cada etapa, a entidade financeira entrega ao incorporador o valor a ela correspondente, em geral por meio de depósito em conta-corrente do incorporador; uma vez creditado o valor da parcela, o incorporador torna-se devedor da quantia correspondente, com os juros e demais encargos financeiros que tiverem sido convencionados no contrato. Repete-se essa operação na frequência pactuada no contrato (em geral, mês a mês), até o final do prazo de desembolso dos recursos por parte da entidade financeira, que, em regra, coincide com o prazo da obra. Nesse processo, credita-se em favor do incorporador, mês a mês, a quantia correspondente às obras realizadas, somando-se, ao final do prazo contratual, as importâncias correspondentes às parcelas do cronograma financeiro e os encargos contratuais e legais.

A instituição financiadora acompanha a obra por prepostos que periodicamente aferem a efetiva execução da etapa da construção prevista para o período, visando a liberação do valor correspondente, não importando essa atuação em sua responsabilização por eventuais vícios de construção ou atraso na entrega da obra, entre outras responsabilidades típicas do incorporador e/ou do construtor. A jurisprudência tem reconhecido, entretanto, que a instituição financiadora pode ser responsabilizada em operações nas quais, além de fornecer os recursos, atua diretamente na formulação e na execução do projeto.[115]

---

[115] "Recursos Especiais. Sistema financeiro da habitação. SFH. Vícios na construção. Seguradora. Agente financeiro. Legitimidade. 1. A questão da legitimidade passiva da CEF, na condição de agente financeiro, em ação de indenização por vício de construção, merece distinção, a depender do tipo de financiamento e das obrigações a seu cargo, podendo ser distinguidos, a grosso modo, dois gêneros de atuação no âmbito do Sistema Financeiro da Habitação, isso a par de sua ação como agente financeiro em mútuos concedidos fora do SFH (1) meramente como agente financeiro em sentido estrito, assim como as demais instituições financeiras públicas e privadas (2) ou como agente executor de políticas federais para a promoção de moradia para pessoas de baixa baixíssima renda. 2. Nas hipóteses em que atua na condição de agente financeiro em sentido estrito, não ostenta a CEF legitimidade para responder por pedido decorrente de vícios de construção na obra financiada. Sua responsabilidade contratual diz respeito apenas ao cumprimento do contrato de financiamento, ou seja, à liberação do empréstimo, nas épocas acordadas, e à cobrança dos encargos estipulados no contrato. A previsão contratual e regulamentar da fiscalização da obra pelo agente financeiro justifica-se em função de seu interesse em que o empréstimo seja utilizado para os fins descritos no contrato de mútuo, sendo de se ressaltar que o imóvel lhe é dado em garantia hipotecária. Precedentes da 4ª Turma. 3. Caso em que se alega, na inicial, que o projeto de engenharia foi concebido e aprovado pelo setor competente da CEF, prevendo o contrato, em favor da referida empresa pública, taxa de remuneração de 1% sobre os valores liberados ao agente promotor e também 2% de taxa de administração, além dos encargos financeiros do mútuo. Consta, ainda, do contrato a obrigação de

Ao final da obra, torna-se exigível, em favor do financiador, o reembolso da totalidade dos recursos que tiver entregue ao incorporador para a construção, acrescido dos encargos financeiros e despesas previstas em lei ou convencionadas no contrato. Considerando-se que, em regra, o valor do financiamento há de ser transferido aos adquirentes das unidades, na proporção de suas frações ideais, e que tal procedimento envolve relativa complexidade, é comum nesses contratos de financiamento ser concedido ao incorporador um prazo de carência (em geral, seis meses) após a conclusão da obra para o resgate total da dívida decorrente do fornecimento de recursos para a construção, tempo suficiente para formalização dos contratos definitivos com os adquirentes.

Em geral, o resgate dessa dívida se dá mediante cessão, à entidade financiadora, dos créditos constituídos em favor do incorporador, fruto das vendas das unidades integrantes da edificação, créditos esses que correspondem ao saldo do preço de venda das unidades imobiliárias.

Para esse fim, divide-se o valor total do financiamento pelo número das unidades da edificação, em proporção às suas frações ideais ou aos seus coeficientes de construção, e no próprio contrato de financiamento da construção quantifica-se o valor do financiamento atribuído a cada unidade que será assumido pelo futuro adquirente; em consequência, na medida da contratação das vendas, os adquirentes se sub-rogam nos direitos e nas obrigações do contrato de financiamento da construção, na proporção atribuída à sua unidade; assim fixado o limite de responsabilidade de cada adquirente, a dívida do incorporador será amortizada perante a entidade financeira, mediante sub-rogação pela qual os adquirentes substituem o incorporador no contrato de financiamento, no limite do valor correspondente às suas respectivas unidades imobiliárias. A fórmula é compatível com a natureza dessa espécie de financiamento e define com clareza as responsabilidades dos diversos participantes do negócio, ideia, aliás, que veio a ser admitida pelo Código Civil em termos semelhantes à prática do mercado.[116]

Além dessa fórmula, o financiamento da incorporação pode também ser contratado em conjunto com o incorporador e com os adquirentes; neste caso, a operação é formalizada mediante contrato de financiamento com os adquirentes, conjugado com o contrato de compra e venda na seguinte sequência: (1) a entidade financeira contrata o financiamento[117] com o adquirente, em valor correspondente ao saldo do preço da futura unidade imobiliária, (2) o incorporador contrata com o adquirente a compra e venda dessa futura unidade,[118] recebendo o preço sob forma de crédito contra a entidade financiadora, que lhe será liberado parceladamente, na medida em que forem executadas as etapas da obra; e (3) o adquirente, já como

---

que fosse colocada 'placa indicativa, em local visível, durante as obras, de que a construção está sendo executada com financiamento da CEF'. Causa de pedir deduzida na inicial que justifica a presença da referida empresa pública no polo passivo da relação processual. Responsabilidade da CEF e dos demais réus que deve ser aferida quando do exame do mérito da causa" (REsp 1.163.228-AM, rel. Min. Isabel Gallotti, DJe 31.10.2012).

[116] "Art. 1.488. Se o imóvel, dado em garantia hipotecária, vier a ser loteado, ou se nele se constituir condomínio edilício, poderá o ônus ser dividido, gravando cada lote ou unidade autônoma, se o requererem ao juiz o credor, o devedor ou os donos, obedecida a proporção entre o valor de cada um deles e o crédito."

[117] Não é incomum, na prática, atribuir-se a essa operação a qualificação de "contrato de mútuo". Embora seja contrato de natureza real, que se aperfeiçoa com a entrega da coisa, nessa espécie de operação a entrega é diferida, pois a "coisa" aí é o dinheiro destinado à construção, que, como já vimos, deve ser liberado em parcelas em conformidade com a execução de cada etapa da obra.

[118] "A compra e venda pode ter por objeto coisa atual ou futura" (Código Civil de 2002, art. 483).

proprietário da futura unidade, constitui sobre ela, em favor da entidade financeira, garantia real para assegurar o resgate da dívida que contraiu para comprar o imóvel. Em relação à liberação dos recursos no curso da obra, a dinâmica da operação contratada diretamente com o adquirente é idêntica à do financiamento contratado com o incorporador; ressalve-se apenas que, não obstante os recursos sejam entregues ao incorporador ou à construtora, contra a execução de cada etapa da obra, a liberação é feita em nome e por conta dos adquirentes, já que eles, e não o incorporador, é que tomaram o financiamento ainda durante a construção. Essa modalidade de operação é mais complexa, mas confere maior segurança a todas as partes: quanto aos adquirentes, investe-os desde logo, ainda durante a construção, na titularidade definitiva do imóvel e nos direitos relativos ao financiamento, afastando a necessidade de submeterem-se a nova análise cadastral como condição para concessão do crédito e entrega das unidades, às vésperas da entrega das chaves; quanto à entidade financiadora, a efetivação das vendas e a contratação dos financiamentos com os adquirentes ao longo da construção aumenta o grau de liquidez da operação e dilui o risco de crédito, notadamente em face do risco de ineficácia da hipoteca a que se refere o Enunciado 308 da Súmula do STJ;[119] para o incorporador, a sub-rogação dos adquirentes ao longo da construção antecipa a viabilização econômico-financeira do empreendimento.

Operação distinta, como se viu, é a de fornecimento de recursos para aquisição de imóvel. Seja no contexto de uma incorporação imobiliária, seja uma aquisição *avulsa*, o contrato aplicável é o de mútuo.

Por esse contrato, a entidade financeira (mutuante) entrega ao mutuário, de uma só vez, os recursos necessários à complementação do preço de compra do imóvel; em regra, contrata-se o mútuo em ato concomitante ao da contratação da compra e venda e, nesse momento, a entidade mutuante credita o valor do mútuo em favor do vendedor, mas o levantamento desses recursos fica condicionado à apresentação, à mutuante, de certidão de registro da garantia no Registro de Imóveis (em geral, a entidade empresta recursos com garantia de hipoteca ou de propriedade fiduciária). Quando se tratar de imóvel integrante de edifício cuja construção tiver sido financiada pela mutuante, e cujo contrato de financiamento estiver em fase de amortização, o valor do crédito atribuível ao vendedor (que, no caso, é o incorporador) será abatido da dívida relativa ao financiamento que ele tomou para realizar a construção.

As operações de crédito destinadas à compra e venda de imóveis é disciplinada, fundamentalmente, pela legislação do Sistema Financeiro da Habitação – SFH e do Sistema de Financiamento Imobiliário – SFI, entre elas as Leis nºs 4.380/1964, 8.004/1990, 8.100/1990, 8.177/1991, 8.692/1993, 9.514/1997 e 10.931/2004, além do Decreto-lei nº 70/1966.

A operação submete-se à disciplina dos arts. 586 e seguintes do Código Civil de 2002, ressalvado apenas que a reposição da quantia mutuada é feita em parcelas mensais de amortização e juros.

Vinculados ao mútuo, são firmados contratos de seguro contra os riscos de morte e invalidez permanente do mutuário e contra os riscos de danos físicos sobre o imóvel objeto do mútuo, bem como o contrato de garantia do mútuo, sendo, em geral, contratadas a hipoteca ou a alienação fiduciária.

Nenhuma dessas operações de crédito, seja financiamento, cessão de crédito, plena ou fiduciária, inclusive transmissão fiduciária do imóvel para o financiador, importa na

---

[119] V. a propósito, o item 6.2.3.1, adiante ("As hipotecas constituídas na fase da construção em face dos adquirentes").

226 INCORPORAÇÃO IMOBILIÁRIA • *Melhim Namem Chalhub*

transferência para o credor de obrigações ou responsabilidades do cedente, do incorporador ou do construtor "permanecendo estes como únicos responsáveis pelas obrigações e pelos deveres que lhes são imputáveis" (§ 12 do art. 31-A, incluído pela Lei nº 10.931/2004).

6.2.3. Contrato de hipoteca

Garantia das mais tradicionais, a hipoteca vem sendo utilizada com frequência nas operações de mútuo e de financiamento imobiliário, em geral.

Trata-se de direito real sobre coisa alheia, com finalidade de garantia, regulado pelos arts. 1.473 e seguintes do Código Civil de 2002, podendo ter como objeto I – os imóveis e os acessórios dos imóveis conjuntamente com eles, II – o domínio direto, III – o domínio útil, IV – as estradas de ferro, V – os recursos naturais a que se refere o art. 1.230, independentemente do solo onde se acham, VI – os navios, VII – as aeronaves, VIII – o direito de uso especial para fins de moradia, IX – o direito real de uso e X – a propriedade superficiária. No que tange ao contrato de incorporação, interessa a hipoteca sobre os bens imóveis.

Para contratação de hipoteca é exigível instrumento público, salvo quando se tratar de operação em que seja parte entidade integrante do Sistema Financeiro da Habitação, bem como as operações efetuadas por determinação da Lei nº 4.380/1964, e, ainda, as operações resultantes da aplicação da Lei nº 9.514/1997, casos em que a hipoteca poderá ser constituída por instrumento particular (Lei nº 4.380/1964, art. 61, § 5º, e Lei nº 9.514/1997, art. 38).

A hipoteca só terá validade e eficácia perante terceiros depois de registrada no Registro de Imóveis competente.

Nas incorporações imobiliárias, é comum a contratação de hipoteca para garantia de financiamento destinado à construção do edifício, sendo usual, também, sua constituição para garantia de mútuo concedido para aquisição de imóvel. No primeiro caso, o incorporador, tendo tomado financiamento para construir o edifício, constitui em favor da entidade financeira a hipoteca do terreno objeto da incorporação, sendo certo que a garantia hipotecária abrangerá o terreno e as acessões que a ele se vincularem, que constituirão o edifício e suas unidades imobiliárias autônomas; em regra, contrata-se a hipoteca no mesmo instrumento pelo qual se contrata o financiamento. No segundo caso, para garantia do empréstimo que tiver tomado para adquirir um imóvel, o adquirente constitui hipoteca sobre esse imóvel, em favor da entidade mutuante.

Os créditos hipotecários representados por cédulas hipotecárias ou relativos a mútuos com reajuste monetário contratado segundo as regras do SFH, ou, ainda, aquelas contratadas de acordo com a Lei nº 9.514/1997 (SFI, art. 38), poderão ser objeto de procedimento extrajudicial de cobrança e leilão, de acordo com os arts. 29 a 41 do Decreto-Lei nº 70/1966. Além desse procedimento extrajudicial, os créditos hipotecários especificamente vinculados ao SFH poderão ser objeto de execução judicial de acordo com o processo especial estabelecido pela Lei nº 5.741/1971.

6.2.3.1. *As hipotecas constituídas na fase da construção em face dos adquirentes*

Como já visto, para garantia do cumprimento das obrigações decorrentes dos financiamentos das incorporações imobiliárias, o incorporador constitui hipoteca em favor da entidade financiadora, tendo como objeto o terreno e as acessões que a ele vierem a aderir, que constituirão as unidades imobiliárias do edifício.

De acordo com a estrutura usual dos contratos de financiamento das incorporações imobiliárias, em geral o resgate da dívida daí decorrente não se dá em dinheiro, mas mediante

Cap. VI • ESPÉCIES DE CONTRATO MAIS FREQUENTES NA INCORPORAÇÃO IMOBILIÁRIA | 227

cessão de créditos: em regra, o incorporador comercializa tais unidades e paga a dívida com o produto das vendas, cedendo à financiadora os créditos oriundos dessas vendas.

Considerando que parte ponderável das vendas se dá durante a construção, a Lei nº 4.864/1965 criou novas garantias para complementar a garantia hipotecária, a saber, (i) a cessão parcial e (ii) a cessão fiduciária "dos direitos decorrentes dos contratos de alienação das unidades habitacionais integrantes do projeto financiado" (art. 22 da Lei nº 4.864/1965), além de prever, também, a constituição da caução desses direitos creditórios, tal como prevista no Código Civil. O propósito do legislador era que a entidade financiadora recebesse diretamente dos adquirentes as prestações do preço de aquisição e as aplicasse na amortização da dívida decorrente do financiamento da incorporação.

Sucede que, nos termos em que foram concebidas na Lei nº 4.864/1965, as garantias de caução e cessão fiduciária eram absolutamente estéreis, pois a cobrança só poderia ser exercida pela entidade financiadora depois de "vencido o contrato por inadimplemento da empresa financiada" (§ 1º do art. 22). Ora, como é sabido, parcelas ponderáveis do preço da compra e venda de unidades imobiliárias em produção são recebidas durante a obra, e nessa fase o incorporador não tem obrigação a cumprir senão executar cada etapa da obra no prazo programado e pagar os juros, de modo que, não havendo atraso na construção e considerando que o valor correspondente a cada etapa da obra é entregue ao incorporador já descontado dos juros, dificilmente o incorporador se torna inadimplente durante a obra; assim, parece claro que não seria legalmente permitido à financiadora receber as parcelas do preço vencíveis durante a obra, pois aí ainda não estaria caracterizada a situação em que a lei lhe facultava cobrar diretamente dos compradores, situação essa que corresponderia ao vencimento do contrato e ao inadimplemento da empresa incorporadora.

Outro aspecto que demonstra a ineficácia da garantia de cessão, plena ou fiduciária, ou de caução, nos termos em que foram concebidas na Lei nº 4.864/1965, é que se o incorporador se tornasse inadimplente durante a obra, ainda assim a entidade financiadora não lograria receber dos adquirentes, na medida em que estes poderiam invocar a *exceptio non adimpleti contratus*, pois o inadimplemento do incorporador durante a obra é representado, obviamen-te, pela não execução da obra, circunstância que autorizaria o comprador a só cumprir sua prestação, correspondente ao pagamento das parcelas do preço, a partir do momento em que a empresa incorporadora cumprisse a sua, que corresponderia à regularização do cronograma da construção.

Essa distorção foi solucionada pela Lei nº 9.514/1997, que faculta à entidade finan-ciadora receber dos adquirentes independente de inadimplemento do incorporador e do vencimento antecipado da dívida. O novo mecanismo atende ao interesse de todas as partes integrantes do negócio: *em primeiro lugar*, os pagamentos feitos pelos adquirentes são destinados à amortização do financiamento na proporção da dívida correspondente à unidade que adquiriu, e não mais do que isso; *em segundo lugar*, o incorporador não sofre nenhum desfalque no orçamento da construção, pois, havendo financiamento da produção, a entidade financiadora fornece-lhe os recursos necessários ao cumprimento do cronogra-ma da obra, e, *em terceiro lugar*, a entidade financiadora se beneficia da regularidade dos pagamentos e da diluição do risco, que deixa de se concentrar no incorporador para se distribuir proporcionalmente entre os adquirentes.

Mas esse novo mecanismo só se aplica em relação aos contratos de financiamento de incorporações celebrados a partir de 20 de novembro de 1997, data em que entrou em vigor a Lei nº 9.514/1997.

Sucede que, na vigência da Lei nº 4.864/1965, vez por outra, certos incorporadores não davam ciência à financiadora das vendas que faziam durante a construção e recebiam as prestações, sem nada repassar àquela. Além disso, essas vendas não eram levadas ao Registro de Imóveis, circunstância que impedia a cientificação da financiadora também por esse meio.

Ainda a propósito da dinâmica dessa modalidade de negócio, é útil registrar o modo como se processa o resgate do financiamento da incorporação mediante cessão de créditos.

Os contratos de financiamento de incorporações estipulam um prazo de carência de seis meses após a conclusão da obra, dentro do qual deve o incorporador pagar a dívida decorrente do financiamento em moeda corrente ou mediante transferência dos créditos que forem constituídos em decorrência das vendas das unidades. Nesse prazo de carência, os adquirentes, ao receberem suas unidades, firmam com o incorporador o respectivo contrato de compra e venda, com interveniência da entidade financiadora, que lhe concede financiamento para pagamento do saldo devedor; para garantia do resgate dessa dívida, os adquirentes constituem hipoteca sobre a unidade adquirida em favor da entidade financiadora; é possível, também, a constituição do crédito e da garantia em favor do incorporador e, em ato subsequente, sua cessão à entidade financiadora. Assim, o crédito constituído em cada venda é cedido à financiadora para amortização da dívida decorrente do financiamento da incorporação, repetindo-se a operação até que seja integralmente resgatado o financiamento. A operação é conhecida como "repasse", ou seja, constitui-se um crédito hipotecário que é "repassado" à entidade financiadora, que, por sua vez, lança o valor desse "repasse" a crédito na conta do financiamento do incorporador, até integral amortização da dívida do incorporador, decorrente do financiamento da incorporação.

Não havendo, ao fim da carência de seis meses, "repasses" de créditos cuja soma seja suficiente para resgate integral do financiamento da incorporação, a entidade financiadora adota as providências que entender necessárias para cobrança do saldo devedor, notadamente a execução judicial, requerendo, em consequência, a penhora das unidades que não tiverem sido objeto de repasse, isto é, aquelas que, de acordo com os registros, não foram vendidas e, portanto, ainda se encontram no patrimônio do incorporador.

Sucede que, em execuções iniciadas a partir de meados dos anos 1990, efetivadas as penhoras das unidades hipotecadas, vieram à tona inúmeras promessas de compra e venda contratadas por instrumento particular sem conhecimento da financiadora e sem registro, cujos créditos, obviamente, não foram oferecidos pelo incorporador para constituição das garantias de caução, cessão parcial ou cessão fiduciária.

Tal situação foi agravada em razão da decretação da falência da Construtora Encol, que ocorreu em 1999, dando origem a incontáveis embargos de terceiros interpostos por promitentes compradores nos autos das execuções movidas pelas financiadoras em face das incorporadoras, com invocação da Súmula nº 84 do STJ, ante a iminência de venda judicial dos apartamentos prometidos vender.

As execuções em face de incorporadoras e a falência de algumas delas, notadamente a repercussão nacional da falência da ENCOL, contribuíram para a construção e consolidação de jurisprudência de proteção dos adquirentes, excluindo da penhora, naquelas execuções, os imóveis prometidos vender.

Na maioria desses casos, a defesa da entidade financiadora amparou-se na prevalência do direito real de garantia diante do direito pessoal representado pela promessa de venda não registrada, bem como no atributo da sequela que constitui uma das características fundamentais dos direitos reais de garantia, alegando que, para cancelamento da hipoteca, deveriam os adquirentes resgatar o financiamento em proporção ao valor da respectiva unidade imobiliária.

Sucede que muitos promitentes compradores haviam pago diretamente ao incorporador a totalidade do preço da aquisição, de modo que para obter o cancelamento da hipoteca deveriam realizar mais um pagamento, ainda que parcial, à entidade financiadora. Esses casos mereceram a atenção do Judiciário, que acolheram embargos fundamentalmente pelos seguintes motivos:

a) que na relação jurídico-contratual entre incorporador, entidade financiadora e adquirente, este seria merecedor de maior proteção jurídica, até porque os dois primeiros atuaram com intuito de lucro, assumindo riscos, e o terceiro, agindo de boa-fé, objetivou a compra da casa própria;

b) a financiadora concedeu o empréstimo ciente de que as unidades, uma vez submetidas ao regime de incorporação imobiliária, destinavam-se a venda antes da conclusão das obras, e para garantir-se de eventual desvio do produto das vendas dispunha ela, financiadora, da garantia complementar de cessão fiduciária, com a qual lograria pagar-se diretamente perante os adquirentes e, portanto, livrá-los do gravame hipotecário;

c) as hipotecas nessas operações de empréstimo vinculado ao SFH haveriam de merecer uma interpretação diferenciada: teriam plena eficácia até o momento em que fosse vendida a unidade, mas, uma vez vendida, a garantia hipotecária somente poderia ser exercida até o limite do crédito do incorporador decorrente da venda.

O paradigma dessa orientação jurisprudencial foi o REsp 187.940, da 4ª Turma do STJ, relator o Ministro Ruy Rosado de Aguiar Júnior, que sustenta a inaplicabilidade das regras gerais sobre a hipoteca aos financiamentos do SFH tendo em vista que as financiadoras "sabem que as unidades a serem construídas serão alienadas a terceiros, que responderão apenas pela dívida que assumiram com o seu negócio, e não pela eventual inadimplência da construtora. O mecanismo de defesa do financiador será o recebimento do que for devido pelo adquirente final, mas não a excussão da hipoteca (...) O princípio da boa-fé objetiva impõe ao financiador de edificação de unidades destinadas à venda precatar-se para receber o seu crédito da sua devedora ou sobre os pagamentos a ela efetuados pelos terceiros adquirentes."[120]

O êxito inicial nos embargos de terceiro motivou a propositura de ações de procedimento comum em que o pedido é a própria desconstituição da hipoteca, a partir da orientação da jurisprudência firmada naquelas demandas.

A firme orientação na 2ª Seção do STJ, onde concentraram-se os julgamentos sobre a questão, já ensejou a rejeição de embargos de divergência (Emb. Div. em Resp 415.667/SP), em razão de duas decisões em contrário (AGA 161.052/SP e AGA 174.130/SP). Por sua vez, tribunais estaduais têm adotado a orientação do STJ.

Finalmente, a matéria veio a ser objeto da Súmula nº 308 do STJ, publicada no Diário Oficial de 25 de abril de 2005, pela qual "a hipoteca firmada entre a construtora e o agente financeiro, anterior ou posterior à celebração da promessa de compra e venda, não tem eficácia perante os adquirentes do imóvel".

---

[120] O REsp 187.940 tem a seguinte ementa: "Sistema Financeiro da Habitação. Casa própria. Execução. Hipoteca em favor do financiador da construtora. Terceiro promissário comprador. Embargos de terceiro. – Procedem os embargos de terceiro opostos pelos promissários compradores de unidade residencial de edifício financiado, contra a penhora efetivada no processo de execução hipotecária promovida pela instituição de crédito imobiliário que financiou a construtora. – O direito de crédito de quem financiou a construção das unidades destinadas à venda pode ser exercido amplamente contra a devedora, mas contra os terceiros adquirentes fica limitado a receber deles o pagamento das suas prestações, pois os adquirentes da casa própria não assumem a responsabilidade de pagar duas dívidas, a própria, pelo valor real do imóvel, e a da construtora do prédio".

6.2.4. Contrato de cessão fiduciária de direitos creditórios oriundos de contrato de alienação de imóveis

Entre as garantias que o incorporador pode oferecer ao financiador da incorporação figura a cessão fiduciária dos direitos creditórios oriundos da comercialização de imóveis.

É importante instrumento de financiamento da produção imobiliária, de forma direta ou indireta, podendo constituir garantia vinculada à construção da edificação.

A cessão fiduciária tem como objeto créditos oriundos da venda de imóveis, em geral. É o contrato pelo qual o titular de créditos oriundos da venda de imóveis transmite-os ao credor com a única e específica finalidade de garantia. Trata-se de contrato acessório, pois é garantia de contrato de empréstimo, de financiamento ou de outro contrato de natureza similar. Por isso, pressupõe, sempre, a existência de um contrato principal, que terá como garantia a cessão fiduciária.

Por esse contrato, o cedente se desprende, temporariamente, da titularidade dos créditos, e estes passam à titularidade do cessionário, para atender à finalidade da garantia, isto é, para permitir que o cessionário receba o produto da alienação diretamente dos devedores do cedente, que são os promissários compradores, e utilize esses recursos na amortização da dívida do cedente. Dada essa configuração, a Lei nº 9.514/1997 (art. 19) autoriza o credor a receber diretamente dos devedores do cedente, fazendo as vezes do credor original; pode o credor-cessionário até exercer as eventuais ações judiciais a que o credor original está legitimado. Na dinâmica desse contrato de garantia, os valores das prestações que o credor-cessionário receber do adquirente vão sendo creditadas ao tomador do empréstimo (no caso, o incorporador) até a satisfação do crédito do credor-cessionário.

Trata-se de modalidade de contrato que se ajusta muito bem à dinâmica da incorporação e atende plenamente aos interesses de todas as partes envolvidas: atende ao interesse do incorporador, porque este obtém os recursos de que necessita para realizar a obra; ao adquirente, a cessão fiduciária atende duplamente: *primeiro,* porque a cessão fiduciária resulta de contrato pelo qual o incorporador terá obtido recursos para a obra e, assim, podem ser assegurados os recursos que permitirão concluí-la e, *segundo,* porque ele, o adquirente, poderá pagar diretamente ao credor-fiduciário, não ficando na dependência do incorporador para resgate da dívida que vincula a unidade adquirida, salvo se o financiamento tomado para a construção for superior ao valor dos créditos cedidos fiduciariamente; finalmente, interessa ao credor, seja porque se trata de garantia dotada de liquidez, seja porque deixa de correr os riscos da empresa incorporadora. A possibilidade de o credor-fiduciário receber diretamente do adquirente, tão logo contratada a cessão fiduciária, só passou a existir para os contratos celebrados a partir da vigência da Lei nº 9.514/1997 (20 de novembro de 1997), pois pelo regime anterior (disciplinado pela Lei nº 4.864/1965), só depois de configurado o inadimplemento do incorporador-devedor é que o credor-fiduciário estava autorizado a receber as prestações diretamente dos adquirentes.

A titularidade fiduciária decorrente da cessão fiduciária tem natureza real, tal como o define o § 1º do art. 17 da Lei nº 9.514/1997.

Os direitos de que fica investido o credor-cessionário são definidos nos arts. 19 e 20 da Lei nº 9.514/1997, que também contemplam a forma de operação da cessão fiduciária.

De acordo com esses dispositivos, o credor fiduciário tem o direito de conservar e recuperar os títulos de crédito cedidos, promover a intimação dos devedores para que não paguem ao cedente e sim a ele, credor-fiduciário; esse credor pode realizar a cobrança até que seja satisfeito seu crédito, e não mais.

Cap. VI • ESPÉCIES DE CONTRATO MAIS FREQUENTES NA INCORPORAÇÃO IMOBILIÁRIA | **231**

Na medida em que vai recebendo parceladamente os créditos dados em garantia, o credor-cessionário-fiduciário vai amortizando a dívida do devedor-cedente-fiduciante "até final liquidação da dívida e encargos, responsabilizando-se o credor fiduciário perante o cedente, como depositário, pelo que receber além do que este lhe devia" (art. 19, § 1º).

Para tornar efetiva essa amortização da dívida, o credor-cessionário-fiduciário substitui o credor original (promitente vendedor, que é o devedor-cedente-fiduciante) em tudo o que diz respeito à relação creditícia, ou seja, é o credor-cessionário-fiduciário que faz a cobrança diretamente aos adquirentes, promove ações e execuções, judiciais ou extrajudiciais, pois está legitimado a realizar todos os atos que o promitente vendedor (devedor-cedente-fiduciante) está legitimado a realizar para recebimento do crédito.

A legitimação do credor-cessionário-fiduciário é condição essencial para que a cessão fiduciária cumpra sua função, isto é, para tornar possível o recebimento, pelo credor-cessionário-fiduciário, das prestações e o subsequente lançamento dos valores líquidos desse recebimento a crédito do devedor-cedente-fiduciante, na operação de crédito para a qual foi constituída a cessão fiduciária (§ 1º do art. 19).

A faculdade conferida pela lei ao cessionário fiduciário é de tal importância para o controle do cumprimento do contrato de financiamento da construção que a Resolução 4.676/2018 do Conselho Monetário Nacional, com a redação dada pela Resolução 4.909/2021,[121] exige, como requisito para a concessão desse financiamento, a partir de 2023, o registro dessa cessão fiduciária em garantia em "sistema de registro operado por entidade registradora de ativos financeiros".

O contrato de cessão fiduciária de direitos creditórios, como se vê, tem estrutura apropriada para operar como garantia eficaz de financiamentos de empreendimentos imobiliários, não só pela natureza real de que se reveste, mas, sobretudo, porque dá maior liquidez à operação em que é devedor o incorporador e porque dilui o risco dessa operação, distribuindo-o pelos vários adquirentes de unidades imobiliárias do empreendimento. Por esse modo, a cessão fiduciária exerce importante função como instrumento de liquidez do financiamento imobiliário.

Na medida que não se trata de cessão da posição contratual, os direitos creditórios são destacados e transferidos ao "credor cessionário-fiduciário", mas o devedor-cedente-fiduciante conserva sua titularidade sobre os demais direitos que a posição de promitente vendedor lhe confere, bem como as obrigações e as responsabilidades que se lhe imputam, entre elas as responsabilidades pela evicção e pelos vícios de construção.

6.2.5. Contrato de caução de direitos creditórios oriundos de alienação de imóveis

A caução de direitos creditórios decorrentes de contratos de venda ou promessa de venda de imóveis é garantia utilizável nas operações vinculadas às incorporações imobiliárias.

---

[121] Resolução do Conselho Monetário Nacional 4.909, de 27.5.2021, que acrescenta à Resolução 4.676/2018 os arts. 7º-A a 7º-C: "Art. 7º-A Os direitos creditórios recebidos em garantia pelas instituições financeiras e demais instituições autorizadas a funcionar pelo Banco Central do Brasil relativos a operações de financiamento para produção de imóveis devem ser registrados em sistema de registro operado por entidade registradora de ativos financeiros. Parágrafo único. A liberação dos recursos relativos aos financiamentos para produção de imóveis somente poderá ocorrer após a realização do registro de que trata o *caput*."

232 | INCORPORAÇÃO IMOBILIÁRIA • *Melhim Namem Chalhub*

A caução tem como objeto créditos oriundos da venda de imóveis, tal como a cessão fiduciária, mas desta se distingue fundamentalmente pelo fato de que na caução os créditos caucionados continuam no patrimônio do devedor, daí por que, em caso de falência deste, são arrecadados à massa, enquanto na cessão fiduciária os créditos passam a constituir um patrimônio de afetação, não sendo arrecadados à massa em caso de falência do devedor.

A caução está prevista no art. 17, III, da Lei nº 9.514/1997, que a submete ao regime dos arts. 1.459 e seguintes do Código Civil de 2002.[122]

Do mesmo modo que a cessão fiduciária, a caução é garantia real e pode constituir garantia vinculada à construção da edificação. Equipara-se ao penhor e vale contra terceiros desde que registrada. É contrato acessório, pois é garantia de contrato de empréstimo, de financiamento ou de outro contrato de natureza similar. Por isso, pressupõe, sempre, a existência de um contrato de crédito, que será garantido pela caução.

Por esse contrato, o devedor-caucionário transfere a titularidade de créditos de que seja titular ao credor-caucionado, que passa a exercer a cobrança e utilizar o produto obtido para amortização de débito do devedor-caucionário.

Essa modalidade de contrato pode ser muito útil na incorporação, na medida em que, tanto quanto na cessão fiduciária, possibilita o pleno atendimento dos interesses de todas as partes envolvidas.

Nos termos do art. 1.459 do Código Civil de 2002,[123] o credor caucionado tem assegurado o direito de conservar e recuperar a posse dos títulos contra qualquer detentor, inclusive contra o próprio titular do crédito, podendo promover a intimação dos devedores para que não paguem ao seu credor, enquanto durar a caução, efetivar a cobrança, receber, dar quitação e, bem assim, usar todas as ações, recursos e execuções para recebimento do crédito, como se fora procurador especial do credor caucionário.

Na medida em que vai recebendo os créditos dados em garantia, o credor-caucionado vai aplicando esses recursos na amortização da dívida do devedor (credor-caucionário), ficando como seu depositário pelo que receber além do que o caucionário lhe devia.

6.2.6. Contrato de caução de direitos aquisitivos relativos a imóveis

Os direitos aquisitivos decorrentes de promessas de compra e venda podem ser objeto de garantia real, de acordo com a Lei nº 9.514/1997, arts. 17, III, §§ 1º e 2º, e 21.

Essa garantia tem como objeto os direitos de que é titular o promitente comprador de imóvel.

É garantia real, assim definida pelo § 1º do art. 17 da referida Lei nº 9.514/1997, refletindo a natureza de direito real atribuída ao direito de aquisição de que é titular o promitente comprador.

Ao criar essa nova modalidade de garantia, visa a lei ampliar as opções de garantia, suprindo importante lacuna do direito brasileiro. Com efeito, não são raras as situações em que, mediante promessa de compra e venda, o adquirente do terreno tem intenção de construir sua moradia; considerando que a garantia imobiliária tradicional, para essas hipóteses, é a hipoteca (a propriedade fiduciária só recentemente veio a ser introduzida no direito positivo),

---

[122] O Código Civil de 2002 passou a tratar da matéria nos arts. 1.459 e seguintes, sob o título "penhor de direitos e títulos de créditos".

[123] Art. 789 do Código Civil de 1916.

Cap. VI • ESPÉCIES DE CONTRATO MAIS FREQUENTES NA INCORPORAÇÃO IMOBILIÁRIA | **233**

e levando em conta que só o titular do domínio pode hipotecar ou alienar fiduciariamente, o titular de direitos aquisitivos não teria legitimidade para oferecê-lo em garantia senão depois de concluir o pagamento e obter o título definitivo; só então é que poderia habilitar-se à obtenção de crédito para a construção e, assim, o promitente comprador ficava adstrito a construir sua moradia com recursos próprios.

Igual óbice enfrentava o incorporador que, sendo titular apenas dos direitos aquisitivos sobre o imóvel (como promitente comprador ou cessionário deste, nos termos do art. 32, alínea *a*), não dispunha de garantia a oferecer para obtenção de financiamento para a obra, tendo que levar avante a incorporação somente com recursos dele próprio e com os recursos captados dos adquirentes.

A Lei nº 9.514/1997 veio tornar viável a obtenção de financiamento por parte dos promitentes compradores, criando para esse fim, como nova modalidade de garantia, a caução dos direitos aquisitivos de que tais promitentes sejam titulares. Nesse sentido, o art. 21, da Lei nº 9.514/1997 prescreve que "são suscetíveis de caução, desde que transmissíveis, os direitos aquisitivos sobre imóvel, ainda que em construção."

Tal como na constituição de qualquer outra garantia, a lei determina que do instrumento de caução conste a identificação do imóvel cujos direitos são objeto da caução, bem como o valor do débito que a caução irá garantir e, ainda, o valor dos encargos do contrato de financiamento.

O fato de o preço da promessa ainda não estar resgatado não impede a constituição de caução sobre os direitos aquisitivos, cabendo ao credor apurar o *quantum* do saldo a pagar e definir o valor real dos direitos aquisitivos, como que um valor "líquido", isto é, o valor de mercado do imóvel menos o saldo a pagar. Conhecido esse valor, o credor fixará o coeficiente de garantia que lhe satisfaz e estabelecerá o valor pelo qual admite receber em caução os direitos aquisitivos.

Havendo saldo da promessa a pagar e sobrevindo a mora do promitente comprador que tiver caucionado seus direitos, poderá o credor promover a execução do seu crédito (decorrente do contrato de financiamento ou de mútuo) ou, se entender conveniente, efetivar o pagamento do saldo da promessa, com o que afastará o risco de resolução da promessa e, portanto, assegurará a incolumidade do objeto da garantia. Caso o credor efetive o pagamento do saldo da promessa, o valor que tiver pago será acrescido à dívida garantida pela caução, ficando o credor, então, autorizado a promover a execução desde logo.

6.2.7. Contrato de seguro de garantia das obrigações do incorporador e construtor

A consecução das incorporações imobiliárias, no que tange à completa execução das obras e sua averbação no Registro de Imóveis, pode ser coberta por seguro de garantia de conclusão de obra.

Trata-se do seguro de "garantia do cumprimento das obrigações do incorporador e construtor de imóveis".

São partes nesse contrato de seguro o incorporador e/ou o construtor, como tomador, responsável pela incorporação e construção, venda e entrega do imóvel, os adquirentes, na qualidade de segurados, e a seguradora, na qualidade de responsável pelo cumprimento da obrigação do incorporador e/ou do construtor caso algum desses deixe de cumprir suas obrigações decorrentes do contrato de incorporação. Pode figurar como segurado, também, o permutante do terreno, para garantia do cumprimento da obrigação do incorporador de construir e entregar as unidades objeto do contrato de permuta.

Nessa modalidade de seguro, a Comissão de Representantes desempenha papel de extrema importância, pois, além das suas atribuições usuais, terá a incumbência de adotar as medidas necessárias à configuração do sinistro e à substituição do incorporador ou do construtor, para que se processe a indenização.

O seguro garante indenização, até o valor fixado na apólice, dos prejuízos decorrentes do inadimplemento do incorporador relativamente às obrigações assumidas no contrato de construção de edificações comercializadas durante a obra.

Em regra, a seguradora assume a obrigação de indenizar os prejuízos resultantes do inadimplemento do tomador (incorporador), indenização essa representada pela conclusão da obra sob a responsabilidade da seguradora, podendo esta optar por efetuar o ressarcimento ao segurado (adquirente) mediante devolução das importâncias pagas ao tomador (incorporador), até a data da constatação do inadimplemento.

Dada essa estruturação básica, é possível que contratos específicos de seguro contemplem outras obrigações da seguradora, como, por exemplo, a cobertura da obrigação do incorporador de restituir as importâncias recebidas no prazo de carência, caso haja denúncia da incorporação, a extensão da garantia até a averbação da construção no Registro de Imóveis, e não somente mediante simples conclusão da construção etc.

O contrato de seguro vigorará a partir da vigência do contrato principal até a extinção deste, devendo o tomador pagar o prêmio por todo esse prazo.

São causas de isenção da responsabilidade da seguradora (a) casos fortuitos ou de força maior, (b) descumprimento das obrigações do incorporador decorrentes de ação ou omissão do adquirente, como, por exemplo, falta de pagamento de prestações que implique o retardamento da obra, e (c) alteração ou modificação das obrigações contratuais garantidas pela apólice, que tenham sido acordadas entre o adquirente e o incorporador, sem prévia anuência da seguradora.

A apólice deverá caracterizar o sinistro, que poderá ser (a) pelo não início da obra, vencido o prazo de carência, se houver, se assim estiver contratado, ou (b) pelo retardamento ou paralisação da obra sem justa causa, devidamente comprovada. Ocorrendo esta última hipótese, em regra, os adquirentes deverão adotar as medidas para destituição do incorporador, previstas no inciso VI do art. 43, atribuindo a construção a outra construtora.

Ocorrido o sinistro, inclusive mediante destituição do incorporador, a seguradora intervirá na incorporação para (a) restituir as importâncias recebidas dos adquirentes ou (b) promover todos os atos necessários à conclusão da obra, sem aumento do preço contratado ou, ainda, (c) promover a realização dos reparos necessários à restauração das especificações da obra, de acordo com o Memorial de Incorporação, tudo nos limites e nas condições estabelecidas na respectiva apólice.

Em razão da assunção das obrigações do incorporador pela seguradora, esta ficará sub-rogada nos direitos dos segurados para obter, do incorporador, o ressarcimento das despesas que venha a efetuar em decorrência do seguro.

Com propósito semelhante ao desse seguro, a Lei nº 9.514/1997 previu a contratação de "seguro que garanta o ressarcimento ao adquirente das quantias por este pagas, na hipótese de inadimplemento do incorporador ou construtor quanto à entrega da obra" (§ 3º do art. 5º).

Essa nova modalidade de seguro, entretanto, não chegou a ser implementada, sabendo-se que, dada sua complexidade, a exemplo dos demais seguros relativos à atividade da incorporação, mereceria regulamentação específica. O certo é que até a edição deste trabalho não se tinha notícia de que o mercado segurador tivesse formulado a apólice específica dessa modalidade de seguro.

Cap. VI • ESPÉCIES DE CONTRATO MAIS FREQUENTES NA INCORPORAÇÃO IMOBILIÁRIA | 235

6.2.8. Contrato de seguro de responsabilidade civil do construtor

Os riscos decorrentes da execução das obras de engenharia civil são objeto de contrato de seguro. Trata-se de seguro de responsabilidade civil por danos a pessoas ou coisas.[124] Nesse seguro, é segurado o construtor, seus empreiteiros e subempreiteiros, bem como seus diretores, funcionários, prepostos e assessores, quando no exercício de suas atribuições relativas às atividades vinculadas ao objeto do seguro.

As construções de vulto, como, em geral, são aquelas relativas às incorporações, encerram vários riscos, como, por exemplo, a possibilidade de queda de pedaços de material que causem ferimentos em pessoas ou danifiquem prédios ou veículos. Do mesmo modo, há risco de os empregados caírem de andaimes e se ferirem ou serem atingidos por alguma ferramenta etc. A obra, assim, pode causar danos a pessoas e a coisas.

São esses os riscos mais comuns cobertos pelo contrato de seguro de responsabilidade civil do construtor. A contratação desse seguro é de especial interesse dos adquirentes de unidades em incorporação, na medida em que muitos dos danos a ele relativos podem ser imputados ao proprietário do imóvel, nos termos dos arts. 1.299, 1.277 e 1.280 do Código Civil de 2002, além do que o proprietário pode ser responsabilizado solidariamente com o construtor. Considerando que o "dono da obra", nas incorporações, pode ser o adquirente da unidade imobiliária, é de interesse deste a contração do seguro.

Esse seguro visa garantir somente os riscos decorrentes da execução da obra, não se confundindo com o seguro de instalações de estabelecimentos industriais ou comerciais ou, ainda, com o seguro de responsabilidade civil do condomínio, pois cada um desses seguros tem configuração e função próprias, distintas da configuração e função do seguro das obras civis.

Por esse contrato, a companhia seguradora assume a obrigação de reembolsar o segurado, até o limite estabelecido na apólice, das quantias pelas quais este vier a ser responsável civilmente, por sentença judicial transitada em julgado ou em razão de acordo que vier a ser autorizado pela seguradora. A indenização tem como objeto danos corporais ou materiais involuntariamente causados a terceiros em consequência da execução da obra objeto do contrato de seguro.

O período de cobertura desse seguro deve estender-se por todo o período em que a obra estiver em execução, desde a instalação do canteiro de obra até o encerramento das atividades de construção no local.

O limite máximo de garantia terá seu valor especificado na apólice que representa o contrato de seguro.

Não estão abrangidos por esse seguro a responsabilidade a que se refere o art. 618 do Código Civil de 2002, os danos causados por inobservância voluntária às normas da ABNT ou às disposições específicas de outros órgãos competentes, ou, ainda, por extravio, furto ou roubo, bem como por uso de materiais ainda não testados ou por métodos de trabalho ainda não experimentados e aprovados, entre outras causas de exclusão de cobertura previstas na apólice-padrão desse seguro.

É possível a contratação de cobertura para danos pessoais e materiais causados por erro de projeto. Esse contrato, em regra, cobre danos causados a terceiros, estranhos à obra, em razão de erro de projeto, como seria o caso, por exemplo, da queda de um edifício em construção

---

[124] Seguro considerado obrigatório nos termos do Decreto-lei nº 73/1966.

236 INCORPORAÇÃO IMOBILIÁRIA • *Melhim Namem Chalhub*

que fira uma pessoa na circunvizinhança ou que danifique um prédio vizinho, não cobrindo a reparação de danos causados à própria obra.

Em certos casos, o seguro também não cobrirá riscos decorrentes de danos causados por sondagem do terreno, rebaixamento de lençol freático, escavações, abertura de galerias, estaqueamento e serviços correlatos (fundações), que, em regra, são objeto de contrato de seguro específico, separado do seguro obrigatório de responsabilidade civil.

Na execução desse contrato, importa ter sempre presente a necessidade de se avisar imediatamente a seguradora a ocorrência de sinistro e/ou o ajuizamento de qualquer ação que tenha como objeto os riscos enumerados na apólice. Eventual acordo para pagamento, judicial ou extrajudicial, deve contar com a participação formal da seguradora, sob pena de prejudicar a exigibilidade da indenização correspondente. Dentro do limite de cobertura, a seguradora responderá pelo pagamento das custas judiciais e dos honorários de advogado que tiver sido constituído de acordo com ela.

A indenização é exigível à vista da apuração dos prejuízos, que corresponderá à reparação pecuniária que o segurado vier a ser obrigado a pagar, nos termos convencionados na apólice.

6.2.9. Seguro de morte e invalidez permanente do adquirente

O seguro de morte e invalidez permanente do adquirente é obrigatório para as operações de financiamento de construção ou de aquisição de imóvel enquadradas no sistema de financiamento imobiliário, nos termos do art. 5º, IV, da Lei nº 9.514/1997.

Nesse contrato, além da seguradora, figuram, como segurado, o adquirente e, como beneficiário, o credor, que poderá ser o vendedor (incorporador) ou a entidade financiadora do negócio.

A vigência desse seguro tem início na data da assinatura do contrato de aquisição do imóvel nos termos da Lei nº 9.514/1997 e encerra quando da quitação do saldo devedor.

O seguro garante o pagamento do saldo devedor do preço do imóvel ou do financiamento, que corresponde à importância segurada.

Esse seguro comporta limitação quanto ao prazo, pela qual, em regra, a soma da idade do segurado mais o prazo contratado para o pagamento do saldo do preço do imóvel não pode exceder a certo prazo. Nos contratos de financiamento de SFH, o limite máximo dessa soma é de 80 anos e 6 meses, mas no SFI o limite é variável, conforme a companhia seguradora.

Ocorrido o sinistro (morte ou invalidez permanente), o credor (beneficiário) receberá, por conta do segurado, a indenização correspondente ao valor do seu crédito, que corresponde ao saldo devedor na data do sinistro, operando-se, em consequência, a quitação do saldo do preço. Caso o imóvel tenha sido adquirido por mais de uma pessoa, serão todas elas seguradas e, nessa hipótese, o pagamento da indenização será feito em proporção à participação pecuniária do falecido ou inválido na aquisição do imóvel.

6.2.10. Seguro de danos físicos no imóvel

Além do seguro de morte e invalidez permanente, é comum a contratação do seguro de danos físicos sobre o imóvel. Esse seguro é facultativo nas operações imobiliárias em geral, mas é compulsório nas operações enquadradas no sistema financeiro da habitação, da Lei nº 4.380/1964.

Figuram no contrato, além da seguradora, o adquirente, como beneficiário; o credor é o estipulante e, também, é um segundo beneficiário.

Cap. VI • ESPÉCIES DE CONTRATO MAIS FREQUENTES NA INCORPORAÇÃO IMOBILIÁRIA | **237**

A vigência do seguro é estabelecida no contrato; quando se referir a imóvel financiado, tem início com a contratação do seguro e encerra quando da quitação do saldo devedor.

O valor segurado é igualmente estabelecido na apólice, sendo, em regra, equivalente ao valor do imóvel.

Esse seguro cobre os danos que possam afetar o imóvel objeto da compra e venda, oriundos de eventos de causa externa, entre eles incêndio, explosão, desmoronamento, destruição ou desabamento de paredes, vigas ou outro elemento estrutural, ameaça de desmoronamento, destelhamento, inundação ou alagamento, entre outros. Garante, também, a cobertura das despesas feitas para evitar o agravamento do risco.

É obrigação da seguradora reembolsar as despesas que o segurado tiver com a reparação dos danos, repondo o imóvel nas condições originais, podendo tais serviços, entretanto, ser realizados diretamente pela seguradora e por sua própria conta.

6.2.11. Seguro de crédito

O seguro de crédito cobre o risco decorrente de mora do adquirente, visando preservar o fluxo financeiro programado para o empreendimento.

Integram esse contrato, além da seguradora, o adquirente, como garantido, e o credor; este é o vendedor, que em regra é o incorporador, ou a entidade financiadora da aquisição do imóvel.

Por esse seguro, a seguradora assume a obrigação de indenizar o credor em valor correspondente à perda líquida definitiva decorrente do inadimplemento do adquirente, apurando-se a perda líquida, em regra, após a realização da garantia, que corresponde à venda do imóvel que constitui seu objeto. Para atenuar os efeitos da mora sobre o fluxo financeiro necessário a dar andamento à obra, pode se convencionar o pagamento de adiantamentos por parte da seguradora, cujos valores serão devolvidos, ou compensados, quando da liquidação da indenização.

A indenização corresponde a determinado percentual da perda líquida definitiva estabelecido na apólice.

O limite da responsabilidade da seguradora corresponde ao valor do débito assumido pelo adquirente, acrescido das despesas realizadas para recuperação do crédito.

Excluem-se da garantia, entre outras hipóteses, a incapacidade de pagamento em operação que envolva mais de um imóvel, salvo convenção em contrário, bem como os contratos em que o valor da prestação exceda a determinado percentual da renda do adquirente e, ainda, os contratos em que a avaliação do imóvel exceda a determinado percentual definido na apólice.

6.2.12. Contrato de corretagem

A corretagem é contrato frequente na atividade da incorporação imobiliária; corresponde à mediação do corretor para comercialização das unidades imobiliárias integrantes da incorporação.

Na maioria dos casos, a corretagem nas incorporações se faz mais intensamente no "lançamento", que corresponde à deflagração do processo de venda das unidades do empreendimento e se dá, em geral, antes de iniciada a obra.

Define-se a corretagem como contrato pelo qual uma pessoa, "não ligada a outra em virtude de mandato, de prestação de serviços ou por qualquer relação de dependência", se obriga a obter para ela um ou mais negócios (Código Civil de 2002, art. 722 e seguintes).

Segundo Arnoldo Wald, a corretagem tem por função "aproximar pessoas e obter a conclusão do negócio, cabendo ao corretor orientar o cliente em tudo que seja útil."[125]

Na medida em que se limita à aproximação das partes, sem integrar a cadeia de fornecimento específica da incorporação imobiliária, o exercício da corretagem não importa em responsabilização do corretor pelos atos decorrentes daquela atividade produtiva, como, por exemplo, vícios de construção e atraso da obra, daí porque "não é possível seu enquadramento como integrante da cadeia de fornecimento a justificar sua condenação, de forma solidária, pelos danos causados ao autor adquirente",[126] salvo em situações excepcionais em que participe dessa atividade.

São partes no contrato o corretor, que opera como mediador, e o interessado em vender, que, no caso, é o incorporador.

A profissão de corretor, bem como o funcionamento de seus órgãos de fiscalização estão disciplinados pela Lei nº 6.530/1978, e regulamentados pelo Decreto nº 81.871/1978.

O contrato de corretagem é *bilateral*, porque implica obrigações para ambas as partes; *acessório* porque seu escopo é a realização de outro negócio, que, no caso, será a compra e venda da unidade imobiliária; *aleatório*, porque sua consecução depende do acaso, só sendo alcançada mediante a obtenção da venda; *consensual*, porque para sua formalização basta o consentimento das partes, e *oneroso*, porque contempla remuneração pelo resultado do trabalho de corretagem.

O contrato de corretagem às vezes se apresenta sob a forma de "opção de venda" ou "autorização de venda", em termos simplificados, mas, nas incorporações, é celebrado mediante instrumento contendo exaustivamente as obrigações de parte a parte, até porque se

---

[125] Ob. cit., p. 478.

[126] "Compromisso de compra e venda. Atraso na entrega da unidade imobiliária. Lucros cessantes presumidos. Termo final. Entrega do imóvel ao adquirente. Aplicação da Súmula 83/STJ. Corretora. Legitimidade passiva ad causam. Arts. 722 e 723 do Código Civil. Inexistência de falha na prestação do serviço de corretagem afastamento da responsabilidade solidária. 1. A jurisprudência desta Corte se firmou no sentido de que 'no caso de descumprimento do prazo para a entrega do imóvel, incluído o período de tolerância, o prejuízo do comprador é presumido, consistente na injusta privação do uso do bem, a ensejar o pagamento de indenização, na forma de aluguel mensal, com base no valor locatício de imóvel assemelhado, com termo final na data da disponibilização da posse direta ao adquirente da unidade autônoma' (REsp 1.729.593/SP, Rel. Ministro Marco Aurélio Bellizze, Segunda Seção, DJe de 27.9.2019). 2. Em vista da natureza do serviço de corretagem, não há, em princípio, liame jurídico do corretor com as obrigações assumidas pelas partes celebrantes do contrato, a ensejar sua responsabilização por descumprimento de obrigação da incorporadora no contrato de compra e venda de unidade imobiliária. Incidência dos arts. 722 e 723 do Código Civil. 3. Não sendo imputada falha alguma na prestação do serviço de corretagem e nem se cogitando do envolvimento da intermediadora na cadeia de fornecimento do produto, vale dizer, nas atividades de incorporação e construção do imóvel ou mesmo se tratar a corretora de empresa do mesmo grupo econômico das responsáveis pela obra, hipótese em que se poderia cogitar de confusão patrimonial, não é possível seu enquadramento como integrante da cadeia de fornecimento a justificar sua condenação, de forma solidária, pelos danos causados ao autor adquirente. 4. Agravo interno parcialmente provido para dar parcial provimento ao recurso especial." (STJ, REsp 1.779.271 – SP, rel. Min. Luís Felipe Salomão, rel. p/acórdão, Min. Maria Isabel Gallotti, *DJe* 25.6.2021).

trata de corretagem de maior porte e de maior complexidade, envolvendo despesas de certo vulto, como montagem de stand de venda, publicidade, muitas vezes sofisticada, instruções especiais a grande grupo de corretores etc.

Trata-se de contrato aleatório, vale dizer, o corretor faz jus à remuneração quando seus serviços tiverem produzido resultado útil, que deve ser identificado no caso concreto, conforme as peculiaridades do contrato pelo qual foi convencionada a transmissão da propriedade, pois "somente nascerá o direito à comissão caso a corretagem logre êxito em trazer um resultado útil para as partes".

Em relação às promessas de venda de imóveis integrantes de incorporação imobiliária, o resultado útil a que se refere o art. 725 do Código Civil deve ser aferido conforme a regra especial dos §§ 10, 11 e 12 do art. 67-A da Lei 4.591/1964, com a redação dada pela Lei 13.786/2018, que inclui entre os elementos de tipificação desse contrato um prazo de carência de sete dias, dentro do qual o promitente comprador pode se arrepender, hipótese em que terá direito à restituição integral das quantias pagas, inclusive da quantia correspondente à comissão de corretagem.

Na medida em que a higidez da promessa de venda tipificada pela Lei 4.591/1964 decorre do não exercício do direito de arrependimento pelo adquirente, esse fato deve ser considerado na aferição do resultado útil do contrato de corretagem que o levou à celebração da promessa fora da sede da incorporadora.

Se o corretor aproxima as partes, mas estas deixam de realizar o negócio no momento subsequente a essa aproximação, só vindo a fazê-lo posteriormente, sem a participação do corretor, a corretagem lhe será devida. É como a matéria está disciplinada no Código Civil, cujo art. 727 prevê a exigibilidade da comissão, "se o negócio se realizar após a decorrência do prazo contratual, mas por efeito dos trabalhos do corretor", prescrevendo, ainda, para a hipótese de o dono do negócio dispensar o corretor, por não haver prazo determinado, que se "o negócio se realizar posteriormente, como fruto de sua mediação, a corretagem lhe será devida".

Em regra, é devedor da comissão aquele que contrata a corretagem, esteja ele na posição de vendedor ou de comprador, mas em princípio é o vendedor quem a paga, admitida, entretanto, sua atribuição ao comprador na atividade da incorporação imobiliária, como já reconhecido pelo Superior Tribunal de Justiça em acórdão proferido em Recurso Especial julgado pelo critério repetitivo;[127] um desses casos é a corretagem de terreno para incorporação, em que não raras vezes é o adquirente quem paga, e este é o incorporador; outra situação

---

[127] "Recurso Especial Repetitivo. Direito Civil e do consumidor. Incorporação imobiliária. Venda de unidades autônomas em estande de vendas. Corretagem. Cláusula de transferência da obrigação ao Consumidor. Validade. Preço total. Dever de informação. Serviço de Assessoria técnico-imobiliária (SATI). Abusividade da cobrança. I – Tese para os fins do art. 1.040 do CPC/2015: 1.1. Validade da cláusula contratual que transfere ao promitente-comprador a obrigação de pagar a comissão de corretagem nos contratos de promessa de compra e venda de unidade autônoma em regime de incorporação imobiliária, desde que previamente informado o preço total da aquisição da unidade autônoma, com o destaque do valor da comissão de corretagem. 1.2. Abusividade da cobrança pelo promitente-vendedor do serviço de assessoria técnico-imobiliária (SATI), ou atividade congênere, vinculado à celebração de promessa de compra e venda de imóvel. II – Caso concreto: 2.1. Improcedência do pedido de restituição da comissão de corretagem, tendo em vista a validade da cláusula prevista no contrato acerca da transferência desse encargo ao consumidor. Aplicação da tese 1.1. 2.2. Abusividade da cobrança por serviço de assessoria imobiliária, mantendo-se a procedência do pedido de restituição. Aplicação da tese" (REsp 1.599.511/SP, 2ª Seção, rel. Min. Paulo de Tarso Sanseverino, *DJe* 6.9.2016).

240 | INCORPORAÇÃO IMOBILIÁRIA • *Melhim Namem Chalhub*

é a do corretor que, mesmo sem ter contrato escrito com nenhuma das partes, procura-os e promove entendimento visando a negociação do imóvel, caso em que o mais razoável há de ser o rateio do pagamento entre vendedor e comprador.

6.3. ASPECTOS PROCESSUAIS PECULIARES: PAGAMENTO DA PARCELA INCONTROVERSA – LEI Nº 10.931/2004 E CPC/2015

Desde a época em que operava o extinto Banco Nacional da Habitação, a comercialização de imóveis a prazo vem ensejando uma série de litígios, versando principalmente sobre índices de atualização monetária, taxa de juros, método de cômputo de juros, alegação de inconstitucionalidade dos procedimentos extrajudiciais de cobrança e leilão, entre outros.

As vendas de imóveis habitacionais com pagamento parcelado são, em geral, operações de crédito de longo prazo, que, desde o início da década de 1960 são sujeitos a atualização da expressão monetária dos valores do saldo devedor e das mensalidades.[128] Os juros remuneratórios dessa modalidade de operação são computados mensalmente sobre o saldo devedor; ao final de cada período de trinta dias, o credor atualiza o valor do saldo devedor, computando o índice eleito no contrato, e o devedor paga uma mensalidade que é composta de uma parcela de amortização do capital e uma parcela dos juros correspondentes ao período de trinta dias.

A operação se reveste de certa complexidade, não só pela articulação dos cálculos de atualização monetária e de juros, mas também pelo eventual descompasso entre a atualização

---

[128] A propósito da atualização monetária (ou correção monetária), vale a pena recordar, a experiência brasileira mostra que até o início dos anos 1960, em face da depreciação da moeda, frustraram-se todas as esporádicas tentativas de implantação de uma política habitacional, porque o somatório dos pagamentos feitos pelo tomador do empréstimo não era suficiente para repor o capital necessário para construir nem mesmo uma pequena parte de um imóvel equivalente àquele que fora financiado, tornando-se, portanto, impossível a realimentação financeira para novos financiamentos habitacionais. Foi nesse quadro que surgiu a ideia da correção monetária como mecanismo de equilíbrio econômico-financeiro dos negócios de longo prazo, de modo que, retornando com o mesmo poder de compra, os capitais emprestados pudessem ser reaplicados na construção e comercialização de imóveis em quantidade pelo menos equivalente àquela da qual se originou. A par das normas sobre reajuste monetário do regime parlamentarista de 1962 (Decretos nºs 786, 787 e 1.120), que não chegaram a ser colocadas em prática, veio logo a seguir a legislação do Sistema Financeiro da Habitação – SFH e do Fundo de Garantia do Tempo de Serviço – FGTS, que criou todo um sistema contemplando mecanismos capazes de viabilizar a arrecadação de recursos, o empréstimo habitacional, a reposição desses empréstimos e a reaplicação dos recursos, adotando critérios tanto quanto possível homogêneos de atualização monetária em todo o percurso de circulação desse dinheiro, de modo a conservar o poder de compra dos valores envolvidos. As discrepâncias entre os reajustes salariais dos tomadores dos empréstimos e as atualizações das contas do FGTS e de poupança levou o legislador a criar mecanismos diferenciados para atualização monetária dos recursos do ativo (prestações atualizadas anualmente) e do passivo (contas do FGTS e da poupança atualizadas trimestralmente e depois mensalmente), ficando claro que, em virtude desse descompasso, a soma de todas as prestações mensais pagas não era suficiente para repor o valor real do empréstimo. A solução encontrada foi a criação de um fundo – Fundo de Compensação de Variações Salariais – FCVS –, ao qual se transferia a responsabilidade pelo pagamento do saldo nos casos em que, apesar de pagar todas as prestações, o tomador do empréstimo não lograsse amortizá-lo integralmente. Esse conjunto de regras, teoricamente, compatibilizaria as contas do ativo e do passivo, mas na prática o equilíbrio do sistema acabou comprometido em razão de uma série de fatores de natureza política, econômica e financeira. Hoje em dia, o FCVS não mais participa dos contratos, sendo, portanto, da exclusiva responsabilidade dos tomadores de empréstimo o resgate integral da dívida.

monetária do financiamento e o reajuste salarial do mutuário, além das demais características peculiares aos negócios imobiliários.

Não raras vezes, a propositura de ações judiciais versando sobre contratos de comercialização de imóveis a prazo dá origem à sustação do pagamento das prestações, mesmo que a pretensão manifestada não diga respeito a eventual inexigibilidade da obrigação, e tal sustação de pagamento dá-se muitas vezes por força de concessão de liminares.

Sucede que a delonga dos processos possibilita ao devedor utilizar o imóvel sem nada pagar por todo o tempo da demanda, que, como se sabe, é muito prolongado, sendo certo que em muitos casos o devedor deixa de pagar não só as prestações do financiamento, mas, também, as quotas de condomínio e o Imposto Territorial e Predial Urbano – IPTU, além de descuidar da conservação e manutenção do imóvel.

A sustação dos pagamentos, entretanto, não se justifica nos casos em que a controvérsia não tenha como objeto a exigibilidade ou a inexigibilidade da obrigação, mas apenas eventual excesso de cobrança, sendo certo que, na maioria dos casos, os pedidos se fundamentam em inadequação do índice de atualização ou em excessiva taxa de juros, circunstâncias que tornariam o valor da prestação um pouco menor do que aquele que está sendo cobrado pelo credor.

Para disciplinar as situações em que não haja fatos que comprovadamente justifiquem a inexigibilidade da prestação, a Lei nº 10.931/2004, nos seus arts. 49 e 50, veio regulamentar a forma de adimplemento das obrigações do devedor nas demandas que tenham por objeto os contratos de compra e venda de imóveis com pagamento parcelado, determinando que a parcela não controvertida da obrigação continue sendo paga e que a parcela controvertida seja depositada, mecanismo semelhante ao da ação de consignação em pagamento, em que se faculta ao credor o levantamento da parcela não controvertida da dívida e a manutenção da parcela controvertida em depósito.

A exigibilidade da continuação do pagamento das parcelas não controvertidas diretamente ao credor, no tempo e no modo contratado, a despeito da tramitação de ação judicial em que se discuta a revisão da obrigação, tornou-se regra geral com o advento do Código de Processo Civil de 2015, que adota para quaisquer contratos de empréstimo, financiamento ou alienação de bens a crédito regra semelhante àquela que a Lei nº 10.931/2004 instituíra para os contratos de financiamento imobiliário e de venda de imóveis a crédito.

Assim, de acordo com os §§ 2º e 3º do art. 330 do CPC/2015, a parcela incontroversa das obrigações pecuniárias de pagamento de empréstimos, financiamento ou do preço de alienação de bens de qualquer espécie deverá ser discriminada na inicial sob pena de inépcia, e, no curso da ação, "o valor incontroverso deverá continuar a ser pago no tempo e no modo contratados".[129]

Ao ser instituídas pela Lei nº 10.931/2004, essas disposições visavam conferir segurança jurídica aos negócios imobiliários, particularmente em razão das suas relações com o mercado de capitais, onde são captados os recursos para sustentar os financiamentos, conjunto de mecanismos esse expresso pela Lei nº 4.591/1964, com as alterações introduzidas pela Lei nº 10.931/2004, pela Lei nº 9.514/1997 e pela própria Lei nº 10.931/2004.

---

[129] Código de Processo Civil (Lei nº 13.105/2015): "Art. 330. A petição inicial será indeferida quando: (...). § 2º Nas ações que tenham por objeto a revisão de obrigação decorrente de empréstimo, de financiamento ou de alienação de bens, o autor terá de, sob pena de inépcia, discriminar na petição inicial, dentre as obrigações contratuais, aquelas que pretende controverter, além de quantificar o valor incontroverso do débito. § 3º Na hipótese do § 2º, o valor incontroverso deverá continuar a ser pago no tempo e no modo contratados".

A generalização instituída pelo CPC/2015 tem em vista a realização da função econômica e social do crédito em toda a extensão em que é empregado.

No mercado imobiliário, particularmente, o pagamento dessas parcelas diretamente ao credor atende às suas peculiaridades nas diversas fases em que se desenvolvem as operações de produção, comercialização e financiamento no setor imobiliário. Nesse sentido, vista a operação sob a perspectiva dos adquirentes de unidades imobiliárias em construção, nas incorporações imobiliárias, a lei cuidou de criar uma garantia de extraordinária eficácia, isto é, a afetação patrimonial, possibilitando afastar o acervo das incorporações dos riscos de eventual falência da incorporadora, bem como assegurar aos adquirentes os meios necessários para prosseguir a obra com autonomia em relação à falência, utilizando os recursos do próprio orçamento da incorporação; no que tange às operações de empréstimo ou financiamento, a Lei nº 9.514/1997 tratou da garantia do financiador, regulamentando a alienação fiduciária dos bens imóveis; e, completando o sistema de garantias, a mesma Lei nº 9.514/1997 cuidou da garantia do investidor, procurando viabilizar o carreamento de recursos para o setor imobiliário e dar estabilidade ao *funding* dos respectivos financiamentos, também mediante criação de um patrimônio de afetação, este constituído com os créditos que lastreiam os títulos securitizados subscritos por tais investidores.

O propósito desse conjunto de normas é criar condições de funcionamento permanente de um "mercado secundário de créditos imobiliários", no qual os pagamentos fluam com regularidade e com condições de rápida recomposição de situações de mora, circunstâncias capazes de estimular investidores a aplicar recursos no mercado imobiliário e, assim, atender continuamente as necessidades da produção e da comercialização de imóveis.

As específicas regras dos arts. 49 e 50, com seus parágrafos, da Lei nº 10.931/2004, além da regra geral do art. 330, I, §§ 2º e 3º, do Código de Processo Civil, dispõem que o devedor que ajuizar ação versando sobre as obrigações do contrato de financiamento deve continuar efetivando o pagamento dos encargos sobre o imóvel (IPTU, condomínio etc.), bem como o pagamento da parcela não controvertida da prestação do financiamento ou da parcela da venda a crédito.

Em relação ao art. 49 da Lei nº 10.931/2004, incumbe ao credor (réu na ação proposta pelo adquirente-devedor) requerer a revogação de liminar concedida em tutela de urgência ou de evidência "que tenha interferido na eficácia de cláusulas do contrato de crédito imobiliário correspondente ou suspendido encargos dele decorrentes." Exige-se do credor, para tal, que faça a prova da mora do devedor em relação às quotas de condomínio e aos débitos fiscais incidentes sobre o imóvel, bem como às parcelas incontroversas, instruindo o pedido de cassação com os respectivos documentos comprobatórios.

Com efeito, o art. 49 da Lei nº 10.931/2004 faculta ao juiz, a requerimento do credor, cassar liminar ou revogar decisão antecipatória do mérito que tenha interferido na eficácia das cláusulas do contrato de financiamento, caso o devedor não pague os encargos sobre o imóvel e as parcelas incontroversas do financiamento.[130]

---

[130] "Art. 49. No caso do não pagamento tempestivo, pelo devedor, dos tributos e das taxas condominiais incidentes sobre o imóvel objeto do crédito imobiliário respectivo, bem como das parcelas mensais incontroversas de encargos estabelecidos no respectivo contrato e de quaisquer outros encargos que a lei imponha ao proprietário ou ao ocupante de imóvel, poderá o juiz, a requerimento do credor, determinar a cassação de medida liminar, de medida cautelar ou de antecipação dos efeitos da tutela que tenha interferido na eficácia de cláusulas do contrato de crédito imobiliário correspondente ou suspendido encargos dele decorrentes."

Cap. VI • ESPÉCIES DE CONTRATO MAIS FREQUENTES NA INCORPORAÇÃO IMOBILIÁRIA | 243

Efetivamente, o fato de o comprador propor uma ação tendo como objeto o contrato de financiamento de aquisição ou construção de imóvel não o autoriza a interromper o pagamento das quotas de condomínio, do IPTU e dos encargos relativos ao financiamento, que não sejam objeto da controvérsia. Essa prática importa na fruição do imóvel à custa dos demais condôminos do edifício e da sociedade em geral, em relação às quotas condominiais e ao IPTU, na violação do dever de lealdade e no agravamento do eventual dano que o credor poderá vir a sofrer conforme seja o desfecho da demanda; com efeito, além da fruição gratuita do imóvel, o não pagamento desses encargos desfalca a garantia, pois, sendo as quotas condominiais e o IPTU obrigações de natureza *propter rem*, poderão vir a ser imputadas ao credor ou ao arrematante, em caso de venda em leilão, até mesmo por força do art. 1.245 do Código Civil de 2002, pelo qual o adquirente responde pelos débitos do condômino seu antecessor, circunstância que implica a redução do produto líquido da venda do imóvel em hasta pública, quando for o caso.

De outra parte, as normas do art. 50 e seus parágrafos se orientam pelo princípio de que ao comprador de imóvel que propõe uma ação judicial em face do vendedor ou do financiador, versando sobre alguma das obrigações decorrentes do contrato, não é dado o direito de privar o credor da parcela não controvertida da dívida. Esse dispositivo assegura ao réu--credor o recebimento dos valores não controvertidos da dívida e ao devedor o depósito dos valores controvertidos, facultando ao juiz dispensar o autor-devedor de efetivar o depósito das parcelas controvertidas.[131] Em resumo: pode o autor-devedor ser dispensado de pagar ao credor as parcelas controvertidas (que deverão ser depositadas), mas deve pagar as parcelas não controvertidas (art. 50) e os encargos condominiais e de IPTU sobre o imóvel (art. 49).

A importância dessas normas foi ressaltada em acórdão paradigmático do Superior Tribunal de Justiça, que ressalta o papel do direito contratual como fator de segurança e previsibilidade, destacando que o papel das regras expressas no art. 50 e seus parágrafos "é garantir que, quando a execução do contrato se tornar controvertida e necessária for a intervenção judicial, a discussão seja eficiente, porque somente o ponto conflitante será discutido e a discussão da controvérsia não impedirá a execução de tudo aquilo com o qual concordam as partes".[132]

---

[131] Assim dispõem o art. 50 e seus parágrafos: "Art. 50. Nas ações judiciais que tenham por objeto obrigação decorrente de empréstimo, financiamento ou alienação imobiliários, o autor deverá discriminar na petição inicial, dentre as obrigações contratuais, aquelas que pretende controverter, quantificando o valor incontroverso, sob pena de inépcia. § 1º O valor incontroverso deverá continuar sendo pago no tempo e modo contratados. § 2º A exigibilidade do valor controvertido poderá ser suspensa mediante depósito do montante correspondente, no tempo e modo contratados. § 3º Em havendo concordância do réu, o autor poderá efetuar o depósito de que trata o § 2º deste artigo, com remuneração e atualização nas mesmas condições aplicadas ao contrato: I – na própria instituição financeira credora, oficial ou não; ou II – em instituição financeira indicada pelo credor, oficial ou não, desde que estes tenham pactuado nesse sentido. § 4º O juiz poderá dispensar o depósito de que trata o § 2º em caso de relevante razão de direito e risco de dano irreparável ao autor, por decisão fundamentada na qual serão detalhadas as razões jurídicas e fáticas da ilegitimidade da cobrança no caso concreto. § 5º É vedada a suspensão liminar da exigibilidade da obrigação principal sob a alegação de compensação com valores pagos a maior, sem o depósito do valor integral desta."

[132] "Recurso especial. Processual Civil. Contratos de financiamento imobiliário. Sistema Financeiro de Habitação. Lei nº 10.931/2004. Inovação. Requisitos para petição inicial. Aplicação a todos os contratos de financiamento. 1. A análise econômica da função social do contrato, realizada a partir da doutrina da análise econômica do direito, permite reconhecer o papel institucional e social que o direito contratual pode oferecer ao mercado, qual seja a segurança e previsibilidade nas operações econômicas e sociais capazes

244 | INCORPORAÇÃO IMOBILIÁRIA • *Melhim Namem Chalhub*

A regra não constitui inovação no direito processual brasileiro, aproximando-se, *modus in rebus*, das regras do § 1º do art. 545 do CPC/2015 (do § 1º do art. 899 do CPC/1973) e do parágrafo único do art. 67 da Lei nº 8.245/1991 (Lei das Locações); no primeiro caso, o CPC se refere à ação de consignação em pagamento, em geral, e autoriza o credor a "levantar, desde logo, a quantia ou a coisa depositada, com a consequente liberação parcial do autor, prosseguindo o processo quanto à parcela controvertida";[133] no segundo caso, a Lei das Locações se refere especificamente ao levantamento das importâncias depositadas em consignações de valores correspondentes a aluguel, autorizando o locador a "levantar a qualquer momento as importâncias depositadas sobre as quais não pende controvérsia."[134]

Na linha desse princípio, e com fundamento no § 2º do art. 330 do CPC/2015, uma das condições da ação versando sobre obrigação decorrente de venda de imóvel com pagamento parcelado é (i) a discriminação, na inicial, das obrigações que o autor-devedor pretende controverter e (ii) a quantificação do valor da parcela não controvertida, sob pena de ser negado seguimento à ação, por inépcia da inicial.

Essas condições da ação alcançam qualquer modalidade de contrato de venda de imóvel a crédito, seja venda com financiamento (abertura de crédito, mútuo etc.) e pacto adjeto de hipoteca ou de alienação fiduciária, seja promessa de venda ou qualquer outra modalidade de venda em que haja parcelamento do respectivo pagamento.

Importa registrar que antes mesmo da vigência da Lei nº 10.931/2004, não raras vezes, ao examinar a inicial de ações dessa natureza, o magistrado condicionava o deferimento do pedido liminar ao depósito da quantia relativa à parte não controvertida da prestação e, também, à regularidade do pagamento do IPTU e das quotas de condomínio, nos casos em que o autor estivesse utilizando o imóvel como sua moradia ou estivesse auferindo renda de aluguel.

---

de proteger as expectativas dos agentes econômicos, por meio de instituições mais sólidas, que reforcem, ao contrário de minar, a estrutura do mercado. 2. Todo contrato de financiamento imobiliário, ainda que pactuado nos moldes do Sistema Financeiro da Habitação, é negócio jurídico de cunho eminentemente patrimonial e, por isso, solo fértil para a aplicação da análise econômica do direito. 3. A Lei nº 10.931/2004, especialmente seu art. 50, inspirou-se na efetividade, celeridade e boa-fé perseguidos pelo processo civil moderno, cujo entendimento é de que todo litígio a ser composto, dentre eles os de cunho econômico, deve apresentar pedido objetivo e apontar precisa e claramente a espécie e o alcance do abuso contratual que fundamenta a ação de revisão do contrato. 4. As regras expressas no art. 50 e seus parágrafos têm a clara intenção de garantir o cumprimento dos contratos de financiamento de imóveis tal como pactuados, gerando segurança para os contratantes. O objetivo maior da norma é garantir que, quando a execução do contrato se tornar controvertida e necessária for a intervenção judicial, a discussão seja eficiente, porque somente o ponto conflitante será discutido e a discussão da controvérsia não impedirá a execução de tudo aquilo com o qual concordam as partes. 5. Aplicam-se aos contratos de financiamento imobiliário do Sistema de Financiamento Habitacional as disposições da Lei nº 10.931/2004, mormente as referentes aos requisitos da petição inicial da ação de revisão de cláusulas contratuais, constantes do art. 50 da Lei n.º 10.931/2004" (STJ, 4ª T., REsp 1.163.283-RS, rel. Min. Luís Felipe Salomão, *DJe* 4.5.2015).

[133] CPC/2015: "Art. 545. Alegada a insuficiência do depósito, é lícito ao autor completá-lo, em 10 (dez) dias, salvo se corresponder a prestação cujo inadimplemento acarrete a rescisão do contrato. § 1º No caso do *caput*, poderá o réu levantar, desde logo, a quantia ou a coisa depositada, com a consequente liberação parcial do autor, prosseguindo o processo quanto à parcela controvertida".

[134] Lei nº 8.245/1991: "Art. 67. Na ação que objetivar o pagamento dos aluguéis e acessórios da locação mediante consignação, será observado o seguinte: (...) Parágrafo único. O réu poderá levantar a qualquer momento as importâncias depositadas sobre as quais não penda controvérsia."

Cap. VI • ESPÉCIES DE CONTRATO MAIS FREQUENTES NA INCORPORAÇÃO IMOBILIÁRIA | 245

A norma tem função análoga à que trata do levantamento da parcela não controvertida do depósito, nas ações de consignação em pagamento, considerada por Cândido Dinamarco "valiosíssima inovação no contexto de um processo que não é mais encarado unilateralmente como arma de um dos litigantes contra o outro, mas como instrumento para dar tutela a quem tiver direito. Se o réu-credor nada alega além da insuficiência do crédito, a única divergência possível entre ele e o autor é sobre se o crédito se reduz àquilo que foi depositado ou se é maior. No mínimo, terá direito ao valor do depósito (...) A autorização do levantamento é uma antecipação de tutela".[135]

A observação se ajusta à hipótese do art. 50 da Lei nº 10.931/ 2004. Com efeito, se o autor-devedor (comprador de imóvel a crédito ou tomador de empréstimo imobiliário) não nega que deve, mas quer discutir o valor do débito, seja em razão de erro de cálculo, excesso da taxa de juros ou inadequação do critério de atualização monetária, isto é, se a controvérsia gira exclusivamente em torno do *quantum* devido, nada justifica que o réu-devedor retenha a quantia que entende devida e só venha a pagá-la em execução de sentença.

A lei assegura ao autor-devedor a prerrogativa de dizer quanto entende ser devido, de acordo com os elementos de cálculo que aplicar, ao dispor que compete a ele formular a planilha do débito, mas exige, como condição da ação, que instrua a inicial com esse demonstrativo, no qual deve também discriminar e quantificar o valor do incontroverso, para continuar efetivando seu pagamento. A providência não deve exigir do autor-devedor esforço maior do que o usualmente empregado na formulação e na instrução de uma ação revisional, pois para tal, havendo ou não exigência de pagamento da parcela não controvertida, usualmente o autor indica com clareza os limites da controvérsia, demonstrando, segundo sua versão, o *quantum* que o réu-credor estaria cobrando a mais.

Em relação aos dois precedentes legislativos acima referidos, agora há uma simplificação: ao invés de determinar que o autor-devedor deposite em Juízo e o réu-credor levante também em Juízo a parcela não controvertida, a Lei nº 10.931/2004 e o CPC de 2015 dispõem que o pagamento dessa parcela (não controvertida) continuará sendo paga diretamente ao credor. A simplificação constitui importante inovação, pois nada justifica se imponha ao credor o encargo de ir a Juízo todo mês, retirar uma guia em Cartório e ir ao banco oficial só para receber um crédito que o próprio devedor reconhece ser devido naquele exato valor e que, não havendo nenhuma divergência, pode, e deve, continuar sendo paga "no tempo e modo contratados".

Quanto ao valor da parcela controvertida, a lei especial sobre os contratos imobiliários faculta ao juiz suspender sua exigibilidade, "mediante depósito do montante correspondente, no tempo e no modo contratados," ou seja, a parte não controvertida continua sendo paga diretamente ao credor; a parte controvertida passa a ser depositada à disposição do Juízo. Mas, para efeito do depósito, a lei faculta que, com a concordância do credor-réu, o depósito da parte controvertida seja feito na própria entidade credora ou em outra entidade por ela indicada, e nesse caso os valores dos depósitos passam a contar com remuneração e atualização monetária iguais às do contrato objeto da ação, assegurando, assim, remuneração melhor do que aquela geralmente propiciada aos depósitos judiciais nos bancos oficiais. Com efeito, se procedente o pedido, o autor-devedor retirará o depósito com remuneração maior do que a dos depósitos de poupança (pois, enquanto a conta de poupança rende 6% ao ano, a taxa do contrato, em regra, gira em torno de 10 a 12% ao ano), e, de outra parte, se improcedente o

---

[135] DINAMARCO, Cândido Rangel. *A reforma do Código de Processo Civil*. São Paulo: Malheiros, 1995, p. 223.

246 | INCORPORAÇÃO IMOBILIÁRIA • *Melhim Namem Chalhub*

pedido, mesmo parcialmente, os valores exigíveis por força da decisão já terão sido reservados em quantia suficiente para liquidação da sentença.

Há na lei, entretanto, uma ressalva de especial relevância, segundo a qual, conforme as circunstâncias e as peculiaridades do caso, o juiz poderá dispensar o depósito da parcela controvertida "em caso de relevante razão de direito e risco de dano irreparável ao autor" (art. 50, § 4º), e nessa hipótese o autor-devedor deverá pagar somente a parcela não controvertida.

No § 5º do art. 50, a lei veda a suspensão da exigibilidade da obrigação principal, a título de compensação de valores eventualmente pagos a maior pelo devedor, "sem o depósito do valor integral desta". Visa a lei afastar a possibilidade de, sob invocação do direito de compensar outros pagamentos feitos a maior, ser deferida antecipação de tutela ou liminar pela qual o devedor fique dispensado de efetuar qualquer pagamento no curso da ação. Nesse caso, segundo se pode inferir do texto legal, pode-se até admitir que o devedor não pague o valor do principal ao credor, mas deve depositá-lo integralmente.

O pagamento da parcela não controvertida importa em exoneração da obrigação do autor-devedor em relação ao respectivo valor, ficando pendente de decisão apenas a parcela controvertida.

Aspecto relevante diz respeito à falta do demonstrativo exigido pelo *caput* do art. 50. Diz a lei que o autor deverá apresentar a discriminação das parcelas "sob pena de inépcia", mas talvez melhor seria "sob pena de indeferimento", na medida em que a hipótese do art. 50 não se ajusta a nenhuma das situações a que se referem os incisos I a IV do § 1º do art. 330 do CPC/2015 (parágrafo único do art. 295 do CPC/1973), que define a inépcia da inicial.[136]

Quanto à operacionalização dos pagamentos e dos depósitos, é a partir da citação, ou da intimação da decisão que conceda a tutela de urgência ou de evidência, que o réu-credor deverá emitir recibo no valor correspondente à parcela não controvertida, abrangendo o período que tiver sido definido na decisão, adotando em relação à parcela controvertida o procedimento previsto no § 3º (depósito na própria entidade credora ou em outra entidade, com os rendimentos do contrato).

Igualmente relevante é a relação entre o art. 50 da Lei nº 10.931/2004 e o § 1º do art. 784 do CPC/2015 (§ 1º do art. 585 do CPC/1973), pelo qual a ação proposta pelo devedor não impede o credor de promover a execução do crédito em questão.[137] De fato, a nova lei formula uma solução equânime, que, de certa maneira, ante o pagamento da parte não controvertida, diretamente ao credor, e o depósito da parte controvertida, neutraliza a eventual causa de pedir de uma execução da dívida. De fato, ao receber a parcela não controvertida, o credor não tem razão para promover a execução dessa parcela e, de outra parte, caso os depósitos da parte controvertida estejam sendo feitos no próprio credor, este teria integral disponibilidade dos valores que compõem a obrigação do autor-devedor, mesmo que não possa apropriar-se das respectivas receitas. Mas, seja como for, o desfecho de uma eventual execução, diante de uma ação revisional proposta pelo devedor, estaria subordinado ao desfecho desta última.

---

[136] CPC/2015: "Art. 330. A petição inicial será indeferida quando: I – for inepta; II – a parte for manifestamente ilegítima; III – o autor carecer de interesse processual; IV – não atendidas as prescrições dos arts. 106 e 321. § 1º Considera-se inepta a petição inicial quando: I – lhe faltar pedido ou causa de pedir; II – o pedido for indeterminado, ressalvadas as hipóteses legais em que se permite o pedido genérico; III – da narração dos fatos não decorrer logicamente a conclusão; IV – contiver pedidos incompatíveis entre si".

[137] CPC/2015: "Art. 784. São títulos executivos extrajudiciais: (...). § 1º A propositura de qualquer ação relativa a débito constante de título executivo não inibe o credor de promover-lhe a execução".

VII

PRINCIPAIS INSTRUMENTOS DE FINANCIAMENTO E DE CAPTAÇÃO DE RECURSOS

7.1. SISTEMAS DE FINANCIAMENTO: SISTEMA FINANCEIRO DA HABITAÇÃO – SFH E SISTEMA DE FINANCIAMENTO IMOBILIÁRIO – SFI

O Sistema Financeiro da Habitação – SFH foi criado pela Lei nº 4.380/1964, visando a implantação de uma política habitacional com prioridade para a habitação de interesse social. Para esse fim, criou o Banco Nacional da Habitação – BNH, ao qual atribuiu as funções de orientador, disciplinador e controlador do SFH.

Na sua formação original, o SFH era integrado pelo BNH, tendo como seus agentes financeiros órgãos federais, estaduais, inclusive sociedades de economia mista que operassem no financiamento habitacional, sociedades de crédito imobiliário, associações de poupança e empréstimo, fundações, cooperativas e outras associações organizadas com a finalidade de construção ou aquisição de casa própria para seus associados.

Competia ao BNH o estabelecimento da política habitacional, fixando as diretrizes gerais das operações dos órgãos e agentes do SFH, inclusive limites operacionais, taxas, juros, normas gerais de captação e de aplicação de recursos. Além disso, prestava assistência financeira aos seus agentes financeiros e, como banco de segunda linha, refinanciava determinadas operações de financiamento habitacional.

Além do SFH, o BNH tinha ainda competência para orientar e controlar o Sistema Financeiro do Saneamento – SFS e o Sistema Brasileiro de Poupança e Empréstimo – SBPE, este destinado a operar segundo condições do livre mercado, sendo integrado por sociedades de crédito imobiliário e associações de poupança e empréstimo, operando na captação e na aplicação de recursos, especialmente mediante colocação de Letras Imobiliárias e captação de depósitos de poupança.

As operações de crédito típicas do SFH, assim como do SBPE, são o empréstimo ou o financiamento com garantia real, com reajuste monetário do saldo devedor e das parcelas de amortização e juros, seguro compreensivo (morte e invalidez permanente, danos físicos no imóvel).

O Decreto-lei nº 2.291/1986 extinguiu o BNH e transferiu suas funções para o Banco Central do Brasil.

Em razão de problemas conjunturais verificados desde a extinção do BNH, além de outros fatores, entre eles sucessivas alterações de comando da questão habitacional, mas, sobretudo, em razão da ausência de uma política habitacional, as operações do setor reduziram-se significativamente.

Esses problemas suscitaram a realização de estudos e debates por parte dos setores interessados e, notadamente, por parte do Congresso Nacional, no âmbito de duas Comissões Especiais. A partir desses estudos, foram identificadas as causas do fracasso da política habitacional do SFH e foram traçadas as linhas gerais a que deverá se ajustar uma nova política habitacional, entre elas a rigorosa separação entre as operações de mercado e os programas habitacionais de interesse social, definindo-se para estes últimos uma política de subsídios explícitos.

Na linha desse diagnóstico foram elaborados vários estudos visando a implantação de uma nova política habitacional, destacando-se a Proposta de Emenda Constitucional nº 131/1992, do Deputado Ulisses Guimarães e outros, pela qual se instituiria um "Sistema Nacional de Habitação com o objetivo de articular, compatibilizar e apoiar a atuação da União, dos Estados, do Distrito Federal e dos Municípios no campo habitacional." De acordo com a proposta, esses entes deveriam aplicar no SNH pelo menos 2% da receita resultante dos impostos de sua competência.

De outra parte, o Congresso veio a aprovar o Projeto de Lei nº 3.242/1997, do Poder Executivo, convertendo-o na Lei nº 9.514/1997, que criou o Sistema de Financiamento Imobiliário – SFI, introduzindo importantes alterações nas condições dos negócios imobiliários ligados à produção e à comercialização de imóveis, visando criar condições de desenvolvimento do livre mercado de financiamento imobiliário em geral.

Um dos pressupostos da formulação da Lei do SFI é a exaustão dos instrumentos de captação de recursos utilizados no passado no âmbito do SFH, sobretudo porque, daquele Sistema, o único instrumento de captação que restou foi o contrato de depósito de poupança. O prazo desses depósitos, entretanto, é mensal e, portanto, esse instrumento de captação não se ajusta às necessidades de concessão de empréstimos de longo prazo, como são os empréstimos imobiliários, que se prolongam por 180 meses ou mais.

Para suprir essa lacuna, a Lei nº 9.514/1997 visa a criação de novas fontes de recursos para o financiamento imobiliário e, para tal fim, estabeleceu condições para desenvolvimento de um mercado secundário de créditos imobiliários. Nesse mercado seriam colocados títulos lastreados em créditos constituídos originalmente pelos construtores e incorporadores. Por esse meio, o mercado secundário pode vir a constituir fonte de recursos compatível com as características e com as necessidades do setor imobiliário.

Para esse fim, a lei

a) articula mecanismos de negócios no campo imobiliário, valendo-se das modalidades contratuais já tipificadas em nosso direito positivo;
b) estabelece as condições essenciais básicas dos financiamentos do setor;
c) cria novas garantias reais imobiliárias;
d) define a securitização de créditos e as companhias securitizadoras; e
e) cria novo título de crédito.

É característica dessa legislação a redução da interferência do Estado nas atividades econômicas e nas relações contratuais, abrindo caminho para que o setor se desenvolva de acordo com a dinâmica natural do mercado, em sintonia com o princípio da livre concorrência.

Cap. VII • PRINCIPAIS INSTRUMENTOS DE FINANCIAMENTO E DE CAPTAÇÃO DE RECURSOS | **249**

Para facilitar a captação de recursos no mercado secundário, a Lei nº 9.514/1997 criou um novo título de crédito, denominado Certificado de Recebíveis Imobiliários (CRI), e uma nova espécie de companhia – companhia securitizadora – que tem a função específica de adquirir créditos imobiliários, emitir títulos lastreados nesses créditos e colocar os títulos nos mercados financeiro e de capitais.

As normas específicas de emissão de CRIs foram derrogadas em razão da instituição de um regime jurídico geral de securitização de direitos creditórios pela Lei nº 14.430, de 3 de agosto de 2022, que institui "as regras gerais aplicáveis à securitização de direitos creditórios e à emissão de Certificados de Recebíveis", definindo-os como "títulos de crédito nominativos, emitidos de forma escritural, de emissão exclusiva de companhia securitizadora, de livre negociação, constituem promessa de pagamento em dinheiro, preservada a possibilidade de dação em pagamento, e são títulos executivos extrajudiciais." (Lei nº 14.430/2022, art. 20). Enquanto a Lei nº 9.514/1997 regulamentava a securitização tendo como objeto apenas créditos imobiliários, a Lei nº 14.430/2022 institui um regime jurídico geral, que compreende a emissão de títulos e valores mobiliários lastreados em direitos creditórios de qualquer natureza, oriundos de todos os setores da economia, envolvendo créditos financeiros, comerciais, de prestação de serviços, os precatórios, os oriundos de ações judiciais, entre outros.

Caracteriza-se como "operação de securitização a aquisição de direitos creditórios para lastrear a emissão de Certificados de Recebíveis ou outros títulos e valores mobiliários perante investidores, cujo pagamento é primariamente condicionado ao recebimento de recursos dos direitos creditórios e dos demais bens, direitos e garantias que o lastreiam" (art. 18, parágrafo único da Lei nº 14.430/2022).

Em relação ao mercado imobiliário, os Certificados de Recebíveis são destinados a exprimir créditos oriundos de operações imobiliárias no seu mais amplo sentido, observadas as características estabelecidas pela Lei nº 9.514/1997 destinadas a padronização que viabilizem sua circulação sem obstáculos e com celeridade, movimentando o mercado secundário, funcionando as companhias securitizadoras como elemento catalisador, capazes de abrir canais de negociação de créditos entre o mercado produtor e o mercado investidor.

Com efeito, na dinâmica natural da comercialização, no mercado imobiliário, o construtor ou o incorporador firma com o adquirente um contrato de venda de imóvel (ou qualquer outra modalidade de contrato de comercialização), convencionando o parcelamento do pagamento e garantindo-se o crédito do construtor ou do incorporador com o próprio imóvel objeto da operação; sendo titular desse crédito, com garantia imobiliária, e necessitando de recursos para prosseguir girando seu negócio, o construtor ou o incorporador busca negociá-lo com uma companhia securitizadora ou com uma entidade financeira, o que faz mediante cessão de crédito; adquirido o crédito pela companhia securitizadora, esta emite títulos (CRs, debêntures ou outra modalidade de título) vinculados aos créditos que adquiriu e promove a colocação desses títulos no mercado financeiro ou no mercado de capitais. Os recursos financeiros de que necessita o setor imobiliário deverão provir da negociação dos créditos oriundos da comercialização de imóveis e dos títulos lastreados nesses créditos, que serão colocados no mercado secundário.

A Lei nº 9.514/1997 abre acesso ao mercado secundário de crédito a qualquer pessoa (natural ou jurídica), mas esses créditos devem seguir determinada padronização em termos operacionais e de garantias. Em outras palavras, as condições gerais dos negócios, no que tange a juros, seguros, reajuste monetário etc. devem ser homogêneas, de modo que haja sintonia entre as condições estabelecidas na formação do crédito (na relação entre o incorporador/construtor e o adquirente) e as condições praticadas no mercado secundário, pois só assim os créditos podem vir a ser assimilados nesse mercado.

Para atender a esse propósito, o legislador cuidou de tornar homogêneas as condições do crédito imobiliário, de modo que em todo o ciclo do crédito sejam utilizados os mesmos métodos de cálculo de juros, de correção monetária, de garantia etc. Essas condições estão previstas nos arts. 5º, 17 e 22 da Lei nº 9.514/1997, o primeiro tratando das condições monetárias, financeiras e securitárias, o segundo cuidando das garantias e o terceiro dizendo respeito especificamente à garantia fiduciária.

O art. 5º, *caput*, define os aspectos monetários, financeiros e securitários dos financiamentos no âmbito do SFI, e seu § 2º estende essas condições à comercialização de imóveis, em geral.[1]

Em todo esse contexto, ao permitir a contratação dos financiamentos imobiliários, em geral, mediante as mesmas condições permitidas para as entidades autorizadas a operar no SFI, e sendo essas entidades as caixas econômicas e outras entidades que operam com depósitos de poupança, a lei estendeu ao mercado imobiliário em geral a utilização dos índices de reajuste do mercado financeiro.

A lógica é elementar: se o propósito da lei é criar as condições para funcionamento de um mercado secundário, no qual quem quer que seja titular de um crédito imobiliário possa descontá-lo, mediante cessão do crédito a uma companhia securitizadora, então as condições do crédito devem ser compatíveis com as condições próprias das companhias securitizadoras e dos investidores que operam no mercado secundário.

De outra parte, para assegurar a sintonia das condições operacionais, é igualmente necessário que fique facultado às entidades financeiras a contratação de reajuste com base em outros índices, além daquele que atualiza os depósitos de poupança. Essa permissão está contida na Lei nº 10.931/2004, cujo art. 46 autoriza qualquer pessoa, natural ou jurídica, a, nos contratos de comercialização de imóveis com prazo igual ou superior a 36 meses, contratar reajustes com índices de preços, gerais ou setoriais, ou com o índice de remuneração básica dos depósitos de poupança.[2]

Esse dispositivo soluciona a aparente antinomia que existia entre o § 2º do art. 5º e o art. 36 da Lei nº 9.514/1997, pois, enquanto o primeiro privilegia a padronização, estabelecendo que as operações de comercialização de imóveis, com pagamento parcelado, podem ser pactuadas nas mesmas condições permitidas para as entidades autorizadas a operar no SFI, o art. 36 abria perspectivas para incertezas quanto à homogeneidade do reajuste monetário, ao ressalvar que a cláusula de reajuste seria admitida desde que "respeitada a legislação pertinente". Ora, a Lei nº 9.514/1997 é lei especial e estabelece regime especial para as operações de comercialização de imóveis com pagamento parcelado, mas há as regras que integram as normas gerais, e essas estabelecem critérios diferentes daqueles constantes da Lei nº 9.514/1997, circunstância que poderia dar origem a dúvidas não só quanto aos índices como, também, quanto à periodicidade dos reajustes.

---

[1] Diz o § 2º do art. 5º da Lei nº 9.514/1997, com a redação dada pela Lei nº 10.931/2004: "Art. 5º (...) § 2º As operações de comercialização de imóveis, com pagamento parcelado, de arrendamento mercantil de imóveis e de financiamento imobiliário em geral, poderão ser pactuadas nas mesmas condições permitidas para as entidades autorizadas a operar no SFI."

[2] Art. 46. Nos contratos de comercialização de imóveis, de financiamento imobiliário em geral e nos de arrendamento mercantil de imóveis, bem como nos títulos e valores mobiliários por eles originados, com prazo mínimo de trinta e seis meses, é admitida estipulação de cláusula de reajuste, com periodicidade mensal, por índices de preços setoriais ou gerais ou pelo índice de remuneração básica dos depósitos de poupança."

Cap. VII • PRINCIPAIS INSTRUMENTOS DE FINANCIAMENTO E DE CAPTAÇÃO DE RECURSOS | 251

Para eliminar essa aparente antinomia, a Lei nº 10.931/2004, ao facultar a uniformidade de reajustes, no seu art. 46, e ao derrogar o art. 36 da Lei nº 9.514/1997, veio consagrar de maneira inequívoca a homogeneidade de condições e critérios relativamente ao parcelamento do pagamento do preço de imóveis, deixando claro que, nos contratos de comercialização de imóveis em geral (compra e venda com pacto adjeto de alienação fiduciária, promessa de compra e venda, compra e venda com pacto adjeto de hipoteca etc.) com prazo de resgate igual ou superior a 36 meses, o incorporador, construtor e o adquirente poderão estipular o reajuste do preço e das parcelas de amortização de acordo com índices de preços gerais ou setoriais ou, ainda, de acordo com a variação dos índices de atualização dos depósitos de poupança, podendo esses reajustes ser computados e cobrados mensalmente.

7.2. CÉDULA HIPOTECÁRIA

A Cédula Hipotecária – CH é instrumento de representação e de cessão de créditos hipotecários. Foi instituída pelo Decreto-lei nº 70/1966. É de emissão do credor hipotecário, sendo admitida nos seguintes casos:

> a) operações compreendidas no Sistema Financeiro da Habitação – SFH;
> b) hipotecas de que sejam credores instituições financeiras em geral e companhias de seguro;
> c) hipotecas entre outras partes, desde que a cédula seja originariamente emitida em favor de instituições financeiras em geral ou de companhias de seguro.

A cédula hipotecária poderá ser integral ou fracionária, quando represente e totalidade ou parte do crédito. A soma dos valores das cédulas fracionárias não pode, obviamente, exceder a soma dos valores dos créditos que representam. A cédula deve reproduzir, em resumo, o contrato que representa, devendo conter no anverso:

> a) nome, qualificação e endereço do emitente e do devedor;
> b) número e série da cédula, com indicação da parcela ou da totalidade do crédito que representa;
> c) número, data, livro e folhas do Registro de Imóveis em que estejam registrada a hipoteca e averbada a cédula;
> d) individualização do imóvel objeto da garantia;
> e) valor da cédula, a estipulação da correção monetária, os juros e a multa convencionados;
> f) o número de ordem da prestação a que corresponder a cédula;
> g) a data de vencimento da cédula ou, quando representativa de várias prestações, os seus vencimentos de amortização e juros;
> h) a autenticação feita pelo oficial do Registro de Imóveis;
> i) a data de emissão e as assinaturas do emitente, com a promessa de pagamento do devedor;
> j) o lugar de pagamento.

No verso, a cédula hipotecária conterá:

> a) data ou datas de transferência por endosso;
> b) nome, assinatura e endereço do endossante;

252 | INCORPORAÇÃO IMOBILIÁRIA • *Melhim Namem Chalhub*

c) nome, qualificação, endereço e assinatura do endossatário;

d) as condições do endosso;

e) a designação do agente recebedor e sua comissão.

A cédula vinculada ao SFH deve conter, também, no verso, a indicação dos seguros obrigatórios estipulados para esse Sistema.

A cessão do crédito representado por CH se faz mediante endosso em preto no verso, aplicando-se, no que o Decreto-lei nº 70/1966 não contrarie, as regras do Código Civil relativas à cessão de crédito. O endosso importa na automática transferência, para o endossatário, da titularidade sobre a hipoteca.

Na emissão e no endosso da CH o emitente e o endossante são solidariamente responsáveis pela liquidação do crédito, "a menos que avisem o devedor hipotecário e o segurador, quando houver, de cada emissão ou endosso, até trinta dias após sua realização através de carta (do emitente ou do endossante, conforme o caso), entregue mediante recibo ou enviada pelo registro de títulos e documentos, ou ainda por meio de notificação judicial, indicando-se, na carta ou na notificação, o nome, a qualificação e o endereço completo do beneficiário (se se tratar de emissão) ou do endossatário (se se tratar de endosso)" (Decreto-lei nº 70/1966, art. 17).

É dispensável a outorga uxória na emissão e no endosso da cédula.

A liquidação da dívida hipotecária representada por CH se prova pela restituição da cédula ao devedor, quitada, ou por outros meios admitidos em direito.

O prazo da cédula não pode exceder o prazo da dívida correspondente, sendo certo que o vencimento antecipado desta, por qualquer motivo, acarretará automaticamente o vencimento antecipado de todas as cédulas que tiverem sido emitidas para esse crédito. Pode a cédula ser resgatada antecipadamente.

Caso venha a ser efetivada penhora, arresto, sequestro ou outra medida judicial de constrição sobre o imóvel objeto da hipoteca representada por cédula, o devedor deverá denunciar ao juízo da ação a existência desse título, comunicando tal fato aos oficiais incumbidos da diligência, "sob pena de responder pelos prejuízos que de sua omissão advierem para o credor". (Decreto-lei nº 70/1966, art. 23).

O cancelamento da averbação da cédula e da inscrição da hipoteca será feito à vista da cédula com a respectiva quitação ou de documento de quitação da dívida respectiva, podendo também ser feito mediante ordem judicial ao oficial do Registro, em caso de pagamento feito por consignação em Juízo.

Constitui crime de estelionato a emissão ou o endosso de cédula hipotecária com infringência das disposições do Decreto-lei nº 70/1966, sujeitando o emitente ou o endossante da cédula às sanções do art. 171 do Código Penal.

7.3. CÉDULA DE CRÉDITO IMOBILIÁRIO

A Cédula de Crédito Imobiliário – CCI é instrumento que exerce função semelhante à da Cédula Hipotecária, só que abrangendo campo mais vasto do que o da CH. Instituída pela Lei nº 10.931/2004, arts. 18 a 25,[3] a CCI é instrumento de representação e de cessão de créditos vinculados a negócios imobiliários, notadamente os créditos decorrentes de comercialização

---

[3] Anteriormente, pela Medida Provisória nº 2.223/2001.

Cap. VII • PRINCIPAIS INSTRUMENTOS DE FINANCIAMENTO E DE CAPTAÇÃO DE RECURSOS | 253

de unidades imobiliárias componentes de incorporações imobiliárias realizadas nos termos da Lei nº 4.591/1964.

A CCI abrange toda espécie de crédito imobiliário, seja hipotecário, fiduciário, seja oriundo de promessa de compra e venda ou qualquer outro crédito que, por alguma forma, esteja relacionado a direitos de crédito vinculados a imóveis.

Trata-se de instrumento que, a exemplo da CH, reproduz, condensadamente, as características do contrato imobiliário que representa – identificação das partes, objeto do contrato, valores, condições de pagamento etc. É papel que fixa com nitidez o perfil do crédito, sintetizando o teor do contrato de financiamento imobiliário que representa. Visa dar celeridade à circulação do crédito, simplificando e reduzindo os custos das operações de captação de recursos para o mercado imobiliário, notadamente para a operação de securitização de créditos, que, como se sabe, realiza-se mediante cessão do crédito a uma companhia securitizadora e subsequente emissão de títulos lastreados em créditos imobiliários.

A CCI é emitida pelo credor, qualquer que seja ele, seja entidade financeira titular de um crédito imobiliário, seja o incorporador que tiver comercializado unidades imobiliárias numa incorporação, seja uma pessoa física que tenha vendido a prazo seu imóvel. Igualmente, não há restrição quanto ao beneficiário da cédula, podendo ela ser emitida em favor de qualquer pessoa, física ou jurídica, entidade financeira ou não, sociedade securitizadora ou não. É de se presumir que venha a cédula ser emitida com maior frequência em favor de sociedade securitizadora, pois é essa a espécie de sociedade vocacionada para impulsionar o mercado secundário de créditos imobiliários comprando créditos e emitindo títulos para colocação no mercado.

A disciplina da CCI segue, em linhas gerais, a concepção da CH, de que trata o Decreto-lei nº 70/1966, com as adaptações reclamadas pela moderna tecnologia de negociação e circulação de créditos, sobretudo quanto à utilização de meios eletrônicos.

Assim, enquanto a CH só pode representar créditos com garantia real de hipoteca, a CCI pode ser emitida com ou sem garantia, real ou fidejussória, daí se podendo especular se a nova legislação não estaria abrindo uma nova perspectiva de interpretação do que seja "crédito imobiliário": se a Cédula de *Crédito Imobiliário* pode representar créditos que não tenham vínculo *real* com imóveis, poder-se-ia inferir que o *crédito imobiliário* pode ser ou não ser revestido de natureza *real* imobiliária? Seria, por exemplo, o caso do crédito decorrente de promessa de venda? (sabe-se que a cessão desse crédito não implica a transferência, para o cessionário, da posição contratual do promitente vendedor, mas, apenas, sua posição na relação obrigacional, que lhe confere o direito pessoal concernente ao crédito que tem contra o promissário comprador).

A CCI garantida por direito real deve ser registrada no Registro de Imóveis. Aspecto atualizador da CCI é sua forma, que, além da tradicional forma cartular, pode ser também escritural, que permanecerá custodiada em instituição financeira e para negociação e sua negociação far-se-á mediante "registro ou depósito em entidade autorizada pelo Banco Central do Brasil a exercer a atividade de registro ou de depósito centralizado de ativos financeiros" (Lei 10.931/2004, art. 18, §§ 4º e ss). É nesses sistemas que se opera a cessão do crédito representado por CCI. Já quando emitida a CCI sob forma cartular, a cessão se faz mediante endosso no próprio título.

A cessão do crédito representado por CCI implica automática transmissão da garantia a ela vinculada. No caso de crédito garantido por propriedade fiduciária, por exemplo, a cessão dessa propriedade é convencionada por meio do simples ato de endosso-cessão, coerentemente com o que dispõe o art. 28 da Lei nº 9.514/1997.

Importante ressalva é a do art. 25 da Lei n° 10.931/2004, que proíbe a "emissão de CCI com garantia real quando houver prenotação ou registro de qualquer outro ônus real sobre os direitos imobiliários respectivos, inclusive penhora ou averbação de qualquer mandado ou ação judicial".

Na linha da agilização e simplificação visando o incremento do mercado secundário de créditos imobiliários, a Lei n° 10.931/2004 introduziu outra importante alteração no processo de securitização, ao prever que, quando adotado o regime fiduciário, a segregação e afetação dos créditos seja feita mediante registro na instituição custodiante, dispensada a averbação do Termo de Securitização no Registro de Imóveis. Além disso, quando a securitização tiver como objeto créditos representados por CCI, o Termo de Securitização será simplificado, bastando que sejam nele indicados apenas o valor, o número e a série das CCIs e a instituição custodiante.

A grande inovação da Lei n° 10.931/2004, no que tange à circulação do crédito, é a criação da CCI escritural, que se ajusta plenamente às modernas condições de utilização de meios eletrônicos para realização de negócios.

Trata-se de título emitido por escritura pública ou particular, que permanece custodiada em instituição financeira, sendo registrada em sistemas de registro e liquidação financeira de títulos privados, autorizados pelo Banco Central do Brasil.

A movimentação das CCIs escriturais é feita em sistemas eletrônicos de negociação.

A forma escritural e a circulação por meio eletrônico não chegam a constituir inovação no direito brasileiro. São precursores desses mecanismos o SELIC (1972), as ações escriturais (Lei n° 6.404/1976), e a CETIP (1986). Mais recentemente, o Código Civil veio consagrar a possibilidade de emissão de títulos de crédito em forma de caracteres criados em computador (art. 889, § 3°), consolidando a perspectiva de modernização dos meios de circulação de riquezas, em termos compatíveis com as características e necessidades da sociedade contemporânea.

O registro escritural da titularidade de ativos financeiros, bem como a liquidação das respectivas operações são feitas por meio de redes eletrônicas, que disponibilizam para as instituições participantes os meios de negociação. Nessa rede, operam-se a transferência da titularidade dos ativos ali registrados e a respectiva liquidação financeira.

Um desses sistemas é operado pela CETIP S.A. – Central de Custódia e Liquidação de Títulos Privados.

Para adequar o princípio da continuidade do Registro de Imóveis a essa dinâmica da cessão de crédito com garantia real, as normas editadas pelas Corregedorias de Justiça dos Estados preveem que a CCI escritural que tenha circulado no mercado por meio desses sistemas terá seu resgate provado por declaração de quitação emitida pelo atual credor, identificado pela instituição custodiante da CCI escritural, promovendo-se o cancelamento da garantia à vista de requerimento instruído com esses documentos. Em caso de mora e inadimplemento da obrigação do devedor, o crédito é "excluído" do sistema eletrônico de negociação e esse fato é certificado pela instituição custodiante, que fornece ao credor o documento hábil para instruir a correspondente execução do crédito. Em relação aos créditos garantidos por propriedade fiduciária, vindo o devedor a incidir em mora e, por isso, retirado o crédito do sistema eletrônico de negociação, o credor fiduciário, de posse do documento fornecido pela instituição custodiante, promoverá a notificação extrajudicial do devedor para purgação da mora e, caso não purgada, adotará os demais atos previstos na Lei n° 9.514/1997 para a consolidação da propriedade e sua oferta em público leilão.

Cap. VII • PRINCIPAIS INSTRUMENTOS DE FINANCIAMENTO E DE CAPTAÇÃO DE RECURSOS

7.4. LETRAS HIPOTECÁRIAS – LH, LETRAS DE CRÉDITO IMOBILIÁRIO – LCI E LETRAS IMOBILIÁRIAS GARANTIDAS – LIG

As Letras Hipotecárias – LH são títulos de crédito instituídos pela Lei nº 7.684/1988.

São títulos de emissão privativa das entidades que operam na concessão de financiamento no âmbito do Sistema Financeiro da Habitação – SFH.

As LH são sempre garantidas por créditos hipotecários. A modalidade aplicável é o penhor de direitos creditórios hipotecários de que seja titular a entidade emitente do título, nos termos dos arts. 1.451 e seguintes do Código Civil de 2002.[4]

As Letras de Crédito Imobiliário – LCI são títulos de crédito instituídos pela Lei nº 10.931/2004 (arts. 12 a 17).

São títulos de emissão dos bancos comerciais, bancos múltiplos com carteira de crédito imobiliário, Caixa Econômica Federal, sociedades de crédito imobiliário, associações de poupança e empréstimo, companhias hipotecárias e demais entidades que venham a ser expressamente autorizadas pelo Banco Central do Brasil.

As LCI são lastreadas por créditos imobiliários garantidos por hipoteca ou por propriedade fiduciária de bem imóvel.

A despeito de definir as LCI como títulos "lastreados" por créditos imobiliários, a Lei nº 10.931/2004 fala que o título conterá a "identificação dos créditos caucionados e seu valor", acrescentando que a LCI "poderá ser garantida por um ou mais créditos". Disso é possível deduzir que também a LCI deve ser garantida por créditos, o que deve ser feito também mediante "penhor de direitos e títulos de crédito".

A Letra Imobiliária Garantida – LIG é título de crédito regulamentado pelos arts. 64 e seguintes da Lei nº 13.097/2015. É igualmente de emissão de instituições financeiras, exclusivamente sob forma escritural e garantido por carteira de ativos submetida ao regime fiduciário, segundo o qual os ativos que lastreiam a LIG constituem patrimônio de afetação e se destinam exclusivamente ao resgate do título e pagamento das demais obrigações a ele relacionadas.

Podem compor a carteira de ativos:

a) créditos imobiliários das modalidades aceitas pelo Conselho Monetário Nacional;

b) créditos com garantia hipotecária ou alienação fiduciária sobre imóveis;

c) créditos outorgados para financiar uma incorporação imobiliária se a operação de crédito estiver submetida ao regime de afetação a que se refere o art. 31-A da Lei nº 4.591, de 16 de dezembro de 1964;

d) títulos de emissão do Tesouro Nacional;

e) instrumentos derivativos; e

f) outros ativos que venham a ser autorizados pelo Conselho Monetário Nacional.

A instituição emissora deve designar um agente fiduciário, a quem incumbe zelar pelos interesses dos investidores, seja mediante monitoramento, verificação e controle da carteira de ativos etc., ou ainda mediante assunção da administração dos ativos que compõem a carteira, em caso de intervenção, liquidação ou falência da instituição emissora, visando a realização dos créditos e pagamento aos investidores.

---

[4] A Lei nº 7.684/1988 fala em caução, que corresponde ao penhor de créditos e que no Código Civil de 1916 estava disciplinada nos arts. 792 e seguintes.

É digna de nota a qualificação do lastro da LIG quando representado por créditos vinculados a empreendimentos em construção, que a lei só admite se a incorporação imobiliária correspondente estiver submetida ao regime da afetação patrimonial.

A estrutura e a execução da operação de emissão da LIG assemelham-se à securitização de créditos imobiliários, adiante comentada.

7.5. SECURITIZAÇÃO DE CRÉDITOS IMOBILIÁRIOS

A securitização de créditos imobiliários é a operação pela qual uma companhia securitizadora emite títulos lastreados em créditos imobiliários de que seja titular e os coloca no mercado. A operação foi disciplinada pela Lei nº 9.514/1997 visando carrear recursos para o mercado imobiliário.

As companhias securitizadoras "são instituições não financeiras constituídas sob a forma de sociedade por ações que têm por finalidade realizar operações de securitização" (Lei nº 14.430/2022, art. 18).

A operação se desenvolve em três momentos principais, a saber: no primeiro momento, o titular de direitos creditórios oriundos da comercialização de imóveis (em geral, empresa incorporadora), e estando esses direitos plenamente disponíveis, cede-os a uma companhia securitizadora; no segundo momento, a securitizadora emite títulos em correspondência a esses créditos; no terceiro momento, a securitizadora vende esses títulos no mercado.

Trata-se de negócio que atende os interesses da empresa incorporadora e do mercado investidor. No primeiro caso, ao ceder seu crédito, a incorporadora obtém a antecipação de sua receita, recebendo de uma só vez, embora com deságio, o valor total do crédito que tem contra os adquirentes, cuja amortização, em regra, se processa em longo prazo, mediante pagamento de parcelas mensais; no segundo caso, atende o interesse do investidor porque este estará aplicando seus recursos em títulos de crédito vinculados a imóveis, beneficiando-se, assim, da segurança dos negócios imobiliários.

Dada essa dinâmica, o negócio de securitização poderá constituir importante fonte de recursos para manter em funcionamento um sistema contínuo de produção, financiamento e comercialização, capaz de atender a permanente e crescente demanda por imóveis, notadamente para moradia.

A Lei nº 14.430/2022 define a securitização como "operação de securitização a aquisição de direitos creditórios para lastrear a emissão de Certificados de Recebíveis ou outros títulos e valores mobiliários perante investidores", mediante Termo de Securitização de Créditos, do qual constarão (art. 22 da Lei nº 14.430/2022):

> I – nome da companhia securitizadora emitente;
>
> II – número de ordem, local e data de emissão;
>
> III – denominação "Certificado de Recebíveis" acrescida da natureza dos direitos creditórios;
>
> IV – valor nominal;
>
> V – data de vencimento ordinário do valor nominal e de resgate dos Certificados de Recebíveis e, se for o caso, discriminação dos valores e das datas de pagamento das amortizações;
>
> VI – remuneração por taxa de juros fixa, flutuante ou variável, que poderá contar com prêmio, fixo ou variável, e admitir a capitalização no período estabelecido no termo de securitização;

Cap. VII • PRINCIPAIS INSTRUMENTOS DE FINANCIAMENTO E DE CAPTAÇÃO DE RECURSOS

VII – critérios para atualização monetária, se houver;

VIII – cláusula de correção por variação cambial, se houver, desde que estabelecida em conformidade com o disposto nos §§ 8º e 9º deste artigo;

IX – local e método de pagamento;

X – indicação do número de emissão e da eventual divisão dos Certificados de Recebíveis integrantes da mesma emissão em diferentes classes ou séries, inclusive a possibilidade de aditamentos posteriores para inclusão de novas classes e séries e requisitos de complementação de lastro, quando for o caso;

XI – indicação da existência ou não de subordinação entre as classes integrantes da mesma emissão, entendida como a preferência de uma classe sobre outra para fins de amortização e resgate dos Certificados de Recebíveis;

XII – descrição dos direitos creditórios que compõem o lastro da emissão dos Certificados de Recebíveis;

XIII – indicação, se for o caso, da possibilidade de substituição ou de aquisição futura dos direitos creditórios vinculados aos Certificados de Recebíveis com a utilização dos recursos provenientes do pagamento dos direitos creditórios originais vinculados à emissão, com detalhamento do procedimento para a sua formalização, dos critérios de elegibilidade e do prazo para a aquisição dos novos direitos creditórios, sob pena de amortização antecipada obrigatória dos Certificados de Recebíveis, observado o disposto no inciso II do § 2º deste artigo;

XIV – se houver, garantias fidejussórias ou reais de amortização dos Certificados de Recebíveis integrantes da emissão ou de classes e séries específicas, se for o caso;

XV – indicação da possibilidade de dação em pagamento dos direitos creditórios aos titulares dos Certificados de Recebíveis, hipótese em que deverão ser estabelecidos os procedimentos a serem adotados;

XVI – regras e procedimentos aplicáveis às assembleias gerais de titulares de Certificados de Recebíveis; e

XVII – hipóteses em que a companhia securitizadora poderá ser destituída ou substituída.

§ 1º Os Certificados de Recebíveis de mesma emissão serão lastreados pela mesma carteira de direitos creditórios.

O termo de securitização em que seja instituído o regime fiduciário deverá ser registrado em entidade autorizada pelo Banco Central do Brasil ou pela CVM a exercer a atividade de registro ou depósito centralizado de ativos financeiros e de valores mobiliários, nos termos da Lei nº 12.810, de 15 de maio de 2013. (Lei nº 14.430/2022, art. 26, § 1º).

Importante fator de segurança para os investidores é a segregação dos créditos que lastreiam os títulos mediante sua sujeição a um regime fiduciário[5] por ato unilateral da securitizadora em termo de securitização pelo qual seja constituído o regime fiduciário e o patrimônio separado composto pelos direitos creditórios e demais bens e direitos que o

---

[5]   Lei 14.430/2022: "Art. 25. A companhia securitizadora poderá instituir regime fiduciário sobre os direitos creditórios e sobre os bens e direitos que sejam objeto de garantia pactuada em favor do pagamento dos Certificados de Recebíveis ou de outros títulos e valores mobiliários representativos de operações de securitização e, se houver, do cumprimento de obrigações assumidas pelo cedente dos direitos creditórios."

formam, a nomeação do agente fiduciário e condições de sua atuação e forma de liquidação do patrimônio separado.[6]

Separado dos patrimônios da securitizadora (fiduciante) e dos investidores (beneficiários), esse patrimônio separado mantém os direitos creditórios dos investidores afastados dos riscos patrimoniais da securitizadora. A instituição do regime fiduciário, assim, tem em vista evitar que os direitos dos investidores, em cada patrimônio separado, sejam atingidos por eventuais insucessos provenientes dos negócios da securitizadora, em geral, ou de outros patrimônios separados, a partir da ideia de que não se deve transmitir ao mercado senão os riscos da carteira dita "securitizada".

Para assegurar a efetividade da afetação dos direitos creditórios e outros direitos integrantes do patrimônio separado para fins da operação de securitização, a Lei nº 14.430/2022 explicita que suas disposições relacionadas à sua constituição produzem efeitos a quaisquer débitos da securitizadora, "inclusive de natureza fiscal, previdenciária ou trabalhista, em especial quanto às garantias e aos privilégios que lhes são atribuídos"[7], afastando, assim, a violação do patrimônio separado decorrente do art. 76 e seu parágrafo único da Medida Provisória nº 2.158/2001, segundo o qual a segregação de bens, de qualquer natureza, não produz efeito em relação aos créditos fiscais, previdenciários e trabalhistas.[8]

---

[6] Lei nº 14.430/2022: "Art. 26. O regime fiduciário será instituído mediante declaração unilateral da companhia securitizadora ao firmar termo de securitização, que, além de observar o disposto no art. 22 desta Lei, deverá submeter-se às seguintes condições: I - constituição do regime fiduciário sobre os direitos creditórios e os demais bens e direitos que lastreiam a emissão; II - constituição de patrimônio separado, composto pela totalidade dos direitos creditórios e dos demais bens e direitos referidos no inciso I deste *caput*; III - nomeação de agente fiduciário, quando se tratar de emissões públicas, que seja instituição financeira ou entidade autorizada para esse fim pelo Banco Central do Brasil, para atuar em nome e no interesse dos titulares dos Certificados de Recebíveis, acompanhada da indicação de seus deveres, de suas responsabilidades e de sua remuneração, das hipóteses, das condições e da forma de sua destituição ou substituição e das demais condições de sua atuação, observada a regulamentação aplicável; e IV - forma de liquidação do patrimônio separado, inclusive mediante dação em pagamento dos direitos creditórios e dos bens e direitos referidos no inciso I deste *caput*."

[7] Lei nº 14.430/2022: "Art. 27. (...) § 4º Os dispositivos desta Lei que estabelecem a afetação ou a separação, a qualquer título, de patrimônio da companhia securitizadora a emissão específica de Certificados de Recebíveis produzem efeitos em relação a quaisquer outros débitos da companhia securitizadora, inclusive de natureza fiscal, previdenciária ou trabalhista, em especial quanto às garantias e aos privilégios que lhes são atribuídos."

[8] Medida Provisória nº 2.158/01: "Art. 76. As normas que estabeleçam a afetação ou a separação, a qualquer título, de patrimônio de pessoa física ou jurídica não produzem efeitos em relação aos débitos de natureza fiscal, previdenciária ou trabalhista, em especial quanto às garantias e aos privilégios que lhes são atribuídos. Parágrafo único. Para os fins do disposto no *caput*, permanecem respondendo pelos débitos ali referidos a totalidade dos bens e das rendas do sujeito passivo, seu espólio ou sua massa falida, inclusive os que tenham sido objeto de separação ou afetação". Quando editada a MP, manifestamos nossa objeção em artigos e nesta obra, considerando que os atos de disposição ou de oneração de bens (como são a venda, a hipoteca, a afetação etc.) são, por natureza, válidos e eficazes, salvo se praticados em fraude, e por isso é que o CTN os considera ineficazes se o vendedor ou o instituidor for "sujeito passivo em débito com a Fazenda Pública por crédito tributário legalmente inscrito como dívida ativa" em fase de execução (CTN, art. 185). Ora, uma venda, uma hipoteca ou uma afetação não é ineficaz pelo simples fato da sua efetivação, salvo nas hipóteses previstas no art. 792, IV, do CPC/2015. Não obstante, o art. 76 e seu parágrafo único faz presumir que a afetação seria, *in re ipsa*, uma fraude e, portanto, deveria ser *sempre* considerada ineficaz, mesmo que da sua instituição não resultasse a insolvência do instituidor ou mesmo que contra o instituidor não corresse

Cap. VII • PRINCIPAIS INSTRUMENTOS DE FINANCIAMENTO E DE CAPTAÇÃO DE RECURSOS | 259

A controvérsia já havia sido superada pela Lei de Recuperação de Empresa e Falência (Lei nº 11.101/2005, art. 119, IX), que, dispondo sobre os patrimônios de afetação em geral, assegura sua "blindagem" contra riscos patrimoniais exógenos, ao determinar que, mesmo após decretada a falência, os bens e direitos integrantes de patrimônios de afetação permaneçam separados dos do falido, até que cumpram sua função ou advenha o termo; após, será apurado o saldo, que, se positivo, será arrecadado à massa ou, se negativo, será inscrito na classe própria.[9]

Incumbe à securitizadora administrar cada patrimônio separado, mantendo registros contábeis independentes em relação a cada um deles, e divulgar as demonstrações financeiras correspondentes, ficando claro que o patrimônio dela, securitizadora, responde pelos prejuízos que causar.

Nesse tipo de operação, em que se constitui um patrimônio separado, atuará um agente fiduciário, com a função de proteger os direitos dos investidores. O agente fiduciário está legitimado a praticar todos os atos de administração necessários à satisfação dos créditos representados pelos títulos e, para tal fim, acompanhará a atuação da securitizadora na administração do patrimônio separado, assumindo, nas hipóteses previstas na lei, a gestão desse patrimônio e dos respectivos créditos, podendo, inclusive, promover sua liquidação em benefício dos investidores.

Uma vez instituído o regime fiduciário, não mais poderá a securitizadora fazer uso daqueles créditos, que não se comunicam com seu patrimônio comum, não podendo, portanto, ser objeto de ações ou execuções pelos credores da securitizadora. Nessas condições, os direitos dos investidores ficarão imunes aos efeitos de eventual insolvência da securitizadora.

7.6. FUNDOS DE INVESTIMENTO IMOBILIÁRIO

Do mesmo modo que a securitização, o fundo de investimento imobiliário é mecanismo suscetível de ser utilizado como fonte de recursos para as incorporações imobiliárias. A disciplina de constituição e funcionamento dos fundos foi estabelecida pela Lei nº 8.668/1993.

Esses fundos destinam-se a investimentos em qualquer área da atividade imobiliária, seja a produção e venda de empreendimentos, exploração de centros comerciais, aquisição de imóveis para locação etc. O campo de atuação de cada fundo deverá ser definido no ato de constituição e no seu regulamento, mediante explícita definição de sua política de investimentos. Podem os fundos, assim, destinar-se à realização de incorporações imobiliárias, em virtude das quais os subscritores de suas quotas haverão de beneficiar-se do resultado econômico da produção e comercialização dos imóveis integrantes do empreendimento.

---

alguma execução pela Fazenda Pública. De outra parte, a se admitir a ineficácia de toda e qualquer afetação em relação aos créditos fiscais, previdenciários e trabalhistas, ter-se-ia que admitir, igualmente, a ineficácia, em relação a tais créditos, de todas as demais modalidades de atos de disposição ou de oneração, como a compra e venda, a hipoteca etc.

9   Lei nº 11.101/2005: "Art. 119. Nas relações contratuais a seguir mencionadas prevalecerão as seguintes regras: (...) IX – os patrimônios de afetação, constituídos para cumprimento de destinação específica, obedecerão ao disposto na legislação respectiva, permanecendo seus bens, direitos e obrigações separados dos do falido até o advento do respectivo termo ou até o cumprimento de sua finalidade, ocasião em que o administrador judicial arrecadará o saldo a favor da massa falida ou inscreverá na classe própria o crédito que contra ela remanescer."

Os fundos possibilitam ampla disseminação dos investimentos imobiliários, pois, nas operações do fundo, o investimento pode ser dividido em quotas de participação, daí porque essa modalidade de negócio imobiliário pode tornar-se acessível a um grande número de pessoas, inclusive pequenos investidores. As quotas de participação são negociáveis e podem circular com grande agilidade, nas Bolsas de Valores ou em balcão.

Tal como os fundos de investimento em geral, como, por exemplo, os de ações ou renda fixa, os fundos de investimento imobiliário são organizados sob forma de condomínio especial, legalmente definido como "comunhão de recursos, constituído sob a forma de condomínio de natureza especial, destinado à aplicação em ativos financeiros, bens e direitos de qualquer natureza."[10]

Os subscritores são titulares de quotas correspondentes a frações do acervo do fundo, em cujo ativo estão, obviamente, os imóveis que constituem o objeto do investimento.

Para afastar os inconvenientes decorrentes da situação proprietária condominial, o § 1º do art. 1.368-C do Código Civil exclui o condomínio especial dos fundos de investimento do campo de incidência das normas sobre condomínio geral e condomínio edilício. De outra parte, para assegurar meios de administração e mobilização dos bens imóveis que constituem objeto dos fundos de investimento imobiliário, bem como celeridade e flexibilidade necessárias à movimentação de uma carteira de investimentos, a Lei 8.668/1993 atribuiu à propriedade dos imóveis dos fundos a qualificação de "propriedade fiduciária".

A estrutura do negócio se inspira na ideia do *investment trust*,[11] pela qual (a) os bens que constituirão a carteira do fundo serão adquiridos pela sociedade administradora em seu próprio nome, mas em caráter fiduciário, (b) esses bens terão autonomia em relação aos bens do patrimônio geral da sociedade administradora, isto é, constituirão um patrimônio de afetação, do qual são beneficiários os subscritores das quotas do fundo, e (c) a sociedade administradora é investida do poder-dever de administrar essa carteira, incluindo o poder de disposição sobre os bens que a compõem, desde que para atender as finalidades do fundo.

A segurança dos investidores decorre dessa estrutura, pois, em razão da afetação, os bens integrantes da carteira não se comunicam com os bens da sociedade administradora, nem com eles se confunde, não respondendo por dívidas ou obrigações da administradora e não sendo atingidos por sua eventual liquidação extrajudicial. Igualmente, esses bens não podem ser dados em garantia de débitos da empresa administradora, nem podem ser objeto de constrição por parte de credores da administradora. Para plena eficácia do sistema de separação de patrimônios, são utilizados os mecanismos da publicidade de direito registrário, mandando a lei que seja enunciada no título aquisitivo a configuração especial de propriedade fiduciária e enumeradas as restrições a que está sujeita a instituição administradora. Tais restrições e destaque são averbados no Registro de Imóveis.

A fórmula permite que os investidores outorguem a gestão dos seus investimentos imobiliários à administradora. Para esse fim, com os recursos provenientes da subscrição

---

[10] Código Civil, arts. 1.368-C e seguintes, com a redação dada pela Lei 13.874/2019: "Art. 1.368-C. O fundo de investimento é uma comunhão de recursos, constituído sob a forma de condomínio de natureza especial, destinado à aplicação em ativos financeiros, bens e direitos de qualquer natureza. § 1º Não se aplicam ao fundo de investimento as disposições constantes dos arts. 1.314 ao 1.358-A deste Código. § 2º Competirá à Comissão de Valores Mobiliários disciplinar o disposto no *caput* deste artigo. § 3º O registro dos regulamentos dos fundos de investimentos na Comissão de Valores Mobiliários é condição suficiente para garantir a sua publicidade e a oponibilidade de efeitos em relação a terceiros."

[11] A matéria foi apreciada em nosso livro *Trust...*, cit.

Cap. VII • PRINCIPAIS INSTRUMENTOS DE FINANCIAMENTO E DE CAPTAÇÃO DE RECURSOS | 261

de quotas, a administradora adquire imóveis em regime fiduciário, constitui com eles um patrimônio separado e promove sua administração em proveito dos investidores. Nessa formulação, o mecanismo substitui a forma tradicional de negociação da propriedade imobiliária condominial e viabiliza a adequada movimentação dos investimentos, na medida em que legitima a administradora a praticar, em seu próprio nome, os atos de compra e de venda dos imóveis do fundo.

As quotas têm como lastro os imóveis da carteira do fundo e são negociáveis no mercado de balcão e nas Bolsas de Valores, circunstância que poderá emprestar ao investimento um grau de liquidez não experimentado pelos meios tradicionais de negociação imobiliária, cujo formalismo se mostra descompassado em face da dinâmica do mundo moderno.

O fundo tem como órgão máximo de deliberação a assembleia geral dos cotistas.

Em caso de insolvência da administradora ou caso venha ela a ser impedida de exercer suas funções, os investidores realizarão assembleia geral e escolherão outra empresa para administrar o patrimônio do fundo, a esta transmitindo-se a propriedade dos bens integrantes da carteira de investimento.

A organização e o funcionamento dos fundos estão subordinados ao controle da Comissão de Valores Mobiliários – CVM.

VIII

O REGISTRO DO CONTRATO NO REGISTRO DE IMÓVEIS

8.1. O SISTEMA DO REGISTRO DE IMÓVEIS – CARACTERÍSTICAS FUNDAMENTAIS

A simples celebração do contrato de incorporação não é suficiente para dar-lhe validade e eficácia perante terceiros. Não basta assinar o contrato; é indispensável que se efetive seu registro, pois só se adquire o domínio sobre imóveis ou só se torna titular de direitos reais a eles relativos mediante registro do contrato no Registro de Imóveis da situação do imóvel objeto do negócio. Pelo contrato de incorporação apenas se constitui a obrigação do incorporador de transmitir a propriedade da fração ideal e acessões, mas essa transmissão só se efetiva mediante registro. É o registro que dá ao adquirente a titularidade sobre a fração ideal e sobre as acessões que constituirão a futura unidade imobiliária.

Diz o art. 1.245 do Código Civil de 2002, que se transfere a propriedade imobiliária mediante "registro do título translativo no Registro de Imóveis". Diz, mais, o § 1º desse dispositivo que "enquanto não se registrar o título translativo, o alienante continua a ser havido como dono do imóvel". Fica claro, portanto, que a simples celebração do contrato de compra e venda serve tão-somente para criar um vínculo obrigacional entre o vendedor e o comprador, mas não é suficiente para criar direito real que vincule o imóvel à pessoa do comprador; para isso, é indispensável que o contrato seja registrado no Registro de Imóveis.

O registro é o "sinal exterior" que atesta para toda a sociedade a "deslocação do domínio de uma pessoa para outra". Lafayette observa que "a deslocação do domínio de uma pessoa para outra carece de uma manifestação visível, de um sinal exterior que ateste e afirme aquele ato diante da sociedade. Exige-o a natureza do domínio. Direito absoluto (*erga omnes*), o domínio obriga a todos, pode ser oposto a todos; importa, pois, que todos conheçam as suas evoluções (...) a *tradição e a transcrição*[1] *são os dois fatos externos de que a lei faz, em geral, depender a transmissão do domínio (...) para dar à propriedade territorial a segurança e a estabilidade que de si mesma requer (...) o gênio inventivo do legislador criou um novo modo de*

---

[1]   Registro, na Lei de Registros Públicos (Lei nº 6.015/1973).

transferência do domínio e de seus direitos elementares: – a transcrição dos títulos de aquisição em registros públicos."[2]

Com efeito, o direito de propriedade sobre bens imóveis se constitui mediante registro do título no Registro de Imóveis; do mesmo modo, a transmissão desse direito e de todos os demais direitos reais relativos à coisa imóvel só se efetiva mediante registro do título de transmissão no Registro de Imóveis. Nesse sentido, esclarece Caio Mário da Silva Pereira que "o momento culminante da gestação deste direito real é a inscrição no registro imobiliário. Sem ela, a apuração dos demais requisitos é nada. Verificados que sejam, e inscrito o documento, vigora o direito real de promessa de venda. Evidentemente, a partir do momento do registro. Até aquela data, o contrato de promessa de venda existe, porém gerador de direitos meramente obrigacionais. Operada a inscrição constitui-se o direito real. Seus efeitos 'erga omnes' originam-se da data do registro, e somente com ele podem ser invocados."[3]

Além disso, todas as mutações pelas quais venha a passar o imóvel têm que ser assentadas no Registro de Imóveis, como são os casos da averbação de uma construção, da demolição, da alteração do estado civil da pessoa do proprietário ou do titular de direitos reais sobre o imóvel, da instituição de condomínio, da divisão do imóvel e, enfim, todos e quaisquer atos ou fatos que impliquem mutações na coisa imóvel ou nos direitos reais a ela relativos.

Dada essa noção fundamental sobre o modo de aquisição da propriedade imobiliária, ou dos direitos reais a ela relativos, fica claro que a incorporação imobiliária está ligada ao sistema de Registro de Imóveis naquilo que diz respeito à propriedade imobiliária do terreno e aos atos concernentes à constituição da nova modalidade de propriedade, em planos horizontais.

Como se viu, a atividade empresarial da incorporação envolve uma série de atos de contratação visando criar e transmitir a propriedade sobre as frações ideais do terreno e respectivas acessões, bem como direitos reais a elas relativos; esses atos constituem relações obrigacionais, e visam criar direitos reais sobre tais imóveis, isto é, visam vincular esses imóveis às pessoas dos contratantes, nos termos em que tiver sido contratado. Para criação do vínculo obrigacional basta a celebração do contrato, com observância dos respectivos requisitos, mas para criação do vínculo de direito real entre a pessoa e o bem imóvel é indispensável o registro do título no Registro de Imóveis.

O registro dá publicidade a todos esses atos, mas, antes, tem a função de efetivar a transmissão da propriedade imobiliária ou de qualquer outro direito real a ela relativo, daí porque é imprescindível que o adquirente leve seu contrato a registro no Registro de Imóveis da situação do imóvel. O sistema do Registro é, em essência, um sistema de informação: recebe e armazena dados relativos aos imóveis, conservando-os para servir como instrumento de segurança das pessoas que venham a negociá-los.[4]

É no Registro de Imóveis que se conservam os assentamentos relativos a todos os imóveis situados na região respectiva; ele assenta e conserva todos os atos relativos a esses imóveis, compreendendo a criação do direito de propriedade sobre cada um deles (com a descrição de cada imóvel) e suas mutações, como, por exemplo, as mudanças de titularidade, a constituição

---

[2] *Direito das coisas*, Rio de Janeiro: Editora Rio, 1977, edição histórica, p. 161 e 164.

[3] *Instituições de direito civil*, Rio de Janeiro: Forense, 12. ed., 1997, v. IV, p. 317.

[4] Cada *Registro de Imóveis* tem sua base territorial própria, semelhante a um bairro da cidade, estando concentrados em cada um desses Registros todos os dados a respeito dos imóveis que estejam situados nos limites dessa base territorial, sua descrição, caracterização, bem como os atos e fatos a eles relativos (constituição de direitos etc.).

de garantias, os atos judiciais de constrição sobre o imóvel etc. Cada imóvel tem matrícula própria e em cada ficha de matrícula são lançados todos os atos e fatos a ele relativos; na matrícula está enunciada toda história do imóvel, e é nela que qualquer pessoa pode examinar a existência do imóvel, sua titularidade e eventuais restrições ao direito de propriedade.

É, pois, indispensável o registro, para segurança da relação jurídica e para plena eficácia do negócio translativo do direito real sobre o imóvel, pois antes do registro o adquirente é "um mero *credor* do alienante, contra o qual lhe compete a ação pessoal para obrigá-lo ou a entregar o imóvel ou a indenizar perdas e danos, nem tampouco pode invocar a ação de reivindicação contra terceiros."[5]

8.2. PRINCÍPIOS E FUNDAMENTOS LEGAIS

Todo esse sistema de registro está alicerçado no princípio da segurança jurídica, do qual derivam os demais princípios do registro, segundo as normas fundamentais dos arts. 1.245 a 1.247 do Código Civil de 2002.[6]

O primeiro desses princípios é o da *publicidade*, pelo qual se assegura a validade e eficácia dos direitos reais, significando que o domínio que o titular tem sobre a coisa, ou sobre o direito real a ela relativo, tem validade e eficácia contra todos, mas desde que esteja registrado no Registro de Imóveis.

É o registro, no Registro de Imóveis, que torna pública a existência de cada imóvel e de todos os fatos ou atos relativos à sua configuração, à sua titularidade e à mutação dos direitos reais sobre ele; o registro é o *sinal exterior* que dá visibilidade a todos esses fatos e atos, não só para assegurar validade e eficácia em relação ao titular dos direitos sobre o imóvel, como, também, perante terceiros. Diz Afrânio Carvalho que a publicidade tem o "duplo efeito de constituir o direito real e de anunciá-lo a terceiros", pois, antes dela, "o ato cria obrigações entre as partes, mas, uma vez efetuada, perfaz a mutação jurídico-real, investindo a propriedade ou o direito real na pessoa do adquirente e, ao mesmo tempo, tornando o direito oponível a terceiros".[7]

Assim, quem quer que pretenda adquirir um imóvel só saberá se estará em segurança, ou se correrá algum risco na compra, depois de ter examinado a ficha de matrícula do imóvel pretendido, no Registro de Imóveis do lugar do imóvel; é nessa matrícula que se pode verificar se aquela pessoa que está se propondo a vender é efetivamente o titular do direito de propriedade, ou seja, se é a mesma pessoa que, no Registro de Imóveis, aparece como proprietária do imóvel objeto da tratativa de venda ou dos direitos a serem cedidos.

---

5   Lafayette, ob. cit., p. 179.

6   Eis o teor dos dispositivos no Código Civil: "Art. 1.245. Transfere-se entre vivos a propriedade mediante o registro do título translativo no Registro de Imóveis. § 1º Enquanto não se registrar o título translativo, o alienante continua a ser havido como dono do imóvel. § 2º Enquanto não se promover, por meio de ação própria, a decretação de invalidade do registro, e o respectivo cancelamento, o adquirente continua a ser havido como dono do imóvel. Art. 1.246. O registro é eficaz desde o momento em que se apresentar o título ao oficial do registro, e este o prenotar no protocolo. Art. 1.247. Se o teor do registro não exprimir a verdade, poderá o interessado reclamar que se retifique ou anule. Parágrafo único. Cancelado o registro, poderá o proprietário reivindicar o imóvel, independentemente da boa-fé ou do título do terceiro adquirente".

7   *Registro de Imóveis*, Rio de Janeiro: Forense, 1982, 2. ed., p. 19.

Está aí presente, também, o princípio da *continuidade*, pelo qual, em relação a cada imóvel adequadamente individualizado, deve existir uma *cadeia de titularidade*, à vista da qual só se fará o registro de uma venda se o outorgante desse ato de alienação figurar na matrícula do imóvel como titular do domínio.

De acordo com esse princípio, não pode ser registrado um título aquisitivo se o imóvel não estiver registrado em nome daquele que, no contrato de venda, aparece como transmitente, ou, em outras palavras, não pode ser registrado um título aquisitivo se o nome que figura no contrato como transmitente é diferente do nome que figura no Registro de Imóveis como proprietário. O princípio está contemplado no art. 195 da Lei nº 6.015/1973, pelo qual, em casos como esse, o Oficial do Registro tem que exigir seja registrado o título anterior, "para manter a continuidade do registro".

O princípio é intuitivo, pois "continuidade quer dizer ligação não interrompida das partes de um todo (...) e não transcrever o título anterior implicaria a ilegal quebra de um dos elos da corrente da sucessividade, imposta pela lei".[8]

Esse aspecto merece especial atenção porque o efeito constitutivo do registro é relativo, só valendo se realizado regularmente, pois, nos termos do § 2º do art. 1.245 do Código Civil de 2002, a titularidade em nome da pessoa em cujo nome estiver registrado o imóvel, é presumida, admitindo, portanto, prova em contrário. A plena eficácia do efeito constitutivo do registro decorre da inexistência de qualquer defeito na cadeia dominial, que se forma a partir da existência de título válido e eficaz, seguido de sua inscrição no Registro de Imóveis, da situação do imóvel, isto é, o Registro que é competente, e observada a antecedência de titularidade, a comprovar que quem contratou a transmissão é efetivamente o titular do domínio.

Ainda a propósito do princípio da continuidade merece atenção a dinâmica das transmissões de créditos garantidos por direito real, quando representados por Cédulas de Crédito Imobiliário emitidas por meio escritural, nos termos da Lei nº 10.931/2004.[9]

Como vimos, a cessão de créditos representados por CCIs escriturais é feita em sistemas eletrônicos de negociação, que promovem o registro escritural da titularidade de ativos financeiros, bem como a liquidação das respectivas operações, em redes eletrônicas, sendo essas cessões dispensadas de averbação no Registro de Imóveis (Lei nº 10.931/2004, § 2º do art. 22). Assim, os créditos circulam no mercado com registro apenas nesses sistemas eletrônicos de negociação, sem que o Registro de Imóveis tome conhecimento das cessões ali operadas.

Sabendo-se que o direito real de garantia é acessório e, portanto, acompanha o direito principal, que é o crédito, a não averbação da cessão no Registro de Imóveis, quando realizada a cessão por esses sistemas eletrônicos, importa em rompimento do elo "da corrente de sucessividade" do direito real de garantia atrelado ao crédito cedido.

Nesses casos, para adequar o princípio da continuidade, ou da conexão, aos sistemas eletrônicos de negociação típicos da sociedade contemporânea, as normas editadas pelas Corregedorias de Justiça dos Estados preveem que a CCI escritural que tenha circulado no mercado por meio desses sistemas de registro e de liquidação financeira terá seu resgate provado por declaração de quitação emitida pelo atual credor, identificado pela instituição custodiante da CCI escritural, promovendo-se o cancelamento da garantia à vista de requerimento instruído com esses documentos.

---

[8] SERPA LOPES, *Tratado de Registros Públicos*..., cit., v. IV, nº 742.

[9] V. item 7.3.

Caso venha a se desviar do seu curso normal, o crédito é "excluído" do sistema eletrônico de negociação e esse fato é certificado pela instituição custodiante, que fornece ao credor o documento hábil para instruir a correspondente execução do crédito. Em relação aos créditos garantidos por propriedade fiduciária, vindo o devedor a incidir em mora e, por isso, retirado o crédito do sistema eletrônico de negociação, o credor fiduciário, de posse do documento fornecido pela instituição custodiante, promoverá a notificação extrajudicial do devedor para purgação da mora e, caso não purgada, adotará os demais atos previstos na Lei nº 9.514/1997 para a consolidação da propriedade e sua oferta em público leilão.

Igualmente relevante é o princípio de *prioridade*, pelo qual, num concurso de direitos reais sobre imóvel, os assentamentos constantes do registro não ocupam todos o mesmo posto, mas se graduam ou se classificam segundo uma relação de precedência fundada na ordem cronológica do seu aparecimento ou de sua apresentação no Registro.

Também é intuitiva a necessidade de respeito à antecedência cronológica. Se um mesmo imóvel for vendido a duas pessoas, a prioridade do registro é daquele que tiver apresentado em primeiro lugar seu título ao Registro de Imóveis, mesmo que sua escritura tenha sido lavrada em data posterior à do outro adquirente. Ainda nessa hipótese, se o antigo proprietário tiver constituído uma hipoteca em favor de um credor qualquer, e este apresentar seu título para registro antes que qualquer dos adquirentes tenha apresentado sua escritura de aquisição, a hipoteca será registrada antes de qualquer daquelas duas vendas, e, quando um dos adquirentes vier a registrar seu título de aquisição, tornar-se-á proprietário de um imóvel que já estará gravado com a hipoteca, por cujo encargo terá que responder. A esse propósito, esclarece Afrânio de Carvalho que "a prioridade desempenha seu papel de maneira diferente, conforme os direitos que se confrontam sejam, ou não sejam, incompatíveis entre si. Quando os direitos que acorrem para disputar o registro são reciprocamente excludentes, a prioridade assegura o primeiro, determinando a *exclusão* do outro. Quando, ao contrário, não são reciprocamente excludentes, a prioridade assegura o primeiro, concedendo *graduação* inferior ao outro".[10]

A legislação sobre os contratos de compromisso de compra e venda de lotes de terreno, promulgada em 1937, já explicitava de maneira clara a necessidade de registro, no Registro de Imóveis, para garantir a prioridade ao compromissário, ao dispor, no seu art. 5º, que "a averbação atribui ao compromissário direito real, oponível a terceiros..." (Decreto-lei nº 58/1937). Darcy Bessone observa que "a promessa de venda, mesmo com a renúncia do direito de arrependimento, se malograria pela possibilidade da transmissão do imóvel a terceiro, contra o qual não poderia ser oposta, não se encontrando inscrita (...) é precisamente por isso que o registro é essencial à garantia real contra as alienações ou onerações posteriores".[11]

A prioridade está consagrada nos arts. 190 a 192 da Lei nº 6.015/1973.

Outro princípio fundamental é o da especialização, também conhecido por determinação. Esse princípio diz respeito à identificação do bem imóvel objeto do registro (diz-se também discriminação, individualização, individuação, identificação etc.); a especialização é a descrição do bem imóvel objeto do registro, com sua localização, medidas, superfície, confrontações e, enfim, todas as demais características que lhe dão identidade própria, ou seja, "o seu modo de ser físico, que o torna inconfundível e, portanto, heterogêneo em relação a qualquer outro".[12]

---

[10] Ob. cit., p. 217.

[11] *Da compra e venda...*, cit., p. 143.

[12] Afrânio de Carvalho, ob. cit., p. 247.

INCORPORAÇÃO IMOBILIÁRIA • *Melhim Namem Chalhub*

A especialização está contemplada nos arts. 176, § 1º, II, nº 3, e 225 da Lei nº 6.015/1973, pelos quais cada unidade imobiliária tem que ser descrita e caracterizada no Registro de Imóveis em termos completos, sem qualquer aspecto duvidoso quanto às suas peculiaridades ou divisas, importando destacar que qualquer alteração só pode ser feita mediante procedimento específico, não raras vezes mediante intervenção judicial.

A Lei nº 6.015/1973, está alicerçada nesses princípios, sendo certo que os atos de registro e de averbação previstos nessa legislação têm a finalidade de manter assentada a identidade dos imóveis, bem como estabelecer a vinculação deles com os respectivos titulares de domínio ou de outros direitos reais que sobre eles incidam e, ainda, consignar nas fichas de matrícula de cada imóvel todas as mutações pelas quais possa passar cada imóvel e sua titulação.

Como visto, esse sistema constitui fonte de segurança para toda e qualquer operação relativa à constituição ou transmissão da propriedade ou de direitos reais relativos a imóveis, a partir do cadastramento autônomo existente para cada unidade imobiliária, expresso pela matrícula, na qual são descritos todos os atos e fatos relativos ao imóvel. É pelo exame da matrícula que se pode acompanhar com exatidão todas as mutações da história de cada imóvel e se pode, com segurança, tomar conhecimento da situação jurídica do imóvel.

É, portanto, indispensável o exame das peças do Memorial de Incorporação como pré-requisito para a contratação da compra de imóvel em incorporações imobiliárias, assim como é indispensável a efetivação do registro do contrato de incorporação, "para que os efeitos da aquisição possam ser validamente oposta a terceiros".[13]

8.2.1. Sistema Eletrônico dos Registros Públicos (SERP)

O processamento eletrônico nos serviços de Registro Público tem como marcos inaugurais a Medida Provisória nº 2.200-2/2001, que institui a Infraestrutura de Chaves Públicas Brasileira – ICP-Brasil com o propósito de "garantir a autenticidade, a integridade e a validade jurídica de documentos em forma eletrônica",[14] e a Lei nº 11.977/2009, que dispõe sobre a instituição de sistemas eletrônicos de registro, fixando prazo para esse fim.[15]

A partir dessas normas legais, teve início um longo trabalho de estudos, pesquisas e organização visando a definição dos critérios de aplicação dessas novas tecnologias na atividade dos Registros Públicos, envolvendo desde a recepção dos títulos pela plataforma digital, seu assentamento, conservação e disponibilização ao público, entre outros aspectos, dos quais resultaram a aprovação da Lei nº 13.465/2017, que criou o Sistema de Registro Eletrônico de Imóveis (SREI) e deu outras providências, e os Provimentos do Conselho Nacional de Justiça

---

[13] Lafayette, ob. cit., p. 165.

[14] MP nº 2.200-2/2001: "Art. 1º Fica instituída a Infraestrutura de Chaves Públicas Brasileira – ICP-Brasil, para garantir a autenticidade, a integridade e a validade jurídica de documentos em forma eletrônica, das aplicações de suporte e das aplicações habilitadas que utilizem certificados digitais, bem como a realização de transações eletrônicas seguras".

[15] Lei nº 11.977/2009: "Art. 38. Os documentos eletrônicos apresentados aos serviços de registros públicos ou por eles expedidos deverão atender aos requisitos da Infraestrutura de Chaves Públicas Brasileira – ICP e à arquitetura e-PING (Padrões de Interoperabilidade de Governo Eletrônico), conforme regulamento. Parágrafo único. Os serviços de registros públicos disponibilizarão serviços de recepção de títulos e de fornecimento de informações e certidões em meio eletrônico. Art. 39. Os atos registrais praticados a partir da vigência da Lei nº 6.015, de 31 de dezembro de 1973, serão inseridos no sistema de registro eletrônico, no prazo de até 5 (cinco) anos a contar da publicação desta Lei".

nos 47/2015, 89/2019, 94/2020, 95/2020, 107/2020, 109/2020 e 115/2021, que disciplinam a estruturação de repositórios e dos serviços registrais por meio eletrônico e estimulam a digitalização dos arquivos físicos existentes.

São dignos de nota os Provimentos nos 47/2015 e 89/2019, da Corregedoria Nacional de Justiça, que dispõem, respectivamente, sobre as Centrais Eletrônicas, o Código Nacional de Matrícula (CNM) e o Sistema de Registro Eletrônico de Imóveis (SREI), seguidos do Provimento nº 115/2021, que criou o Serviço de Atendimento Eletrônico Compartilhado (SAEC), caracterizado como grande plataforma capaz de viabilizar a integração de todos os Registros de Imóveis do Brasil.

No que toca particularmente aos negócios e atos imobiliários em geral, avultam nesse contexto o Código Nacional de Matrículas – CNM, previsto no art. 235-A da Lei nº 6.015/1973, o Sistema de Registro Eletrônico de Imóveis (SREI), previsto no art. 76 da Lei nº 13.465/2017, o Serviço de Atendimento Eletrônico Compartilhado – SAEC e o Operador Nacional do Sistema de Registro Eletrônico – ONR, regulamentados pelo Provimento nº 89/2019 da Corregedoria do CNJ, cuja implementação viabilizará a integração de todos os Registros de Imóveis do país e a prática das atividades registrais por meio digital, operando o SREI como central de acesso dos interessados aos serviços de registro, entre eles a visualização *on-line* da matrícula e a obtenção de certidões por meio eletrônico.

Especialmente relevante na atualização e consolidação das práticas de processamento eletrônico no sistema registral é a Medida Provisória nº 1.085/2021, convertida na Lei nº 14.382/2022, que disciplina a implantação, o funcionamento e a gestão do Sistema Eletrônico dos Registros Públicos (SERP), previsto no art. 37 da Lei nº 11.977/2009, compreendendo não apenas o Sistema de Registro Eletrônico de Imóveis (SREI), criado pela Lei nº 13.465/2017 (art. 76), mas todos os registros públicos, de modo a interligá-los e viabilizar aos interessados em geral a pesquisa de dados registrais em única plataforma.

Nesse sentido, essa nova legislação define como objetivo do SERP a universalização das atividades dos Registros Públicos e a adoção de governança corporativa das serventias, de modo a viabilizar o registro dos negócios e atos jurídicos por meio eletrônico, bem como a interconexão dos serviços e a interoperabilidade das bases de dados das serventias entre si e o SERP; dispõe sobre a recepção e o envio de documentos e títulos, bem como a expedição de certidões e a prestação de informações em formato eletrônico; trata do atendimento remoto dos usuários por meio da internet, das consultas sobre indisponibilidades de bens decretadas pelo Poder Judiciário ou por autoridades administrativas, sobre restrições e gravames, dentre outros serviços estabelecidos em regulamento.

Além de dispor especificamente sobre o funcionamento do SERP, a Lei nº 14.382/2022 em que se converteu essa Medida Provisória introduz importantes alterações na Lei nº 6.015/1973 no que tange à contagem de prazos e ao ingresso de determinados atos no Registro de Imóveis, tais como o tombamento, a promessa de permuta, a cessão fiduciária de crédito, entre outros, atendendo a necessidade de segurança jurídica e o acesso de novos títulos que refletem a realidade negocial, bem como simplifica o procedimento de retificação de registro de dúvida.

Merecem atenção a peculiar conformação dos documentos admitidos ao registro eletrônico, basicamente identificados como *documento digitalizado, nato-digital* e *nato-digital enviado por extrato*, cuja validade assenta em elementos próprios de caracterização, que devem ser observados nas situações em que são aplicados.

Nato-digital é o documento originado no próprio ambiente digital, é produzido em formato digital e conserva essa conformação em todos os atos em que é aplicado; deve ser assinado por certificado digital por todas as pessoas que o assinariam em papel, como são os casos, por exemplo, do vendedor e do comprador num contrato de compra e venda.

Nato-digital enviado por extrato é subtipo do documento produzido em formato digital; trata-se de resumo do título a ser objeto de registro ou averbação, contendo os elementos essenciais do ato ou negócio jurídico expresso em "extratos eletrônicos",[16] assim considerado aquele organizado e representado "por estrutura rígida, previamente planejada para seu armazenamento e recuperação em banco de dados eletrônico". Para sua validade devem ser observados os requisitos da MP nº 2.200-1/2001 (assinatura por certificado ICP-Brasil) e, ainda, aqueles estabelecidos pela Lei nº 14.382/2022 .

Digitalizado é documento produzido e assinado em papel, que posteriormente é convertido para formato digital (normalmente em PDF/A), "escaneado", cuja é determinada por certificado ICP-Brasil, nos termos da MP nº 2.200-2/2001, além dos requisitos estabelecidos pelo Decreto nº 10.278/2020 (que regulamentou a Lei nº 13.874/2019), em especial seu art. 5º.

Híbrido é o documento formado por itens digitais e não digitais, de que são exemplos os textos produzidos parte em papel e parte em suporte eletrônico e projetos arquitetônicos que apresentam a descrição em papel e plantas em disco óptico.[17]

O site https://assinador.registrodeimoveis.org.br/ contém assinador já adaptado para todas essas situações e fornece orientação para utilização passo a passo.

8.3.   INOPONIBILIDADE DOS ATOS NÃO INSCRITOS

A par dos princípios fundamentais do sistema registral imobiliário, anteriormente referidos em apertada síntese, a Lei nº 13.097, de 19 de janeiro de 2015, veio consolidar normas legais destinadas a reforçar a segurança jurídica da transmissão da propriedade e da constituição de direitos reais sobre imóveis.

Como se sabe, os riscos inerentes a esses negócios decorrem de várias situações relacionadas aos direitos sobre imóveis ou à capacidade e ao poder de disposição do titular desses direitos, notadamente em relação a eventual existência de fatos capazes de caracterizar fraude contra credores ou fraude de execução.[18]

Dentre os princípios em que se alicerçam os mais avançados sistemas de registro avultam, no que interessa a esse capítulo, os da inoponibilidade dos atos não inscritos e o da fé pública registral, aos quais se articula o da publicidade.

A inoponibilidade é princípio segundo o qual os atos não inscritos no registro imobiliário não podem ser opostos ao adquirente de boa-fé ou àquele que venha a receber direitos reais sobre o imóvel; a par desse princípio, o da fé pública registral visa a proteção de terceiro, que,

---

[16]   Medida Provisória nº 1.085/2021, convertida na Lei 14.382/2022: "Art. 6º Os oficiais dos registros públicos, quando cabível, receberão dos interessados, por meio do SERP, os extratos eletrônicos para registro ou averbação de fatos, de atos e de negócios jurídicos, nos termos do inciso VIII do *caput* do art. 7º desta Lei".

[17]   Provimento da Corregedoria do CNJ nº 100, de 26.5.2020, art. 30: "Fica autorizada a realização de ato notarial híbrido, com uma das partes assinando fisicamente o ato notarial e a outra, a distância, nos termos desse provimento".

[18]   Quanto ao imóvel, pode haver limitações urbanísticas, socioambientais, capazes de limitar o aproveitamento econômico do imóvel; há direitos reais de garantia, como a hipoteca ou a propriedade fiduciária; há obrigações *propter rem*, como o IPTU e as obrigações perante o condomínio. Quanto à pessoa do titular do imóvel, e seus antecessores a análise da sua situação patrimonial é essencial para se aquilatar a possibilidade de configuração de fraude contra credores ou fraude à execução, tendo em vista o princípio da responsabilidade patrimonial.

Cap. VIII • O REGISTRO DO CONTRATO NO REGISTRO DE IMÓVEIS | **271**

de boa-fé, adquire imóvel a título oneroso confiando exclusivamente nas informações constantes na matrícula do imóvel e promove o registro do seu título aquisitivo. Tais princípios são aplicáveis igualmente à constituição de outros direitos reais sobre imóveis, entre eles os direitos reais de garantia, e se inspiram na presunção da veracidade do registro e de que o conhecimento dos dados ali constantes é suficiente para avaliação da segurança dos negócios relacionados ao imóvel.

A inoponibilidade e a fé pública estão estreitamente relacionadas ao princípio da publicidade, que torna públicas, na matrícula do imóvel constante do Registro de Imóveis competente, as informações relacionadas à titularidade do imóvel e aos gravames que possam comprometer sua livre disponibilidade.

Esses princípios, e os demais anteriormente referidos, constituem os pilares da segurança jurídica da transmissão da propriedade e da constituição de direitos reais sobre imóveis, como leciona Eduardo Pacheco Ribeiro de Sousa: "O titular do direito inscrito dele não pode ser privado sem seu consentimento ou sem determinação judicial (segurança estática), e o adquirente de um direito subjetivo imobiliário deve estar a salvo de qualquer ataque por elementos que não constassem do registro por ocasião da aquisição (segurança dinâmica). A segurança no tráfico imobiliário, com a proteção daqueles que confiaram no teor dos registros, atinge-se com a publicidade registral, a permitir potencialmente o conhecimento geral do que se publica, com efeitos *erga omnes*".[19]

Trata-se da presunção absoluta – *juris et de jure* – da titularidade constante no registro imobiliário, que caracteriza o sistema alemão, segundo o qual a propriedade pertence à pessoa em nome de quem esteja registrado o imóvel, não podendo ser contestado, que só é viabilizado por existir na Alemanha livros fundiários em que todos os imóveis se encontram cadastrados, formando um cadastro geral e completo dos bens imóveis existentes naquele país. Sendo completo o cadastro, é possível examinar a situação de determinado imóvel e saber com absoluta exatidão quem é seu proprietário, como foi adquirido, se está gravado com algum ônus real, sendo possível, enfim, tomar conhecimento de todas as relações jurídicas em torno daquele imóvel. É possível, portanto, confiar de modo absoluto na titularidade que se encontra registrada naqueles livros.[20]

Esses princípios, entretanto, não são adotados no direito brasileiro, cujo sistema registral se fundamenta na presunção relativa, isto significando que o proprietário é aquele em nome de quem está registrado o imóvel, mas, não obstante, o registro pode ser invalidado, destituindo-o da titularidade do imóvel.[21]

---

[19] SOUZA, Eduardo Pacheco Ribeiro da, *Noções fundamentais de Direito Registral e Notarial*. São Paulo: Saraiva, 2011, p. 54.

[20] PEREIRA, Caio Mário da Silva, *Instituições de direito civil*. Rio de Janeiro: Forense, 15. ed., 2001, v. IV, p. 85-86; GOMES, Orlando, *Direitos reais*. Rio de Janeiro: Forense, 18. ed., 2001, p. 192-194.

[21] Código Civil de 2002: "Art. 1.245. Transfere-se entre vivos a propriedade mediante o registro do título translativo no Registro de Imóveis. § 1º Enquanto não se registrar o título translativo, o alienante continua a ser havido como dono do imóvel. § 2º Enquanto não se promover, por meio de ação própria, a decretação de invalidade do registro, e o respectivo cancelamento, o adquirente continua a ser havido como dono do imóvel. (...). Art. 1.247. Se o teor do registro não exprimir a verdade, poderá o interessado reclamar que se retifique ou anule. Parágrafo único. Cancelado o registro, poderá o proprietário reivindicar o imóvel, independentemente da boa-fé ou do título do terceiro adquirente".

272 | INCORPORAÇÃO IMOBILIÁRIA • *Melhim Namem Chalhub*

Assim é porque "o registro é ato causal, e exprime sua força na dependência do negócio jurídico subjacente".[22]

A presunção relativa do nosso sistema não chega a infundir insegurança à transmissão da propriedade e à constituição de direitos reais sobre imóveis, seja porque a lei qualifica o registro como *causa determinante* da aquisição da propriedade imobiliária, ou porque a eventual invalidação do registro depende de processo judicial, em que estão assegurados o contraditório e a ampla defesa, e, ainda, porque os direitos do adquirente, que confiou nas informações extraídas dos assentamentos do Registro de Imóveis, são protegidos com fundamento na boa-fé e nos princípios gerais relativos à segurança jurídica e à estabilidade social.

No nosso sistema a proteção do adquirente de boa-fé está relacionada à sua diligência em informar-se sobre a situação jurídica do imóvel e da pessoa do seu titular, mediante exame de certidões da matrícula do imóvel, onde constam a cadeia sucessória do domínio, os ônus reais sobre ele incidentes e outros fatos e negócios a ele vinculados, além do exame de certidões de distribuidores judiciais da comarca de residência e de domicílio do titular.

Essas providências se justificam nos ordenamentos que não se filiam aos princípios da inoponibilidade e da fé pública, como é o caso do sistema registral brasileiro.

Mas apesar de o direito positivo brasileiro não se fundamentar nesses princípios, a legislação e a jurisprudência evoluem no sentido de reforçar a fé pública.

Veja-se, de plano, o art. 240 da Lei nº 6.015/1973, segundo o qual o registro da penhora "faz prova quanto à fraude de qualquer transação posterior",[23] o que não significa, obviamente, seja essa a única prova de fraude.

Mais tarde, a Lei nº 10.931/2004 veio reforçar a segurança do adquirente de boa-fé, ao incluir o § 5º no art. 214 da Lei nº 6.015/1973, segundo o qual, a despeito da invalidade do registro em razão de nulidades, desde que provadas (art. 214), "a nulidade não será decretada se atingir terceiro de boa-fé que já tiver preenchido as condições de usucapião do imóvel".[24]

A inovação prioriza a presunção da veracidade do registro e da fé pública, que, como anota Eduardo Sócrates Castanheira Sarmento Filho, diz respeito ao valor que deve ser dado ao conteúdo do registro em face de terceiro que confiou nas informações constantes no fólio real: "em termos práticos, cuida de solucionar a difícil questão de estabelecer quem merece proteção prioritária: o verdadeiro titular do domínio ou o adquirente do imóvel que, estando de boa-fé, efetuou a compra confiando na informação contida no registro imobiliário".[25]

É nesse sentido a doutrina de Afrânio de Carvalho em relação à preservação dos direitos do adquirente na aquisição a *non domino*, em atenção à teoria da aparência que ampara a boa-fé do adquirente: "se o alienante não é o verdadeiro proprietário e a lei legitima a aquisição pelo terceiro de boa-fé, fá-lo no intuito de proteger a boa-fé do adquirente, a bem da

---

[22] PEREIRA, Caio Mário da Silva, *Instituições de direito civil*, v. IV, cit., p. 87.

[23] Lei nº 6.015/1973: "Art. 240 – O registro da penhora faz prova quanto à fraude de qualquer transação posterior".

[24] Trata-se da usucapião com base no registro constante do Registro de Imóveis, atribuída àquele "que, contínua e incontestadamente, com justo título e boa-fé, o possuir por dez anos" (Código Civil de 2002, art. 1.242), cujo título é posteriormente cancelado.

[25] SARMENTO FILHO, Eduardo Sócrates Castanheira, *Direito Registral Imobiliário*. Curitiba: Juruá, 2013, p. 61.

circulação imobiliária, em cujo interesse não cogita de indagar se o imóvel pertencia à parte contrária ou a terceiro".[26]

Nessa mesma direção de valorização do registro, as Leis n°s 10.444/2002 e 11.382/2006[27] promoveram reformas no Código de Processo Civil de 1973, que, de uma parte, previam a averbação da penhora de imóveis "para presunção absoluta do conhecimento de terceiros" (§ 4° do art. 659 do CPC/1973, correspondente ao art. 844 do CPC/2015), e, de outra parte, caracterizam como fraude a execução a alienação, ou oneração, feita pelo executado após essa averbação (arts. 615-A e parágrafos do CPC/1973, correspondente ao art. 828 e parágrafos do CPC/2015).

Dada a presunção absoluta de conhecimento de terceiros e de fraude à execução, consagradas pelas reformas de 2002 e 2006 do CPC de 1973, e alinhada ao art. 240 da Lei n° 6.015/1973, a construção jurisprudencial se consolidou no enunciado n° 375 da Súmula do Superior Tribunal de Justiça, de março de 2009, segundo a qual "o reconhecimento da fraude de execução depende do registro da penhora do bem alienado ou da prova de má-fé do terceiro adquirente".

A despeito desse alinhamento ao princípio da fé pública registral, persistia no ordenamento a exigência de apresentação de certidões de distribuição judicial em nome do vendedor e de consignação, no ato notarial, além das certidões fiscais e de ônus reais, também as certidões "dos feitos ajuizados" contra o vendedor (§ 2° do art. 1° da Lei n° 7.433/1985).

No curso desse movimento de construção legislativa, veio a ser sancionada a Lei n° 13.097, 19 de janeiro de 2015, que, embora não adote plenamente os princípios da inoponibilidade e da fé pública registral, reforça a proteção do terceiro de boa-fé, notadamente a proteção dos adquirentes de imóveis em construção nas incorporações imobiliárias e nos loteamentos.

Destaquem-se desse conjunto legislativo, no que interessa a este trabalho, os arts. 54, 55 e 59 da Lei n° 13.097/2015; o primeiro explicita o princípio da inoponibilidade dos atos não inscritos no registro imobiliário; o art. 55 afasta a alienação dos imóveis integrantes das incorporações imobiliárias e dos loteamentos, ou sua oneração, do risco de evicção e dos efeitos da decretação de ineficácia decorrentes da aquisição, pelo empreendedor, do terreno

---

[26] CARVALHO, Afrânio de. *Registro de Imóveis*. Rio de Janeiro: Forense, 4. ed., 1998, p. 177.

[27] CPC/1973: "Art. 615-A. O exequente poderá, no ato da distribuição, obter certidão comprobatória do ajuizamento da execução, com identificação das partes e valor da causa, para fins de averbação no registro de imóveis, registro de veículos ou registro de outros bens sujeitos à penhora ou arresto. (Incluído pela Lei n° 11.382, de 2006). § 1° O exequente deverá comunicar ao juízo as averbações efetivadas, no prazo de 10 (dez) dias de sua concretização. (Incluído pela Lei n° 11.382, de 2006). § 2° Formalizada penhora sobre bens suficientes para cobrir o valor da dívida, será determinado o cancelamento das averbações de que trata este artigo relativas àqueles que não tenham sido penhorados. (Incluído pela Lei n° 11.382, de 2006). § 3° Presume-se em fraude à execução a alienação ou oneração de bens efetuada após a averbação (art. 593 (Incluído pela Lei n° 11.382, de 2006). Art. 659. (...). § 4° A penhora de bens imóveis realizar-se-á mediante auto ou termo de penhora, cabendo ao exequente, sem prejuízo da imediata intimação do executado (art. 652, § 4°), providenciar, para presunção absoluta de conhecimento por terceiros, a respectiva averbação no ofício imobiliário, mediante a apresentação de certidão de inteiro teor do ato, independentemente de mandado judicial (grifamos). (Redação dada pela Lei n° 11.382, de 2006). § 5° Nos casos do § 4°, quando apresentada certidão da respectiva matrícula, a penhora de imóveis, independentemente de onde se localizem, será realizada por termo nos autos, do qual será intimado o executado, pessoalmente ou na pessoa de seu advogado, e por este ato constituído depositário (Incluído pela Lei n° 10.444, de 7.5.2002)."

274 | INCORPORAÇÃO IMOBILIÁRIA • *Melhim Namem Chalhub*

no qual será implantado o empreendimento; e o art. 59 dá nova redação ao § 2º do art. 1º da Lei nº 7.433/1985, que trata de matéria notarial.

A Lei nº 13.097/2015 resulta da Medida Provisória nº 656/2014, cuja Exposição de Motivos menciona entre seus propósitos a adoção do "princípio da concentração de dados nas matrículas dos imóveis" dos Registros de Imóveis, de modo que "num único instrumento (matrícula), o interessado terá acesso a todas as informações que possam atingir o imóvel, circunstância que dispensaria a busca e o exame de um sem número de certidões e, principalmente, afastaria o potencial risco de atos de constrição oriundos de ações que tramitem em comarcas distintas da situação do imóvel e do domicílio das partes".

Esse propósito não chegou a ser alcançado pelas novas disposições relacionadas ao registro imobiliário, constantes da Lei nº 13.097/2015, oriunda da referida MP 656, embora essas normas constituam importantes mecanismos de segurança jurídica dos negócios de transmissão ou constituição de direitos reais imobiliários, notadamente em relação ao adquirente de boa-fé no contexto das incorporações imobiliárias e nos loteamentos.

Vejamos.

8.3.1. O art. 54 da Lei nº 13.097/2015

Dispõe o art. 54 que os negócios jurídicos de constituição, transmissão e modificação de direitos reais sobre imóveis "são eficazes em relação a atos jurídicos precedentes, nas hipóteses em que não tenham sido registradas ou averbadas na matrícula do imóvel" determinadas informações, entre as quais o registro de citação de ações reais ou reipersecutórias, a averbação de constrição judicial ou ajuizamento de execução ou de fase de cumprimento de sentença, de restrição administrativa, entre outras.[28]

À redação original dessa disposição foram acrescentadas alterações pela Lei 14.382/2022, que atualiza remissões feitas aos arts. 828 e 792, IV do CPC/2015, e pela Lei 14.825/2024, que

---

[28] Lei nº 13.097/2015: "Art. 54. Os negócios jurídicos que tenham por fim constituir, transferir ou modificar direitos reais sobre imóveis são eficazes em relação a atos jurídicos precedentes, nas hipóteses em que não tenham sido registradas ou averbadas na matrícula do imóvel as seguintes informações: I – registro de citação de ações reais ou pessoais reipersecutórias; II – averbação, por solicitação do interessado, de constrição judicial, de que a execução foi admitida pelo juiz ou de fase de cumprimento de sentença, procedendo-se nos termos da previstos no art. 828 da Lei nº 13.105, de 16 de março de 2015 – Código de Processo Civil; III – averbação de restrição administrativa ou convencional ao gozo de direitos registrados, de indisponibilidade ou de outros ônus quando previstos em lei; IV – averbação, mediante decisão judicial, da existência de outro tipo de ação cujos resultados ou responsabilidade patrimonial possam reduzir seu proprietário à insolvência, nos termos do disposto no inciso IV do *caput* do art. 792 da Lei nº 13.105, de 2015 – Código de Processo Civil; e V – averbação, mediante decisão judicial, de qualquer tipo de constrição judicial incidente sobre o imóvel ou sobre o patrimônio do titular do imóvel, inclusive a proveniente de ação de improbidade administrativa ou a oriunda de hipoteca judiciária. § 1º Não poderão ser opostas situações jurídicas não constantes da matrícula no registro de imóveis, inclusive para fins de evicção, ao terceiro de boa-fé que adquirir ou receber em garantia direitos reais sobre o imóvel, ressalvados o disposto nos art. 129 e art. 130 da Lei nº 11.101, de 9 de fevereiro de 2005, e as hipóteses de aquisição e extinção da propriedade que independam de registro de título de imóvel. § 2º Não serão exigidos, para a validade ou eficácia dos negócios jurídicos a que se refere o *caput* ou para a caracterização da boa-fé do terceiro adquirente de imóvel ou beneficiário de direito real: I – a obtenção prévia de quaisquer documentos ou certidões além daqueles requeridos nos termos do disposto no § 2º do art. 1º da Lei nº 7.433, de 18 de dezembro de 1985; e II – a apresentação de certidões forenses ou de distribuidores judiciais". (NR)

acrescenta ao referido art. 54 o inciso V, para incluir entre as informações a serem assentadas na matrícula a existência de "qualquer tipo de constrição judicial incidente sobre o imóvel ou sobre o patrimônio do titular do imóvel, inclusive a proveniente de ação ou improbidade administrativa ou a oriunda de hipoteca judiciária."

Dada essa norma legal, as ações e execuções intentadas contra o proprietário ou titular de direito aquisitivo de imóvel, além de atos de constrição e outras medidas capazes de comprometer a segurança jurídica da transmissão da propriedade ou da constituição de qualquer outro direito real, não poderão ser opostas ao terceiro de boa-fé caso tais situações não constem na respectiva matrícula, ressalvadas as hipóteses mencionadas nos arts. 129 e 130 da Lei de Recuperação de Empresa e Falência e as de aquisição e extinção da propriedade que independam de registro.

Ao prever a possibilidade de reunião, na matrícula do imóvel, do maior número possível de situações capazes de repercutir na segurança jurídica dos negócios jurídicos de natureza real sobre imóveis, o art. 54 confere presunção absoluta de conhecimento dos atos que enumera pela simples consulta dos assentamentos constantes na matrícula do imóvel.

Não obstante essa disposição legal confira maior consistência ao processo evolutivo da construção legislativa, a segurança jurídica da constituição, transmissão ou modificação dos direitos reais sobre imóveis ainda carece de informações a serem extraídas de outras fontes, além da matrícula do imóvel, considerando não só a ressalva dos parágrafos do mesmo art. 54, mas, também, outras situações que, embora ali não referidas, podem comprometer a segurança do negócio jurídico.

O § 1º do art. 54 refere-se às hipóteses mencionadas no art. 129 da Lei nº 11.101/2005, que não são alcançadas pela inoponibilidade prevista no art. 54, tendo em vista que são ineficazes em relação à massa falida (i) o pagamento de dívidas não vencidas realizadas dentro do termo legal e o de dívidas vencidas e exigíveis, mas efetivado por meio diverso do convencionado no contrato, (ii) a constituição de direito real de garantia dentro do termo legal, (iii) a prática de atos a título gratuito, ou a renúncia a herança ou legado, nos 2 anos que antecederem a decretação de falência, (iv) a venda ou transferência de estabelecimento sem anuência ou o pagamento dos credores existentes naquela época, se não restarem bens suficientes para solver o passivo e (v) os registros de direitos reais e de transferência de propriedade, a título oneroso ou gratuito, ou a averbação relativa a imóveis realizados após a decretação da falência, salvo se tiver havido prenotação anterior.

Além disso, o mesmo § 1º do art. 54 ressalva que a inoponibilidade não alcança, também, as situações previstas no art. 130 da Lei de Recuperação de Empresa e Falência, segundo o qual "são revogáveis os atos praticados com a intenção de prejudicar credores, provando-se o conluio fraudulento entre o devedor e o terceiro que com ele contratar e o efetivo prejuízo sofrido pela massa falida" (art. 130).

São também excluídas da regra da inoponibilidade da inscrição a "aquisição e extinção da propriedade que independam de registro", como são as transmissões *mortis causa* e a usucapião, e as operações relativas a imóveis da União, dos Estados, do Distrito Federal, dos Municípios e de suas fundações e autarquias (art. 58).

Importa ter presente que as dívidas perante a Fazenda Pública também não são abrangidas pela regra do art. 54, tendo em vista que o disposto no art. 185 do Código Tributário Nacional considera ineficazes a alienação e a oneração de bens por aquele contra quem haja dívida inscrita na Fazenda Pública, salvo se reservados bens suficientes para resgatá-las. Isto significa que, para se examinar a segurança de uma aquisição ou constituição de direito real, é necessário examinar a Certidão Conjunta Negativa de Débitos relativos aos Tributos federais e à dívida ativa da União, além da certidão da situação fiscal e enfitêutica do imóvel.

276 | INCORPORAÇÃO IMOBILIÁRIA • *Melhim Namem Chalhub*

A despeito dessas ressalvas, o art. 54 da Lei nº 13.097/2015 evidencia uma tendência a reforçar as normas de proteção do terceiro de boa-fé, como o adquirente ou o tomador de garantia, aproximando o direito brasileiro da ideia da fé pública registral e da inoponibilidade, no limitado campo de incidência que demarca.

8.3.2. O art. 55 da Lei nº 13.097/2015

Disposição dotada de maior efetividade no campo social é o art. 55, aplicável especificamente às incorporações imobiliárias e aos loteamentos, cujos Memoriais tenham sido registrados nos termos das Leis nºs 4.591/1964 e 6.766/1979.

Em razão da densidade social de que se revestem, de uma parte, a natureza dessa atividade, e, de outra, a vulnerabilidade dos destinatários da produção imobiliária, há muito vimos defendendo a necessidade de serem estendidos os efeitos da presunção absoluta em favor dos adquirentes, visando assegurar a plena eficácia dos seus títulos aquisitivos, afastando eventuais riscos de ineficácia ou evicção, tendo em vista a função protetiva do registro do memorial da incorporação ou do loteamento.[29]

Em atenção a essa situação merecedora de tutela especial, o art. 55 introduz alteração de especial relevância econômica e social, ao dispor que a alienação ou oneração de unidades integrantes dessas modalidades de empreendimento "não poderá ser objeto de evicção ou de decretação de ineficácia", ressalvada a responsabilidade do empreendedor pelas perdas e danos a ele imputáveis, decorrentes de sua culpa ou dolo, bem como a aplicação das disposições do Código de Defesa do Consumidor.[30]

Essa disposição legal tem como pressuposto a prévia publicidade efetivada mediante arquivamento no Registro de Imóveis de um Memorial de Incorporação ou de Loteamento, compostos por documentos que presumivelmente demonstram a regularidade da titulação do terreno e a capacidade do empreendedor para alienar, além de outros elementos caracterizadores do empreendimento.

Nesses conjuntos de documentos estão reunidos o título de propriedade do terreno ou do respectivo direito aquisitivo do terreno, devidamente registrados; as certidões negativas de ônus reais relativamente "ao imóvel, aos alienantes do terreno e ao incorporador"; as certidões negativas de dívidas perante a Fazenda Pública; o histórico dos títulos de propriedade (Lei nº 4.591/1964, art. 32, alíneas "a", "b" e "c") e as certidões em nome daqueles que, "nos mencionados períodos (20 anos), tenham sido titulares de direitos reais sobre o imóvel" (Lei nº 6.766/1979, art. 18, § 1º); o projeto de construção aprovado pelas autoridades competentes, entre outros documentos necessários para análise da regularidade da titulação e da viabilidade da realização do programa contratual.

O propósito dos arts. 32 da Lei nº 4.591/1964 e 18 da Lei nº 6.766/1979 é exatamente esse: dar publicidade a documentos relacionados à situação jurídica do terreno onde será implantado o empreendimento, colocando-os à disposição do público interessado na aquisição. Embora

---

[29]   CHALHUB, Melhim, *Direitos Reais*. São Paulo: Revista dos Tribunais, 2. ed., 2014, p. 84-86.

[30]   Lei nº 13.097/2015: "Art. 55. A alienação ou oneração de unidades autônomas integrantes de incorporação imobiliária, parcelamento do solo ou condomínio edilício, devidamente registrada, não poderá ser objeto de evicção ou de decretação de ineficácia, mas eventuais credores do alienante ficam sub-rogados no preço ou no eventual crédito imobiliário, sem prejuízo das perdas e danos imputáveis ao incorporador ou empreendedor, decorrentes de seu dolo ou culpa, bem como da aplicação das disposições constantes da Lei nº 8.078, de 11 de setembro de 1990".

Cap. VIII • O REGISTRO DO CONTRATO NO REGISTRO DE IMÓVEIS | 277

o simples fato de estarem acessíveis ao público no Registro de Imóveis não traduza presunção absoluta de inexistência de risco de evicção ou de fraude na aquisição, os documentos dados à publicidade fornecem aos interessados elementos de aferição da segurança jurídica da oferta pública realizada pelo incorporador ou pelo loteador.

Merecem atenção certos aspectos limitadores do campo de aplicação da norma do art. 55.

O primeiro aspecto a ser observado é que a constituição de direitos reais e as alienações protegidas contra os riscos da evicção e da ineficácia são aquelas contratadas pelo incorporador ou pelo loteador, pois o propósito do art. 55 é a proteção dos adquirentes, e não aquelas contratadas pelos adquirentes, que vierem a revender suas unidades ou sobre elas vierem a constituir direitos reais.

Assim é, porque o empreendedor, antes de ofertar os imóveis à venda, dá à publicidade os documentos capazes de demonstrar sua capacidade de dispor das unidades, mediante arquivamento do Memorial no Registro de Imóveis, ao qual qualquer cidadão tem livre acesso, enquanto os adquirentes, não estando sujeitos à obrigação de dar acesso ao público das informações sobre sua posição patrimonial, devem demonstrar àquele com quem, especificamente, pretende negociar, sua capacidade de contrair obrigações e de dispor de seus bens, fazendo-o mediante atendimento das exigências usuais relacionadas à prova da titulação e aos princípios da responsabilidade patrimonial.

Outro aspecto relevante diz respeito aos direitos do credor do empreendedor.

O art. 55 protege os adquirentes, mas não suprime a garantia daqueles que, em razão da evicção ou da ineficácia, tenham se tornado credores do empreendedor, pois estes se sub-rogam no preço ou nos créditos oriundos das vendas das unidades do empreendimento. Além disso, esse mesmo dispositivo ratifica a responsabilidade do empreendedor pela indenização das perdas e danos decorrentes de evicção ou de ineficácia da sua aquisição, ao dispor que a sub-rogação daqueles credores se efetiva "sem prejuízo das perdas e danos imputáveis ao incorporador ou empreendedor, decorrentes de seu dolo ou culpa".

O exame do art. 55 em articulação às demais normas do conjunto normativo ao qual está associado evidencia outros aspectos que conformam sua aplicação à função dos negócios a que se relaciona, ou seja, aos negócios da incorporação imobiliária e do loteamento.

Em relação à incorporação imobiliária, objeto do presente trabalho, os destinatários da sub-rogação são os titulares dos créditos relacionados ao empreendimento, tendo em vista a natural vinculação de receitas que, na incorporação imobiliária, direciona o produto das vendas das unidades prioritariamente à execução da obra.

Sujeita-se a sub-rogação, ainda, às limitações impostas pela exigência legal de preservação dos recursos destinados à construção do conjunto imobiliário, instituída pelo art. 833, XII, do CPC/2015, que torna impenhoráveis "os créditos oriundos de alienação de unidades imobiliárias, sob regime de incorporação imobiliária, vinculados à execução da obra".

A impenhorabilidade atende à natural conformação da incorporação imobiliária como um patrimônio separado, alinhando-se, em certa medida, a decisões já proferidas pelo Superior Tribunal de Justiça pelas quais é determinada a aplicação do princípio da afetação patrimonial ainda que o empreendimento não tenha sido submetido às normas dos arts. 31-A e seguintes da Lei nº 4.591/1964.[31]

---

[31] É o caso do acórdão de relatoria da Ministra Nancy Andrighi, que, ao apreciar pretensão de exclusão de um empreendimento dos efeitos da falência de determinada empresa incorporadora, cuja falência havia ocorrido anteriormente à lei que instituiu as normas sobre a afetação (Lei nº 10.931/2004), que, mesmo não tendo sido separado o patrimônio daquela incorporação, determinou a exclusão desse acervo da

278 | INCORPORAÇÃO IMOBILIÁRIA • *Melhim Namem Chalhub*

As normas dos arts. 55 da Lei nº 13.097/2015 e 833, XII, do CPC/2015, associadas aos arts. 31-A a 31-F da Lei nº 4.591/1964, indicam a opção do legislador de proteger o negócio da incorporação e do loteamento, em benefício dos adquirentes.

O conjunto dessas normas indica que o produto da venda das unidades não pode ser desviado para pagamento de dívidas estranhas ao empreendimento, e, assim sendo, não pode ser penhorado para garantia de dívida correspondente a outros empreendimentos até que esteja assegurada a existência de recursos suficientes para a execução da obra; logo, a sub--rogação dos credores do empreendedor não vinculados ao empreendimento incidirá sobre o *quantum* que exceder à quantia necessária à construção a ser executada com o produto da venda das unidades.

Outro fator de limitação dos direitos dos credores do empreendedor, em relação à sub-rogação, é o direito preferencial dos credores vinculados ao empreendimento, ou seja, os créditos constituídos por compra de material, fornecimento de recursos ou de serviços destinados à obra não são alcançados pela regra da impenhorabilidade, pois integram o passivo da incorporação e, portanto, por eles respondem o ativo dessa mesma incorporação.

A sub-rogação, portanto, deve ser interpretada *cum grano salis*, pois a eventual penhora de créditos estranhos à incorporação de que se originam importaria em desvio de recursos destinados à obra e poderia colocar em risco o próprio propósito da norma do art. 55, que é assegurar a realização do programa contratual, visando a efetividade do sistema de proteção dos adquirentes de imóveis em construção.

8.3.3. O art. 59 da Lei nº 13.097/2015

O art. 59 altera a redação do § 2º do art. 1º da Lei nº 7.433/1985, afastando definitivamente a exigência de consignação, nos atos notariais, da apresentação "dos feitos ajuizados" em nome do vendedor ou do prestador de garantia,[32] coerentemente com a regra do art. 54, acima referido.

---

massa falida e sua entrega aos adquirentes para prosseguimento da obra e apropriação das unidades adquiridas constitui a melhor maneira de assegurar a funcionalidade econômica e preservar a função social do contrato de incorporação, do ponto de vista da coletividade dos contratantes. "Embora o art. 43, III, da Lei nº 4.591/64 não admita expressamente excluir do patrimônio da incorporadora falida e transferir para comissão formada por adquirentes de unidades a propriedade do empreendimento, de maneira a viabilizar a continuidade da obra, esse caminho constitui a melhor maneira de assegurar a funcionalidade econômica e preservar a função social do contrato de incorporação, do ponto de vista da coletividade dos contratantes e não dos interesses meramente individuais de seus integrantes." Destaque-se do voto da relatora: "[...] o espírito da Lei nº 4.591/64 se volta claramente para o interesse coletivo da incorporação, tanto que seus arts. 43, III e VI, e 49, autorizam, em caso de mora ou falência do incorporador, que a administração do empreendimento seja assumida por comissão formada por adquirentes das unidades, cujas decisões, tomadas em assembleia, serão soberanas e vincularão a minoria" (REsp 1.115.605 – RJ, *DJe* 18.4.2011).

[32] Lei nº 7.433/1985: "Art. 1º (...). § 2º O Tabelião consignará no ato notarial a apresentação do documento comprobatório do pagamento do Imposto de Transmissão *Inter Vivos*, as certidões fiscais e as certidões de propriedade e de ônus reais, ficando dispensada sua transcrição" (redação dada pelo art. 59 da Lei nº 13.097/2015).

8.3.4. A inoponibilidade definida pela Lei nº 13.097/2015 ante as normas sobre fraude à execução do CPC/2015

As considerações aqui registradas indicam que a alteração legislativa introduzida pela Lei nº 13.097/2015 reforça e consolida as normas legais e a jurisprudência, sintetizadas na Súmula 375 do STJ, que protegem o adquirente de boa-fé, dispensando-os da busca de certidões dos distribuidores judiciais para o fim de caracterizar sua boa-fé nos negócios translativos ou constitutivos de direitos reais imobiliários, (i) ao determinar sejam reunidas na matrícula dos imóveis as informações sobre ações e outras medidas judiciais (art. 54), (ii) ao afastar dos riscos de evicção e de ineficácia a alienação ou a oneração de unidades integrantes de incorporações imobiliárias e loteamentos (art. 55) e (iii) ao dispensar a exigência de se consignar, nos atos notariais, a apresentação "dos feitos ajuizados" (art. 59).

O art. 55 caracteriza-se como norma de proteção dos adquirentes de imóveis integrantes de incorporações imobiliárias e loteamentos, na medida em que afasta a aquisição dessas unidades do risco de evicção e de ineficácia.

Em relação aos negócios, em geral, de constituição ou transmissão de direitos reais, inclusive a aquisição, pelo incorporador ou pelo loteador, do terreno onde será implantado o empreendimento, a alteração legislativa não importa em que as diligências para aquisição de imóvel ou constituição de direitos reais estejam reduzidas a um único documento, isto é, à matrícula do imóvel, pois esta não contém informações de todos os riscos relacionados ao imóvel, como, por exemplo, as de natureza socioambiental, urbanística, de potencial construtivo, *propter rem*, entre elas as obrigações condominiais, e as relacionadas à pessoa do titular, notadamente as obrigações tributárias de que trata o art. 185 do CTN. Todos esses aspectos devem ser examinados pelo interessado na compra ou na constituição de direito real imobiliário e demandam a busca de informações em outras fontes, além da matrícula do imóvel.

A interpretação e a aplicação dessas normas, entretanto, reclamam atenção especial ante as normas do atual Código de Processo Civil, que dispõem sobre a caracterização da fraude à execução.

É que o art. 792 do CPC/2015, nos incisos I a III, exige para caracterização da fraude à execução a averbação da pendência da ação ou da execução ou, ainda, do ato de constrição judicial originário do processo em que foi arguida a fraude[33] e, no § 2º, referindo-se aos bens não sujeitos a registro, impõe ao o adquirente o ônus de provar que adotou as cautelas necessárias para aquisição.[34]

Não obstante essas disposições levem a crer que, quando se tratar da aquisição ou da oneração de bem sujeito a registro, o ônus do adquirente para prova da sua boa-fé limita-se à exibição da certidão da matrícula mantida no Registro Público correspondente, o inciso IV do

---

[33] Código de Processo Civil de 2015: "Art. 792. A alienação ou a oneração de bem é considerada fraude à execução: I – quando sobre o bem pender ação fundada em direito real ou com pretensão reipersecutória, desde que a pendência do processo tenha sido averbada no respectivo registro público, se houver; II – quando tiver sido averbada, no registro do bem, a pendência do processo de execução, na forma do art. 828; III – quando tiver sido averbado, no registro do bem, hipoteca judiciária ou outro ato de constrição judicial originário do processo onde foi arguida a fraude".

[34] Código de Processo Civil de 2015: "Art. 792: (...). § 2º No caso de aquisição de bem não sujeito a registro, o terceiro adquirente tem o ônus de provar que adotou as cautelas necessárias para a aquisição, mediante a exibição das certidões pertinentes, obtidas no domicílio do vendedor e no local onde se encontra o bem."

280 INCORPORAÇÃO IMOBILIÁRIA • *Melhim Namem Chalhub*

mesmo art. 792 considera em fraude à execução a alienação ou a oneração "quando, ao tempo da alienação ou da oneração, tramitava contra o devedor ação capaz de reduzi-lo à insolvência".

A aparente contradição entre o inciso IV do art. 792 do CPC/2015 e seus incisos I, II e III e § 2º e, ainda, o art. 54 da Lei nº 13.097/2015, que induzem à presunção de conhecimento dos atos que enumera pela simples consulta dos assentamentos constantes na matrícula do imóvel, dispensada a extração de certidões nos cartórios distribuidores de ações cíveis do domicílio do vendedor e da situação do imóvel, fomenta insegurança jurídica em relação ao sistema normativo de proteção do terceiro adquirente de boa-fé e já produz danosos efeitos na prática, como mostra divergência jurisprudencial que já se ensaia sobre a matéria.

Já se registram, a propósito, divergências na jurisprudência dos tribunais estaduais, entre acórdãos que, de uma parte, reafirmam a presunção da boa-fé do terceiro adquirente, afastando a caracterização de fraude à execução se não houver registro de penhora na matrícula do imóvel,[35] e, de outra parte, em sentido contrário, desconsiderando a Súmula 375 e o art. 54 da Lei nº 13.097/2015, ressalvam que, "pela máxima de experiência, todo interessado na aquisição de imóvel deve pesquisar junto ao distribuidor cível da situação do imóvel ou do domicílio do alienante para constatar se pende alguma demanda contra o alienante".[36]

A insegurança gerada pelo inciso IV do art. 792 do CPC/2015 evidencia o risco de retrocesso a um estágio anterior à década de 1990, que marca o início de um processo de aperfeiçoamento das normas de proteção do terceiro adquirente de boa-fé e se prolongou por mais de uma década, tendo se consolidado com a edição da Súmula 375 e as normas dos arts. 54 a 59 da Lei nº 13.097/2015.

Nesse conjunto normativo, é digno de nota o art. 55 por expressar a proteção do adquirente de imóveis integrantes de incorporação imobiliária e de loteamentos, na medida em que afasta a alienação desses imóveis do risco de evicção e dos efeitos da decretação de ineficácia decorrentes da aquisição, pelo empreendedor, do terreno no qual será implantado o empreendimento.

Particularmente em relação a esses últimos negócios, o art. 55 da Lei nº 13.097 constitui importante instrumento que se agrega aos mecanismos de proteção do adquirente de imóveis em construção, entre os quais desponta a constituição de um patrimônio separado, de afetação, para cada incorporação imobiliária, pois esse dispositivo tem como pressuposto a prévia publicidade dada pelo arquivamento no Registro de Imóveis do Memorial de Incorporação ou do Loteamento.

O propósito do arquivamento de um Memorial contendo esses documentos, exigido pelo art. 32 da Lei nº 4.591/1964 e pelo art. 18 da Lei nº 6.766/1979, é exatamente o de dar publicidade a documentos relacionados à situação jurídica do terreno onde será implantado o empreendimento, colocando-os à disposição do público interessado na aquisição. Embora o simples fato de estarem acessíveis ao público no Registro de Imóveis não traduza presunção absoluta de inexistência de risco de evicção ou de fraude na aquisição, os documentos dados à publicidade fornecem aos interessados elementos de aferição da segurança jurídica da oferta

---

[35] Apelação nº 1066584-04.2015.8.26.0100, rel. Tasso Duarte de Melo, j. 09.11.2016; Apelação nº 0000190-87.2016.8.26.0363, rel. Melo Colombi. j. 17.11.2016; Apelação nº 0046534-34.2012.8.26.0114, rel. Moreira Viegas, j. 10.11.2016.

[36] Agravos de instrumento do Tribunal de Justiça do Estado de São Paulo nos 2102787-20.2016.8.26.0000, rel. Vito Gugliemi, j. 27.10.2016, 2161835-07.2016.8.26.0000, rel. Ruy Coppola, j. 17.11.2016 e 2020018-52.2016.8.26.0000, rel. Sergio Shimura, j. 11.05.2016.

Cap. VIII • O REGISTRO DO CONTRATO NO REGISTRO DE IMÓVEIS | 281

pública realizada pelo incorporador ou pelo loteador, coerentemente com os pressupostos que justificam a edição da Súmula 375 e o art. 55 da Lei nº 13.097/2015.

8.4. REGISTRO ESPECIAL DE GARANTIAS SOBRE ATIVOS FINANCEIROS E VALORES MOBILIÁRIOS

Os arts. 22 a 31 da Lei nº 12.810/2013, com as alterações introduzidas pela Lei nº 13.476/2017, instituíram e regulamentaram um sistema especial para as garantias sobre ativos financeiros e valores mobiliários, quando constituídas no âmbito do sistema financeiro nacional e do mercado de capitais.

Nos termos dessa legislação, a constituição de gravames e ônus sobre ativos financeiros e valores mobiliários em operações realizadas mercado de valores mobiliários ou do sistema de pagamentos brasileiro será realizada, inclusive para efeito de publicidade e eficácia perante terceiros, exclusivamente mediante registro do título nas entidades autorizadas pelo Banco Central e pela Comissão de Valores Mobiliários.

Ao tratar pormenorizadamente da matéria, a Lei nº 12.810/2013 esclarece que o registro "O registro de ativos financeiros e de valores mobiliários compreende o armazenamento e a publicidade de informações referentes a transações financeiras, ressalvados os sigilos legais" (art. 28, parágrafo único) como pressuposto da sua eficácia e, ainda, como forma de refletir com rigor as características das operações, tendo em vista a preservação da credibilidade do mercado.

A criação desse sistema especial de registro de garantias repercute na dinâmica da circulação dos créditos oriundos da comercialização e do financiamento de imóveis produzidos na atividade da incorporação imobiliária, que circulam no mercado mediante cessão, com a consequente transmissão da garantia ao cessionário.

Tratando-se de crédito com garantia real, a transmissão da garantia, em regra, deve ser averbada no Registro de Imóveis, tendo em vista que o novo credor fica sub-rogado no direito de crédito e no de garantia real.

Sucede que, ao criar a Cédula de Crédito Imobiliário, a Lei nº 10.931/2004 prevê que a cessão de crédito por ela representada poderá ser realizada por meio de sistema de registro e de liquidação financeira de títulos privados autorizados pelo Banco Central do Brasil e ressalva que a cessão representada por CCI escritural é dispensada de averbação no Registro de Imóveis (§ 2º do art. 22).

Assim podem ser efetivadas sucessivas cessões de crédito imobiliário representadas por CCI escritural com registro apenas nesses sistemas, sem que delas tomem conhecimento os Registros de Imóveis competentes.

Para esses casos as normas editadas pelas Corregedorias de Justiça dos Estados preveem que o crédito representado por CCI escritural, que tenha circulado no mercado por meio desses sistemas de registro e de liquidação financeira, terá seu resgate provado por declaração de quitação emitida pelo atual credor, identificado pela instituição custodiante da Cédula, promovendo-se o cancelamento da garantia real à vista de requerimento instruído com esses documentos.

Em relação aos créditos garantidos por propriedade fiduciária, vindo a ocorrer inadimplemento da obrigação garantida, a propriedade será consolidada no patrimônio do atual credor, igualmente identificado mediante documento emitido pela instituição custodiante.

IX
O SISTEMA DE PROTEÇÃO DO ADQUIRENTE

9.1. NOTA INTRODUTÓRIA

O sistema de proteção dos adquirentes de unidades imobiliárias no regime das incorporações sustenta-se nos mesmos princípios do sistema de proteção dos consumidores em geral, e ambos encontram fundamento, basicamente, nos princípios constitucionais da isonomia, do devido processo legal e da garantia da propriedade privada, observada sua função social, os quais, por sua vez, inspiram-se nos valores sociais do trabalho e da livre iniciativa (art. 1º, III e IV), fundados no desenvolvimento humano e na dignidade da pessoa humana (arts. 5º, XXII e XXIII, e 170).

Esses princípios fundamentais condicionam normas infraconstitucionais e estão nelas inseridos, compondo, sob forma de leis gerais ou especiais, um conjunto de normas que, de forma direta ou indireta, operam a proteção do adquirente de imóvel em construção e o consumidor.

Há princípios e normas aplicáveis aos contratos em geral, notadamente as cláusulas gerais de proteção da boa-fé objetiva e do equilíbrio do contrato, consagrando importantes mecanismos de compensação da vulnerabilidade do contratante mais fraco (Código Civil de 2002, arts. 421 e seguintes).

Há o sistema do Registro de Imóveis, dotado de mecanismos que visam a segurança jurídica dos atos relativos à constituição ou à transmissão de direitos reais sobre imóveis, constituindo importante fator de proteção dos direitos dos adquirentes.

O regime especial da Lei nº 4.591/1964 fundamenta-se na necessidade de compensação da vulnerabilidade do adquirente e, visando o cumprimento da função econômico-social do contrato, contempla o controle da atividade empresarial pertinente à produção e à comercialização de unidades imobiliárias em construção, integrantes de edificações coletivas, mediante exaustiva regulamentação das relações entre o incorporador e os adquirentes.

Por fim, o CDC, antecipando-se ao Código Civil, sistematizara as ideias caracterizadoras do atual estágio da evolução da teoria contratual, realçando a função social do contrato e privilegiando a boa-fé objetiva e o equilíbrio do contrato.

Apesar de a legislação sobre as incorporações contemplar adequado sistema de proteção do adquirente, o CDC, de forma indireta, equipara o contrato de incorporação ao contrato

284 INCORPORAÇÃO IMOBILIÁRIA • *Melhim Namem Chalhub*

de consumo, ao classificar o *bem imóvel* como *produto* para efeito das relações jurídicas de consumo e, além disso, ao considerar a *construção* e a *comercialização de imóveis* como atividades caracterizadoras da figura de *fornecedor*.

Essa equiparação, entretanto, não implica derrogação do regime jurídico especial do contrato de incorporação, que coexiste com o sistema de proteção estruturado pelo CDC. O contrato de incorporação deve ser apreciado de acordo com sua tipificação, à luz dos princípios da boa-fé e do equilíbrio do contrato, que, além de terem orientado a formulação da Lei das Incorporações e do CDC, estão enunciados no Código Civil.

O presente capítulo procura situar o contrato de incorporação no contexto desses princípios.

9.2. A NOÇÃO CLÁSSICA DO CONTRATO E SUA METAMORFOSE

A partir da instauração do Estado social do século XX, a noção clássica do contrato[1] passa por profunda revisão, seguindo um processo de contínua adaptação às constantes transformações da ordem social e econômica.

Essa revisão atingiu os conceitos da autonomia privada e da força obrigatória dos contratos e provieram, num primeiro momento, da intervenção do Estado e, num segundo momento, da necessidade de racionalização das contratações, tendo em vista que as características modernas da produção e da distribuição de bens e serviços reclamam celeridade e padronização dos contratos.

De fato, nessa nova sociedade tornou-se imperiosa a necessidade de aquisição de bens e de utilização de serviços em larga escala, e essa necessidade não tinha como ser atendida pelo contrato tradicional, com cláusulas negociadas individualmente, mediante tratativas eventualmente prolongadas e complexas. Diferentemente, a necessidade de consumo reclama uma dinâmica de contratação simplificada e célere, compatível com as características da sociedade industrial, e, para esse fim, é necessário padronizar os contratos, com cláusulas previamente elaboradas pelo fornecedor dos bens ou serviços, fazendo-se a contratação por simples adesão dos interessados. É um modo de racionalizar a comercialização de bens e serviços, para alcançar grandes massas de contratantes, que acabou provocando "uma redução do campo de utilização da figura do contrato tradicional, clássico ou individualista – pois revelou-se manifestamente inviável se pretender pudesse ser essa figura útil e funcional, como *instituto principal*, para uma economia de massa."[2]

Hoje, privilegia-se a boa-fé objetiva como "bitola geral de comportamento" no tráfego jurídico, daí porque, na interpretação dos contratos, importa questionar se "as cláusulas ajustadas correspondem, ou não, ao modo de se comportar das pessoas de bem, segundo o juízo crítico da sociedade."[3] Prepondera a ideia de que a liberdade de contratar deve ser exercida

---

[1] Exprimindo a ideologia liberal do século XIX, o contrato caracterizava-se pela prevalência da mais ampla liberdade de criar direitos e obrigações. A liberdade de contratar possibilitaria, para a burguesia empreendedora, "adquirir bens das classes antigas, detentoras improdutivas da riqueza, e a livre possibilidade de fazê-los frutificar com o comércio e a indústria" (Enzo Roppo, *O contrato*. Tradução de Ana Coimbra e M. Januário C. Gomes. Coimbra, Almedina, 1998, p. 45).

[2] ALVIM, Arruda. Cláusulas abusivas e seu controle no direito brasileiro, *Revista de Direito do Consumidor*, v. 20, p. 26.

[3] THEODORO JUNIOR, Humberto. *Direitos do consumidor*. Rio de Janeiro: Forense, 2000, p. 11.

coerentemente com a função social do contrato, de forma que se viabilize a realização da operação econômica no interesse das partes contratantes, mas em harmonia com o interesse social.

Nessa nova perspectiva, é natural que os princípios da autonomia privada e da força obrigatória do contrato venham a ser relativizados, o que ocorre até mesmo pela atuação da lei como força limitadora da liberdade contratual e controladora dos efeitos do contrato, visando assegurar o equilíbrio da relação contratual. A política legislativa orienta-se por um pensamento cada vez mais tópico, criando "figuras jurídicas, conceitos e princípios mais abertos, mais funcionais", pois a função social do contrato, enfim, "como instrumento basilar para o movimento das riquezas e para a realização dos legítimos interesses dos indivíduos, exige que o contrato siga um regramento legal rigoroso."[4]

É na linha desses conceitos que a realidade contratual submete a liberdade a critérios restritivos, estando positivada no Código Civil e em leis especiais, como são os casos da legislação sobre o compromisso de compra e venda, o parcelamento do solo urbano, as incorporações imobiliárias e as relações de consumo.

O Código Civil subordina a liberdade de contratar à função social do contrato, bem como exige a observância dos princípios da probidade e da boa-fé e prescreve a interpretação mais favorável ao aderente, quanto às cláusulas ambíguas ou contraditórias dos contratos celebrados por adesão.[5]

---

[4] MARQUES, Cláudia Lima. *Contratos no Código de Defesa do Consumidor*, São Paulo: Revista dos Tribunais, 3. ed., 1999, p. 118.

[5] São os arts. 421 a 424 do Código Civil de 2002, do seguinte teor: "Art. 421. A liberdade contratual será exercida nos limites da função social do contrato. Parágrafo único. Nas relações contratuais privadas, prevalecerão o princípio da intervenção mínima e a excepcionalidade da revisão contratual. Art. 421-A. Os contratos civis e empresariais presumem-se paritários e simétricos até a presença de elementos concretos que justifiquem o afastamento dessa presunção, ressalvados os regimes jurídicos previstos em leis especiais, garantido também que: I - as partes negociantes poderão estabelecer parâmetros objetivos para a interpretação das cláusulas negociais e de seus pressupostos de revisão ou de resolução; II - a alocação de riscos definida pelas partes deve ser respeitada e observada; e III - a revisão contratual somente ocorrerá de maneira excepcional e limitada. Art. 422. Os contraentes são obrigados a guardar, assim na conclusão do contrato, como em sua execução, os princípios da probidade e boa-fé. Art. 423. Quando houver no contrato de adesão cláusulas ambíguas ou contraditórias, dever-se-á adotar a interpretação mais favorável ao aderente. Art. 424. Nos contratos de adesão, são nulas as cláusulas que estipulem a renúncia antecipada do aderente a direito resultante da natureza do negócio." Quanto à boa-fé, uma parte da doutrina considera insuficiente a proposição, pois limita-se ao período que vai da conclusão do contrato até sua execução, omitindo-se quanto à fase da formação do contrato, em que a exigência de boa-fé se faz igualmente presente. É como sustenta Antonio Junqueira de Azevedo: "Uma das possíveis aplicações da boa-fé é aquela que se faz na fase pré-contratual; nessa fase temos as negociações preliminares, as tratativas. É um campo propício para a regra do comportamento da boa-fé, eis que, aí, ainda não há contrato e, apesar disso, já são exigidos aqueles deveres específicos que uma pessoa precisa ter como correção de comportamento em relação a outra" (Insuficiências, deficiências e desatualização do Projeto de Código Civil na questão da boa-fé objetiva nos contratos, *in Revista Trimestral de Direito Civil*, Padma Editora, v. 1, p. 4). Ruy Rosado de Aguiar Junior, entretanto, entende que o enunciado do art. 422 "admite maior extensão, pois a boa-fé deve estar presente mesmo antes da realização do contrato, isto é, já nas tratativas, porque é a boa-fé que sustenta a ideia da responsabilidade pré-contratual (...) Por isso, aquele que inicia uma negociação e sem nenhuma justificativa dela sai, deixando para o outro, que nela acreditou, o prejuízo de nela ter confiado, responde pelo dano causado" (O Novo Código Civil e o Código de Defesa do Consumidor [pontos de convergência], *EMERJ Debate o Código Civil* – Parte II, jun. 2002, abr. 2003).

Da mesma forma que o conceito da autonomia privada assumiu novos contornos, também o princípio da força obrigatória do contrato vem sendo relativizado, em razão da necessidade de adaptação do vínculo obrigacional a cada nova circunstância, sem que isso enfraqueça o contrato. Os dois princípios estão estreitamente ligados e, em razão dessa interligação, as mutações a que um está sujeito influenciam o outro, seja de forma direta ou indireta.

A flexibilização do *pacta sunt servanda*, entretanto, deve ser vista com cautela, sempre tendo presente que todo negócio comporta risco, só se admitindo concessões se e quando, na execução do contrato, esse risco se torne exacerbado, passando dos limites do risco normal. É essa a orientação da atual política legislativa brasileira, que, na formulação das normas de defesa do consumidor, optou pela continuidade do contrato (art. 6º, V, e do art. 51, § 2º, do Código de Defesa do Consumidor), ao admitir a revisão do contrato (e não sua resolução), em razão de fatos supervenientes que o torne excessivamente oneroso, e, de outra parte, prescrevendo que a nulidade de uma cláusula abusiva não invalida o contrato. Diz o CDC que a revisão deve ser considerada em presença de "desvantagem exagerada" (art. 51, IV), firmando orientação que valoriza a comutatividade das prestações contratuais e a manutenção do contrato. O Código Civil, embora admita a resolução do contrato, também dá meios para assegurar sua manutenção, ao conferir ao réu a faculdade de evitar a resolução, mediante modificação equitativa das condições do contrato; a resolução é admitida em razão de one-rosidade excessiva para uma das partes, com extrema vantagem para a outra, "em virtude de acontecimentos extraordinários e imprevisíveis".[6]

Trata-se do "controle da funcionalidade do contrato", que, no dizer de Enzo Roppo, deve ser visto de acordo com as "regras de bom funcionamento do mercado", considerando que o "controle de funcionalidade persegue, em linha de princípio, a tutela do interesse privado de um contraente contra o interesse do outro contraente, inspirando-se na exigência de não alterar o originário equilíbrio econômico" e orientando-se pelo "princípio de que um certo grau de risco é indissociável de qualquer contrato, como de qualquer iniciativa econômica."[7] Há que se ter sempre presente que o interesse comum é a harmonia e o equilíbrio do mercado, que recomenda o fortalecimento do consumidor mas não o enfraquecimento ou o desestímulo das atividades produtivas.[8]

---

[6] Código Civil de 2002: "Art. 478. Nos contratos de execução continuada ou diferida, se a prestação de uma das partes se tornar excessivamente onerosa, com extrema vantagem para a outra, em virtude de acontecimentos extraordinários e imprevisíveis, poderá o devedor pedir a resolução do contrato. (...) Art. 479. A resolução poderá ser evitada, oferecendo-se o réu a modificar equitativamente as condições do contrato. Art. 480. Se no contrato as obrigações couberem a apenas uma das partes, poderá ela plei-tear que a sua prestação seja reduzida, ou alterado o modo de executá-la, a fim de evitar a onerosidade excessiva."

[7] Enzo Roppo, ob. cit., p. 222-224.

[8] Nesse sentido, observe-se que um dos objetivos da Política Nacional de Relações de Consumo é a "compatibilização da proteção do consumidor com a necessidade de desenvolvimento econômico e tec-nológico" (CDC, art. 4º, III), que reclama a permanente ponderação entre os valores constitucionais em questão, a saber, o da dignidade da pessoa humana e os valores sociais do trabalho e da livre iniciativa, não se admitindo interpretação pela qual se possa "arbitrariamente, escolher um dos interesses em jogo e anular o outro, sob pena de violar o texto constitucional" (BARROSO, Luís Roberto. *Temas de direito constitucional*, Rio de Janeiro: Renovar, 2001, p. 68).

9.2.1. Os princípios da boa-fé objetiva e do equilíbrio do contrato

A concepção contemporânea de boa-fé não tem mais o sentido subjetivo relativo ao estado psíquico de intenção ou falta de intenção do contratante, mas está relacionada em termos concretos à natureza do contrato e ao equilíbrio da relação contratual no contexto da realidade social. Assume especial importância na vida contemporânea, em toda a sua extensão, e está associada à ideia da razoabilidade.[9]

Na linha dessa concepção, o Código Civil exige que, na conclusão e na execução do contrato, as partes ajam de acordo com os princípios da probidade e da boa-fé (art. 422) para que se realize a função social do contrato, de acordo com sua programação econômica.

A exigência de boa-fé nas relações contratuais manifesta-se fundamentalmente em dois sentidos, um negativo e outro positivo: no sentido *negativo*, visa coibir comportamentos desleais (*obrigação de lealdade*), e no sentido *positivo* indica um dever de cooperação entre as partes, visando a consecução da finalidade do contrato (*obrigação de cooperação*).[10]

O art. 422 do Código Civil de 2002 deve ser visto de acordo com essa noção, que indica a necessidade de, em cada relação contratual, serem identificados os deveres em que a boa-fé se manifesta concretamente, cujo cumprimento é necessário para que se realize plenamente o programa contratual, "isto é, a satisfação dos interesses globais envolvidos, em atenção a uma identidade finalística".[11] Judith Martins-Costa se detém em apreciação minudente da matéria e, referindo-se à subdivisão entre os *deveres principais*, ou *deveres primários da prestação*, de que é exemplo o dever de entregar a coisa ou pagar o preço, na compra e venda, bem como os *deveres secundários*, entre eles o dever de, na compra e venda, conservar a coisa vendida ou transportá-la, entre outros, e, ainda, os *deveres laterais, anexos ou instrumentais*, estes últimos "derivados ou de cláusula contratual, ou de dispositivo de lei *ad hoc* ou *da incidência da boa-fé objetiva* (...) São ditos, geralmente, 'deveres de cooperação e proteção dos recíprocos interesses' e se dirigem a ambos os participantes do vínculo obrigacional, credor e devedor."[12]

---

[9] Mário Júlio de Almeida Costa chama a atenção para que a boa-fé constitui um atributo da pessoa que se comporta de modo razoável, segundo um juízo crítico da sociedade, e, a propósito, cita uma observação do juiz inglês Lord Reid, no caso *Gollins v. Gollins*, segundo a qual "a vida se tornaria impossível, dadas as circunstâncias modernas, se na auto-estrada e na praça pública não tivéssemos a expectativa de que o nosso próximo se comporta como um homem razoável". (Intervenções fulcrais da boa fé nos contratos, *Estudos de direito do consumidor*. Coimbra: Centro de Direito do Consumo da Faculdade de Direito da Universidade de Coimbra, nº 2, 2000, p. 360).

[10] GOMES, Luiz Roldão de Freitas. *Contrato*. Rio de Janeiro: Renovar, 1999, p. 50.

[11] PINTO, Carlos Alberto da Motta. *Cessão do contrato*. São Paulo: Saraiva, 1985, p. 281.

[12] MARTINS-COSTA, Judith. *A boa-fé no direito privado*. São Paulo: Revista dos Tribunais, 2000, p. 438/439. A autora exemplifica entre esses deveres de cooperação, pelos quais se manifesta a boa-fé objetiva, a) o *dever de cuidado, previdência e segurança* (depositário em relação à guarda e incolumidade da coisa), b) o *dever de aviso e esclarecimento* (o do sujeito que entra em negociações, de avisar o futuro contratante sobre determinadas características da coisa ou sobre determinados fatos que envolvem o objeto do negócio); c) o *dever de informação* (seja por expressa disposição legal, como é o do incorporador, de prestar informações periódicas aos adquirentes, ou em atenção ao mandamento da boa-fé objetiva); d) o *dever de prestar contas* (gestores e mandatários em geral); e) os *deveres de colaboração ou cooperação* (o de qualquer das partes de cuidar para o adimplemento da prestação principal, visto sob a perspectiva positiva, o do credor de tomar providências que se tornem necessárias para o cumprimento da prestação do devedor ou, "pela negativa, o de não dificultar o pagamento por parte do devedor"); f) os *deveres de proteção e cuidado com a pessoa e o patrimônio da contraparte* (o do dono de um "estabelecimento

Dada essa concepção, percebe-se com clareza que a boa-fé, tomada no seu sentido objetivo, atua como "verdadeiro elemento de identificação da função econômico-social efetivamente perseguida pelo contrato"; tal é a concepção objetiva que distancia a noção atual daquele sentido puramente ético e a coloca no âmbito do conteúdo econômico-social do contrato, contribuindo, a partir daí, para consecução do escopo do contrato, "segundo sua particular estrutura econômica. O que significa dizer que a boa-fé, ao ensejar a criação de deveres instrumentais, torna efetivamente exigível a prestação e coerentemente exercitáveis os direitos que derivam do contrato",[13] circunstância que, reafirmando o princípio da força obrigatória do contrato, indica a necessidade de atenção para a economia contratual, por meio da qual o contrato cumpre sua função social.

Na linha dessa conceituação, cada uma das partes, ao cumprir suas obrigações contratuais, deve ter sempre em mira o escopo do contrato e deve manter o cumprimento de suas obrigações dentro de um balizamento que conduza à consecução desse escopo, de tal modo que, saindo desse balizamento, ou "se a finalidade contratual ou a economia do contrato sofre lesão, pode-se assegurar que violados foram os deveres de diligência e boa-fé".[14] Assim, as partes devem empreender todos os seus esforços para consecução da programação econômica que estabeleceram no instrumento contratual, "para plena satisfação dos participantes do negócio", cumprindo o dever de cooperação, pois, "internamente, o contrato aparece como o vínculo funcional que estabelece uma planificação econômica entre as partes, às quais incumbe comportar-se de modo a garantir a realização dos seus fins e plena satisfação dos participantes do negócio."[15]

Boa-fé e equilíbrio são conceitos que operam de maneira articulada visando o sinalagma contratual, observado, obviamente, o princípio da segurança jurídica, como condição da estabilidade das relações sociais, sempre buscando conciliar "utilidade com justiça, lucro com

---

comercial de planejar arquitetonicamente o prédio, a fim de diminuir os riscos de acidentes", o do fiduciário de proteger o patrimônio do fiduciante ou do beneficiário); g) *deveres de omissão e de segredo* (o de "guardar sigilo sobre atos ou fatos dos quais se teve conhecimento em razão do contrato ou de negociações preliminares etc.).

[13] MARTINS-COSTA, Judith. ob. cit., p. 443. A autora põe em destaque a exigência de manutenção da relação de equilíbrio entre prestação e contraprestação, "não só o sinalagma, mas o chamado *sinalagma funcional*." Cita casos extraídos da jurisprudência italiana relativos à *exceptio non adimpleti contractus*, valendo a pena reproduzir este trecho: "A exceção de inadimplemento, nos contratos com prestações correspectivas, visa a conservar o equilíbrio substancial e funcional entre as obrigações correspectivas; portanto, a recusa a executar o contrato pela parte que entende valer-se de tal exceção pode considerar-se em boa-fé, segundo a previsão da qual o art. 1.460, segunda alínea, do Código Civil, apenas se se traduzir em um comportamento que, além de não contrastar com os princípios gerais de lealdade e de correção, resulte objetivamente razoável e lógica, no sentido de encontrar concreta justificação no contraponto entre prestações inexecutadas e prestações recusadas, em relação aos vínculos de correspectividade e contemporaneidade das mesmas." Esclarece a autora que, apesar de ser possível, de acordo com o art. 1.460 do Código Civil italiano, estabelecer, nesses contratos, outras condições para o adimplemento, "não se pode recusar a execução, mesmo nessa hipótese, se, "consideradas as circunstâncias, a recusa [em prestar] for contrária à boa-fé", isto é, se o equilíbrio entre as prestações correspectivas, considerada a finalidade contratual, ainda existir.

[14] THEODORO JUNIOR, Humberto, ob. cit., p. 22.

[15] AGUIAR JÚNIOR, Ruy Rosado de. *Revista Direito do Consumidor*, Revista dos Tribunais, São Paulo, v. 14, p. 22.

Cap. IX • O SISTEMA DE PROTEÇÃO DO ADQUIRENTE | **289**

equidade, por meio de uma contratação equilibrada, onde os valores em intercâmbio, de bens ou serviços, guardem relação razoável".[16]

9.2.2. Precedentes do direito positivo brasileiro

O direito positivo brasileiro contempla as linhas mestras da evolução da teoria do contrato, reduzindo a margem da liberdade contratual, mediante imposição de limitações à autonomia privada e interferência no conteúdo do contrato, como são, entre outros, os casos do Decreto-lei nº 58/1937, da Lei nº 4.591/1964, e da Lei nº 8.245/1991.

Quando da edição do Decreto-lei nº 58/1937, os contratos de compromisso de compra e venda, incluindo aqueles que tinham como objeto lotes de terreno, estavam submetidos ao regime do art. 1.088 do Código Civil de 1916 (sem correspondente no CC/2002), que assegurava às partes arrepender-se antes da assinatura da escritura "definitiva", circunstância que colocava em risco o adquirente de lote de terreno; esse diploma legal veio afastar esse risco, tornando irretratável o compromisso e assegurando ao compromissário o direito de obtenção compulsória da escritura "definitiva", uma vez concluído o pagamento.[17]

A Lei nº 4.591/1964, ao tipificar o contrato de incorporação, estabeleceu os requisitos mínimos para sua formalização, interferindo no conteúdo do contrato e atribuindo efeitos reais ao contrato; em defesa do adquirente, essa lei admitiu a averbação, no Registro de Imóveis, de qualquer instrumento particular de ajuste firmado pelo incorporador, até mesmo uma "carta-proposta", dispondo que, uma vez assentado no Registro de Imóveis, esse documento confere direito real ao adquirente e lhe assegura direito de obtenção compulsória do contrato correspondente (art. 35, § 4º). A Lei nº 10.931/2004 alterou a redação ao § 2º do art. 32, pela qual "os contratos de compra e venda, promessa de venda, cessão ou promessa de cessão de unidades autônomas são irretratáveis e, uma vez registrados, conferem direito real oponível a terceiros, atribuindo direito a adjudicação compulsória perante o incorporador ou a quem o suceder, inclusive na hipótese de insolvência posterior ao término da obra".

A Lei nº 8.245/1991, por sua vez, no seu art. 39, considera nulas de pleno direito as cláusulas do contrato de locação que visem elidir os objetivos da Lei do Inquilinato, notadamente as que asseguram ao locatário o direito de prorrogação e a renovação do contrato.

9.2.3. As cláusulas gerais

Nesse "complexo processo de alteração da cultura jurídica", verifica-se também profunda alteração da técnica legislativa, notadamente a partir da metade do século XX.

A ideia de que o texto legal deveria enunciar a regra em termos completos, e abrangendo todos os casos, cedeu lugar, no direito contemporâneo, a uma nova técnica legislativa, em que a disposição legal deixa de ser um limite e passa a fixar "pontos de partida". São cláusulas gerais,

---

[16] ITURRASPE, Jorge Mosset. *Contratos conexos*, Rubinzal-Culzoni Editores, Buenos Aires, 1999, p. 14, *apud* THEODORO JUNIOR, Humberto. *Direitos do consumidor*, cit., p. 10.

[17] Os *consideranda* desse decreto-lei registram que "o art. 1.088 do Código Civil permite a qualquer das partes arrepender-se antes de assinada a escritura de compra e venda; considerando que esse dispositivo deixa praticamente sem amparo numerosos compradores de lotes, que têm assim por exclusiva garantia a seriedade, a boa-fé e a solvabilidade das empresas vendedoras (...), cumpre acautelar o compromissário contra futuras alienações e onerações dos lotes comprometidos...".

que cumprem função de orientar a solução dos casos conforme as circunstâncias, operando como "faróis errantes, alimentadas por luzes que podem penetrar em qualquer lei privada."[18] As cláusulas gerais distinguem-se do padrão tradicional porque não fixam uma "correlata indicação punctual e pormenorizada de suas consequências", (...) mas desenham "uma vaga moldura, permitindo, pela abrangência de sua formulação, a incorporação de valores, princípios, diretrizes e máximas de conduta originalmente estrangeiros ao *corpus* codificado, bem como a constante formulação de novas normas: são as chamadas *cláusulas gerais*."[19]

A cláusula geral se opõe à ideia da completude do direito positivado, caracterizando-se pela generalidade e pela flexibilidade e, não raras vezes, encerrando princípios jurídicos, como são os da boa-fé, dos bons costumes, da vedação ao uso abusivo do direito, que funcionam como pontos de partida ou base de referência que orientam a formação concreta da norma jurídica ou, como anota André Osório Gondinho, citando Claus Wilhelm Canaris, "não é meramente direito material, mas pontos de apoio para a formação judicial da norma no caso concreto".[20]

Assim é porque as normas rígidas, que buscam esgotar as soluções, mostram-se incapazes de atender as demandas decorrentes da grande mobilidade da vida social e econômica, que provoca o surgimento quase que incessante de novas situações negociais, criando novas e variadas situações jurídicas.

O Código Civil segue essa tendência, adotando o uso das cláusulas gerais, entre as quais ressaltam a da *função social do contrato* (art. 421) e a da *probidade e boa-fé* (art. 422),[21] e essa nova orientação ensejará extraordinário aumento do poder discricionário do juiz, na medida em que, ao invés de simplesmente aplicar a regra típica de conduta, conforme padrão pré-fixado pelo legislador, estará o julgador autorizado a construir a norma a cada novo julgamento, estabelecendo a conduta que deveria ter sido adotada no caso específico, e isso

---

[18] DAWSON, John. The general clauses, viewed from a distance, *apud* MARTINS-COSTA, Judith. *A boa-fé no direito privado*, cit., p. 292.

[19] MARTINS-COSTA, Judith, ob. cit., p. 286. Alguns autores admitem a possibilidade de equiparação entre as cláusulas gerais e os princípios (AGUIAR JÚNIOR, Ruy Rosado de. Interpretação, *Revista Ajuris*, v. 45, p. 19).

[20] Codificação e cláusulas gerais, *Revista Trimestral de Direito Civil*, Rio de Janeiro, Padma, v. 2, abr./jun. 2000, p. 5, nota 3.

[21] Judith Martins-Costa, referindo-se ao conceito da boa-fé, anota que, a despeito de a expressão ser marcada por certa *vagueza semântica*, "é possível afastar a ambiguidade que poderia contaminar o significado do conceito". Nos casos em que a lei torna nulos os contratos "incompatíveis com a boa-fé", como é o do Código de Defesa do Consumidor, "o juiz deverá precisar o que a sociedade onde vive tem para si como 'incompatibilidade com a boa-fé', tarefa eminentemente hermenêutica. Essa valoração determinará a sua premissa. Uma vez configurada, o caso é simplesmente de aplicar a norma, havendo como consequência jurídica a nulidade da disposição contratual. A solução não é, pois, criada pelo juiz, já estando pré-configurada na lei: o que ocorre é, tão somente, um preenchimento do significado do conceito de boa-fé pelo julgador. Já o art. 422 do Código Civil não se limita a estabelecer um único efeito, o da nulificação da cláusula incompatível com a boa-fé, pois neste caso se apresenta "todo um *potencial domínio de casos* e suas consequências compreendidas pela cláusula. Assim, a par de tomar em conta o critério valorativo (interpretação), deverá o juiz, tendo em vista o instrumental que o próprio sistema lhe oferece, pesquisar as soluções anteriormente conferidas pela jurisprudência e/ou aquelas apontadas pela doutrina, *e criar o regramento aplicável ao caso concreto* toda vez que um contrato não for executado em acordo à boa-fé (*concreção judicial*)."

de acordo com o princípio emanado da cláusula geral,[22] respeitado o balizamento próprio do tipo contratual em questão.

A aplicação das cláusulas gerais atribui ao juiz a valoração dos interesses envolvidos no caso concreto em cotejo com a norma de conduta ditada pela lei, mas isso não o autoriza a interferir no conteúdo dos contratos em espécie, pois estes devem continuar exercendo suas funções de acordo com sua estrutura e sua finalidade social e econômica; mesmo que a boa-fé dê origem a deveres não enunciados explicitamente no corpo do instrumento contratual, ainda assim esses deveres serão necessariamente coerentes com a funcionalidade econômica e social do contrato, pois "são eles fundados na sua função"[23] e devem ser exercidos exatamente com vistas ao cumprimento dessa função. Por isso mesmo, essa tarefa do juiz deve ser executada nos limites da realidade do contrato, sua tipicidade, estrutura e funcionalidade, tal como se depreende da apreciação de Ruy Rosado de Aguiar Júnior, referida por Sérgio Cavalieri Filho: "A cláusula geral contém implícita uma regra de direito judicial, dirigida à atuação do juiz, que lhe impõe, ao examinar o caso, primeiramente fixar a norma de dever de acordo com a realidade do fato e o princípio a que a cláusula geral adere, para somente num segundo momento confrontar a conduta efetivamente realizada com aquela que as circunstâncias recomendem. Em síntese, na cláusula geral há uma delegação, atribuindo ao juiz a tarefa de elaborar o juízo valorativo dos interesses em jogo. Ela é uma realidade jurídica diversa das demais normas (princípios e regras), e seu conteúdo somente pode ser determinado na concretude do caso (...). Essa atividade criadora do juiz permitida pela cláusula geral não pode ser arbitrária, mas contida nos limites da realidade do contrato, sua tipicidade, estrutura e funcionalidade, com aplicação dos princípios admitidos pelo sistema."[24]

A realidade do contrato, assim, fixa os limites dentro dos quais o juiz poderá atuar, orientado pela cláusula geral e atento ao conteúdo específico do contrato objeto do julgamento, de modo que se assegure a realização da finalidade do contrato, segundo sua tipificação. Disso resulta que o poder de integração do juiz, em presença de cláusulas abusivas, não é ilimitado, pois "seu poder discricionário não é deixado exclusivamente ao seu alvedrio. Encontra balizas no próprio microssistema, a partir dos princípios que o inspiram", tendo como referencial o tipo contratual, como consagrado nas legislações italiana e portuguesa, de modo que "estes esforços de integração haverão de buscar fomento no próprio tipo contratual, tendo-se em vista sua função econômico-social, na concepção objetiva do negócio jurídico (Emílio Betti, Cariota Ferrara, Galvão Telles e outros), que não rende margem ao subjetivismo de ideação do

---

[22] Ruy Rosado de Aguiar Júnior observa que o Projeto do Código Civil adotou a concepção das cláusulas gerais, e assim justifica: "Convencido o legislador de que, com a sua razão, não pode organizar o mundo de acordo com a sua vontade – como aconteceu logo depois da Revolução Francesa; convencido de que as leis rígidas, definidoras de tudo e para todos os casos, são necessariamente insuficientes e levam seguidamente a situações de grave injustiça, o legislador admitiu, como instrumento de regulação social, a norma legal que permite a solução do caso concreto de acordo com as suas circunstâncias, ainda que isso possa significar uma multiplicidade de soluções para uma mesma situação basicamente semelhante, mas cada uma com particularidades que impõem solução apropriada, embora diferente da outra" (As obrigações e os contratos, *Revista do Centro de Estudos Judiciários do Conselho da Justiça Federal*, nº 9, set./dez. 1999, p. 31-39.

[23] MARTINS-COSTA, Judith, ob. cit., p. 342.

[24] O direito do consumidor no limiar do século XXI, *Revista Trimestral de Direito Civil*, Rio de Janeiro: Padma, v. 2, abr./jun. 2000, p. 128.

INCORPORAÇÃO IMOBILIÁRIA • Melhim Namem Chalhub

julgador", assim se conciliando "a necessidade de segurança das relações jurídicas e o respeito ao ato jurídico perfeito."[25]

A par das balizas ao "subjetivismo da ideação do julgador" em relação aos contratos, em geral, merece atenção o art. 421-A do Código Civil, com a redação dada pela Lei nº 13.874/2019, que ressalta a autonomia privada e põe em relevo a relativa simetria e paridade nas relações contratuais civis e empresariais, já reconhecida pela jurisprudência[26] e coerentemente com o Enunciado nº 23 da I Jornada de Direito Comercial,[27] sujeitando os contratos assim qualificados aos "parâmetros objetivos para a interpretação das cláusulas negociais e de seus pressupostos de revisão ou de resolução."[28]

Trata-se de regra de interpretação que vincula não só as partes contratantes, mas, também, o intérprete, visando evitar que, por interferência do juiz em contrato caracterizado pela simetria e paridade dos contratantes, o critério de alocação dos riscos por eles determinado no instrumento contratual seja distorcido, em benefício injustificado de um dos contratantes.[29]

Nesse ambiente, coerentemente com os princípios da livre iniciativa, da liberdade de concorrência e da função social da empresa, devem ser respeitados os critérios de distribuição e prevenção de riscos definidos pelas empresas contratantes, observando Paulo Mota Pinto[30] que, diante desses parâmetros de interpretação, a intervenção judicial que os desqualifique importaria em "desonerar do risco aquela parte em que normalmente recebeu, como contrapartida de sua assunção, um prêmio de risco – isto é, conduziria a uma vantagem injustificada (um *windfall profit*")."

9.2.4. Conclusão

No atual estágio do processo evolutivo da teoria contratual, que substituiu a antiga visão individualista e liberal por uma concepção social do contrato, a presença do Direito como instrumento de garantia do equilíbrio das relações contratuais mostra-se cada vez mais intensa, seja na fixação do balizamento fundamental das relações obrigacionais em geral, seja mediante

---

[25] GOMES, Luiz Roldão de Freitas. Conferência pronunciada na Faculdade de Direito da Universidade de Coimbra em 7 de março de 2002.

[26] STJ, REsp 1.447.082-TO, rel. Min. Paulo de Tarso Sanseverino, DJe 13.5.2016, cujo acórdão ressalta o reconhecimento de que nos contratos empresariais "a presença da autonomia privada é mais saliente do que em outros setores do Direito Privado" e o controle judicial é "mais restrito do que em outros setores do Direito Privado, pois as negociações são entabuladas entre profissionais da área empresarial, observando regras costumeiramente seguidas pelos integrantes desse setor."

[27] I Jornada de Direito Comercial. Enunciado nº 23 da I Jornada de Direito Comercial: "Em contratos empresariais, é lícito às partes contratantes estabelecer parâmetros objetivos para a interpretação dos requisitos de revisão e/resolução do pacto contratual."

[28] Código Civil: "Art. 421-A. Os contratos civis e empresariais presumem-se paritários e simétricos até a presença de elementos concretos que justifiquem o afastamento dessa presunção, ressalvados os regimes jurídicos previstos em leis especiais, garantido também que: I – as partes negociantes poderão estabelecer parâmetros objetivos para a interpretação das cláusulas negociais e de seus pressupostos de revisão ou de resolução; II – a alocação de riscos definida pelas partes deve ser respeitada e observada; e III – a revisão contratual somente ocorrerá de maneira excepcional e limitada."

[29] MARTINS-COSTA, Judith, *A boa-fé no direito privado. Critérios para a sua aplicação*. São Paulo: Saraiva, 2. ed., 2ª tiragem, 2018, p. 493.

[30] PINTO, Paulo Mota, *Direito Civil: Estudos*. Lisboa: Guestlegal, 2018, p. 492.

intervenção legislativa em determinadas espécies de contrato, que, pela sua densidade social, requerem a atuação da norma jurídica para compensar eventual situação de desvantagem contratual e para garantir a segurança jurídica em favor do contratante mais fraco; disso decorre o estabelecimento de regime jurídico próprio para determinadas atividades, entre as quais a locação, o parcelamento do solo urbano, a incorporação imobiliária, entre outras, e, mais recentemente, as relações de consumo.

É fundamentalmente nesses três planos – contratos em geral, contratos no campo de determinadas atividades específicas que mereçam intervenção da norma jurídica e, especificamente, relações de consumo – que o Direito funciona como instrumento de garantia do equilíbrio das relações contratuais e da realização da função econômica e social do contrato, por isso que a intervenção da norma jurídica se faz em termos compatíveis com a estrutura peculiar de cada espécie de contrato. Poder-se-ia dizer que o contrato, como instrumento da vida social e econômica, apresenta-se com feições multifacetadas, adaptadas às relações obrigacionais que tiver como objeto; são figuras contratuais com estruturas próprias, destinadas a operar em campos com os quais se identifica e exercer funções específicas, de acordo com essa identidade, tendo cada uma dessas estruturas contratuais suas peculiaridades, inconfundíveis entre si.

9.3. O SISTEMA DE PROTEÇÃO DO ADQUIRENTE NO REGIME DAS INCORPORAÇÕES IMOBILIÁRIAS. A LEI Nº 4.591/1964

O contrato de incorporação imobiliária, tal como tipificado no direito positivo em 1964, atende a essa nova concepção, submetendo a controle a manifestação de vontade para ajustá-la às atuais exigências sociais e econômicas e, assim, assegurar o cumprimento da função social do contrato.

Com efeito, o regime jurídico das incorporações encerra controle da atividade empresarial do incorporador e determina o conteúdo do contrato (seja de compra e venda, de promessa, de empreitada, de alienação fiduciária etc.), fixando diretrizes materiais e normas de conduta específicas, de acordo com os princípios da boa-fé objetiva e do equilíbrio das relações contratuais. Visa a lei assegurar a consecução da função social do contrato, mediante realização de sua finalidade econômica, o que se alcança mediante completa construção da edificação e entrega das unidades imobiliárias aos adquirentes, nas condições pactuadas.

Nesse sentido, a Lei nº 4.591/1964 estabelece requisitos mínimos e regulamenta toda a evolução do processo contratual, desde a fase pré-contratual, na qual está presente a obrigatoriedade de prévia exibição dos elementos essenciais do contrato, por meio do Memorial de Incorporação que fica arquivado no Registro de Imóveis, passando por todo o curso da execução do contrato e até extrapolando a fase da extinção do contrato, quando define a responsabilidade civil do incorporador.

No contrato de incorporação, o dever de informação, que constitui elemento da boa-fé objetiva, está presente na fase da formação do contrato mediante arquivamento dos documentos que compõem o memorial de incorporação, pois todos os dados necessários para conhecimento do objeto do contrato e sua estrutura estão reunidos no Memorial.

Ainda na fase da formação do contrato, o prazo de carência para confirmação ou desistência da incorporação, a partir da aferição do potencial de autossustentação financeira do empreendimento, propiciada pelas vendas realizadas no período de seis meses a contar do registro do memorial de incorporação, cumpre importante função protetiva dos interesses comuns do incorporador e dos futuros adquirentes, pois, como observa Alexandre Junqueira

Gomide, "é risco elevado ao incorporador seguir na incorporação imobiliária sem ter a confirmação do sucesso comercial do empreendimento."[31] (ver itens 2.2.13 e 2.4).

Outro aspecto relevante da incorporação, já na fase da execução do contrato, é o dever do incorporador de informar aos adquirentes, periodicamente, sobre o andamento da obra. Há, também, na extinção do contrato por denúncia dentro do prazo de carência, a obrigação do incorporador de restituir, com reajuste e juros, conforme o caso, as quantias que tiver recebido dos candidatos.

A lei especial que disciplina essa atividade estabelece objetivamente mecanismos destinados a assegurar a realização da função social do contrato e, nesse sentido, fixa limitações a que deve se submeter a autonomia do incorporador em todo o ciclo do contrato, desde a fase pré-contratual até a extinção do contrato, ditando os termos e a periodicidade em que o incorporador tem que cumprir o dever de informação, prevendo a criação de um patrimônio especial para cada incorporação, além de outros mecanismos visando a consecução da função social do contrato.

Essas e outras normas da Lei das Incorporações traduzem a noção contemporânea do contrato, em que se verifica a intervenção legislativa para assegurar o cumprimento da sua função social. Observe-se, por exemplo, que a exibição, no Registro de Imóveis, das condições básicas da incorporação, assim como a informação periódica sobre a obra, correspondem aos deveres de lealdade, de confiança e de informação que corporificam o princípio da boa-fé e possibilitam ao pretendente a formação consciente da vontade de contratar, viabilizando, em consequência, o exercício efetivo da liberdade contratual. Além disso, a restituição das quantias ao adquirente, no caso de denúncia da incorporação por parte do incorporador, é fator de equilíbrio da relação jurídica no momento da extinção do contrato; de outra parte, o poder que é conferido aos adquirentes, de destituição do incorporador, no caso de atraso injustificado da obra ou de insolvência, é mecanismo de segurança visando a realização da função social do contrato, mediante consecução do seu fim econômico, pois destina-se a assegurar a investidura dos adquirentes na administração da incorporação para prosseguimento da obra.

Em 2004, o direito positivo acrescentou novo e fundamental mecanismo de proteção do adquirente e dos credores vinculados à incorporação, ao regulamentar a criação de patrimônio de afetação "destinado à consecução da edificação correspondente e à entrega das unidades imobiliárias aos respectivos adquirentes", nos termos da Lei nº 10.931/2004, que acrescenta à Lei nº 4.591/1964 os arts. 31-A a 31-F. Trata-se de importante elemento de proteção patrimonial, que bem poderia inspirar o Poder Legislativo na formulação de norma geral de proteção patrimonial em benefício de todos quantos empregam seus recursos em contratos de investimento coletivo, que, não raras vezes, por falta de proteção patrimonial, causam pesados prejuízos a milhares de pessoas, principalmente pequenos investidores.

Segundo a nova legislação, o acervo relativo à incorporação (terreno e acessões, bem como os demais bens, direitos e obrigações a ela vinculados) é destacado do patrimônio geral do incorporador, passando a constituir um patrimônio autônomo, destinado a satisfazer exclusivamente os direitos dos adquirentes e dos demais credores vinculados à incorporação, ficando, assim, cada conjunto de adquirentes imune aos efeitos de eventuais desequilíbrios gerados por outros negócios do incorporador. A afetação cumpre função dúplice de proteção do adquirente e de viabilização econômico-financeira da incorporação, e nesse mister é instrumento de realização do escopo contratual; quanto ao primeiro aspecto, põe nas mãos

---

[31] GOMIDE, Alexandre Junqueira. *Risco contratual e sua perspectiva na incorporação imobiliária*. São Paulo: Revista dos Tribunais, 2022, p. 270.

Cap. IX • O SISTEMA DE PROTEÇÃO DO ADQUIRENTE | 295

dos adquirentes o controle do equilíbrio contratual, ao lhes conferir poderes para fiscalizar e controlar toda a atividade do incorporador e até promover sua substituição em caso de atraso injustificado da obra ou insolvência do incorporador; de outra parte, a afetação propicia melhor organização da incorporação e dá meios aos adquirentes de prosseguir a obra sem sofrer os efeitos dos desequilíbrios do incorporador.

A afetação põe a incorporação imobiliária em sintonia com o conceito contemporâneo do direito de propriedade, enfatizando a relativização desse direito e dando efetividade à sua função social. A afetação não desqualifica o direito subjetivo do proprietário-incorporador, mas define para ele uma função social, ao vincular o acervo da incorporação à sua destinação peculiar, que é a construção da edificação e a constituição de direito de propriedade em nome de cada um dos adquirentes de unidades autônomas. Em busca da realização dessa função social, a afetação atribui ao direito de propriedade do incorporador um poder-dever, pelo qual o incorporador tem que conjugar seu interesse de proprietário com o interesse social dos adquirentes de unidades.

A proteção dos adquirentes veio a ser mais reforçada em 2015, pela regra do art. 55 da Lei nº 13.097, segundo o qual a alienação ou a oneração das unidades integrantes de uma incorporação não poderá ser objeto de evicção ou ineficácia, "mas eventuais credores do alienante ficam sub-rogados no preço ou no eventual crédito imobiliário", e pelo atual Código de Processo Civil, que, visando preservar o fluxo financeiro de cada incorporação para assegurar a realização do seu objeto, torna impenhoráveis os créditos oriundos da alienação dos imóveis, vinculados à execução da obra (art. 833, XII).

Em termos concretos, é útil voltar a atenção para alguns dos aspectos mais importantes da regulamentação do contrato de incorporação:

a) o incorporador só pode colocar à venda as frações ideais e acessões depois de divulgar os elementos essenciais do contrato, mediante registro do memorial de incorporação no Registro de Imóveis, contendo as informações sobre toda a história do imóvel, a situação jurídica e patrimonial do incorporador, as condições peculiares pelas quais o incorporador negociou o terreno (se pagou à vista, se parceladamente, se obteve a titularidade por permuta, quais as condições da permuta, se for o caso etc.), a situação jurídica do incorporador (se é mesmo o titular da incorporação ou se é procurador do incorporador), os ônus fiscais e os ônus reais que pesam sobre o terreno, a cópia do projeto de construção aprovado pelas autoridades competentes, o orçamento da obra, a específica situação do incorporador perante a Previdência Social, a discriminação das frações ideais em que ficará dividido o terreno, que constituirão propriedade individual dos futuros adquirentes etc.;

b) são estabelecidas sanções civis e penais contra o incorporador que, por ação ou omissão, frustrar a segurança jurídica propiciada pelo sistema do Registro de Imóveis, estando tipificados como *crimes contra a economia popular* a promoção de incorporação em que se fizer afirmação falsa quanto à constituição do condomínio, à alienação das frações ideais ou à construção do edifício e, ainda, como *contravenções penais* os seguintes fatos (1) negociar frações ideais sem prévio registro do memorial no Registro de Imóveis competente; (2) omitir a existência de algum ônus real sobre o terreno; (3) deixar de outorgar o contrato de aquisição aos adquirentes; (4) deixar de mencionar no contrato o orçamento da obra; (5) paralisar a obra por mais de 30 dias ou retardar seu andamento sem justa causa (art. 43, VI, da Lei nº 4.591/1964);

c) mesmo que o incorporador se recuse a outorgar o contrato ao adquirente, ou interponha obstáculos a essa outorga, a lei assegura ao adquirente o direito de registrar o contrato preliminar de aquisição da unidade ou, se não houver contrato, autoriza-o a registrar qualquer documento que o incorporador lhe tenha outorgado, até mesmo um instrumento de ajuste preliminar, registro esse que confere ao adquirente *direito real oponível a terceiros, com o consequente direito à obtenção compulsória do contrato correspondente* (art. 35, § 4º);

d) se o incorporador, sem justa causa, paralisar a obra por mais de 30 dias ou retardar seu andamento, poderá ser notificado para que a reinicie ou a recoloque em andamento normal, sendo certo que, não atendida a notificação em 30 dias, os adquirentes poderão substituir o incorporador e assumir a administração da obra (art. 43, VI);

e) em caso de falência do incorporador, e tendo sido outorgadas por ele promessas de venda aos adquirentes, *aplicar-se-á a legislação respectiva* (art. 119, VI, da Lei nº 11.101/2005 – Lei de Recuperação de Empresa e Falência); a *legislação respectiva*, no caso das promessas registradas no Registro de Imóveis competente, são o Decreto-lei nº 58/1937 (art. 22 – promessas em geral), a Lei nº 6.766/1979 (promessas de lotes de terreno) e a Lei nº 4.591/1964 (art. 35, § 4º – promessa ou instrumento preliminar de ajuste nas incorporações), todas elas dispondo que a promessa registrada no Registro de Imóveis competente confere ao promitente comprador direito real, oponível a terceiros, com direito a adjudicação compulsória;

f) ainda em caso de falência do incorporador, ou de atraso injustificado da obra, bem como no caso de paralisação da obra por mais de 30 dias, os adquirentes poderão assumir a incorporação e prosseguir a obra com os recursos do seu orçamento próprio, só respondendo pelas dívidas e obrigações vinculadas à sua incorporação.

No contexto desse conjunto de medidas, o legislador dispensou atenção especial à segurança do adquirente na contratação da aquisição da unidade, cuidando de qualificar como direito real não só a promessa de compra e venda, mas, também, o instrumento de ajuste preliminar que tenha sido outorgado pelo incorporador, desde que registrado no Registro de Imóveis.

Com efeito, ao registrar seu contrato de promessa de compra ou, mesmo, o ajuste preliminar, que tenha firmado por instrumento particular, o adquirente tornar-se-á titular de direito real sobre a fração ideal e acessões, direito esse que será válido e eficaz contra terceiros (art. 35, § 4º).

Quanto às promessas de compra e venda em geral, importa notar que, já em 1937, o art. 22 do Decreto-lei nº 58, assegurava direito real ao adquirente, desde que registrado o contrato.[32]

Interessa anotar, também, que esse mesmo Decreto-lei nº 58/1937 criou um sistema de proteção aos pretendentes à aquisição, ou seja, o registro do memorial do loteamento, como requisito para oferta pública dos lotes,[33] que veio a ser reproduzido, *mutatis mutandis*, na Lei de Incorporações (art. 32).

---

[32] Decreto-lei nº 58/1937: "Art. 22. Os contratos, sem cláusula de arrependimento, de compromisso de compra e venda e cessão de direito de imóveis não loteados, cujo preço tenha sido pago no ato de sua constituição ou deva sê-lo em uma ou mais prestações, desde que inscritos a qualquer tempo, atribuem aos compromissários direito real oponível a terceiros, e lhes conferem o direito de adjudicação compulsória nos termos dos arts. 16 desta lei".

[33] Decreto-lei nº 58/1937: "Art. 1º Os proprietários ou coproprietários de terras rurais ou terrenos urbanos, que pretendam vendê-los, divididos em lotes e por oferta pública, mediante pagamento do preço a prazo em prestações sucessivas e periódicas, são obrigados, antes de anunciar a venda, a depositar no cartório

Cap. IX • O SISTEMA DE PROTEÇÃO DO ADQUIRENTE | **297**

É relevante o fato de que a eventualidade de falência do incorporador não altera a natureza do direito do adquirente, que, titular de direito real, oponível contra todos, tem assegurada a obtenção da adjudicação compulsória, desde que complementado o pagamento do preço.

Especialmente relevante, como instrumento de proteção do adquirente, é a afetação do acervo das incorporações imobiliárias, já referida, com a específica destinação de consecução da incorporação e apropriação das unidades por parte dos adquirentes.

9.4. O CONTRATO DE INCORPORAÇÃO SOB A PERSPECTIVA DO CÓDIGO DE DEFESA DO CONSUMIDOR – CDC

9.4.1. Fundamentos e pressupostos do CDC

Independentemente dos princípios constitucionais relativos aos valores sociais, à livre--iniciativa, à isonomia, à ampla defesa e ao direito de propriedade, a par das cláusulas gerais que privilegiam os princípios da boa-fé objetiva e do equilíbrio do contrato, em especial as que compõem o regime jurídico das incorporações, importa considerar o sistema geral de defesa do consumidor instituído pela Lei nº 8.078/1990, para cotejá-lo com o regime especial do contrato de incorporação.

A Lei nº 8.078/1990 foi formulada em atendimento ao comando do art. 48 do Ato das Disposições Constitucionais Transitórias[34] e inspira-se nos arts. 5º, XXXII, e 170, V, da Constituição.

Tem como pressuposto a vulnerabilidade do consumidor nas relações contratuais de consumo e, para compensá-la, estabelece diretrizes materiais relativas à boa-fé objetiva e, bem assim, amolda os efeitos da relação obrigacional à concepção social do contrato, sempre com o propósito de assegurar o equilíbrio da relação contratual, "voltado menos para a vontade do indivíduo e mais para os reflexos e expectativas que estes contratos de consumo criam na sociedade atual".[35]

Nesse sentido, o CDC enuncia as bases fundamentais da defesa do consumidor, entre as quais se destacam, além do reconhecimento da vulnerabilidade do consumidor no mercado de consumo, a harmonização dos interesses dos participantes das relações de consumo e a compatibilização da proteção do consumidor com a necessidade de desenvolvimento econômico e tecnológico, tudo isso sustentado nos princípios da boa-fé e do equilíbrio das relações entre consumidores e fornecedores.

---

de registro de imóveis da circunscrição respectiva: I – um memorial (...), contendo: (...). Art. 10. Nos anúncios e outras publicações de propaganda de venda de lotes a prestações, sempre se mencionará o número e data da inscrição do memorial e dos documentos do registro imobiliário".

[34] Art. 48 do ADCT: "O Congresso Nacional, dentro de cento e vinte dias da promulgação da Constituição, elaborará código de defesa do consumidor".

[35] MARQUES, Claudia Lima, ob. cit., p. 279. A compensação da situação de desvantagem econômica e técnica em que se encontra o consumidor, em face do fornecedor, inspira-se, fundamentalmente, no princípio da isonomia, em vista de uma dimensão substancial, e não apenas formal, da igualdade, em busca de equiparação entre os integrantes das relações de consumo, pelo qual se justifica, dentro de limites de razoabilidade, dar tratamento mais favorecido aos consumidores, visando alcançar o equilíbrio contratual.

As ideias que orientam a formulação do CDC não são novas, mas, como registra Cláudia Lima Marques, traduzem "as teorias que representam o melhor da evolução do pensamento jurídico e da ação criadora da jurisprudência nos últimos dois séculos".[36]

Efetivamente, o CDC transpôs para o direito positivo, de forma concentrada, os princípios fundamentais da moderna teoria contratual, traduzida no enunciado do seu Capítulo VI – Da Proteção Contratual –, privilegiando a função social do contrato mediante estabelecimento de diretrizes materiais compatíveis com a concepção da boa-fé objetiva e com os mecanismos que asseguram o equilíbrio do contrato, como é o caso do princípio geral enunciado no art. 53, referente ao enriquecimento sem causa, que reproduz a ideia contida no art. 924 do Código Civil de 1916.[37]

Na linha desses conceitos, os princípios sobre os quais assenta a estrutura do sistema de proteção contratual do consumidor são os da boa-fé e do equilíbrio nas relações contratuais, que, independentemente de estarem presentes nas relações de consumo, já há muito orientam a teoria contratual.[38]

O princípio da boa-fé está enunciado no inciso III do art. 4º e no inciso IV do art. 51 do CDC, tal como consagrado no art. 422 do Código Civil de 2002.

O conceito de boa-fé ultrapassa o plano ético e diz respeito à "funcionalidade econômica do contrato e a serviço da funcionalidade econômico-social que o contrato persegue",[39] implicando uma conduta das partes coerente com a finalidade do contrato, para que este cumpra sua função social e econômica.

Como já visto, está presente na boa-fé o dever de cooperação das partes, necessário para viabilizar os meios necessários à consecução da finalidade econômica do contrato, de acordo com a programação estabelecida. Importa a boa-fé em conduta de respeito da parte aos legítimos interesses do parceiro contratual, "suas expectativas razoáveis, seus direitos, cada qual agindo com lealdade, sem abuso, sem obstrução, sem causar lesão ou desvantagem excessiva, cooperando para atingir o bom fim das obrigações".[40] Essa conduta deve ser observada tanto na formação como na execução do contrato, mediante plena exibição dos dados e das informações, bem como mediante elaboração do instrumento contratual em termos claros e facilmente inteligíveis.

O princípio do equilíbrio está também consagrado no art. 4º, inciso III, do CDC. A compensação das desigualdades entre o fornecedor e o consumidor decorrerá da incidência de vários dispositivos, como, por exemplo, os que se referem a eventual vantagem exagerada, a desconsideração da personalidade jurídica da empresa, a facilitação da defesa dos direitos do consumidor, admitindo-se a inversão do ônus da prova, quando for verossímil sua alegação ou quando o consumidor for hipossuficiente, entre outros.

---

[36] Ob. cit., p. 644.

[37] Corresponde ao art. 413 do Código Civil do CC/2002.

[38] "Civil e Processual Civil. Compromisso de compra e venda de imóvel. Devolução das prestações pagas. Art. 53, CDC. Inaplicabilidade. CC [1916], art. 924. Orientação da Corte. Precedentes. Divergência. Caracterização. Pedido de homologação de acordo. Não formalização. Desacolhimento. Recurso parcialmente provido" (REsp 142.942/SP, Rel. Min. Sálvio de Figueiredo Teixeira, *DJ* 13.12.1999).

[39] AGUIAR JÚNIOR, Ruy Rosado de. Palestra proferida na Escola da Magistratura do Estado do Rio de Janeiro, *apud* Sérgio Cavalieri Filho, O direito do consumidor no limiar do século XXI. *Revista Trimestral de Direito Civil*, Rio de Janeiro: Padma, v. 2, abr./jun. 2000, p. 131.

[40] MARQUES, Claudia Lima, ob. cit., p. 107.

Pelo princípio do equilíbrio contratual, visa o CDC assegurar que o fornecedor não imporá ao consumidor cláusulas abusivas e, nesse sentido, a lei contém dispositivos que asseguram controle substancial do contrato, sempre visando restabelecer o equilíbrio da relação contratual.

A partir desses pilares de sustentação – a boa-fé objetiva e o equilíbrio do contrato –, e dada a densidade social de que se reveste a relação de consumo na sociedade contemporânea, o CDC pôs a serviço da função social do contrato de consumo mecanismos de compensação de eventuais desequilíbrios em situações de desvantagem do consumidor em face do fornecedor.

No CDC está presente a ideia da relativização da autonomia privada, prestigiando "cada vez mais a declaração da vontade, antes do que a pura intenção que a anima",[41] consideradas as partes menos em sua feição individual e mais como membros do conjunto social que é juridicamente tutelado. Nesse contexto, o equilíbrio interno do contrato resulta da adequada ponderação entre as estipulações contratuais e as regras supletivas do ordenamento, as quais, segundo Humberto Theodoro Junior, "servem de parâmetro para aferir o modelo de equilíbrio desejado", podendo-se aferir o equilíbrio do contrato mediante "cotejo do tipo de contrato corrente com a teleologia do negócio praticado". A função social do contrato, assim, ganha certa autonomia em relação à "esfera psicológica e subjetiva das partes, para assumir uma sensibilidade maior ao ambiente social, nas condições objetivas de mercado".[42]

Está presente no CDC, também, a ideia da flexibilização do *pacta sunt servanda*, nos casos previstos nos arts. 6º, V, e 51, § 2º, que admitem a revisão do contrato em presença de cláusula abusiva ou em razão de fatos supervenientes que o tornem excessivamente oneroso. O arrefecimento da força obrigatória do contrato opera em campo restrito, nos limites traçados pelo CDC, sem que se subverta a teoria do contrato e sem que se retire sua força obrigatória, pois deve-se priorizar sempre a consecução do escopo do contrato.

Bem ponderados esses princípios, o CDC determina a nulidade de cláusulas que exonerem ou atenuem a responsabilidade do fornecedor por vícios do produto, subtraiam ao consumidor a opção de reembolso da quantia já paga, nos casos previstos no CDC, transfiram responsabilidades a terceiros, estabeleçam obrigações consideradas iníquas, abusivas ou que coloquem o consumidor em desvantagem exagerada ou que sejam incompatíveis com a boa-fé ou a equidade, permitam ao fornecedor variar o preço, entre outras enunciadas no art. 51.

Embora consagrados há muito no direito positivo, sob forma de cláusulas gerais, esses princípios ganharam especial projeção com o CDC, que os dispôs em termos cogentes, justificando-se a especial relevância desse diploma legal porque o traço marcante das relações de consumo é a contratação em massa, por adesão a cláusulas preestabelecidas pelo fornecedor, situação propícia à prática de abusos, por causa do desnível técnico e econômico entre os contratantes. É nessas relações que as pessoas de nível médio, necessitando contratar, mas sem possibilidade de discutir individualmente o contrato ou sem qualificação técnica para tal, contratam por adesão a cláusulas preestabelecidas pelo fornecedor, em relação ao qual encontra-se em situação vulnerável, daí por que necessitam de específica proteção, seja por via da intervenção legislativa ou judicial.

Além das normas instituídas pelo CDC, não se pode deixar de considerar a importância da concorrência como meio de neutralizar ou mitigar o desequilíbrio da relação entre o fornecedor e o consumidor, pela qual, mediante eleição da oferta mais favorável, no exercício consciente da liberdade de contratar, podem os consumidores "exercer uma influência

---

41 GOMES, Luiz Roldão de Freitas. *Contrato*. Rio de Janeiro: Renovar, 1999, p. 39.

42 Ob. cit., p. 20 e 53.

300 | INCORPORAÇÃO IMOBILIÁRIA • *Melhim Namem Chalhub*

mediata na conformação das relações que estabelecem, activando os mecanismos colectivos da concorrência (...), que neutralizam, em grande medida, o desequilíbrio de posições dos contraentes, ao influenciar e condicionar os termos negociais."[43]

Trata-se, nas palavras de Joaquim de Sousa Ribeiro, de importante "corretivo mediato" do desequilíbrio da relação de consumo. A concorrência e a liberdade de contratar alimentam-se uma da outra e ambas se alimentam da transparência, seja a transparência do contrato ou a das condições do mercado, "daí que, em numerosas posições doutrinais, a concorrência possa ser apresentada como um 'corretivo mediato' das disparidades de poder contratual (...) O que está sempre em causa, tanto num caso como no outro, é a disciplina da acção contratual das empresas, em contenção do seu poder decisório quanto às formas e conteúdo das transacções".[44]

9.4.2. A incorporação imobiliária sob a perspectiva do CDC. As normas de proteção dos adquirentes da Lei nº 4.591/1964

As normas do CDC incidem sobre a generalidade dos contratos, entre eles os contratos de alienação de imóveis e de prestação de serviços de construção quando caracterizem relação de consumo, em razão da disparidade de poder contratual entre o incorporador e o destinatário final do imóvel a construir.

O CDC classifica o imóvel como *produto* e inclui a *construção* e a *comercialização de produtos* entre as atividades que caracterizam a figura do *fornecedor* (art. 3º).[45]

De outra parte, qualifica-se como *consumidor* "toda pessoa física ou jurídica que adquire ou utiliza produto ou serviço como destinatário final" e *produto* é "qualquer bem, móvel ou imóvel, material ou imaterial" (§ 1º do art. 3º).[46]

---

[43] RIBEIRO, Joaquim de Sousa. *O problema do contrato* – as cláusulas contratuais gerais e o princípio da liberdade contratual. Coimbra: Almedina, 1999. O autor observa que, não obstante o consumidor não tenha nenhum poder de determinação do conteúdo do contrato, que "é desconsiderado como elemento da liberdade contratual e remetido para o sótão das velharias anacrônicas, por incompatível com a lógica funcional da sociedade contemporânea de consumo em massa", podem vir a exercer influência "na modelação das relações de cooperação e de troca"; o fato de o consumidor não poder interferir no preço ou nas condições do negócio "não significa que ele fique, de imediato, exposto ao 'poder económico' da contraparte. Ainda lhe sobra a possibilidade de se desviar para a oferta mais vantajosa de um concorrente; no caso de esta não existir, pode decidir-se pela aquisição de um sucedâneo aceitável e, em último termo, renunciar à satisfação da necessidade que o levava ao contrato. Estas decisões, se multiplicadas por um número significativo de sujeitos, conduzem a movimentações do mercado e a mudanças nas condições da oferta". Esse processo só se torna possível, obviamente, pela visibilidade das condições da oferta, pois "só dessa forma poderá o interessado ponderar vantagens e inconvenientes, comparar a proposta com ofertas alternativas, tomar, numa palavra, a decisão mais adequada para si" (ob. cit., p. 206-211).

[44] RIBEIRO, Joaquim de Sousa. *Direito dos contratos e regulação do mercado*. Conferência pronunciada na Universidade de Coimbra em 7 de março de 2002.

[45] Lei nº 8.078/1990: "Art. 3º Fornecedor é toda pessoa, física ou jurídica, pública ou privada, nacional ou estrangeira, bem como os entes despersonalizados, que desenvolvem atividades de produção, montagem, criação, *construção*, transformação, importação, exportação, distribuição ou *comercialização de produtos* ou prestação de serviços" (grifamos).

[46] Lei nº 8.078/1990: "Art. 3º (...) § 1º Produto é qualquer bem, móvel ou imóvel, material ou imaterial. § 2º Serviço é qualquer atividade fornecida no mercado de consumo, mediante remuneração, inclusive as de natureza bancária, financeira, de crédito e securitária, salvo as decorrentes das relações de caráter trabalhista."

Essa qualificação, entretanto, não importa em transposição do contrato de incorporação para o campo de incidência do CDC e em derrogação do seu regime jurídico especial, seja porque, como lei geral, o CDC incide nos aspectos correspondentes à relação de consumo, sem interferir na especificidade dos contratos, seja porque a Lei das Incorporações encerra um sistema de proteção dos adquirentes fundado nos mesmos pressupostos e princípios em que se sustenta o CDC.

Importa ter presentes as normas especiais da Lei nº 4.591/1964, que, fundadas na boa-fé objetiva, no equilíbrio e na função social do contrato, conferem à coletividade dos adquirentes proteção contratual e patrimonial dotada de efetividade específica, não considerada pelas normas gerais do CDC.

Merecem destaque algumas das normas especiais da Lei nº 4.591/1964 que regulamentam a formação, execução e extinção dos contratos de alienação e de construção de imóveis, entre elas as que dispõem sobre (i) o dever de informação do incorporador, mediante prévio registro do *Memorial de Incorporação*, no qual divulga ao público o título de propriedade do terreno onde será construído o conjunto imobiliário, a discriminação das frações ideais a serem alienadas, o projeto de construção aprovado, o memorial descritivo e o quadro de áreas das partes comuns e das unidades privativas, a minuta da convenção de condomínio, entre outros elementos e características do produto a ser ofertado; (ii) o prazo para outorga do contrato ao adquirente e a multa pelo descumprimento dessa obrigação; (iii) a estipulação das condições essenciais do contrato em um quadro-resumo; (iv) a informação sobre o andamento da obra, mediante entrega de relatórios à comissão de representantes dos adquirentes; (v) a indenização devida pelo incorporador em caso de atraso na conclusão da obra, entre outras normas peculiares destinadas ao controle do cumprimento do programa contratual (Lei nº 4.591/1964, arts. 32, 35, 35-A e 43).

Figura de especial importância no sistema de proteção contratual e patrimonial do interesse dos adquirentes é a comissão de representantes formada por três de seus membros. Embora não integre a relação obrigacional, a comissão de representantes exerce papel relevante na execução e na extinção do contrato, mediante (i) acompanhamento da obra, visando verificar a regularidade do cumprimento do cronograma de execução, (ii) destituição do incorporador da administração da incorporação e prosseguimento da obra, nos casos previstos em lei, (iii) outorga do título definitivo aos adquirentes, em caso de falência do incorporador, (iv) intervenção em situações de mora de adquirente, com poderes para vender sua unidade em leilão extrajudicial, visando recompor o fluxo financeiro do empreendimento, entre outros atos de interesse comum da coletividade dos contratantes.

De outra parte, como vimos nos itens 1.3, 3.1 e 3.2, a Lei nº 4.591/1964 institui normas especiais para solução das situações de mora do incorporador e do adquirente, visando assegurar a preservação dos recursos necessários à manutenção do ritmo da obra e a liquidação do passivo da incorporação.

Em relação às situações de mora e inadimplemento da obrigação do incorporador de concluir a obra no prazo programado, os arts. 31-F e parágrafos, especialmente o § 2º, 43, VI e VII, e 43-A da Lei nº 4.591/1964 instituem penalidades pelo retardamento injustificado da obra e legitimam os adquirentes, por intermédio de sua comissão de representantes, a promover medidas destinadas à destituição do incorporador da administração da incorporação, em caso de atraso injustificado ou paralisação da obra por 30 dias ou mais, e, bem assim, assumir a administração do empreendimento e prosseguir a obra ou, alternativamente, promover a liquidação do passivo da incorporação mediante venda do terreno e acessões, distribuindo o saldo entre os adquirentes na proporção dos seus aportes, medidas essas que são deliberadas por 2/3 dos adquirentes em assembleia geral e implementadas independente de intervenção judicial.

302 INCORPORAÇÃO IMOBILIÁRIA • *Melhim Namem Chalhub*

Quanto à mora e ao inadimplemento da obrigação dos adquirentes, o art. 63 da Lei nº 4.591/1964 institui procedimento extrajudicial de resolução de pleno direito da promessa de compra e venda, uma vez caracterizado o inadimplemento absoluto, pela não purgação da mora no prazo legal, e, uma vez resolvida a promessa, impõe ao incorporador ou à comissão de representantes dos adquirentes a obrigação de promover leilão para venda do imóvel, visando levantar recursos para pagamento do débito e viabilizar o ingresso de um novo adquirente com capacidade financeira para prosseguir o aporte de recursos para realização do empreendimento; uma vez satisfeito o crédito da incorporação, o saldo, se houver, é entregue ao adquirente inadimplente.

Os procedimentos extrajudiciais visam o atendimento do interesse comum da coletividade dos contratantes. São justificados pela necessidade de celeridade na recomposição do fluxo financeiro destinado ao pagamento das obrigações vinculadas à construção, tendo em vista a conformação da incorporação imobiliária como unidade econômica dependente de suas próprias forças, razão pela qual é submetida a um regime de vinculação de receitas pelos arts. 31-A a 31-F da Lei nº 4.591/1964, para as incorporações submetidas a afetação, e pelo art. 833, XII, do Código de Processo Civil, para as incorporações em geral, afetadas ou não afetadas.

9.4.3. A função social do contrato de promessa de venda de imóveis integrantes de incorporação imobiliária

Os elementos de caracterização sintetizados no item anterior indicam que os contratos individuais de alienação e construção se vinculam por uma conexão funcional[47] em relação às obrigações do incorporador e dos adquirentes, relativas à execução e entrega do conjunto imobiliário.

Como vimos, considerando que a incorporação imobiliária é operação sustentada pelo fluxo de caixa gerado pela venda das unidades integrantes do próprio empreendimento, à semelhança de um *project finance*,[48] o direito positivo contempla normas destinadas a assegurar a preservação do fluxo financeiro proveniente das vendas e sua aplicação na construção do conjunto imobiliário, entre elas a impenhorabilidade dos créditos oriundos da alienação dos imóveis (CPC, art. 833, XII) e a afetação do conjunto de direitos e obrigações de cada incorporação imobiliária (arts. 31-A e seguintes).

O regime de vinculação de receitas assim fundamentado indica que esses contratos operam interligados, no interesse comum da coletividade dos contratantes, em razão do qual avulta a noção de comunidade, destacada por Judith Martins-Costa em relação a determinados contratos, "uma vez que num dos polos não está meramente o interesse de uma soma aritmética de 'individualidades', mas interesses supraindividuais ou coletivos". Em relação a operações econômicas cuja consecução depende da participação coordenada de todos os contratantes, observa essa autora, "o contrato não deve ser concebido como uma relação jurídica que só

---

[47] Enunciado 421 da V Jornada de Direito Civil do Conselho da Justiça Federal: "Arts. 112 e 113 – Os contratos coligados devem ser interpretados segundo os critérios hermenêuticos do Código Civil, em especial dos arts. 112 e 113, considerada a sua conexão funcional."

[48] BORGES, Luiz Ferreira Xavier. *Project finance* e infra-estrutura: descrição e críticas. *Revista do BNDES*, Rio de Janeiro, v. 5, n. 9, p. 105-121, jun. 1998 ("*project finance* é uma forma de engenharia/colaboração financeira sustentada contratualmente pelo fluxo de caixa de um projeto, servindo como garantia à referida colaboração os ativos desse projeto a serem adquiridos e os valores recebíveis ao longo do projeto").

Cap. IX • O SISTEMA DE PROTEÇÃO DO ADQUIRENTE | 303

interessa às partes contratantes, impermeável às condicionantes sociais que o cercam e que são por ele próprio afetadas."[49]

Em razão da prevalência do interesse comum dessa comunidade, a interpretação desses contratos não pode se restringir à sua face interna, devendo, antes, ser levada em conta sua eficácia transubjetiva, na esfera dos terceiros que formam a coletividade dos contratantes, à luz da função social do contrato,[50] que prepondera sobre o princípio da relatividade dos seus efeitos[51] e "leva o intérprete a submeter a tutela do direito individual ao atendimento de interesses coletivos", da qual resulte, eventualmente, "não apenas a privação de efeitos dos negócios que afrontam tais interesses, mas também a conservação ou o tratamento jurídico diferenciado de um contrato que tenha grande repercussão no atendimento de um interesse socialmente relevante."[52]

A função social, assim, diz respeito à repercussão do contrato para além da esfera da relação jurídica individual e se realiza na medida em que os efeitos do contrato não repercutam negativamente no meio social no qual opera ou, ao contrário, frustra-se "quando os efeitos externos do contrato prejudicam injustamente os interesses da comunidade ou de estranhos ao vínculo negocial".[53]

Em relação à incorporação imobiliária, é em face do interesse da coletividade, formada pelos contratantes da incorporação, que os efeitos dos contratos individuais de promessa devem ser sopesados, visando identificar o modo pelo qual se viabiliza a realização da sua função econômico-social e se afasta o risco de sua frustração.

Nesse caso, a função social das promessas de venda surge com especial clareza, na medida em que cada contrato, individualmente considerado, produz efeitos na esfera dos demais contratos e repercute sobre toda a coletividade dos contratantes. É nesse meio que

---

[49] "Na apreciação desses contratos, os direitos subjetivos de cada um dos contratantes não podem ser vistos de modo atomístico, como se cada um fosse uma entidade isolada, envolvido na hobbesiana luta de todos contra todos. Dessa compreensão resulta a afirmação da transindividualidade ou comunitariedade que está no fulcro da operação jurídica e econômica de tais contratos. (...) Nesses casos, a ideia de uma comunitariedade ou transindividualidade dos interesses em causa não pode ser afastada sob pena de ser desvirtuada a sua própria causa, ou função econômico-social" (MARTINS-COSTA, Judith. Reflexões sobre o princípio da função social dos contratos. *O direito da empresa e das obrigações*. São Paulo: FGV/ Quartier Latin, 2006, p. 241).

[50] Ao comentar o art. 421 do Código Civil, assim se pronuncia Caio Mário da Silva Pereira: "O legislador atentou aqui para a acepção mais moderna da função do contrato, que não é a de exclusivamente atender aos interesses das partes contratantes, como se ele tivesse existência autônoma, fora do mundo que o cerca. Hoje o contrato é visto como parte de uma realidade maior e como um dos fatores de alteração da realidade social. Essa constatação tem como consequência, por exemplo, possibilitar que terceiros que não são propriamente partes do contrato possam nele influir, em razão de serem direta ou indiretamente por ele atingidos" (PEREIRA, Caio Mário da Silva. *Instituições de direito civil* – contratos. Atualizador: Regis Fichtner. 12. ed. Rio de Janeiro: Forense, 2005, p. 13-14).

[51] À luz da função social do contrato, prepondera "a ideia de que o contrato não encerra uma relação posta entre parênteses, encapsulada, de interesse exclusivo para as partes que se encontram vinculadas contratualmente" (TEPEDINO, Gustavo; BARBOZA, Heloisa Helena; MORAES, Maria Celina Bodin de. *Código Civil comentado*. Rio de Janeiro: Renovar, 2006, v. III, p. 14).

[52] KONDER, Carlos Nelson. *O novo processo civil brasileiro* – temas relevantes. Rio de Janeiro: GZ Editora, 2018, v. I, p. 205-206.

[53] THEODORO JÚNIOR, Humberto. *O contrato e sua função social*. Rio de Janeiro: Forense, 2003, p. 60.

se realiza – ou se frustra – a função social dessa espécie de contrato e se assegura, ou não, o equilíbrio da relação obrigacional.

Na jurisprudência, a primazia do interesse da coletividade dos contratantes na realização da função social do contrato de incorporação imobiliária é ressaltada em acórdão da 3ª Turma do STJ, relatora a Ministra Nancy Andrighi. Trata-se de situação em que, diante da falência da incorporadora, os adquirentes se mobilizaram para assumir a administração e prosseguir a obra, para a qual era necessária a participação pecuniária de todos, tendo alguns adquirentes se recusado a participar do rateio do custo. Reconhecendo que, embora na ocasião não houvesse norma legal que autorizasse a exclusão do empreendimento do ativo da massa falida (que veio a ser regulamentada pela Lei nº 10.931/2004), mas considerando que "o espírito da Lei nº 4.591/64 se volta claramente para o interesse coletivo da incorporação", a decisão reconheceu a validade da investidura da comissão de representantes na administração da incorporação e a sujeição dos adquirentes dissidentes à vontade da maioria, com fundamento em que, no interesse da coletividade, "esse caminho constitui a melhor maneira de assegurar a funcionalidade econômica e preservar a função social do contrato de incorporação, do ponto de vista da coletividade dos contratantes e não dos interesses meramente individuais de seus integrantes."[54]

---

[54] "Processual civil e imobiliário. Incorporação. Falência Encol. Término do empreendimento. Comissão formada por adquirentes de unidades. Contratação de nova incorporadora. Possibilidade. Sub-rogação da nova incorporadora nos direitos e obrigações da Encol. Inexistência. Sistemática anterior às alterações impostas à Lei nº 4.591/64 pela Lei nº 10.931/04. 1. Na hipótese dos autos, diante do inadimplemento da Encol, parte dos adquirentes de unidades do empreendimento se mobilizou e criou uma comissão objetivando dar continuidade às obras. Para tanto, essa comissão interviu nos próprios autos da falência, tendo obtido provimento jurisdicional autorizando que as 'unidades estoque' (aquelas não comercializadas pela Encol) e as 'unidades dos não aderentes' (daqueles que não quiseram aderir à comissão) fossem excluídas de qualquer vinculação com a massa falida, propiciando a retomada e conclusão da edificação, independente de qualquer compensação financeira. O juízo falimentar também autorizou, após a realização de assembleia geral, a substituição da Encol no registro imobiliário, o que levou a comissão a celebrar com a incorporadora recorrente um contrato de promessa de permuta, para que esta concluísse o empreendimento, recebendo, em contrapartida, as unidades estoque e as unidades dos não aderentes. Há, pois, duas relações jurídicas absolutamente distintas: a primeira entre a Encol e os adquirentes originários de unidades do empreendimento; e a segunda entre a comissão de representantes desse empreendimento e a recorrente. Sendo assim, inexiste relação jurídica triangular que englobe a massa falida da Encol, os recorridos e a recorrente, a partir da qual esta teria se sub-rogado nos direitos e obrigações da Encol, o que justificaria a sua inclusão no polo passivo da execução movida pelos recorridos em desfavor da Encol. 2. Embora o art. 43, III, da Lei nº 4.591/64 não admita expressamente excluir do patrimônio da incorporadora falida e transferir para comissão formada por adquirentes de unidades a propriedade do empreendimento, de maneira a viabilizar a continuidade da obra, esse caminho constitui a melhor maneira de assegurar a funcionalidade econômica e preservar a função social do contrato de incorporação, do ponto de vista da coletividade dos contratantes e não dos interesses meramente individuais de seus integrantes. 3. Apesar de o legislador não excluir o direito de qualquer adquirente pedir individualmente a rescisão do contrato e o pagamento de indenização frente ao inadimplemento do incorporador, o espírito da Lei nº 4.591/64 se volta claramente para o interesse coletivo da incorporação, tanto que seus arts. 43, III e VI, e 49, autorizam, em caso de mora ou falência do incorporador, que a administração do empreendimento seja assumida por comissão formada por adquirentes das unidades, cujas decisões, tomadas em assembleia, serão soberanas e vincularão a minoria. 4. Recurso especial provido" (REsp 1.115.605-RJ, rel. Min. Nancy Andrighi, *DJe* 18.04.2011).

Cap. IX • O SISTEMA DE PROTEÇÃO DO ADQUIRENTE | 305

É para "assegurar a funcionalidade econômica e preservar a função social do contrato de incorporação", a que se refere o acórdão, que a Lei nº 4.591/1964 contempla procedimentos extrajudiciais visando assegurar a regularidade da execução do programa contratual, seja mediante destituição do incorporador da administração da obra, em caso de atraso injustificado ou paralisação por mais de 30 dias, seja mediante resolução extrajudicial da promessa, de modo a recompor o equilíbrio orçamentário da incorporação, em condições compatíveis com a estrutura e a função dessa atividade, pelos quais condiciona o interesse individual do contratante inadimplente ao interesse da coletividade dos contratantes, como vimos no item 9.4.2.

9.4.4. A convivência das normas da Lei nº 4.591/1964 e do CDC

O sucinto cotejo entre as normas gerais do CDC e as da Lei nº 4.591/1964, notadamente as normas relacionadas aos deveres inerentes à boa-fé objetiva e à realização da função social do contrato, evidencia a identidade entre os pressupostos e propósitos dessas duas leis.

Recorde-se que a regulamentação da incorporação imobiliária foi justificada pela vulnerabilidade da posição dos adquirentes ante o incorporador, nos contratos de aquisição de imóveis em construção, mesma justificativa do Decreto-lei nº 58/1937 em relação à vulnerabilidade dos adquirentes de lotes de terreno.

Assim, há, no ordenamento, de um lado, as normas do CDC destinadas à proteção do consumidor nas relações de consumo em geral, derivadas de todo e qualquer tipo contratual, e, de outro lado, as normas especiais da Lei nº 4.591/1964, destinadas à proteção dos adquirentes de imóveis integrantes de incorporação imobiliária, dotadas de efetividade específica em relação às singularidades dessa atividade.

A existência de normas de proteção do consumidor, em geral, e de normas de proteção do adquirente de imóveis em construção, em especial, exige do intérprete apreciação sistemática e coordenada em conformidade com as regras de convivência das normas no sistema.

Nesse processo de interpretação importa ter presente a qualificação do CDC como *lei geral*, que dispõe sobre o dever de informação, vícios, práticas e cláusulas abusivas, desconsideração da personalidade jurídica etc.,[55] e incide sobre os contratos em geral nos aspectos correspondentes à relação de consumo, sem, contudo, interferir no tipo contratual ou comprometer a realização da sua peculiar função econômica e social.

A situação de aparente contradição entre as normas gerais do CDC e as normas especiais de tipificação dos contratos é solucionada em conformidade com o critério da especialidade, preponderando a lei especial naquilo que tem de peculiar.

É regra elementar, presente na lição de Carlos Maximiliano, segundo a qual, "se existe antinomia entre a regra geral e a peculiar, específica, esta, no caso particular, tem a supremacia."[56]

A preponderância da lei especial, observa Norberto Bobbio, não importa em eliminação da lei geral, tendo em vista que "a situação antinômica, criada pelo relacionamento entre uma

---

[55] MARQUES, Cláudia Lima. *Contratos no Código de Defesa do Consumidor*. 5. ed. São Paulo: Revista dos Tribunais, 2006, p. 618.

[56] MAXIMILIANO, Carlos. *Hermenêutica e aplicação do direito*. 9. ed. Rio de Janeiro: Forense, 1979, nº 141. "Preferem-se as disposições que se relacionam mais direta e especialmente com o assunto de que se trata: *in toto jure generi per speciem derrogatur, es illud potissimum habetur quod ad speciem directum est* – 'em toda disposição de Direito, o gênero é derrogado pela espécie, e considera-se de importância preponderante o que respeita diretamente à espécie."

306 | INCORPORAÇÃO IMOBILIÁRIA • *Melhim Namem Chalhub*

lei geral e uma lei especial, é aquela que corresponde ao tipo de antinomia *total-parcial*. Isso significa que quando se aplica o critério da *lex specialis* não acontece a eliminação total de uma das duas normas incompatíveis, mas somente daquela parte da lei geral que é incompatível com a lei especial. Por efeito da lei especial, a lei geral cai *parcialmente*."[57]

Incidem, portanto, as normas do CDC nos aspectos correspondentes à relação de consumo neles caracterizada, observadas a estrutura, a tipicidade e a funcionalidade do contrato, não podendo o intérprete, como observa Sérgio Cavalieri Filho, "a pretexto de exercer essa atividade criativa, chegar ao ponto de transformar um contrato de compra e venda em doação, ou desfigurar um contrato de seguro ou de transporte sob pena de fazer direito alternativo."[58]

Assim, respeitada a tipicidade do contrato de incorporação, as normas gerais do CDC nele incidem em casos de publicidade enganosa (CDC, arts. 37 e 51), estipulação de cláusulas abusivas, como as que exijam do adquirente vantagem manifestamente excessiva, deixem de estipular prazo para cumprimento da obrigação do incorporador, elevem sem justa causa o preço da unidade imobiliária (CDC, art. 39, V, IX, X). Incidem, ainda, em relação a cláusulas que impossibilitem, exonerem ou atenuem a responsabilidade do fornecedor (incorporador ou construtor), inviabilizem a inversão do ônus da prova, permitam ao fornecedor (incorporador ou construtor) alterar unilateralmente o preço da unidade, entre outras (CDC, art. 51).

Contudo, no que tem de específico, a Lei nº 4.591/1964 deve ser tomada como balizamento da interpretação, seja porque é "preponderante o que respeita diretamente à espécie", seja porque o CDC não contempla normas destinadas a assegurar proteção contratual e patrimonial específica à coletividade dos contratantes da incorporação imobiliária.

Dessa forma, na medida em que prevalece a lei especial naquilo que tem de peculiar, o dever de informação é exigível do incorporador nos termos em que definido na Lei nº 4.591/1964, como, por exemplo, o dever de divulgar as características dos imóveis a construir mediante registro de um Memorial de Incorporação no Registro de Imóveis, o dever de sintetizar as condições essenciais do contrato em um quadro-resumo, entre outras formas peculiares de cumprimento do dever de informação.

O mesmo ocorre em relação aos efeitos da resolução do contrato, em relação à qual coexistem a norma geral do art. 53 do CDC e as normas especiais da Lei nº 4.591/1964, do Decreto-lei nº 70/1966 e da Lei nº 9.514/1997, prevalecendo estas no que têm de específico.

9.4.4.1. *A posição dos tribunais superiores sobre a convivência das normas gerais do CDC e das normas das leis especiais*

Essas regras gerais de convivência das normas no sistema orientam a jurisprudência dos tribunais superiores, que confirma a sujeição da generalidade dos contratos às normas do CDC, quando caracterizem relação de consumo, mas ressalva a prevalência das normas de tipificação do contrato naquilo que têm de peculiar.

Assim definiu o Supremo Tribunal Federal na Ação Direta de Inconstitucionalidade nº 2.591, ao confirmar a incidência do CDC sobre os contratos bancários, quando celebrados

---

[57] BOBBIO, Norberto. *Teoria geral do direito*. 3. ed. São Paulo: Martins Fontes, 2010, p. 253.

[58] CAVALIERI FILHO, Sérgio. O direito do consumidor no limiar do século XXI. *RTDC*, Rio de Janeiro: Padma, v. 2, 2000, p. 128.

Cap. IX • O SISTEMA DE PROTEÇÃO DO ADQUIRENTE | **307**

com consumidores, ressalvando, entretanto, que as normas específicas relativas ao aspecto financeiro da operação prevalecem sobre o CDC.[59]

O debate que se travou nesse julgamento ressalta a necessidade de identificação dos distintos planos das normas do CDC e das normas especiais, de modo a evitar invasão do campo de incidência das normas especiais, como salienta em seu voto o Ministro Cezar Peluso: [as normas do CDC se aplicam] "sobre os aspectos factuais da relação entre instituição do sistema financeiro e cliente, encarada apenas do ponto de vista do consumo. Não invadem, portanto, nenhuma competência que se possa qualificar reservada a normas regulamentares do sistema financeiro nacional, cujo âmbito de aplicação, ou de validade material, é outro (...). O CDC não tende a disciplinar as relações entre as instituições integrantes do sistema financeiro nacional e seus clientes, sob o prisma estritamente financeiro...".

Idêntica decisão foi proferida pela Suprema Corte no Recurso Extraordinário 636.331-RJ, com repercussão geral, no qual foi reconhecida a prevalência da norma especial da Convenção de Varsóvia relativa à indenização por extravio de bagagem, em face da norma geral do CDC,[60] com fundamento em que os Tratados e Convenções, quando não versem sobre direitos humanos, têm *status* de lei ordinária, que, sendo especial, prevalece sobre as normas gerais do CDC.

Coerentemente com essa orientação, o Superior Tribunal de Justiça reconhece que, na convivência das normas gerais do CDC com as normas especiais, prevalecem estas naquilo que têm de específico.

Em relação à prevalência da Lei nº 4.591/1964, no que diz respeito às particularidades da incorporação imobiliária, merece registro o Recurso Especial 80.036-SP, relator o Ministro Ruy Rosado de Aguiar Júnior, segundo o qual "o contrato de incorporação, no que tem de específico, é regido pela lei que lhe é própria (Lei nº 4.591/64)".

Em seu voto, o relator observa que a eventual aplicação do CDC ao contrato de incorporação se daria por força dos princípios gerais que aquele Código introduzira no sistema civil, entre eles o da boa-fé objetiva, salientando: "O Codecon traça regras que presidem a situação específica do consumo e, além disso, define princípios gerais orientadores do Direito das Obrigações. Na teoria dos sistemas, é um caso estranho a lei do microssistema enunciar os princípios gerais para o sistema, mas é isso o que acontece no caso, por razões várias, mas principalmente porque a nova lei incorporou ao ordenamento civil legislado normas que expressam o desenvolvimento do mundo dos negócios e o estado atual da ciência, introduzindo

---

[59]   ADI 2.591: "Art. 3º, § 2º, do CDC. Código de Defesa do Consumidor. Art. 5º, XXXII, da CB/88. Art. 170, V, da CB/88. Instituições financeiras. Sujeição delas ao Código de Defesa do Consumidor. Ação Direta de Inconstitucionalidade julgada improcedente. 1. As instituições financeiras estão, todas elas, alcançadas pela incidência das normas veiculadas pelo Código de Defesa do Consumidor. 2. 'Consumidor', para os efeitos do Código de Defesa do Consumidor, é toda pessoa física ou jurídica que utiliza, como destinatário final, atividade bancária, financeira e de crédito. 3. Ação direta julgada improcedente."

[60]   "Recurso extraordinário com repercussão geral. 2. Extravio de bagagem. Dano material. Limitação. Antinomia. Convenção de Varsóvia. Código de Defesa do Consumidor. 3. Julgamento de mérito. É aplicável o limite indenizatório estabelecido na Convenção de Varsóvia e demais acordos internacionais subscritos pelo Brasil, em relação às condenações por dano material decorrente de extravio de bagagem, em voos internacionais. 5. Repercussão geral. Tema 210. Fixação da tese: 'Nos termos do art. 178 da Constituição da República, as normas e os tratados internacionais limitadores da responsabilidade das transportadoras aéreas de passageiros, especialmente as Convenções de Varsóvia e Montreal, têm prevalência em relação ao Código de Defesa do Consumidor.'"

na relação obrigacional a prevalência da ideia da justiça contratual, da equivalência das prestações e da boa-fé. É certo que, no que lhe for específico, o contrato de incorporação continua regido pela lei que lhe é própria, mas os princípios gerais são os mesmos do sistema civil, entre eles os do Codecon, inclusive para o caso de responsabilidade do fornecedor e extinção da relação contratual."

Ainda em relação à subsidiariedade das normas do CDC em relação às da Lei das Incorporações, é igualmente digno de nota o acórdão proferido no REsp 1.582.318-RJ, tendo por objeto questão relacionada ao atraso na conclusão da obra. De uma parte, o acórdão confirma a prevalência das normas especiais, naquilo que têm de específico, ao reconhecer a validade da "cláusula de tolerância no compromisso de compra e venda de imóvel em construção desde que contratada com prazo determinado e razoável", tendo em vista as particularidades que envolvem a indústria da construção civil. De outra parte, identifica o campo de incidência do CDC, restringindo-o aos contratos de aquisição de imóveis integrantes de incorporação imobiliária "sempre que a unidade imobiliária for destinada a uso próprio do adquirente ou de sua família."[61]

---

[61] "Recurso especial. Civil. Promessa de compra e venda de imóvel em construção. Atraso da obra. Entrega após o prazo estimado. Cláusula de tolerância. Validade. Previsão legal. Peculiaridades da construção civil. Atenuação de riscos. Benefício aos contratantes. CDC. Aplicação subsidiária. Observância do dever de informar. Prazo de prorrogação. Razoabilidade 1. Cinge-se a controvérsia a saber se é abusiva a cláusula de tolerância nos contratos de promessa de compra e venda de imóvel em construção, a qual permite a prorrogação do prazo inicial para a entrega da obra. 2. A compra de um imóvel 'na planta' com prazo e preço certos possibilita ao adquirente planejar sua vida econômica e social, pois é sabido de antemão quando haverá a entrega das chaves, devendo ser observado, portanto, pelo incorporador e pelo construtor, com a maior fidelidade possível, o cronograma de execução da obra, sob pena de indenizarem os prejuízos causados ao adquirente ou ao compromissário pela não conclusão da edificação ou pelo retardo injustificado na conclusão da obra (arts. 43, II, da Lei nº 4.591/1964 e 927 do Código Civil). 3. No contrato de promessa de compra e venda de imóvel em construção, além do período previsto para o término do empreendimento, há, comumente, cláusula de prorrogação excepcional do prazo de entrega da unidade ou de conclusão da obra, que varia entre 90 (noventa) e 180 (cento e oitenta) dias: a cláusula de tolerância. 4. Aos contratos de incorporação imobiliária, embora regidos pelos princípios e normas que lhes são próprios (Lei nº 4.591/1964), também se aplica subsidiariamente a legislação consumerista sempre que a unidade imobiliária for destinada a uso próprio do adquirente ou de sua família. 5. Não pode ser reputada abusiva a cláusula de tolerância no compromisso de compra e venda de imóvel em construção desde que contratada com prazo determinado e razoável, já que possui amparo não só nos usos e costumes do setor, mas também em lei especial (art. 48, § 2º, da Lei nº 4.591/1964), constituindo previsão que atenua os fatores de imprevisibilidade que afetam negativamente a construção civil, a onerar excessivamente seus atores, tais como intempéries, chuvas, escassez de insumos, greves, falta de mão de obra, crise no setor, entre outros contratempos. 6. A cláusula de tolerância, para fins de mora contratual, não constitui desvantagem exagerada em desfavor do consumidor, o que comprometeria o princípio da equivalência das prestações estabelecidas. Tal disposição contratual concorre para a diminuição do preço final da unidade habitacional a ser suportada pelo adquirente, pois ameniza o risco da atividade advindo da dificuldade de se fixar data certa para o término de obra de grande magnitude sujeita a diversos obstáculos e situações imprevisíveis. 7. Deve ser reputada razoável a cláusula que prevê no máximo o lapso de 180 (cento e oitenta) dias de prorrogação, visto que, por analogia, é o prazo de validade do registro da incorporação e da carência para desistir do empreendimento (arts. 33 e 34, § 2º, da Lei nº 4.591/1964 e 12 da Lei nº 4.864/1965) e é o prazo máximo para que o fornecedor sane vício do produto (art. 18, § 2º, do CDC). 8. Mesmo sendo válida a cláusula de tolerância para o atraso na entrega da unidade habitacional em construção com prazo determinado de até 180 (cento e oitenta) dias, o incorporador deve observar o dever de informar e os demais princípios da legislação consumerista,

Quanto às normas especiais que regulam os efeitos da resolução dos contratos de financiamento com pacto adjeto de alienação fiduciária, a jurisprudência do STJ já se encontra há muito consolidada no sentido de que, em caso de inadimplemento da obrigação garantida, o crédito garantido deve ser satisfeito com o produto da venda do bem, entregando-se o saldo, se houver, ao devedor, não se aplicando a regra geral do art. 53 do CDC, segundo a qual é nula a cláusula que preveja a perda total das quantias pagas pelo devedor inadimplente, pois "o credor tem o direito de receber o valor do financiamento, o que pode obter mediante a venda extrajudicial do bem apreendido, tendo o devedor o direito de receber o saldo apurado".[62]

Em relação à alienação fiduciária de bem imóvel, é digno de nota o caso pioneiro julgado pelo Superior Tribunal de Justiça (Agravo de Instrumento 932.750-SP). O relator proferiu decisão monocrática em que submeteu a alienação fiduciária ao mesmo tratamento dado por aquela Corte Superior às promessas de venda,[63] mas reconsiderou-a em Agravo Regimental, no qual reconheceu que, existindo regra especial para a alienação fiduciária, pela qual o valor a ser entregue ao devedor é o que remanescer do produto do leilão (art. 27, §§ 4º, 5º e 6º, da Lei nº 9.514/1997), esta prevalece sobre a regra geral do art. 53 do CDC.[64]

O acórdão registra a caracterização peculiar de ambas as espécies de contrato, salientando que, "em verdade, a situação fática dos autos discrepa daquela em que firmado o entendimento desta Corte Superior, conforme julgados colacionados [acórdãos relativos a resolução de promessa de venda]; trata-se, *in casu*, de alienação fiduciária em garantia de bens imóveis e não de simples promessa de compra e venda (...); a solução da controvérsia, seja ela buscada no âmbito do conflito de normas, seja pela ótica da inexistência de conflitos entre os dispositivos normativos em questão, leva à prevalência da norma específica de regência da alienação fiduciária de bens imóveis, concluindo-se, por conseguinte, pelo descabimento da pretensão."[65]

A partir dessa decisão, a consolidação da orientação jurisprudencial do STJ no sentido da prevalência da norma especial da Lei nº 9.514/1997 sobre o CDC,[66] inspirou o legislador, que, ao dispor sobre os efeitos da execução judicial ou extrajudicial do crédito hipotecário ou

---

cientificando claramente o adquirente, inclusive em ofertas, informes e peças publicitárias, do prazo de prorrogação, cujo descumprimento implicará responsabilidade civil. Igualmente, durante a execução do contrato, deverá notificar o consumidor acerca do uso de tal cláusula juntamente com a sua justificação, primando pelo direito à informação. 9. Recurso especial não provido" (STJ, REsp 1.582.318-RJ, rel. Min. Ricardo Villas Bôas Cueva, *DJe* 21.09.2017).

[62] "Alienação fiduciária. Restituição das prestações pagas. No contrato de alienação fiduciária, o credor tem o direito de receber o valor do financiamento, o que pode obter mediante a venda extrajudicial do bem apreendido, tendo o devedor o direito de receber o saldo apurado, mas não a restituição integral do que pagou durante a execução do contrato. DL 911/69. Art. 53 do CDC. Recurso não conhecido" (REsp 250.072/RJ, Rel. Min. Ruy Rosado de Aguiar, *DJ* 07.08.2000).

AgIn 396.809-RJ, rel. Min. Nancy Andrighi, *DJ* 25.09.2001, REsp 363.810-DF, rel. Min. Barros Monteiro, *DJ* 17.06.2002, e REsp 166.753-SP, rel. Min. Castro Filho, *DJ* 23.05.2005.

[63] Decisão monocrática proferida no AgIn em REsp 932.750-SP, *DJ* 21.11.2007.

[64] "Alienação fiduciária de bem imóvel. Alegada violação do art. 53, do CDC. Restituição dos valores pagos. Prevalência das regras contidas no art. 27, §§ 4º, 5º e 6º, da Lei nº 9.514/97. Decisão reconsiderada. Agravo de Instrumento improvido" (AgRg em AgIn 932.750-SP).

[65] AgRg no AgIn 932.750-SP, *DJ* 08.02.2008.

[66] AgInt no REsp 1823174-SP, rel. Min. Paulo de Tarso Sanseverino, 3ª Turma, DJe 17.6.2021. No mesmo sentido: REsp 1792003/SP; REsp 1739994/DF; AgIn no REsp 1856772/SP; AgIn no REsp 1844226/SP; AgIn no REsp 1689082/SP; AgIn no REsp 1633592/SP; AgIn Embargos de Declaração no AgIn no REsp 1865396/SP; AgIn no REsp 1742902/DF; REsp 1867209/SP, dentre outros.

310 | INCORPORAÇÃO IMOBILIÁRIA • *Melhim Namem Chalhub*

fiduciário, reafirma a prevalência do critério de liquidação mediante excussão do bem objeto da garantia, nos termos do Código de Processo Civil e da legislação especial (CPC, arts. 771 e seguintes, DL n° 70/1966, CC, arts. 1.364, 1.365 e 1.419, e Lei n° 9.514/1997, arts. 26 e 27), não se lhes aplicando as normas sobre resolução de promessa de venda (CC, art. 475 e leis especiais), afastando-se a regra genérica prevista no art. 53 do CDC, nos termos do § 14 do art. 67-A da Lei n° 4.591/1964 (Lei das Incorporações Imobiliárias) e do § 3° do art. 32-A da Lei n° 6.766/1979 (Lei de Loteamento), com a redação dada pela Lei n° 13.786/2018.[67]

Coerentemente com esses distintos critérios de liquidação, o STJ afetou para julgamento pelo rito repetitivo os REsp 1.891.498/SP e 1.894.504/SP, sob o Tema 1095, tendo a 2ª Seção, por unanimidade, fixado a seguinte tese: "Em contrato de compra e venda de imóvel com garantia de alienação fiduciária devidamente registrado, a resolução do pacto, na hipótese de inadimplemento do devedor, devidamente constituído em mora, deverá observar a forma prevista na Lei n° 9.514/1997, por se tratar de legislação específica, afastando-se, por conseguinte, a aplicação do Código de Defesa do Consumidor".[68]

Com efeito, o que se coloca em questão são os critérios de liquidação decorrentes dos distintos veículos definidos pelo direito positivo para extinção forçada do contrato por inadimplemento do devedor, em cumprimento ao princípio da vedação do pacto comissório, de um lado, o procedimento de resolução do contrato preliminar de promessa de venda (CC, art. 475, Lei n° 4.591/1964, art. 67-A, e Lei n° 6.766/1979, art. 32-A) e, de outro lado, a execução do crédito fiduciário, seguida da excussão do bem objeto da garantia fiduciária (CC, art. 1.364, e Lei n° 9.514/1997, arts. 26 e 27), do qual resulta a venda do imóvel em leilão e a entrega da quantia que sobejar ao devedor fiduciante, coerentemente com a orientação já anteriormente firmada pelo STJ em relação ao financiamento com garantia fiduciária de *bens móveis infungíveis*. [69]

9.4.4.2. A extinção do contrato de promessa de venda mediante distrato ou resolução

A orientação da jurisprudência dos tribunais superiores relativa à prevalência das normas especiais e aplicação subsidiária das normas gerais do CDC (item 9.4.4.1) não tem sido considerada em relação à extinção das promessas de venda por inadimplemento de obrigação do promitente comprador.

---

[67] Lei n° 4.591/1964: "Art. 67-A. (...). § 14. Nas hipóteses de leilão de imóvel objeto de contrato de compra e venda com pagamento parcelado, com ou sem garantia real, de promessa de compra e venda ou de cessão e de compra e venda com pacto adjeto de alienação fiduciária em garantia, realizado o leilão no contexto de execução judicial ou de procedimento extrajudicial de execução ou de resolução, a restituição far-se-á de acordo com os critérios estabelecidos na respectiva lei especial ou com as normas aplicáveis à execução em geral." Lei n° 6.766/1979: "Art. 32-A. Em caso de resolução contratual por fato imputado ao adquirente, respeitado o disposto no § 2° deste artigo, deverão ser restituídos os valores pagos por ele, atualizados com base no índice contratualmente estabelecido para a correção monetária das parcelas do preço do imóvel, podendo ser descontados dos valores pagos os seguintes itens: (...). § 3° O procedimento previsto neste artigo não se aplica aos contratos e escrituras de compra e venda de lote sob a modalidade de alienação fiduciária nos termos da Lei n° 9.514, de 20 de novembro de 1997."

[68] STJ, 2ª Seção, relator Min. Marco Buzzi, j. 26.10.2022.

[69] "Alienação fiduciária. Restituição das prestações pagas. No contrato de alienação fiduciária, o credor tem o direito de receber o valor do financiamento, o que pode obter mediante a venda extrajudicial do bem apreendido, tendo o devedor o direito de receber o saldo apurado, mas não a restituição integral do que pagou durante a execução do contrato. DL n° 911/1969. Art. 53 do CDC. Recurso não conhecido" (REsp 250.072/RJ, rel. Min. Ruy Rosado de Aguiar, *DJ* 07.08.2000).

Cap. IX • O SISTEMA DE PROTEÇÃO DO ADQUIRENTE **311**

A matéria é objeto da Súmula 543 do STJ, que, ao determinar a imediata restituição das quantias pagas,[70] desconsidera a blindagem do fluxo financeiro proveniente das vendas e seu direcionamento prioritário à execução da obra (CPC, art. 833, XII) e o critério de acertamento de haveres na resolução extrajudicial, que confere primazia à recomposição do orçamento da construção, em face do direito de restituição do adquirente (art. 63).

Essa opção legislativa foi confirmada pela Lei nº 13.786/2018, que ratifica a prioridade da preservação dos recursos destinados à obra ao diferir a restituição de parte dos valores pagos para momento posterior ao "habite-se" ou para cento e oitenta dias após a resolução do contrato, conforme o caso.

De outra parte, e ainda com vistas aos efeitos da quebra de contratos, essa lei explicita que os modos de extinção da promessa de venda de imóveis integrantes de incorporações imobiliárias se reduzem ao distrato (resilição bilateral) e à resolução por inadimplemento, seja mediante procedimento extrajudicial (art. 63) ou judicial (art. 67-A).

Por outro lado, o art. 67-A exclui a possibilidade de resilição unilateral ou de desistência, seja por parte do incorporador ou do promitente comprador, depois de expirado o prazo de carência para desistência pelo incorporador ou arrependimento do promitente comprador (arts. 34 e 67-A, §§ 10 a 12).

Além desses modos de extinção da promessa, o § 14 do art. 67-A esclarece que, nas hipóteses em que a quebra do contrato resulte em leilão do imóvel, a restituição ao adquirente observará os critérios legais instituídos especificamente para esse fim, no art. 63 da Lei nº 4.591/1964, nos arts. 29 a 41 do Decreto-lei nº 70/1966, no art. 27 da Lei nº 9.514/1997 e nas normas do CPC relativas à alienação de bens penhorados em processo de execução (art. 879 e seguintes), entre outros, deixando claro que o critério de restituição estabelecido pelos §§ 1º ao 8º do art. 67-A é aplicável restritivamente aos procedimentos judiciais.

O tratamento peculiar dado pela Lei nº 13.786/2018 à restituição das quantias pagas pelo adquirente, em caso de resolução judicial da promessa, será apreciado no capítulo que tratamos dos modos de extinção do contrato.

9.4.5. A incorporação imobiliária no contexto da Lei nº 14.181/2021

A Lei nº 14.181/2021, conhecida como Lei do Superendividamento, regulamenta a oferta de crédito e o tratamento do superendividamento, compreendendo:

> a) entre os princípios da política nacional das relações de consumo, o fomento de ações direcionadas à educação financeira, à prevenção e ao tratamento ao superendividamento, visando a preservação do mínimo existencial, por meio de recuperação de dívidas (art. 4º, IX e X);
>
> b) a criação de novos direitos básicos do consumidor, entre eles o de informação sobre as taxas de juros e o montante das prestações de amortização e juros, bem como sobre a liquidação antecipada do débito (art. 6º, XI, XII e XIII);

---

[70] Súmula 543 do STJ: "Na hipótese de resolução de contrato de promessa de compra e venda de imóvel submetido ao Código de Defesa do Consumidor, deve ocorrer a imediata restituição das parcelas pagas pelo promitente comprador – integralmente, em caso de culpa exclusiva do promitente vendedor/construtor, ou parcialmente, caso tenha sido o comprador quem deu causa ao desfazimento."

c) a caracterização como cláusulas abusivas aquelas que condicionam ou limitam o acesso ao Judiciário, estabeleçam prazos de carência para mora nas prestações, impeçam o restabelecimento integral dos direitos do consumidor e de seus meios de pagamento a partir da purgação da mora ou do acordo com o credor (art. 51, XVII e XVIII);

d) a inclusão, entre os deveres do fornecedor do crédito, de informação sobre o custo efetivo total, dos juros mensais e dos encargos da mora, do montante do débito e das condições de liquidação antecipada, entre outros (art. 54-B, I a V);

e) a criação de novos deveres do fornecedor, impedindo-o de conceder crédito sem consulta aos serviços de proteção de crédito ou sem avaliação dos riscos de crédito, bem como de ocultar ou criar dificuldades à compreensão dos riscos da operação, visando impedir que o crédito seja concedido sem prévia análise da capacidade de pagamento do pretendente e, de outra parte, evitar que a dívida comprometa as condições financeiras mínimas de sua subsistência (art. 54-D);

f) a qualificação como contratos conexos ou coligados aqueles que envolvam a compra de produto com financiamento, com ou sem garantia real, é objeto do art. 54-F, segundo o qual, quando o fornecedor do crédito (i) recorrer aos serviços do fornecedor do produto ou do serviço para a preparação ou conclusão do contrato de crédito ou (ii) oferecer o crédito no local da atividade empresarial do fornecedor do produto ou do serviço financiado ou onde o contrato principal for celebrado, nesses casos a invalidação ou ineficácia do contrato principal "implicará, de pleno direito, a do contrato de crédito que lhe seja conexo", ressalvado "ao fornecedor do crédito o direito de obter do fornecedor do produto ou serviço a devolução dos valores entregues, inclusive relativamente a tributos" (v. item 11.2.3);

g) a caracterização como práticas abusivas condutas como a cobrança de quantia contestada em compra com cartão de crédito até que a dúvida seja solucionada, desde que o consumidor tenha notificado a administradora em até 10 dias; a não entrega de cópia física do contrato, entre outras (art. 54-G);

h) a criação de procedimento de repactuação de dívidas mediante plano de pagamento com prazo máximo de cinco anos, mediante audiência de conciliação com os credores, presidida por juiz ou conciliador (arts. 104-A, 104-B e 104-C).

Coerentemente com os critérios de convivência entre as normas gerais do CDC e as normas especiais da Lei das Incorporações, essas regras incidem sobre os contratos de financiamento imobiliário ou venda a crédito de imóveis a construir pelo regime da incorporação imobiliária, sejam aqueles celebrados exclusivamente entre o incorporador e o adquirente, sejam aqueles que envolvam a compra e venda com pacto adjeto de garantia fiduciária ou hipotecária e financiamento bancário (v. item 6.2 e Capítulo VII), observadas, obviamente, a estrutura e a função do tipo contratual.

Com efeito, por definição legal dos arts. 4º e 5º da Lei 9.514/1997[71] e dos arts. 46 e seguintes da Lei nº 10.931/2004, essas operações caracterizam financiamento imobiliário

---

[71] Lei nº 9.514/1997: "Art. 4º As operações de financiamento imobiliário em geral serão livremente efetuadas pelas entidades autorizadas a operar no SFI, segundo condições de mercado e observadas as prescrições legais. Art. 5º As operações de financiamento imobiliário em geral, no âmbito do SFI, serão livremente pactuadas pelas partes, observadas as seguintes condições essenciais: I – reposição integral do valor emprestado e respectivo reajuste; II – remuneração do capital emprestado às taxas convencionadas no contrato; III – capitalização dos juros; IV – contratação, pelos tomadores de financiamento, de seguros contra

Cap. IX • O SISTEMA DE PROTEÇÃO DO ADQUIRENTE **313**

independentemente de o crédito ser aberto diretamente pelo incorporador ou por instituição financeira, incidindo, em qualquer dessas operações, as regras sobre o pagamento de parcela incontroversa do crédito no contexto de ações que versem sobre as obrigações contratuais, a contratação de alienação fiduciária pelo incorporador, os índices de atualização monetária, entre outros aspectos.

Assim, nessas operações de crédito destinadas à comercialização de imóveis, quando caracterizem relações de consumo, a análise da capacidade de pagamento do adquirente, além de ser norma prudencial típica desse negócio, passou a constituir dever do fornecedor do crédito, seja o incorporador ou o banco (art. 54-D do CDC).

Dadas essa qualificação legal e as singularidades de que se reveste o contrato de incorporação, o § 1º do art. 104-A do CDC exclui do procedimento de repactuação de dívidas os negócios de comercialização de imóveis integrantes de incorporação imobiliária mediante financiamento pelo incorporador ou por instituição financeira, seja representado por compra e venda a crédito, promessa de venda com pagamento parcelado ou outra forma de concessão de crédito juridicamente admitida.

A eventualidade de caracterização de coligação contratual nas operações relacionadas à incorporação imobiliária é objeto do item 11.2.3 desta obra, no qual apreciamos a jurisprudência sobre o tema.

9.4.6. Impenhorabilidade dos créditos oriundos das vendas e indisponibilidade das frações ideais e acessões do incorporador nos casos de sua destituição da gestão da incorporação

No contexto do sistema de proteção dos adquirentes de imóveis integrantes de incorporação imobiliária, avulta a blindagem dos direitos integrantes do ativo do empreendimento com vistas à preservação dos recursos destinados à execução da obra, cuja observância se torna especialmente relevante em situações de crise do incorporador, das quais possam resultar sua insolvência ou sua destituição da gestão do empreendimento.

Como vimos nos capítulos antecedentes, especialmente no Capítulo II, que trata da instituição do condomínio especial ou edilício pelo registro da incorporação, e no Capítulo III, dedicado ao tema da afetação patrimonial das incorporações, a blindagem patrimonial de cada empreendimento fundamenta-se em que a realização do seu objeto – execução da obra, entrega das unidades e liquidação do passivo – depende de suas próprias forças.

A partir desse pressuposto, a lei vincula os recursos do patrimônio das incorporações imobiliárias prioritariamente à execução da obra e à liquidação do seu próprio passivo, e para assegurar a efetividade desse regime de vinculação contempla mecanismos de proteção patrimonial dos adquirentes, normas prudenciais na prévia avaliação de riscos e em permanente controle orçamentário.

---

os riscos de morte e invalidez permanente. § 1º As partes poderão estabelecer os critérios do reajuste de que trata o inciso I, observada a legislação vigente. § 2º As operações de comercialização de imóveis, com pagamento parcelado, de arrendamento mercantil de imóveis e de financiamento imobiliário em geral poderão ser pactuadas nas mesmas condições permitidas para as entidades autorizadas a operar no SFI. § 3º Na alienação de unidades em edificação sob o regime da Lei nº 4.591, de 16 de dezembro de 1964, a critério do adquirente e mediante informação obrigatória do incorporador, poderá ser contratado seguro que garanta o ressarcimento ao adquirente das quantias por este pagas, na hipótese de inadimplemento do incorporador ou construtor quanto à entrega da obra".

314 INCORPORAÇÃO IMOBILIÁRIA • *Melhim Namem Chalhub*

Entre as normas legais que priorizam a preservação dos recursos financeiros destinados à execução da obra, avultam os arts. 833, XII, do CPC, 43, §§ 1º a 5º, 63 e 67-A da Lei nº 4.591/1964, que definem (i) a impenhorabilidade dos créditos oriundos das vendas das unidades, "vinculados à execução da obra", (ii) a indisponibilidade e a impenhorabilidade das frações (unidades) do estoque do incorporador em caso de sua destituição da gestão do empreendimento e (iii) a impenhorabilidade das frações (unidades) reincorporadas ao patrimônio de afetação em decorrência de resolução ou distrato.

O conjunto normativo assim instituído tem como pressuposto, fundamentalmente, a limitação da capacidade do ativo de cada incorporação imobiliária para gerar as receitas necessárias à realização do seu objeto, que resulta na caracterização desse negócio como uma unidade econômica dotada de autonomia, sendo essa a razão pela qual a lei vincula as receitas provenientes das promessas de venda prioritariamente à execução da obra.

No plano do direito material, a Lei das Incorporações permite a constituição de um patrimônio separado para cada incorporação, que se desenvolve com autonomia funcional em relação ao patrimônio geral da empresa incorporadora e confere poderes aos adquirentes, pela sua comissão de representantes, para destituir o incorporador da gestão do empreendimento e dar-lhe prosseguimento até mesmo em caso de quebra da empresa incorporadora, com autonomia em relação ao processo de falência ou recuperação judicial e independentemente de intervenção judicial.

De outra parte, no plano do direito instrumental, a impenhorabilidade dos créditos oriundos das vendas dos imóveis em construção, assim como a indisponibilidade e a impenhorabilidade das frações (unidades) do estoque do incorporador e, ainda, daquelas frações (unidades) reintegradas ao patrimônio da incorporação em decorrência de resolução ou distrato, são medidas destinadas a assegurar efetividade específica às regras de preservação dos recursos destinados à execução da obra, qualquer que seja o regime da incorporação imobiliária, ainda que não afetada.

Outro aspecto especialmente relevante diz respeito aos efeitos da resolução das promessas de venda, seja em procedimento extrajudicial ou judicial, em relação aos quais os arts. 63 e 67-A da Lei nº 4.591/1964 definem critérios de restituição de quantias a ex-adquirentes em termos compatíveis com a necessidade de preservação dos recursos orçamentários vinculados à execução da obra, impedindo que, antes do "habite-se", sejam desviados para pagamento de restituição de quantias a ex-adquirentes, em prejuízo do ritmo de continuidade da obra, no interesse da coletividade dos contratantes.

No caso de procedimento extrajudicial de resolução, o art. 63 determina a oferta do imóvel em leilão da fração ideal para levantamento dos recursos necessários à liquidação do débito e entrega do saldo, se houver, ao inadimplente. Por essa forma, afasta-se o risco de saída de recursos do patrimônio de afetação, pois o débito é pago com o produto da arrematação, e o arrematante se sub-roga na obrigação de pagar o saldo do preço da promessa, possibilitando, assim, manter o curso normal da construção.

Para os casos de ação judicial de resolução o art. 67-A também prioriza a preservação do orçamento da construção ao diferir a restituição de quantias ao antigo adquirente para 30 dias após o "habite-se" somente admitindo a antecipação desse pagamento se a unidade for revendida antes desse prazo, nos termos dos §§ 5º e 7º do art. 67-A da Lei nº 4.591/1964, com a redação dada pela Lei nº 13.786/2018.[72]

---

[72] Lei nº 4.591/1964: "Art. 67-A. (...). § 5º Quando a incorporação estiver submetida ao regime do patrimônio de afetação, de que tratam os arts. 31-A a 31-F desta Lei, o incorporador restituirá os valores pagos pelo

Cap. IX • O SISTEMA DE PROTEÇÃO DO ADQUIRENTE | **315**

A ordem legal de preferência assim definida é justificada pela primazia do interesse da coletividade dos contratantes, na medida em que prioriza a execução da obra e, consequentemente, o pagamento das obrigações relativas aos materiais e serviços da construção, aos encargos trabalhistas previdenciários, tributários etc., determinando que a restituição ao ex-adquirente seja paga após a conclusão da obra, no limite do percentual fixado pela lei.

Tratamos dessas regras separadamente a seguir.

9.4.6.1. *Impenhorabilidade dos créditos oriundos das vendas das frações (unidades)*

A impenhorabilidade dos recursos oriundos das vendas instituída pelo art. 833, XII, do CPC[73] é regra geral aplicável a toda e qualquer incorporação imobiliária, mesmo àquelas não submetidas ao regime da afetação, visando à preservação do orçamento da construção, e, dado seu caráter cogente, veio preencher importante lacuna da Lei nº 4.591/1964, pois por essa lei a impenhorabilidade é um dos efeitos da afetação, que, por sua vez, constitui uma faculdade do incorporador, enquanto pelo CPC/2015 a impenhorabilidade é norma cogente por expressa definição do art. 833, XII, pelo qual as receitas das vendas das frações em toda e qualquer incorporação são vinculadas à execução da obra, independentemente de o incorporador ter ou não optado pela averbação da separação patrimonial no Registro de Imóveis (Lei nº 4.591/1964, art. 31-B).

A regra da impenhorabilidade, entretanto, não é absoluta, pois os bens e direitos do ativo da incorporação podem ser penhorados para garantia das obrigações integrantes do seu próprio passivo; o que não é admissível é que os bens e direitos de uma incorporação sejam objeto de constrição para pagamento de despesas a ele estranhas, como já visto (§ 1º do art. 31-A).

9.4.6.2. *Indisponibilidade e impenhorabilidade das frações (unidades) do "estoque" da incorporação em caso de falência e destituição do incorporador*

O art. 43, VI e VII, e §§ 1º ao 5º, definem o procedimento de destituição do incorporador e atribuem à Comissão de Representantes dos adquirentes o encargo de administrar o empreendimento sob regime de condomínio, compreendendo desde as providências iniciais para constituição do incorporador em mora e realização da assembleia de destituição, para imissão na posse da obra e da documentação da incorporação, contratação de auditoria para apuração da situação patrimonial da incorporação e da condução das assembleias gerais dos adquirentes para deliberação sobre o futuro do empreendimento, bem como, se for o caso, gestão do prosseguimento da obra.

---

adquirente, deduzidos os valores descritos neste artigo e atualizados com base no índice contratualmente estabelecido para a correção monetária das parcelas do preço do imóvel, no prazo máximo de 30 (trinta) dias após o habite-se ou documento equivalente expedido pelo órgão público municipal competente, admitindo-se, nessa hipótese, que a pena referida no inciso II do *caput* deste artigo seja estabelecida até o limite de 50% (cinquenta por cento) da quantia paga. (...). § 7º Caso ocorra a revenda da unidade antes de transcorrido o prazo a que se referem os §§ 5º ou 6º deste artigo, o valor remanescente devido ao adquirente será pago em até 30 (trinta) dias da revenda".

[73] CPC/2015: "Art. 833. São impenhoráveis: (...); XII – os créditos oriundos de alienação de unidades imobiliárias, sob regime de incorporação imobiliária, vinculados à execução da obra".

316 | INCORPORAÇÃO IMOBILIÁRIA • *Melhim Namem Chalhub*

A lei sujeita o afastamento do incorporador nas hipóteses de destituição e de falência ao procedimento extrajudicial definido pelos parágrafos do art. 31-F da Lei n° 4.591/1964, a partir de assembleia geral convocada pela Comissão de Representantes ou, na sua falta, por 1/6 dos adquirentes para deliberação sobre os seguintes assuntos:

(i) instituição do condomínio da construção, por instrumento público ou particular, mediante aprovação de 2/3 dos adquirentes, em primeira convocação, ou maioria absoluta desses votos, em segunda convocação;

(ii) ratificação do mandato da Comissão de Representantes ou eleição de novos membros, por maioria simples dos presentes;

(iii) definição das condições de prosseguimento da obra ou, quando for o caso, liquidação do patrimônio de afetação.

O tratamento legal a ser dado ao destino das "unidades do estoque" da incorporação conforma-se aos peculiares efeitos decorrentes da falência e da destituição do incorporador.

No primeiro caso, o art. 31-F, §§ 14 a 18, da Lei n° 4.591/1964 determina que, nos 60 dias contado da data da assembleia geral que decidir pelo prosseguimento da obra, a Comissão de Representantes promova a venda das frações ideais de terreno e acessões do incorporador mediante leilão nos termos do art. 63 e empregue o produto aí obtido no pagamento das obrigações do incorporador perante o patrimônio de afetação, na proporção correspondente a essas unidades, além de outros pagamentos, e arrecadando à massa o saldo, se houver.

Em caso de destituição, as frações ideais do incorporador (unidades do estoque) ficarão indisponíveis até que ele comprove a regularidade do seu custeio (art. 35, § 6°) e, se não fizer tal comprovação no prazo de 15 dias da notificação que receber da Comissão de Representantes, esta ficará autorizada a promover o leilão dessas frações, empregando os recursos na liquidação de sua dívida e entregando-lhe o saldo, se houver (art. 43, §§ 4° e 5°).

Nesse caso, a regra geral segundo a qual, nas incorporações imobiliárias, "a penhora somente poderá recair sobre as unidades imobiliárias ainda não comercializadas" (CPC, art. 862, § 3°)[74], é excepcionada para os casos em que houver destituição do incorporador nos termos do § 4° do art. 43 da Lei n° 4.591/1964, com a redação dada pela Lei n° 14.382/2022, segundo o qual as unidades do estoque ficam indisponíveis e impenhoráveis "até que o incorporador comprove a regularidade do pagamento" do respectivo custeio.[75]

9.4.6.3. *Impenhorabilidade das frações (unidades) reintegradas ao patrimônio de afetação em cumprimento de sentença de resolução da promessa de venda*

A par dessas regras gerais, a lei contempla normas específicas destinadas a mitigar os danos decorrentes de situação de crise de que resulte a destituição ou falência do incorporador

---

[74] CPC: "Art. 862. (...). § 3° Em relação aos edifícios em construção sob regime de incorporação imobiliária, a penhora somente poderá recair sobre as unidades imobiliárias ainda não comercializadas pelo incorporador".

[75] Lei n° 4.591/1964: "Art. 43. (...). § 4° As unidades não negociadas pelo incorporador e vinculadas ao pagamento das correspondentes quotas de construção nos termos do § 6° do art. 35 desta Lei ficam indisponíveis e insuscetíveis de constrição por dívidas estranhas à respectiva incorporação até que o incorporador comprove a regularidade do pagamento" (Incluído pela Lei n° 14.382, de 2022).

Cap. IX • O SISTEMA DE PROTEÇÃO DO ADQUIRENTE | **317**

e, em consequência, exige dos adquirentes aportes de vultosos recursos adicionais para cobrir déficit do orçamento da construção, que usualmente ocorre nessas circunstâncias.

Ao atribuir à Comissão de Representantes dos adquirentes a administração do empreendimento nos casos de falência ou destituição e tornar indisponíveis e impenhoráveis as "unidades do estoque" do incorporador a lei reforça os meios de controle do orçamento da construção e de venda em leilão das unidades dos adquirentes inadimplentes e do "estoque" do incorporador,[76] sempre com o propósito de recompor o orçamento e destinar seus recursos à conclusão da obra.

Nesse caso, a gestão do empreendimento atribuída à Comissão de Representantes dos adquirentes exige especial atenção ao cumprimento da prioridade dada pela lei à conclusão da obra e entrega das unidades aos adquirentes, com observância da ordem legal de preferência dos pagamentos de modo a impedir que os bens e recursos financeiros sejam desviados para satisfação de créditos estranhos a esse escopo específico ou inexigíveis até que a obra seja concluída.

Situação frequente nesse cenário envolve a pretensão de ex-adquirentes que, tendo obtido a resolução do contrato promessa em ações propostas contra a incorporadora, promovem o cumprimento de sentença contra o condomínio ou contra a própria Comissão de Representantes, havendo, também, casos de adquirentes que ajuízam ação de resolução da promessa depois de deliberada a destituição da incorporadora e incluem no polo passivo o condomínio e/ou a comissão de representantes.

Nesse contexto, esses ex-adquirentes buscam o recebimento desse crédito antes da conclusão da obra e requerem a penhora de frações ideais do terreno.

Não se pode questionar seu direito individual de cobrar seu crédito em cumprimento de sentença, mas não se pode esquecer que, por força de lei, sua exigibilidade é diferida para momento posterior à conclusão da obra, de acordo com a ordem legal de preferência que, para assegurar a conclusão da obra, suspende a exigibilidade das quantias a que fazem jus os ex-adquirentes até que seja concedido o "habite-se" (Lei nº 4.591/1964, art. 67-A, §§ 5º e 6º).

Trata-se de regra geral, cuja aplicação em situação de crise caracterizada pela quebra da incorporadora ou sua destituição exige maior rigor em razão da máxima vulnerabilidade em que se encontra a coletividade dos adquirentes, como há muito reconhece a jurisprudência do STJ,[77] visando "assegurar a funcionalidade econômica e preservar a função social do con-

---

[76] Lei nº 4.591/1964: "Art. 43. (...). § 5º Fica autorizada a comissão de representantes a promover a venda, com fundamento no § 14 do art. 31-F e no art. 63 desta Lei, das unidades de que trata o § 4º, expirado o prazo da notificação a que se refere o § 1º deste artigo, com aplicação do produto obtido no pagamento do débito correspondente" (Incluído pela Lei nº 14.382, de 2022).

[77] "[...]. 2. Embora o art. 43, III, da Lei nº 4.591/64 não admita expressamente excluir do patrimônio da incorporadora falida e transferir para comissão formada por adquirentes de unidades a propriedade do empreendimento, de maneira a viabilizar a continuidade da obra, esse caminho constitui a melhor maneira de assegurar a funcionalidade econômica e preservar a função social do contrato de incorporação, do ponto de vista da coletividade dos contratantes e não dos interesses meramente individuais de seus integrantes. 3. Apesar de o legislador não excluir o direito de qualquer adquirente pedir individualmente a rescisão do contrato e o pagamento de indenização frente ao inadimplemento do incorporador, o espírito da Lei nº 4.591/64 se volta claramente para o interesse coletivo da incorporação, tanto que seus arts. 43, III e VI, e 49, autorizam, em caso de mora ou falência do incorporador, que a administração do empreendimento seja assumida por comissão formada por adquirentes das unidades, cujas decisões,

trato de incorporação, do ponto de vista da coletividade dos contratantes e não dos interesses meramente individuais de seus integrantes".

Nesses casos, a pretensão dos ex-adquirentes caracteriza violação do critério de liquidação definido pelo art. 67-A da Lei nº 4.591/1964, com a redação dada pela Lei nº 13.786/2018, cuja aprovação nos termos do Projeto de Lei nº 1.220/2015 fundamentou-se em que "não se pode desfalcar o patrimônio – de interesse da coletividade de condôminos – priorizando a restituição de valores, de forma imediata e corrigida, justamente àqueles adquirentes que não têm mais interesse na consecução da obra".[78]

É com fundamento nesse regime jurídico especial definido pela Lei nº 4.591/1964 e pelo CPC que a jurisprudência vem reconhecendo a ilegitimidade do condomínio e da comissão de representantes para responderem pelas obrigações do incorporador e vem afastando a pretensão de penhora de frações ideais do terreno objeto da incorporação imobiliária, ainda que se trate de resolução por culpa do incorporador:[79]

---

tomadas em assembleia, serão soberanas e vincularão a minoria. 4. Recurso especial provido" (Trecho da ementa do REsp 1.115.605/RJ, rel. Min. Nancy Andrighi, 3ª Turma, *DJe* 18.04.2011).

[78] "Não se pode desfalcar o patrimônio – de interesse da coletividade de condôminos – priorizando a restituição de valores, de forma imediata e corrigida, justamente àqueles adquirentes que não têm mais interesse na consecução da obra. (...). Por consequência, dentro do bem jurídico maior que deve ser a proteção dos consumidores que se mantêm no empreendimento, e, portanto, querem efetivamente cumprir e ver cumpridos seus contratos, a função social do contrato exige que a devolução de valores àqueles que desistem do negócio realizado deva ocorrer após a conclusão das obras, com encerramento do patrimônio de afetação" (Parecer do relator do Projeto de Lei nº 1.220/2015, Deputado José Stédile. Disponível em: https://www.camara.leg.br/proposicoesWeb/prop_mostrarintegra?codteor=1631713&-filename=SBT+1+CDC+%3D%3E+PL+1220/2015. Acesso em: 18 mar. 2024).

[79] TJSP, 3ª Câmara de Direito Privado do Tribunal de Justiça de São Paulo, Agravo de Instrumento nº 2197318-30.2018.8.26.0000, rel. Des. Nilton Santos Oliveira, j. 26.09.2018.
No mesmo sentido:
"Apelação. Embargos de terceiro. Penhora de unidades de incorporação assumida por comissão de adquirentes. Sentença de improcedência. Recurso dos embargantes. Comissão que assume somente as dívidas relativas à incorporação, que não se confundem com as dívidas do incorporador. Ausência de transmissão de responsabilidade quanto às dívidas decorrentes dos compromissos de compra e venda de unidades. Precedente. Hipótese distinta daquela em que há responsabilização do próprio incorporador. Comissão de adquirentes que foi igualmente lesada pelo abandono das obras. Responsabilização que causaria prejuízos injustos e excessivos à coletividade e violaria a função social da obra. Afastada a responsabilidade dos apelantes e da incorporação. Recurso provido" (TJSP, 27ª Câmara de Direito Privado, Apelação Cível 1019566-40.2022.8.26.0100, rel. Des. Celina Dietrich Trigueiros, j. 6.2.2024).
"Patrimônio de Afetação. Rescisão de instrumento de compra e venda. Cumprimento de sentença. Decisão que cancelou a penhora que recaiu sobre terreno. Patrimônio afetado por averbação, instituído para execução da obra pelos associados. Afetação anterior à citação da empreendedora. Patrimônio que só submete a constrição de créditos decorrentes de sua finalidade. Exegese do artigo 31-A, "caput" e § 1º, da Lei 4.591/64, incluído pela Lei 10.931/2004. Manutenção do cancelamento da penhora a fim de salvaguardar os direitos dos demais compradores que criaram associação a fim de dar continuidade ao empreendimento. Exequente que deve, por ora, diligenciar acerca de outros bens. Recurso improvido" (TJSP, 3ª Câmara de Direito Privado, Agravo de Instrumento 2197318-30.2018.8.26.0000, rel. Des. Nilton Santos Oliveira, j. 26.09.2018).
"Respeitado o esforço do patrono do embargado, não há como autorizar que o credor (cujo crédito foi constituído em razão do distrato do contrato de sociedade em conta de participação) satisfaça o montante que lhe é devido por meio da penhora do terreno em questão, sobretudo em razão da proteção conferida

Certo é que ao possibilitar a penhora do terreno, prejudicaria sobremaneira os demais adquirentes que se associaram para concluir a incorporação inclusive, tendo deles partido a iniciativa da instituição do patrimônio de afetação.

Esta é a exegese do art. 31-A, ao observar o objetivo do instituto, consignou expressamente, em sua parte final, que o patrimônio de afetação tinha uma finalidade específica, assim o fez: "... manter-se-ão apartados do patrimônio do incorporador e constituirão patrimônio de afetação, destinado à consecução da incorporação correspondente e à entrega das unidades imobiliárias aos respectivos adquirentes".

Coerentemente, com esse entendimento, o STJ admitiu a ampliação da regra da impenhorabilidade das receitas da incorporação imobiliária vinculadas à execução da obra, prevista no art. 833, VII, do CPC, para alcançar também os demais os direitos integrantes do seu ativo, ao reconhecer a impenhorabilidade da totalidade do terreno vinculado à construção, destacando-se do acórdão:

A par dessas premissas, verifica-se que a lei foi tímida, dizendo menos do que queria dizer para alcançar o seu intento, motivo pelo qual deve ser conferida interpretação extensiva ao inciso XII do art. 833 do CPC/2015, para ampliar a proteção legal a todo o patrimônio de afetação do incorporador, *notadamente o terreno onde se construirá a edificação*. [...]. Portanto, a impenhorabilidade constante do inciso XII do art. 833 do CPC/2015 comporta interpretação extensiva, incidindo sobre todo o patrimônio de afetação destinado à consecução da incorporação imobiliária, a fim de atender ao escopo da lei, consistente na proteção dos direitos dos consumidores atuais e futuros adquirentes das unidades imobiliárias autônomas[80].

---

ao patrimônio de afetação e da necessária proteção ao interesse da coletividade de compradores. [...]. Assim, forçoso reconhecer que o patrimônio afetado, cuja posse é da Comissão embargante, não deveria, e não deve responder pelo crédito do embargado, que, ressalta-se, se originou da relação societária entre ele e a executada (instrumento particular de distrato de sociedade em conta de participação), até porque, conforme restou apontado no agravo de instrumento supracitado, a contrapartida dos investimentos feitos pelo embargado consistente nas unidades autônomas do quarto andar do edifício que viria a ser construído no terreno penhorado (nos termos do instrumento particular de constituição de sociedade em conta de participação – fls. 44), foi substituída por obrigação pecuniária, por força do distrato celebrado entre o embargado e a executada, a infirmar a excepcionalidade que justificasse afastar a proteção do patrimônio de afetação" (Apelação Cível nº 1047348-27.2019.8.26.0100, 2ª Câmara Reservada de Direito Empresarial do Tribunal de Justiça de São Paulo).

80. "Recurso Especial. Processual civil. Incorporação imobiliária. Ausência de prequestionamento. Interpretação extensiva do art. 833, XII, do CPC/2015. Possibilidade. Recurso especial parcialmente conhecido e, nessa extensão, provido. 1. O propósito recursal consiste em definir se a hipótese de impenhorabilidade constante do art. 833, XII, do CPC/2015 pode ser objeto de interpretação extensiva. 2. A ausência de prequestionamento das teses relacionadas aos arts. 789 e 805 do CPC/2015, apontados como violados, obsta o conhecimento do recurso especial, atraindo, com isso, a incidência das Súmulas 282 e 356/STF. 3. A impenhorabilidade constante do inciso XII do art. 833 do CPC/2015 comporta interpretação extensiva, incidindo sobre todo o patrimônio de afetação destinado à consecução da incorporação imobiliária, a fim de atender o propósito legal consistente na proteção dos direitos dos consumidores atuais e futuros adquirentes das unidades imobiliárias autônomas. 4. Recurso especial parcialmente conhecido e, nessa extensão, provido" (STJ, 3ª Turma, REsp n. 1.675.481-DF, rel. Min. Marco Aurélio Bellizze, *DJe* 29.04.2021).

X

INADIMPLEMENTO ABSOLUTO E RELATIVO (MORA), ADIMPLEMENTO SUBSTANCIAL E INADIMPLEMENTO ANTERIOR AO TERMO

10.1. INADIMPLEMENTO ABSOLUTO E RELATIVO (MORA)

Caracteriza-se o inadimplemento *relativo* (mora) quando a prestação não foi cumprida, mas ainda é possível, mesmo que tardiamente, e o inadimplemento *absoluto* "quando a obrigação não foi cumprida, nem poderá sê-lo", como sintetiza Agostinho Alvim,[1] identificando como seus traços distintivos a possibilidade ou a impossibilidade da prestação, do ponto de vista do credor.

Nessa direção, Silvio Rodrigues ensina que "no inadimplemento absoluto a obrigação não foi cumprida nem poderá sê-lo, proveitosamente, para o credor", enquanto no inadimplemento relativo (mora) "a prestação não foi cumprida, mas poderá sê-lo, proveitosamente, para o credor".

Assim, na situação caracterizada pelo inadimplemento relativo, embora não cumprida a prestação "no tempo, lugar e forma que a lei ou a convenção estabelecer" (Código Civil, art. 394), ainda persiste o interesse do credor em razão da sua utilidade para ele, mas, se o adimplemento tardio deixa de lhe interessar, converte-se o inadimplemento relativo em absoluto, podendo o credor rejeitar a prestação e promover a resolução, respondendo o devedor pela indenização das perdas e danos (Código Civil, arts. 389 e 475).

Para identificar o obstáculo insuperável que caracteriza o inadimplemento absoluto, é preciso qualificar o grau de importância do descumprimento mediante apreciação de cada caso concreto, de modo a "definir a passagem do simples incumprimento para a inutilidade da prestação para o credor",[2] podendo daí resultar a conservação do contrato ou sua resolução,

---

[1] ALVIM, Agostinho. *Da inexecução das obrigações e suas consequências.* São Paulo: Saraiva, 1949, p. 15.

[2] AGUIAR JR., Ruy Rosado. *Extinção dos contratos por incumprimento do devedor.* Resolução. 2. ed. 2. tir. Rio de Janeiro: Aide, 2004, p. 130.

INCORPORAÇÃO IMOBILIÁRIA • *Melhim Namem Chalhub*

observadas a natureza do negócio jurídico e as circunstâncias do caso, especialmente em face do *adimplemento substancial* ou do *inadimplemento absoluto*.[3]

Exemplo clássico é o da costureira que veio a entregar o vestido de noiva em data posterior à do casamento.

O inadimplemento pode ser total ou parcial, conforme a obrigação seja descumprida integralmente ou apenas em parte, podendo tanto o inadimplemento absoluto como o inadimplemento relativo ser total ou parcial.

Nas situações em que o devedor viola deveres laterais, por exemplo, ao realizar o pagamento em local diverso do convencionado ou de forma inadequada, caracteriza-se o cumprimento defeituoso da obrigação, a que se convencionou denominar *violação positiva do contrato*.[4]

Há situações, entretanto, em que o cumprimento da prestação não é precisamente como convencionado, mas em termos tão próximos do resultado final que não chega a comprometer o equilíbrio entre as prestações correspectivas.

Trata-se do adimplemento substancial, segundo o qual é possível afastar o remédio extremo da extinção do contrato em razão da possibilidade de satisfação do crédito mediante execução, com o ressarcimento das perdas e danos, ou outros mecanismos de tutela pelos quais se prioriza a conservação do contrato.[5]

Num contrato de venda a crédito, por exemplo, o retardamento de pagamento de número insignificante das parcelas não caracteriza com tanta precisão a hipótese de inutilidade da prestação e a falta de interesse do credor, pois, tratando-se de obrigação em dinheiro, a falta de pequena parcela do pagamento do preço "não afeta substancialmente esse mesmo interesse, que fica protegido pela execução."[6]

O mesmo pode ocorrer em relação a um contrato de construção em relação ao qual, a despeito de expirado o prazo de conclusão da edificação, os serviços pendentes são de pequena monta e "não se faculta sempre, nesse caso, a perda da retribuição contratada, ou a resolução do contrato por inadimplemento."[7]

---

[3] Ao conferir ao credor a faculdade de rejeitar a prestação por inutilidade, o parágrafo único do art. 395 do Código Civil indica o ponto de partida que direcionará a interpretação ou no sentido da resolução do contrato ou da sua conservação. Esse dispositivo, observa Judith Martins-Costa, "introduz o que, em metodologia da ciência do Direito, se denomina um *topos*, isto é, um lugar-comum ou ponto de vista. Neste caso, o *topos* é o da inutilidade da prestação, para o credor, que pode também ser perspectivado (de um ponto de vista positivo) como um *topos* da utilidade da prestação (...) é a regra central, o parâmetro que indicará até que ponto pode a prestação ser cumprida, e que demarcará o limite entre a mora e o inadimplemento absoluto" (MARTINS-COSTA, Judith. *Comentários ao novo Código Civil – Do inadimplemento das obrigações*. Coord. Sálvio de Figueiredo Teixeira. 2. ed. Rio de Janeiro: Forense, 2004, v. V, t. II, p. 250).

[4] Segundo Jorge Cesa Ferreira da Silva, "no direito brasileiro, portanto, pode-se definir a violação positiva do contrato como inadimplemento decorrente do descumprimento culposo de dever lateral, quando este dever não tenha uma vinculação direta com os interesses do credor na prestação" (SILVA, Jorge Cesa Ferreira da. *A boa-fé e a violação positiva do contrato*. Rio de Janeiro: Renovar, 2002, p. 268).

[5] O Código Civil italiano qualifica o inadimplemento de "escassa importância": "*Art. 1455 Importanza dell'inadempimento – Il contratto non si può risolvere se l'inadempimento di una delle parti ha scarsa importanza, avuto riguardo all'interesse dell'altra*".

[6] AGUIAR JR., Ruy Rosado. *Extinção...*, cit., p. 132-133.

[7] SILVA, Clóvis do Couto. *O princípio da boa-fé no direito brasileiro e português. Estudos de direito civil brasileiro e português*. São Paulo: Revista dos Tribunais, 1980, p. 68. "A pretensão deduzida em Juízo é

Cap. X • INADIMPLEMENTO ABSOLUTO E RELATIVO | 323

O inadimplemento pode ficar caracterizado antes da exigibilidade da prestação,[8] em caso de ação ou omissão do devedor que configure grave violação do contrato[9] e conduza a "uma situação que inevitavelmente levará ao descumprimento."[10]

Uma vez caracterizada a quebra antecipada do contrato, o credor está legitimado a requerer sua resolução, ou sua execução pelo equivalente, e a indenização das perdas e danos.[11]

Ainda que anterior ao termo, o inadimplemento causa prejuízo ao credor, e por ele o devedor responde, sendo certo, entretanto, que o comportamento das partes, orientado pela boa-fé objetiva, pode contribuir para mitigar o dano, como observa Ruy Rosado de Aguiar Júnior: "A consideração dos danos deve atender a alguns parâmetros. Dentre eles a 'doctrine of mitigation' recomenda que o lesado (credor, autor da ação de resolução) deve comportar-se de modo a mitigar os danos, mantendo-os nos limites imediatamente decorrentes da

---

de rescisão de negócio jurídico, pautada em alegado inadimplemento da parte Ré. Apenas nesta situação faria jus o Autor à restituição integral do valor pago. 4) No caso concreto, o Autor alegou, quanto ao motivo de sua desistência, não possuir mais interesse na aquisição do imóvel, tendo em vista o atraso na entrega das chaves. 5) Verifica-se que o empreendimento já se encontrava pronto e acabado quando do pedido de rescisão por parte do apelado. O simples atraso de poucos dias na entrega do imóvel, por si só e desde logo, não caracterizaria inadimplemento do contrato. A obra foi concluída, no caso concreto, 81 dias após vencido o prazo de tolerância, sendo certo que a notificação do adquirente ao vendedor, comunicando da intenção da extinção do contrato ocorreu quase três meses após (14/12/2015)" (TJRJ, 25ª Câmara Cível, trecho da ementa do acórdão da Apelação 0150871-78.2016.8.19.0001, rel. Des. Werson Rego, j. 10.10.2018).

8   Na doutrina brasileira, a questão foi objeto de trabalho pioneiro de Fortunato Azulay, que cita como paradigma a decisão do caso Hoechster x De La Tour, de 1852: um mensageiro foi contratado para prestar serviços de correio a partir de 1º de junho, mas antes dessa data, em maio, seu empregador lhe cientificara de que não mais precisaria dos seus serviços; antes que a prestação do empregador se tornasse exigível, o mensageiro ingressou em juízo, alegando perdas e danos e requerendo a respectiva reparação; o tribunal admitiu o desfazimento do contrato antes mesmo da exigibilidade da prestação, constando da decisão que, nesse caso, a parte lesada deve proceder de forma a fazer com que os danos sejam os menores possíveis (AZULAY, Fortunato. *Do inadimplemento antecipado*. Rio de Janeiro: Brasília/Rio, 1977, p. 101-102).

9   Judith Martins-Costa observa que a caracterização do inadimplemento antecipado depende do preenchimento de pelo menos três requisitos: "(i) ocorra um inadimplemento imputável caracterizado como grave violação do contrato, possibilitando uma justa causa à resolução; (ii) haja plena certeza de que o cumprimento não se dará até o vencimento; (iii) caracterize-se, por parte do devedor uma conduta culposa, seja ao declarar que não vai cumprir, seja ao se omitir quanto aos atos de execução, recaindo em inércia de modo que o seu comportamento contratual nada indique no sentido da execução (comportamento concludente)" (MARTINS-COSTA, Judith. *A boa-fé no direito privado*. 2. ed. São Paulo: Saraiva, 2018, p. 769-770).

10   AGUIAR JR., Ruy Rosado de. *Extinção dos contratos por incumprimento do devedor*: resolução. 2. ed. rev. e atual. Rio de Janeiro: Aide, 2003, p. 127. Nas palavras do autor, "o incumprimento pode resultar de conduta contrária do devedor, por ação (venda do estoque, sem perspectiva de reposição) ou omissão (deixar as medidas prévias indispensáveis para a prestação), ou de declaração expressa do devedor no sentido de que não irá cumprir com a obrigação."

11   "Trata-se, portanto, de inadimplemento *atual* da prestação, e não de previsão de inadimplemento futuro, pelo que pode o credor adotar desde logo as medidas cabíveis" (TERRA, Aline de Miranda Valverde. *Inadimplemento anterior ao termo*. Rio de Janeiro: Renovar, 2009, p. 273).

existência do ato ilícito. O princípio da boa-fé objetiva impõe ao lesado o dever de diligência, para circunscrever o prejuízo e impedir sua eventual expansão".[12]

Entre nós, o reconhecimento da resolubilidade do contrato por inadimplemento antecipado decorre de construção doutrinária e jurisprudencial, havendo um raro registro de norma legal que admite a resolução do contrato em razão de lentidão no seu cumprimento, "a comprovar a impossibilidade de conclusão da obra, do serviço ou do fornecimento, nos prazos estipulados."[13]

Na jurisprudência, o caso pioneiro é do Tribunal de Justiça do Rio Grande do Sul. Trata-se de contrato em conta de participação para construção e exploração de um Centro Hospitalar, no qual se assegurava ao cotista participação nos lucros do negócio e atendimento médico-hospitalar para sua família. Passados cinco anos desde a subscrição das cotas, as obras não tinham sido iniciadas e nem mesmo o terreno tinha sido adquirido. Apesar de não ter sido fixado prazo para término da construção, o subscritor propôs ação de resolução do contrato por inadimplemento da obrigação do Centro Hospitalar, na qual requereu a restituição das quantias pagas, o cancelamento das notas promissórias correspondentes às parcelas da subscrição e a indenização das perdas e danos. A sentença rejeitou o pedido com fundamento em falta de demonstração do inadimplemento e foi reformada em recurso de apelação, cujo acórdão reconhece estar caracterizado "um caso de completo inadimplemento por parte de um dos contratantes."[14]

O descumprimento da obrigação no tempo, no lugar e da forma convencionados sujeita o devedor à responsabilidade pela indenização das perdas e danos decorrentes do inadimplemento, seja relativo ou absoluto.

Na hipótese de inadimplemento relativo (mora), subsiste a responsabilidade do devedor pela prestação e pela reparação dos prejuízos dela decorrentes, salvo se, em caso de impossibilidade da prestação, provar isenção de culpa ou que a perda ou deterioração ocorreria mesmo em caso de cumprimento da obrigação. Para purgação da mora, o devedor deve oferecer ao credor o objeto da prestação, mais o valor correspondente ao prejuízo dela decorrente.

Vindo a caracterizar-se o inadimplemento absoluto, inclusive antes do termo, o art. 475 do Código Civil faculta ao credor postular a resolução do contrato ou, se preferir, insistir na tutela específica, mediante cumprimento da prestação, mais a reparação das perdas e danos decorrentes do inadimplemento. Embora esse dispositivo legal confira ao credor a opção pela resolução, pondera Anderson Schreiber que esse dispositivo legal "perde a feição de uma alternativa ao arbítrio do credor para se converter em *ratio extrema*, cujo exercício pode ser obstado sempre que remédios menos nocivos estiverem ao alcance do seu titular."[15]

---

[12] AGUIAR JR., Ruy Rosado de. *Extinção dos contratos...*, cit., p. 270.

[13] Lei nº 8.666/1993: "Art. 78. Constituem motivo para rescisão do contrato: (...); III – a lentidão do seu cumprimento, levando a Administração a comprovar a impossibilidade de conclusão da obra, do serviço ou do fornecimento, nos prazos estipulados."

[14] TJRS, Apelação 582000378, 1ª Câmara Cível, rel. Des. Athos Gusmão Carneiro, j. 08.02.1983, acórdão publicado na *RJTJRS* n. 97, p. 397 e seguintes. Veja-se, a propósito, o artigo de Anelise Becker. Inadimplemento antecipado do contrato. *Direito do Consumidor*, n. 12, p. 68-78.

[15] SCHREIBER, Anderson. A tríplice transformação do adimplemento: adimplemento substancial, inadimplemento antecipado e outras figuras. In: SCHREIBER, Anderson. *Direito civil e Constituição*. São Paulo: Atlas, 2013, p. 97-118. O autor ressalta a preferência do legislador brasileiro por soluções que priorizem a conservação do contrato, registrando, "em diversas passagens do Código Civil, sua simpatia pela execução específica das obrigações (*v.g.*, arts. 249, 251, 464)."

Cap. X • INADIMPLEMENTO ABSOLUTO E RELATIVO | **325**

As perdas e danos decorrentes da conduta culposa do devedor (Código Civil, arts. 393 e 396) compreendem aquilo que o credor efetivamente perdeu e o que razoavelmente deixou de lucrar.

O dano patrimonial é classificado como dano emergente ou lucro cessante, o primeiro correspondente à efetiva diminuição do patrimônio da parte lesada, enquanto o segundo corresponde a uma projeção do que ela deixou de ganhar.

Em qualquer caso, as perdas e danos limitam-se aos "prejuízos efetivos e lucros cessantes por efeito direto e imediato" do ato (Código Civil, art. 403), apuráveis mediante prova que pode ser relativamente simples e por vezes por cálculo aritmético, ponderando Marco Aurélio Bezerra de Melo, entretanto, que "tarefa mais árdua é a de encontrar o valor dos lucros cessantes ou lucro frustrado, pois estes estão entregues à lógica do razoável."[16] Nesse caso, mediante prova de que o lucro teria ocorrido, se tivesse ocorrido o adimplemento, e não em mera ou, não sendo possível, pela demonstração com base na experiência "pela observação do que ordinariamente acontece" (CPC, art. 375).

10.2. CLÁUSULA PENAL COMPENSATÓRIA E MORATÓRIA

O valor das perdas e danos decorrentes do inadimplemento pode ser prefixado em cláusula penal, que tem, simultaneamente, a função de estimular o devedor a cumprir a obrigação.

A cláusula penal pode ser compensatória, com a função de compensar o contratante lesado pelo inadimplemento absoluto, ou moratória, cuja função é impedir o retardamento da prestação obrigacional. A multa compensatória não pode ser cumulada com a prestação principal, pois, a critério do credor, constitui alternativa em substituição à prestação em caso de inadimplemento, salvo na hipótese de ter sido convencionada indenização suplementar, cabendo ao credor provar o prejuízo excedente.

A multa moratória tem por objeto o descumprimento de determinada prestação em caso de inadimplemento relativo e é passível de cumulação com a prestação a que se refere.

A multa compensatória incide em razão da resolução do contrato, enquanto a multa moratória, quando purgada a mora, opera o convalescimento do contrato.

A cláusula penal não pode exceder o da obrigação principal e será equitativamente reduzida pelo juiz se esta tiver sido cumprida em parte ou se o montante da penalidade for manifestamente excessivo, consideradas a natureza e a finalidade do negócio.

Para exigir a pena convencional não é necessário alegar prejuízo, salvo se for convencionada a faculdade de exigir indenização suplementar, caso em que a pena vale como mínimo da indenização, competindo ao credor provar o prejuízo excedente.

10.3. DESTITUIÇÃO DO INCORPORADOR POR RETARDAMENTO OU PARALISAÇÃO DA OBRA SEM JUSTA CAUSA

O excessivo retardamento da execução da obra ou sua paralisação por trinta dias ou mais, sem justa causa, caracteriza situação de mora, em relação à qual a Lei 4.591/1964 confere aos adquirentes a faculdade de destituir o incorporador e assumir a gestão sua comissão de representantes (arts. 31-A, § 2º, 31-F e §§ e art. 43, II, VI e VII).

---

[16] MELO, Marco Aurélio Bezerra de. *Curso de direito civil* – responsabilidade civil. São Paulo: Atlas, 2015, p. 84.

A destituição é deflagrada a partir de notificação judicial do incorporador para que em 30 dias reinicie a obra ou a reponha no curso normal. Caso não o faça, o incorporador poderá ser destituído por deliberação da maioria absoluta dos adquirentes, em assembleia geral, seguindo-se a imissão da comissão de representantes na posse da obra e da documentação da incorporação, a partir da qual implementará os atos correspondentes ao prosseguimento da obra ou, alternativamente, à liquidação do patrimônio da incorporação, mediante venda do terreno, acessões e demais bens e direitos do seu acervo.[17]

O procedimento é admitido nas incorporações sob regime comum ou de afetação, ainda que se trate de empresa incorporadora em recuperação judicial ou extrajudicial, e importa no afastamento do incorporador da gestão da incorporação, sem, contudo, privá-lo da sua titularidade sobre o negócio nem exonerá-lo das suas responsabilidades.

Assim, o incorporador conserva sua propriedade sobre as frações ideais e acessões ainda não alienadas (estoque), bem como sobre os créditos decorrentes da comercialização e os demais direitos que compõem o ativo da incorporação; de outro lado, são mantidas suas obrigações contratuais e legais, além das suas responsabilidades, entre as quais a de custeio da construção das unidades em estoque, cuja mora o sujeita ao procedimento de leilão dessas unidades, de que trata o art. 63 e seus parágrafos.

O afastamento mediante procedimento extrajudicial visa assegurar a rápida recomposição do ritmo da obra, no interesse da coletividade dos contratantes.

Caso não seja possível à maioria prosseguir a construção, a lei faculta aos adquirentes, nas incorporações sob regime de afetação, a "venda do terreno, das acessões e demais bens e direitos integrantes do patrimônio de afetação (...), distribuindo entre si (...) o resultado da venda, depois de pagas as dívidas do patrimônio de afetação."[18] ressalvada a responsabilidade do incorporador pelos prejuízos que causar aos adquirentes.

A mora em relação à execução da obra, que justifica a destituição, está quase sempre associada ao descumprimento dos deveres legais do incorporador, notadamente os de "boa

---

[17] Lei nº 4.591/1964: "Art. 43. Quando o incorporador contratar a entrega da unidade a prazo e preços certos, determinados ou determináveis, mesmo quando pessoa física, ser-lhe-ão impostas as seguintes normas: I – informar obrigatoriamente aos adquirentes, por escrito, no mínimo de seis em seis meses, o estado da obra; (...); VI – se o incorporador, sem justa causa devidamente comprovada, paralisar as obras por mais de 30 dias, ou retardar-lhes excessivamente o andamento, poderá o Juiz notificá-lo para que no prazo mínimo de 30 dias as reinicie ou torne a dar-lhes o andamento normal. Desatendida a notificação, poderá o incorporador ser destituído pela maioria absoluta dos votos dos adquirentes, sem prejuízo da responsabilidade civil ou penal que couber, sujeito à cobrança executiva das importâncias comprovadamente devidas, facultando-se aos interessados prosseguir na obra.

[18] Lei nº 4.591/1964: "Art. 43. (...). VII – em caso de insolvência do incorporador que tiver optado pelo regime da afetação e não sendo possível à maioria prosseguir na construção, a assembleia geral poderá, pelo voto de 2/3 (dois terços) dos adquirentes, deliberar pela venda do terreno, das acessões e demais bens e direitos integrantes do patrimônio de afetação, mediante leilão ou outra forma que estabelecer, distribuindo entre si, na proporção dos recursos que comprovadamente tiverem aportado, o resultado líquido da venda, depois de pagas as dívidas do patrimônio de afetação e deduzido e entregue ao proprietário do terreno a quantia que lhe couber, nos termos do art. 40; não se obtendo, na venda, a reposição dos aportes efetivados pelos adquirentes, reajustada na forma da lei e de acordo com os critérios do contrato celebrado com o incorporador, os adquirentes serão credores privilegiados pelos valores da diferença não reembolsada, respondendo subsidiariamente os bens pessoais do incorporador."

administração" dos recursos, "preservação do patrimônio de afetação" e aplicação das receitas de venda prioritariamente na execução da obra, entre outros (art. 31-D, I).[19]

O conceito de "boa administração" e seu objeto no caso específico podem ser extraídos do inciso III do art. 31-D, cujo conteúdo normativo se articula às demais disposições da Lei 4.591/1964 relacionadas à dinâmica da incorporação imobiliária; na medida em que essa atividade tem por objeto a execução da construção e a entrega do conjunto imobiliário aos adquirentes, a lei exige do incorporador a aplicação das receitas das vendas "na forma prevista nesta Lei, cuidando de preservar os recursos necessários à conclusão da obra."[20]

Para assegurar a preservação dos recursos destinados à execução da obra, a lei dedica especial atenção aos meios de controle do orçamento, seja ao exigir "escrituração contábil completa" dos elementos do patrimônio de afetação, separada da escrituração do patrimônio geral da incorporadora (art. 31-D, VIII), ou ao assegurar aos adquirentes a fiscalização da segregação dos "bens e direitos" do patrimônio de afetação (art. 31-D, II).

A escrituração contábil em que se demonstre a segregação dos direitos e obrigações da incorporação constitui expressão material do patrimônio de afetação, que tem como elemento essencial de caracterização o regime de incomunicabilidade e de vinculação de receitas definido pelo art. 31-A, §§ 1º, 3º e 4º.[21]

Além disso, os incisos IV e VI do art. 31-D exigem que, em todo o curso da obra, o incorporador forneça à comissão de representantes (i) demonstrativos trimestrais do estado da obra e da programação do fluxo financeiro vinculado à construção e (ii) balancetes coincidentes com o trimestre civil.[22]

Independentemente da segregação decorrente dessas normas especiais sobre afetação patrimonial, há também a impenhorabilidade instituída pelo art. 833, XII, do Código de Processo Civil, que exclui de constrição os créditos oriundos da comercialização nas incorporações imobiliárias "vinculados à execução da obra."

Instituída como regra geral pelo CPC, a impenhorabilidade incide sobre os créditos oriundos da comercialização em qualquer incorporação imobiliária, e não somente nas incorporações submetidas ao regime de afetação.

Há, ainda, a segregação e a vinculação das receitas por efeito da cessão fiduciária ou do penhor dos créditos oriundos da comercialização dos imóveis a construir, nas incorporações imobiliárias cuja construção é realizada com recursos de financiamento.

---

[19] Lei nº 4.591/1964: "Art. 31-D. Incumbe ao incorporador: I – promover todos os atos necessários à boa administração e à preservação do patrimônio de afetação, inclusive mediante adoção de medidas judiciais;"

[20] Lei nº 4.591/1964: "Art. 31-D. Incumbe ao incorporador: (...); III – diligenciar a captação dos recursos necessários à incorporação e aplicá-los na forma prevista nesta Lei, cuidando de preservar os recursos necessários à conclusão da obra;"

[21] Lei 4.591/1964: "Art. 31-D. Incumbe ao incorporador: (...): II – manter apartados os bens e direitos objeto de cada incorporação; (...); VIII – manter escrituração contábil completa, ainda que esteja desobrigado pela legislação tributária."

[22] Lei 4.591/1964: "Art. 31-D. Incumbe ao incorporador: (...): IV – entregar à Comissão de Representantes, no mínimo a cada três meses, demonstrativo do estado da obra e de sua correspondência com o prazo pactuado ou com os recursos financeiros que integrem o patrimônio de afetação recebidos no período, firmados por profissionais habilitados, ressalvadas eventuais modificações sugeridas pelo incorporador e aprovadas pela Comissão de Representantes; (...); VI – entregar à Comissão de Representantes balancetes coincidentes com o trimestre civil, relativos a cada patrimônio de afetação;"

Como se sabe, essa operação de crédito é garantida, em regra, pela hipoteca ou pela propriedade fiduciária do terreno e das acessões e, ainda, pela cessão fiduciária ou pelo penhor dos créditos oriundos das vendas das unidades em construção,[23] pela qual o incorporador transfere ao financiador a titularidade desses créditos ou os empenha, investindo o financiador no poder de recebê-los diretamente dos adquirentes, até o limite do financiamento da construção.[24]

O montante do financiamento concedido para a construção é liberado parceladamente, na medida em que o incorporador executa cada etapa da obra.

Articulado a esse procedimento, o financiador recebe diretamente dos promitentes compradores as parcelas do preço das promessas e direciona seu produto à amortização do financiamento tomado pelo incorporador, podendo destiná-lo em parte à execução da obra.

O exercício desses poderes investe o financiador na faculdade e nos meios de controle da execução da obra, do fluxo financeiro da incorporação e da higidez de sua garantia, coerentemente com a regra inerente à afetação patrimonial da incorporação imobiliária, segundo a qual o produto do crédito deve ser "integralmente destinado à consecução da edificação correspondente e entrega das unidades aos respectivos adquirentes."[25-26]

A afetação patrimonial e o correspondente regime de vinculação de receitas são mecanismos de tal efetividade na realização do objeto da incorporação que o Conselho Monetário Nacional os define como requisitos para concessão de financiamento da construção por instituições financeiras e assemelhadas e exige o registro das garantias de cessão ou penhor dos créditos em sistema de registro operado por entidade registradora de ativos financeiros.[27]

Esse ato normativo visa conferir maior efetividade ao controle orçamentário da incorporação imobiliária, indispensável para desenvolvimento adequado e tempestivo do projeto, atendendo à legítima expectativa e ao interesse comum do financiador e dos adquirentes, na

---

[23]   Tratamos dessa espécie de contrato de garantia no 6.2.4.

[24]   Lei 9.514/1997: "Art. 18. O contrato de cessão fiduciária em garantia opera a transferência ao credor da titularidade dos créditos cedidos, até a liquidação da dívida garantida, e conterá, além de outros elementos, os seguintes: I – o total da dívida ou sua estimativa; II – o local, a data e a forma de pagamento; III – a taxa de juros; IV – a identificação dos direitos creditórios objeto da cessão fiduciária."

[25]   Lei 4.591/1964: "§ 3º Os bens e direitos integrantes do patrimônio de afetação somente poderão ser objeto de garantia real em operação de crédito cujo produto seja integralmente destinado à consecução da edificação correspondente e à entrega das unidades imobiliárias e de suas pertenças aos respectivos adquirentes." (Redação dada pela Lei nº 14.620, de 2023)

[26]   Anote-se, por relevante, que a peculiar caracterização legal da cessão fiduciária conduziu a uma construção jurisprudencial que relativiza a efetividade da hipoteca constituída em garantia do financiamento da construção sob regime da incorporação, que se consolidou no enunciado da Súmula 308/STJ, do seguinte teor: "A hipoteca firmada entre a construtora e o agente financeiro, anterior ou posterior à celebração da promessa de compra e venda, não tem eficácia perante os adquirentes do imóvel." Dentre os fundamentos do acórdão paradigma proferido no REsp 187.940-SP destaque-se: "O princípio da boa-fé objetiva impõe ao financiador de edificação de unidades destinadas à venda aprecatar-se para receber o seu crédito da sua devedora ou sobre os pagamentos a ela efetuados pelos terceiros adquirentes. O que se não lhe permite é assumir a cômoda posição de negligência na defesa dos seus interesses, sabendo que os imóveis estão sendo negociados e pagos por terceiros, sem tomar nenhuma medida capaz de satisfazer os seus interesses, para que tais pagamentos lhe sejam feitos e de impedir que o terceiro sofra a perda das prestações e do imóvel."

[27]   Resolução do Conselho Monetário Nacional 4.909, de 27.5.2021, que acrescenta à Resolução 4.676/2018 os arts. 7º-A a 7º-C.

medida em que viabiliza o cumprimento do cronograma físico da obra, a entrega dos imóveis no prazo programado e a liquidação do passivo da incorporação.

Ao mesmo passo, a efetiva implementação desses mecanismos de prevenção de riscos dá aos adquirentes acesso a meios de mitigação de danos decorrentes da inexecução da obrigação de construir atribuída ao incorporador, na medida em que, tomando conhecimento de descompasso entre os cronogramas físico e financeiro da incorporação, por efeito dos demonstrativos que recebem periodicamente, estarão legalmente habilitados a promover medidas corretivas antes que se agravem os efeitos de eventual mora ou de desequilíbrio patrimonial da empresa incorporadora.

Esses são alguns dos deveres de informação e de gestão dos recursos cujo descumprimento, aliado a outros fatores, podem dar causa a mora da obrigação de execução da obra no prazo programado, facultando a destituição do incorporador mediante procedimento extrajudicial, por deliberação da maioria absoluta dos adquirentes.

10.3.1. Limitação dos poderes e da responsabilidade do condomínio e dos adquirentes

Como vimos, a destituição do incorporador não o priva dos seus direitos subjetivos sobre o negócio, não o exonera de sua responsabilidade e não caracteriza sua sucessão pelos adquirentes, permanecendo, portanto, inalterada sua responsabilidade de indenizar os adquirentes "dos prejuízos que a estes advierem do fato de não se concluir a edificação ou de se retardar injustificadamente a conclusão das obras" (arts. 31-A, § 2º, e 43, II).

Quanto aos adquirentes, se tiverem optado pelo prosseguimento da obra, sua responsabilidade se restringe ao desembolso de valor correspondente ao preço convencionado nos respectivos contratos de aquisição, incumbindo à comissão de representantes as diligências para aplicação dessas receitas na obra, sem que isso importe em qualificar o condomínio ou sua comissão de representantes como sucessores do incorporador.[28]

É como dispõem as normas que vinculam as receitas da incorporação imobiliária à execução da obra e excluem a responsabilidade dos adquirentes por obrigações a ela estranhas, seja com base nas regras do patrimônio de afetação ou por efeito da impenhorabilidade dessas receitas (CPC, art. 833, XII), que, em relação ao orçamento da construção, equipara as incorporações não afetadas às afetadas, sujeitando-as todas ao regime de vinculação de receitas.

Observe-se que os §§ 11 e 12 do art. 31-F, articulados à parte final do § 20 desse mesmo artigo, limitam a responsabilidade dos adquirentes ao "custo da conclusão da incorporação na proporção dos coeficientes de construção atribuíveis às respectivas unidades", e, além dessa limitação, explicitam que "ficam excluídas da responsabilidade dos adquirentes (...) as obrigações oriundas de outras atividades do incorporador não relacionadas diretamente com as incorporações objeto da afetação."[29]

---

[28] TJSP, 5ª Câmara de Direito Privado, Agravo de Instrumento nº 2023917-19.2020.8.26.0000, rel. Des. Moreira Viegas, j. 6.3.2020.

[29] Lei nº 4.591/1964: "Art. 31-F. (...). § 11. Caso decidam pela continuação da obra, os adquirentes ficarão automaticamente sub-rogados nos direitos, nas obrigações e nos encargos relativos à incorporação, inclusive aqueles relativos ao contrato de financiamento da obra, se houver. § 12. Para os efeitos do § 11 deste artigo, cada adquirente responderá individualmente pelo saldo porventura existente entre as receitas do empreendimento e o custo da conclusão da incorporação na proporção dos coeficientes de

330 | INCORPORAÇÃO IMOBILIÁRIA • *Melhim Namem Chalhub*

Essa é a lógica da atividade da incorporação imobiliária e do contrato de incorporação, em razão da qual a Lei 4.591/1964 confere primazia ao interesse da coletividade dos contratantes em relação ao interesse individual de cada um deles, ao priorizar a execução da obra, sobretudo ante a escassez de recursos típica das situações de crise, como são os casos da falência e da destituição do incorporador, e limita a responsabilidade dos adquirentes ao montante do preço convencionado para a aquisição.

Nessas situações a preponderância desse interesse se mostra especialmente relevante, como reconhecido pela jurisprudência, a exemplo do emblemático acórdão proferido no REsp 1.115.605-RJ, no qual se confrontavam, de um lado, a deliberação da maioria dos adquirentes pela conclusão da obra e aplicação dos recursos orçamentários especificamente para esse fim, e, de outro lado, o interesse individual de um adquirente, que não só se recusava a pagar o aporte financeiro proporcional ao seu apartamento, mas, também, pedia a restituição de quantias que havia pago, em decorrência de resolução da promessa.[30]

Essa orientação vem sendo seguida nas instâncias ordinárias mediante decisões que, coerentemente com o regime de vinculação de receitas a que se submete a incorporação, priorizam o direcionamento dos recursos do "patrimônio de afetação constituído pela incorporadora para a conclusão da incorporação, e não para pagamento de eventuais indenizações em face dos adquirentes."[31]

É em articulação a essa blindagem patrimonial e a essa limitação de responsabilidade que devem ser interpretadas as normas que atribuem a gestão da incorporação aos adquirentes, por efeito de falência ou de destituição do incorporador, limitando-se seus poderes e sua responsabilidade às diligências de aplicação das receitas do orçamento da incorporação no pagamento dos serviços necessários à conclusão da obra.

10.3.2. Procedimento legal de destituição do incorporador

Uma vez constatado o retardamento das obras ou sua paralisação por 30 dias ou mais, "sem justa causa comprovada", os adquirentes podem notificar judicialmente o incorporador "para que no prazo mínimo de 30 dias as reinicie ou torne a dar-lhes o andamento normal", sob pena de sua destituição, deliberada em assembleia geral pela maioria absoluta dos votos dos adquirentes, assegurada a cobrança dos débitos do incorporador mediante execução judicial

---

construção atribuíveis às respectivas unidades, se outro critério de rateio não for deliberado em assembleia geral por dois terços dos votos dos adquirentes, observado o seguinte: (...). § 20. Ficam excluídas da responsabilidade dos adquirentes as obrigações relativas, de maneira direta ou indireta, ao imposto de renda e à contribuição social sobre o lucro, devidas pela pessoa jurídica do incorporador, inclusive por equiparação, bem como as obrigações oriundas de outras atividades do incorporador não relacionadas diretamente com as incorporações objeto de afetação."

[30] Destaca-se o seguinte trecho do acórdão do REsp 1.115.605-RJ: "Apesar de o legislador não excluir o direito de qualquer adquirente pedir individualmente a rescisão do contrato e o pagamento de indenização frente ao inadimplemento do incorporador, o espírito da Lei nº 4.591/64 se volta claramente para o interesse coletivo da incorporação, tanto que seus arts. 43, III e VI, e 49, autorizam, em caso de mora ou falência do incorporador, que a administração do empreendimento seja assumida por comissão formada por adquirentes das unidades, cujas decisões, tomadas em assembleia, serão soberanas e vincularão a minoria."

[31] TJSP, 6ª Câmara de Direito Privado, Agravo de Instrumento 2180109-48.2018.8.26.0000, j. 8.10.2018.

Cap. X • INADIMPLEMENTO ABSOLUTO E RELATIVO | 331

(art. 43, VI) ou pelo procedimento extrajudicial previsto no art. 63, que autoriza o leilão das unidades vinculadas ao débito (art. 31-F, § 14).

A lei manda aplicar à destituição por retardamento ou paralisação da obra o mesmo procedimento definido para a substituição da incorporadora na gestão do empreendimento em caso de falência (art. 31-F e §§)[32], esteja a incorporação submetida a afetação ou não.

Assim, a destituição deve ser deliberada em assembleia geral convocada pela comissão de representantes ou, na sua falta, por 1/6 dos adquirentes ou pela instituição financiadora da obra; em caso de falência, a assembleia pode ser convocada pelo juiz prolator da decisão.

A definição legal de um mesmo procedimento para a substituição do incorporador, tanto na hipótese de falência como nos casos de retardamento ou paralisação da obra, é justificada pela semelhança de efeitos decorrentes dessas situações sobre o interesse da coletividade dos contratantes, que justifica a definição de tutela equivalente em ambos os casos.

Observe-se que tanto a falência quanto a paralisação ou o retardamento da obra que autoriza a destituição do incorporador envolvem, em regra, déficit orçamentário e desordem administrativa, situações nas quais os adquirentes são levados ao limite da vulnerabilidade, na

---

[32] Lei nº 4.591/1964, com a redação dada pelo art. 53 da Lei 10.931/2004: "Art. 31-F. Os efeitos da decretação da falência ou da insolvência civil do incorporador não atingem os patrimônios de afetação constituídos, não integrando a massa concursal o terreno, as acessões e demais bens, direitos creditórios, obrigações e encargos objeto da incorporação. § 1º Nos sessenta dias que se seguirem à decretação da falência ou da insolvência civil do incorporador, o condomínio dos adquirentes, por convocação da sua Comissão de Representantes ou, na sua falta, de um sexto dos titulares de frações ideais, ou, ainda, por determinação do juiz prolator da decisão, realizará assembleia geral, na qual, por maioria simples, ratificará o mandato da Comissão de Representantes ou elegerá novos membros, e, em primeira convocação, por dois terços dos votos dos adquirentes ou, em segunda convocação, pela maioria absoluta desses votos, instituirá o condomínio da construção, por instrumento público ou particular, e deliberará sobre os termos da continuação da obra ou da liquidação do patrimônio de afetação (art. 43, inciso III); havendo financiamento para construção, a convocação poderá ser feita pela instituição financiadora. § 2º O disposto no § 1º aplica-se também à hipótese de paralisação das obras prevista no art. 43, inciso VI. § 3º Na hipótese de que tratam os §§ 1º e 2º, a Comissão de Representantes ficará investida de mandato irrevogável para firmar com os adquirentes das unidades autônomas o contrato definitivo a que estiverem obrigados o incorporador, o titular do domínio e o titular dos direitos aquisitivos do imóvel objeto da incorporação em decorrência de contratos preliminares. § 4º O mandato a que se refere o § 3º será válido mesmo depois de concluída a obra. § 5º O mandato outorgado à Comissão de Representantes confere poderes para transmitir domínio, direito, posse e ação, manifestar a responsabilidade do alienante pela evicção e imitir os adquirentes na posse das unidades respectivas. § 6º Os contratos definitivos serão celebrados mesmo com os adquirentes que tenham obrigações a cumprir perante o incorporador ou a instituição financiadora, desde que comprovadamente adimplentes, situação em que a outorga do contrato fica condicionada à constituição de garantia real sobre o imóvel, para assegurar o pagamento do débito remanescente. § 7º Ainda na hipótese dos §§ 1º e 2º, a Comissão de Representantes ficará investida de mandato irrevogável para, em nome dos adquirentes, e em cumprimento da decisão da assembleia geral que deliberar pela liquidação do patrimônio de afetação, efetivar a alienação do terreno e das acessões, transmitindo posse, direito, domínio e ação, manifestar a responsabilidade pela evicção, imitir os futuros adquirentes na posse do terreno e das acessões. § 8º Na hipótese do § 7º, será firmado o respectivo contrato de venda, promessa de venda ou outra modalidade de contrato compatível com os direitos objeto da transmissão. § 9º A Comissão de Representantes cumprirá o mandato nos termos e nos limites estabelecidos pela deliberação da assembleia geral e prestará contas aos adquirentes, entregando-lhes o produto líquido da alienação, no prazo de cinco dias da data em que tiver recebido o preço ou cada parcela do preço."

medida em que, além de suportar pessoalmente despesas imprevistas, de responsabilidade do incorporador, são forçados a assumir a execução da obra e a gestão dessa complexa atividade, para a qual, em regra, os membros da sua comissão de representantes não estão preparados.

É a partir desses pressupostos e com o propósito de assegurar a preservação dos recursos necessários à conclusão da obra que os arts. 31-F, § 2º, e 43, VI e VII, preveem o afastamento do incorporador da gestão do negócio e sua atribuição aos adquirentes, compreendendo a transferência do controle do ativo da incorporação, notadamente dos créditos correntes, oriundos da comercialização das unidades, e do lastro ainda existente, representado pelas unidades do estoque a serem vendidas, inclusive mediante leilão, para obtenção de recursos necessários ao prosseguimento da obra.

A investidura dos adquirentes na prática desses e outros atos de gestão é, necessariamente, precedida de inúmeras providências preliminares que envolvem sua imissão na posse da obra e dos documentos da incorporação, o exame da situação da incorporação, compreendendo a identificação e quantificação das disponibilidades do negócio, o inventário dos equipamentos, ferramentas, material existente no canteiro de obra e unidades do estoque, bem como a avaliação dessas unidades, o exame da situação patrimonial da incorporação e do estado da obra, a elaboração de orçamento para conclusão da obra, entre outras medidas.

Trata-se de um conjunto de elementos essenciais para realização da auditoria prevista nos arts. 31-C e 31-D, VII,[33] medida prudencial indispensável que, no caso da destituição do incorporador, é urgente e necessariamente antecedente à tomada de decisão pelo prosseguimento da obra ou pela liquidação do patrimônio da incorporação, pois, em primeiro lugar, é essa auditoria que há de retratar a real situação patrimonial e física do empreendimento, em segundo lugar, além de identificar a eventual mora do incorporador também em relação ao pagamento das quotas de construção das unidades do estoque (art. 35, § 6º), e, ainda, em terceiro lugar, identificar riscos a serem afastados para evitar o agravamento dos danos provocados pela situação de crise.

O ponto de partida para essas diligências é a imissão da comissão de representantes na posse da obra e da documentação, para que promova vistoria do canteiro de obra, análise dos documentos e diagnóstico da situação da incorporação a serem submetidos à assembleia geral dos adquirentes, prevista nos incisos VI e VII do art. 43.

---

[33] Lei nº 4.591/1964: "Art. 31-C. A Comissão de Representantes e a instituição financiadora da construção poderão nomear, às suas expensas, pessoa física ou jurídica para fiscalizar e acompanhar o patrimônio de afetação. § 1º A nomeação a que se refere o caput não transfere para o nomeante qualquer responsabilidade pela qualidade da obra, pelo prazo de entrega do imóvel ou por qualquer outra obrigação decorrente da responsabilidade do incorporador ou do construtor, seja legal ou a oriunda dos contratos de alienação das unidades imobiliárias, de construção e de outros contratos eventualmente vinculados à incorporação. § 2º A pessoa que, em decorrência do exercício da fiscalização de que trata o caput deste artigo, obtiver acesso às informações comerciais, tributárias e de qualquer outra natureza referentes ao patrimônio afetado responderá pela falta de zelo, dedicação e sigilo destas informações. § 3º A pessoa nomeada pela instituição financiadora deverá fornecer cópia de seu relatório ou parecer à Comissão de Representantes, a requerimento desta, não constituindo esse fornecimento quebra de sigilo de que trata o § 2º deste artigo."

'Art. 31-D. Incumbe ao incorporador: (...). VII – assegurar à pessoa nomeada nos termos do art. 31-C o livre acesso à obra, bem como aos livros, contratos, movimentação da conta de depósito exclusiva referida no inciso V deste artigo e quaisquer outros documentos relativos ao patrimônio de afetação."

Cap. X • INADIMPLEMENTO ABSOLUTO E RELATIVO | **333**

A consecução desses atos, todavia, é dificultada por embaraços típicos das situações de desequilíbrio contratual ou de crise patrimonial, e em certos casos é agravada pela resistência do incorporador em dar aos adquirentes acesso à obra e aos documentos da incorporação.

Nesse momento afloram graves problemas decorrentes do descumprimento de deveres legais do incorporador, como, por exemplo, sua omissão em promover a eleição dos membros da comissão de representantes, o não fornecimento dos demonstrativos do andamento da obra, deficiência ou falta de documentos, inexistência de registros contábeis adequados e/ou de dados sobre a situação fiscal do negócio, entre outras irregularidades.

Para superar esses obstáculos a comissão de representantes ou, na sua falta, alguns adquirentes, se vêm compelidos a buscar judicialmente os meios para exercício das faculdades que lhes confere a lei, entre elas sua imissão na posse da obra e dos documentos, a preservação do *status quo* da incorporação, mediante vedação a que o incorporador aliene unidades do estoque antes de pagar as quotas correspondentes, que agravaria o déficit da incorporação, a proibição de penhora das unidades por dívidas estranhas à incorporação, entre outras medidas.

Alguns exemplos extraídos da jurisprudência ilustram os riscos de agravamento das perdas dos adquirentes em tais situações de crise, decorrentes, entre outros casos, de recusa do incorporador em entregar os documentos da incorporação[34] e em imitir a comissão de representantes na posse do empreendimento para que assuma a gestão.

Em relação à preservação do ativo da incorporação, registram-se decisões que asseguram a impenhorabilidade de unidades já comercializadas mediante promessa de venda,[35] com fundamento na priorização da aplicação dos seus recursos na conclusão da obra,[36] não só por efeito da vinculação de receitas de que trata a Lei 4.591/1964, mas, também, da regra

---

[34] "Ação de exibição de documentos. Legitimidade da Associação confirmada. Existência de notificação para a destituição da Incorporadora, atendendo o disposto no art. 43, VI, da Lei nº 4.591/64. Alegação de nulidade da assembleia, porque não teria observado o quórum mínimo, deve ser objeto de ação própria. Decisão proferida pela maioria dos condôminos é soberana, enquanto não anulado o referido ato. Confirmado o dever de entregar os documentos solicitados. Recurso desprovido." (TJSP, 6ª Câmara de Direito Privado, Apelação 1024102-93.2015.8.26.0309, rel. Des. Paulo Alcides, j. 30.10.2018).

[35] "Compromisso de compra e venda de imóvel Ação de rescisão contratual Cumprimento de sentença Pedido de reconhecimento de fraude à execução e penhora de bens indicados Descabimento Negociações que abrangem unidades imobiliárias objeto de incorporação Exceção trazida no art. 862, §3º, CPC Unidades imobiliárias comercializadas pelo incorporador que não podem ser objeto de penhora, visando à proteção dos adquirentes de boa-fé. Recurso desprovido." (TJSP, 9ª Câmara de Direito Privado, Agravo de Instrumento 222718-50.2017.8.26.0000, rel. Des. Galdino Toledo Júnior, *DJe* 19.2.2019).

[36] "A universalidade de direito representada pelo patrimônio de afetação *não* se destina ao ressarcimento ou à indenização devida aos adquirentes das unidades imobiliárias; tais créditos sujeitarão os bens integrantes do patrimônio comum do incorporador; não, porém, do patrimônio especial, que está vinculado repise-se à conclusão da incorporação. Frise-se, ademais, que o regime de afetação aliás, facultativo foi eleito pela incorporadora para garantia justamente da conclusão das obras, conforme consta da averbação à matrícula imobiliária n. 178.810 do 8º Oficial de Registro de Imóveis de São Paulo (av. 4 fl. 308). Não se justifica, portanto, conferir-se interpretação extensiva à destinação do patrimônio especial, o que seria, inclusive, contrário a seu escopo de garantir a conclusão do empreendimento. O crédito dos exequentes haverá, assim, de ser buscado em face do patrimônio comum do incorporador, nos termos do artigo 789 do CPC (...)" (TJSP, 6ª Câmara de Direito Privado, Agravo de Instrumento nº 2180109-48.2018.8.26.0000, rel. Des. Vito Guglielmi, j. 8.10.2018).

da impenhorabilidade instituída pelo art. 833, XII, do CPC[37]. Ainda com vistas à preservação do ativo da incorporação registram-se decisões que rejeitam a aplicação da teoria da sucessão empresarial, com fundamento em que a transferência da gestão da incorporação visa apenas a conclusão da obra e não confere nenhuma vantagem aos adquirentes.[38]

Além desses obstáculos enfrentados no Judiciário, vez por outra é exigido o registro de cada contrato de promessa de venda como requisito para formalização da destituição do incorporador e transferência da gestão à comissão de representantes, procedimento que compreende a notificação para retomada da obra, a convocação e realização de assembleia geral, elaboração da respectiva ata e sua averbação no Registro de Imóveis.

A exigência é injustificável, pois a gestão do empreendimento envolve tema exclusivamente obrigacional e decorre da mora do incorporador em relação ao cumprimento de sua obrigação de construir no prazo convencionado.

A averbação, no Registro de Imóveis, do instrumento pelo qual se formaliza essa transferência não tem eficácia real e, portanto, independe de registro dos títulos aquisitivos daqueles

---

[37] "Condomínio da construção instituído por promitentes compradores para finalização de obras prediais ante o afastamento da incorporadora inadimplente. (...). Alegação de que os valores penhorados destinam-se a execução da obra Impenhorabilidade do art. 833, XII, do CPC reconhecida. O patrimônio de afetação, neste sentido, apenas responde por dívidas dele decorrentes, isto é, obrigações provenientes da própria construção, como compra de materiais, remuneração de mão de obra, entre outros. O escopo da norma é dar maior garantia aos consumidores de recebimento do imóvel adquirido. Isto porque a "penhora desse crédito levaria à interrupção da obra ou a inviabilidade de sua regularização, em detrimento dos consumidores adquirentes que em nada contribuíram para a dívida exequenda da incorporadora" (TJSP, 6ª Câmara de Direito Privado, Agravo de Instrumento nº 2207013-71.2019.8.26.0000, rel. Des. José Roberto Furquim Cabella, j 1º.11.2019).

Nesse mesmo sentido, decisão proferida em 18.5.2021 na Apelação 1017206-06.2020.8.26.0100, relator o desembargador Décio Rodrigues, que deferiu tutela antecipada recursal a requerimento de adquirentes de imóveis integrantes de incorporação da qual o incorporador foi destituído, visando a suspensão de penhora e outros atos de oneração do empreendimento, com fundamento em que "se trata de patrimônio de afetação (Lei nº 4591/64), de modo que não poderia haver oneração dos imóveis para outras dívidas que não as do empreendimento indigitado."

[38] "A controvérsia dos autos refere-se à possibilidade de penhora de fração ideal do terreno, cuja titularidade, passou ser do condomínio/associação da construção instituída para a finalização de obras prediais, ante o afastamento da construtora inadimplente. (...). Ademais, esse condomínio/associação instituído nada mais é do que uma universalidade sem personalidade jurídica formada exclusivamente a partir da conjugação dos interesses dos titulares de direitos aquisitivos sobre as unidades autônomas com a única finalidade de concluir as obras, e que, ao fazê-lo, nenhum lucro auferiram, muito pelo contrário, permanecem realizando aportes de recursos para terminar a construção de suas unidades. Não se olvida de que a incorporação de imóveis é revestida de interesse social. Bem por isso, há proteção legal conferida aos bens que visem à conclusão do empreendimento por meio da afetação. O que se visa é garantir a consecução da obra, sem que os terceiros envolvidos sejam prejudicados por eventuais dívidas da Incorporadora. Aliás, não há como se aplicar o instituto da sucessão empresarial no caso em epígrafe, pois não há nenhuma informação sobre esse condomínio/associação estar gerindo outras obras da executada a ponto de considerá-la responsável pela dívida; por outro lado, a responsável pelo inadimplemento foi a construtora, tendo a agravante optado por não fazer parte do condomínio; ademais, constituído o título judicial apenas em face da construtora, inviável redirecionar a execução contra quem não fez parte de sua formação, sendo que os dispositivos da Lei 4.591/64 em nada convencem do contrário." (TJSP, 5ª Câmara de Direito Privado, Agravo de Instrumento nº 2023917-19.2020.8.26.0000, rel. Des. Moreira Viegas, j. 6.3.2020).

Cap. X • INADIMPLEMENTO ABSOLUTO E RELATIVO | **335**

que serão investidos nesse encargo; essa averbação serve apenas para noticiar a investidura da comissão de representantes na administração da construção, do mesmo modo que a averbação de outros atos admitidos ao Registro de Imóveis com efeito meramente obrigacional, como é o caso dos contratos de locação com clausula de vigência.

A par dessa questão de natureza obrigacional, há situações em que os adquirentes se deparam com a recusa de registro da instituição do condomínio da construção formalizada em sua assembleia geral nos termos do art. 31-F, § 1º, situação que às vezes os leva a substituir esse modo de instituição dessa espécie peculiar de propriedade pela constituição de uma "associação de adquirentes".

Essa recusa caracteriza violação da norma do § 1º do art. 31-F (a assembleia geral dos adquirentes "instituirá o condomínio da construção"), cuja vigência tem sido preterida pela aplicação de normas de hierarquia inferior, editadas em alguns estados da federação, que postergam o registro da instituição para momento posterior ao "habite-se", a despeito de propriedade condominial por frações autônomas ter sido constituída por efeito do registro do Memorial de Incorporação, como manda o art. 32.[39]

Nas situações de crise aqui consideradas, o registro da instituição de condomínio é indispensável para a prática de inúmeros atos urgentes, entre eles a eventual venda do terreno em caso da liquidação do patrimônio da incorporação ou de suas frações ideais em caso de inadimplemento dos respectivos titulares (arts. 31-F e §§, 43, VI e VII, e 63),[40] não se justificando a interposição de obstáculos que provoquem a delonga na regularização da gestão do empreendimento e agravem ainda mais os prejuízos dos adquirentes.

Além desses e outros obstáculos enfrentados pelos adquirentes nas situações de crise da incorporação, importa também ter presente que o prazo de sessenta dias fixado pelo § 1º do art. 31-F para que deliberem sobre o destino da incorporação é insuficiente para levantamento de todos os dados necessários a esse fim. Mesmo que o incorporador os imitisse na posse da obra e dos documentos imediatamente após a expiração do prazo da notificação prevista no art. 43, VI, ainda assim seria materialmente impossível promover em sessenta dias a vistoria da obra, a análise do fluxo financeiro do empreendimento, a elaboração do relatório de auditoria e a análise de viabilidade econômica do empreendimento, entre outros atos a serem submetidos à assembleia geral dos adquirentes.

As questões aqui referidas exemplificativamente se repetem em praticamente todas as situações de crise que acarretam a destituição do incorporador e há muito vêm revelando a existência de lacunas que reclamam preenchimento pela via legislativa, visando disciplinar a investidura da comissão de representantes na gestão da incorporação imobiliária e na posse da obra e dos documentos necessários à elaboração de auditoria do empreendimento, entre outros atos correspondentes ao prosseguimento da obra ou à liquidação do patrimônio da incorporação.

Nesse sentido, os §§ 1º a 5º do art. 43 da Lei nº 4.591/1964, com a redação dada pela Medida Provisória nº 1.085/2021, instituem procedimento de destituição do incorporador,

---

[39] V. itens 1.4.2, 1.4.3 e 2.1.1.

[40] Todos esses atos são praticados pela comissão de representantes composta por três adquirentes, cuja qualificação e legitimidade para representação do condomínio em juízo são definidas por ata de assembleia geral do condomínio, tal como ocorre em relação a qualquer ente desprovido de personalidade jurídica, nos termos do art. 75 do CPC: "Art. 75. Serão representados em juízo, ativa e passivamente: (...); IX – a sociedade e a associação irregulares e outros entes organizados sem personalidade jurídica, pela pessoa a quem couber a administração de seus bens".

dispõem sobre os respectivos atos a serem assentados no Registro de Imóveis e a transferência da gestão da incorporação.[41]

Em essência, o procedimento visa conferir efetividade às normas de proteção patrimonial da incorporação imobiliária e do regime de vinculação de receitas, de que tratam a Lei nº 4.591/1964 e o Código de Processo Civil, especificamente nessa fase de transferência da gestão do empreendimento, de forma a assegurar a preservação dos recursos orçamentários destinados à conclusão da obra e ao pagamento das respectivas obrigações.

Para superar os obstáculos com que a comissão de representantes se depara para convocação de assembleia dos adquirentes para apreciar situação de crise do incorporador, especialmente a mora representada pelo retardamento da execução da obra, o inciso I do art. 43 obriga o incorporador a encaminhar periodicamente à comissão de representantes e aos adquirentes a listagem dos promitentes compradores, juntamente com remessa do demonstrativo do andamento da obra.[42]

Os requisitos da realização da assembleia geral, elaboração da respectiva ata e sua averbação no Registro de Imóveis também são merecedores de tutela especial, pois esses são os atos comprobatórios da deliberação pela qual os adquirentes (i) promovem a destituição do incorporador, (ii) investem sua comissão de representantes na gestão do empreendimento e (iii) firmam sua opção pela continuação da obra ou, alternativamente, pela liquidação do patrimônio da incorporação, dentre outras questões relacionadas aos meios a serem empregados na solução da situação de crise.

São legitimados a participar dessa assembleia geral e nela apresentar propostas e votar todos os titulares dos direitos aquisitivos sobre as frações ideais e respectivas acessões que corresponderão às futuras unidades autônomas, mesmo que não tenham registrados seus contratos.

Considerando que os temas a serem apreciados nessa assembleia geral são de natureza obrigacional, as normas procedimentais instituídas pelo art. 43 reconhecem a habilitação legal dos adquirentes mediante apresentação dos seus títulos aquisitivos preliminares, independente de registro no Registro de Imóveis, tais como contratos de promessa de compra e venda, por instrumento público ou particular, além de outras espécies de instrumentos particulares de

---

[41] O procedimento resulta de proposição formulada por Comissão de Juristas nomeada pela Portaria nº 7 da Corregedora do Conselho Nacional de Justiça, Ministra Maria Thereza de Assis Moura, publicada em 21.1.2021, foi composta pelo Conselheiro do CNJ, Mário Augusto Figueiredo de Lacerda Guerreira, pelos Desembargadores Francisco Eduardo Loureiro, Cláudio Luiz Bueno de Godoy e Guilherme Calmon Nogueira da Gama, além deste autor, com o encargo de apresentar ao CNJ proposição legislativa destinada a regulamentar a implantação, o funcionamento e a gestão do Sistema Eletrônico dos Registros Públicos (SERP) de que trata o art. 37 da Lei nº 11.977/2009, abrangendo não somente o Sistema de Registro Eletrônico de Imóveis (SREI), de que trata o art. 76 da Lei nº 13.465/2017, mas, também, todos os demais registros públicos, em sistema nacional interligado, visando permitir ao usuário a pesquisa em única plataforma de todos os dados necessários para a realização de negócios jurídicos, com economia de custos e de tempo.

[42] Lei nº 4.591/1964, com a redação dada pela Medida Provisória nº 1.085/2021, convertida na Lei nº 14.382/2022: "Art. 43. (...). I – encaminhar à comissão de representantes: a) a cada 3 (três) meses, o demonstrativo do estado da obra e de sua correspondência com o prazo pactuado para entrega do conjunto imobiliário; e b) quando solicitada, a relação dos adquirentes com os seus endereços residenciais e eletrônicos, devendo os integrantes da comissão de representantes, no tratamento de tais dados, atender ao disposto na Lei nº 13.709, de 14 de agosto de 2018 (Lei Geral de Proteção de Dados Pessoais), no que for aplicável."

Cap. X • INADIMPLEMENTO ABSOLUTO E RELATIVO | 337

ajuste dotados dos efeitos do compromisso (cf. art. 35 e parágrafos). Esses instrumentos, independente de registro, legitimam os adquirentes a participar das deliberações, pois contêm todos os requisitos de identificação dos adquirentes e do objeto dos compromissos, devendo ficar consignado na ata da assembleia geral correspondente o reconhecimento dos nomes e qualificação completa dos adquirentes, dos elementos essenciais de identificação do objeto de cada contrato preliminar de aquisição, isto é, a fração ideal e a identificação da futura unidade imobiliária. Esses dados são suficientes para a definição da base de cálculo do quórum legal de maioria absoluta dos adquirentes, exigido pelo art. 43, VI.[43]

A ata contendo os nomes e qualificação dos adquirentes e as unidades a eles atribuídas por instrumentos públicos ou particulares, ainda que sem registro, uma vez registrada em Registro de Títulos e Documentos, constituirá documento hábil para:

a) publicidade da transferência de gestão do empreendimento para a comissão de representantes dos adquirentes, mediante averbação na matrícula do Registro de Imóveis na qual estiver registrado o memorial de incorporação;

b) implementação, pela comissão de representantes, das medidas judiciais ou extrajudiciais necessárias à sua imissão na posse do empreendimento, sua investidura na administração e nos poderes para a prática dos atos de disposição que lhe são conferidos pelos arts. 31-F e parágrafos e 63 e parágrafos;

c) inscrição do condomínio da construção no Cadastro Nacional de Pessoas Jurídicas; e, enfim,

d) prática de quaisquer outros atos necessários à efetividade das medidas autorizadas pelo art. 43, VI e VII, seja os correspondentes ao prosseguimento da obra ou à liquidação do patrimônio da incorporação.[44]

Com vistas à efetividade das normas que dispõem sobre a destituição, inclusive em relação às unidades ainda não vendidas pelo incorporador, o § 1º do art. 43 prevê a notificação extrajudicial do incorporador, efetivada pelo oficial de Registro de Imóveis do local

---

[43] Lei nº 4.591/1964, com a redação dada pela Medida Provisória nº 1.085/2021, convertida na Lei nº 14.382/2022: "Art. 43. (...). § 2º Da ata da assembleia geral que deliberar a destituição do incorporador deverão constar os nomes dos adquirentes presentes e as seguintes informações: I – a qualificação; II – o documento de identidade; III – as inscrições no Cadastro de Pessoas Físicas (CPF) ou no Cadastro Nacional da Pessoa Jurídica (CNPJ) da Secretaria Especial da Receita Federal do Brasil do Ministério da Economia; IV – os endereços residenciais ou comerciais completos; e V – as respectivas frações ideais e acessões a que se vincularão as suas futuras unidades imobiliárias, com a indicação dos correspondentes títulos aquisitivos, públicos ou particulares, ainda que não registrados no registro de imóveis."

[44] Lei nº 4.591/1964, com a redação dada pela Medida Provisória nº 1.085/2021, convertida na Lei nº 14.382/2022: "Art. 43. (...) § 3º A ata de que trata o § 2º deste artigo, registrada no registro de títulos e documentos, constituirá documento hábil para: I – averbação da destituição do incorporador na matrícula do registro de imóveis da circunscrição em que estiver registrado o memorial de incorporação; e II – implementação das medidas judiciais ou extrajudiciais necessárias: a) à imissão da comissão de representantes na posse do empreendimento; b) à investidura da comissão de representantes na administração e nos poderes para a prática dos atos de disposição que lhe são conferidos pelos arts. 31-F e 63 desta Lei; c) à inscrição do respectivo condomínio da construção no CNPJ; e d) quaisquer outros atos necessários à efetividade da norma instituída no *caput* deste artigo, inclusive para prosseguimento da obra ou liquidação do patrimônio da incorporação."

do empreendimento ou pelo seu endereço eletrônico, para, no prazo de quinze dias, imitir a comissão de representantes na posse do empreendimento e entregar os documentos da incorporação, além de efetivar o pagamento das quotas de construção das unidades do estoque que se encontrarem pendentes de quitação, em cumprimento ao que dispõem os arts. 31-A, § 5º, e 35, § 6º, sob pena de ser promovido o leilão dessas unidades, como previsto nos §§ 14 e seguintes do art. 31-F, caso nesse prazo não seja comprovada a quitação das quotas de construção ou não seja efetivado o pagamento das quotas pendentes.[45]

A urgência da comprovação da regularidade do custeio das unidades em estoque e/ou do pagamento das quotas pendentes, assim como a celeridade da entrega dos documentos, deve-se à necessidade da pronta adoção de medidas destinadas à regularização da dinâmica normal do empreendimento e à consequente superação do déficit orçamentário usualmente verificado nessas situações de crise. Para esse fim, é necessária a manutenção do *status quo* da incorporação nessa fase de transição, como forma de preservar lastro que assegure os meios destinados ao prosseguimento da obra e/ou ao pagamento das respectivas obrigações, assim como a efetividade do regime legal de vinculação de receitas.

Nesse sentido, e na medida em que as unidades do estoque respondem pelos débitos das quotas de construção imputadas ao incorporador pelos arts. 35, § 6º, e 63, e visando assegurar a preservação da fonte de geração de capital para prosseguimento das obras, o § 4º do art. 43, essas frações ideais e acessões "ficam indisponíveis e insuscetíveis de constrição por dívidas estranhas à respectiva incorporação até que o incorporador comprove a regularidade do pagamento", nos termos do regime de vinculação de receitas instituído pela Lei nº 4.591/1964 e pela impenhorabilidade instituída pelo art. 833, XII, do CPC.[46]

Assim, para a hipótese de destituição do incorporador e visando assegurar meios para conclusão da obra, no interesse da coletividade dos contratantes, essa regra da Lei das Incorporações excepciona a regra geral do Código de Processo Civil segundo a qual, nas incorporações imobiliárias, "a penhora somente poderá recair sobre as unidades imobiliárias ainda não comercializadas" (CPC, art. 862, § 3º)[47], como vem reconhecendo a jurisprudência, que

---

[45] Lei nº 4.591/1964, com a redação dada pela Medida Provisória nº 1.085/2021, convertida na Lei nº 13.482/2022: "Art. 43. (...). § 1º Deliberada a destituição de que tratam os incisos VI e VII do *caput* deste artigo, o incorporador será notificado extrajudicialmente pelo oficial do registro de imóveis da circunscrição em que estiver localizado o empreendimento para que, no prazo de 15 (quinze) dias, contado da data da entrega da notificação na sede do incorporador ou no seu endereço eletrônico: I – imita a comissão de representantes na posse do empreendimento e lhe entregue: a) os documentos correspondentes à incorporação; e b) os comprovantes de quitação das quotas de construção de sua responsabilidade a que se referem o § 5º do art. 31-A e o § 6º do art. 35 desta Lei; ou II – efetive o pagamento das quotas que estiverem pendentes, de modo a viabilizar a realização da auditoria a que se refere o art. 31-C desta Lei."

[46] Lei nº 4.591/1964, com a redação dada pela Medida Provisória nº 1.085/2021: "Art. 43. (...) § 4º As unidades não negociadas pelo incorporador e vinculadas ao pagamento das correspondentes quotas de construção nos termos do disposto no § 6º do art. 35 ficam indisponíveis e insuscetíveis de constrição por dívidas estranhas à respectiva incorporação até que o incorporador comprove a regularidade do pagamento".

[47] CPC: "Art. 862. (...). § 3º Em relação aos edifícios em construção sob regime de incorporação imobiliária, a penhora somente poderá recair sobre as unidades imobiliárias ainda não comercializadas pelo incorporador".

tem afastado a pretensão de penhora de frações ideais do terreno objeto da incorporação imobiliária, ainda que se trate de resolução por culpa do incorporador:[48]

> Certo é que ao possibilitar a penhora do terreno, prejudicaria sobremaneira os demais adquirentes que se associaram para concluir a incorporação inclusive, tendo deles partido a iniciativa da instituição do patrimônio de afetação.
>
> Esta é a exegese do art. 31-A, ao observar o objetivo do instituto, consignou expressamente, em sua parte final, que o patrimônio de afetação tinha uma finalidade específica, assim o fez: "... manter-se-ão apartados do patrimônio do incorporador e constituirão patrimônio de afetação, destinado à consecução da incorporação correspondente e à entrega das unidades imobiliárias aos respectivos adquirentes".

A par da lei especial sobre a segregação patrimonial da incorporação, o STJ já admitiu a ampliação da regra da impenhorabilidade das receitas da incorporação imobiliária, prevista no art. 833, VII, do CPC, para alcançar também a totalidade do terreno onde está sendo implantada a edificação, fundamentando-se em que essa norma procedimental comporta interpretação extensiva "a fim de atender ao escopo da lei, consistente na proteção dos direitos dos consumidores atuais e futuros adquirentes das unidades imobiliárias autônomas"[49].

Além da impenhorabilidade das frações ideais e acessões do estoque do incorporador, e igualmente visando à preservação do orçamento da construção até sua conclusão, a jurisprudência vem afastando também a pretensão de ex-adquirentes que, tendo obtido a resolução do contrato promessa em ações propostas contra a incorporadora, promovem o cumprimento de sentença contra o condomínio ou contra a própria Comissão de Representantes, e promovem a cobrança da restituição de quantias ainda no curso da construção, requerendo também a penhora de frações ideais do terreno de que eram titulares.

Fundamentam-se essas decisões em que a "responsabilização que causaria prejuízos injustos e excessivos à coletividade e violaria a função social da obra".[50]

---

[48] TJSP, 3ª Câmara de Direito Privado do Tribunal de Justiça de São Paulo, Agravo de Instrumento nº 2197318-30.2018.8.26.0000, rel. Des. Nilton Santos Oliveira, j. 26.09.2018.

[49] "Recurso Especial. Processual civil. Incorporação imobiliária. Ausência de prequestionamento. Interpretação extensiva do art. 833, XII, do CPC/2015. Possibilidade. Recurso especial parcialmente conhecido e, nessa extensão, provido. 1. O propósito recursal consiste em definir se a hipótese de impenhorabilidade constante do art. 833, XII, do CPC/2015 pode ser objeto de interpretação extensiva. 2. A ausência de prequestionamento das teses relacionadas aos arts. 789 e 805 do CPC/2015, apontados como violados, obsta o conhecimento do recurso especial, atraindo, com isso, a incidência das Súmulas 282 e 356/STF. 3. A impenhorabilidade constante do inciso XII do art. 833 do CPC/2015 comporta interpretação extensiva, incidindo sobre todo o patrimônio de afetação destinado à consecução da incorporação imobiliária, a fim de atender o propósito legal consistente na proteção dos direitos dos consumidores atuais e futuros adquirentes das unidades imobiliárias autônomas. 4. Recurso especial parcialmente conhecido e, nessa extensão, provido" (STJ, 3ª Turma, REsp n. 1.675.481-DF, rel. Min. Marco Aurélio Bellizze, *DJe* 29.04.2021).

[50] "Apelação. Embargos de terceiro. Penhora de unidades de incorporação assumida por comissão de adquirentes. Sentença de improcedência. Recurso dos embargantes. Comissão que assume somente as dívidas relativas à incorporação, que não se confundem com as dívidas do incorporador. Ausência de transmissão de responsabilidade quanto às dívidas decorrentes dos compromissos de compra e venda de unidades. Precedente. Hipótese distinta daquela em que há responsabilização do próprio incorporador. Comissão de adquirentes que foi igualmente lesada pelo abandono das obras. Responsabilização

340 | INCORPORAÇÃO IMOBILIÁRIA • *Melhim Namem Chalhub*

Nesses casos, a preservação do orçamento encontra fundamento no art. 67-A da Lei nº 4.591/1964, que estabelece uma ordem legal de preferência dos créditos relacionados à liquidação de resolução de promessas e, nesse sentido, suspende a exigibilidade das quantias a que fazem jus os ex-adquirentes até que seja concedido o "habite-se" (Lei nº 4.591/1964, art. 67-A, §§ 5º e 6º), justificando-se esse tratamento diferenciado tendo em vista que "não se pode desfalcar o patrimônio – de interesse da coletividade de condôminos – priorizando a restituição de valores, de forma imediata e corrigida, justamente àqueles adquirentes que não têm mais interesse na consecução da obra",[51] como consta do parecer do relator do Projeto de Lei nº 1.220/2015, convertido na Lei nº 13.786/2018, que incluiu na nº Lei 4.591/1964 as disposições que disciplinam o diferimento da restituição para momento posterior ao habite-se.

Tratamos mais detidamente desse tema no Capítulo IX, sobre o sistema de proteção patrimonial, item 9.4.6.

Ainda com vistas a assegurar a higidez das fontes de recursos e do orçamento da incorporação, o § 5º do mesmo art. 43 ratifica os poderes da comissão de representantes para vender as unidades do estoque caso seja caracterizado o inadimplemento do incorporador em relação às quotas de construção, visando a regularização do débito.[52]

10.3.3. Adjudicação compulsória mediante procedimento extrajudicial

O inadimplemento da obrigação do incorporador, enquanto promitente vendedor do imóvel, de outorgar o título definitivo pelo promitente vendedor, faculta ao promitente comprador a busca do cumprimento dessa obrigação mediante ação judicial prevista no 501 do Código de Processo Civil,[53] segundo o qual "a sentença (...), uma vez transitada em julgado, produzirá todos os efeitos da declaração não emitida", substituindo, assim, o contrato de compra e venda.

A par dessa via, o art. 216-B da Lei nº 6.015/1973, com a redação dada pela Lei nº 14.382/2022, disciplina o procedimento extrajudicial de adjudicação compulsória, para cujo

---

que causaria prejuízos injustos e excessivos à coletividade e violaria a função social da obra. Afastada a responsabilidade dos apelantes e da incorporação. RECURSO PROVIDO" (TJSP, 27ª Câmara de Direito Privado, Apelação Cível 1019566-40.2022.8.26.0100, rel. Des. Celina Dietrich Trigueiros, j. 06.02.2024).

[51] "Não se pode desfalcar o patrimônio – de interesse da coletividade de condôminos – priorizando a restituição de valores, de forma imediata e corrigida, justamente àqueles adquirentes que não têm mais interesse na consecução da obra. (...). Por consequência, dentro do bem jurídico maior que deve ser a proteção dos consumidores que se mantêm no empreendimento, e, portanto, querem efetivamente cumprir e ver cumpridos seus contratos, a função social do contrato exige que a devolução de valores àqueles que desistem do negócio realizado deva ocorrer após a conclusão das obras, com encerramento do patrimônio de afetação" (Parecer do relator do Projeto de Lei nº 1.220/2015, Deputado José Stédile. Disponível em: https://www.camara.leg.br/proposicoesWeb/prop_mostrarintegra?codteor=1631713&-filename=SBT+1+CDC+%3D%3E+PL+1220/2015. Acesso em: 18 mar. 2024).

[52] Lei nº 4.591/1964, com a redação dada pela Medida Provisória nº 1.084/2021: "Art. 43. (...) § 5º Fica autorizada a comissão de representantes a promover a venda, com fundamento no § 14 do art. 31-F e no art. 63, das unidades de que trata o § 4º, expirado o prazo da notificação a que se refere o § 1º, com aplicação do produto obtido no pagamento do débito correspondente".

[53] Código de Processo Civil: "Art. 501. Na ação que tenha por objeto a emissão de declaração de vontade, a sentença que julgar procedente o pedido, uma vez transitada em julgado, produzirá todos os efeitos da declaração não emitida."

Cap. X • INADIMPLEMENTO ABSOLUTO E RELATIVO | 341

processamento confere competência ao oficial do Registro de Imóveis da situação do imóvel objeto do pedido.[54]

Neste caso, a promessa não é substituída por nenhum outro título aquisitivo, servindo para tal fim o próprio contrato de promessa, acompanhado da prova da quitação (Lei nº 6.015/1973, art. 216-B, § 3º), não ocorrendo, portanto, extinção da promessa.

Tratamos desse procedimento no item 6.1.1.2, ao qual remetemos o leitor.

---

[54] Lei nº 6.015/1973, com a redação dada pela Lei nº 14.382/2022: "Art. 216-B. Sem prejuízo da via jurisdicional, a adjudicação compulsória de imóvel objeto de promessa de venda ou de cessão poderá ser efetivada extrajudicialmente no serviço de registro de imóveis da situação do imóvel, nos termos deste artigo."

XI
A EXTINÇÃO DO CONTRATO

NOTA INTRODUTÓRIA

Os contratos podem ser extintos por vícios que impliquem sua nulidade ou anulabilidade, por motivos anteriores ou contemporâneos à sua formação, ou por causas supervenientes à sua formação; neste último caso, a extinção pode ocorrer antes ou no curso da execução.

A *extinção normal* dos contratos decorre da sua execução voluntária pelos contratantes.

A *resilição* é modo de extinção do contrato por manifestação unilateral ou bilateral da vontade dos contratantes.

A *resilição unilateral* tem por fundamento a vontade presumida de um ou de todos os contratantes, é direito potestativo admitido somente "nos casos em que a lei expressa ou implicitamente o permita".[1] É meio de extinção inerente aos contratos sem prazo, nos quais se atribui ao contratante o poder de resilir mediante simples denúncia, dispensada a intervenção judicial. Produz efeitos *ex nunc*, diferentemente da resolução, cujos efeitos operam *ex tunc*.

A *resilição bilateral*, ou *distrato*, é modo de extinção do contrato pela livre manifestação de vontade dos contratantes, em instrumento que consubstancie as condições em que celebram o acordo liberatório.

A *resolução* é modo de extinção com fundamento em inadimplemento da obrigação por um dos contratantes.

Uma vez caracterizado o inadimplemento absoluto, a parte lesada tem a faculdade de rejeitar a prestação por inutilidade e promover a resolução extrajudicialmente, se tiver sido pactuada cláusula resolutiva expressa,[2] ou judicialmente, se inexistir tal cláusula, podendo

---

[1] Código Civil: "Art. 473. A resilição unilateral, nos casos em que a lei expressa ou implicitamente o permita, opera mediante denúncia notificada à outra parte."

[2] Código Civil: "Art. 474. A cláusula resolutiva expressa opera de pleno direito; a tácita depende de interpelação judicial." Decreto-lei nº 745/1969: "Art. 1º Nos contratos a que se refere o art. 22 do Decreto-Lei nº 58, de 10 de dezembro de 1937, ainda que não tenham sido registrados junto ao Cartório de Registro de Imóveis competente, o inadimplemento absoluto do promissário comprador só se caracterizará se, interpelado por via judicial ou por intermédio de cartório de Registro de Títulos e Documentos, deixar de purgar a mora, no prazo de 15 (quinze) dias contados do recebimento da interpelação. (Redação

optar pela conservação do contrato, inclusive mediante ação de cumprimento, se a prestação ainda lhe é útil.

É admitida a propositura de ação de resolução antes da exigibilidade da prestação, quando caracterizado o *inadimplemento antecipado*, isto é, nos casos em que, no curso do contrato, fique demonstrado que não será possível o adimplemento no prazo convencionado.

A resolução produz efeitos *ex tunc*, retornando as partes ao estado anterior.

Em qualquer caso o inadimplente é responsável pela indenização das perdas e danos decorrentes da inexecução do contrato.[3]

Na atividade da incorporação imobiliária a alienação dos imóveis é contratada com maior frequência mediante promessa de compra e venda, que o § 2º do art. 32 qualifica como contrato irretratável, observados os prazos de carência concedidos ao incorporador e ao adquirente.

Pela carência, o incorporador e o promitente comprador têm direito de desistir do contrato antes de iniciada sua execução; ao incorporador é facultada a resilição unilateral, mediante denúncia da incorporação até o sexto mês do lançamento, e ao adquirente, o arrependimento, mediante comunicação ao incorporador nos sete dias que se seguirem à assinatura do contrato, se celebrado em estandes de venda ou fora da sede da incorporadora (arts. 34 e 67-A, §§ 10 e 11).

Neste capítulo cuidaremos das hipóteses de extinção compatíveis com o contrato de incorporação, isto é, antes de iniciada a execução do contrato, a resilição unilateral pelo incorporador e o arrependimento pelo adquirente, e, na fase da execução do contrato, os seguintes modos de extinção:

 a) execução voluntária;

 b) resilição bilateral (distrato) (Lei nº 13.786/2018);

 c) resolução extrajudicial seguida de leilão (Lei nº 4.591/1964, arts. 63 e 67-A, § 14);

 d) resolução judicial (Lei nº 13.786/2018);

 e) execução hipotecária (Lei nº 14.711/2023); e

 f) execução fiduciária (Lei nº 9.514/1997, arts. 26 e 27).

A par da apreciação, nos itens subsequentes, de cada um desses modos de extinção do contrato, faz-se breve registro sobre a questão relacionada aos efeitos da resolução judicial das promessas de venda, seja por inadimplemento de obrigação do incorporador ou do adquirente.

Até o advento da Lei nº 13.786/2018, as penalidades por resolução decorrente de inadimplemento eram estipuladas no contrato, em geral em percentuais sobre o valor do imóvel, mas invariavelmente eram alteradas por decisões judiciais.

Esse entendimento foi consolidado na Súmula 543 da jurisprudência do STJ, segundo a qual, "na hipótese de resolução de contrato de promessa de compra e venda de imóvel submetido ao Código de Defesa do Consumidor, deve ocorrer a imediata restituição das

---

dada pela Lei nº 13.097, de 2015). Parágrafo único. Nos contratos nos quais conste cláusula resolutiva expressa, a resolução por inadimplemento do promissário comprador se operará de pleno direito (art. 474 do Código Civil), desde que decorrido o prazo previsto na interpelação referida no *caput*, sem purga da mora." (Redação dada pela Lei nº 13.097, de 2015).

[3] Código Civil: "Art. 475. A parte lesada pelo inadimplemento pode pedir a resolução do contrato, se não preferir exigir-lhe o cumprimento, cabendo, em qualquer dos casos, indenização por perdas e danos."

parcelas pagas pelo promitente comprador – integralmente, em caso de culpa exclusiva do promitente vendedor/construtor, ou parcialmente, caso tenha sido o comprador quem deu causa ao desfazimento", na qual ressaltam três principais aspectos:

a) reconhecimento de que, em razão da irretratabilidade da promessa, a extinção se dá mediante resolução, e não resilição unilateral, ainda que requerida pelo adquirente com fundamento em inadimplemento anterior ao termo;

b) resolução comporta a restituição integral das quantias pagas, se atribuível ao incorporador, e parcial, se atribuível ao adquirente;

c) restituição imediata das quantias pagas.

Esses aspectos da resolução das promessas são objeto das alterações introduzidas pela Lei nº 13.786/2018 na Lei nº 4.591/1964, que (i) limitam de cláusula penal a 25% ou, quando se tratar de incorporação sujeita ao regime da afetação, 50%; (ii) postergam o momento da restituição para 180 dias após a resolução e, nas incorporações imobiliárias sob regime de afetação, 30 dias após o habite-se, ou, em ambos os casos, 30 dias após a revenda, o que ocorrer primeiro; e (iii) fixam em 0,5% das quantias pagas a indenização devida pelo incorporador em caso de atraso na entrega do imóvel (arts. 43-A e 67-A).

A nova lei dispõe também sobre a extinção mediante distrato, limitando a retenção das quantias pagas aos mesmos percentuais aplicáveis aos casos de resolução por inadimplemento, admitindo, entretanto, que as partes definam "condições diferenciadas das previstas nesta lei" (art. 67-A, § 13).

Além desses aspectos, a nova lei exige que as condições essenciais do contrato sejam sintetizadas em um quadro-resumo no início do instrumento.

As normas sobre o quadro-resumo e o distrato têm aplicação imediata, pois são atos que não violam o princípio do respeito ao ato jurídico perfeito.

Assim, tanto os contratos como os distratos celebrados na vigência da nova lei devem observar as normas nela instituídas, de modo que os instrumentos das novas alienações devem conter o quadro-resumo e os distratos devem observar os percentuais e a base de cálculo estabelecida no art. 67-A, admitidas, todavia, condições distintas daquelas ali estabelecidas quanto à forma de liquidação e outros aspectos, como dispõe o § 13 desse mesmo artigo.[4]

Quanto à incidência das novas normas aos efeitos dos contratos em curso, suscitam-se controvérsias, em especial em relação aos limites da cláusula penal e ao diferimento da restituição.

A questão tem como premissas essenciais as normas da LINDB e da Constituição Federal, segundo as quais a lei tem efeito "imediato e geral",[5] mas "não prejudicará o direito adquirido, o ato jurídico perfeito e a coisa julgada."[6]

---

[4] Lei nº 4.591/1964, com a redação dada pela Lei nº 13.786/2018: "Art. 67-A. (...) Poderão as partes, em comum acordo, por meio de instrumento específico de distrato, definir condições diferenciadas das previstas nesta lei."

[5] Lei de Introdução às Normas do Direito Brasileiro (LINDB): "Art. 6º A Lei em vigor terá efeito imediato e geral, respeitados o ato jurídico perfeito, o direito adquirido e a coisa julgada."

[6] Constituição Federal: "Art. 5º (...): XXXVI – a lei não prejudicará o direito adquirido, o ato jurídico perfeito e a coisa julgada."

346 INCORPORAÇÃO IMOBILIÁRIA • *Melhim Namem Chalhub*

Ao apreciar a questão logo após a entrada em vigor da nova lei, Fábio de Oliveira Azevedo[7] observa que importa "verificar, no caso concreto, se tal aplicação irá, direta ou indiretamente, desrespeitar o ato jurídico perfeito. Respeita-se, em última análise, o princípio da autonomia privada, materializada no ato jurídico perfeito."

Assim, no que tange às promessas de venda celebradas anteriormente à vigência da Lei nº 13.786/2018, nas quais não tenha sido convencionada cláusula penal por inadimplemento absoluto de obrigação do incorporador e/ou do promitente comprador, podem incidir, respectivamente, os limites de 1%, 25% e 50% sobre o valor das quantias pagas, estabelecidos na nova lei, pois não há ato jurídico perfeito em relação à indenização pelas perdas e danos imputável ao incorporador ou ao adquirente.

Já em relação às promessas nas quais tenha sido convencionada cláusula penal, não é aplicável a nova lei, em atenção ao princípio do respeito ao ato jurídico perfeito e ao direito adquirido.

As questões já apreciadas na jurisprudência em construção a partir da entrada em vigor da nova lei dizem respeito a contratos nos quais foi convencionada cláusula penal, sendo amplamente majoritário o entendimento pela sua não incidência, com fundamento no princípio constitucional de respeito ao ato jurídico perfeito,[8] havendo decisões isoladas que admitem a aplicação da nova lei sobre os efeitos dos contratos celebrados anteriormente.[9]

11.1. EXTINÇÃO ANTES DE INICIADA A EXECUÇÃO DO CONTRATO

11.1.1. Resilição unilateral pelo incorporador[10]

A Lei das Incorporações faculta ao incorporador desistir da incorporação por deliberação unilateral, mediante denúncia manifestada no prazo de cento e oitenta dias contados do registro do memorial de incorporação ou de sua revalidação (art. 34).

Se resolver o incorporador exercer essa faculdade, deverá formalizar denúncia por escrito e dirigi-la dentro desse prazo ao Oficial do Registro de Imóveis e a cada um dos adquirentes ou candidatos à aquisição.

---

[7] AZEVEDO, Fábio Oliveira de. Mora e extinção de contratos: limites intertemporais da Lei 13.786/18. *Conjur*, 11.01.2019.

[8] "Compromisso de venda e compra de bem imóvel. Ação de rescisão contratual c.c. devolução de quantias pagas. Desistência do contrato. Rescisão do contrato, na espécie, inquestionável. Devolução do equivalente a 90% das prestações quitadas. Medida acertada. Precedentes. Ampliação indevida. Impossibilidade de retroação da Lei nº 13.786/18. Necessária observância ao ato jurídico perfeito. Juros de mora. Encargo devido a partir do trânsito em julgado, observado o litígio sobre o percentual de restituição. Precedentes" (TJSP, Apelação 1079237-04.2016.8.26.0100, 3ª Câmara de Direito Privado, rel. Des. Donegá Morandini, *DJe* 17.04.2019).

[9] "Ação civil pública. Associação Paulista de Consumidores com sede em Valinhos pleiteia alterações em compromissos de compra e venda de unidades autônomas de edifício edilício situado em Jundiaí. (...) Legitimidade ativa reconhecida com base em aspecto filantrópico, afastando formalismo exacerbado, inclusive em relação ao interesse de agir. Pedido certo abrange redução de retenção em caso de desfazimento do negócio, constando no contrato o percentual de 50%, e a sentença diminuíra para 25%, tendo como base de cálculo os valores pagos pelo comprador. Aplicação da Lei nº 13.786, de 27 de dezembro de 2018, que permite retenção de até 50% dos valores adimplidos pelo adquirente em caso de rescisão contratual" (TJSP, Apelação 10102593220138260309, 4ª Câmara de Direito Privado, rel. Des. Natan Zelinschi de Arruda, *DJe* 26.02.2019).

[10] V. Capítulo II, item 2.4.

Cap. XI • A EXTINÇÃO DO CONTRATO | **347**

Pela denúncia, o incorporador ficará exonerado da obrigação de realizar a incorporação, devendo restituir aos adquirentes as quantias que deles tiver recebido, assegurada a estes a cobrança dessa quantia mediante ação de execução, hipótese em que o incorporador ficará sujeito ao pagamento do principal reajustado, mais juros de 6% ao ano sobre o valor reajustado (art. 36).[11]

Não exercido o direito de desistência da incorporação, consideram-se irretratáveis todos os contratos de promessa de venda já celebrados e que vierem a ser celebrados, nos termos do § 2º do art. 32, respondendo o incorporador pela reparação das perdas e danos que causar aos adquirentes, nos termos dos arts. 43 e 43-A.

11.1.2. Direito de arrependimento do promitente comprador

Os §§ 10 e 11 do art. 67-A conferem ao promitente comprador direito de arrependimento pelo prazo de sete dias, contados da assinatura da promessa, se tiver sido celebrada "em estandes de venda e fora da sede do incorporador".[12]

Esse direito é exercido mediante manifestação de arrependimento por carta, com aviso de recebimento, postada até o sétimo dia, contado da data em que o promitente comprador tiver assinado a promessa fora da sede da incorporadora.

Em razão do arrependimento exercido tempestivamente, o promitente comprador fará jus à restituição integral das quantias pagas, inclusive aquela correspondente à comissão de corretagem que tiver pago ao corretor.

---

[11] "Civil. Incorporação. Prazo de carência. Desistência do empreendimento. Art. 34 da Lei nº 4.591/1964. Direito do Incorporador. Devolução das quantias pagas, com acréscimo de correção monetária e juros de 6% a.a. 1. É direito do incorporador fixar prazo de carência dentro do qual poderá desistir do empreendimento com a devolução da Lei nº 4.591/1964. 2. Essa possibilidade de desistência do empreendimento não se confunde com a irretratabilidade da promessa de compra e venda, porquanto aquela abrange a todo o empreendimento, enquanto essa é específica de cada promessa" (TJRJ, Apelação Cível 2000.001.2948, 20.06.2000, rel. Des. Nilson de Castro Dião). "Civil. Contrato de incorporação. Violação do art. 535 do CPC. Não ocorrência. Ausência de prequestionamento. Súmula n. 7/STJ. Solidariedade do proprietário do terreno. Inexistência. Denúncia da incorporação não realizada. (...) 4. Na realização do contrato de incorporação, o incorporador pode estipular um prazo de carência dentro do qual lhe é lícito desistir do empreendimento. 5. Ultrapassado o prazo de carência estipulado no contrato de incorporação e não realizada a denúncia pelo incorporador, a lei faculta ao proprietário do terreno, no quinquídio subsequente, denunciar a incorporação – art. 35, § 3º, da Lei de Incorporações. 6. Recurso especial conhecido em parte e provido" (STJ, REsp 723.067-PR, rel. Min. João Otávio de Noronha, *DJe* 02.02.2010).

[12] Lei nº 4.591/1964, com a redação dada pela Lei nº 13.786/2018: "Art. 67-A. (...) § 10. Os contratos firmados em estandes de vendas e fora da sede do incorporador permitem ao adquirente o exercício do direito de arrependimento, durante o prazo improrrogável de 7 (sete) dias, com a devolução de todos os valores eventualmente antecipados, inclusive a comissão de corretagem. § 11. Caberá ao adquirente demonstrar o exercício tempestivo do direito de arrependimento por meio de carta registrada, com aviso de recebimento, considerada a data da postagem como data inicial da contagem do prazo a que se refere o § 10 deste artigo. § 12. Transcorrido o prazo de 7 (sete) dias a que se refere o § 10 deste artigo sem que tenha sido exercido o direito de arrependimento, será observada a irretratabilidade do contrato de incorporação imobiliária, conforme disposto no § 2º do art. 32 da Lei nº 4.591, de 16 de dezembro de 1964."

348 | INCORPORAÇÃO IMOBILIÁRIA • *Melhim Namem Chalhub*

Expirado o prazo de sete dias sem que o promitente comprador tenha comprovado a postagem da carta de manifestação de arrependimento, considera-se irretratável a promessa, dispondo o § 12 do art. 67-A que, expirado esse prazo sem que tenha sido postada a carta, "será observada a irretratabilidade do contrato de incorporação imobiliária, conforme disposto no § 2º do art. 32". A partir daí a extinção do contrato por iniciativa do adquirente o sujeitam à reparação das perdas e danos causados ao incorporador, nos termos do art. 67-A, §§ 1º a 8º.

11.2. EXTINÇÃO NA FASE DE EXECUÇÃO DO CONTRATO

11.2.1. Execução voluntária do contrato

Dá-se a extinção normal do contrato de incorporação mediante execução voluntária das obrigações do incorporador, fundamentalmente a entrega das unidades imobiliárias aos adquirentes, com a respectiva individualização em matrículas próprias no Registro de Imóveis competente (art. 44), e, de outra parte, do adquirente, correspondente ao pagamento do preço pactuado.

Esse é o desfecho natural do ciclo do contrato de incorporação, o modo normal de sua extinção mediante execução voluntária das obrigações das partes.

Considerada a complexidade do contrato de incorporação, o modo de sua extinção requer a atenção para alguns aspectos peculiares.

Vista a relação contratual sob o ponto de vista das obrigações do adquirente, a questão não apresenta dificuldade: sua obrigação é, fundamentalmente, a de pagar, e se extingue quando entregue a quantia devida ao incorporador, ao construtor e à financiadora, se houver financiamento; a obrigação é uma, mas, em regra, é cumprida mediante pagamento periódico, geralmente em parcelas mensais; pagas todas as parcelas e os encargos do negócio a todos os credores acima referidos, o adquirente terá satisfeito sua obrigação.

O cumprimento da obrigação do incorporador, entretanto, é mais complexa. Tem ele obrigações de fazer e de dar. De uma parte, a obrigação de fazer corresponde aos atos relativos à garantia da titularidade do imóvel, à divisão do direito de propriedade do terreno em frações ideais às quais se vincularão as futuras unidades autônomas e demais atos integrantes do Memorial de Incorporação, que o habilitam a vender com autonomia cada uma das unidades, bem como à atribuição desse direito de propriedade aos respectivos adquirentes; à promoção da construção, por si ou por terceiros; de outra parte, tem o incorporador obrigação de dar, que corresponde à entrega da edificação e das unidades aos adquirentes.

Assim, a execução normal do contrato, por parte do incorporador, só se tem como concluída basicamente mediante a prática dos seguintes atos:

a) conclusão da construção da edificação;

b) obtenção da aceitação das obras por parte da administração pública (*habite-se, aceite de obras, alvará, certidão da construção* ou qualquer outra designação que se atribua a esse ato, de acordo com as normas específicas de cada municipalidade);

c) averbação da construção no Registro de Imóveis;

d) individualização e discriminação das unidades no Registro de Imóveis (art. 44);

e) outorga, ao adquirente, da escritura de compra e venda da unidade ou, alternativamente, da escritura de compra e venda da fração ideal do terreno e entrega do termo de quitação do contrato de construção (se o contrato preliminar de promessa tiver

Cap. XI • A EXTINÇÃO DO CONTRATO | 349

como objeto somente a transmissão do direito aquisitivo sobre a fração, conjugado com contrato de construção da unidade);

f) entrega ao adquirente do termo de quitação da dívida tão logo resolvida a propriedade fiduciária (caso tenha contratado a compra e venda com pacto de alienação fiduciária);

Esse é o modo pelo qual, em regra, se dá a execução voluntária do contrato de incorporação e, em consequência, opera-se sua extinção.

11.2.2. Resilição bilateral (distrato)

Além da extinção do contrato mediante sua execução voluntária, as partes podem romper o vínculo por consenso, distratando ou resilindo o acordo de vontades, tal como é admitido em relação aos contratos em geral.

O distrato há de ser pactuado mediante manifestação de vontade dos contratantes, devendo ser celebrado pela mesma forma que tiver sido adotada para o contrato, isto é, se a alienação da unidade tiver sido contratada por instrumento público, o distrato deverá ser formalizado também por instrumento público; se contratada por instrumento particular, poderá a forma particular ser utilizada para celebração do distrato.

Trata-se de acordo liberatório, pelo qual as partes ficam exoneradas das obrigações ainda não cumpridas. As quantias que o adquirente tiver pago até então serão parcialmente restituídas, nos termos que tiverem sido preestabelecidos no contrato ou mediante renegociação por ocasião do distrato.

A despeito de as condições do distrato serem livremente negociáveis entre as partes, no espaço reservado à autonomia privada, a Lei nº 13.786/2018 incluiu na Lei nº 4.591/1964 disposição que estabelece limites à retenção, pelo incorporador, de parte das quantias pagas pelo adquirente não somente no caso de resolução por inadimplemento, mas, também, na hipótese de transação entre as partes para prevenir litígio, mediante resilição bilateral (distrato).

Assim, nos termos do art. 67-A, aplicam-se à extinção mediante distrato os mesmos limites de retenção aplicáveis à extinção por resolução, isto é, 25% das quantias pagas pelo adquirente, se o imóvel integrar incorporação não submetida ao regime da afetação (arts. 31-A a 31-F), e 50% se o imóvel integrar incorporação afetada. Da quantia a ser restituída ao promitente comprador distratante deve ser deduzido também o correspondente à comissão de corretagem, se no contrato tiver sido convencionada a transferência do seu pagamento ao promitente comprador, à taxa de fruição e aos encargos tributários e condominiais incidentes sobre o imóvel, assim como à contribuição devida à associação de moradores, se o imóvel tiver sido disponibilizado ao adquirente, além de despesas previstas no contrato.

O valor da retenção não poderá ser superior ao somatório das quantias pagas. Se, entretanto, o distrato vier a ocorrer depois da disponibilização do imóvel já concluído, o adquirente é obrigado a pagar o correspondente à fruição do imóvel e os encargos incidentes sobre ele, notadamente os tributários e condominiais; neste caso pode ele ser compelido a pagar quantia superior ao que pagou pela promessa e venda distratada ou resolvida.

Se o imóvel integrar incorporação não afetada, a restituição deve ser feita em 180 dias contados da resolução ou 30 dias após a revenda do imóvel, o que ocorrer primeiro, enquanto em relação às incorporações afetadas a restituição será feita em até 30 dias após o habite-se ou 30 dias após a revenda do imóvel, se esta ocorrer antes do habite-se.

A prefixação legal da penalidade, assim como o diferimento da restituição ao adquirente, goza da presunção de proporcionalidade e razoabilidade e, portanto, exclui a cláusula penal

350 | INCORPORAÇÃO IMOBILIÁRIA • *Melhim Namem Chalhub*

estipulada nesses percentuais do campo de incidência do art. 51 do CDC, que considera nulas as cláusulas que "estabeleçam obrigações consideradas iníquas, abusivas..." (inciso IV) ou a que "se mostra excessivamente onerosa para o consumidor" (§ 1º, III), podendo esses limites e critérios constituir referenciais quando da intervenção judicial com vistas a eventual fixação ou revisão de penalidades.[13]

Não obstante o art. 67-A tenha equiparado a extinção do contrato mediante distrato e resolução judicial, para efeito dos limites de retenção das quantias pagas, seu § 13 faculta às

---

[13] "Compromisso de compra e venda. Resilição. Desistência do comprador. Distrato. Possibilidade de análise da legalidade das cláusulas previstas, o que caracteriza o interesse de agir. Afastamento da pretensão a retenção integral do quanto foi pago. Previsão de cláusula penal de 8% sobre o preço total do contrato. Desproporcionalidade. Base de cálculo que deve recair sobre o valor pago, com correção também do percentual. Possibilidade de retenção de até 20% dos valores pagos em favor da ré para despesas administrativas. Devolução que inclui na base de cálculo o sinal, que compõe o preço. Taxa SATI. Abusividade. Legitimidade da ré. Devolução integral determinada" (TJSP, Apelação 1002247-09.2015.8.26.0002, 8ª Câmara de Direito Privado, rel. Des. Mônica de Carvalho, *DJe* 25.03.2019). "Compromisso de compra e venda. Restituição de valores pagos e corretagem. Sentença de procedência parcial. Insurgência pela ré. Acolhimento. Distrato firmado entre as partes que importou em completa quitação das obrigações inerentes ao compromisso. Plena validade frente à ausência de vício de consentimento e tampouco questionamento de abuso em relação às regras protetivas do CDC, que permita sua revisão. Quitação das obrigações que obsta a pretensão de recebimento de valores diversos não contemplados no distrato. Corretagem. Ilegitimidade passiva afastada. Responsabilidade solidária dos participantes da cadeia negocial, na forma do art. 7º, parágrafo único do CDC e Recurso Repetitivo nº 1599511/SP. Validade da cláusula contratual que transfere ao promitente-comprador a obrigação de pagar a comissão de corretagem nos contratos de promessa de compra e venda de unidade autônoma em regime de incorporação imobiliária, desde que previamente informado o preço total da aquisição da unidade autônoma, com o destaque do valor da comissão de corretagem. Deveres de informação e transparência observados no caso concreto, a afastar a alegação de abuso de cobrança, com consequente dever de restituição dos valores pagos a este título. Condenação em dobro afastada. Sentença reformada, com inversão da sucumbência" (TJSP, Apelação 1005074-23.2014.8.26.0068, 9ª Câmara de Direito Privado, rel. Des. Mariella Ferraz de Arruda Police Nogueira, *DJe* 26.03.2019).
"Apelação cível. Relação de consumo. Revisão de distrato de promessa de compra e venda de imóvel. Desistência do promitente comprador, por insuportabilidade no pagamento das prestações. Sentença de improcedência dos pedidos. Irresignação da parte autora. 1. Nas hipóteses de resolução contratual por desistência ou em virtude do inadimplemento antecipado e confessado do promitente comprador, a devolução da quantia paga deve ser parcial. Incidência do enunciado 543, da súmula do STJ. 2. O percentual de retenção deve ter como base de cálculo toda a quantia paga pela parte autora, incluindo o laudêmio, como ocorreu no caso concreto. Não se mostra abusiva a transferência contratual da obrigação de pagamento do laudêmio ao promitente comprador. Julgado do TJRJ. 3. No caso concreto, foi firmado instrumento particular de distrato em 28/12/2015, no qual foi acordada a devolução de R$ 216.119,23 ao autor, com data de pagamento prevista para 11/01/2016. 4. Restou incontroverso o fato de que a ré restituiu ao demandante o montante acordado, que corresponde a aproximadamente 80,35% da quantia paga pelo promitente comprador, atualizada até a data de celebração do distrato. 5. O percentual de retenção adotado pela promitente vendedora no caso concreto está em consonância com os valores arbitrados pelo STJ nos casos de resolução da promessa de compra e venda por culpa do promitente comprador, que variam entre 10% e 25% do total da quantia paga. 6. As cláusulas do distrato são claras e trazem previsão expressa da quantia que será restituída ao comprador e em quais condições, de modo que não se vislumbra qualquer violação ao dever de informação e transparência por parte da construtora, tampouco a imposição de cláusula abusiva de decaimento. 7. Manutenção da sentença" (TJRJ, Apelação 0203279-46.2016.8.19.0001, 25ª Câmara Cível, rel. Des. Sérgio Seabra Varela, *DJe* 23.01.2019).

Cap. XI • A EXTINÇÃO DO CONTRATO | **351**

partes, "em comum acordo, por meio de instrumento específico de distrato, definir condições diferenciadas das previstas nesta lei."

Apesar da aparente contradição com o art. 67-A e seus §§ 1º a 8º, o § 13 deve ser interpretado como uma alternativa a ser considerada pelas partes, no espaço reservado à autonomia privada, visando ajustar o acordo liberatório a determinadas peculiaridades do caso concreto.

11.2.3. Resolução por inadimplemento de obrigação do incorporador

Pelo contrato de incorporação, as obrigações do incorporador são, fundamentalmente, (a) promover o registro do Memorial de Incorporação, por meio do qual o terreno será dividido em tantas frações ideais quantas correspondentes às futuras unidades que integrarão o conjunto imobiliário, serão descritas e caracterizadas as futuras unidades e as partes comuns e será definida a destinação do conjunto imobiliário, instruído esse Memorial com os documentos indicados no art. 32, (b) promover a construção do edifício objeto da incorporação, (c) averbar a construção e individualizar as unidades no Registro de Imóveis, (d) entregar as unidades aos respectivos adquirentes, no prazo contratado e (e) transmitir a propriedade do imóvel aos adquirentes, uma vez recebido o preço.[14]

O não preenchimento do requisito de prévio registro do memorial de incorporação legitima o adquirente a promover a resolução do contrato, que, entretanto, não é admitida se a falta for suprida pelo posterior registro do memorial.[15] A existência de memorial prenotado no Registro de Imóveis quando da assinatura da promessa ou do instrumento preliminar de ajuste e seu registro posterior afasta a irregularidade, tendo em vista que a eficácia do registro retroage à data da prenotação (CC, art. 1.246).[16]

---

[14] Essas são apenas as obrigações principais do incorporador. Ver, no capítulo *A contratação da venda das unidades*, item específico em que estão relacionadas as obrigações do incorporador.

[15] "Direito civil. Contrato de promessa de compra e venda. Apartamentos em condomínio de edifício. Falta de registro do memorial de incorporação no cartório de imóveis. Art. 32, Lei 4.591/64. Inexistência de nulidade ou anulabilidade do contrato. Irregularidade sanável. CPC, art. 462. Inocorrência no caso. Precedentes. Recurso desacolhido. I – A jurisprudência desta Corte afasta a nulidade ou a anulabilidade (nulidade relativa) do contrato de promessa de compra e venda por descumprimento do art. 32 da Lei n. 4.591/64, que exige o registro do memorial da incorporação no Cartório de Imóveis. II – Todavia, se não sanada a irregularidade, pode o promissário comprador postular a resolução do contrato de promessa de compra e venda, em face do inadimplemento da obrigação por parte da incorporadora" (REsp 192.315/ MG, rel. Min. Sálvio de Figueiredo Teixeira, *DJ* 18.02.2002).
"O artigo 32, *caput*, da Lei nº 4.591, de 1964, proíbe o incorporador de negociar sobre unidades autônomas antes de ter arquivado, no Ofício Imobiliário, a incorporação. Hipótese, todavia, em que o defeito do ajuste preliminar, contratado antes do registro da incorporação, foi apagado pelo negócio definitivo, assinado quando a incorporação já estava registrada" (STJ, REsp 69.098-SP, rel. Min. Ari Pargendler, *DJ* 04.10.1999).

[16] "A ausência da prenotação do memorial de incorporação do empreendimento imobiliário não é causa de nulidade ou de anulabilidade do negócio jurídico celebrado entre as partes. Precedentes do Superior Tribunal de Justiça." No voto do relator, lê-se: "É consabido que o registro público do memorial de incorporação imobiliária objetiva dar publicidade aos contratantes e a terceiros eventualmente interessados, no que tange às relações obrigacionais assumidas. Quanto ao termo inicial dos efeitos do registro definitivo, o Código Civil preceitua em seu artigo 1.246 que: *'O registro é eficaz desde o momento em que se apresentar o título ao oficial do registro, e este o prenotar no protocolo'*. (...). Da mesma forma, inexiste prejuízo aos adquirentes da unidade imobiliária, porquanto, como já dito, o registro definitivo veio a ser efetuado, com efeitos retroativos à prenotação do título, a qual, relembre-se, existia à época da celebração

Na hipótese de inadimplemento de suas obrigações, responderá o incorporador pela reparação das perdas e danos a que der causa, podendo sujeitar-se à resolução do contrato.

A responsabilidade do incorporador pela indenização das perdas e danos causados aos adquirentes é objeto do art. 43, que trata da modalidade de contrato mais frequentemente utilizada no mercado, ou seja, o contrato de compra e venda de coisa futura, "a preço fechado", e do art. 43-A, introduzido na Lei nº 4.591/1964 pela Lei nº 13.786/2018.[17]

Com efeito, o inadimplemento do incorporador, relativo ao injustificado retardamento da conclusão da obra, causa prejuízos representados pela subtração dos legítimos resultados perseguidos pelos adquirentes, correspondentes à fruição do imóvel, notadamente para moradia própria, para desenvolvimento de negócio próprio ou para renda. Esses resultados exprimem as legítimas expectativas dos adquirentes, de acordo com o princípio da boa-fé objetiva, cumprindo ao incorporador mobilizar os meios necessários para que a construção desenvolva ritmo tal que propicie a conclusão de acordo com o cronograma traçado.

Caio Mário da Silva Pereira observa que "poderá ocorrer motivo justo de redução da intensidade de trabalho, ou mesmo sua paralisação, como seria uma greve ou a falta de material indispensável, ou mesmo o fato da outra parte, como a cessação dos pagamentos. O que a lei não lhe escusa é o retardamento ou paralisação injustificada, que erige em fundamento de reparação civil aos adquirentes. Ocorrendo que a demora seja do construtor, nem por isso se exime o incorporador do dever de indenizar. Ao contrário, continua ainda assim sujeito passivo desta obrigação, mas com ação *de in rem verso* contra o construtor moroso, a expensas do qual se ressarce, a seu turno do que tiver perdido ou pago aos adquirentes."[18]

Na prática, tornou-se usual a estipulação de cláusula penal nos contratos de promessa de venda de imóveis integrantes de incorporações imobiliárias, pela qual é prefixada a indenização das perdas e danos correspondentes à privação do proveito econômico do imóvel, seja em razão de fruição direta ou de ganho que poderia auferir com o imóvel durante o período da mora.

Durante muitos anos, a estipulação dessa cláusula penal foi objeto de questionamento em juízo, registrando-se divergência na jurisprudência sobre a possibilidade ou não de sua cumulação com a indenização de lucros cessantes.

O mesmo ocorreu em relação a contratos nos quais foi estipulada cláusula penal apenas para a hipótese de inadimplemento da obrigação do adquirente, sem qualquer estipulação para o caso de o incorporador cumprir tardiamente sua obrigação de concluir a obra no prazo

---

da promessa de compra e venda. É certo que, não efetivado o registro do memorial de incorporação no cartório de imóveis, ficam os promitentes compradores em inegável estado de insegurança, podendo desfazer o vínculo ou suspender o pagamento até que se supra a falta. Contudo, houve, no caso em tela, a efetiva sanação da irregularidade com o registro definitivo do memorial, cuja eficácia retroage à data da prenotação (art. 1.246 CC), inexistindo, dessarte, prejuízo aos autores, de modo que preservada a utilidade do contrato. Em suma, efetuado o arquivamento dos documentos, desaparece razão para a desconstituição do negócio" (TJRJ, Apelação 0044964-82.2014.8.19.0002, 24ª Câmara Cível, rel. Des. Luiz Roldão de Freitas Gomes Filho, *DJe* 12.05.2017).

[17] "Art. 43. Quando o incorporador contratar a entrega da unidade a prazo e preço certos, determinados ou determináveis, mesmo quando pessoa física, ser-lhe-ão impostas as seguintes normas: I – (*omissis*); II – responder civilmente pela execução da incorporação, devendo indenizar os adquirentes ou compromissários dos prejuízos que a estes advierem do fato de não se concluir a edificação ou de se retardar injustificadamente a conclusão das obras, cabendo-lhe ação regressiva contra o construtor, se for o caso e a este couber a culpa".

[18] *Incorporações e condomínio*, cit., p. 279.

Cap. XI • A EXTINÇÃO DO CONTRATO | **353**

pactuado. Nesse caso, a pretensão manifestada por adquirentes diz respeito à possibilidade de inversão da cláusula penal.

As questões foram definidas pela 2ª Seção do STJ em 22.05.2019 ao apreciar as propostas de afetação dos REsps 1.498.484 e 1.635.428, relativos à possibilidade ou não de cumulação (Tema 970) e dos REsps 1.614.721 e 1.631.485, relativos à pretensão de inversão da cláusula penal (Tema 971).

Em relação ao Tema 970, o STJ fixou tese segundo a qual Tema 970: "A cláusula penal moratória tem a finalidade de indenizar pelo adimplemento tardio da obrigação, e, em regra, estabelecida em valor equivalente ao locativo, afasta-se sua cumulação com lucros cessantes".

Quanto ao Tema 971, a tese definida tem o seguinte teor: "No contrato de adesão firmado entre o comprador e a construtora/incorporadora, havendo previsão de cláusula penal apenas para o inadimplemento do adquirente, deverá ela ser considerada para a fixação da indenização pelo inadimplemento do vendedor. As obrigações heterogêneas (obrigações de fazer e de dar) serão convertidas em dinheiro, por arbitramento judicial".

A questão é apreciada no item 11.3.

Independentemente da responsabilidade de reparar os prejuízos causados pelo retardamento injustificado da obra, o adquirente adimplente pode enjeitar a unidade, se provar que a entrega se tornou inútil para ele, nos termos do art. 395 do Código Civil, ensejando a resolução do contrato de incorporação.

Nessa hipótese, pode o adquirente promover a resolução do contrato, sujeitando-se o incorporador à indenização das perdas e danos de que trata o art. 43, II,[19] e à restituição das quantias pagas.

---

[19] "Responsabilidade civil. Ação de ressarcimento de danos. Descumprimento do prazo de entrega das unidades residenciais. Culpa do incorporador e da cessionária dos créditos, com sub-rogação dos direitos e obrigações. Ausência de culpa do credor face do último. Inconformismo dos autores e da cessionária dos créditos, que figurou na entrega das unidades residenciais, no prazo previsto no contrato, por culpa do incorporador primitivo e de quem o substituiu, sendo ambos responsáveis por atos próprios, evidente se afigura o dever de indenizar os danos daí decorrentes. Não tendo sido feita a prova da culpa do credor hipotecário, a condenação não poderia alcançá-lo, estando correta a decisão" (TJRJ, Apelação Cível 1996.001.4522, 13.12.1996, Des. Nilton Mondego). "Responsabilidade do incorporador. Malogro do empreendimento. Obrigação solidária de indenizar do incorporador e do construtor. Incorporador, consoante definição legal, é não somente o que compromissa ou efetiva a venda de frações ideais de terrenos objetivando a vinculação de tais frações a unidades autônomas, como também, e principalmente, o construtor e o proprietário do terreno destinado ao empreendimento. Essa vinculação legal entre todos os que participam da incorporação decorre do fato de ser a edificação o seu objeto final, de sorte que quando o incorporador celebra, posteriormente, contrato de empreitada com o construtor, está, na realidade, se fazendo substituir por ele. E quem se faz substituir é responsável, juntamente com o substituído, pelos danos que este vier a causar. Dentro da filosofia da lei de incorporações, o incorporador é a chave do empreendimento, ao qual se vincula em caráter permanente. Destarte, se houver mais de um incorporador, todos respondem solidariamente pelo eventual malogro do empreendimento. Não pode alegar imprevisibilidade, nem inevitabilidade, quem lança empreendimento açodadamente, sem observância das formalidades legais, e efetua vendas sem base econômico-financeira necessária à conclusão da obra, mormente quando de grande vulto. A reparação, conforme reiteradas decisões deste Tribunal, consistem na devolução do que foi pago acrescido de juros e correção monetária, e mais a multa legal de 50% sobre a quantia restituída" (TJRJ, 2ª Câmara Cível, Apelação Cível 1997.001.4637, 10.11.1997, rel. Des. Sergio Cavalieri Filho). "Compra e venda de imóvel. Rescisão do contrato. Culpa da incorporadora. Perdas e danos. 1. Cabe a 'indenização pelo descumprimento do prazo acertado para a entrega de imóvel, objeto de compromisso de compra e venda' (REsp nº 320.417/RJ, 4ª Turma, rel. Min.

O inadimplemento da obrigação de concluir a obra no prazo programado e sua prorrogação e a reparação das perdas e danos daí decorrentes são objeto do art. 43-A e seus parágrafos, com a redação dada pela Lei nº 13.786/2018.

O art. 43-A consolida no direito positivo o reconhecimento, já consagrado na jurisprudência,[20] da validade do prazo de tolerância de cento e oitenta dias para conclusão da obra, e dispõe sobre as consequências do atraso superior a esse prazo, compreendendo a resolução do contrato por iniciativa do adquirente e a responsabilidade do incorporador pela indenização das perdas e danos daí decorrentes.

O prazo de prorrogação "deve ser expressamente pactuado, de forma clara e destacada" (art. 43-A).

De acordo com essa disposição legal, o inadimplemento dessa obrigação só estará caracterizado se o incorporador não concluir a obra no prazo de prorrogação, hipótese em que o adquirente, se não tiver "dado causa ao atraso", pode promover a resolução do contrato.

Nesse caso, a lei impõe ao incorporador a obrigação de restituir as quantias pagas pelo adquirente e indenizar as perdas e danos mediante pagamento da multa estabelecida no contrato. De acordo com o § 1º do art. 43-A, com a redação dada pela Lei nº 13.786/2018, o montante das quantias pagas pelo adquirente deve ser atualizado pelo mesmo critério estabelecido no contrato para atualização das parcelas do preço e deve ser restituído no prazo de sessenta dias, contados da resolução.

Sabendo-se que, a despeito do retardamento, pode o credor (adquirente) admitir o cumprimento da prestação pelo outro contratante (incorporador), se ela ainda for útil, a lei dispõe sobre a opção de, a seu critério, conservar o contrato mesmo depois de caracterizado o inadimplemento absoluto da obrigação do incorporador de entregar o imóvel dentro do prazo da prorrogação.

Com efeito, nos termos do § 1º do art. 43-A, o inadimplemento absoluto da obrigação do incorporador é caracterizado pela não entrega do imóvel até o final dos cento e oitenta dias da prorrogação, hipótese em que é facultado ao adquirente promover a resolução da promessa, da qual resulta o retorno das partes ao *status quo ante*, com a reincorporação do domínio pleno do imóvel ao patrimônio do incorporador, a restituição integral das quantias pagas, em valor atualizado, e o pagamento, pelo incorporador, da multa estabelecida no contrato no prazo de sessenta dias corridos.[21]

Sálvio de Figueiredo Teixeira, *DJ* de 20.05.02). No caso presente, caracterizado o descumprimento do contrato por parte do incorporador, devida a indenização" (STJ, 3ª Turma, AgRg no Ag 523.139-RJ, rel. Min. Carlos Alberto Menezes Direito, *DJ* 02.08.2004).

[20] "7. Deve ser reputada razoável a cláusula que prevê no máximo o lapso de 180 (cento e oitenta) dias de prorrogação, visto que, por analogia, é o prazo de validade do registro da incorporação e da carência para desistir do empreendimento (arts. 33 e 34, § 2º, da Lei nº 4.591/1964 e 12 da Lei nº 4.864/1965) e é o prazo máximo para que o fornecedor sane vício do produto (art. 18, § 2º, do CDC)" (STJ, REsp 1.582.318-RJ, rel. Min. Ricardo Villas Bôas Cueva, *DJe* 21.09.2017).

"É válido o prazo de tolerância, não superior a cento e oitenta dias corridos estabelecido no compromisso de venda e compra para entrega de imóvel em construção, desde que previsto em cláusula contratual expressa, clara e inteligível" (Tema 1 do IRDR 0023203-35.2016.8.26.0000 do TJSP, j. 31.08.2017).

[21] Lei nº 4.591/1964, com a redação dada pela Lei nº 13.786/2018: "Art. 43-A. (...) § 1º Se a entrega do imóvel ultrapassar o prazo estabelecido no *caput* deste artigo, desde que o adquirente não tenha dado causa ao atraso, poderá ser promovida por este a resolução do contrato, sem prejuízo da devolução da integralidade de todos os valores pagos e da multa estabelecida, em até 60 (sessenta) dias corridos contados da resolução, corrigidos nos termos do § 8º do art. 67-A desta Lei."

Ressalva o § 2º desse mesmo art. 43-A, entretanto, a possibilidade de cumprimento dessa obrigação depois da prorrogação, ao conferir ao adquirente o direito potestativo de optar pela conservação do contrato.

Com efeito, a despeito da caracterização do inadimplemento absoluto do incorporador, esse dispositivo ressalva a possibilidade de cumprimento tardio da obrigação, ao dispor sobre a eventualidade de "não se tratar de resolução do contrato"; nesse caso, isto é, na hipótese de conservação do contrato após expirado o prazo da prorrogação, a lei impõe ao incorporador a multa moratória de 1% ao mês sobre as quantias pagas.

Dito de outro modo: mesmo preenchidos os requisitos de caracterização de inadimplemento absoluto, a prestação (entrega do imóvel) ainda pode ser útil, e, assim sendo, pode o adquirente optar pela conservação do contrato, hipótese em que fará à multa moratória de 1% ao mês sobre as quantias pagas, computada desde o dia seguinte àquele em que expirou o prazo de prorrogação até a data da efetiva disponibilização do imóvel em condições de habitabilidade.[22]

Essas normas conformam-se aos fundamentos em que assenta a caracterização do inadimplemento absoluto ou relativo, isto é, a utilidade ou inutilidade da prestação para o credor, e atendem ao que se observa, na prática, nos casos de retardamento de pequena expressão, hipótese em que a jurisprudência tem reconhecido a subsistência da utilidade da prestação.[23]

É para essas situações que a lei admite o cumprimento tardio da prestação do incorporador mesmo depois de caracterizado o inadimplemento absoluto, a critério do adquirente, na medida em que subsista a utilidade da entrega do imóvel.

Situação peculiar é a dos contratos em curso no início de 2020, cuja economia possa ser comprometida por acontecimentos provocados pela pandemia do novo coronavírus (Covid-19)[24-25] então deflagrada.

---

[22] Lei nº 4.591/1964, com a redação dada pela Lei nº 13.786/2018: "Art. 43-A. (...) § 2º Na hipótese de a entrega do imóvel estender-se por prazo superior àquele previsto no *caput* deste artigo, e não se tratar de resolução do contrato, será devida ao adquirente adimplente, por ocasião da entrega da unidade, indenização de 1% (um por cento) do valor efetivamente pago à incorporadora, para cada mês de atraso, *pro rata die*, corrigido monetariamente conforme índice estipulado em contrato."

[23] "A pretensão deduzida em Juízo é de rescisão de negócio jurídico, pautada em alegado inadimplemento da parte Ré. Apenas nesta situação faria jus o Autor à restituição integral do valor pago. 4) No caso concreto, o Autor alegou, quanto ao motivo de sua desistência, não possuir mais interesse na aquisição do imóvel, tendo em vista o atraso na entrega das chaves. 5) Verifica-se que o empreendimento já se encontrava pronto e acabado quando do pedido de rescisão por parte do apelado. O simples atraso de poucos dias na entrega do imóvel, por si só e desde logo, não caracterizaria inadimplemento do contrato. A obra foi concluída, no caso concreto, 81 dias após vencido o prazo de tolerância, sendo certo que a notificação do adquirente ao vendedor, comunicando da intenção da extinção do contrato ocorreu quase três meses após (14/12/2015)" (TJRJ, 25ª Câmara Cível, trecho da ementa do acórdão da Apelação 0150871-78.2016.8.19.0001, rel. Des. Werson Rego, j. 10.10.2018).

[24] Ver: GOMIDE, Alexandre Junqueira; SIMÃO, José Fernando. Incorporação imobiliária: resolução e revisão dos contratos de promessa de compra e venda em tempos de pandemia. *Estudos de direito imobiliário*: homenagem a Sylvio Capanema de Souza. São Paulo: Ibradim, 2020, p. 245.

[25] O Ministério da Saúde reconheceu a pandemia do coronavírus (Covid-19) como Emergência em Saúde Pública de Importância Nacional (ESPIN) pela Portaria nº 188/GM/M, de 4.2.2020, seguindo-se a Lei 13.979, de 6.2.2020, que institui medidas para enfrentamento dos efeitos da pandemia, e a Declaração de Pandemia de Covid-19 emitida pela Organização Mundial da Saúde (OMS) em 11.3.2020.

É certo que a pandemia não caracteriza, por si só, um caso fortuito ou de força maior, nem um acontecimento extraordinário e imprevisível, capazes de impossibilitar ou comprometer a prestação, devendo tal caracterização ter como ponto de partida "cada relação contratual em sua individualidade"[26] para aferição dos efeitos do fato em cada caso concreto.[27]

Assim, o simples advento da pandemia não exclui a responsabilidade do incorporador por eventual descumprimento do prazo e sua prorrogação, devendo ser examinados seus impactos à luz da realidade e das condições objetivas de cada contrato, mediante prova de que a extrapolação desse prazo e sua prorrogação terão ocorrido em virtude de "fato necessário, cujos efeitos não era possível evitar ou impedir" (Código Civil, art. 393, parágrafo único) ou de "acontecimentos extraordinários e imprevisíveis" (Código Civil, art. 478), sobretudo em razão de atos de império que tenham importado em paralisação ou interrupção da obra, ainda que temporariamente.[28]

O § 3º do mesmo art. 43-A distingue a indenização de 1% ao mês, em caso de conservação do contrato, da multa estabelecida no contrato por efeito da resolução do contrato, esclarecendo a não cumulatividade da multa compensatória estabelecida no contrato (§ 1º do art. 43-A), que só é exigível pelo adquirente adimplente caso promova ação de resolução do contrato. Caso, diferentemente, o adquirente adimplente opte pela conservação do contrato, fará jus, quando da disponibilização do imóvel, a indenização das perdas pela privação do capital empregado até então, em valor correspondente a 1% ao mês sobre as quantias pagas (§ 2º do art. 43-A).[29]

É admissível a postulação de resolução por inadimplemento anterior ao termo, em circunstâncias em que, embora não seja exigível a prestação, esteja comprovada a impossibilidade de cumprimento no prazo programado.[30]

---

[26] SCHREIBER, Anderson, Equilíbrio contratual e dever de renegociar. São Paulo: Saraiva, 2. ed., 2020, p. 441/442.

[27] "Não basta, para a revisão contratual, que o fato, em si mesmo, exceda consideravelmente os riscos normais do negócio (caráter extraordinário) e não seja passível de razoável antecipação pelos contratantes momento da celebração da avença (imprevisibilidade), mas é necessário que os efeitos concretos do evento na economia do contrato também detenham essas características. A rigor, mais do que o fato em si, importa aferir o caráter extraordinário e imprevisível dos efeitos do fato sobre as esferas econômicas dos contratantes, e, notadamente, sobre o programa contratual." (PIANOVSKI, Carlos Eduardo Disponível em https://migalhas.uol.com.br/coluna/migalhas-contratuais/322653/a-forca-obrigatoria-dos-contratos-nos-tempos-do-coronavirus. Acesso em: 28 fev. 2021).

[28] Ver *Incorporação imobiliária e entrega da obra: análise da excludente de responsabilidade do incorporador em razão dos efeitos da pandemia*, Fábio Machado Baldissera e Bernardo Borchardt, in Estudos de Direito Imobiliário – Homenagem a Sylvio Capanema de Souza, São Paulo: IBRADIM Editora, 2020, p. 202/213.

[29] Lei nº 4.591/1964, com a redação dada pela Lei nº 13.786/2018: "Art. 43-A. (...) § 3º A multa prevista no § 2º deste artigo, referente a mora no cumprimento da obrigação, em hipótese alguma poderá ser cumulada com a multa estabelecida no § 1º deste artigo, que trata da inexecução total da obrigação."

[30] STJ, 4ª Turma, REsp 309.626-RJ, rel. Min. Ruy Rosado de Aguiar Júnior, j. 07.06.2001: "Promessa de compra e venda. Resolução. Quebra antecipada do contrato. Evidenciado que a construtora não cumprirá o contrato, o promissário comprador pode pedir a extinção da avença e a devolução das importâncias que pagou. Recurso não conhecido." Do voto do relator, Ministro Ruy Rosado de Aguiar Júnior, colhe-se: "O caso é de descumprimento antecipado de contrato de promessa de imóvel a ser construído, porquanto as circunstâncias reconhecidas pelas instâncias ordinárias evidenciaram que a construtora, até a data do ajuizamento da demanda, não iniciara as obras, embora já decorridos dois anos, e faltando apenas um

Na atividade da incorporação imobiliária, o inadimplemento da obrigação do incorporador antes do termo final da construção pode ser caracterizado se, por exemplo, em relação a um edifício de doze pavimentos cuja construção foi pactuada para vinte e quatro meses ficar comprovado que as fundações ainda não foram executadas faltando poucos meses para a conclusão da obra, situação que evidencia a inviabilidade de adimplemento dessa obrigação no prazo convencionado.

Nesses casos, "sendo previsível e inevitável o atraso injustificado na entrega da unidade imobiliária, configura-se o inadimplemento antecipado a conferir legitimidade ao pedido de rescisão contratual, antes mesmo de expirado o prazo contratualmente ajustado para a entrega da obra."[31]

O inadimplemento da obrigação de construir e entregar o imóvel no prazo pactuado pode ensejar a resolução ainda que o incorporador tenha celebrado com o adquirente contrato de compra e venda, pois, como vimos, de acordo com a tipificação especial instituída pela Lei 4.591/1964, o aperfeiçoamento dessa espécie de contrato não se restringe ao consenso das partes quanto à coisa e ao preço, mas compreende também, e necessariamente, a prestação do incorporador correspondente à execução da construção por sua conta e risco, a regularização do imóvel no Registro de Imóveis e sua entrega ao adquirente (arts. 28 e 29).[32]

Assim, no regime jurídico da incorporação imobiliária, os efeitos jurídicos da compra e venda, mesmo registrada e com preço integralmente pago, não se exaurem senão após a disponibilização do imóvel ao adquirente depois de averbada a construção no Registro de Imóveis.

---

para o término do prazo contratual. (...) Portanto, perfeitamente cabível o pedido de resolução. Com o atendimento do pedido, cumpria ao magistrado determinar a restituição das partes à situação anterior, o que significava a necessidade de deferir o pedido de devolução das importâncias pagas pelo promissário comprador enquanto confiou no contrato. A cláusula de decaimento, com a perda em favor da construtora do que despendera o autor, não tem validade, conforme tem sido reiteradamente afirmado neste Tribunal, nos casos em que o comprador sai do contrato por impossibilidade relativa de continuar cumprindo com as prestações mensais; com muito mais razão na hipótese sob exame, em que se está atribuindo à ré a culpa pelo inadimplemento". Sobre o inadimplemento antecipado, ou antes do termo, da obrigação de pagar do adquirente, v. Capítulo X.

[31] "Direito do consumidor. Incorporação imobiliária. Contrato de promessa de compra e venda de unidade imobiliária. Pretensão de rescisão do negócio jurídico, cumulada indenizatória de danos materiais (devolução de quantias pagas) e danos morais. (...). 1) No caso concreto, os Autores pretendem a rescisão do contrato celebrado entre as partes, ao argumento de que a obra não se encontrava iniciada por ocasião da propositura da presente demanda. 2) O contrato celebrado entre as partes estabelecia que a obra estaria concluída até o mês de maio de 2018, prevendo, ainda, um prazo de tolerância de 180 dias, o que nos remete ao mês de novembro de 2018. 3) Nada obstante a presente demanda tenha sido ajuizada em 14/12/2016, bem antes, portanto, do termo final do prazo convencionado para entrega do imóvel, a parte Ré, em petição datada de 02/08/2018, afirma que as obras somente se iniciaram em abril de 2017, bem como que, àquela altura, as mesmas se encontravam com andamento físico de 6,79%. 3.1) Ademais disso, em momento algum, nem mesmo em suas contrarrazões, protocolada na data do prazo fatal para a entrega do empreendimento, a parte Ré comprovou que a obra estive concluída, sendo certo, ainda, que os documentos constantes dos autos demonstram de forma inequívoca que empreendimento não estaria concluído no prazo pactuado. 4) Sendo previsível e inevitável o atraso injustificado na entrega da unidade imobiliária, configura-se o inadimplemento antecipado a conferir legitimidade ao pedido de rescisão contratual, antes mesmo de expirado o prazo contratualmente ajustado para a entrega da obra" (TJRJ, Apelação 0054740-17.2016.8.19.0203, 25ª Câmara Cível, rel. Des. Werson Rego, *DJe* 27.02.2019).

[32] V. Capítulos V e IX. Tratamos da matéria em nosso *Alienação Fiduciária – Negócio Fiduciário*, p. 357/392 (GenForense, 7ª edição, 2021) em relação à promessa de compra e venda e à alienação fiduciária.

Mesmo que o adquirente tenha pago o preço com recursos de financiamento, seja bancário ou do próprio incorporador, e tenha hipotecado o imóvel ou alienado fiduciariamente a esse credor, em garantia, ainda assim a compra e venda contratada durante a fase da construção só se considerará aperfeiçoada por efeito do cumprimento da prestação do incorporador, de disponibilizar ao adquirente e devedor fiduciante o imóvel com a construção averbada no Registro de Imóveis.

Essa espécie de operação, como vimos, em regra é formalizada em um único instrumento, que reúne os contratos de (i) mútuo ou operação de crédito equivalente, concedido ao adquirente pelo banco ou pelo próprio incorporador, (ii) compra e venda entre o incorporador e o adquirente e (iii) hipoteca ou alienação fiduciária entre o adquirente e o banco, ou o próprio incorporador.

Nessa operação cada um desses contratos constitui a razão de ser do outro, sua causa, pois eles se interligam funcionalmente para realização de um fim unitário comum, correspondente à transmissão da propriedade, disponibilização do imóvel ao adquirente e resgate do financiamento, caracterizando-se aí uma coligação contratual determinada por um nexo funcional que os vincula para formar uma unidade negocial e os torna dependentes uns dos outros, "com potenciais consequências no plano da validade (...) e no plano da eficácia."[33]

Nessa conformação, a relação sinalagmática vincula as prestações de cada um desses contratos visando a consecução do fim unitário comum e essa interligação importa em recíproca repercussão dos efeitos de todos os contratos, de modo tal que "a resolução de um atingirá o outro, se demonstrado que um não teria sido firmado sem o outro (sinalagma genético), ou que a impossibilidade de um determina a do outro."[34]

Assim, na operação econômica global caracterizada pela reunião da compra e venda, do financiamento e do pacto adjeto de garantia real, hipotecária ou fiduciária, na qual ainda não se operou o adimplemento da prestação de entrega do imóvel averbado no Registro de Imóveis, sua inexecução pelo incorporador no prazo convencionado e respectiva prorrogação pode caracterizar inadimplemento absoluto, de que resulta a legitimação do adquirente e devedor hipotecário

---

[33] "Por 'coligação contratual' compreendemos uma pluralidade de contratos e de relações jurídicas contratuais estruturalmente distintos, porém vinculados, ligados, que compõem uma única e mesma operação econômica, com potenciais consequências no plano da validade (mediante a eventual contagiação de invalidades) e no plano da eficácia (em temas como o inadimplemento, o poder de resolução, a oposição da exceção do contrato não cumprido, a abrangência da cláusula compromissória, entre outros)." (LEONARDO, Rodrigo Xavier. *Os contratos coligados, os contratos conexos e as redes contratuais*. In: CARVALHOSA, Modesto. Tratado de Direito Empresarial. 2. ed. São Paulo: Thomson Reuters, 2018, p. 640).

[34] "Nos contratos coligados, a resolução de um atua sobre o outro, resolvendo-o. Para isso, é preciso verificar, em primeiro lugar, se um contrato está para o outro assim como o principal está para o acessório; nesse caso, o incumprimento da obrigação do contrato principal leva à sua resolução e, também, à do acessório. Se o descumprimento é deste, a resolução concomitante do principal somente ocorrerá se impossibilitada a sua prestação, ou tornada extremamente onerosa – a exigir sacrifício anormal e desproporcionado ao devedor –, ou se eliminado o interesse do credor. Se os contratos coligados tiverem a mesma importância, a resolução de um atingirá o outro, se demonstrado que um não teria sido firmado sem o outro (sinalagma genético), ou que a impossibilidade de um determina a do outro, ou que o incumprimento de um afeta o interesse que o credor poderia ter no cumprimento do outro (sinalagma funcional). Pode acontecer que a prestação onerosa assumida em um contrato seja correspondente à vantagem garantida em outro, de tal sorte que a falta de um poderá abalar o equilíbrio que o conjunto dos contratos garantia." (AGUIAR JUNIOR, Ruy Rosado de. *Extinção dos contratos por incumprimento do devedor*. Rio de Janeiro: AIDE Editora, 2004, p. 89-90).

ou fiduciante a, se considerar inútil essa prestação, obter a resolução da compra e venda, cujos efeitos arrastarão consigo a ruptura dos demais contratos de financiamento e de garantia.

De fato, tratando-se de contratos conexos, uma vez comprovado, no caso concreto, que as perturbações de um contrato repercutem nos demais e provocam sua disfunção, "a análise desloca-se da estrutura unitária de cada um deles para a análise integrada dos vínculos individuais e, a partir daí, dos direitos e das obrigações decorrentes não dos contratos individualmente considerados, mas da relação sistemática em que se situam, condizente com a totalidade negocial".[35]

Realmente, tratando-se de contratos conexos, "a análise desloca-se da estrutura unitária de cada um deles para a análise integrada dos vínculos individuais e, a partir daí, dos direitos e das obrigações decorrentes não dos contratos individualmente considerados, mas da relação sistemática em que se situam, condizente com a totalidade negocial",[36] ressalvada, obviamente, a necessidade de análise caso a caso das perturbações de um contrato sobre os demais.

---

[35] "Ação de rescisão de contrato de compra e Venda e financiamento defeito do produto - tutela antecipada suspensão do pagamento das prestações do financiamento. Possibilidade. Contratos conexos. Negócios jurídicos funcionalmente interligados. O contrato de financiamento e o contrato de compra e venda, embora estruturalmente independentes entre si, encontram-se funcionalmente interligados, têm um fim unitário comum, sendo ambos, em essência, partes integrantes de uma mesma operação econômica global, de tal arte que cada qual é a causa do outro, um não seria realizado isoladamente, sem o outro. Sendo conexos os contratos, possível ao consumidor promover também a rescisão do mútuo financeiro em caso de inadimplemento do vendedor." (TJSP, 30ª Câmara de Direito Privado, Apelação 0108064-56.2013.8.26.0000, rel. Des. Andrade Neto, DJe 30.11.2013). "Contrato de compra e venda de imóvel com financiamento pelo programa MCMV. Resolução. Acolhimento. Superação do prazo previsto e paralisação da obra, com decretação de recuperação judicial da incorporadora. Resolução do contrato de venda e do contrato coligado de financiamento, cessando o pagamento das prestações, inclusive taxa de evolução de obra, com restituição integral dos valores despendidos. Contratos coligados ou rede contratual. Contratos realizados com unidade de finalidade, estabelecendo relação de dependência entre si, acarretando necessidade de interpretação e execução em consideração à unidade que pressupõe sua existência. Restrição à autonomia dos contratos, que não podem ser executados separadamente. Extensão dos efeitos do inadimplemento de um dos contratos ao contrato coligado. Inadmissibilidade da continuidade do contrato de financiamento, com pagamento da taxa de evolução de obra, em razão da resolução culposa do contrato de incorporação imobiliária. Limitação, contudo, da responsabilidade da instituição financeira, que somente responde pelos valores que foram pagos na constância do contrato coligado de financiamento e venda. Existência de parcela que foi paga com recursos próprios do comprador diretamente à vendedora antes mesmo da contratação do financiamento. Afastamento da responsabilidade do banco pela restituição desta parcela, que não foi objeto do contrato coligado." (TJSP, 1ª Câmara de Direito Privado, Apelação 1008322-68.2017.8.26.0269, rel. Des. Enéas Garcia, DJe 6.4.2020).

[36] "Ação de rescisão de contrato de compra e venda e financiamento. Defeito do produto. Tutela antecipada suspensão do pagamento das prestações do financiamento. Possibilidade. Contratos conexos. Negócios jurídicos funcionalmente interligados. O contrato de financiamento e o contrato de compra e venda, embora estruturalmente independentes entre si, encontram-se funcionalmente interligados, têm um fim unitário comum, sendo ambos, em essência, partes integrantes de uma mesma operação econômica global, de tal arte que cada qual é a causa do outro, um não seria realizado isoladamente, sem o outro. Sendo conexos os contratos, possível ao consumidor promover também a rescisão do mútuo financeiro em caso de inadimplemento do vendedor" (TJSP, 30ª Câmara de Direito Privado, Apelação 0108064-56.2013.8.26.0000, rel. Des. Andrade Neto, DJe 30.11.2013). "Contrato de compra e venda de imóvel com financiamento pelo programa MCMV. Resolução. Acolhimento. Superação do prazo previsto e paralisação da obra, com decretação de recuperação judicial da incorporadora. Resolução do contrato de venda e do contrato coligado de financiamento, cessando o pagamento das prestações, inclusive taxa de evolução de obra, com

360 INCORPORAÇÃO IMOBILIÁRIA • *Melhim Namem Chalhub*

Especificamente em relação aos contratos de compra e venda a crédito com pacto adjeto de garantia real, fiduciária ou hipotecária, a Lei nº 14.181, de 1º de julho de 2021, acrescenta ao Código de Defesa do Consumidor o art. 54-F, cujo § 4º dispõe sobre os efeitos do desfazimento do contrato principal, em razão de invalidação ou ineficácia, dá causa à extinção forçada do contrato de crédito, ressalvando "ao fornecedor do crédito o direito de obter do fornecedor do produto ou serviço a devolução dos valores entregues, inclusive relativamente a tributos".[37]

11.2.4. Resolução da permuta ou da promessa de venda entre o proprietário do terreno e o incorporador. Efeitos em relação aos adquirentes das unidades em construção

Como vimos, a incorporação imobiliária pode ser promovida tanto pelo proprietário do terreno onde será erigido o edifício como pelo promitente comprador desse terreno, seu promitente cessionário, cessionário ou permutante (art. 31, § 1º); em relação a estes últimos, a lei exige que seu título aquisitivo seja irrevogável, estejam na posse do imóvel e tenham permissão para demolir, construir e alienar frações ideais do terreno aos futuros adquirentes das unidades (art. 32, "a").

Se a incorporação fracassar, e não estiver submetida ao regime legal da afetação patrimonial, que confere poderes à comissão de representantes dos adquirentes para prosseguir a

---

restituição integral dos valores despendidos. Contratos coligados ou rede contratual. Contratos realizados com unidade de finalidade, estabelecendo relação de dependência entre si, acarretando necessidade de interpretação e execução em consideração à unidade que pressupõe sua existência. Restrição à autonomia dos contratos, que não podem ser executados separadamente. Extensão dos efeitos do inadimplemento de um dos contratos ao contrato coligado. Inadmissibilidade da continuidade do contrato de financiamento, com pagamento da taxa de evolução de obra, em razão da resolução culposa do contrato de incorporação imobiliária. Limitação, contudo, da responsabilidade da instituição financeira, que somente responde pelos valores que foram pagos na constância do contrato coligado de financiamento e venda. Existência de parcela que foi paga com recursos próprios do comprador diretamente à vendedora antes mesmo da contratação do financiamento. Afastamento da responsabilidade do banco pela restituição desta parcela, que não foi objeto do contrato coligado" (TJSP, 1ª Câmara de Direito Privado, Apelação 1008322-68.2017.8.26.0269, rel. Des. Enéas Garcia, *DJe* 6.4.2020).

[37] Código de Defesa do Consumidor, com a redação dada pela Lei nº 14.181/2021: "Art. 54-F. São conexos, coligados ou interdependentes, entre outros, o contrato principal de fornecimento de produto ou serviço e os contratos acessórios de crédito que lhe garantam o financiamento quando o fornecedor de crédito: I – recorrer aos serviços do fornecedor de produto ou serviço para a preparação ou a conclusão do contrato de crédito; II – oferecer o crédito no local da atividade empresarial do fornecedor de produto ou serviço financiado ou onde o contrato principal for celebrado. § 1º O exercício do direito de arrependimento nas hipóteses previstas neste Código, no contrato principal ou no contrato de crédito, implica a resolução de pleno direito do contrato que lhe seja conexo. § 2º Nos casos dos incisos I e II do *caput* deste artigo, se houver inexecução de qualquer das obrigações e deveres do fornecedor de produto ou serviço, o consumidor poderá requerer a rescisão do contrato não cumprido contra o fornecedor do crédito. § 3º O direito previsto no § 2º deste artigo caberá igualmente ao consumidor: I – contra o portador de cheque pós-datado emitido para aquisição de produto ou serviço a prazo; II – contra o administrador ou o emitente de cartão de crédito ou similar quando o cartão de crédito ou similar e o produto ou serviço forem fornecidos pelo mesmo fornecedor ou por entidades pertencentes a um mesmo grupo econômico. § 4º A invalidade ou a ineficácia do contrato principal implicará, de pleno direito, a do contrato de crédito que lhe seja conexo, nos termos do *caput* deste artigo, ressalvado ao fornecedor do crédito o direito de obter do fornecedor do produto ou serviço a devolução dos valores entregues, inclusive relativamente a tributos".

obra,[38] a promessa, ou a permuta, celebrada entre o proprietário e o incorporador poderá ser resolvida e "ficarão rescindidas as cessões ou promessas de cessão de direitos correspondentes à aquisição do terreno" contratadas pelo incorporador com os adquirentes. Em consequência, as acessões erigidas no terreno consolidar-se-ão no patrimônio do proprietário do terreno e serão por este ressarcidas aos adquirentes, só podendo o proprietário alienar o terreno depois de efetivar esse ressarcimento; se os adquirentes tiverem que postular a indenização em juízo, seu crédito será garantido pelas acessões correspondentes às suas unidades e respectivas frações ideais (art. 40 e §§ 1º a 4º).

O *quantum* a ser indenizado a cada adquirente corresponde ao valor das acessões implantadas no terreno, na proporção do coeficiente de construção de cada unidade imobiliária.[39]

A regra do art. 40 fundamenta-se no princípio da vedação do enriquecimento sem causa, e reproduz a norma geral de indenização das acessões e plantações implantadas de boa-fé em terreno alheio.[40] Esse dispositivo, portanto, não constitui novidade e mesmo se a Lei nº 4.591/1964 se omitisse a respeito, aquele princípio e a norma de indenização do direito comum assegurariam a indenização aos adquirentes, como, aliás, em relação a incorporações imobiliárias iniciadas anteriormente à vigência da Lei nº 4.591/1964, já decidira o Tribunal de Justiça do antigo Estado da Guanabara.[41]

Apesar de a responsabilidade do titular do terreno limitar-se ao ressarcimento do valor das acessões, vez por outra se questiona se sua responsabilidade não abrangeria, além desse valor, outras parcelas pagas pelos adquirentes ao incorporador.

A distinção entre a posição jurídica do incorporador e a do proprietário do terreno contribui para o adequado equacionamento da questão.

---

[38] A afetação patrimonial do acervo da incorporação imobiliária está regulada pelos arts. 31-A a 31-F da Lei nº 4.591/1964, com a redação dada pela Lei nº 10.931/2004, e é objeto do Capítulo III deste trabalho. A afetação cria um regime de vinculação de receitas visando assegurar a preservação de recursos para conclusão do edifício em caso de atraso da obra por mais de trinta dias, sua paralisação injustificada ou insolvência da empresa incorporadora. A lei estabelece procedimentos céleres para prosseguimento da obra e pagamento dos credores a ela vinculados, deslocando a solução do problema para o campo extrajudicial. Na ocorrência de algum desses eventos acima citados, a comissão de representantes dos adquirentes é investida imediatamente na administração da incorporação independente de intervenção judicial, mesmo em caso de falência ou recuperação judicial da empresa incorporadora. A comissão está legalmente investida de poderes até mesmo para outorgar as escrituras "definitivas" aos adquirentes.

[39] O montante do valor das acessões abrange o correspondente às unidades dos adquirentes e àquelas destinadas ao permutante, porque o custo das unidades dos permutantes é suportado pelos adquirentes (art. 32, "l", e art. 39, II). O pagamento do preço do terreno, pelo incorporador, mediante entrega de unidades imobiliárias a serem construídas no local nem sempre é contratado sob forma do contrato típico de permuta. Não raras vezes, ao invés de contratar a permuta típica, o proprietário contrata a venda do terreno, ou promessa de venda, ao incorporador, e este, em ato subsequente, confessa-se devedor do antigo proprietário da quantia correspondente ao preço da compra e venda do terreno, obrigando-se a pagá-lo mediante construção e entrega, ao antigo proprietário, de determinadas unidades. V. item 6.2.1.

[40] Código Civil: "Art. 1.255. Aquele que semeia, planta ou edifica em terreno alheio perde, em proveito do proprietário, as sementes, plantas e construções; se procedeu de boa-fé, terá direito a indenização."

[41] "Incorporação de edifício consentida pelo proprietário do terreno. Responsabilidade pela indenização de benfeitorias. O proprietário, que consente na incorporação dum edifício no terreno de sua propriedade, responsabiliza-se pela indenização das benfeitorias feitas de boa-fé pelos terceiros compradores" (TJGB, Embargos de Nulidade e Infringentes na Apelação Cível 27.376, rel. Des. Francisco Pereira de Bulhões Carvalho, j. 19.4.1966, *in Revista de Jurisprudência do TJGB*, v. 15, p. 147).

O incorporador é empresário, aquele que mobiliza fatores de produção e de comercialização em empreendimentos imobiliários e, em consequência, aufere o lucro do negócio ou suporta os efeitos de eventual fracasso; sua atividade, por natureza, pode implicar risco para os direitos de outrem, por isso que responde independente de culpa pelos prejuízos que causar, entre eles os decorrentes de eventual frustração da incorporação (art. 43, II, e Código Civil de 2002, art. 927, parágrafo único).[42]

Já o proprietário do terreno limita-se a transmitir a propriedade, seja sob forma de promessa de venda, promessa de cessão ou, ainda, em forma de permuta por unidades imobiliárias a serem construídas no terreno objeto do negócio, operando-se no seu patrimônio apenas a substituição do direito de propriedade do terreno pela titularidade de um valor equivalente. A eventual frustração da incorporação, com a resolução da promessa, ou da permuta, poderá dar causa a acréscimo patrimonial em favor do proprietário, que recuperará o terreno com acessões, cujo valor deverá ser ressarcido aos adquirentes.

É com base nesses pressupostos que a Lei nº 4.591/1964, ponderando adequadamente os direitos e obrigações das partes, assegura a recuperação do terreno pelo proprietário, mas lhe impõe o ônus de ressarcir aos adquirentes o valor das acessões; além disso, garante a estes últimos a indenização dos prejuízos causados pelo fracasso da incorporação, esta exigível do incorporador.

Assim é porque as parcelas pagas pelos adquirentes ao incorporador não se destinam exclusivamente à execução da obra, mas também a outros dispêndios típicos da atividade incorporativa, entre eles os de administração do negócio, os custos financeiros de captação de recursos, a publicidade, que constituem custo da incorporação, da qual não participa o titular do terreno que o transmitiu ao incorporador mediante venda, permuta ou cessão.

A solução assim formulada pelo legislador é coerente com as distintas configurações das relações jurídicas em questão, e garante os direitos dos adquirentes, seja em relação ao titular do terreno, cuja posição jurídica é a de quem recuperou um terreno com acessões e, portanto, deve indenizá-las, seja em face do incorporador, cuja posição jurídica é a de titular de um negócio que se frustrou e, portanto, deve ressarcir os prejuízos daí decorrentes.

Dados esses pressupostos e o tratamento legal específico, a jurisprudência do Superior Tribunal de Justiça firmou-se no sentido de que o *quantum* da indenização devida pelo proprietário do terreno aos adquirentes, na hipótese, é "o valor da parcela da construção que haja adicionado à unidade", e não a totalidade do valor pago pelos adquirentes ao incorporador.

De fato, o promitente vendedor, cessionário ou permutante que recupera seu terreno com acessões por efeito de inadimplemento do incorporador não tem outra vantagem econômica senão a correspondente ao valor das acessões nele erigidas.

O acórdão proferido no REsp 686.198-RJ, relatado pela Ministra Nancy Andrighi, estabelece as distintas configurações dos direitos e obrigações do titular do terreno e do incorporador, ressaltando que aquele nem sempre participa da atividade empresarial da incorporação, apenas comprometeu-se a vender o terreno ou permutá-lo por unidades a serem construídas

---

[42] Lei nº 4.591/1964: "Art. 43. Quando o incorporador contratar a entrega da unidade a prazo e preços certos, determinados ou determináveis, mesmo quando pessoa física, ser-lhe-ão impostas as seguintes normas: I – (...); II – responder civilmente pela execução da incorporação, devendo indenizar os adquirentes ou compromissários dos prejuízos que a estes advierem do fato de não se concluir a edificação ou se retardar injustificadamente a conclusão, cabendo-lhe ação regressiva contra o construtor, se for o caso e se a este couber a culpa". Código Civil: "Art. 927: (...) Parágrafo único. Haverá obrigação de reparar o dano, independentemente de culpa, nos casos especificados em lei, ou quando a atividade normalmente desenvolvida pelo autor do dano implicar, por sua natureza, risco para os direitos de outrem".

no local, circunstância que o coloca no "*status* jurídico de mero condômino, em igualdade de condições com qualquer outro adquirente de unidades da incorporação. Apenas receberá quitada, no todo ou em parte, determinada quantidade de unidades, em face da permuta efetuada, de sorte que não há como lhe estender a responsabilidade imputável ao incorporador."

A partir da distinta caracterização das figuras do incorporador e do titular do terreno, permutante ou promitente vendedor, destaca o acórdão que "nem poderia ser diferente, pois, se a lei garante ao proprietário do terreno o direito sobre tudo o que foi construído no imóvel, nada mais justo que indenize aqueles cujos recursos financiaram a obra, sob pena de caracterizar-se o locupletamento sem causa daquele (...). Ademais, no particular, afora o custo da construção, o proprietário do terreno não foi beneficiado com nenhuma outra parcela dos valores pagos pelos demais adquirentes, de modo que não poderia ser compelido a indenizar nada além da própria edificação."

O acórdão é paradigmático, na medida em que examina essa complexa operação sob diferentes perspectivas.

Se, de uma parte, a posição do proprietário do terreno, na sua relação com o incorporador, "deve ser equiparada à do consumidor, nos termos do art. 2º do CDC, tendo o incorporador como fornecedor", de outra parte, em face dos demais adquirentes, a relação jurídica do proprietário é civil, e dela resulta sua responsabilidade de reparação civil, em atenção ao princípio da vedação do enriquecimento sem causa, explicitamente traduzido na regra do art. 40.

Destacando as distintas relações jurídicas conformadoras da incorporação imobiliária e o direito dos adquirentes de se verem ressarcidos do que pagaram, além do custo das acessões, o acórdão ressalva seu direito "de reaverem integralmente aquilo que foi pago. Todavia, os valores não destinados à própria construção devem ser cobrados diretamente da incorporadora."[43]

Todavia, há julgados que, em sentido diverso, atribuem ao promitente comprador a restituição integral das quantias pagas, fundamentando-se em que "o art. 40, § 2º, da Lei nº 4.591, de 1964, não contraria o princípio universal de direito que proíbe o enriquecimento sem causa.[44]

---

[43] Nesse mesmo sentido, STJ, 3ª Turma, REsp 960.748-RJ, rel. Min. Humberto Gomes de Barros, *DJ* 26.6.2008: "Nos termos do art. 40, § 2º, da Lei 4.591/1964, não são todos os valores pagos, mas apenas os utilizados na construção, descontados os itens não relacionados com a obra a serem apurados em execução de sentença."; STJ, 3ª Turma, REsp 606.117-RJ, rel. Min. Carlos Alberto Menezes Direito, *DJ* 10.10.2005: "Na minha compreensão, o que decidiu o Tribunal local não discrepa daquilo que a mais justa interpretação recomenda ao comando legal. O valor adicionado à construção é o correspondente àquele pago pelo ex-titular para a construção da sua unidade, relacionado diretamente com a obra"; STJ, MC 014736-RJ, rel. Min. Nancy Andrighi, decisão monocrática, *DJ* 12.9.2008: "(...) o dever de indenização previsto no art. 40 da Lei 4.591/1964 deve limitar-se à vantagem financeira auferida pelo proprietário do terreno, a qual não se confunde com o valor integral pago pelos demais adquirentes à incorporadora"; STJ, Agravo de Instrumento 961.124-RJ, rel. Min. João Otávio de Noronha, decisão monocrática, *DJ* 7.2.2008: "Nos termos do art. 40, § 2º, da Lei 4.591/1964, o ex-titular de direito à aquisição de unidade autônoma que não deu causa à rescisão do contrato tem direito de receber o valor que pagou pela construção de seu imóvel, incluídos nessa devolução apenas os valores relacionados diretamente com a construção, descontados, portanto, itens que não se relacionam com a obra, e que devem ser apurados em execução por arbitramento".

[44] "Civil. Promessa de compra e venda. Rescisão por culpa do incorporador. Desfeita a promessa de compra e venda, a parte que não deu causa à respectiva rescisão faz jus ao *statu quo ante*, sendo injustificável que deixe de receber tudo quanto investiu no negócio; o art. 40, § 2º, da Lei nº 4.591, de 1964, não contraria o princípio universal de direito que proíbe o enriquecimento sem causa" (EDcl no AgRg no Ag 611.358-RJ, rel. Min. Ari Pargendler, *DJe* 5.8.2008).

Além disso, há casos em que o proprietário do terreno, a despeito de tê-lo transmitido mediante permuta a uma empresa incorporadora, não se mantém na posição passiva de quem entregou o terreno em troca de unidades imobiliárias a serem construídas no local e apenas aguarda a execução da obra para recebê-las. Antes, ainda que não efetive a construção e a alienação aos futuros adquirentes, promove, paralelamente à incorporadora ou conjuntamente com ela, atos caracterizadores da atividade da incorporação, como, por exemplo, a publicidade para oferta das unidades e, ao retomar o terreno e acessões em razão de inadimplemento da obrigação da incorporadora, assume a incorporação, sub-rogando-se nos seus direitos e obrigações. Nesse caso, o Superior Tribunal de Justiça já reconheceu que a responsabilidade do proprietário do terreno pode ir "além do que dispõe o art. 40, § 2º, da Lei nº 4.591/64", sujeitando-o à devolução das quantias pagas em decorrência de ação de resolução proposta pelo adquirente fundada em inadimplemento da obrigação da incorporadora.[45]

O direito de ressarcimento é garantido pelas frações ideais e acessões correspondentes às unidades alienadas (art. 40, §§ 2º e 4º).[46]

Independentemente dessas regras de recomposição das perdas dos adquirentes em razão do fracasso da incorporação, dois outros aspectos devem ser considerados.

O primeiro aspecto diz respeito à execução das obras com recursos oriundos de financiamento e o segundo refere-se às incorporações realizadas em terreno resultante da anexação de vários imóveis.

Com efeito, nas incorporações imobiliárias executadas com financiamento, o terreno e acessões são dadas em garantia à financiadora.[47] Nesses casos, diante de eventual resolução do contrato de promessa ou de permuta do terreno, estarão em jogo não só os interesses dos adquirentes, cujas promessas tiverem sido resolvidas, e os do proprietário do terreno, que o tiver recuperado com acessões, mas, também, os da financiadora, cujos recursos financiaram a construção, e tem direito de excutir a garantia (terreno e acessões) para satisfação do seu

---

[45] "Direito civil e processual civil. Recurso especial. Contrato de compra e venda de imóvel. Rescisão. Falência da construtora (Encol). Sucessão/sub-rogação. Responsabilidade da incorporadora/proprietária do terreno sobre o qual o imóvel seria edificado (Carvalho Hosken). Ofensa ao art. 535 do CPC [de 1973 correspondente ao art. 1.022 do CPC/2015]. Não ocorrência. Denunciação da lide. Descabimento. Empreendimento 'Rio 2'. Devolução da integralidade das parcelas pagas. Obrigação reconhecida com base em provas e contratos. Aplicação do art. 40, § 2º, da Lei nº 4.591/64. Incidência das Súmulas 5 e 7. Correção monetária. Termo inicial. Cada desembolso. (...). No caso dos autos – empreendimento denominado 'Rio 2' –, conforme constatado pelas instâncias ordinárias estabelecendo a moldura fática inafastável, a Carvalho Hosken, no negócio jurídico celebrado entre a Encol e os adquirentes das unidades, não assumiu postura passiva de simples proprietária do terreno ou mera incorporadora. Ao contrário, promoveu oferta publicitária da edificação e, depois da falência da construtora, houve sucessão dos direitos e obrigações da Encol por contrato" (REsp 1.305.780-RJ, rel. Min. Luis Felipe Salomão, *DJe* 17.4.2013).

[46] TJRJ, 14ª Câmara Cível, Agravo de Instrumento 00863/2004, rel. Des. Edson Scisínio Dias. "Incorporação imobiliária. Falência da sociedade incorporadora. Rescisão do contrato de promessa de compra e venda do terreno, retornando este à propriedade da alienante com as benfeitorias edificadas. Direito indenizatório dos adquirentes das unidades. Unidades que garantem, segundo o disposto no artigo 40, §§ 2º e 3º da Lei 4.591/1964, o pagamento da indenização. Decisão que, em sede de antecipação de tutela, mantém as unidades indisponíveis até a satisfação dos direitos dos agravados. Tutela preventiva acertada. Decisão que não ofende a Súmula 59 deste Tribunal de Justiça. Desprovimento do agravo, por maioria".

[47] Tratamos dessa espécie de contrato no Capítulo VI, item 6.2.2, e no Capítulo VII.

Cap. XI • A EXTINÇÃO DO CONTRATO | 365

crédito. Ao mesmo passo, essas mesmas frações ideais acessões constituem garantia de excussão do direito dos adquirentes de obter o ressarcimento das acessões, por força do § 4º do art. 40. É verdade que isso dificilmente se materializaria na prática, tendo em vista que os recursos dos financiamentos destinados à construção são liberados parceladamente, à proporção da execução de cada etapa da obra, prática que afasta ou mitiga o risco de fracasso da incorporação. Não obstante, a hipótese não pode ser desconsiderada, tendo em vista o confronto entre a garantia dos adquirentes (art. 40, § 4º), a da financiadora e o direito de resolução assegurado ao proprietário do terreno, na qualidade de promitente vendedor ou de permutante.

Um segundo aspecto refere-se às incorporações para as quais o incorporador tiver comprado, demolido e unificado vários imóveis contíguos. Como se sabe, na atualidade, sobretudo nos grandes centros urbanos, muitas vezes é necessário unificar vários imóveis contíguos para "formar" um terreno com área suficiente para comportar edifício de grande porte. Sucede que numa incorporação em que a obra não tenha ido além das escavações não há acréscimo patrimonial para nenhum dos participantes do negócio; ao contrário, todos sofrerão prejuízos, notadamente os adquirentes e os antigos proprietários dos imóveis, anteriormente individualizados e agora unificados num único terreno em forma de cratera. As controvérsias que a situação pode gerar revestem-se de considerável complexidade, que certamente devem ser solucionadas de acordo com as circunstâncias de cada caso. Uma consequência, porém, é certa: em caso de falência da incorporadora, será extremamente penosa, senão impossível, a adequada recomposição do *statu quo ante* decorrente da resolução dos contratos de alienação dos imóveis, agora demolidos e sob regime de propriedade condominial *pro-indiviso*.

As situações de crise a que se refere o art. 40 podem, eventualmente, ser contornadas mediante adoção de mecanismos de grande eficácia na prevenção de riscos e conservação da atividade empresarial, capazes de assegurar o prosseguimento da incorporação até mesmo em caso de falência da incorporadora, neutralizando ou mitigando as perdas sofridas pelas partes interessadas.

O direito positivo brasileiro contemporâneo dispõe sobre esses meios, seja nos termos da legislação específica da incorporação imobiliária, seja em relação à preservação das empresas, em geral, visando a continuação da atividade produtiva.

No caso da incorporação imobiliária, em particular, a Lei nº 10.931/2004 introduziu na Lei nº 4.591/1964 os arts. 31-A a 31-F, que possibilitam a "blindagem" de cada incorporação, descolando-a dos riscos patrimoniais da empresa incorporadora, e estabelecem um regime de vinculação de receitas visando assegurar a preservação dos recursos necessários à conclusão da obra, ante o risco de desequilíbrio patrimonial da incorporadora. Por esse regime, os recursos da incorporação são movimentados em conta-corrente bancária específica e o controle é realizado mediante contabilidade separada para cada empreendimento e demonstrações periódicas do andamento da obra; em caso de falência da incorporadora, ou paralisação ou atraso da obra, a lei assegura a continuação do negócio por meio de procedimentos extrajudiciais, sob administração da comissão de representantes dos adquirentes, independente de intervenção judicial. Essa "blindagem" de cada incorporação é ratificada pela Lei de Falência e de Recuperação de Empresas (Lei nº 11.101/2005).[48]

---

[48] O inciso IX do art. 119 da Lei nº 11.101/2005 assim dispõe: "IX – os patrimônios de afetação, constituídos para cumprimento de destinação específica, obedecerão ao disposto na legislação respectiva, permanecendo seus bens, direitos e obrigações separados dos do falido até o advento do respectivo termo ou até o cumprimento de sua finalidade, ocasião em que o administrador judicial arrecadará o saldo a favor da massa falida ou inscreverá na classe própria o crédito que contra ela remanescer".

366 | INCORPORAÇÃO IMOBILIÁRIA • *Melhim Namem Chalhub*

O mecanismo é mundialmente reconhecido pela sua incomparável eficácia na prevenção de riscos de negócios específicos, sendo dignas de nota, nesse sentido, as normas do Código Civil italiano que permitem às empresas, em geral, a criação de patrimônios autônomos destinados a negócios específicos, e a afetação patrimonial prevista no Código Civil francês, por meio de "operação de fidúcia,"[49] que, do mesmo modo que os arts. 31-A a 31-F da Lei nº 4.591/1964, podem prevenir ou mitigar riscos semelhantes ao previsto no art. 40.

11.2.5. Resolução da promessa de venda por inadimplemento da obrigação do adquirente

No contrato de incorporação, a obrigação do adquirente é, basicamente, a de pagar o preço, geralmente em parcelas, nos termos pactuados em contrato de promessa de compra e venda da unidade ou em promessa de compra e venda de fração ideal de terreno combinada com contrato de construção da unidade, podendo essa obrigação, ainda, ser pactuada em contrato de compra e venda com pacto adjeto de hipoteca ou de alienação fiduciária.

Em todas essas hipóteses, a obrigação mais frequente é a de pagamento do preço em parcelas, em geral compreendendo quotas mensais de amortização e juros, além de pagamento de impostos, taxas e outros encargos relativos ao imóvel, como, por exemplo, contribuições condominiais.

Nos contratos aqui considerados, o inadimplemento ficará caracterizado pelo não pagamento de parcela do preço, ressalvada a exigência legal de notificação para purgação da mora, a ser dirigida ao adquirente pelo incorporador ou pela Comissão de Representantes dos adquirentes.

Extingue-se o contrato mediante resolução ou execução do crédito, conforme se trate de promessa de compra e venda ou compra e venda com pacto de hipoteca ou de alienação fiduciária em garantia.

As normas sobre extinção do contrato de incorporação por inadimplemento de obrigação do promitente comprador não colidem com a norma do CDC que considera alternativa a cláusula resolutória dos contratos de adesão e atribui a escolha ao consumidor (CDC, art. 54, § 2º),[50] pois entre as relações jurídicas visadas por essa norma do CDC não se encontra, em regra, aquela decorrente da promessa de compra e venda.

É que a prerrogativa de escolha do consumidor, de que trata o § 2º do art. 54 do CDC, refere-se aos contratos caracterizados pela catividade ou dependência do consumidor, situação diversa da promessa de compra e venda.

São, em regra, contratos de prestação de serviços contínuos, como, por exemplo, os de natureza bancária, de seguro-saúde, de previdência privada, de uso de cartão de crédito, de fornecimento de energia, telefone etc., assim qualificados por Claudia Lima Marques: "contratos pós-modernos, cativos, de longa duração, massificados e de grande importância social, impedem a rescisão, mesmo com causa, pelo fornecedor, e transfere a decisão para o consumidor, que pode optar pelo aumento das prestações, pela sanção por seu descumprimento contratual, até mesmo por alguma modificação do plano para adaptá-lo às novas

---

[49] Tratamos da matéria no Capítulo III e no artigo Afetação patrimonial no direito contemporâneo, *Revista Trimestral de Direito Civil*, v. 29, jan./mar. 2007, p. 111-147.

[50] CDC: "Art. 54. (...) § 2º Nos contratos de adesão admite-se a cláusula resolutória, desde que a alternativa, cabendo a escolha ao consumidor, ressalvando-se o disposto no § 2º do artigo anterior".

Cap. XI • A EXTINÇÃO DO CONTRATO | 367

circunstâncias, mas optando, ao mesmo tempo, pela manutenção (e não resolução) da relação jurídica de consumo".[51]

Esses contratos "cativos, de longa duração, massificados", a que se refere o § 2º do art. 54 do CDC, são de natureza distinta da promessa de compra e venda de bens imóveis.

Entretanto, mesmo que se pudesse admitir a aplicação dessa regra protetiva ao contrato de incorporação, mas considerando que não há no CDC norma que confira ao adquirente inadimplente a faculdade de obstar o exercício do direito do promitente vendedor lesado pelo não pagamento, a resolução decorrerá exclusivamente da conduta omissiva do adquirente, a que se refere esse dispositivo do CDC, pois ele é que, ao receber a interpelação para purgar a mora, optará entre a conservação do contrato ou sua resolução; se optar pela conservação, escolherá a purgação da mora; ao contrário, se admitir a resolução, adotará conduta omissiva, deixando de purgar a mora e deixando que se caracterize seu inadimplemento absoluto, do qual resulta a resolução da promessa, judicial ou extrajudicial.

Bem a propósito, referindo-se a situação semelhante, em contrato de adesão, Paulo Restiffe Neto e Paulo Sérgio Restiffe observam: "o credor toma a iniciativa [de promover a interpelação], mas a decisão final é, por lei, por norma de ordem pública, do devedor, o que implica deverem ser asseguradas e facilitadas, por interpelação do predisponente ao aderente, todas as condições adequadas para o exercício da escolha da alternativa de não resolução; prerrogativa que se concretiza em purgar a mora de direito material pelo valor das prestações vencidas e pelos acréscimos devidos que lhe sejam apresentados".[52]

A resolução das promessas de compra e venda se dá mediante procedimentos específicos, que atendem às características de cada modalidade de contrato, e produz efeitos liberatório, restitutório e ressarcitório.

A resolução exonera as partes da prestação a que estavam vinculadas, seguindo-se uma relação de liquidação que comporta (i) a restauração da situação anterior, mediante consolidação do domínio no patrimônio do promitente vendedor, (ii) a restituição das quantias pagas pelo promitente comprador, e (iii) o ressarcimento das perdas e danos decorrentes da quebra do contrato, de forma a recompor o patrimônio do contratante lesado.

Na atividade da incorporação imobiliária a indenização das perdas e danos pelo inadimplemento do promitente comprador é usualmente prefixada em percentual calculado sobre o valor do contrato ou das quantias pagas.

Como vimos, a relação de liquidação destinada à recomposição do *status quo ante*, por efeito da resolução, contempla procedimentos e soluções distintas conforme a resolução seja extrajudicial e/ou judicial.

Em relação à resolução extrajudicial, as Leis nº 4.591/1964 e nº 4.864/1965 instituem norma especial que impõe ao credor (promitente vendedor – incorporador) e/ou à comissão de representantes dos adquirentes a obrigação de, depois de resolvido o contrato, promover a venda do imóvel em leilão, aplicar o produto no pagamento do débito pendente, correspondente ao preço da construção não pago pelo adquirente inadimplente, e entregar a este o saldo, se houver.

---

[51] MARQUES, Claudia Lima. *Contratos no Código de Defesa do Consumidor*. 5. ed. São Paulo: Revista dos Tribunais, 2006, p. 1.051.

[52] RESTIFFE NETO, Paulo; RESTIFFE, Paulo Sérgio. *Alienação fiduciária e o fim da prisão civil*. São Paulo: Revista dos Tribunais, 2007, p. 126-127.

Especificamente em relação à resolução judicial, a Lei nº 13.786/2018 estabelece limites de indenização das perdas e danos e critérios de liquidação, que serão comentados adiante.

A par da promessa de venda, a comercialização dos imóveis integrantes de incorporação imobiliária pode ser formalizada também mediante compra e venda com financiamento e pacto adjeto de hipoteca ou de alienação fiduciária, caso em que a extinção do contrato por inadimplemento da obrigação do devedor se dá mediante procedimentos extrajudiciais específicos para a excussão de cada uma dessas espécies de garantia.

Cada um desses procedimentos será considerado destacadamente a seguir.

11.2.5.1. *Ata notarial certificadora do implemento ou não implemento de condições do contrato*

Como vimos ao longo deste Capítulo XI, a eficácia liberatória da cláusula resolutiva expressa independente de provimento judicial e é expressamente reconhecida pelo art. 1º do Decreto-lei nº 745/1969 e seu parágrafo único, com a redação dada pelo art. 62 da Lei nº 13.097/2015, em relação aos contratos de promessa de venda de imóveis não loteados.

No plano dos contratos em geral, a efetividade da resolução de pleno direito a que se refere a primeira parte do art. 474 do Código Civil é objeto do art. 7º-A da Lei nº 8.935/1994, que, com a redação dada pela Lei nº 14.711/2023, confere aos tabeliães de notas competência para "certificar o implemento ou a frustração de condições e outros elementos negociais" (inciso I), bem como certificar "o repasse dos valores devidos", "a eficácia ou a rescisão do negócio celebrado" (art. 7º-A, § 2º),[53] além de admitir sua atuação como mediadores, conciliadores (inciso II) ou árbitros (inciso III).

De acordo com a lei, a constatação do implemento ou do não implemento de condições ou outros elementos negociais poderá, a pedido da parte interessada, constar de ata notarial, na qual o notário certificará o repasse dos valores ao credor, assim como a eficácia ou a presença dos requisitos que permitem a resolução contratual extrajudicial, servindo essa ata como título admitido a registro, nos termos do art. 221 da Lei de Registros Públicos.

---

[53] Lei nº 8.935/1994, com a redação dada pela Lei nº 14.711/2023: "Art. 7º-A Aos tabeliães de notas também compete, sem exclusividade, entre outras atividades: I – certificar o implemento ou a frustração de condições e outros elementos negociais, respeitada a competência própria dos tabeliães de protesto; II – atuar como mediador ou conciliador; III – atuar como árbitro. § 1º O preço do negócio ou os valores conexos poderão ser recebidos ou consignados por meio do tabelião de notas, que repassará o montante à parte devida ao constatar a ocorrência ou a frustração das condições negociais aplicáveis, não podendo o depósito feito em conta vinculada ao negócio, nos termos de convênio firmado entre a entidade de classe de âmbito nacional e instituição financeira credenciada, que constituirá patrimônio segregado, ser constrito por autoridade judicial ou fiscal em razão de obrigação do depositante, de qualquer parte ou do tabelião de notas, por motivo estranho ao próprio negócio. § 2º O tabelião de notas lavrará, a pedido das partes, ata notarial para constatar a verificação da ocorrência ou da frustração das condições negociais aplicáveis e certificará o repasse dos valores devidos e a eficácia ou a rescisão do negócio celebrado, o que, quando aplicável, constituirá título para fins do art. 221 da Lei nº 6.015, de 31 de dezembro de 1973 (Lei de Registros Públicos), respeitada a competência própria dos tabeliães de protesto. § 3º A mediação e a conciliação extrajudicial serão remuneradas na forma estabelecida em convênio, nos termos dos §§ 5º e 7º do art. 7º desta Lei, ou, na falta ou na inaplicabilidade do convênio, pela tabela de emolumentos estadual aplicável para escrituras públicas com valor econômico."

Assim, a ata notarial poderá constituir documento hábil para averbação destinada à confirmação da eficácia de determinado negócio, em caso de condição suspensiva, ou ao cancelamento a requerimento do interessado, de que trata o art. 250, III, da Lei de Registros Públicos, em caso de condição resolutiva ou na presença de fatos que autorizem a resolução do contrato via cláusula resolutiva expressa (art. 474, do Código Civil)[54].

Nesse contexto como parte desses atos correlatos à execução do contrato, o § 1º do art. 7º-A da Lei nº 8.935/1994 prevê a possibilidade de o tabelião de notas atuar como veículo do cumprimento do contrato ao permitir que ele receba de um dos contratantes quantias correspondentes ao preço do negócio ou a valores a ele conexos e as mantenha numa espécie de conta caução ou *escrow account*, repassando-as ao contratante ao qual são devidas diante da constatação da ocorrência ou da frustração das condições negociais correspondentes. As quantias assim recebidas pelo tabelião serão depositadas em conta vinculada ao negócio, em instituição financeira credenciada, e constituirão patrimônio separado, insuscetível de constrição por autoridade judicial ou fiscal em relação a obrigação do depositante, do tabelião ou de qualquer dos contratantes.

11.2.5.2. *Resolução extrajudicial da promessa de compra e venda*

O retardamento injustificado do cumprimento da obrigação de pagar as parcelas do preço, quando fixados seus valores e vencimentos, caracteriza a mora *ex re* e, se tiver sido convencionada a cláusula resolutiva expressa, importa na resolução de pleno direito do contrato, independentemente de interpelação para purgação da mora ou de decisão judicial (CC/2002, art. 474).[55]

A cláusula resolutiva expressa investe o credor no direito potestativo de optar entre o cumprimento do contrato ou sua resolução.

A resolução tem eficácia liberatória, restituitória e ressarcitória, observando Aline de Miranda Valverde Terra que "há, a um só tempo, a extinção das obrigações prestacionais e o nascimento de outras obrigações – de restituir e de ressarcir."[56]

Uma vez caracterizado o inadimplemento absoluto e, em consequência, consumada a resolução, "pode o credor praticar os atos convenientes à defesa dos seus interesses, como o cancelamento da averbação do contrato no Registro de Imóveis, em se tratando de parcelamento do solo urbano (art. 32 da Lei nº 6.766/1979), sub-rogação do credor nos direitos do inadimplente comprador (Lei nº 4.591/1964, art. 42), transferência para terceiros dos direitos decorrentes do contrato em que o inadimplente figurava como comprador de unidade imobiliária (Lei nº 4.864/1965, de 29.11.65) ou reintegração de posse".[57]

---

[54] A respeito da resolução contratual extrajudicial, cláusula resolutiva expressa e a ata notarial, conferir GOMIDE, Alexandre Junqueira. *Resolução contratual, ata notarial e as recentes alterações advindas da Lei 14.711/23*. Disponível em: https://www.migalhas.com.br/coluna/migalhas-edilicias/400267/resolucao-contratual-ata-notarial-e-as-alteracoes-da-lei-14-711-23. Acesso em 14.03.2024.

[55] Código Civil de 2002: "Art. 474. A cláusula resolutiva expressa opera de pleno direito; a tácita depende de interpelação judicial".

[56] TERRA, Aline de Miranda Valverde. *Cláusula resolutiva expressa*. Belo Horizonte: Forum, 2018, p. 179.

[57] AGUIAR JR., Ruy Rosado de. *Extinção dos contratos por incumprimento do devedor*. Resolução. 2. ed. 2. tir. Rio de Janeiro: AIDE, 2004, p. 190.

370 | INCORPORAÇÃO IMOBILIÁRIA • *Melhim Namem Chalhub*

A resolução deve, obviamente, ser orientada pelo princípio da boa-fé (CC/2002, art. 422) e da justiça comutativa, observadas as circunstâncias do caso, pois, como salienta Ruy Rosado de Aguiar Júnior, sua validade pode ser questionada especialmente "quando revelar desvantagem exagerada para uma das partes, ocorrência frequente nos contratos de adesão", ou em situação de eventual adimplemento substancial da obrigação, hipóteses que eventualmente podem ensejar a rejeição da aplicação da cláusula resolutiva expressa, a nulidade da cláusula de decaimento (CDC, art. 53) ou a redução da pena (perda de parte das prestações pagas (CC/2002, art. 413).[58]

Essa regra geral é mitigada em contratos nos quais a posição do devedor é merecedora de tutela especial, como são os de promessas de venda de imóveis integrantes de incorporação imobiliária ou parcelamento do solo, em relação aos quais, mesmo após a data do vencimento, deve ser aberta nova oportunidade para pagamento, mediante interpelação.

Com efeito, nessas espécies de contrato a obrigação do promitente comprador é positiva e líquida, com data certa para pagamento, de modo que a mora estará caracterizada pelo simples fato de não ter sido efetivado na data estabelecida no contrato; é mora *ex re*, que se considera caracterizada independente de interpelação. Contudo, em razão da comercialização de imóveis em larga escala em forma de promessa de compra e venda, bem como venda a crédito com garantia fiduciária, essa regra geral é excepcionada, visando conferir ao promitente comprador ou ao devedor fiduciante oportunidade de conservar o contrato, mediante purgação da mora. Anote-se, por relevante, que a interpelação para esse fim não converte a mora *ex re* em mora *ex persona*, mas apenas constitui meio de converter a mora em inadimplemento absoluto e, assim, viabilizar o exercício do direito potestativo de resolução do contrato por parte do promitente vendedor.[59]

Assim dispõe o art. 32 da Lei nº 6.766/1979, que reproduz o art. 14 do Decreto-lei nº 58, de 1937,[60] em relação à resolução da promessa de compra e venda de imóvel loteado, tendo o Decreto-lei nº 745/1969 estendido essa norma especial à resolução das promessas de venda de imóveis não loteados. Em ambos os casos é imprescindível a notificação judicial ou por intermédio do Registro de Títulos e Documentos, pela qual seja aberto prazo ao promitente comprador para purgação da mora (art. 1º).[61]

---

[58] AGUIAR JR., Ruy Rosado de. *Extinção...*, cit., p. 59.

[59] Embora não raras vezes, na linguagem corrente se fale em interpelação para "constituição do devedor em mora", na verdade ela serve apenas para confirmar a mora já caracterizada pelo não pagamento, mais precisamente, como observa Francisco Eduardo Loureiro, "para a conversão da mora, que é *ex re*, em inadimplemento absoluto. (...), essas interpelações, conhecidas como admonitórias ou cominatórias, são um ônus imposto ao credor que pretenda converter a mora em inadimplemento absoluto e, com isto, abrir caminho para o exercício do direito potestativo de resolução." (LOUREIRO, Francisco Eduardo. Três aspectos atuais relativos aos contratos de compromisso de venda e compra de unidades autônomas futuras. Disponível em: https://www.tjsp.jus.br/download/EPM//Publicacoes/ObrasJuridicas/cc36.pdf?d=636808 166395003082. Acesso em: 9 nov. 2021).

[60] Lei nº 6.766/1979: "Art. 32. Vencida e não paga a prestação, o contrato será considerado rescindido 30 (trinta) dias depois de constituído em mora o devedor. § 1º Para os fins deste artigo o devedor-adquirente será intimado, a requerimento do credor, pelo Oficial do Registro de Imóveis, a satisfazer as prestações vencidas e as que se vencerem até a data do pagamento, os juros convencionados e as custas de intimação".

[61] Decreto-lei nº 745/1969: "Art. 1º Nos contratos a que se refere o artigo 22 do Decreto-Lei nº 58, de 10 de dezembro de 1937, ainda que deles conste cláusula resolutiva expressa, a constituição em mora do promissário comprador depende de prévia interpelação, judicial ou por intermédio do cartório de Re-

Cap. XI • A EXTINÇÃO DO CONTRATO | 371

O art. 62 da Lei nº 13.097/2015 veio reafirmar o efeito liberatório da cláusula resolutiva expressa ao dar nova redação ao art. 1º do Decreto-lei nº 745/1969 e a ele acrescentar um parágrafo único, que, apesar de manter a exigência de interpelação do promitente comprador para purgação da mora, explicita que a não purgação caracteriza o inadimplemento absoluto e importa na resolução de pleno direito, independentemente de intervenção judicial,[62] se tiver sido estipulada cláusula resolutiva expressa e o promitente comprador deixar de purgar a mora no prazo fixado na interpelação.[63]

Essa norma legal traduz, no plano dos contratos de promessa de venda, a regra geral do art. 474 do Código Civil de 2002, acrescida do requisito da interpelação, e se alinha ao movimento de desjudicialização que vem se acentuando desde meados do século XX, de que são exemplos o leilão de unidade imobiliária de adquirente inadimplente, nas incorporações imobiliárias (Lei nº 4.591/1964, art. 63), a consolidação da propriedade e o leilão de imóvel objeto de propriedade fiduciária imobiliária (Lei nº 9.514/1997) e a usucapião extrajudicial prevista no art. 216-A da Lei nº 6.015/1973, com a redação dada pelo art. 1.071 da Lei nº 13.105/2015 (atual Código de Processo Civil) e pela Lei nº 13.465/2017, entre outros procedimentos extrajudiciais de execução e expropriação de bens.

Assim, de acordo com a alteração legislativa introduzida pelo art. 62 da Lei nº 13.097/2015 em relação às promessas de venda de imóveis não loteados em geral que contiverem cláusula resolutiva expressa, inclusive aquelas de que trata o art. 63 da Lei nº 4.591/1964, se, no prazo da notificação, o promitente comprador purgar a mora, convalesce o contrato, mas, caso contrário, opera-se a resolução do contrato de pleno direito, independente de sentença.

O critério estabelecido pelo art. 63, entretanto, reveste-se de particularidades que conferem maior proteção ao adquirente e se conformam à lógica da incorporação imobiliária em dois aspectos.

---

gistro de Títulos e Documentos, com quinze (15) dias de antecedência" (essa redação foi alterada pelo art. 62 da Lei nº 13.097/2015).

[62] Antes dessa alteração legislativa, a jurisprudência se encontrava consolidada no sentido da exigência de manifestação judicial mesmo que tivesse sido convencionada a cláusula resolutiva expressa, "diante da necessidade de observância do princípio da boa-fé objetiva a nortear os contratos". "É firme a jurisprudência do STJ no sentido de ser 'imprescindível a prévia manifestação judicial na hipótese de rescisão de compromisso de compra e venda de imóvel para que seja consumada a resolução do contrato, ainda que existente cláusula resolutória expressa, diante da necessidade de observância do princípio da boa-fé objetiva a nortear os contratos (...)'" (STJ, 4ª Turma, AgRg-REsp 1.337.902, rel. Min. Luís Felipe Salomão, DJe 14.03.2013).

[63] Decreto-lei nº 745/1969: "Art. 1º Nos contratos a que se refere o art. 22 do Decreto-Lei nº 58, de 10 de dezembro de 1937, ainda que não tenham sido registrados junto ao Cartório de Registro de Imóveis competente, o inadimplemento absoluto do promissário comprador só se caracterizará se, interpelado por via judicial ou por intermédio de cartório de Registro de Títulos e Documentos, deixar de purgar a mora, no prazo de 15 (quinze) dias contados do recebimento da interpelação. Parágrafo único. Nos contratos nos quais conste cláusula resolutiva expressa, a resolução por inadimplemento do promissário comprador se operará de pleno direito (art. 474 do Código Civil), desde que decorrido o prazo previsto na interpelação referida no *caput*, sem purga da mora" (NR). Decreto-lei nº 58/1937: "Art. 22. Os contratos, sem cláusula de arrependimento, de compromisso de compra e venda e cessão de direitos de imóveis não loteados, cujo preço tenha sido pago no ato de sua constituição ou deva sê-lo em uma, ou mais prestações, desde que, inscritos a qualquer tempo, atribuem aos compromissos direito real oponível a terceiros, e lhes conferem o direito de adjudicação compulsória nos termos dos artigos 16 desta lei, 640 e 641 do Código de Processo Civil".

De uma parte, o art. 63 confere ao adquirente um prazo de carência de noventa dias do vencimento de qualquer obrigação contratual, ou o correspondente à falta de pagamento de três parcelas mensais do preço de aquisição do imóvel, blindando-o, nesse período, contra a deflagração do procedimento de resolução do contrato pelo alienante,[64] que somente poderá expedir a notificação para purgação da mora após a expiração desse prazo de carência.

De outra parte, mesmo que não seja purgada a mora e, portanto, resolvido o contrato, ainda assim a resolução não investe o alienante, em favor de quem se operou a resolução, na faculdade de livre disposição do imóvel. Antes, impõe ao promitente vendedor (incorporador) ou à comissão de representantes o ônus de ofertar o imóvel para venda em leilão, tendo em vista a configuração especial da promessa nesse contexto, em virtude da qual se torna necessário converter o imóvel em dinheiro para resgate do débito pendente, correspondente ao preço da construção, e ingresso de um novo adquirente com capacidade de aportar os recursos necessários à recomposição do fluxo financeiro da incorporação.[65]

A adequação desse procedimento à racionalidade econômica e social da incorporação imobiliária é ressaltada por Caio Mário da Silva Pereira: "a Lei nº 4.591, de 1964, estabeleceu um procedimento de venda que se realiza sem delongas, e com todas as garantias para o adquirente (...). O leilão oferece, portanto, o mais equânime dos critérios: presteza na solução; reversão ao condomínio do preço apurado com as deduções previstas; entrega do saldo ao adquirente faltoso."[66]

Ao determinar o pagamento das obrigações relativas à construção em primeiro lugar e só depois a entrega do saldo, se houver, ao adquirente inadimplente, a lei confere primazia ao interesse da coletividade dos contratantes.

Em relação a controvérsias relacionadas à eventualidade de cobrança de valor excessivo ou de incorreção dos valores constantes da notificação extrajudicial (além de outras situações em que não tenham sido observados os requisitos legais e contratuais), a intervenção judicial decorrerá de iniciativa do promitente comprador.

Nessas circunstâncias, ainda em atenção ao princípio da boa-fé, aplicam-se o disposto nos arts. 50 da Lei nº 10.931/2004 e 330, I, §§ 2º e 3º do Código de Processo Civil de 2015, segundo

---

[64] Nas incorporações imobiliárias, o procedimento de resolução e leilão é atribuído também à comissão de representantes dos adquirentes, como comentado em capítulo próprio, adiante.

[65] O procedimento extrajudicial de leilão é objeto de apreciação no item 11.7.

[66] Caio Mário da Silva Pereira, *Revista dos Tribunais*, v. 712, p. 107: "O artigo 63 da Lei nº 4.591, de 1964, estabeleceu um critério de venda extrajudicial que somente veio beneficiar o adquirente de unidade. Por critério normal, constituído o devedor em mora, caberia a ação judicial para resolução do contrato, e no final a venda em hasta pública ou leilão do bem penhorado. A Lei nº 4.591, de 1964, estabeleceu um procedimento de venda que se realiza sem delongas, e com todas as garantias para o adquirente. Requer a constituição em mora, com prazo de dez dias para a respectiva purgação. A venda se efetua em leilão público. Se o lance não cobrir o débito será realizada nova praça. O condomínio terá preferência para adjudicar a unidade no prazo de vinte e quatro horas após a realização do leilão. Deduzidos do preço obtido o débito e mais todas as despesas, inclusive honorários de advogado, anúncios, comissão e multa de 10%, o saldo remanescente será entregue ao devedor inadimplente. O leilão oferece, portanto, o mais equânime dos critérios: presteza na solução, reversão ao condomínio do preço apurado com as deduções previstas; entrega do saldo ao adquirente faltoso. Ninguém se apropria do remanescente ou de qualquer diferença na apuração de haveres. Efetuado o leilão com observância das normas contidas no art. 63 e seus parágrafos, não se pode nele enxergar enriquecimento sem causa (quer para o incorporador, quer para o condomínio) ou condição abusiva. Em confronto com o CDC, que é tão zeloso da defesa do consumidor, não se vislumbra aí qualquer das práticas abusivas mencionadas no art. 39 do CDC."

os quais, ao propor ação em que questiona obrigações de contrato de financiamento ou de alienação de bens, o autor (adquirente) deve discriminar na inicial as parcelas que pretende controverter, quantificando o valor incontroverso, sob pena de inépcia; no curso da ação, as parcelas incontroversas devem continuar sendo pagas diretamente ao credor, no tempo e no modo convencionados, e as parcelas controvertidas devem ser depositadas à disposição do juízo, salvo se este dispensar o depósito.[67]

11.2.5.2.1. Cancelamento do registro da promessa por efeito da resolução do contrato

O cancelamento do registro da promessa de venda em virtude da resolução extrajudicial do contrato é objeto do art. 32, § 3º, da Lei nº 6.766/1979 e do art. 251-A da Lei nº 6.015/1973, com a redação dada pela Lei nº 14.382/2022.

Pelo cancelamento do registro é indispensável para extinção do direito real de aquisição em razão de resolução da promessa, com a consequente reversão do domínio pleno do imóvel ao patrimônio do promitente vendedor, pois enquanto não cancelado ele continua a produzir todos os efeitos legais, ainda que o contrato tenha sido resolvido de pleno direito (Lei nº 6.015/1973, art. 252).[68]

A regra geral sobre o cancelamento é a do art. 250 da Lei nº 6.015/1973, segundo o qual ele é efetivado "em cumprimento de decisão judicial transitada em julgado, a requerimento unânime das partes que tenham participado do ato registrado, se capazes, com as firmas reconhecidas por tabelião, ou a requerimento do interessado, instruído com documento hábil".[69]

Em relação à promessa de compra e venda o cancelamento do registro é efetivado de diferentes formas, conforme o contrato tenha por objeto a transmissão de *imóvel loteado* ou *imóvel não loteado*.

---

[67]   Tratamos da matéria no item 6.3 desta obra. Lei nº 10.931/2004: "Art. 50. Nas ações judiciais que tenham por objeto obrigação decorrente de empréstimo, financiamento ou alienação imobiliários, o autor deverá discriminar na petição inicial, dentre as obrigações contratuais, aquelas que pretende controverter, quantificando o valor incontroverso, sob pena de inépcia. § 1º O valor incontroverso deverá continuar sendo pago no tempo e modo contratados. § 2º A exigibilidade do valor controvertido poderá ser suspensa mediante depósito do montante correspondente, no tempo e modo contratados. § 3º Em havendo concordância do réu, o autor poderá efetuar o depósito de que trata o § 2º deste artigo, com remuneração e atualização nas mesmas condições aplicadas ao contrato: I – na própria instituição financeira credora, oficial ou não; ou II – em instituição financeira indicada pelo credor, oficial ou não, desde que estes tenham pactuado nesse sentido. § 4º O juiz poderá dispensar o depósito de que trata o § 2º em caso de relevante razão de direito e risco de dano irreparável ao autor, por decisão fundamentada na qual serão detalhadas as razões jurídicas e fáticas da ilegitimidade da cobrança no caso concreto. § 5º É vedada a suspensão liminar da exigibilidade da obrigação principal sob a alegação de compensação com valores pagos a maior, sem o depósito do valor integral desta".

[68]   Lei nº 6.015/1973: "Art. 252 - O registro, enquanto não cancelado, produz todos os efeitos legais ainda que, por outra maneira, se prove que o título está desfeito, anulado, extinto ou rescindido."

[69]   Lei nº 6.015/1973: "Art. 250. Far-se-á o cancelamento: I – em cumprimento de decisão judicial transitada em julgado; II – a requerimento unânime das partes que tenham participado do ato registrado, se capazes, com as firmas reconhecidas por tabelião; III – A requerimento do interessado, instruído com documento hábil. IV – a requerimento da Fazenda Pública, instruído com certidão de conclusão de processo administrativo que declarou, na forma da lei, a rescisão do título de domínio ou de concessão de direito real de uso de imóvel rural, expedido para fins de regularização fundiária, e a reversão do imóvel ao patrimônio público".

Tratando-se de promessa de venda de *imóvel loteado*, o documento hábil para o cancelamento é a certidão que atesta a não purgação da mora no prazo da intimação, emitida pelo próprio oficial do Registro de Imóveis da Circunscrição correspondente (Lei nº 6.766/1979, art. 32),[70] que instruirá o requerimento de cancelamento do contrato, nos termos do art. 250 da Lei nº 6.015/1973.

Esse procedimento integra o regime jurídico dos contratos de promessa de venda de imóveis loteados e a estes se restringe.

Em relação às promessas de venda de *imóveis não loteados*, o Decreto-lei nº 745/1969 dispõe que, nos contratos em que tenha sido estipulada cláusula resolutiva expressa, a resolução operará de pleno direito em caso de inadimplemento da obrigação do promitente comprador, caracterizado pela não purgação da mora no prazo da interpelação que receber para esse fim, mas nada dispõe sobre os efeitos registrais da extinção do vínculo obrigacional decorrente da resolução, nem define documento hábil para cancelamento do registro.[71]

Essa lacuna veio a ser preenchida pela Lei nº 14.382/2022, que incluiu na Lei nº 6.015/1973 o art. 251-A, segundo o qual o cancelamento do registro da promessa será efetivado na sequência de procedimento extrajudicial de resolução promovido no Registro de Imóveis da situação do imóvel do contrato.

Assim, além do procedimento especial de resolução e cancelamento de registro de promessas de imóveis *loteados*, passaram a coexistir no sistema, a partir da inclusão do art. 251-A na Lei nº 6.015/1973, dois diferentes procedimentos extrajudiciais de resolução de promessa de venda de imóveis *não loteados*:

a) o Decreto-lei nº 745/1969, cujo objeto é a resolução de promessa de venda de *imóveis não loteados em geral*, ainda que não registrada no Registro de Imóveis, mas desde que dotada de *cláusula resolutiva expressa*, caso o promitente comprador não purgue a mora no prazo de 15 dias contados da interpelação por intermédio do Registro de Títulos e Documentos, nada dispondo sobre o cancelamento do registro; e

b) o art. 251-A da nº Lei 6.015/1973, cujo objeto é a resolução e o cancelamento de registro de contrato de promessa de venda de *imóveis não loteados em geral, com ou sem cláusula resolutiva expressa*, mas desde que registrado no Registro de Imóveis, caso o promitente comprador não purgue a mora no prazo de 30 dias contados da interpelação por intermédio do Registro de Imóveis da situação do imóvel.

---

[70] Lei nº 6.766/1979: "Art. 32. (...). § 3º Com a certidão de não haver sido feito o pagamento em cartório, o vendedor requererá ao oficial do registro o cancelamento da averbação".

Lei nº 9.514/1997: "Art. 26. (...). § 7º Decorrido o prazo de que trata o § 1º sem a purgação da mora, o oficial do competente Registro de Imóveis, certificando esse fato, promoverá a averbação, na matrícula do imóvel, da consolidação da propriedade em nome do fiduciário, à vista da prova do pagamento por este, do imposto de transmissão *inter vivos* e, se for o caso, do laudêmio".

[71] Nas edições anteriores desta obra chamamos a atenção para a inadequação da regra do DL 745/1969 à resolução das promessas de imóveis não loteados, nesses termos: "essa regra, entretanto, não é adequada à resolução das promessas de venda de imóveis não loteados, pois nesse caso a interpelação não é feita no Registro de Imóveis, mas, sim, judicialmente ou por meio do Registro de Títulos e Documentos, e a purgação da mora é feita diretamente ao promitente vendedor. Não havendo definição do documento hábil que ateste a não purgação da mora para instruir o pedido de cancelamento no Decreto-lei nº 745/1969, e sendo essa prova feita pelo próprio promitente vendedor, a omissão dessa norma legal pode suscitar divergências." (*Incorporação Imobiliária*, item 11.2.5.1)

Dispõe o art. 251-A sobre o *cancelamento* do registro resultante de procedimento de *resolução* de promessa de venda (§§ 1º ao 4º)[72] e do ato de *cancelamento* do registro (§ 5º).

Nos termos dos §§ 1º ao 4º, em caso de mora em relação à obrigação de pagamento do preço de promessa de venda de imóveis em geral (e não apenas de imóveis integrantes de incorporação imobiliária), desde que registrada no Registro de Imóveis, o promitente comprador será intimado a pagar as parcelas do preço vencidas no prazo de 30 dias a contar do recebimento da intimação efetivada pelo oficial do Registro de Imóveis da situação do imóvel, podendo esse oficial delegar essa diligência a oficial de Registro de Títulos e Documentos da comarca da situação do imóvel ou do domicílio de quem deva ser intimado.

O procedimento de intimação sujeita-se, no que couber, às regras do Código de Processo Civil relativas à citação e intimação (art. 251-A, §§ 2º e 3º).

A intimação poderá ser efetivada na pessoa de representante legal do devedor ou seu procurador regularmente constituído, e a purgação da mora deverá abranger o pagamento da prestação ou prestações vencidas, das que vierem a se vencer no curso do procedimento, dos juros convencionais, da correção monetária, das penalidades e os demais encargos contratuais, dos encargos legais, inclusive tributos, das contribuições condominiais ou despesas de conservação e manutenção em loteamentos de acesso controlado, imputáveis ao imóvel, bem como das despesas de cobrança, de intimação, do registro do contrato, caso este tenha sido efetuado por iniciativa do promitente vendedor (art. 251-A, § 1º).

O pagamento será efetivado diretamente ao oficial do Registro de Imóveis, que dará quitação da quantia recebida ao promitente comprador ou ao seu cessionário no prazo de três dias e a depositará na conta bancária informada pelo promitente vendedor no próprio requerimento de intimação, ou, não havendo essa informação, o cientificará de que essa quantia está à sua disposição (art. 251-A, § 4º).

O não pagamento no prazo da intimação caracterizará inadimplemento absoluto da obrigação do promitente comprador, incumbindo ao oficial do Registro de Imóveis certificar esse fato, intimar o promitente vendedor a recolher os emolumentos correspondentes e proceder à averbação do cancelamento do registro (art. 251-A, § 5.º), servindo a certidão do cancelamento do registro como prova relevante ou determinante para concessão da medida liminar de reintegração de posse (art. 251-A, § 6.º).

O procedimento supre importante lacuna ao ampliar o campo de incidência do procedimento extrajudicial de resolução às promessas de venda em geral, de imóveis loteados e não loteados, mesmo sem estipulação de cláusula resolutiva expressa, mas desde que registrados no Registro de Imóveis, ressalvando-se apenas que o legislador poderia ter estabelecido tratamento comum em um único texto legal que reunisse as hipóteses atualmente previstas no Decreto-lei nº 745/1969 e no art. 32 da Lei nº 6.766/1973, dentre outras compatíveis com a hipótese.

---

[72] Bem a propósito, Umberto Bresolin observa que, na hipótese de inadimplemento, "a pretensão primária do promitente vendedor (...) não é o cancelamento do registro do compromisso, mas, sim, a resolução do contrato. Esta última é causa eficiente para o cancelamento, mas a recíproca não é verdadeira." (BRESOLIN, Umberto, *Comentários ao art. 251-A da Lei 6.015/1973*. In: ABELHA, André; CHALHUB, Melhim; VITALE, Olivar (coord.). *Sistema Eletrônico de Registros públicos – Lei 14.382, de 27 de junho de 2022 comentada e comparada*. Rio de Janeiro: GenForense, 2022. p. 420 e ss).

11.2.5.2.2. Reintegração do promitente vendedor na posse do imóvel

O § 6º do art. 251-A da Lei nº 6.015/1973, com a redação dada pela Lei 14.382/2022, dispõe que a certidão do cancelamento do registro "reputa-se como prova relevante ou determinante para concessão da medida liminar de reintegração de posse."

De fato, uma vez resolvido o contrato, a posse conferida ao promitente comprador deixa de ser legítima, uma vez que foi desfeita a relação jurídica pela qual foi constituída, caracterizando-se, portanto, esbulho possessório que legitima o promitente vendedor à reintegração na posse.

A situação foi exaustivamente explorada em acórdão da 4ª Turma do STJ, segundo o qual, uma vez resolvida extrajudicialmente promessa com cláusula resolutiva expressa, o ajuizamento da ação de reintegração de posse independe de prévia ou concomitante ação judicial de resolução da promessa, uma vez que essa cláusula opera seus efeitos resolutivos independente de intervenção judicial. Nesse caso, não purgada a mora no prazo da notificação recebida pelo promitente comprador, "abre-se ao compromissário vendedor a faculdade de exercer o direito potestativo concedido pela cláusula resolutiva expressa para a resolução da relação jurídica extrajudicialmente."[73]

---

[73] Recurso Especial – Ação de reintegração de posse – Compromisso de compra e venda de imóvel rural com cláusula de resolução expressa – Inadimplemento do compromissário comprador que não efetuou o pagamento das prestações ajustadas – Mora comprovada por notificação extrajudicial e decurso do prazo para a purgação – Instâncias ordinárias que julgaram procedente o pedido reintegratório reputando desnecessário o prévio ajuizamento de demanda judicial para a resolução contratual – Insurgência do devedor – Reclamo desprovido. I – Controvérsia: possibilidade de manejo de ação possessória fundada em cláusula resolutiva expressa decorrente de inadimplemento de contrato de compromisso de compra e venda imobiliária, sem que tenha sido ajuizada, de modo prévio ou concomitante, demanda judicial objetivando rescindir o ajuste firmado. I. Violação ao art. 535 do CPC/73 inocorrente na espécie, pois a Corte local procedeu à averiguação de toda a matéria reputada necessária ao deslinde da controvérsia, apenas não adotou a mesma compreensão almejada pela parte, acerca da resolução da lide, o que não enseja omissão ou contradição no julgado. II – A ausência de enfrentamento da matéria objeto da controvérsia pelo Tribunal de origem, não obstante a oposição de embargos de declaração, impede o acesso à instância especial, porquanto não preenchido o requisito constitucional do prequestionamento, atraindo o enunciado da Súmula 211/STJ, notadamente quando a parte não cuidou de alegar negativa de prestação jurisdicional no ponto, isto é, ao indicar a violação do art. 535 do CPC/73, não suscitou a existência de omissão do acórdão recorrido na análise dos dispositivos. III – Inexiste óbice para a aplicação de cláusula resolutiva expressa em contratos de compromisso de compra e venda, porquanto, após notificado/interpelado o compromissário comprador inadimplente (devedor) e decorrido o prazo sem a purgação da mora, abre-se ao compromissário vendedor a faculdade de exercer o direito potestativo concedido pela cláusula resolutiva expressa para a resolução da relação jurídica extrajudicialmente. IV – Impor à parte prejudicada o ajuizamento de demanda judicial para obter a resolução do contrato quando esse estabelece em seu favor a garantia de cláusula resolutória expressa, é impingir-lhe ônus demasiado e obrigação contrária ao texto expresso da lei, desprestigiando o princípio da autonomia da vontade, da não intervenção do Estado nas relações negociais, criando obrigação que refoge o texto da lei e a verdadeira intenção legislativa. V – A revisão do valor estabelecido a título de honorários nos termos do art. 20, § 4º do CPC/73, só é permitido quando o montante fixado se mostrar ínfimo ou exorbitante, o que não se verifica no caso em exame, levando-se em conta a complexidade da causa, o trabalho realizado pelo causídico e o valor envolvido na demanda, circunstâncias segundo as quais o reexame implicaria em revolvimento do conjunto fático dos autos, providência vedada ao STJ ante o óbice óbice contido no enunciado 7 da Súmula desta Casa. VI – Recurso especial conhecido em parte e, na extensão, desprovido." (STJ, 4ª Turma, REsp 1.789.863-MS, rel. Min. Marco Buzzi, *DJe* 4.10.2021).

A decisão altera entendimento jurisprudencial anterior, segundo o qual "somente após a resolução [judicial] é que poderá haver posse injusta e será avaliado o alegado esbulho possessório" (STJ, REsp 620.787-SP, rel. Min. Luis Felipe Salomão, 4ª T., *DJe* 27.4.2009 e AgInt no AREsp 1.278.577-SP, rel. Min. Luis Felipe Salomão, 4ª T, *DJe* 21.9.2018).[74]

O acórdão promove ampla análise da jurisprudência sobre a matéria, considera as transformações sociais e econômicas, bem como as alterações introduzidas no direito positivo, verificadas no curso da sua formação, sustentando a necessidade de se dar aos contratos com cláusula resolutiva expressa solução "mais condizente com as expectativas da sociedade hodierna, voltadas à mínima intervenção estatal no mercado e nas relações particulares, com foco na desjudicialização, simplificação de formas e ritos e, portanto, na primazia da autonomia privada".

É nesse contexto que se encontra o parágrafo único do art. 1º do Decreto-lei nº 745/1969, com a redação dada pelo art. 62 da Lei nº 13.097/2015, segundo o qual, caso conste do contrato cláusula resolutiva expressa, "a resolução por inadimplemento do promissário comprador se operará de pleno direito", o que, segundo o acórdão do mencionado REsp 1.789.863-MS, "por si só já denota a necessidade de adequação/alteração da jurisprudência até então sedimentada nesta Corte, ao menos a partir da vigência da referida norma".[75]

É como decidiu a 1ª Câmara de Direito Privado do Tribunal de Justiça de São Paulo, que, em ação de reintegração de posse proposta pelo promitente vendedor depois de resolvida extrajudicialmente a promessa, rejeitou pretensão de promitente comprador que sustentava a necessidade de resolução judicial e confirmou "decisão que deferiu liminar para reintegração dos autores promitentes vendedores na posse do imóvel (...). Incontroverso o inadimplemento e não havendo notícia de purgação da mora, realmente não há óbice ao deferimento da antecipação de tutela, ante a eficácia da cláusula resolutória."[76]

A par dessa orientação jurisprudencial, a inovação legislativa introduzida pelo art. 251-A da Lei nº 6.015/1973, com a redação dada pela Lei 14.382/2022, amplia a possibilidade de reintegração do antigo promitente vendedor na posse do imóvel, com fundamento na resolução extrajudicial de promessa de venda, independente de estipulação de cláusula resolutiva expressa, devendo instruir a inicial com certidão emitida pelo oficial do Registro de Imóveis que comprove a resolução do contrato e o cancelamento do correspondente registro.

De fato, a posse é conferida ao promitente comprador por efeito do contrato de promessa de compra e venda e é exercida em decorrência da relação jurídica assim constituída e por isso só é legítima enquanto esse contrato mantiver seu curso normal.

Contudo, na medida em que se caracterize o inadimplemento absoluto e se opera a resolução do contrato, deixa de existir posse a justo título, caracterizando-se esbulho possessório

---

[74] Essa decisão, por sua vez, alterava entendimento anterior que admitia a propositura de ação de reintegração de posse independentemente de prévia sentença de resolução (REsp 43.136-SP, rel. Min. Barros Monteiro, 4ª T., *DJ* 9.5.1994).

[75] Trecho do voto do relator do REsp 1.789.863-MS: "A recente Lei Federal nº 13.097/2015 alterou ou somente consolidou a forma da resolução do contrato de compromisso de compra e venda dos imóveis não loteados, estabelecendo a absoluta desnecessidade de intervenção judicial quando, devidamente notificado o devedor, esse não purgar a mora no prazo legal estabelecido, o que por si só já denota a necessidade de adequação/alteração da jurisprudência até então sedimentada nesta Corte, ao menos a partir da vigência da referida norma".

[76] TJSP, 1ª Câmara de Direito Privado, Agravo de Instrumento 2079575-67.2016.8.26.0000, rel. Des. Rui Cascaldi, j. 06.07.2016.

que legitima o antigo promitente vendedor a promover a ação de reintegração de posse, "o que, contudo, não torna necessário o processamento judicial da resolução. As questões não se confundem: resolve-se o contrato extrajudicialmente e ajuíza-se a ação para a reintegração."[77]

Merece registro a regulamentação peculiar instituída pela Lei nº 6.766/1979, com a redação dada pela Lei nº 13.786/2018, pela qual, em caso de distrato da promessa de venda do lote, o promitente vendedor (loteador) só poderá promover o registro de nova venda se comprovar ter iniciado a restituição do valor ao antigo promitente comprador, em caso de cancelamento do registro por inadimplemento, "somente será efetuado novo registro relativo ao mesmo lote, mediante apresentação do distrato assinado pelas partes e a comprovação do pagamento da parcela única ou da primeira parcela do montante a ser restituído ao adquirente, na forma do art. 32-A desta Lei, ao titular do registro cancelado, ou mediante depósito em dinheiro à sua disposição no registro de imóveis."[78]

11.2.5.3. *Resolução judicial da promessa de venda por inadimplemento da obrigação do promitente comprador*

Em relação aos contratos nos quais não tenha sido convencionada a cláusula resolutória expressa dá-se a resolução do contrato de promessa por inadimplemento da obrigação do promitente comprador mediante procedimento judicial comum.

Também nesse caso, como vimos, a interpelação do promitente comprador para a purgação da mora é requisito para propositura da ação, nos termos acima referidos.

Só depois de expirado o prazo fixado na interpelação sem que o adquirente tenha purgado a mora é que o promitente vendedor estará habilitado a ajuizar a ação de procedimento comum, visando a resolução do contrato.

Os efeitos restitutório e ressarcitório da resolução da promessa importam na reinvestidura do promitente vendedor no domínio pleno do imóvel e sua reintegração na posse, se for o caso, na devolução das quantias pagas pelo promitente comprador e na indenização das perdas e danos causados ao promitente vendedor pela quebra do contrato.

Em regra, as perdas e danos podem ser aferidos caso a caso, quando da resolução, ou prefixados em cláusula penal, que, no contrato de promessa, é usualmente expressa em percentual incidente sobre o valor do contrato ou sobre o valor pago.

---

[77] TERRA, Aline de Miranda Valverde. *Cláusula resolutiva expressa*, cit., p. 223.

[78] Lei nº 6.766/1979, com a redação dada pela Lei nº 13.786/2018: "Art. 32-A. (...) § 2º Somente será efetuado registro do contrato de nova venda se for comprovado o início da restituição do valor pago pelo vendedor ao titular do registro cancelado na forma e condições pactuadas no distrato, dispensada essa comprovação nos casos em que o adquirente não for localizado ou não tiver se manifestado, nos termos do art. 32 desta Lei. (...) Art. 35. Se ocorrer o cancelamento do registro por inadimplemento do contrato, e tiver sido realizado o pagamento de mais de 1/3 (um terço) do preço ajustado, o oficial do registro de imóveis mencionará esse fato e a quantia paga no ato do cancelamento, e somente será efetuado novo registro relativo ao mesmo lote, mediante apresentação do distrato assinado pelas partes e a comprovação do pagamento da parcela única ou da primeira parcela do montante a ser restituído ao adquirente, na forma do art. 32-A desta Lei, ao titular do registro cancelado, ou mediante depósito em dinheiro à sua disposição no registro de imóveis. (...) § 3º A obrigação de comprovação prévia de pagamento da parcela única ou da primeira parcela como condição para efetivação de novo registro, prevista no *caput* deste artigo, poderá ser dispensada se as partes convencionarem de modo diverso e de forma expressa no documento de distrato por elas assinado."

Em relação a dano moral, a jurisprudência do STJ está consolidada no sentido de que o mero inadimplemento contratual não causa, por si só, abalo moral indenizável.[79]

A jurisprudência do Superior Tribunal de Justiça, consolidada nos termos da Súmula 543, conforma-se à qualificação da promessa de venda de imóveis integrantes de incorporações como contrato irretratável, ao dispor sobre a resolução por culpa exclusiva do adquirente ou do incorporador e ao prever a retenção de parte das quantias pagas a título de indenização das perdas e danos resultantes do inadimplemento do adquirente.[80]

Não obstante, a construção jurisprudencial apresenta três aspectos dignos de nota em relação à peculiar tipificação dessa espécie de promessa de compra e venda: a qualificação do modo de extinção da promessa, o critério de indenização das perdas e danos decorrentes do inadimplemento do promitente comprador e o momento da restituição.

Nos tribunais estaduais registram-se divergências quanto ao modo de extinção da promessa, havendo acórdãos que atribuem à extinção por inadimplemento, indistintamente, a qualificação de *resilição* e *resolução*[81] e outros que, ante pedido de resilição unilateral formulado pelo adquirente, decretam a resolução, mas com fundamento em reconhecimento de inadimplemento antecipado da sua obrigação.[82]

---

[79] Destaque-se o REsp 1.551.968-SP, julgado pela sistemática dos recursos repetitivos: "No que tange à indenização por danos morais, esta Corte Superior possui entendimento pacífico no sentido de que o mero inadimplemento contratual não causa, por si só, abalo moral indenizável" (REsp 1.551.968/SP, Rel. Min. Paulo de Tarso Sanseverino, *DJe* 06.09.2016). "Civil. Agravo regimental no Recurso Especial. Ação de obrigação c/c indenização por danos morais. Atraso na entrega de imóvel. Aborrecimento e dissabor. Exame das premissas fáticas do acórdão recorrido. Enunciado nº 7 da Súmula do STJ. Não incidência. 1. O simples descumprimento contratual, por si, não é capaz de gerar danos morais, sendo necessária a existência de uma consequência fática capaz de acarretar dor e sofrimento indenizável pela sua gravidade. 2. A Corte local, para reformar a sentença e julgar procedente o pedido de indenização por danos morais, concluiu que o atraso na entrega do imóvel, de aproximadamente 9 (nove) meses, por si, frustrou a expectativa do casal de ter um lar, causando, consequentemente, transtornos por não ter domicílio próprio. Com efeito, o Tribunal de origem apenas superestimou o desconforto, o aborrecimento e a frustração da autora, sem apontar, concretamente, situação excepcional específica, desvinculada dos normais aborrecimentos do contratante que não recebe o imóvel no prazo contratual. 3. A orientação adotada na decisão agravada não esbarra no óbice contido no Enunciado nº 7 da Súmula do STJ, tendo em vista que foram consideradas, apenas, as premissas fáticas descritas no acórdão recorrido. 4. Agravo regimental desprovido" (AgRg no REsp 1.408.540/MA, rel. Min. Antonio Carlos Ferreira, *DJe* 19.02.2015).

[80] Súmula 543: "Na hipótese de resolução de contrato de promessa de compra e venda de imóvel submetido ao Código de Defesa do Consumidor, deve ocorrer a imediata restituição das parcelas pagas pelo promitente comprador – integralmente, em caso de culpa exclusiva do promitente vendedor/construtor, ou parcialmente, caso tenha sido o comprador quem deu causa ao desfazimento."

[81] "Apelação cível. Relação de consumo. Promessa de compra e venda de bens imóveis. Pretensão de resilição do negócio jurídico com a restituição de 90% dos valores pagos. Sentença de procedência parcial que condenou o réu na devolução de 80% do montante adimplido. Apelo da ré. Manutenção. Previsão contratual que estabelece os percentuais a serem restituídos no caso de desistência que se mostra abusiva e leonina. Evidente desvantagem do consumidor. Medida que afronta o equilíbrio do contrato. Denúncia contratual que enseja a restituição parcial. Incidência da Súmula nº 543 do colendo STJ. Arras confirmatórias que integram o valor total da avença. *Quantum* de 20% de retenção que foi fixado nos parâmetros jurisprudenciais. Recurso desprovido" (TJRJ, 14ª Câmara Cível, Apelação 0004358-65.2017.8.19.0209, rel. Des. Francisco de Assis Pessanha Filho, *DJe* 27.02.2019).

[82] "Apelação cível. Relação de consumo. Resolução de promessa de compra e venda de imóvel, por inadimplemento do promitente comprador. Sentença de procedência parcial dos pedidos. Irresignação

Há acórdãos que, dada a irretratabilidade, rejeitam pedidos de resilição unilateral da promessa, com fundamento na "impossibilidade de desistência imotivada pelo promitente comprador".[83]

---

da ré. 1. É cabível a resolução da promessa de compra e venda de imóvel, por denúncia do promitente comprador, em virtude de seu inadimplemento antecipado e confessado. Precedentes do STJ. 2. Nas hipóteses em que a resolução contratual se dá em virtude de inadimplência do promitente comprador, a devolução da quantia paga deve ser parcial. 3. Considerando o inadimplemento do autor, e tendo em vista os gastos administrativos e com construção suportados pela parte ré, revela-se adequado fixar o percentual de retenção em 25% (vinte e cinco por cento). 4. Nos casos em que o sinal configura princípio de pagamento, seguido de prestações periódicas, este caracteriza-se como arras confirmatórias, que não podem ser integralmente retidas pelo promitente vendedor. 5. Entretanto, na sentença foi autorizada a retenção integral da quantia paga a título de sinal, no montante de R$ 30.985,25, que corresponde a aproximadamente 18% (dezoito por cento) da quantia paga pelo promitente comprador. 6. Reforma parcial da sentença, para fixar o percentual de retenção em 25% (vinte e cinco por cento) da quantia total paga pelo autor, destacando-se que o valor pago a título de arras não pode ser integralmente retido pelas rés. 7. Ausência de *reformatio in pejus* em desfavor da parte ré, porquanto o demandante pagou o valor total de R$ 171.504,48, de modo que o percentual de 25% (vinte e cinco por cento) desta quantia corresponde a R$ 42.876,12, montante superior ao fixado pelo Juízo de primeiro grau" (TJRJ, 25ª Câmara Cível, Apelação 0221452-21.2016.8.19.0001, rel. Des. Sérgio Varela, *DJe* 13.02.2019).

[83] "Direito do consumidor, direito civil e processual civil. Promessa de compra e venda de lote de terreno celebrada em caráter irretratável e irrevogável. Pretensão de obrigação de fazer cumulada com pedido indenizatório de danos materiais. Sentença de improcedência dos pedidos. Apelação cível interposta pela parte ré, visando à reforma parcial do julgado. Ausência de mora do promitente vendedor. Impossibilidade de desistência imotivada pelo promitente comprador. Isonomia e equilíbrio contratual. Incidência dos artigos 22 do Decreto-lei 58/37, da Lei 6.766/76 e artigo 463 do Código Civil. Recomendação do item 5 do pacto global para aperfeiçoamento das relações negociais entre incorporadores e consumidores assinado por este egrégio Tribunal de Justiça no sentido de que a irretratabilidade só pode ser superada mediante consenso entre as partes e preexistência de cláusula contratual autorizativa. Inocorrência de tais circunstâncias no caso concreto. Inadequação em atribuir ao promitente vendedor todos os ônus da crise econômica que assola o país. Entendimento versado no verbete nº 543 do col. STJ (retenção de valores na hipótese de culpa do adquirente) que só se aplica às hipóteses de resolução do contrato. 1. A promessa de compra e venda irretratável e irrevogável gera ao comprador o direito à adjudicação do imóvel. Por outro lado, por isonomia e equilíbrio contratual, deve garantir ao vendedor a impossibilidade de resilição unilateral do contrato pelo adquirente que não mais tem interesse econômico na ultimação da avença. 2. *In casu*, o Autor solicitou a rescisão do contrato de compra e venda de lote de terreno, justificando seu pedido, na difícil situação econômica do país, entretanto, não logrou êxito em comprovar, a redução de suas condições financeiras, que justificassem a impossibilidade de continuidade do pagamento das parcelas avençadas. Verifica-se, portanto, tratar-se o caso concreto, de desistência imotivada do negócio jurídico, pelo promitente comprador. 4. O entendimento jurisprudencial, consolidado no verbete sumular nº 543 do Colendo Superior Tribunal de Justiça, no sentido de que é devida a retenção de parte dos valores quando a culpa pela frustração do negócio for imputável ao comprador é aplicável apenas aos casos de resolução do contrato, não de desistência. 5. Nesse diapasão, não se pode impedir o promitente vendedor de cobrar seu crédito pelos meios legalmente legítimos (negativação do consumidor, execução etc.). Isso significaria imputar ao fornecedor todos os ônus da crise econômica que assola o país, entendimento contraproducente e juridicamente insustentável. Acolhimento, enquanto instrumento de assistência à atividade jurisdicional, das recomendações contidas no item 5 Pacto Global para Aperfeiçoamento das Relações Negociais entre Incorporadores e Consumidores assinado por este Egrégio Tribunal de Justiça. 6. Recurso a que se nega provimento, com majoração dos honorários advocatícios sucumbenciais, nos termos do artigo 85, § 11, Código de Processo Civil" (TJRJ, 25ª Câmara Cível, Apelação 0008920-15.2016.8.19.0028, rel. Des. Werson Rego, *DJE* 20.02.2019).

No que toca ao critério de indenização devida pelo inadimplente, as decisões, em regra, não determinam a aferição das perdas e danos, mas fixam a indenização em percentuais entre 10 e 25% das quantias pagas pelo adquirente.

Quanto ao momento da restituição ao promitente comprador, a jurisprudência consolidada na Súmula 543 do STJ determina que seja feita imediatamente, desconsiderando o comprometimento do orçamento da construção provocado pelo redirecionamento de recursos para restituir as quantias pagas pelo adquirente inadimplente.

Essas e outras questões e controvérsias se intensificaram nos anos 2014/2018, quando a quebra de contratos de promessa chegaram a alcançar 45% do total dos contratos, e justificaram a apresentação de vários Projetos de Lei na Câmara e no Senado visando a regulamentação da matéria, entre eles o Projeto de Lei nº 1.220/2015, convertido na Lei nº 13.786/2018, que introduz alterações na Lei nº 4.591/1964, pelas quais (i) confere ao promitente comprador direito de arrependimento no período de sete dias contados da assinatura da promessa, se celebrada fora da sede da incorporadora; (ii) reafirma a irretratabilidade da promessa de compra e venda se não exercido nesse prazo o direito de arrependimento; (iii) dispõe sobre o modo de sua extinção e o momento da restituição de parte das quantias pagas pelo promitente comprador; e (iv) estabelece limite para indenização das perdas e danos decorrentes do inadimplemento da obrigação do promitente comprador, além de normas relacionadas à fase da formação do contrato e às penalidades pelo inadimplemento da obrigação do incorporador.

Os §§ 10, 11 e 12 do art. 67-A ratificam a qualificação da promessa tipificada na Lei nº 4.591/1964 como contrato irretratável, como dispõe o § 2º do art. 32, caso o adquirente não exerça o direito de arrependimento no prazo de reflexão de sete dias, contados da assinatura da promessa, caso tenha sido celebrada fora da sede da incorporadora.

Em relação ao modo de extinção da promessa, o art. 67-A e seus §§ 1º a 8º deixam claro que, confirmada a irretratabilidade pelo não exercício do direito de arrependimento, duas são as formas legalmente admitidas para extinção desse contrato, a saber, "distrato ou resolução por inadimplemento absoluto de obrigação do adquirente".

Nesses termos, a lei exclui qualquer possibilidade de resilição unilateral.[84]

Assim, se o adquirente não mais dispuser de condições para cumprir sua obrigação e as partes não chegarem a acordo para a resilição bilateral (distrato), a promessa será extinta mediante resolução por inadimplemento da obrigação do adquirente, seja por meio do procedimento extrajudicial regulamentado pelo art. 63 ou de ação judicial, admitida a ação de resolução por inadimplemento antes do termo por iniciativa do próprio adquirente.

Os efeitos do distrato e da resolução, judicial ou extrajudicial, também são objeto dessa alteração legislativa.

Em relação aos efeitos do distrato e da resolução judicial de promessas de venda de imóveis integrantes de incorporação imobiliária não submetida ao regime da afetação, o art.

---

[84] A par das normas da Lei nº 4.591/1964, que excluem a possibilidade de resilição unilateral, também não há normas no CDC que a permitam para essa espécie de contrato, pois os dispositivos que tratam dessa forma de extinção do contrato (arts. 20, II, e 49) restringem-se a contratos de menor monta e de quase nenhuma complexidade, celebrados "especialmente por telefone ou a domicílio", não sendo admitida sua aplicação a contratos solenes, complexos e de grande monta, como é o caso do contrato de incorporação. O § 1º do art. 51 do Projeto de Lei do CDC, que tratava da restituição de quantias pagas pelo promitente comprador foi vetado, com fundamento em que é "necessário dar disciplina mais adequada à resolução dos contratos de compra e venda", o que veio a ser parcialmente alcançado pela sanção da Lei nº 13.786/2018.

67-A limita a indenização das perdas e danos a 25% das quantias pagas, devendo ser deduzidas do valor a ser restituído as quantias correspondentes a essa penalidade e à comissão de corretagem. A restituição deve ser feita em 180 dias após a resolução ou 30 dias após a revenda do imóvel, o que ocorrer primeiro.

Se a incorporação estiver submetida ao regime da afetação, a indenização pela extinção da promessa, seja mediante distrato ou resolução, é limitada a 50% das quantias pagas, devendo ser deduzidas do valor a ser restituído as quantias correspondentes a essa penalidade e à comissão de corretagem; a restituição será feita em até 30 dias após o habite-se ou 30 dias após a revenda do imóvel, o que ocorrer primeiro.

O diferimento da restituição para momento posterior à conclusão da obra ou à revenda do imóvel visa a preservação do orçamento da construção, de forma a assegurar a aplicação dos seus recursos no pagamento das obrigações correspondentes à construção, coerentemente com o regime de vinculação de receitas expresso no art. 833, XII, do CPC, que torna impenhoráveis os créditos oriundos das vendas destinados ao pagamento das obrigações vinculadas à construção.

Os percentuais, as condições e os prazos de restituição previstas no art. 67-A aplicam-se à resolução judicial de promessa por inadimplemento de obrigação do adquirente, restringindo-se sua aplicação aos contratos celebrados a partir da vigência da Lei nº 13.786/2018.[85]

Excluem-se dessa regra os procedimentos de extinção de contrato mediante resolução extrajudicial e outros procedimentos seguidos de leilão, nos quais "a restituição far-se-á de acordo com os critérios estabelecidos na respectiva lei especial", como expressamente dispõe o § 14 do art. 67-A.

---

[85] "Compromisso de compra e venda. Ação de rescisão contratual cumulada com pedido de restituição dos valores pagos. Recusa do financiamento imobiliário. Culpa da Ré não comprovada. Cláusula contratual prevendo a responsabilidade da compradora pela obtenção do financiamento imobiliário. Contrato firmado sob a égide da Lei 13.876/2018. Cláusulas contratuais em conformidade com a Lei. Retenção de 50% do valor pago à vendedora. Comissão de corretagem. Prévia informação ao consumidor. Possibilidade de repasse ao adquirente. Sentença mantida. Recurso desprovido." (TJSP, 36ª Câmara de Direito Privado, Apelação Cível 103847167.2020.8.26.0002, rel. Des. Pedro Baccarat, j.22.3.2021).

"Apelação. Compromisso de compra e venda. Ação de obrigação de fazer com pedidos alternativos de rescisão contratual, restituição de quantia paga e indenização por dano moral. Incorporação imobiliária sob regime de patrimônio de afetação. Contrato celebrado sob a égide da Lei Federal 13.786/2018 (Lei do Distrato). Sentença de procedência parcial. Inconformismo de ambas as rés. Provimento parcial. Aplicabilidade da Lei do Distrato. Restituição em favor dos autores- apelados da quantia paga direto à incorporadora que deve observar a aplicação da disciplina contratual da pena convencional com eficácia condicionada à regra do teto de retenção de 50% do valor pago à incorporadora, na forma do artigo 67-A, § 5º, da Lei Federal 4.591/1964 (...). Sentença reformada. Recurso provido em parte. (TJSP, 9ª Câmara de Direito Privado, Apelação Cível 1021858-66.2020.8.26.0100, rel. Des. Piva Rodrigues, j. 1.2.2021).

"Compromisso de compra e venda. Imóvel. Resolução por inadimplemento dos adquirentes. Admissibilidade, nos termos do art. 475 do CC. Restituição das quantias pagas que é devida. Ato, contudo, que causa prejuízo à credora, que faz jus à retenção de parcela dos valores pagos. Contrato celebrado sob a vigência da lei do distrato (Lei n.º 13.786/2018). Retenção que poderá ser, na espécie, de 50% das quantias pagas. Hipótese em que houve a constituição de patrimônio de afetação. Percentual de retenção que, nessa hipótese, pode alcançar 50% das quantias pagas, na esteira do art. 67-A, § 5º da Lei 4.591/64, com a redação dada pela Lei n.º 13.786/2018. Retenção devida, ademais, no que concerne às despesas tributárias e condominiais em aberto." (TJSP, 6ª Câmara de Direito Privado, Apelação Cível 1013574-41.2020.8.26.0562, rel. Des. Vito Guglielmi, j. 29.4.2021).

Assim, na resolução extrajudicial de que trata o art. 63, assim como na execução do crédito oriundo de compra e venda com pacto adjeto de alienação fiduciária ou de hipoteca, a restituição corresponderá à quantia que sobrar do produto do leilão.

Em relação à execução extrajudicial de créditos garantidos por hipoteca ou por propriedade fiduciária de bem imóvel, o devedor fará jus ao saldo do produto do leilão, depois de satisfeito o crédito hipotecário ou fiduciário, aplicando-se à execução hipotecária extrajudicial o art. 9º da Lei nº 14.711/2023 e à execução fiduciária extrajudicial o art. 27 e seus parágrafos da Lei nº 9.514/1997.

A par desses procedimentos, e considerando que a promessa de venda, por instrumento público ou particular subscrito por duas testemunhas, constitui título executivo extrajudicial (CPC, art. 784, II e III), pode o promitente vendedor (incorporador) cobrar seu crédito mediante ação de execução nos termos dos arts. 783 e seguintes do Código de Processo Civil. Nesse caso, o exequente (incorporador) promoverá a penhora do direito aquisitivo do executado (promitente comprador) e/ou de outros bens integrantes do seu patrimônio, podendo o incorporador obter a satisfação do seu crédito mediante adjudicação (CPC, art. 876) ou em dinheiro, com o produto da alienação dos direitos penhorados (CPC, art. 879 e seguintes), entregando ao executado o saldo, se houver.

A execução judicial do crédito constituído na promessa pode ser justificada como alternativa à resolução, nos casos em que o promitente comprador tenha efetivado pagamento de parcela expressiva do preço, situação passível de caracterizar adimplemento substancial.

A superveniência de incapacidade de pagamento do preço da promessa no curso do contrato pode caracterizar inadimplemento anterior ao termo,[86] hipótese que pode ensejar a resolução da promessa com a consequente restituição das quantias pagas e a indenização das perdas e danos, que, em regra, tem sido fixada pelos tribunais em percentual sobre o valor pago, sem apuração do valor efetivo das perdas causadas pelo inadimplemento. Não raras vezes as decisões qualificam a resolução por inadimplemento antecipado como "resilição unilateral", "desistência imotivada", "denúncia unilateral por inadimplemento confessado pelo promitente comprador", embora apliquem as penalidades típicas da responsabilidade por inadimplemento.[87]

---

[86] Tratamos da matéria no Capítulo X.

[87] "Apelações cíveis. Contrato de promessa de compra e venda de unidade imobiliária em pool hoteleiro. Rescisão por iniciativa do comprador. Pretensão de rescisão do contrato, com a devolução das quantias pagas, além do recebimento de verba compensatória por dano moral. (...) A contenda versa sobre compra e venda de partes ideais de imóvel (hotel), destinadas a investimento imobiliário. (...) O litígio não envolve relação de consumo, afastada assim a aplicação do CDC ao caso em voga. (...) Autores afirmam textualmente em sua inicial que precisam rescindir o contrato, por não conseguirem mais manter o investimento realizado. Trata-se da possibilidade da denúncia unilateral do contrato por inadimplemento confessado dos autores, ou seja, a pretensão é de resolução do compromisso de compra e venda, por iniciativa do promissário comprador, por não mais suportar o pagamento das parcelas, independentemente de posterior e eventual paralisação das obras. (...) As partes contratuais devem agir em conformidade com a boa-fé objetiva (art. 422 do CC). Os autores demonstraram zelo em desfazer um contrato que já não se viam em condições de honrar. Ademais, na espécie de contrato de que se trata, o credor recebe de volta o bem transacionado, podendo negociá-lo com terceiro, de maneira a no mínimo amenizar suas perdas. O Superior Tribunal de Justiça já se manifestou no sentido da possibilidade da denúncia unilateral do contrato por inadimplemento antecipado e confessado do promitente comprador, ou seja, quando a este for insustentável economicamente o adimplemento contratual. É justo e razoável admitir-se a retenção, pelo vendedor, de parte das prestações pagas como forma de indenizá-lo pelos prejuízos

A iniciativa da resolução pode ser do próprio devedor que se vê incapaz de pagar, até porque, se não o fizer, agravará as perdas e danos pelos quais responde em razão do inadimplemento.

Nesse caso, é paradigmático o acórdão proferido em 1998 na Apelação 38.024.4/7 do Tribunal de Justiça do Estado de São Paulo, que reconheceu a caracterização do inadimplemento antecipado da obrigação do promitente comprador e decretou a resolução do contrato por ele mesmo requerida, com fundamento em que "não se pode negar ao autor [promitente comprador] o direito de ver declarada judicialmente a rescisão, já ocorrida na realidade, e de discutir o valor das perdas e danos. Se assim não se fizer, o devedor [promitente comprador] estará manietado, impossibilitado de discutir o *quantum* das perdas e danos a seu cargo."

Esse acórdão foi confirmado pelo STJ no REsp 200.019-SP[88] e constitui um marco no reconhecimento da legitimidade do promitente comprador para propor a resolução com fundamento no inadimplemento da sua obrigação anteriormente à exigibilidade da prestação.

Decisões anteriores do STJ já sinalizavam para a responsabilidade do promitente comprador de reparar as perdas e danos em caso de resolução por inadimplemento decorrente de perda de capacidade financeira.

Nos Embargos de Divergência no Recurso Especial 59.870-SP, foi acolhido por 4 votos a 3 o pedido de resolução formulado pelo adquirente, sob fundamento em alteração da base objetiva do negócio, impedindo-o de continuar cumprindo o contrato. Negou-se, entretanto,

---

suportados, notadamente as despesas administrativas realizadas com a divulgação, comercialização e publicidade. Entendimento do STJ de que a desistência do comprador rende ao promitente vendedor o direito de reter até 25% dos valores pagos. (...) A mora foi dos autores, que desistiram do negócio avençado, sendo o principal pedido da presente demanda a devolução dos valores pagos. Demandantes que não demonstraram qualquer fato a justificar o seu pleito compensatório de dano moral que, assim, não restou configurado. Recurso da parte ré a que se dá parcial provimento e recurso adesivo dos autores a que se nega provimento, reformando-se a sentença para julgar improcedente o pedido de danos morais e condenar a parte ré a restituir 80% dos valores pagos, acrescidos de juros de mora de 1% ao mês a contar da data do trânsito em julgado, mantendo-se, no mais, a sentença recorrida" (TJRJ, Apelação 0021342-37.2015.8.19.0002, 24ª Câmara Cível, rel. Des. Cíntia Santarem Cardinali, *DJe* 23.01.2019).

[88] "Civil. Promessa de compra e venda. Rescisão. Ação de rescisão de compromisso de compra e venda ajuizada pelo promitente comprador, que ficou sem condições de cumprir o contrato. Procedência do pedido, à vista das circunstâncias do caso concreto. Recurso especial não conhecido" (STJ, 3ª Turma, REsp 200.019, rel. Min. Ari Pargendler, *DJ* 27.08.2001). Do voto do relator da apelação cível, Desembargador José Osório, colhem-se os seguintes excertos: "percebendo que não poderia continuar cumprindo o contrato, e não obtendo o distrato amigável, [o autor] declarou expressamente que não ia pagar e pediu a declaração judicial da rescisão e a devolução das importâncias pagas, abatido o valor das perdas e danos que as rés comprovassem. (...). Segundo a teoria tradicional vigorante, a dificuldade ou mesmo a impossibilidade, econômica, pessoal, do devedor, não constitui força maior e não o exonera do dever de prestar. Entretanto, no campo das relações de consumo, em que o comprador está mais sujeito às variadas seduções das técnicas de venda, já se nota atenuação da regra *supra*; os próprios vendedores e fornecedores têm sido tolerantes com a inadimplência dos consumidores em épocas de dificuldades econômicas, de desemprego etc. assim é que, nesse ambiente, tais circunstâncias não podem deixar de ser consideradas e vão produzir algum efeito, como se verá adiante (...). Declarando expressa e solenemente que não podia mais pagar, o autor entrou diretamente no estado de inadimplência, sem passar pela mora (...) com o inadimplemento antecipado e confesso por parte do autor, e consequente abertura de duas alternativas suprarreferidas para as rés-vendedoras e com a escolha da solução rescisória, o autor-comprador não se isentou de responsabilidade. Continuou ele submetido aos efeitos do contrato, em estado de responsabilidade, e vai pagar por isso (...)."

o pedido de restituição integral, tendo o relator ressalvado: "claro está que, ao reverso do disposto na sentença, a restituição não deve operar-se de modo integral, mas com dedução de 25%, consideradas não só as despesas gerais tidas pela incorporadora com o empreendimento, mas também a circunstância de que, no caso, foi a autora quem teve a iniciativa de romper o pactuado."

Embora ressalvando que "ao compromissário-comprador inadimplente, em princípio, não é dado o direito de pedir a resolução do contrato", ela foi admitida em vista da comprovação, nos autos, da impossibilidade material de prosseguir os pagamentos e mediante indenização das perdas e danos sofridos pelo promitente vendedor, como observou a Ministra Nancy Andrighi em seu voto: "se é certo que a perda das parcelas, *in totum*, acarreta excessiva onerosidade ao promissário-comprador, é também lógico deduzir que a condenação do recorrido, promitente-vendedor, à devolução integral dos valores pagos constitui grave injustiça. Com o fim de solucionar a questão, tem a jurisprudência deste C. STJ admitido a retenção, pelo promitente vendedor, de parte da quantia despendida pelo promissário-comprador, a título de reembolso das despesas incorridas com a venda do imóvel (publicidade, corretagem, elaboração de contratos etc.), a título de indenização, por ter o promissário-comprador dado causa à rescisão."[89]

A hipótese é apreciada por José Osório de Azevedo Jr., que sintetiza a justificativa da resolução por iniciativa do promitente comprador incapaz de adimplir: "a) mesmo que o inadimplemento seja decorrente de fato imputável ao devedor, a ação pode ser de sua iniciativa, isto porque a imputação é de mera culpa e não de dolo; b) havendo motivo eticamente justificável, é possível que se declare o inadimplemento antecipado do contrato; c) com a declaração do devedor de que não vai pagar e mesmo com a inércia do credor, a resolução do contrato é fatal, particularmente em razão do disposto no art. 1.163 do CC/1916 [atual art. 474 do CC/2002]; d) o princípio da força obrigatória do contrato está respeitado, pois o inadimplente é responsabilizado. A questão central está na aferição das perdas; e) se o compromitente, a bem de suas conveniências, não pede a resolução do contrato, o compromissário pode fazê-lo, pois este se julga credor do excesso indenizatório que ficou em mãos daquele."[90]

É como se consolidou a jurisprudência do STJ, nos termos da Súmula 543, que, considerando a irretratabilidade da promessa, deixa claro que o modo de extinção da promessa é a *resolução* por inadimplemento do incorporador ou do promitente comprador (que pode ocorrer anteriormente ao termo), excluída, obviamente, a possibilidade de *resilição unilateral* por incompatibilidade com a irretratabilidade do contrato (Código Civil, art. 473).[91]

---

[89] REsp 59.870-SP, 3ª Turma do STJ, decisão unânime, *DJ* 07.02.2000, *Revista do Superior Tribunal de Justiça*, Brasília, a. 12 (129), p. 246-257, rel. Min. Ari Pargendler: "Civil. Compra e venda de imóvel resilida pela vontade unilateral do adquirente. Código do Consumidor. 1. Contrato de adesão. Contrato de adesão é aquele cujo conteúdo não pode ser substancialmente modificado pelo consumidor (...), em cujo rol se inclui o contrato de compra e venda de apartamento, salvo se, *v.g.*, comprovada ou a modificação da planta padrão ou a redução significativa do preço ou o respectivo parcelamento em condições não oferecidas aos demais adquirentes de unidades no empreendimento. 2. Devolução das parcelas pagas. A devolução das prestações pagas, por efeito da desistência da compra, não é garantida pelo Código do Consumidor; o § 1º do art. 53, que originariamente assegurava ao adquirente esse direito, foi vetado, de modo que uma exegese o restabelecesse implicaria eliminar o veto por meio de interpretação".

[90] AZEVEDO JR., José Osório. *Compromisso de compra e venda.* 5. ed. São Paulo: Malheiros, 2006, p. 205-207.

[91] Súmula 543: "Na hipótese de resolução de contrato de promessa de compra e venda de imóvel submetido ao Código de Defesa do Consumidor, deve ocorrer a imediata restituição das parcelas pagas pelo promitente comprador – integralmente, em caso de culpa exclusiva do promitente vendedor/construtor, ou parcialmente, caso tenha sido o comprador quem deu causa ao desfazimento."

386 | INCORPORAÇÃO IMOBILIÁRIA • *Melhim Namem Chalhub*

Anteriormente, a jurisprudência do Tribunal de Justiça do Estado de São Paulo, consolidada na Súmula 1, já admitia a resolução por iniciativa do promitente comprador e reconhecia sua responsabilidade pela indenização das perdas e danos que o inadimplemento causa ao incorporador, ao determinar que do valor a ser restituído sejam deduzidos os "gastos próprios de administração e propaganda feitos pelo compromissário vendedor, assim como com o valor que se arbitrar pelo tempo de ocupação do bem."[92]

11.3. INDENIZAÇÃO DAS PERDAS E DANOS POR INADIMPLEMENTO DA OBRIGAÇÃO DE CONCLUSÃO DA OBRA NO PRAZO DE PRORROGAÇÃO. DANO EMERGENTE E LUCRO CESSANTE

O inadimplemento da obrigação do incorporador de concluir a obra no prazo pactuado sujeita-o à responsabilidade pela indenização das perdas e danos daí decorrentes, seja em razão da impossibilidade da prestação, que caracteriza o inadimplemento absoluto, ou em razão do cumprimento tardio, correspondente ao inadimplemento relativo (mora).[93]

O inadimplemento absoluto da obrigação do incorporador enseja a resolução do contrato, em razão da qual o incorporador recupera o domínio pleno do imóvel, restitui integralmente as quantias pagas, com atualização monetária, e indeniza o adquirente dos prejuízos causados pelo inadimplemento, mediante pagamento da "multa estabelecida" no contrato (art. 43-A, § 1º), tudo em até sessenta dias da data em que for consumada a resolução.

Em caso de inadimplemento relativo (mora), caracterizado pela disponibilização do imóvel depois de expirado o prazo de prorrogação estabelecido no contrato, a responsabilidade do incorporador de indenizar as perdas e danos daí decorrentes abrange o dano emergente, correspondente ao *quantum* que o promitente comprador perdeu por não tido possibilidade de fruição direta do imóvel desde o final do prazo da prorrogação até a data da efetiva disponibilização, e, ainda, se comprovado, o lucro cessante, correspondente ao que o adquirente ganharia se pudesse tirar proveito econômico do imóvel no interregno entre o fim do prazo de prorrogação e a data da efetiva disponibilização do imóvel.

O dano emergente é um dano positivo e corresponde à diminuição patrimonial causado ao adquirente pelo retardamento da conclusão da obra. Se adquiriu o imóvel para moradia, o *dano emergente* corresponde à *perda patrimonial* que pode ser representada pelo que o adquirente desembolsou para pagamento de aluguel para moradia em outro imóvel ou pelo valor do aluguel atribuível ao imóvel cuja construção não foi concluída, calculado pelo período do atraso.

---

[92] Súmulas do TJSP: "1. O compromissário comprador de imóvel, mesmo inadimplente, pode pedir a rescisão do contrato e reaver as quantias pagas, admitida a compensação com gastos próprios de administração e propaganda feitos pelo compromissário vendedor, assim como com o valor que se arbitrar pelo tempo de ocupação do bem. 2. A devolução das quantias pagas em contrato de compromisso de compra e venda de imóvel deve ser feita de uma só vez, não se sujeitando à forma de parcelamento prevista para a aquisição. 3. Reconhecido que o compromissário comprador tem direito à devolução das parcelas pagas por conta do preço, as partes deverão ser repostas ao estado anterior, independentemente de reconvenção".

[93] Lei nº 4.591/1964: "Art. 43. Quando o incorporador contratar a entrega da unidade a prazo e preços certos, determinados ou determináveis, mesmo quando pessoa física, ser-lhe-ão impostas as seguintes normas: (...) II – responder civilmente pela execução da incorporação, devendo indenizar os adquirentes ou compromissários, dos prejuízos que a êstes advierem do fato de não se concluir a edificação ou de se retardar injustificadamente a conclusão das obras, cabendo-lhe ação regressiva contra o construtor, se fôr o caso e se a êste couber a culpa".

A entrega do imóvel em prazo superior ao da prorrogação pode também dar causa a *lucro cessante*, caracterizado pela frustração de *acréscimo patrimonial* que poderia ser apropriado pelo adquirente, se tivesse oportunidade de obter ganho com a exploração econômica do imóvel logo após a expiração do prazo de prorrogação.

Assim, nos termos do art. 402 do Código Civil, pela disponibilização do imóvel após a prorrogação do prazo contratual, o incorporador responde pela indenização da perda patrimonial representada pela não fruição do imóvel, ou seja, por aquilo que "efetivamente perdeu" (dano emergente) e, eventualmente, pela reparação dos lucros cessantes, caracterizados pela frustração do acréscimo patrimonial que o adquirente teria se tivesse tido oportunidade de extrair renda do investimento feito na aquisição do imóvel, ou, na expressão da lei, "aquilo que razoavelmente deixou de lucrar."[94]

A quantificação da indenização por dano emergente é relativamente simples, pois, na medida em que se caracteriza pela perda patrimonial decorrente da privação do uso do imóvel pelo período de atraso na entrega a partir da prorrogação, basta aferir o valor de aluguel correspondente ao imóvel e multiplicá-lo pelo período do atraso na entrega.

Já a indenização dos lucros cessantes comporta apuração mais complexa, por se tratar de uma "possibilidade frustrada, vaga ou meramente hipotética."[95] Nesse caso, é necessária a "efetiva demonstração de prejuízo, partindo do pressuposto anterior de previsão objetiva de lucro."[96]

Nesse caso, o acréscimo patrimonial ou o ganho de capital decorrente da exploração econômica do imóvel, que caracterizam o lucro cessante, não podem ser aferidos senão mediante comprovação no caso concreto.

A indenização pode ser prefixada em cláusula penal, que, de acordo com o art. 409 do Código Civil, pode se referir à inexecução completa da obrigação, correspondente ao inadimplemento absoluto, ou simplesmente à mora (inadimplemento relativo).[97]

No mercado da incorporação imobiliária, tornou-se usual a prefixação da indenização em cláusula penal, estipulada em percentuais no contrato de promessa de compra e venda, visando compensar as perdas e danos sofridos pelo adquirente, pelo tempo em que foi privado do proveito econômico do imóvel, seja em razão de fruição direta ou de ganho que poderia auferir com o imóvel durante o período da mora.

Em relação aos contratos nos quais já se encontra prefixada a indenização em cláusula penal, dispensa-se a prova sobre o *quantum* a ser pago ao adquirente, afastando-se quaisquer controvérsias quanto à indenização das perdas e danos.

Exceto nos casos em que "houver efetiva demonstração de prejuízo, partindo do pressuposto anterior de previsão objetiva de lucro", a quebra de promessa de venda de imóvel para moradia dificilmente comportaria cumulação de indenização do dano emergente, ainda que prefixada em cláusula penal, e de lucros cessantes, pois, em regra, o prejuízo causado pelo retardamento na disponibilização do imóvel ao adquirente não extrapola o valor correspondente ao respectivo valor locativo.

---

[94] Código Civil: "Art. 402. Salvo as exceções expressamente previstas em lei, as perdas e danos devidas ao credor abrangem, além do que ele efetivamente perdeu, o que razoavelmente deixou de lucrar."

[95] VENOSA, Silvio de Sálvio. *Direito civil* – responsabilidade civil. 7. ed. São Paulo: Atlas, 2007, v. IV, p. 278.

[96] REsp 615.203-MS, rel. Min. João Otávio de Noronha, *DJe* 08.09.2009.

[97] Código Civil: "Art. 409. A cláusula penal estipulada conjuntamente com a obrigação, ou em ato posterior, pode referir-se à inexecução completa da obrigação, à de alguma cláusula especial ou simplesmente à mora."

Nesses casos, a cumulação representaria indenização em dobro pelo mesmo fato que deu causa às perdas e danos.

Outra questão relevante no âmbito dos contratos de alienação de imóveis integrantes de incorporação imobiliária refere-se à pretensão de inversão, em desfavor do incorporador, da cláusula penal estipulada exclusivamente para a hipótese de inadimplemento absoluto ou relativo da obrigação do adquirente, sem que tenha sido estipulada cláusula penal pelo inadimplemento do incorporador, com fundamento na noção de "reciprocidade ou isonomia".

A propósito dessa questão, ressaltam preliminarmente dois aspectos relevantes.

Em primeiro lugar, a cláusula penal é acessória, está sempre atrelada a uma obrigação principal, para cujo inadimplemento fixa a penalidade convencional.

De outra parte, a falta de estipulação de cláusula penal relativa ao inadimplemento de obrigação do incorporador não importa em exoneração da sua responsabilidade pela indenização das perdas e danos daí decorrentes. Trata-se de lacuna que reclama integração do contrato pela qual, observada sua racionalidade econômica e mediante recurso a analogia a contratos de natureza semelhante, o valor da indenização seja fixado por arbitramento em cada caso concreto.

A par dessas questões preliminares, importa ter presente que as substanciais distinções que caracterizam obrigações do incorporador e as do adquirente afastam a possibilidade de equiparação das penalidades por inadimplemento.

É que as obrigações do incorporador são de fazer e dar, correspondentes à construção e entrega do imóvel, enquanto o adquirente tem obrigação pecuniária, exigível em quantia certa.

São obrigações que, pela natureza peculiar que as distinguem, não comportam equiparação e reciprocidade, matéria que já foi objeto de Súmula do Tribunal de Justiça do Estado de São Paulo, na qual é afastada a aplicação da penalidade por equidade.[98]

Essas questões – cumulação da indenização prefixada em cláusula penal com indenização de lucros cessantes – foram solucionadas pela sistemática dos recursos repetitivos pela 2ª Seção do STJ em 22.05.2019, ao apreciar as propostas de afetação dos REsps 1.498.484 e 1.635.428, relativos à possibilidade ou não de cumulação (Tema 970) e dos REsps 1.614.721 e 1.631.485, relativos à pretensão de inversão da cláusula penal (Tema 971).

Em relação ao Tema 970, foi fixada tese segundo a qual: "A cláusula penal moratória tem a finalidade de indenizar pelo adimplemento tardio da obrigação, e, em regra, estabelecida em valor equivalente ao locativo, afasta-se sua cumulação com lucros cessantes".

Quanto ao Tema 971, a tese definida tem o seguinte teor: "No contrato de adesão firmado entre o comprador e a construtora/incorporadora, havendo previsão de cláusula penal apenas para o inadimplemento do adquirente, deverá ela ser considerada para a fixação da indenização pelo inadimplemento do vendedor. As obrigações heterogêneas (obrigações de fazer e de dar) serão convertidas em dinheiro, por arbitramento judicial".

Em relação à pretensão de cumulação, o relator ressalta a natureza acessória da cláusula penal, um "pacto secundário acessório – uma condição –, por meio do qual as partes determinam previamente uma multa (usualmente em pecúnia), consubstanciando indenização para o caso de inadimplemento absoluto ou de cláusula especial, hipótese em que se denomina

---

[98] TJSP: "Súmula 159. É incabível a condenação da vendedora ao pagamento de multa ajustada apenas para a hipótese de mora do comprador, afastando-se a aplicação da penalidade por equidade, ainda que descumprido o prazo para a entrega do imóvel objeto do compromisso de venda e compra. Incidência do art. 411 do Código Civil."

cláusula penal compensatória. Ou ainda, como no presente caso, pode ser estabelecida para prefixação de indenização para o inadimplemento relativo (quando ainda se mostrar útil o adimplemento, ainda que tardio, isto é, defeituoso), recebendo, nesse caso, a denominação de cláusula penal moratória" (REsp 1.186.789).

No que tange à questão da inversão da cláusula penal, quando estipulada apenas contra o adquirente, o relator observou que, "seja por princípios gerais do direito, ou pela principiologia adotada no Código de Defesa do Consumidor, seja, ainda, por comezinho imperativo de equidade, mostra-se abusiva a prática de se estipular penalidade exclusivamente ao consumidor, para a hipótese de mora ou inadimplemento contratual absoluto, ficando isento de tal reprimenda o fornecedor em situações de análogo descumprimento da avença".

Observa o relator, todavia, que a pura e simples inversão pode provocar enriquecimento sem causa do adquirente do imóvel, dado que as prestações são heterogêneas e seus valores, distintos. Nessa hipótese, "a inversão, para determinar a incidência do mesmo percentual sobre o preço total do imóvel, incidindo a cada mês de atraso, parece não constituir – em verdade – simples `inversão da multa moratória', podendo isso sim representar valor divorciado da realidade de mercado, a ensejar enriquecimento sem causa".

Efetivamente, a pura e simples inversão da cláusula penal não só não corrige o desequilíbrio provocado pela omissão do contrato, mas também daria causa a outra distorção, provocada pela substancial diferença entre a natureza das prestações e a assimetria entre os seus valores.

A hipótese é de lacuna, que deve ser preenchida mediante integração do contrato, a partir de analogia a contrato de natureza semelhante, dos costumes e dos princípios gerais de direito; entre eles, a boa-fé objetiva e a vedação do enriquecimento sem causa, observada a racionalidade econômica do contrato.

Não há dúvida de que a cláusula penal estipulada exclusivamente em favor do incorporador coloca o adquirente em situação de desvantagem exagerada, é incompatível com a boa-fé e com a equidade e caracteriza abusividade que deve ser corrigida mediante integração, visando o equilíbrio da relação contratual. Código de Defesa do Consumidor: "Art. 51. São nulas de pleno direito, entre outras, as cláusulas contratuais relativas ao fornecimento de produtos e serviços que: (...); IV – estabeleçam obrigações consideradas iníquas, abusivas, que coloquem o consumidor em desvantagem exagerada, ou sejam incompatíveis com a boa-fé ou a equidade. (...). § 2º A nulidade de uma cláusula contratual abusiva não invalida o contrato, exceto quando de sua ausência, apesar dos esforços de integração, decorrer ônus excessivo a qualquer das partes".

Com base nesses fundamentos, a tese fixada no Tema 971 não admite a inversão da cláusula penal estipulada apenas em favor do incorporador, mas prevê o preenchimento da lacuna decorrente da inexistência de penalidade para a hipótese de inadimplemento da obrigação do incorporador mediante integração do contrato, ao dispor que "as obrigações heterogêneas (obrigações de fazer e de dar) serão convertidas em dinheiro, por arbitramento judicial" da indenização pelo período de mora, vedada sua cumulação com lucros cessantes.

A controvérsia sobre as questões suscitadas nesses recursos especiais pela sistemática dos recursos repetitivos foi promovida num momento em que a matéria não se encontrava disciplinada no direito positivo, mas, vindo a ser sancionada a Lei nº 13.786/2018, que institui critérios, limites e prazos para pagamento de penalidades relativas a inadimplemento absoluto ou relativo, de obrigações do incorporador ou do adquirente, é de se presumir que a questão ficará pacificada, admitindo-se que possam remanescer controvérsias sobre poucas questões periféricas.

As penalidades pelo inadimplemento de obrigação do incorporador estão reguladas pelo art. 43-A e seus parágrafos e já foram apreciadas anteriormente.

As penalidades aplicáveis pela extinção do contrato mediante resolução por inadimplemento da obrigação do adquirente, assim como mediante acordo entre ambos para distratar a promessa, são objeto do art. 67-A da Lei nº 4.591/1964, com a redação dada pela Lei nº 13.786/2018, que dispõe sobre a indenização das perdas e danos decorrentes de distrato (resilição bilateral) ou de resolução por inadimplemento de obrigação do promitente comprador, limitando-a a 25% ou 50% das quantias pagas.

Os limites de indenização assim fixados pela lei gozam da presunção da razoabilidade e excluem a cláusula penal estipulada nesses percentuais do campo de incidência do art. 51 do CDC, que considera nulas as cláusulas que "estabeleçam obrigações consideradas iníquas, abusivas..." (inciso IV) ou a que "se mostra excessivamente onerosa para o consumidor" (§ 1º, III).

Em relação ao inadimplemento absoluto da obrigação de conclusão da obra, caso o adquirente opte pela resolução do contrato, a lei impõe ao incorporador a obrigação de restituir "a integralidade dos valores pagos", com atualização monetária, e a pagar a "multa estabelecida" no contrato em até sessenta dias da resolução (art. 43-A, § 1º).[99]

Eventualmente, determinadas situações podem se revestir de especificidades que não as ajustem aos limites adotados pelo legislador para a indenização devida pelo promitente comprador ou demonstrem a inadequação da cláusula penal estabelecida no contrato para a indenização devida pelo incorporador, ensejando a que, nas circunstâncias do caso concreto, o montante da penalidade estipulada no contrato se mostre "manifestamente excessivo", hipótese em que, uma vez demonstrado o excesso, a multa seja reduzida equitativamente, nos termos do art. 413 do Código Civil, observados os pressupostos da aplicação dessa norma, mediante demonstração do excesso manifesto do seu valor.[100]

A fixação de limite de indenização para os casos de resolução ou distrato, de que tratam o art. 67-A e, ainda, a estipulação de multa nos termos do art. 43-A, § 1º, não impedem as partes de convencionarem a apuração de indenização suplementar, como permitido pelo parágrafo único do art. 416 do Código Civil, hipótese em que "a pena vale como mínimo da indenização."

Em ambos os casos, se tiver sido convencionada a faculdade de pedir indenização suplementar, compete ao incorporador ou ao adquirente, conforme o caso, "provar o prejuízo excedente."[101]

A alteração introduzida pela Lei 13.786/2018 pode contribuir para a simplificação e desoneração do procedimento de extinção do contrato em caso de reconhecimento de inadimplemento anterior ao termo em relação à obrigação do promitente comprador.

É que, ao estabelecer idêntico limite de cláusula penal para o distrato e para a resolução judicial, essa norma legal pode estimular as partes a buscar composição amigável para a extinção

---

[99] Lei nº 4.591/1964, com a redação dada pela Lei nº 13.786/2018: "Art. 43-A. (...) § 1º Se a entrega do imóvel ultrapassar o prazo estabelecido no *caput* deste artigo, desde que o adquirente não tenha dado causa ao atraso, poderá ser promovida por este a resolução do contrato, sem prejuízo da devolução da integralidade de todos os valores pagos e da multa estabelecida, em até 60 (sessenta) dias corridos contados da resolução, corrigidos nos termos do § 8º do art. 67-A desta Lei."

[100] Código Civil: "Art. 413. A penalidade deve ser reduzida equitativamente pelo juiz se a obrigação principal tiver sido cumprida em parte, ou se o montante da penalidade for manifestamente excessivo, tendo-se em vista a natureza e a finalidade do negócio."

[101] Código Civil: "Art. 416. Para exigir a pena convencional, não é necessário que o credor alegue prejuízo. Parágrafo único. Ainda que o prejuízo exceda ao previsto na cláusula penal, não pode o credor exigir indenização suplementar se assim não foi convencionado. Se o tiver sido, a pena vale como mínimo da indenização, competindo ao credor provar o prejuízo excedente."

do contrato mediante distrato nos casos em que o adquirente demonstre ao incorporador sua perda de capacidade de pagamento do saldo do preço, circunstância que pode levar as partes a fazer concessões mútuas para prevenir o litígio correspondente à ação judicial de resolução, mediante transação que resulte na celebração de distrato.

O distrato pode se mostrar conveniente para ambas as partes, não tem os custos judiciais e evita desnecessária sobrecarga do Judiciário, não se justificando, salvo circunstâncias excepcionais, a propositura de ação de resolução, com o dispêndio de custas judiciais e de honorários de advogado, para obter em juízo o mesmo resultado que a lei faculta aos contratantes por meio de resilição bilateral do contrato.

Na medida em que o legislador adotou parâmetros presumivelmente compatíveis com a racionalidade econômica da incorporação imobiliária, em caso de perda da capacidade de pagamento do adquirente o distrato pode atender satisfatoriamente ao interesse de ambos os contratantes e afastar do Judiciário a aferição da indenização das perdas e danos devidos pela quebra do contrato, se quantificada nos limites estabelecidos pela lei.

Contudo, ainda que os parâmetros instituídos pela lei não atendam adequadamente às peculiaridades do caso concreto, o § 13 do art. 67-A faculta às partes negociar o distrato mediante "definir condições diferenciadas das previstas nesta lei," possibilitando relativa flexibilização das condições estabelecidas na lei para o desfazimento amigável do contrato, visando ajustar o acordo liberatório ao interesse das partes em face das peculiaridades do negócio, como vimos no item 11.2.2.

11.3.1. Indenização de danos morais por descumprimento do prazo de entrega do imóvel

O retardamento injustificado da execução da obra que pode dar causa a dano moral é aquele que, nas palavras de Marco Aurélio Bezerra de Melo, caracteriza "uma ofensa aos direitos da personalidade em qualquer das suas espécies, como vida, corpo, honra, nome, imagem, intimidade, dentre outros, em razão da cláusula de abertura constitucional contida no art. 5º, § 2º, da Constituição Federal".[102]

A adequada qualificação da situação como dano moral é objeto de controvérsia e de abusos, que, como observa o mesmo autor, tem provocado reação do Judiciário mediante "súmulas que buscam exatamente reprimir demandas frívolas e aventureiras, dando ênfase ao aspecto ético da pretensão compensatória por dano moral".[103]

O dano moral não é presumível pelo simples fato do atraso da obra, devendo, antes, ser analisadas as circunstâncias de cada caso concreto para se verificar se efetivamente ocorreu,[104] sendo essa a orientação já consolidada na jurisprudência do Superior Tribunal de Justiça,

---

[102] MELO, Marco Aurélio Bezerra de. *Curso de direito civil*. Responsabilidade civil. São Paulo: Atlas, 2015, v. IV, p. 131.

[103] MELO, Marco Aurélio Bezzera de. *Curso...*, cit., p. 148-149.

[104] LOUREIRO, Francisco Eduardo. *Estudos avançados...*, cit., p. 152. Diz o autor: "Aproveita-se a oportunidade para criticar as iniciais de ações indenizatórias que fazem longas digressões doutrinárias sobre o dano moral, mas se esquecem do essencial: afirmar na causa de pedir, de modo claro e objetivo, quais foram as circunstâncias do caso que provocaram sofrimento anormal ao autor, ou que violaram direitos da personalidade".

segundo a qual o mero descumprimento do prazo contratual, "embora possa ensejar a reparação por danos materiais, não acarreta, por si só, danos morais."[105]

É reconhecida, entretanto, a ocorrência de abalo moral em relação a exacerbado atraso na entrega da obra, como, por exemplo, no caso do REsp 830.572-RJ, que teve por objeto um contrato de promessa celebrado há 12 anos e o prazo de entrega excedeu em mais de 9 anos, "em que as circunstâncias atinentes ao ilícito material têm consequências severas de cunho psicológico, mostrando-se como resultado direto do inadimplemento, a justificar a compensação pecuniária".[106]

---

[105] "Processual Civil. Agravo interno no recurso especial. Ação de indenização por danos materiais c/c pedido de compensação por danos morais. Inadimplemento contratual. Dano moral. Não configurado. Prequestionamento. Ausência. Súmula 211/STJ. Dissídio jurisprudencial. Cotejo analítico e similitude fática. Ausência. 1. Esta Corte tem firmado o posicionamento de que o mero descumprimento contratual, caso em que a promitente vendedora deixa de entregar o imóvel no prazo contratual injustificadamente, embora possa ensejar reparação por danos materiais, não acarreta, por si só, danos morais. 2. A ausência de decisão acerca dos dispositivos legais indicados como violados, não obstante a oposição de embargos de declaração, impede o conhecimento do recurso especial. 3. O dissídio jurisprudencial deve ser comprovado mediante o cotejo analítico entre acórdãos que versem sobre situações fáticas idênticas" (STJ, REsp 1.685.692-SP, rel. Min. Nancy Andrighi, *DJe* 13.02.2019).

"Civil. Processual civil. Agravo interno nos embargos de declaração no recurso especial. Recurso manejado sob a égide do NCPC. Compra e venda de imóvel em construção. Operação anterior à Lei nº 13.786/2018. Lesão extrapatrimonial. Caracterização com base exclusivamente na demora na conclusão da obra. Orientação da terceira turma no sentido de que o mero inadimplemento contratual não configura dano moral. Incidência da súmula nº 568 do STJ. Decisão mantida. Agravo interno não provido. 1. Aplica-se o NCPC a este recurso ante os termos do Enunciado Administrativo nº 3, aprovado pelo Plenário do STJ na sessão de 9/3/2016: Aos recursos interpostos com fundamento no CPC/2015 (relativos a decisões publicadas a partir de 18 de março de 2016) serão exigidos os requisitos de admissibilidade recursal na forma do novo CPC. 2. A jurisprudência desta Corte é firme no sentido de que, em regra, o atraso na entrega do imóvel constitui mero inadimplemento contratual, o que, por si só, não gera dano moral indenizável. Na hipótese, o Tribunal de Justiça não consignou a existência de circunstância excepcional a caracterizar dano moral, motivo pelo qual é indevida a indenização. 3. Não sendo a linha argumentativa apresentada capaz de evidenciar a inadequação dos fundamentos invocados pela decisão agravada, o presente agravo não se revela apto a alterar o conteúdo do julgado impugnado, devendo ele ser integralmente mantido em seus próprios termos. 4. Agravo interno não provido." (STJ, AgInt no AREsp 2.157.998-RJ, rel. Min. Moura Ribeiro, *DJe* 13.10.2022).

[106] "A inexecução de contrato de promessa de compra e venda de unidade habitacional, em virtude da ausência de construção do empreendimento imobiliário pela incorporadora, transcorridos 09 (nove) anos da data aprazada para a entrega, causa séria e fundada angústia no espírito do adquirente, não se tratando, portanto, de mero dissabor advindo de corriqueiro inadimplemento de cláusula contratual, ensejando, assim, o ressarcimento do dano moral. (...) Não se desconhece a jurisprudência do STJ quanto a não reconhecer dano moral indenizável causado pelo descumprimento de cláusula contratual, contudo há precedentes que excepcionam as hipóteses em que as circunstâncias atinentes ao ilícito material têm consequências severas de cunho psicológico, mostrando-se como resultado direto do *inadimplemento*, a justificar a compensação pecuniária, tal como ocorre na hipótese. Outrossim, é certo que a Lei nº 4.591/1964 (Lei do Condomínio e Incorporações) determina equiparar o proprietário do terreno ao *incorporador*, imputando-lhe responsabilidade solidária pelo empreendimento". Precedentes citados: REsp 1.072.308-RS, *DJe* 10.06.2010; REsp 1.025.665-RJ, *DJe* 09.04.2010; REsp 617.077-RJ, *DJe* 29.04.2011; AgRg no Ag 631.106-RJ, *DJe* 08.10.2008, e AgRg no Ag 1.010.856-RJ, *DJe* 1º.12.2010 (STJ, 4ª T., REsp 830.572-RJ, rel. Min. Luis Felipe Salomão, *DJe* 26.05.2011).

Nos tribunais regionais e estaduais registram-se entendimentos divergentes, que ora condenam o incorporador à indenização de danos morais em "montante que atinge as finalidades compensatória e pedagógica da condenação", ora a negam, com fundamento em que "o adquirente não narra quaisquer circunstâncias específicas hábeis a demonstrar abalo à sua dignidade, limitando-se a afirmar os inconvenientes decorrentes do atraso."[107]

---

[107] "Agravo de Instrumento. Decisão parcial de mérito. Compromisso de compra e venda. Cooperativa habitacional. Mora da construtora. Pedido de rescisão do contrato com restituição integral e indenização por danos materiais e morais. Procedência parcial. Suspensão em relação ao pedido de lucros cessantes. Caso que não se subsume à hipótese paradigma. Inconformismo do autor. Acolhimento em parte. Deve ser afastada a suspensão do processo em relação ao pedido de indenização por lucros cessantes, pois não formulado pedido de cumulação com cláusula penal. Impossibilidade de incidência da tese afetada no Recurso Especial repetitivo pelo C. STJ (tema 970). Causa madura. Aplicação do art. 1.013, III do CPC. Pedido improcedente. A opção pela rescisão do contato com restituição integral dos valores mais encargos sana o prejuízo, afastando a presunção que admite os lucros cessantes. Precedentes deste E.TJSP. Danos morais. Inocorrência. Descumprimento contratual, por si só, não gera prejuízo moral indenizável. Não caracterizada a situação excepcional de sofrimento moral" (TJSP, 8ª Câmara de Direito Privado, Agravo de Instrumento 2015920-78.2019.8.26.0000, rel. Des. Alexandre Coelho, *DJe* 12.04.2019).

"Compra e venda. Promessa *de* venda e compra para entrega futura. Inadimplência do comprador, não verificada. Rescisão contratual por culpa exclusiva da vendedora. *Atraso* na entrega da *obra*. Incontroverso. Devolução integral dos valores pagos pelo adquirente. Procedência. Aluguéis despendidos em decorrência da não entrega do imóvel na data inicialmente prevista, também, devidos. *Danos morais.* Indenização devida. Valor fixado em R$ 15 mil reais. Montante que atinge as finalidades compensatória e pedagógica da condenação. Precedentes. Comissão *de* corretagem e taxa SATI. Devolução dos valores pagos a tais títulos. Cobrança prescrita. Prazo trienal. Entendimentos firmados pelo C. STJ em recurso representativo *de* repetitivos. Recurso parcialmente provido" (TJSP, 1ª Câmara de Direito Privado, Apelação 1014891-81.2015.8.26.0002, rel. Des. Rui Cascaldi, *DJe* 11.04.2019).

"Aquisição imobiliária. Arguição de cobranças indevidas que teriam sido efetuadas pela incorporadora, além de suposto dano moral decorrente de atraso na entrega de imóvel. Irresignação da incorporadora. Taxa de evolução de obra que foi paga apenas dentro do prazo regular do empreendimento, não havendo prova nos autos que indique sua cobrança após o termo final para a entrega das obras. Cobrança, portanto, que se mostra plenamente válida. Comissão de corretagem que pode ser cobrada no âmbito de aquisições do Programa Minha Casa Minha Vida, desde que tenha sido estipulada de forma clara no contrato, autonomamente ao valor da aquisição, e contanto que tenha sido efetivamente prestado o serviço de corretagem, como ocorreu no caso em tela. Dano moral não verificado, já que o adquirente não narra quaisquer circunstâncias específicas hábeis a demonstrar abalo à sua dignidade, limitando-se a afirmar os inconvenientes decorrentes do atraso. Recurso provido" (TJRJ, 23ª Câmara Cível, Apelação 0012757-96.2015.8.19.0001, rel. Des. Celso Silva Filho, j. 23.01.2019).

"Apelação cível. Ação indenizatória. Relação de consumo. Promessa de compra e venda de imóvel, que seria quitado com financiamento pelo programa habitacional 'minha casa minha vida'. Atraso na entrega do bem. Não ocorrência. Danos morais não configurados. Requerimento de devolução em dobro dos valores pagos: comissão corretagem, taxa assessoria e financiamento, reajuste saldo devedor. Sentença de improcedência que se reforma parcialmente. Assessoria SATI – (...) Danos morais – A ocorrência de danos morais não restou configurada no caso em julgamento. Isto porque, o prazo para entrega do imóvel, de acordo com a cláusula 5, do Contrato Particular de Promessa de Compra e Venda (indexador 16), seria de 20 (vinte) meses após a assinatura do contrato de financiamento junto ao agente financeiro, Caixa Econômica Federal" (TJRJ, Apelação 0048391-56.2015.8.19.0001, 26ª Câmara Cível, rel. Des. Wilson do Nascimento Reis, j. 31.01.2019).

11.4. AÇÃO DE EXECUÇÃO DO CRÉDITO CORRESPONDENTE AO PREÇO DA PROMESSA DE VENDA

Em caso de inadimplemento da obrigação do promitente comprador, o promitente vendedor, ao invés de requerer a resolução do contrato, pode promover a execução do seu crédito, pois a promessa irretratável é título executivo extrajudicial,[108] sendo o crédito nela constituído passível de execução, desde que o promitente vendedor tenha cumprido sua obrigação e uma vez demonstrada a liquidez, certeza e exigibilidade da dívida.

Em determinados casos, a execução é mais compatível com o princípio do equilíbrio do contrato do que a resolução por inadimplemento do promitente comprador; exemplo dessa situação é o caso em que o valor do saldo do preço não pago pelo promitente comprador é inexpressivo em relação ao valor global do negócio. Em contratos de financiamento com amortização parcelada, situação análoga à da promessa de compra e venda usualmente empregada na incorporação imobiliária, registram-se decisões no sentido de que "o adimplemento substancial do contrato pelo devedor não autoriza ao credor a propositura de ação para a extinção do contrato, salvo se demonstrada a perda do interesse na continuidade da execução."[109]

A execução também atende ao interesse do credor, pois é capaz de suprir sua expectativa de percepção do produto da venda, de modo direto e específico. Para esse fim, o credor pode obter a penhora de qualquer bem do patrimônio do promitente comprador, dentre os penhoráveis, inclusive seus direitos aquisitivos no próprio imóvel objeto da promessa, que não está protegido pela regra da impenhorabilidade, tendo em vista que a dívida terá sido constituída para aquisição ou construção do imóvel (Lei nº 8.009/1990, art. 3º),[110] e pode ser objeto de constrição nos termos do art. 835, XII, do Código de Processo Civil de 2015.

Se efetivada a penhora sobre os direitos aquisitivos do devedor (promitente comprador), eles terão seu valor fixado por avaliador judicial e serão vendidos em leilão, hipótese em que o arrematante ficará sub-rogado nesses direitos e na obrigação de pagar ao exequente (promitente vendedor) o saldo remanescente do preço da promessa.

É facultado ao credor adjudicar os direitos aquisitivos penhorados, e nesse caso a propriedade se consolidará no seu patrimônio, ressalvado que, se o valor do seu crédito for inferior ao da avaliação dos bens, deverá depositar em juízo a diferença, que ficará à disposição do devedor (promitente comprador).[111]

---

[108] O Código de Processo Civil qualifica como título executivo extrajudicial "o documento particular assinado pelo devedor e por 2 (duas) testemunhas" (art. 784, III).

[109] STJ, 4ª Turma, REsp 272.739-MG, rel. Min. Ruy Rosado: "O cumprimento do contrato de financiamento, com a falta apenas da última prestação, não autoriza o credor a lançar mão da ação de busca e apreensão, em lugar da cobrança da parcela faltante. O adimplemento substancial do contrato pelo devedor não autoriza ao credor a propositura de ação para a extinção do contrato, salvo se demonstrada a perda do interesse na continuidade da execução, que não é o caso. Na espécie, ainda houve a consignação judicial do valor da última parcela. Não atende à exigência da boa-fé objetiva a atitude do credor que desconhece esses fatos e promove a busca e apreensão, com pedido liminar de reintegração de posse."

[110] A propósito, assim se manifesta Francisco Eduardo Loureiro: "Aliás, parece lógico que a exceção ao princípio da impenhorabilidade da moradia se aplique ao compromisso de compra e venda, sob pena de inviabilizar toda alienação a prazo de bens imóveis" (*Responsabilidade civil* ..., cit., p. 197).

[111] Código de Processo Civil: "Art. 876. É lícito ao exequente, oferecendo preço não inferior ao da avaliação, requerer que lhe sejam adjudicados os bens penhorados. § 1º Requerida a adjudicação, o executado será intimado do pedido: I – pelo Diário da Justiça, na pessoa de seu advogado constituído nos autos; II – por carta com aviso de recebimento, quando representado pela Defensoria Pública ou quando não

Na execução, o valor que o devedor eventualmente receberá será o correspondente ao resultado líquido do leilão, isto é, a quantia que sobejar depois de satisfeito o crédito em execução e deduzidas as despesas processuais, não se podendo cogitar de pura e simples restituição de valores pagos pelo promitente comprador, pois, como observa Francisco Eduardo Loureiro, invocando decisão do Tribunal de Justiça de São Paulo, "o próprio mecanismo da excussão, com devolução de eventual excesso ao devedor, já garante o interesse cogente do equilíbrio contratual."[112]

11.5. A VENDA DA UNIDADE IMOBILIÁRIA MEDIANTE LEILÃO EXTRAJUDICIAL (LEI Nº 4.591/1964, ART. 63; LEI Nº 14.711/2023, ART. 9º; LEI Nº 9.514/1997, ART. 27)

Independentemente do procedimento judicial de resolução da promessa de compra e venda, o ordenamento contempla a possibilidade de resolução extrajudicial de pleno direito, seguida de venda particular do imóvel objeto do contrato de incorporação, mediante procedimento também conhecido como "execução extrajudicial" ou "leilão extrajudicial".

Os principais casos de leilão extrajudicial decorrem da resolução de pleno direito, se tiver sido estipulada cláusula resolutiva expressa, nos termos do art. 63 da Lei nº 4.591/1964, tendo como objeto imóveis integrantes das incorporações, de execução extrajudicial de créditos hipotecários em geral, nos termos do art. 9º da Lei nº 14.711/2023[113], e de execução extrajudicial de crédito garantido por propriedade fiduciária de bem imóvel nos termos do art. 27 da Lei nº 9.514/1997.

Ao utilizarmos a expressão "procedimento de cobrança e leilão extrajudicial" estamos convencidos de que não se trata de espécie de processo, e em edição anterior ponderamos que não se trata de exemplo de autotutela. Samir José Caetano Martins, entretanto, reportando-se a Niceto Alcalá-Zamora y Castillo, entende que as hipóteses de leilão extrajudicial em exame são casos de autotutela, ressalvando, entretanto, que no caso ela não deve ser tomada na sua acepção tradicional, como sinônimo de vingança privada, mas sim como "meio de satisfação de pretensões pelo qual, nos limites estabelecidos em lei, o titular de uma pretensão *interfere*

---

tiver procurador constituído nos autos; III – por meio eletrônico, quando, sendo o caso do § 1º do art. 246, não tiver procurador constituído nos autos. § 2º Considera-se realizada a intimação quando o executado houver mudado de endereço sem prévia comunicação ao juízo, observado o disposto no art. 274, parágrafo único. § 3º Se o executado, citado por edital, não tiver procurador constituído nos autos, é dispensável a intimação prevista no § 1º. § 4º Se o valor do crédito for: I – inferior ao dos bens, o requerente da adjudicação depositará de imediato a diferença, que ficará à disposição do executado; II – superior ao dos bens, a execução prosseguirá pelo saldo remanescente (...)".

[112] LOUREIRO, Francisco Eduardo. *Responsabilidade civil...*, cit., p. 198. O autor refere-se ao acórdão proferido pela 4ª Turma de Direito Privado do TJSP no Agravo de Instrumento nº 455.955-4/8-00, julgado em 29.6.2006, de cuja ementa se extrai: "O credor apenas promove a excussão do imóvel, vendendo-o em hasta pública. Se o preço apurado for superior ao crédito, a sobra é devolvida ao devedor; se inferior, remanesce crédito a ser executado."

[113] A execução extrajudicial de créditos hipotecários foi introduzida no direito positivo brasileiro pelos arts. 29 a 41 do Decreto-lei nº 70/1966, aplicável restritivamente aos créditos hipotecários constituídos segundo as regras do Sistema Financeiro da Habitação em favor de instituições financeiras e seguradoras. Essas disposições foram revogadas pela Lei nº 14.711/2023, cujo art. 9º institui nova disciplina do procedimento de execução extrajudicial dos créditos hipotecários em geral, do qual tratamos adiante.

396 | INCORPORAÇÃO IMOBILIÁRIA • *Melhim Namem Chalhub*

na esfera jurídica alheia direta e concretamente, independente do consentimento do sujeito atingido", propondo o conceito de autotutela moderna, no qual estão inseridos os procedimentos satisfativos previstos em lei que independem do concurso do Estado-Juiz.[114]

11.6. O PROCEDIMENTO DO ART. 63 DA LEI Nº 4.591/1964

A Lei nº 4.591/1964 faculta a estipulação de cláusula resolutiva expressa nos contratos de promessa de venda ou de cessão de imóveis integrantes de incorporações imobiliárias, pouco importando tenham sido comercializados em forma de alienação de frações ideais de terreno coligada a contrato de construção ou em forma de alienação das unidades a preço fechado. Tratamos da resolução de pleno direito, por efeito da cláusula resolutiva expressa, no item 11.2.5.1.

Nos contratos em que tenha sido estipulada cláusula resolutiva expressa, os arts. 63, e seus parágrafos, da Lei nº 4.591/1964 e 1º, VI e VII, da Lei nº 4.864/1965 facultam à comissão de representantes dos adquirentes e ao incorporador a promover procedimento extrajudicial de resolução de pleno da promessa, seguida de leilão extrajudicial para venda do imóvel visando a satisfação do crédito em aberto, devendo a comissão de representantes ou o incorporador entregar o saldo ao adquirente inadimplente.[115]

Para realização dessa venda, a Comissão de Representantes e o incorporador são investidos de mandato irrevogável, por força do § 5º do mesmo art. 63, válido durante toda a vigência do contrato geral de construção do edifício, com poderes necessários para, em nome do adquirente, efetuar a alienação dos direitos de que aquele é titular, podendo fixar preço, ajustar condições, sub-rogar o arrematante nos direitos e obrigações decorrentes do contrato

---

[114] MARTINS, Samir José Caetano. *Execuções extrajudiciais de créditos imobiliários*. Rio de Janeiro: Editora Espaço Jurídico, 2007, p. 87.

[115] Lei nº 4.591/1964: "Art. 63. É lícito estipular no contrato, sem prejuízo de outras sanções, que a falta de pagamento, por parte do adquirente ou contratante, de três prestações do preço da construção, quer estabelecidas inicialmente, quer alteradas ou criadas posteriormente, quando for o caso, depois de prévia notificação com o prazo de 10 (dez) dias para purgação da mora, implique na rescisão do contrato, conforme nele se fixar, ou que, na falta de pagamento, pelo débito respondem os direitos à respectiva fração ideal de terreno e à parte construída adicionada, na forma abaixo estabelecida, se outra forma não fixar o contrato. § 1º Se o débito não for liquidado no prazo de 10 (dez) dias, após solicitação da Comissão de Representantes, esta ficará, desde logo, de pleno direito, autorizada a efetuar, no prazo que fixar, em público leilão anunciado pela forma que o contrato previr, a venda, promessa de venda ou de cessão ou a cessão da quota de terreno e correspondente parte construída e direitos, bem como a sub-rogação do contrato de construção". Lei nº 4.864/1965: "Art. 1º Sem prejuízo das disposições da Lei nº 4.591, de 16 de dezembro de 1964, os contratos que tiverem por objeto a venda ou a construção de habitações com pagamento a prazo poderão prever a correção monetária da dívida, com o consequente reajustamento das prestações mensais de amortização e juros, observadas as seguintes normas: (...). VI – A rescisão do contrato por inadimplemento do adquirente somente poderá ocorrer após o atraso de, no mínimo, 3 (três) meses do vencimento de qualquer obrigação contratual ou de 3 (três) prestações mensais, assegurado ao devedor o direito de purgar a mora dentro do prazo de 90 (noventa) dias, a contar da data do vencimento da obrigação não cumprida ou da primeira prestação não paga. VII – Nos casos de rescisão a que se refere o item anterior, o alienante poderá promover a transferência para terceiro dos direitos decorrentes do contrato, observadas, no que forem aplicáveis, as disposições dos §§ 1º a 8º do art. 63 da Lei nº 4.591, de 16 de dezembro de 1964, ficando o alienante, para tal fim, investido dos poderes naqueles dispositivos conferidos à Comissão de Representantes".

de construção, receber o preço, assinar as respectivas escrituras, imitir o arrematante na posse do imóvel, transmitir domínio, direito e ação, inclusive receber citação, propor e variar de ações (§ 5º do art. 63).

Além da Comissão de Representantes, o incorporador ou o construtor, enquanto alienantes, também estão legitimados a promover o leilão da unidade do adquirente inadimplente, ficando o alienante investido dos mesmos poderes conferidos à Comissão de Representantes pelo art. 63, §§ 1º a 8º.[116]

Os poderes outorgados à Comissão de Representantes têm validade mesmo depois da conclusão da obra, dispondo o § 6º do art. 63 que o mandato "poderá ser exercido pela Comissão de Representantes até a conclusão dos pagamentos devidos; esse mesmo dispositivo assegura a validade do mandato mesmo em caso de morte, falência ou concordata do condômino ou sua dissolução, se se tratar de sociedade"; o mandato é válido "ainda que a unidade pertença a menor".

Trata-se de uma forma particular de venda de imóvel, previamente pactuada em contrato, nos termos autorizados pelo art. 63. Verificado atraso de pagamento em prazo igual ou superior a 90 dias ou 3 prestações, a Comissão de Representantes deverá oferecer ao adquirente oportunidade de purgação da mora, devendo, para tal, notificá-lo para que efetive a purgação no prazo de 10 dias da data em que receber a notificação.

Da notificação devem constar as informações pertinentes ao caso, vale dizer, a indicação da origem da dívida, que, em geral, é a promessa de venda ou o contrato de construção; no curso da construção, havendo alterações no valor das quotas de construção, os novos valores são aprovados pela Comissão de Representantes ou pela Assembleia Geral dos Condôminos, de modo que deve ser indicada a ata de que consta a aprovação dos valores em cobrança. A notificação deverá ser dirigida ao adquirente e seu cônjuge, aos quais deverá ser entregue pessoalmente, podendo ser entregue a representante legal ou a procurador ao qual tenham sido conferidos poderes especiais para tal fim.

A lei fixa o prazo de dez dias para purgação da mora pelo adquirente, a contar da interpelação para esse fim dirigida pela Comissão de Representantes ou pelo incorporador. Expirado o prazo sem a purgação da mora, considera-se resolvido de pleno direito o contrato,[117] autorizada a Comissão ou o incorporador a promover, em público leilão, a venda da fração ideal e acessões do adquirente inadimplente, sub-rogando o arrematante nos direitos e obrigações do contrato de construção.

Serão realizados dois leilões, sendo exigido lance mínimo no primeiro e admitindo-se, no segundo leilão, a arrematação por qualquer valor.

Diz o § 2º do art. 63 que no primeiro leilão o lance mínimo será equivalente "ao desembolso efetuado pelo inadimplente, para a quota do terreno e a construção, despesas acarretadas

---

[116] STF. RE 79.431-RJ. 1ª Turma. rel. Min. Rodrigues Alckmin. *DJ* 12.3.1976. "Incorporação imobiliária. Acórdão que considerou legítima cláusula contratual em que os condôminos outorgaram ao incorporador ou ao construtor autorização para efetuar o leilão previsto no art. 63, § 1º, da Lei 4.591, de 16.12.1964. Promessa de compra e venda não inscrita constitui direito pessoal e dispensa a notificação da mulher do comprador para a purgação da mora. Inexistência de ofensa a direito federal ou dissídio de julgados. Recurso Extraordinário não conhecido".

[117] A propósito, Francisco Arnaldo Schmidt cita acórdão da 9ª Câmara Civil do Tribunal de Justiça de São Paulo, segundo o qual "decorrido *in albis* o prazo de emenda da mora, a declaração de que o negócio está resolvido, independe de prévio pronunciamento judicial (...) caracterizada a mora, o contrato deixa de existir" (Ob. cit., p. 103).

e as percentagens expressas no parágrafo seguinte", despesas essas que são as próprias do leilão (publicação de editais, comissão de leiloeiro etc.), honorários de advogado, comissão de 5% para o condomínio, multa de 10% em favor do condomínio e honorários de advogado. Ao falar em *lance mínimo*, a lei faculta ao condomínio incluir outros valores àqueles listados no § 4º do art. 63, parecendo razoável que sejam computados também os valores das parcelas em atraso, com seus encargos, de modo que, se houver lance que cubra tudo o que tiver sido desembolsado pelo inadimplente mais as parcelas em aberto, que correspondem ao crédito do condomínio, e as despesas, o leilão terá alcançado o resultado mais justo, isto é, o condomínio receberá todo o seu crédito e o adquirente inadimplente receberá em restituição tudo o que tiver pago. Assim, para se alcançar resultado mais justo, parece conveniente que, além das verbas enumeradas no § 2º do art. 63, sejam também computadas no lance mínimo as parcelas que o adquirente inadimplente tiver pago até então.

Não se alcançando esse valor mínimo, realiza-se o segundo leilão, no qual os direitos do inadimplente serão arrematados por qualquer valor, pois, de acordo com o § 2º do art. 63, "nesta segunda praça, será aceito o maior lanço apurado, ainda que inferior àquele total" (refere-se ao valor mínimo do primeiro leilão). A propósito da expressão "lance inferior ao mínimo", Samir José Caetano Martins observa que não se pode aceitar "qualquer lance", se ficar configurado um preço vil; pondera, quanto a esse aspecto, que se aplica por analogia o art. 891 do CPC/2015 ("Não será aceito lance que ofereça preço vil" – correspondente ao art. 692 do CPC/1973: "Não será aceito lanço que, em segunda praça ou leilão, ofereça preço vil"), acrescentando que a limitação também encontra fundamento no direito fundamental de propriedade do devedor (art. 5º, XXII, da Constituição da República), direito esse que recai sobre a diferença apurada entre o valor do bem e o valor do saldo devedor.[118]

De acordo com o § 4º do art. 63, do preço que for apurado no leilão serão deduzidas as quantias referentes à dívida do adquirente inadimplente, às despesas, às percentagens relativas às comissões devidas ao Condomínio, ao leiloeiro e aos honorários de advogado, entregando-se o saldo, se houver, ao adquirente inadimplente.

O leilão será realizado por leiloeiro oficial. Embora a lei não explicite os procedimentos a serem adotados para a venda do imóvel, devem ser seguidas as normas usuais da realização de leilões em geral, podendo ser aplicadas, subsidiariamente, as regras a esse respeito contidas no CPC ou em normas legais que tratem de outras hipóteses de leilões extrajudiciais. Em regra, deve ser publicado edital de leilão pelo menos duas vezes em jornal local de grande circulação, contendo a identificação do imóvel a ser vendido, as características essenciais da incorporação, o dia, a hora e o local onde será realizado o leilão, o valor do lance mínimo, a explicitação de que o arrematante ficará sub-rogado nos direitos e nas obrigações do inadimplente e a natureza do contrato em que será sub-rogado o arrematante. A lei não exige a intimação do devedor para o ato do leilão e a jurisprudência reconhece a desnecessidade da intimação, pois a oferta pública para venda do imóvel é do conhecimento do devedor, seja porque é prevista em lei, seja porque dela já tomou conhecimento ao receber a notificação para purgação da mora;[119] ademais, ao ofertar o imóvel à venda mediante leilão o contrato

---

[118] Ob. cit., p. 98.

[119] "A execução instituída pela Lei nº 4.591/1964 possibilitou a realização de leilão extrajudicial, devendo, no entanto, a opção por sua utilização constar sempre, previamente, do contrato estabelecido entre as partes envolvidas na incorporação. A necessidade de previsão contratual da medida expropriatória extrajudicial, e a ocorrência de prévia interpelação do devedor para que seja constituído em mora, dão a essa espécie de execução elementos satisfatórios de contraditório, uma vez que a interpelação será

já terá sido resolvido de pleno direito; entretanto, pode ser conveniente que o devedor seja cientificado da data, hora e local do leilão, o que pode ser feito mediante carta da Comissão de Representantes ou do leiloeiro dirigida ao endereço constante do contrato.

O Condomínio tem preferência para adquirir a fração ideal e as acessões do inadimplente, em igualdade de condições com terceiros, devendo o exercício desse direito ser decidido em assembleia geral a ser realizada até 24 horas após o leilão, pela unanimidade dos presentes a essa assembleia. A lei fala que essa deliberação deve ser tomada após o *leilão final*, significando que é o leilão no qual tiver ocorrido arrematação, podendo, portanto, ser o primeiro ou o segundo leilão. Muitas vezes o Condomínio adjudicará o imóvel sem efetuar qualquer desembolso, salvo para cobrir as despesas do leilão, pois, não havendo licitante ou havendo licitante que ofereça lance inferior ao valor do crédito do Condomínio, este adjudica o imóvel mediante simples compensação.

A formalização da venda realizada no leilão se faz mediante escritura pela qual o inadimplente, representado pela Comissão de Representantes, contrata a transmissão, para o arrematante, dos direitos de que é titular sobre o imóvel: se o inadimplente tiver título de domínio, contratará a transmissão do domínio, mediante escritura de compra e venda; se for titular de direitos aquisitivos, contratará a transmissão desses direitos mediante cessão de direitos ou promessa de cessão. Quanto ao título, há quem sustente que a transmissão dos direitos do inadimplente se revista da forma da Carta de Arrematação expedida pelo leiloeiro, mas, embora se possa admitir que, em certos casos de venda extrajudicial, o título do arrematante seja a carta expedida pelo leiloeiro, entendemos que, no caso do leilão de que trata o art. 63 da Lei nº 4.591/1964, a razão está com aqueles que sustentam deva essa transmissão ser contratada mediante escritura de compra e venda ou de cessão firmada pela Comissão de Representantes, como procuradora do inadimplente, pois o § 5º do art. 63 atribui poderes à Comissão para "outorgar as competentes escrituras e contratos (...) imitir o arrematante na posse do imóvel, transmitir domínio, direito e ação"; a lei fala, portanto, em outorga de escritura, e não em "expedição de carta de arrematação"; além disso, a lei confere poderes para outorga da escritura à Comissão de Representantes, e não a leiloeiro.

Recebido o preço e satisfeitas as obrigações vinculadas ao imóvel e ao contrato de aquisição da unidade, a Comissão de Representantes entregará o saldo, se houver, ao inadimplente.

Pela dívida do adquirente respondem a fração ideal e as acessões de que é titular; trata-se de trivial procedimento de cobrança de dívida, para o qual a lei instituiu um mecanismo mais célere visando a manutenção do programa contratual, no interesse comum da coletividade dos contratantes do contrato de incorporação.

Assim dispõe, homogeneamente, o direito positivo, mas, não obstante, vez por outra condôminos inadimplentes buscam em juízo a restituição das cotas de construção que pagaram, não raras vezes invocando o art. 53 do CDC, como se esse dispositivo mandasse restituí-las, mesmo que o produto do leilão não alcance o valor da dívida.

Restituir valores ao inadimplente, nas hipóteses em que o produto do leilão ou o valor da avaliação não satisfaça o crédito e encargos (art. 63, § 3º) significa desapossar o credor do seu direito.

---

absolutamente capaz de informar o devedor da inauguração do procedimento, possibilitando, concomitantemente, sua reação. Nos termos da execução extrajudicial da Lei nº 4.591/1964, não é necessária a realização de uma segunda notificação do devedor com o objetivo de cientificá-lo da data e hora do leilão, após a interpelação que o constitui em mora" (REsp 1.399.024-RJ, rel. Min. Luís Felipe Salomão, *DJe* 11.12.2015).

400 | INCORPORAÇÃO IMOBILIÁRIA • *Melhim Namem Chalhub*

Em atenção a essa lógica elementar, a jurisprudência tem rechaçado a pretensão de restituição quando não há saldo positivo na venda em leilão ou quando há adjudicação pelo condomínio pelo valor da dívida, por falta de licitantes, tendo em vista a "impossibilidade de devolução das parcelas pagas ante a inexistência de saldo remanescente".[120] Na hipótese, "impõe-se a análise do caso concreto para se aferir a existência de remanescente entre o valor adjudicado pelo condomínio e o da revenda a terceiros, resultado que, apenas em caso positivo, impenderia repasse ao devedor, nos exatos termos da parte final do § 4º do art. 63 da Lei 4.591/1964".[121] Há, entretanto, decisões pela restituição, nas quais não foi considerada a configuração peculiar da relação entre os condôminos e o condomínio;[122] é que essa relação é paritária, e não de consumo, pois todos os condôminos são titulares das frações ideais do terreno e donos da obra, para cuja execução se obrigam a aportar recursos na proporção de suas cotas de construção; o que está em questão é a falta de aporte de recursos de algum condômino, fato que autoriza a comissão de representantes ou o incorporador a intentar o procedimento de cobrança e leilão regulado pelo art. 63 depois de resolvido de pleno direito o contrato de promessa.

Uma vez efetivada a venda, o arrematante fica sub-rogado nos direitos e nas obrigações do antigo titular dos direitos, substituindo-o na relação contratual existente, vale dizer, no direito aquisitivo da unidade imobiliária respectiva e na obrigação de pagar o preço,

---

[120] "Direito civil. Contrato de Incorporação. Código de Defesa do Consumidor. Aplicabilidade. Restituição de parcelas pagas. Súmula 7/STJ. 1. Em que pese o contrato de incorporação ser regido pela Lei nº 4.591/64, admite-se, outrossim, a incidência do Código de Defesa do Consumidor, devendo ser observados os princípios gerais do direito que buscam a justiça contratual, a equivalência das prestações e a boa-fé objetiva e vedam o locupletamento ilícito. 2. Aplica-se a Súmula nº 7 do STJ na hipótese em que a tese versada no recurso especial reclama a análise dos elementos fáticos produzidos ao longo da demanda. 3. Recurso especial não conhecido" (REsp 747.768-PR, rel. Min. João Otávio de Noronha, *DJe* 19.10.2009).

[121] TJSP, 4ª Câmara de Direito Privado, Apelação Cível 687.883-4/4, rel. Des. Maia da Cunha, j. 26.11.2009; a decisão é no sentido de situações em que "não se reconhece o direito de restituição de valores". TJRJ, 11ª Câmara Cível, Apelação Cível 2009.001.47829, rel. Des. Cláudio de Mello Tavares, j. 14.10.2009: "Apelação cível. Ação indenizatória. Condomínio. Contrato de construção por administração. Imóvel levado a leilão extrajudicial por mora da condômina. Pretensão de restituição dos valores pagos. De acordo com a legislação pertinente à hipótese, o bem pode ser alienado em segunda praça por qualquer lance, até mesmo inferior ao débito. Vedação ao enriquecimento sem causa que não se aproveita porque as parcelas pagas foram utilizadas na construção. Pretensão autoral carente de amparo jurídico. Reforma integral da sentença. Provimento do recurso". TJRJ, 18ª Câmara Cível, Apelação Cível 2009.001.68.294, rel. Des. Leila Albuquerque, j. 30.4.2010, cujo acórdão só admite seja repassado ao condômino inadimplente "o saldo apurado na forma do artigo 63, § 4º, da Lei nº 4.591/95, se houver, em liquidação de sentença (...), e, em havendo saldo em favor destes [condôminos inadimplentes], o valor apurado deverá ser corrigido a contar da data do leilão até o efetivo pagamento, acrescido de juros legais a partir da citação".

[122] STJ, 4ª Turma, REsp 472.533-MS, rel. Min. Fernando Gonçalves: "Contrato de incorporação. Leilão extrajudicial. Adjudicação do imóvel do adquirente pelo condomínio. Saldo devedor. Enriquecimento sem causa. Impossibilidade. Restituição ao condômino inadimplente das parcelas efetivamente pagas. Incidência. Código de Defesa do Consumidor. Lei 4.591/1964. 1. Afronta os princípios gerais de direito e a justiça contratual almejada pelo Código de Defesa do Consumidor a não restituição, ao condômino inadimplente, das parcelas efetivamente saldadas para a construção de empreendimento mediante contrato de incorporação. 2. Cabível a restituição das parcelas adimplidas devidamente corrigidas, autorizada a retenção, pelo condomínio, de 15% do valor referente à comissão e multa remuneratória, a que se refere o § 4º do artigo 63 da Lei 4.951/1964. 3. Recurso especial conhecido e parcialmente provido".

de acordo com as condições que tiverem sido pactuadas no contrato em que figurava o adquirente inadimplente.

Prevê a lei (§ 7º do art. 63) que a existência de eventuais débitos fiscais ou previdenciários não impedirão a venda no leilão, mas, havendo tais débitos, o inadimplente só receberá o saldo, se houver, depois que provar tê-los resgatado. Caso contrário, a Comissão de Representantes deverá depositar em Juízo a importância que sobejar do produto do leilão, cientificando a entidade credora.

Vez por outra, em razão da venda extrajudicial do imóvel do adquirente inadimplente, suscitam-se questões relativas à garantia constitucional do direito de ação. A matéria será tratada em tópico específico, adiante.

11.7. A EXECUÇÃO EXTRAJUDICIAL DO CRÉDITO HIPOTECÁRIO REGULADA PELO ART. 9º DA LEI Nº 14.711/2023

Além do procedimento especial de cobrança e leilão extrajudicial regulamentado pelo art. 63 da Lei nº 4.591/1964, o direito positivo contempla um regime especial de execução de créditos hipotecários e realização da garantia mediante procedimento extrajudicial disciplinado pelo art. 9º e seus parágrafos da Lei nº 14.711/2023.

A disciplina instituída por essas disposições legais substitui, simplifica, desonera e amplia o campo de incidência do procedimento anteriormente regulado pelos arts. 29 a 41 do Capítulo III do Decreto-lei nº 70/1966, revogado pelo art. 18, I, da Lei nº 14.711/2023, que dispunha sobre a execução extrajudicial aplicável restritivamente aos créditos hipotecários constituídos segundo as regras do SFH em favor de entidades integrantes do Sistema Financeiro da Habitação – SFH, instituições financeiras em geral e seguradoras. Aquele procedimento extrajudicial era coordenado por um agente fiduciário nomeado pelas partes no contrato ou em ato subsequente, podendo essa função ser exercida somente por instituições financeiras especificamente credenciadas pelo Banco Central do Brasil para esse fim. Estando o devedor em mora, o credor deveria promover a cobrança administrativa diretamente mediante dois avisos de cobrança, só podendo encaminhar ao agente fiduciário o pedido de execução do crédito hipotecário quando estivessem em atraso pelo menos 3 parcelas. Uma vez recebido o requerimento do credor, o agente fiduciário notificaria o devedor para purgar a mora no prazo de vinte dias. Expirado esse prazo sem a purgação da mora, o agente fiduciário estava autorizado a contratar leiloeiro e promover dois leilões para venda do imóvel, ofertando o imóvel no primeiro pelo valor da avaliação e no segundo por qualquer valor, ainda que inferior ao valor da dívida, assegurada ao credor a faculdade de promover a cobrança do saldo remanescente mediante execução judicial.

Esse procedimento foi utilizado intensamente nos anos 1970/1980, ocasião em que a hipoteca era contratada em garantia das operações de financiamento da aquisição ou construção de imóveis financiados pelo SFH por ser a garantia que mais se adequava a essa finalidade, tendo deixado de ser empregado a partir do momento em que as operações de crédito imobiliário passaram a ser garantidas por propriedade fiduciária, disciplinada pelos arts. 22 a 33 da aplicação da Lei nº 9.514/1997.

Em substituição ao procedimento de execução hipotecária regulado pelo Decreto-lei nº 70/1966, o art. 9º da Lei nº 14.711/2023 institui disciplina mais simples e menos onerosa, valendo-se o legislador da experiência colhida da aplicação prática do procedimento de execução fiduciária disciplinada pelos arts. 26 e 27 da Lei 9.514/1997, realizada no Registro de Imóveis com eficiência e rigorosa observância dos requisitos legais.

De acordo com o art. 9º e seus §§ 1º a 15 da Lei nº 14.711/2023, é facultado ao credor hipotecário promover a execução do seu crédito extrajudicialmente no Serviço de Registro de Imóveis da circunscrição em que se situa o imóvel objeto da garantia hipotecária, desde que no título constitutivo da hipoteca haja expressa previsão da execução por esse procedimento, "com menção ao teor dos §§ 1º a 10 deste artigo".

Assim, a despeito de se tratar de regra procedimental, de aplicação imediata aos processos em curso (CPC, art. 14), os créditos hipotecários constituídos antes da vigência dessa lei não poderão ser executados pelo procedimento extrajudicial instituído pela Lei nº 14.711/2023, salvo se as partes vierem a aditar o título constitutivo para fazer constar essa opção com menção às disposições nela referidas.

Em regra, a hipoteca deve ser constituída por escritura pública (CC, art. 108), admitida sua contratação por instrumento particular nas hipóteses previstas em lei especial.

Podem ser executados extrajudicialmente créditos hipotecários em geral, constituídos por pessoas físicas ou jurídicas, tanto na posição de credoras ou devedoras, excetuadas as operações de financiamento da atividade agropecuária (Lei nº 14.711/2023, art. 9º, § 13).

Trata-se de faculdade do credor hipotecário, não havendo qualquer impedimento a que ele opte pela execução judicial, bem como não o impede de, reconsiderando sua opção, desistir e redirecionar o procedimento para o âmbito do Registro de Imóveis.

Ressalvadas as distintas caracterizações das garantias hipotecária e fiduciária, o art. 9º Lei nº 14.711/2023 manda aplicar ao procedimento extrajudicial de execução hipotecária, no que couber, as normas procedimentais previstas pelos arts. 26 e 27 da Lei nº 9.514/1997 para a execução fiduciária imobiliária correspondente a diligências de intimação do devedor, prazos para purgação da mora e para oferta do imóvel em leilão, meios de realização dos leilões, bem como de comunicação das datas e horários ao devedor, definição de valor de oferta do imóvel em leilão e arrematação, entre outros.

O procedimento tem início por meio de requerimento do credor hipotecário dirigido ao oficial do Registro de Imóveis competente para que intime o devedor e o hipotecante, se for o caso, seus procuradores ou representantes legais, para que purguem a mora no prazo de 15 dias, "observado o disposto no art. 26 da Lei nº 9.514, de 20 de novembro de 1997, no que couber".

A ressalva "no que couber" diz respeito, obviamente, à inaplicabilidade dos aspectos relativos às singularidades da natureza fiduciária do crédito, a que se refere o art. 26 da Lei nº 9.514/1997, isso significando que, embora se apliquem ao procedimento de execução hipotecária as mesmas regras relativas ao prazo de 15 dias para purgação da mora, assim como ao ônus do devedor de informar eventual alteração do seu endereço e, ainda, aos conceitos de "lugar ignorado" ou "inacessível" etc., não se aplica à execução hipotecária a regra relativa à consolidação da propriedade, pois a execução do crédito hipotecário não comporta consolidação da propriedade do imóvel objeto da garantia no patrimônio do credor hipotecário no início do procedimento, pois o imóvel permanece no patrimônio do devedor em todo o curso da execução e até que venha a ser arrematado por terceiro, só se admitindo que o credor hipotecário exequente se aproprie do imóvel no desfecho do procedimento de excussão (uma espécie de "adjudicação" extrajudicial prevista nos arts. 8º e 9º da Lei nº 14.711/2023).

A diligência de intimação do devedor e do fiduciante para purgação da mora é objeto de minuciosa regulamentação pelo legislador, dado que envolve sua cientificação quanto ao prazo para purgação da mora e aos efeitos da não purgação, devendo o operador do Direito cumprir e fazer cumprir com rigor os requisitos e critérios legais tendo sempre presente que a eventual invalidade da intimação poderá ensejar a nulidade de todo o procedimento de execução mesmo após a consolidação da propriedade e a venda do imóvel em leilão, como prevê o parágrafo único do art. 30 da Lei nº 9.514/1997.[123]

Os meios ordinários de intimação são: (i) intimação direta pelo oficial de registro de imóveis; (ii) intimação por oficial de registro de títulos e documentos da comarca da situação do imóvel ou do domicílio de quem deva recebê-la e (iii) intimação por correio, com aviso de recebimento em mão própria, observado que, se o devedor fiduciante tiver informado no contrato seu endereço eletrônico, deverá ser tentada a intimação por esse meio.

Havendo indicação de diversos endereços no contrato de hipoteca, o oficial de registro de imóveis deverá tentar a intimação do devedor e, se for o caso, terceiro prestador da garantia em todos eles, conforme jurisprudência pacífica do STJ[124] em relação aos procedimentos de execução extrajudicial.

Caso o encarregado da diligência de intimação, independentemente do meio empregado, procurar o destinatário por duas vezes e suspeite de ocultação, deverá certificar o fato e intimar qualquer pessoa de sua família ou, em sua falta, qualquer vizinho, de que retornará ao imóvel no dia útil seguinte para realizar a intimação por hora certa (Lei nº 9.514/1997, art. 26, § 3º-A).

Aspecto relevante a ser observado nesse procedimento é que a expressão legal "suspeita motivada de ocultação" recomenda que o encarregado da diligência informe na certidão o fato e/ou informações de familiares ou vizinhos que justifiquem a motivação, como a conformação de que o imóvel é a moradia do destinatário da intimação[125] ou a imprecisão/tergiversação sobre eventuais viagens sem esclarecimento quanto à previsão de retorno[126], entre outras situações que possam constituir justificação da motivação de ocultação.

Realizada a intimação por hora certa, caberá ao oficial de registro de imóveis cientificar o devedor e, se for o caso, o terceiro hipotecante do procedimento, por carta, telegrama ou por meio eletrônico[127], passando a fluir daí o prazo de 15 dias para a purgação da mora.

Nos casos em que o devedor e, se for o caso, o terceiro hipotecante residir em condomínio edilício ou outras espécies de conjuntos imobiliários com controle de acesso, a intimação

---

[123] Lei nº 9.514/1997 "Art. 30. (...). Parágrafo único. Arrematado o imóvel ou consolidada definitivamente a propriedade no caso de frustração dos leilões, as ações judiciais que tenham por objeto controvérsias sobre as estipulações contratuais ou os requisitos procedimentais de cobrança e leilão, excetuada a exigência de notificação do devedor e, se for o caso, do terceiro fiduciante, não obstarão a reintegração de posse de que trata este artigo e serão resolvidas em perdas e danos".

[124] Recurso Especial. Contrato de financiamento imobiliário. Lei nº 9.514/97. Alienação fiduciária de coisa imóvel. Intimação do fiduciante. Purgação da mora. Intimação por edital. Esgotamento dos meios de localização do mutuário. Necessidade. 1. A exemplo do que ocorre nos procedimentos regidos pelo Decreto-Lei nº 70/66 e pelo Decreto-Lei nº 911/69, a validade da intimação por edital para fins de purgação da mora no procedimento de alienação fiduciária de coisa imóvel, regrado pela Lei nº 9.514/97, pressupõe o esgotamento de todas as possibilidades de localização do devedor. 2. No caso dos autos, o próprio contrato de financiamento firmado entre as partes indicava o endereço residencial do mutuário, que foi ignorado para fins de intimação pessoal. 3. Recurso especial provido. (STJ, REsp 1.367.179 SE 2013/0033667-4, 3ª Turma, rel. Ministro Ricardo Villas Bôas Cueva, j. 3.6.2014 *DJe* 16.6.2014).

[125] TJRS, AC 70067929869/RS, rel. Walda Maria Melo Pierro, j. 9.3.2016, 20ª Câmara Cível, publ. 23.3.2016).

[126] TJRS, AC 50119015820188210010/RS, rel. Mário Crespo Brum, j. 24.3.2022, 14ª Câmara Cível, publ. 31.3.2022.

[127] CPC: "Art. 254. Feita a citação com hora certa, o escrivão ou chefe de secretaria enviará ao réu, executado ou interessado, no prazo de 10 (dez) dias, contado da data da juntada do mandado aos autos, carta, telegrama ou correspondência eletrônica, dando-lhe de tudo ciência".

será considerada válida pela comprovação da entrega da carta de intimação ao funcionário da portaria responsável pelo recebimento de correspondência[128].

Outra modalidade de intimação extraordinária é a intimação por edital, nos casos em que o destinatário se encontrar em local ignorado[129], incerto ou inacessível[130].

Os §§ 4º-A e 4º-B da Lei nº 9.514/1997, com a redação da Lei nº 14.711/2023, instituem importante regra que viabiliza a intimação por edital, ao atribuir ao devedor e, se for o caso, ao terceiro hipotecante o ônus de informar ao credor fiduciário sobre a alteração de seu domicílio e ao presumir que se encontram em local ignorado caso não sejam encontrados no imóvel objeto da garantia ou no endereço fornecido por último ao credor. Nesse caso, a intimação pode ser feita por edital, mas o oficial deve enviar carta para esses endereços pelo menos 15 dias antes da publicação do edital.[131]

Diante dessa situação, o oficial de registro respectivo promoverá a publicação do edital de intimação por período mínimo de 3 dias em jornal de maior circulação local ou em jornal de comarca de fácil acesso[132].

Da mesma forma permitida para a execução de crédito garantido por propriedade fiduciária de imóvel, o edital de intimação pode ser publicado por meio eletrônico.

Expirado o prazo de 15 dias sem que o devedor tenha purgado a mora, tal fato será averbado na matrícula do imóvel "a partir do pedido formulado pelo credor, nos 15 (quinze) dias seguintes ao término do prazo estabelecido para a purgação da mora" (Lei nº 14.711/2023, art. 9º, § 2º).

No prazo de 60 dias, contados a partir da data de averbação da não purgação da mora, o credor promoverá o leilão do imóvel, podendo fazê-lo por meio eletrônico

As datas, horários e locais de realização do leilão deverão ser comunicados ao devedor e, se for o caso, ao hipotecante, mediante correspondência "dirigida aos endereços constantes do contrato ou posteriormente fornecidos, inclusive ao endereço eletrônico" (Lei nº 14.711/2023, art. 9º, § 4º), sendo ônus do devedor e, se for o caso, do terceiro hipotecante, informar ao credor "sobre a alteração de seu domicílio" (Lei nº 9.514/1997, art. 26, § 4º-A).

Observe-se que, diferentemente do chamamento para purgação da mora, que é objeto de intimação pessoal do devedor ou seu representante legal ou procurador, a informação sobre as datas, horários e locais do leilão é apenas objeto de comunicação dirigida aos endereços constantes do contrato.

---

[128] Lei nº 9.514/1997, art. 26, § 3º-B.

[129] Lei nº 9.514/1997, art. 26, § 4º-B: quando não forem encontrados no local do imóvel dado em garantia nem no endereço que tenham fornecido por último.

[130] Lei nº 9.514/1997, art. 26, § 4º-C: quando o funcionário responsável pelo recebimento de correspondência se recuse a atender ou quando não exista o funcionário em questão.

[131] Lei nº 9.514/1997: "Art. 26. (...). § 4º-A É responsabilidade do devedor e, se for o caso, do terceiro fiduciante informar ao credor fiduciário sobre a alteração de seu domicílio. § 4º-B Presume-se que o devedor e, se for o caso, o terceiro fiduciante encontram-se em lugar ignorado quando não forem encontrados no local do imóvel dado em garantia nem no endereço que tenham fornecido por último, observado que, na hipótese de o devedor ter fornecido contato eletrônico no contrato, é imprescindível o envio da intimação por essa via com, no mínimo, 15 (quinze) dias de antecedência da realização de intimação edilícia".

[132] Lei nº 9.514/1997, art. 26, § 4º.

Todos esses atos, seja a intimação, a comunicação ao devedor e ao hipotecante sobre a realização do leilão, assim como a regularidade da publicação dos editais de leilão, devem ser fiscalizados pelo oficial do Registro de Imóveis, como já decidiu o Conselho Superior da Magistratura do Tribunal de Justiça de São Paulo em situação semelhante em procedimento extrajudicial de execução fiduciária imobiliária.[133]

No primeiro leilão o imóvel será ofertado pelo valor estabelecido no contrato para fins de excussão ou pelo valor apurado pelo órgão público competente para avaliação do imóvel para cálculo do ITBI, o que for maior.

Não sendo alcançado esse valor no primeiro leilão, será realizado nos 15 dias seguintes o segundo leilão, no qual será aceito valor correspondente ao montante da dívida, prêmios de seguro, encargos contratuais e legais, inclusive tributários e condominiais, bem como emolumentos cartorários. Caso não seja alcançado esse montante, é facultado ao credor hipotecário "a seu exclusivo critério, lance que corresponda a, pelo menos, metade do valor de avaliação do bem" (Lei nº 14.711/2023, § 6º do art. 9º).

É assegurado ao devedor e ao hipotecante, antes de o imóvel ser alienado, remir a execução, mediante pagamento do montante da dívida, compreendendo também as despesas do procedimento e dos leilões. O pagamento será efetivado ao oficial do Registro de Imóveis, que deverá transferir ao credor as quantias correspondentes no prazo de 3 dias.

Não ocorrendo a remição e se o lance para arrematação superar o montante da dívida e das despesas acima referidas, a quantia excedente será entregue ao hipotecante no prazo de 15 dias, contado da data da efetivação do pagamento do preço da arrematação.

Nesse caso os autos do leilão e o conjunto dos documentos do procedimento de execução serão distribuídos a um tabelião de notas da circunscrição do imóvel para lavratura da ata notarial da arrematação. Essa ata é o documento que constituirá título hábil de transmissão da propriedade ao arrematante, a ser registrado na matrícula do imóvel.

A ata notarial conterá os dados da intimação do devedor e do garantidor, se for o caso, e dos autos de leilão, além de outros elementos necessários para atestar particularidades relativas ao procedimento e não se limita à transcrição de documentos ou dados, devendo conter a qualificação de eventuais vícios formais ou materiais, com vistas à segurança jurídica da transmissão da propriedade ao arrematante.[134]

Caso no segundo leilão não haja lance igual ou superior ao referencial mínimo para oferta no segundo leilão (valor da dívida, acrescido das despesas da execução, inclusive emolumentos cartorários, dos prêmios de seguro, encargos contratuais e legais, entre eles os débitos tributários e condominiais), a lei confere ao credor hipotecário a faculdade de, alternativamente, (i) apropriar-se do imóvel em pagamento da dívida ou (ii) promover a venda do imóvel no prazo de 180 dias contado do último leilão.

No primeiro caso, o requerimento de adjudicação será instruído com os autos dos leilões negativos, à vista dos quais o oficial do Registro de Imóveis promoverá o registro desses autos "com a anotação da transmissão dominial em ato registral único". Trata-se de atribuição da propriedade ao credor em pagamento de dívida semelhante à adjudicação determinada por lei para a execução judicial dos créditos hipotecários vinculados ao Sistema Financeiro da

---

[133] Conselho Superior da Magistratura do TJSP: Apelação Cível 1011556-33.2020.8.26.0114, rel. Des. Fernando Antônio Torres Garcia, *DJe* 12.9.2023.

[134] CPC: "Art. 384. A existência e o modo de existir de algum fato podem ser atestados ou documentados, a requerimento do interessado, mediante ata lavrada por tabelião".

Habitação, nos termos do art. 7º da Lei nº 5.741/1971.[135] A lei dispensa a lavratura de ata notarial de especialização, bem como a obrigação de restituir quantias ao devedor, já que se trata de adjudicação pelo valor da dívida e despesas (Lei nº 14.711/2023 art. 9º, § 9º, I). Os autos dos leilões e a transmissão do domínio ao credor hipotecário são objeto de ato registral único.

No segundo caso, o credor hipotecário poderá vender diretamente o imóvel independentemente de leilão, desde que o faça até 180 dias da data do último leilão por valor não inferior ao montante da dívida. Para esse fim o credor é investido de mandato legal irrevogável para representar o prestador da garantia, com poderes para transmitir domínio, direito, posse e ação, bem como para manifestar a responsabilidade do alienante pela evicção e imitir o adquirente na posse do imóvel (Lei nº 14.711/2023 art. 9º, § 9º, II).

Caso o produto da venda não seja suficiente para resgate integral do montante da dívida com seus encargos e despesas da execução, o devedor continuará pessoalmente responsável pelo saldo remanescente, nos termos do art. 1.430 do Código Civil. Se o crédito em execução corresponder a financiamento tomado para aquisição ou construção do imóvel de moradia do devedor, este ficará exonerado da responsabilidade pelo pagamento do saldo remanescente, excetuadas as operações de financiamento compreendidas no sistema de consórcio, de que trata a Lei 11.795/2008 (Lei nº 14.711/2023, § 10 do art. 9º).

Aplicam-se subsidiariamente ao procedimento de execução hipotecária extrajudicial e aos atos dele resultantes as disposições da Lei nº 9.514/1997 relativos à desocupação do imóvel objeto da garantia hipotecária, mesmo que esteja locado, e à obrigação do devedor pelo pagamento de taxa de ocupação e encargos incidentes sobre o imóvel, como prevêm os §§ 7º e § 8º do art. 27, assim como os arts. 30 e 37-A da Lei nº 9.514/1997. Para os efeitos de fixação do termo inicial da exigibilidade de taxa de ocupação e de legitimação para ação possessória o § 12 do art. 9º da Lei nº 14.711/2023 equipara a data da expedição da ata notarial e o registro da apropriação definitiva do imóvel pelo credor hipotecário à data da consolidação da propriedade no patrimônio do credor fiduciário.

11.8. O PROCEDIMENTO EXTRAJUDICIAL DE EXECUÇÃO DE CRÉDITOS COM GARANTIA FIDUCIÁRIA E LEILÃO DISCIPLINADO PELOS ARTS. 26 E 27 DA LEI Nº 9.514/1997

Quanto à alienação fiduciária de bens imóveis, os procedimentos para comprovação da mora e caracterização do inadimplemento do devedor, registro da consolidação da propriedade no Registro de Imóveis e leilão do imóvel são regulados pelos arts. 26, 27 e 30 da Lei nº 9.514/1997, que contemplam: (a) os mecanismos de comprovação da mora e caracterização do inadimplemento, (b) a consolidação da propriedade no credor, se não paga a dívida, (c) o leilão extrajudicial do imóvel e (d) a reintegração do credor na posse do imóvel. A reintegração de posse se processa, obviamente, em Juízo, enquanto os procedimentos de cobrança, consolidação da propriedade e leilão se desenvolvem no plano extrajudicial, perante o Registro de Imóveis da situação do imóvel e por leiloeiro público.

O procedimento de cobrança extrajudicial e de comprovação da mora, realizado perante o Registro de Imóveis, reproduz, com adaptações, o regime legal relativo ao cancelamento

---

[135] Lei 5.741/1971: "Art. 7º Não havendo licitante na praça pública, o juiz adjudicará, dentro de quarenta e oito horas, ao exequente o imóvel hipotecado, ficando exonerado o executado da obrigação de pagar o restante da dívida".

do compromisso de compra e venda de lotes de terreno, introduzido no direito positivo pelo Decreto-lei nº 58/1937, e mantido pela atual Lei de Parcelamento do Solo Urbano (Lei nº 6.766/1979). De outra parte, a consolidação da propriedade se faz segundo a disciplina da propriedade resolúvel constante do Código Civil de 2002 (arts. 127, 128, 1.359 e 1.360), com a ressalva de que, embora a consolidação da propriedade se dê tão logo verificada a condição, seus efeitos são mitigados, para adequação à finalidade em que veio a ser regulada pela Lei nº 9.514/1997: ao invés de confirmar a apropriação plena e definitiva pelo credor, liberando-o para dispor do imóvel como bem entender tão logo efetivada a consolidação, a lei impõe ao credor o ônus de vender o imóvel em leilão, entregando ao devedor a quantia que exceder o valor da dívida e encargos. Por essa forma, a lei compatibiliza os efeitos da resolubilidade à função dos direitos reais de garantia.

Aqui importa ter presentes os contornos peculiares da natureza jurídica da propriedade resolúvel, na configuração que lhe foi atribuída pela Lei nº 9.514/1997 ao dispor sobre o contrato de alienação fiduciária em garantia de bens imóveis, com atenção para os diferentes efeitos resultantes do inadimplemento do devedor, comparativamente com o regime estabelecido para os sistemas de cobrança e leilão extrajudicial da Lei nº 4.591/1964 e do art. 9º da Lei nº 14.711/2023.

De plano, anote-se que os sistemas da Lei nº 4.591/1964 e do art. 9º da Lei nº 14.711/2023 tratam de leilão de bem de propriedade do devedor, enquanto o sistema da Lei nº 9.514/1997 trata do leilão de bem de propriedade do próprio credor.

Com efeito, a alienação fiduciária caracteriza-se como negócio jurídico de transmissão condicional, cujo efeito é a propriedade de determinado bem ser transferida ao credor sob condição resolutiva, com escopo de garantia (Lei nº 4.728/1965, com a redação dada pelo Decreto-lei nº 911/1969 e Lei nº 9.514/1997, arts. 22 e seguintes); no curso da execução do contrato, se vier a ser implementada a condição resolutiva, isto é, se efetivado o pagamento da dívida, a propriedade fiduciária se extingue automaticamente, sem intervenção judicial, revertendo o domínio pleno do bem ao devedor fiduciante, inteiramente livre e desembaraçado; ao contrário, se não implementada a condição resolutiva, isto é, se o devedor deixar de pagar a dívida, o bem continuará no domínio do credor, consolidando-se em seu nome, também sem intervenção judicial.[136]

De acordo com os princípios da transmissão em garantia, uma vez registrado o contrato de alienação fiduciária, opera-se a transmissão da propriedade do bem ao credor, em caráter resolúvel, e, enquanto a dívida estiver pendente de pagamento, o devedor fiduciante estará investido no direito real de aquisição do bem objeto da garantia. Na evolução natural do contrato, o devedor readquirirá o domínio se pagar a dívida a que está vinculada a garantia fiduciária.

Entretanto, deixando o devedor de pagar e depois de decorrido o prazo de carência estabelecido no contrato ou definido em lei, o credor deverá promover sua notificação, por meio de diligência do oficial do Registro de Imóveis ou de outros meios ali especificados, para que purgue a mora; purgada a mora, convalescerá o contrato; não purgada a mora, consolida-se a propriedade no credor, mediante averbação no Registro de Imóveis (art. 26 e parágrafos).

---

[136] FREITAS, Teixeira de. *Esboço...*, art. 616: "não cumprida a condição resolutiva, ou sendo certo que não se cumprirá, o direito a ela subordinado ficará irrevogavelmente adquirido, como se nunca tivesse havido condição".

408 | INCORPORAÇÃO IMOBILIÁRIA • *Melhim Namem Chalhub*

A notificação só poderá ser expedida depois de decorrido o prazo de carência, que, se não tiver sido estabelecido no contrato, será de 15 dias (Lei nº 9.514/1997, art. 26, § 2º-A). [137]

Decorrido o prazo de carência, o credor fiduciário dirigirá requerimento ao Oficial do Registro de Imóveis da situação do imóvel objeto do negócio para que este intime o devedor fiduciante para que purgue a mora em quinze dias, salvo se a execução tiver por objeto financiamento destinado à aquisição ou construção da moradia própria do devedor, hipótese em que a lei lhe confere prazo adicional de pelo menos 30 dias, como esclarecido adiante.

Quando a garantia tiver por objeto dois ou mais imóveis localizados em mais de uma circunscrição a intimação, poderá ser efetivada por qualquer um dos registradores competentes, a requerimento do credor, e valerá para os procedimentos de excussão de todos os imóveis alienados fiduciariamente. Para esse fim a carta de intimação deverá ser instruída com demonstrativo da totalidade da dívida, bem como a identificação de todos os imóveis passíveis de consolidação da propriedade no credor.[138]

A carta-intimação deverá ser instruída com demonstrativo do débito, a exemplo do que prevê o art. 798 do CPC para o processo de execução de título executivo extrajudicial, e dela deverá constar a informação de que, se a mora não for purgada no prazo legal, a propriedade será consolidada no patrimônio do credor fiduciário, e o imóvel será levado a leilão nos termos dos arts. 26-A, 27 e 27-A, conforme o caso.

A intimação far-se-á pessoalmente ao devedor fiduciante e, se for o caso, ao terceiro fiduciante, ou ao seu representante legal ou procurador regularmente constituído. A lei confere ao Oficial do Registro de Imóveis a faculdade de promover pessoalmente a intimação ou delegar essa diligência a um Oficial de Registro de Títulos e Documentos da comarca da situação do imóvel ou do domicílio de quem deva recebê-la, podendo também o Oficial do Registro de Imóveis, se preferir, realizar a intimação através do Correio, mediante carta com aviso de recebimento. Se a carta-notificação for remetida pelo Correio a intimação só valerá se o aviso de recebimento tiver sido assinado pelo próprio devedor, por seu representante legal ou seu procurador,[139] aplicando-se, no que couber, a regra do art. 160 da Lei de Registros Públicos que autoriza o oficial a requisitar oficiais de registro de outros municípios para realização da diligência.[140]

É ônus do devedor e, se for o caso, do terceiro garantidor manter o credor fiduciário informado de eventuais alterações dos endereços dos seus domicílios, presumindo-se que

---

[137] Lei nº 9.514/1997, com a redação dada pela Lei nº 14.711/2023: "Art. 26. (...)§ 2º O contrato poderá estabelecer o prazo de carência, após o qual será expedida a intimação. § 2º-A Quando não for estabelecido o prazo de carência no contrato de que trata o § 2º deste artigo, este será de 15 (quinze) dias".

[138] Lei nº 9.514/1997, com a redação dada pela Lei nº 14.711/2023: "Art. 26. (...)§ 1º-A Na hipótese de haver imóveis localizados em mais de uma circunscrição imobiliária em garantia da mesma dívida, a intimação para purgação da mora poderá ser requerida a qualquer um dos registradores competentes e, uma vez realizada, importa em cumprimento do requisito de intimação em todos os procedimentos de excussão, desde que informe a totalidade da dívida e dos imóveis passíveis de consolidação de propriedade".

[139] A hipótese é similar à da citação postal a respeito da qual o STJ editou a Súmula 429: "A citação postal, quando autorizada por lei, exige o aviso de recebimento."

[140] Lei 6.015/1973: "Art. 160. O oficial será obrigado, quando o apresentante o requerer, a notificar do registro ou da averbação os demais interessados que figurarem no título, documento, o papel apresentado, e a quaisquer terceiros que lhes sejam indicados, podendo requisitar dos oficiais de registro em outros Municípios, as notificações necessárias. Por esse processo, também, poderão ser feitos avisos, denúncias e notificações, quando não for exigida a intervenção judicial".

se encontra em lugar ignorado quando não forem encontrados no local do imóvel objeto da garantia nem no endereço fornecido mais recentemente. Se eles tiverem informado endereço eletrônico no contrato, é indispensável o envio da intimação por essa via com, no mínimo, 15 dias de antecedência à publicação da intimação editalícia.

Nos condomínios ou outras espécies de conjuntos imobiliários com controle de acesso, a intimação pode ser feita ao funcionário da portaria responsável pelo recebimento da correspondência.

Quando, em duas tentativas, o oficial ou o serventuário por ele indicado para a diligência não encontrar o intimando em seu domicílio ou residência e suspeite motivadamente que esteja se ocultando, deverá intimar qualquer pessoa da família ou, em sua falta, qualquer vizinho, mediante procedimento de intimação por hora certa, aplicando-se a esse ato, subsidiariamente, as normas do CPC correspondente a essa espécie de diligência.[141]

Aspecto relevante a ser observado nesse procedimento é que a expressão legal "suspeita motivada de ocultação" recomenda que o encarregado da diligência informe o fato e/ou informações de familiares ou vizinhos que justifiquem a motivação, por exemplo, a conformação de que o imóvel é a moradia do destinatário da intimação[142] ou a imprecisão/tergiversação sobre eventuais viagens sem esclarecimento quanto à previsão de retorno[143], entre outras situações que possam constituir justificação da motivação de ocultação.

Realizada a intimação por hora certa, caberá ao oficial de registro de imóveis cientificar o devedor e, se for o caso, o terceiro garantidor do procedimento, por carta, telegrama ou por meio eletrônico[144], passando a fluir daí o prazo de 15 dias para a purgação da mora.

A intimação será feita por edital caso o devedor fiduciante, seu representante legal ou procurador, e/ou o terceiro prestador da garantia se encontre em local ignorado, incerto ou inacessível, considerado, neste último caso, aquele em que o destinatário da intimação não for encontrado no local do imóvel dado em garantia nem no endereço que tenham fornecido por último, bem como aquele em que o funcionário responsável pelo recebimento de correspondência se recuse a atender, e, ainda, quando no local não exista funcionário para tal encarregado (Lei nº 9.514/1997: art. 26, §§ 4º-B e 4º-C).

Os §§ 4º-A e 4º-B da Lei nº 9.514/1997, com a redação dada pela Lei nº 14.711/2023, instituem importante regra que viabiliza a intimação por edital, ao atribuir ao devedor e, se for o caso, ao terceiro hipotecante o ônus de informar ao credor fiduciário sobre a alteração de

---

[141] Lei nº 9.514/1997, § 3º-A e § 3º-B do art. 26, incluído pela Lei nº 13.465 de 11.7.2017: "Art. 26. (...). § 3º-A Quando, por duas vezes, o oficial de Registro de Imóveis ou de Registro de Títulos e Documentos ou serventuário por eles credenciado houver procurado o intimando em seu domicílio ou residência sem o encontrar, deverá, havendo suspeita de ocultação, intimar qualquer pessoa da família ou, em sua falta, qualquer vizinho de que, no dia útil imediato, voltará a fim de efetuar a intimação, na hora que designar, aplicando-se subsidiariamente o disposto nos arts. 252 a 254 da Lei nº 13.105, de 16 de março de 2015 (Código de Processo Civil). § 3º-B Nos condomínios edilícios ou outras espécies de conjuntos imobiliários com controle de acesso, a intimação de que trata o § 3º-A poderá ser feita ao funcionário da portaria responsável pelo recebimento de correspondência".

[142] TJRS, AC 70067929869/RS, rel. Walda Maria Melo Pierro, j. 9.3.2016, 20ª Câmara Cível, publ. 23.3.2016).

[143] TJRS, AC 50119015820188210010/RS, rel. Mário Crespo Brum, j. 24.3.2022, 14ª Câmara Cível, publ. 31.3.2022.

[144] CPC: "Art. 254. Feita a citação com hora certa, o escrivão ou chefe de secretaria enviará ao réu, executado ou interessado, no prazo de 10 (dez) dias, contado da data da juntada do mandado aos autos, carta, telegrama ou correspondência eletrônica, dando-lhe de tudo ciência".

seu domicílio e ao presumir que se encontram em local ignorado caso não sejam encontrados no imóvel objeto da garantia ou no endereço fornecido por último ao credor. Nesse caso, a intimação pode ser feita por edital, mas o oficial deve enviar carta para esses endereços pelo menos 15 dias antes da publicação do edital.[145]

Diante dessa situação, o oficial de registro respectivo promoverá a publicação do edital de intimação por período mínimo de 3 dias em jornal de maior circulação local ou em jornal de comarca de fácil acesso[146].

O edital de intimação pode ser publicado por meio eletrônico (Lei nº 9.514/1997, arts. 27, § 10, e 37-C).

A purgação da mora far-se-á perante o próprio Oficial Registro de Imóveis; nos 3 dias seguintes à purgação, o Oficial do Registro de Imóveis entregará ao credor-fiduciário as importâncias recebidas, deduzidas as despesas de cobrança e de intimação (art. 26 e parágrafos).

Nas execuções de crédito decorrentes de financiamento tomado pelo devedor para aquisição ou construção de moradia própria é conferido um prazo adicional de 30 dias para purgação da mora, além dos 15 dias fixados pelo § 1º do art. 26, nos termos do art. 26-A e seus parágrafos, introduzidos na Lei nº 9.514/1997 pela Lei nº 13.465, de 11.7.2017.

Especificamente em relação a esses financiamentos, a consolidação da propriedade no patrimônio do credor só poderá ser averbada após decorridos 30 dias do término do prazo de 15 dias fixado na intimação para a purgação da mora, e, até que expire o prazo adicional de 30 dias para averbação da consolidação, é assegurada ao devedor a faculdade de purgar a mora, mediante pagamento das parcelas vencidas e não pagas, acrescidas dos encargos que se vencerem até então.[147]

Decorrido o prazo sem que o devedor-fiduciante tenha purgado a mora, caracteriza-se o inadimplemento absoluto, que será certificado pelo Oficial do Registro de Imóveis; a seguir, o credor fiduciário recolherá o imposto de transmissão *inter vivos* e o laudêmio, se for o caso, relativo à consolidação da propriedade em seu nome, e apresentará o respectivo comprovante ao Oficial do Registro de Imóveis, que promoverá a averbação da consolidação da propriedade em nome do fiduciário.

---

[145] Lei nº 9.514/1997: "Art. 26. (...). § 4º-A É responsabilidade do devedor e, se for o caso, do terceiro fiduciante informar ao credor fiduciário sobre a alteração de seu domicílio. § 4º-B Presume-se que o devedor e, se for o caso, o terceiro fiduciante encontram-se em lugar ignorado quando não forem encontrados no local do imóvel dado em garantia nem no endereço que tenham fornecido por último, observado que, na hipótese de o devedor ter fornecido contato eletrônico no contrato, é imprescindível o envio da intimação por essa via com, no mínimo, 15 (quinze) dias de antecedência da realização de intimação edilícia".

[146] Lei nº 9.514/1997, art. 26, § 4º.

[147] Lei nº 9.514/1997: "Art. 26-A. Os procedimentos de cobrança, purgação de mora, consolidação da propriedade fiduciária e leilão decorrentes de financiamentos para aquisição ou construção de imóvel residencial do devedor, exceto as operações do sistema de consórcio de que trata a Lei nº 11.795, de 8 de outubro de 2008, estão sujeitos às normas especiais estabelecidas neste artigo. (Redação dada pela Lei nº 14.711, de 2023). § 1o A consolidação da propriedade em nome do credor fiduciário será averbada no registro de imóveis trinta dias após a expiração do prazo para purgação da mora de que trata o § 1o do art. 26 desta Lei. (Incluído pela Lei nº 13.465, de 2017). § 2º Até a data da averbação da consolidação da propriedade fiduciária, é assegurado ao devedor e, se for o caso, ao terceiro fiduciante pagar as parcelas da dívida vencidas e as despesas de que trata o inciso II do § 3º do art. 27 desta Lei, hipótese em que convalescerá o contrato de alienação fiduciária".

Uma vez consolidada a propriedade, o fiduciário deverá promover oferta pública para venda do imóvel em leilão, nos sessenta dias subsequentes, contados da data da averbação da consolidação.

É requisito legal do contrato de alienação fiduciária a estipulação de cláusula explicitando os procedimentos do leilão (art. 24, VI, da Lei nº 9.514/1997). Nessa estipulação, devem as partes, obviamente, ater-se aos princípios gerais que regem a matéria, já consagrados no direito positivo, notadamente aqueles explicitados no CPC, dos quais se poderia extrair os seguintes procedimentos:

1. o primeiro leilão realizar-se-á no prazo de 60 dias da data da consolidação da propriedade, como estabelecido no art. 27 da Lei nº 9.514/1997;

2. o segundo leilão realizar-se-á no prazo de quinze dias da realização do primeiro leilão;

3. os leilões, assim como a publicação dos respectivos editais, poderão ser realizados por meio eletrônico,[148] a par da tradicional forma de anúncio por edital publicado por três vezes, com antecedência de pelo menos dez dias da data designada para o leilão, sendo uma publicação no dia da realização do leilão; a publicação deve ser feita em jornal que tenha grande circulação no lugar do imóvel e, não havendo jornal de circulação diária nesse lugar, em jornal de comarca próxima, de fácil acesso, em que houver jornal de circulação diária;

4. no primeiro leilão, o valor pelo qual o imóvel será ofertado para venda há de ser aquele que, na forma do art. 24, VI, da Lei nº 9.514/1997, as partes tiverem indicado no contrato para este efeito (ou seja, para efeito de venda em público leilão), ou o apurado em avaliação pela autoridade competente para efeito de pagamento do ITBI devido pela consolidação da propriedade no patrimônio do credor fiduciário, o que for maior;

5. no segundo leilão será aceito o maior lance oferecido, desde que igual ou superior ao valor integral da dívida, acrescida dos encargos contratuais e legais, observado que, caso não haja lance que alcance esse montante, o credor poderá aceitar, a seu exclusivo critério, lance que corresponda a, pelo menos, metade do valor de avaliação do bem.

6. para efeito de fixação do valor da dívida, como referencial para o segundo leilão, deverão ser considerados os encargos, contribuições e despesas, tais como:

a) contribuições condominiais que, à data do leilão, estejam vencidas e não pagas, caso o imóvel seja integrante de condomínio;

b) contribuições devidas a associações de moradores, que, à data do leilão, estejam vencidas e não pagas, na hipótese de o imóvel integrar conjunto imobiliário com essa característica;

c) taxa de água e esgoto;

d) contas de luz e gás;

e) imposto predial, foro e outros encargos que incidem sobre o imóvel e que estejam vencidos e não pagos à data do leilão.

---

[148] Lei nº 9.514/1997: "Art. 27. (...) § 10. Os leilões e a publicação dos respectivos editais poderão ser realizados por meio eletrônico" (Incluído pela Lei nº 14.620, de 2023).

"Art. 37-C. Os editais previstos nesta Lei poderão ser publicados de forma eletrônica" (Incluído pela Lei nº 14.620, de 2023).

412 | INCORPORAÇÃO IMOBILIÁRIA • *Melhim Namem Chalhub*

Deverão ser realizados dois leilões: no primeiro leilão o imóvel será oferecido por preço mínimo igual ao valor fixado no contrato (arts. 24, IV, e 27, da Lei nº 9.514/1997) ou o valor de avaliação atribuído pelo órgão público competente para efeito de pagamento do ITBI devido em razão da consolidação, o que for maior; não alcançado esse valor, será realizado segundo leilão nos quinze dias seguintes, no qual o imóvel será oferecido por valor correspondente ao somatório da dívida, das despesas, dos prêmios dos seguros, dos encargos legais, inclusive tributos, e, quando for o caso, das contribuições condominiais. Havendo arrematação por valor superior a esse montante o credor fiduciário deverá entregar ao devedor a importância que exceder.

A lei define diferentes critérios de extinção da dívida, conforme seja a destinação da operação de crédito garantida por propriedade fiduciária.

Assim, coerentemente com a regra geral da responsabilidade patrimonial do devedor pelo cumprimento de suas obrigações,[149] a Lei nº 9.514/1997 dispõe que, nas operações de crédito com garantia fiduciária imobiliária em geral, se o produto do leilão extrajudicial não for suficiente para a satisfação integral do crédito garantido, encargos e despesas da execução, o devedor fiduciante "continuará obrigado pelo pagamento do saldo remanescente, que poderá ser cobrado por meio de ação de execução e, se for o caso, excussão das demais garantias da dívida" (art. 27, § 5º-A). O valor do saldo devedor remanescente, a ser objeto de nova execução ou excussão de bens, corresponderá à diferença entre o valor integral atualizado da dívida, encargos e despesas e o valor do referencial mínimo para arrematação no segundo leilão.

Todavia, em relação à execução dos créditos concedidos para aquisição ou construção de moradia do próprio tomador, exceto daqueles contratados pelo sistema de consórcio de que trata a Lei nº 11.795/2008, "a dívida será considerada extinta, com recíproca quitação, hipótese em que o credor ficará investido da livre disponibilidade", se no segundo leilão não se alcançar quantia suficiente para a satisfação integral do crédito, encargos, inclusive tributários, e despesas da execução. Esse critério excepcional se aplica, também, à execução judicial dos créditos concedidos para aquisição ou construção de moradia própria do tomador (Lei nº 9.514/1997, art. 26-A, §§ 3º, 4º e 5º).[150]

O devedor-fiduciante deverá restituir o imóvel, deixando-o livre e desimpedido de pessoas e coisas, no prazo estipulado no contrato. Não ocorrendo a desocupação do imóvel no prazo e forma ajustados, o credor-fiduciário, seus cessionários ou sucessores, inclusive ao adquirente do imóvel em leilão, estão legitimados a propor ação de reintegração de posse, para a qual deverá ser determinada a desocupação do imóvel no prazo máximo de 60 dias, desde que comprovada, mediante certidão da matrícula do imóvel, a consolidação da propriedade

---

[149] Código de Processo Civil: "Art. 789. O devedor responde com todos os seus bens presentes e futuros para o cumprimento de suas obrigações, salvo as restrições estabelecidas em lei".

[150] Temos defendido a necessidade de alteração do § 5º do art. 27 da Lei nº 9.514/1997, que exonera o devedor do pagamento do saldo remanescente caso o produto do leilão não seja suficiente para pagamento da dívida e encargos, sustentando que tal benefício deve restringir-se aos financiamentos habitacionais de cunho assistencial, não se justificando seja estendido ao tomador de financiamento destinado a atividades empresariais ou outras finalidades não habitacionais, nem aos participantes de grupo de autofinanciamento denominado *consórcio* (*Jornal Valor Econômico* de 13.4.2007, p. E-2). Em relação aos consórcios, a distorção veio a ser corrigida pela Lei nº 11.795, de 8 de outubro de 2008, cujo § 6º do art. 14 prevê que o consorciado é responsável pelo pagamento integral do saldo devedor, afastando, assim, a possibilidade de os demais consorciados serem prejudicados em razão de perdão da dívida concedido ao inadimplente.

Cap. XI • A EXTINÇÃO DO CONTRATO | **413**

no fiduciário, ou do registro do contrato celebrado em decorrência do leilão, conforme quem seja o autor da ação de reintegração de posse.

Visando assegurar a efetividade do procedimento de expropriação do bem objeto da garantia, notadamente em relação à proteção de terceiros de boa-fé que venham a adquirir o imóvel no leilão, a lei dispõe que, em caso de arrematação do imóvel ou frustração dos leilões , eventuais procedimentos judiciais que tenham por objeto controvérsias sobre estipulações contratuais ou os requisitos procedimentais de cobrança e leilão, exceto o de notificação do devedor fiduciante, "não obstarão a reintegração de posse de que trata este artigo e serão resolvidas em perdas e danos" (Lei nº 9.514/1997, art. 30, parágrafo único).

11.8.1. Execução do crédito com garantia fiduciária de bem imóvel. Tese jurídica fixada no Tema 1.095/STJ. Aspectos da inadmissibilidade da resilição e da resolução do contrato fiduciário

Como vimos no Capítulo VI, os imóveis produzidos na atividade da incorporação imobiliária são usualmente comercializados mediante (i) a promessa de compra e venda das frações ideais do terreno e respectivas acessões e (ii) compra e venda com financiamento e pacto adjeto de alienação fiduciária em garantia.

Em regra, na fase da construção contrata-se a promessa de compra e venda, pela qual o incorporador se obriga a transmitir a propriedade das frações ideais de terreno e acessões, que corresponderão à futura unidade imobiliária (CC, arts. 1.417 e 1.418, e Lei nº 4.591/1964, arts. 28 e ss), bem como a construir, por si ou por terceiro, e a entregar o imóvel.

Se no curso da obra sobrevier inadimplemento de obrigação do incorporador ou do adquirente, e não havendo acordo para o distrato (*resilição bilateral*), dá-se a extinção da promessa por *resolução* com efeito *ex tunc*, pelo qual as partes retornam ao estado anterior, sujeitando-se o inadimplente à indenização das perdas e danos (CC, art. 475, e Lei nº 4.591/1964, art. 67-A).[151]

Já se seguir seu ciclo natural, com o adimplemento voluntário, a promessa se extingue pela celebração do contrato definitivo de compra e venda (CC, art. 463),[152] contra o pagamento integral do preço convencionado, em regra com recursos de financiamento concedido pela própria incorporadora ou por instituição financeira. Formaliza-se a operação após o habite--se em um único instrumento, que reúne os contratos de (i) compra e venda, (ii) mútuo ou operação de crédito equivalente e (iii) alienação fiduciária em garantia (CC, arts. 481 e ss, 586 e ss, e Lei nº 9.514/1997, arts. 22 e ss).

Do conjunto desses contratos celebrados depois do habite-se – compra e venda, financiamento e alienação fiduciária – a venda definitiva se aperfeiçoa com o pagamento integral do preço e a entrega do imóvel, passando a subsistir a partir daí apenas o contrato de crédito

---

[151] As promessas de venda de imóveis nas incorporações imobiliárias podem ser objeto de *resilição unilateral*, seja pelo adquirente, se exercida em 7 dias quando assinadas fora da sede do incorporador (Lei nº 4.591/1964, art. 67-A, §§ 10 e 11), ou pelo incorporador, se exercida no prazo de 6 meses contados do registro da incorporação, se nesse prazo não se alcançar volume de vendas capaz de projetar a formação de capital suficiente para execução do empreendimento (Lei nº 4.591/1964, art. 34).

[152] Nas palavras de Serpa Lopes, "na execução voluntária, o contrato termina normalmente pela outorga da escritura definitiva" (SERPA LOPES, Miguel Maria de. *Curso de direito civil*. Rio de Janeiro: Freitas Bastos, 2. ed., 1957, v. III, p. 239).

414 INCORPORAÇÃO IMOBILIÁRIA • *Melhim Namem Chalhub*

com garantia real, que se extingue com o adimplemento voluntário seguido da averbação do "termo de quitação", que opera o cancelamento da propriedade fiduciária em garantia no Registro de Imóveis.

Já se sobrevier o inadimplemento, o contrato de crédito fiduciário se extingue mediante *execução*,[153] com efeito *ex nunc* e liquidação mediante leilão do imóvel e entrega do saldo, se houver, ao devedor (CC, arts. 1.364, 1.365 e 1.422[154] e Lei nº 9.514/1997, arts. 26 e 27).

Essa diferenciação de tratamento legal do contrato preliminar de promessa e do contrato de crédito fiduciário foi bem esclarecida no julgamento do primeiro caso apreciado pelo STJ sobre o tema, em 2008, Agravo de Instrumento 932.750-SP[155], que assenta: "Em verdade, a situação fática dos autos discrepa daquela em que firmado o entendimento desta Corte Superior, conforme julgados colacionados; trata-se, *in casu*, de alienação fiduciária em garantia de bens imóveis e não de simples promessa de compra e venda (...); a solução da controvérsia, seja ela buscada no âmbito do conflito de normas, seja pela ótica da inexistência de conflitos entre os dispositivos normativos em questão, leva à prevalência da norma específica de regência da alienação fiduciária de bens imóveis".

Desde então, a jurisprudência do STJ, alinhada ao entendimento anteriormente consolidado em relação ao procedimento de execução do crédito fiduciário garantido por bens móveis infungíveis,[156] reconhece uniformemente que o veículo adequado à extinção forçada do contrato de crédito fiduciário imobiliário é o procedimento definido pela Lei nº 9.514/1997, que contempla a oferta do imóvel para venda em dois leilões e a entrega do saldo, se houver, ao devedor, podendo o credor optar pela execução judicial.

A orientação jurisprudencial assim consolidada motivou a aprovação da Lei nº 13.786/2018, que reitera a distinção entre os efeitos da resolução dos contratos preliminares de promessa e os da execução dos créditos com garantia fiduciária ou hipotecária, ao incluir na Lei nº 4.591/1964 o art. 67-A, cujos §§ 1º a 9º limitam a cláusula penal a determinados percentuais da quantia paga pelo promitente comprador e diferem a restituição para momento posterior ao habite-se, enquanto seu § 14 reafirma que o contrato de crédito fiduciário e hipotecário é objeto de execução, na qual "a restituição far-se-á de acordo com os critérios estabelecidos na respectiva lei especial ou com as normas aplicáveis à execução em geral", remetendo, portanto, à Lei nº 9.514/1997 (arts. 26 e 27), ao Código Civil (arts. 1.364, 1.365 e 1.419) e ao Código de Processo Civil (arts. 771 e ss).

Ocorre que nem a jurisprudência no STJ nem a lei que a consagrou no direito positivo foram capazes de pôr fim à divergência verificada nas instâncias ordinárias, caracterizada por decisões que, não raras vezes, acolhem pedidos de resolução ou resilição do contrato de

---

[153] Código de Processo Civil: "Art. 784. São títulos executivos extrajudiciais: (..); V – o contrato garantido por hipoteca, penhor, anticrese ou outro direito real de garantia e aquele garantido por caução".

[154] Código Civil: "Art. 1.364. Vencida a dívida, e não paga, fica o credor obrigado a vender, judicial ou extrajudicialmente, a coisa a terceiros, a aplicar o preço no pagamento de seu crédito e das despesas de cobrança, e a entregar o saldo, se houver, ao devedor. Art. 1.365. É nula a cláusula que autoriza o proprietário fiduciário a ficar com a coisa alienada em garantia, se a dívida não for paga no vencimento. Parágrafo único. O devedor pode, com a anuência do credor, dar seu direito eventual à coisa em pagamento da dívida, após o vencimento desta. (...) Art. 1.422. O credor hipotecário e o pignoratício têm o direito de excutir a coisa hipotecada ou empenhada, e preferir, no pagamento, a outros credores, observada, quanto à hipoteca, a prioridade no registro".

[155] AgRg no Agravo de Instrumento 932.750-SP, 4ª Turma, rel. Min. Hélio Quaglia Barbosa, *DJ* 8.2.2008.

[156] REsp 250.072/RJ, rel. Min Ruy Rosado de Aguiar Jr., *DJ* 7.8.2000.

compra e venda com financiamento e pacto adjeto de alienação fiduciária, gerando tão grande insegurança jurídica que levou o Superior Tribunal de Justiça a afetar o REsp 1.891.498-SP para julgamento pelo rito repetitivo, cadastrado sob o Tema nº 1.095.

11.8.1.1. O caso concreto e a tese jurídica fixada no Tema 1.095/STJ

Na origem, o caso paradigma envolve contrato de compra e venda com financiamento direto da incorporadora e pacto adjeto de alienação fiduciária em favor da própria incorporadora, em relação ao qual o devedor fiduciante tornou-se inadimplente, ensejando a execução do crédito fiduciário nos termos do art. 26 da Lei nº 9.514/1997; não tendo havido purgação da mora, a incorporadora obteve a consolidação da propriedade no seu patrimônio e promoveu os leilões regulamentares, nos quais não houve arrematante, e ajuizou ação de reintegração de posse, tendo o ex-devedor fiduciante postulado, por dependência, a restituição das quantias pagas por critério análogo ao da resolução da promessa de venda; o juiz afastou a preliminar de conexão e julgou improcedente o pedido, por entender prevalecente o critério definido no § 4º do art. 27 da Lei nº 9.514/1997, tendo o tribunal de origem dado provimento à apelação interposta pelo ex-devedor fiduciante, determinando à ex-credora fiduciária a restituição de 90% das quantias pagas considerando que a venda definitiva com financiamento direto e alienação fiduciária constitui "situação que evidencia o intuito de burlar o direito dos adquirentes de desfazer o negócio jurídico".

A incorporadora, então credora fiduciária da operação, interpôs o Recurso Especial 1.891.498-SP, que constituiu o caso paradigma do Tema 1.095/STJ.

Na apreciação do tema avulta a questão da convivência, no sistema, de duas regras relacionadas à vedação do pacto comissório, de uma parte, o art. 53 do CDC, que enuncia a regra geral da vedação ao dispor que é nula a cláusula de promessa de venda ou de alienação fiduciária que preveja a perda total das quantias pagas, em caso de resolução do contrato por inadimplemento do devedor, e, de outra parte, o art. 27, § 4º, da Lei nº 9.514/1997, que estabelece regra especial coerente com a regra geral, ao obrigar o credor fiduciário a promover leilão do imóvel e entregar ao devedor fiduciante o saldo, se houver, do produto aí apurado.

A Segunda Seção deu provimento ao recurso da ex-credora fiduciária para determinar a aplicação do critério de liquidação da execução fiduciária estabelecido pelo § 4º do art. 27 da Lei nº 9.514/1997 e, para os fins repetitivos, fixou tese jurídica segundo a qual a extinção forçada do contrato fiduciário se sujeita a essa lei especial, afastando-se a aplicação do art. 53 do CDC, nestes termos:

> Tema 1.095: "Em contrato de compra e venda de imóvel com garantia de alienação fiduciária devidamente registrado, a resolução do pacto, na hipótese de inadimplemento do devedor, devidamente constituído em mora, deverá observar a forma prevista na Lei nº 9.514/97, por se tratar de legislação específica, afastando-se, por conseguinte, a aplicação do Código de Defesa do Consumidor".[157]

---

[157] STJ, 2ª Seção, relator Min. Marco Buzzi, j. 26.10.2022, *DJe* 19.12.2022. O relator entendeu que o reconhecimento do inadimplemento anterior ao termo como fundamento para aplicação do art. 27 da Lei 9.514/1997 ainda não está maduro para ser apreciado pelo rito repetitivo, apesar da existência de precedentes da 3ª Turma (REsp 1.867.209/SP, Rel. Min. Paulo de Tarso Sanseverino, *DJe* 30.9.2020). Em voto-vogal, a Ministra Nancy Andrighi, embora tenha acedido à redação da tese proposta pelo relator, ponderou que o pedido de resolução por desinteresse do adquirente na manutenção do contrato ca-

Acertadamente, a tese jurídica soluciona a aparente antinomia entre a regra instituída pela Lei nº 9.514/1997 (art. 27, § 4º) e a regra geral da vedação do pacto comissório enunciada pelo art. 53 do CDC, com fundamento nos critérios cronológico e da especialidade, até porque, como é de conhecimento corrente, o veículo adequado à extinção forçada do contrato de crédito com garantia real é o procedimento de execução, seguida da excussão do bem e entrega do saldo, se houver, ao devedor, como expressamente preveem os arts. 1.364, 1.365 e 1.419 do Código Civil.

Não obstante, o voto condutor acena para a eventualidade de substituição do procedimento especial pela resilição ou resolução do contrato caso não atendidos os requisitos de registro do contrato e comprovação da mora e do inadimplemento da obrigação do devedor, ao ressalvar que, "se inexistente o inadimplemento (falta de pagamento) ou, acaso existente, não houver o credor constituído em mora o devedor fiduciário, a solução do contrato não seguirá pelo ditame especial da Lei nº 9.514/97, podendo se dar pelo ditame da legislação civilista (artigos. 472, 473, 474, 475 e seguintes) ou pela legislação consumerista (art. 53), se aplicável, dependendo das características das partes por ocasião da contratação".

A alternativa, contudo, diz respeito a situações excepcionais em relação ao caso paradigma, razão pela qual o exame do seu cabimento na hipótese do Tema 1.095 exige do intérprete especial atenção ao procedimento de registro do contrato e da certificação da mora e do inadimplemento pelo oficial do Registro de Imóveis, além, obviamente, do indispensável juízo de admissibilidade à luz da sistematização dos modos de extinção dos contratos adotada pelo Código Civil de 2002, sob pena de abrir espaço à continuidade das divergências e consequente frustração do precedente obrigatório originário da afetação do Tema 1.095 pelo STJ.

Em casos como o do REsp 1.891.498-SP – compra e venda com financiamento direto e alienação fiduciária à própria incorporadora-vendedora – há que se ter presente que, quando da quitação do preço e entrega do imóvel ao devedor, a compra e venda já terá exaurido seu objeto, subsistindo em curso apenas o contrato de crédito com pacto adjeto de alienação fiduciária, no qual só há obrigações para o devedor, cujo inadimplemento enseja execução do crédito, e não resolução do contrato.

Dados esses pressupostos, é de se admitir que a expressão "resolução do pacto" tenha sido empregada em sentido genérico de extinção do contrato por inadimplemento, parecendo recomendável que seja tomada no sentido específico de "execução", como, aliás, indicam decisões proferidas após a publicação do acórdão do Tema 1.095, que julgam improcedentes pedidos de resolução com fundamento na "impossibilidade de resolução do contrato, que perdeu a sua natureza bilateral (...). Garantia real deve ser executada na forma da Lei 9.514/97, com leilão do imóvel".[158]

---

 racteriza quebra antecipada do contrato, concluindo que o inadimplemento contratual para os fins de aplicação da lei especial "abrange também o comportamento contrário do devedor ao cumprimento da avença (quebra antecipada do contrato), manifestado por meio do pedido de resolução do contrato por impossibilidade superveniente de arcar com os valores contratados".

[158] "Resolução de contrato de compra e venda com pacto de alienação fiduciária em garantia. Tema 1.095 do STJ. Ação ajuizada pelo comprador, alegando impossibilidade superveniente de pagamento do preço. Garantia real da propriedade fiduciária devidamente constituída pelo registro imobiliário. Inexistência, porém, de notificação para conversão da mora em inadimplemento absoluto e consolidação da propriedade resolúvel nas mãos da credora fiduciária, na forma do art. 26 da L. 9.514/97. Impossibilidade de resolução do contrato, que perdeu a sua natureza bilateral. Comprador se tornou devedor fiduciante do saldo parcelado do preço. Garantia real deve ser executada na forma prevista na L. 9.514/97, com leilão extrajudicial do

Esse é o entendimento que melhor reflete os fundamentos relacionados ao acórdão paradigma. Nesse particular, é preciso estar atento a que a vinculação aos precedentes judiciais exarados pelos tribunais superiores tem origem nos fundamentos determinantes do acórdão que constituem sua *ratio decidendi*. Afinal, a norma do precedente decorre dos fundamentos determinantes retratados no acórdão que orientam à solução da questão controvertida, para que, então, sejam espelhados nos casos semelhantes, assegurando a previsibilidade decisória e a segurança jurídica na aplicação do direito.[159]

Bem a propósito, como já referido, a distinção entre o modo de extinção do contrato preliminar de promessa de venda e o do contrato de crédito fiduciário e hipotecário é bem explicitada pela Lei nº 13.786/2018, que incluiu na Lei nº 4.591/1964 o § 14 do art. 67-A e na Lei nº 6.766/1979 o § 3º do art. 32 para reafirmar a impropriedade da ação de resolução do contrato de crédito com garantia hipotecária ou fiduciária, deixando claro que a postulação do remédio resolutório por devedor fiduciante, com fundamento no seu próprio inadimplemento, ainda que manifestado anteriormente ao termo, configura falta de interesse processual por inadequação da via eleita.

Logo, nesse caso, não cabe a propositura de ação judicial para resolução do contrato com pacto adjeto de alienação fiduciária, devendo ser observado o rito específico definido pela Lei nº 9.514/1997, correspondente à execução do crédito com garantia real.

Assim é porque a diversidade estrutural e funcional desses contratos se reflete no campo procedimental, no qual os mecanismos destinados a assegurar a efetividade do direito potestativo da parte são definidos em conformidade com as peculiaridades das relações jurídicas de direito material em questão, que orientam à utilização do procedimento extrajudicial instituído pela Lei nº 9.514/1997. Afinal, a pretensão da parte deve ser endereçada em atenção ao regramento legal aplicável, não sendo facultada a escolha do procedimento a seu exclusivo critério[160], trata-se do interesse de agir em sua vertente *adequação*, conforme o direito material.[161]

---

imóvel. Impossibilidade de aproveitamento da presente ação de resolução para excussão da garantia, uma vez que não houve até o momento consolidação da propriedade em nome da credora fiduciária. Inteligência da aplicação do Tema 1.095 do STJ somente aos casos em que a mora já foi convertida em inadimplemento absoluto e a propriedade se encontra consolidada nas mãos do credor fiduciário, podendo ser levado a leilão extrajudicial. Ação de resolução improcedente. Recurso provido" (TJSP, Apelação Cível 1000418-80.2021.8.26.0099, 1ª Câmara de Direito Privado, rel. Des. Francisco Eduardo Loureiro, j. 8.3.2023).

[159] MIRANDA, Victor Vasconcelos. *Precedentes Judiciais: construção e aplicação da ratio decidendi*. São Paulo: Thomson Reuters Brasil, 2022. p. 164.

[160] DINAMARCO, Cândido Rangel, *Instituições de Direito Processual Civil*. São Paulo: Malheiros, 7. ed., 2017, v. II, p. 356: "O *interesse-adequação* liga-se à existência de múltiplas espécies de provimentos e tutelas instituídos pela legislação do país, cada um deles integrando uma técnica e sendo destinado à solução de certas *situações da vida* indicadas pelo legislador. (...). Ainda quando a interferência do Estado-juiz seja necessária, sob pena de impossibilidade de obter o bem devido (interesse-necessidade), faltar-lhe-á o interesse de agir quando pedir medida jurisdicional que não seja *adequada segundo a lei*" (grifos do autor).

[161] Cassio Scarpinella Bueno chama a atenção para questão do direito material para transporte da pretensão ao plano processual: "A forma de cobrança de valores depende fundamentalmente da devida análise das peculiaridades do direto material, para se saber, do ponto de vista processual, qual pedido de tutela jurisdicional pode ser formulado e por que razões. Nestas duas situações, o que ocorre não é eventual inadequação formal que, pela sistemática do direito processual civil, até poderia ser desconsiderada. O que merece ser colocado em relevo é a realidade do plano material e seu adequado transporte para o plano processual" (BUENO, Cassio Scarpinella. *Curso sistematizado de direito processual civil*. 10. ed. São Paulo: Saraiva, 2020, v. 1., p. 345).

11.8.1.2. Quanto à demarcação do campo de incidência do precedente

A definição do procedimento disciplinado pelos arts. 26 e 27 da Lei nº 9.514/1997 pela tese jurídica fixada no Tema 1.095 abrange as vendas a crédito com pacto adjeto de alienação fiduciária contratadas por qualquer pessoa, física ou jurídica, tendo em vista que o objeto do paradigma veiculado pelo REsp 1.891.498-SP é compra e venda com financiamento e alienação fiduciária em favor da própria incorporadora-vendedora.

A decisão fundamenta-se no art. 22 da Lei nº 9.514/1997, que faculta a contratação da alienação fiduciária "por qualquer pessoa física ou jurídica", coerentemente com a lógica das vendas a crédito em geral, que deflui do art. 491 do Código Civil, e das Leis nºs 9.514/1997 e 10.931/2004, que instituem normas gerais sobre a venda de imóveis a crédito no mercado da produção e comercialização imobiliária.

Em relação à validade e eficácia do financiamento concedido diretamente pelo vendedor com alienação fiduciária ao próprio financiador-vendedor, não integrante do sistema financeiro, é digno de nota o Enunciado de Uniformização de Jurisprudência aprovado logo após a publicação do acórdão do Tema 1.095/STJ pelas Turmas Recursais Cíveis Reunidas do Tribunal de Justiça do Rio Grande do Sul, segundo o qual é "dispensada vinculação da promitente vendedora ao sistema financeiro imobiliário – SFI – além de não serem aplicáveis as disposições do CDC, nem da Súmula 543 do STJ".[162]

Nesse aspecto, o julgamento do STJ põe fim a qualquer controvérsia sobre a habilitação legal de contratação de garantia real fiduciária por qualquer pessoa física ou jurídica, deixando clara a interpretação do texto da Lei nº 9.514/1997, que até é explícito ao dispor que tal contratação não é privativa das instituições financeiras, nos termos dos seus arts. 5º, § 2º, e 22, § 1º.

O simples fato de o caso paradigma subjacente ao Tema 1.095 ter por objeto precisamente crédito concedido pela incorporadora, então credora fiduciária, confirma o entendimento, adequado, de que a alienação fiduciária em favor do próprio incorporador-vendedor não descaracteriza o regime jurídico especial da propriedade fiduciária.

Essa circunstância fático-jurídica não pode ser ignorada pelas instâncias ordinárias, mas, não obstante, ainda se registram decisões que, em desrespeito à *ratio decidendi*, consideram descaracterizada a operação de crédito com garantia fiduciária pelo fato de ter sido contratada diretamente com o vendedor-credor,[163] como anota Victor Vasconcelos Miranda em Tese de Doutorado:

---

[162] "Em contrato de compra e venda de imóvel com garantia de alienação fiduciária, a resolução do pacto, na hipótese de inadimplemento do devedor fiduciante, observará as disposições da Lei nº 9.514/97, dispensada vinculação da promitente vendedora ao Sistema Financeiro Imobiliário – SFI – além de não serem aplicáveis as disposições do CDC, nem da Súmula 543 do STJ" (Incidente de Uniformização Jurisprudência, nº 71009651308, Turmas Recursais Cíveis Reunida, Turmas Recursais, rel. Luiz Augusto Guimaraes de Souza, j. 29.3.2023, Publ. 12.4.2023).

[163] "Apelação – Ação de Rescisão Contratual c/c Restituição de Quantias Pagas – 'Instrumento Particular de Contrato de Compra e Venda de Imóvel, com efeito de Escritura Pública, com Financiamento e Pacto Adjeto de Alienação Fiduciária em Garantia e Outras Avenças' - Ajuizamento pela compradora alegando não possuir condições de manter o contrato – Sentença de parcial procedência para rescindir o contrato e determinar que a ré faça o leilão extrajudicial em 30 dias – Inconformismo do autor – Recurso parcialmente provido – Recurso Especial interposto pela ré - Determinação da Presidência da Seção de Direito Privado desta Corte para reapreciação da matéria conforme tese fixada pelo CSTJ quanto a observação da forma prevista na Lei nº 9.514/97- Alienação fiduciária instituída em favor da própria vendedora e não para instituição financeira, configura estratégia visando contornar as garantias previstas no Código de

Ora, se o caso subjacente ao repetitivo envolvia a mesma configuração jurídica de loteador e credor fiduciário, não há amparo legal capaz de justificar a posição refratária adotada pelo TJSP, que, a um só tempo, desrespeita o precedente do STJ no que tange à aplicação da tese jurídica ao caso concreto, bem como estabelece critério distintivo que não existe na prática, levando a conclusão jurídica diferente daquela exarada pelo STJ como precedente qualificado e vinculante.[164]

11.8.1.3. Quanto à análise dos requisitos da execução fiduciária disciplinada pela Lei nº 9.514/1997. Distorções conceituais na aplicação da tese

Ao mencionar os requisitos da execução extrajudicial – registro do contrato e caracterização da mora e do inadimplemento – o enunciado da tese jurídica desperta a atenção para a dinâmica peculiar do procedimento extrajudicial de execução no contexto do sistema registral.

Recorde-se que as diligências de intimação para purgação da mora e a certificação da não purgação e do consequente inadimplemento são atos da competência do oficial do Registro de Imóveis, que só podem ser praticados se, ao protocolar o correspondente requerimento, o oficial constatar a existência do registro do contrato, como explicitado nos itens 6.1.4 e 11.8 desta obra (Lei nº 9.514/1997, arts. 23 e 26).

Esses atos são necessariamente interligados por força do princípio da continuidade do sistema registral (v. itens 8.1 e 8.2), em razão do qual cada ato de registro ou averbação opera como "elo de uma corrente ininterrupta de assentos, cada um dos quais se liga ao seu antecedente, como o seu subsequente a ele se ligará posteriormente" (Lei nº 6.015/1973, art. 195).[165] Assim, a consolidação da propriedade no patrimônio do credor fiduciário tem como pressuposto necessário a existência do registro, a certificação da mora e do inadimplemento, da competência exclusiva do oficial do competente Registro de Imóveis.

Diante da falta de qualquer desses requisitos o credor deverá ser intimado pelo oficial para supri-la nos termos dos arts. 188 e 198 da Lei nº 6.015/1973, o mesmo ocorrendo se a falta for constatada em juízo de acordo com a regra geral da sanabilidade dos vícios procedimentais,[166]

Defesa do Consumidor e Código Civil, torna possível a rescisão contratual perseguida pelo autor, não se aplicando, portanto, o decidido no REsp nº 1891498/SP (Tema 1095) – Comprador que não se encontra inadimplente – Recurso reapreciado com manutenção da decisão proferida no Acórdão anterior" (TJSP, Apelação 1048427-05.2018.8.26.0576, 10ª Câmara de Direito Privado, Des. José Aparício Coelho Prado Neto, DJe 2.2.2024).

[164] MIRANDA, Victor Vasconcelos. Reclamação: O refinamento da ratio decidendi e o controle de aplicação dos precedentes. São Paulo: PUC, 2024. p. 207.

[165] Essa dinâmica peculiar do procedimento extrajudicial ilustra com clareza a forma como se materializa o princípio da continuidade do sistema registral imobiliário, pelo qual, segundo Afrânio de Carvalho, cada um dos atos de registro e de averbação no curso da operação e do procedimento de execução opera como "elo de uma corrente ininterrupta de assentos, cada um dos quais se liga ao seu antecedente, como o seu subsequente a ele se ligará posteriormente (sem a inscrição prévia da propriedade, não se inscreve nenhum direito real limitado (...), já que para a sua outorga é preciso que o outorgante esteja previamente inscrito como titular do direito outorgado" (CARVALHO, Afrânio de, Tratado de Registros Públicos. 2. ed. Rio de Janeiro Forense, 1977, p. 285-286).

[166] Não se pode desprezar a regra geral de sanabilidade das falhas procedimentais, equivalente àquelas estabelecidas pelo Código de Processo Civil para seu suprimento, a exemplo dos arts. 282, § 2º, 303, § 6º, 321, 406, 801, 485, § 1º, 700, § 5º, 801, 968, § 5º, 1.071, § 10, entre outros.

não havendo dúvida de que essa lacuna não priva o credor de obter a satisfação do seu crédito mediante execução, judicial ou extrajudicial (CPC, art. 784, II, III e § 3º).

Anote-se, por relevante, que o fato de a tese jurídica referir-se à exigência dos requisitos não obsta a que o credor promova o suprimento em caso de lacuna, como, aliás, tem sido reconhecido pelo STF em decisões proferidas posteriormente à publicação da tese jurídica oriunda do Tema 1.095, como é o caso do acórdão proferido pela Segunda Seção ao julgar o EREsp 1.866.844-SP, no qual, embora reconheça a necessidade do registro, esclarece que a falta do registro do contrato não retira sua eficácia entre as partes e, portanto, "não confere ao devedor fiduciante o direito de promover a rescisão da avença por meio diverso daquela contratualmente previsto, tampouco impede o credor fiduciário de, após a efetivação do registro, promover a alienação do bem em leilão para só então entregar eventual saldo remanescente ao adquirente".[167]

Não obstante, registram-se nas instâncias ordinárias decisões que, ignorando a função dos atos registrais nesse contexto e desprezando os requisitos de admissibilidade dos arts. 473 ou 475 do Código Civil, acolhem, injustificadamente, pedidos de resolução ou resilição sob falso argumento de que a tese jurídica fixada no Tema 1.095 "somente afasta a aplicação do Código de Defesa do Consumidor na hipótese de contrato registrado em cartório e adquirente inadimplente, devidamente constituído em mora".[168]

---

[167] "Embargos de divergência em recurso especial. Direito civil. Imóvel. Compra e venda. Alienação fiduciária. Registro. Ausência. Efeitos entre os contratantes. Manutenção. Alienação extrajudicial. Registro. Imprescindibilidade. 1. A ausência do registro do contrato de alienação fiduciária no competente Registro de Imóveis não lhe retira a eficácia, ao menos entre os contratantes, servindo tal providência apenas para que a avença produza efeitos perante terceiros. 2. Ainda que o registro do contrato no competente Registro de Imóveis seja imprescindível à constituição da propriedade fiduciária de coisa imóvel, nos termos do art. 23 da Lei nº 9.514/1997, sua ausência não retira a validade e a eficácia dos termos livre e previamente ajustados entre os contratantes, inclusive da cláusula que autoriza a alienação extrajudicial do imóvel em caso de inadimplência. 3. O registro, conquanto despiciendo para conferir eficácia ao contrato de alienação fiduciária entre devedor fiduciante e credor fiduciário, é, sim, imprescindível para dar início à alienação extrajudicial do imóvel, tendo em vista que a constituição do devedor em mora e a eventual purgação desta se processa perante o Oficial de Registro de Imóveis, nos moldes do art. 26 da Lei nº 9.514/1997. 4. A ausência de registro do contrato que serve de título à propriedade fiduciária no competente Registro de Imóveis não confere ao devedor fiduciante o direito de promover a rescisão da avença por meio diverso daquele contratualmente previsto, tampouco impede o credor fiduciário de, após a efetivação do registro, promover a alienação do bem em leilão para só então entregar eventual saldo remanescente ao adquirente do imóvel, descontados os valores da dívida e das demais despesas efetivamente comprovadas. 5. Embargos de divergência não providos" (EREsp 1.866.844-SP, rel. Min. Nancy Andrighi; rel. p/ acórdão, Min. Ricardo Cueva, *DJe* 9.10.2023).

[168] "Apelação. Rescisão contratual. Compra e venda. Alienação fiduciária. Tema 1.095 do STJ. Não incidência. Desistência do comprador. Instrumento particular de compra e venda de imóvel com alienação fiduciária em garantia. Desistência do adquirente. Pretensão das vendedoras de que a resolução do contrato se dê por execução extrajudicial, nos termos da Lei nº 9.514/97. Impossibilidade. Tese firmada pelo Superior Tribunal de Justiça no julgamento do Tema 1.095 no sentido de que a Lei nº 9.514/97 somente afasta a aplicação do Código de Defesa do Consumidor na hipótese de contrato registrado em cartório e adquirente inadimplente, devidamente constituído em mora. No caso dos autos os compradores não foram constituídos em mora. Determinação de devolução de 90% sobre os valores pagos, autorizado o desconto de eventuais débitos de consumo, IPTU e taxas condominiais em consonância com os precedentes do STJ: – Não se tratando de hipótese que impõe a execução extrajudicial do contrato e a aplicação da Lei nº 9.514/97, conforme decidido pelo STJ no julgamento do Tema nº 1.095, a resolução da avença com a

Outro requisito referido no acórdão vinculado ao Tema 1.095 é o da comprovação da mora e do inadimplemento do devedor.

Em relação ao contrato de compra e venda com financiamento e alienação fiduciária essa situação, em regra, decorre de iniciativa de devedores que, antecipando-se à deflagração do procedimento extrajudicial pelo credor, ajuízam ações de resolução ou de resilição enquanto adimplentes.

Ocorre que a declaração do devedor de que não vai cumprir, manifestada nesses termos, caracteriza inadimplemento anterior ao termo, que assegura ao credor a satisfação do seu crédito mediante procedimento extrajudicial disciplinado pelos arts. 26 e 27 da Lei nº 9.514/1997, como há muito é reconhecido pela doutrina e pela jurisprudência diante de "declaração expressa do devedor no sentido de que não irá cumprir com a obrigação", com fundamento no princípio da boa-fé objetiva.[169]

A despeito de não ter sido considerada no julgamento do Tema 1.095, a caracterização do inadimplemento por quebra antecipada do contrato tem sido reconhecida com relativa frequência quando manifestada por devedores fiduciantes em ações de resolução propostas contra credores fiduciários, seja em decisões proferidas nas instâncias ordinárias ou em acórdãos proferidos no STJ.

É o caso do REsp 2.042.323/RN, julgado também posteriormente à publicação da tese jurídica do Tema 1.095, no qual a 3ª Turma reconhece que "no momento em que o adquirente manifesta o seu interesse em desfazer o contrato de compra e venda com pacto de alienação fiduciária, fica caracterizada a quebra antecipada, porquanto revela que ele deixará de adimplir a sua obrigação de pagar".

Nesse caso, é digno de nota o fundamento do voto condutor em relação à adequação do critério de liquidação estabelecido pelo seu art. 27, § 4º (oferta do imóvel em leilão e entrega do saldo, se houver, ao devedor), pois, "não fosse assim, o tratamento dado aos contratos de compra e venda com alienação fiduciária seria equivalente ao empregado nos contratos de compra e venda sem tal garantia".[170]

---

retenção de 10% dos valores pagos pelo comprador mostra-se suficiente para a compensação do vendedor Precedentes do STJ Incabível a cobrança de taxa de ocupação, uma vez que não houve consolidação da propriedade em favor do credor fiduciário" (TJSP, Apelação 1015084-98.2019.8.26.0344/50000, 13ª Câmara de Direito Privado, rel. Des. Nelson Jorge Júnior, j. 3.3.2023).

[169] AGUIAR JR., Ruy Rosado de. *Extinção dos contratos por incumprimento do devedor*: resolução. 2. ed. rev. e atual. Rio de Janeiro: Aide, 2003, p. 127. Nas palavras do autor, "o incumprimento pode resultar de conduta contrária do devedor, por ação (venda do estoque, sem perspectiva de reposição) ou omissão (deixar as medidas prévias indispensáveis para a prestação), ou de declaração expressa do devedor no sentido de que não irá cumprir com a obrigação". Tratamos da matéria em nosso *Incorporação Imobiliária* (Forense, 7. ed., 2023, Capítulo X).

[170] "Recurso especial. Ação de resolução de contrato c/c restituição de valores. Contrato de compra e venda de imóvel com pacto adjeto de alienação fiduciária. Negativa de prestação jurisdicional. Ausência. Pretensão de resilição unilateral. Inadimplemento antecipado. Incidência da Lei nº 9.514/97. 1. Ação de resolução de contrato c/c restituição de valores ajuizada em 02/06/2016, da qual foi extraído o presente recurso especial interposto em 03/03/2022 e concluso em 15/12/2022. 2. O propósito recursal consiste em decidir sobre a ocorrência de negativa de prestação jurisdicional e a aplicabilidade do procedimento previsto nos arts. 26 e 27 da Lei nº 9.514/97 na hipótese em que o adquirente manifesta sua intenção de resolver o contrato por dificuldades financeiras ('antecipatory breach'). 3. Nas obrigações sujeitas a termo, em regra, o credor somente poderá exigir o seu cumprimento na data do vencimento (arts. 331 e 939 do CC/02), de modo que o inadimplemento somente restará caracterizado caso não satisfeita a prestação no

11.8.1.4. *Necessário juízo de admissibilidade das pretensões de resilição e de resolução*

A par das questões relacionadas aos requisitos do procedimento extrajudicial, e sabendo-se, por elementar, que as técnicas procedimentais destinadas à tutela do direito material conformam-se à natureza jurídica e às singularidades da relação jurídica de que se trata, "à luz de uma regra de adaptabilidade inerente à condição instrumental do processo,"[171] o exame da pretensão de extinção do contrato mediante resilição ou resolução, ventiladas no voto condutor, deve ser examinada à luz da sistematização das normas sobre extinção dos contratos adotada pelo Código Civil/2002.

Assim, na medida em que o Código Civil restringe a resilição unilateral aos "casos em que a lei expressa ou implicitamente o permita" (CC, art. 473), tal pretensão só pode ser admitida em relação ao caso objeto do precedente nas situações em que os contratos celebrados fora

---

tempo convencionado. No entanto, é possível que antes do termo ajustado o devedor declare ao credor que não cumprirá a obrigação ou adote comportamento concludente no sentido do não cumprimento. Nessa hipótese, estará caracterizado o inadimplemento antecipado do contrato ('anticipatory breach of contract'). 4. No momento em que o adquirente manifesta o seu interesse em desfazer o contrato de compra e venda com pacto de alienação fiduciária, fica caracterizada a quebra antecipada, porquanto revela que ele deixará de adimplir a sua obrigação de pagar. Embora não se trate, ainda, de uma quebra da obrigação principal, o seu futuro incumprimento é certo, o que torna imperiosa a observância do procedimento específico estabelecido nos arts. 26 e 27 da Lei nº 9.514/97 para a satisfação da dívida garantida fiduciariamente e devolução do que sobejar ao adquirente. 5. Recurso especial conhecido e parcialmente provido" (STJ, REsp 2.042.323-RN, rel. Min. Nancy Andrighi, 24.8.2023).

"Recurso especial. Ação de resolução de contrato. Compra e venda de imóvel garantida mediante alienação fiduciária. Desinteresse do adquirente. Possibilidade de decretação da resolução do contrato. Observância ao procedimento previsto nos arts. 26 e 27 da Lei n. 9.514/1997 para devolução do que sobejar ao adquirente. Precedentes. Recurso especial desprovido. A jurisprudência da Terceira Turma desta Corte Superior se posiciona no sentido de que, em casos como o presente - nos quais os adquirentes, mesmo sem ter o vendedor dado razão para tanto, ajuizou ação de resolução do contrato (*anticipatory breach*) –, deve ser acatada a possibilidade de resolução do contrato pelo desinteresse dos compradores, mas a devolução dos valores pagos deverá observar o procedimento estabelecido nos arts. 26 e 27 da Lei n. 9.514/1997" (REsp 1.087.914-SP, rel. Min. Marco Aurélio Bellizze, *DJe* 16.8.2023).

"Rescisão de contrato com pedido de restituição de quantias pagas – Autora que adquiriu lote da ré – Compra e venda com pacto adjeto de alienação fiduciária registrado – Demanda a pretexto de não mais ter interesse no negócio por problemas financeiros – Reconvenção – Sentença de parcial procedência da ação principal e improcedência da reconvenção – Recurso da ré/reconvinte, limitado ao capítulo da sentença que julgou o pedido principal – Acolhimento – Compra e venda perfeita e acabada, registrada na matrícula do imóvel – Impossibilidade de se desfazer negócio irretratável, já consumado e registrado na matrícula, por mero desejo da parte adquirente, que em verdade significaria obrigar que a vendedora lhe readquirisse o bem – Inexistência de exceção por inadimplemento da alienante – Pretensão de aplicação do CDC, pelo mero desinteresse, que não se admite – Inaplicabilidade da tese fixada no Tema 1.095 do C. STJ, que expressamente exclui sua incidência nos casos de quebra antecipada do contrato, tal como na situação telada – Distinguishing – Quebra antecipada (anticipatory breach), por seu turno, que deve ser equiparada à mora propriamente dita e, da mesma forma, conduz à liquidação pela sistemática da lei especial – Precedentes – Sentença reformada – Recurso provido." (TJSP, 7ª Câmara de Direito Privado, Apelação 1026650-61.2018.8.26.0576, rel. Des. Fernando Reverendo Vidal Akaoui, *DJe* 11.10.2023).

[171] DINAMARCO, Cândido Rangel, *Instituições de Direito Processual Civil*. 8. ed. São Paulo: Malheiros, 2016, v. I, p. 251.

da sede do fornecedor e limita seu exercício ao prazo de 7 dias (CDC, art. 49),[172] o mesmo ocorrendo em relação aos contratos preliminares de promessa de venda, que, por expressa disposição legal, só podem ser resilidos unilateralmente por denúncia do promitente comprador quando celebrados fora da sede da incorporadora, pelo mesmo prazo de 7 dias previsto no CDC (art. 67-A, §§ 10 e 11).

O outro modo de extinção do contrato aventado pelo voto condutor é a resolução do contrato, cujo pressuposto necessário é a prova do inadimplemento do contratante, que, no caso objeto do precedente, seria o incorporador ou o banco financiador, sendo facultada exclusivamente "à parte lesada pelo inadimplemento", advertindo Araken de Assis que, pelo art. 475 do Código Civil, "proclama-se a legitimação privativa do parceiro não inadimplente ou 'fiel' para demandar a resolução".[173]

A ressalva legal é facilmente compreensível em relação à promessa de venda por se tratar de contrato bilateral, caracterizado pela interdependência de prestações, situação na qual o inadimplemento de um dos contratantes causa lesão ao outro, que por isso se legitima à postulação do remédio resolutório.

De fato, na promessa de venda cada um dos contratantes ocupa simultaneamente posição credora e devedora, "em que cada um dos figurantes assume o dever de prestar para que outro ou outros lhe contraprestem".[174]

No caso do precedente, entretanto, não há reciprocidade de prestações, tendo em vista que tanto o incorporador como o credor fiduciário já prestaram, o primeiro, ao entregar o imóvel, e o segundo, ao disponibilizar o crédito que foi utilizado pelo devedor para integralizar o pagamento do preço da compra, remanescendo apenas o contrato de mútuo, ou operação de crédito equivalente, com garantia hipotecária ou fiduciária, que, por pertencer à classe dos contratos que geram obrigações "para uma só das partes, falta neles [contratos unilaterais] a interdependência ou reciprocidade das prestações, que é peculiaridade apenas dos contratos bilaterais. Há aí apenas um devedor. Se este se torna inadimplente, a execução coativa é o meio hábil para obter o melhor resultado possível".[175]

Disso resulta que a pretensão de resolução de contratos de compra e venda com financiamento e pacto adjeto de alienação fiduciária ou hipotecária não preenche os pressupostos necessários do art. 475 do Código Civil, além de não atender ao comando específico do § 14 do art. 67-A da Lei nº 4.591/1964, que sujeita a extinção forçada dessa espécie de contrato à execução judicial ou extrajudicial.

É como alguns acórdãos proferidos nas instâncias ordinárias, fiéis à sistematização das normas sobre a extinção dos contratos definida pelo Código Civil de 2002, têm interpretado a tese jurídica definida no Tema 1.095 do STJ, ao julgar improcedentes pedidos de resolução

---

[172] Lei nº 8.078/1990 (CDC) "Art. 49. O consumidor pode desistir do contrato, no prazo de 7 dias a contar de sua assinatura ou do ato de recebimento do produto ou serviço, sempre que a contratação de fornecimento de produtos e serviços ocorrer fora do estabelecimento comercial, especialmente por telefone ou a domicílio".

[173] ASSIS, Araken de. *Resolução do contrato por inadimplemento*. 6. ed. São Paulo: Revista dos Tribunais, 2019, p. 109.

[174] PONTES DE MIRANDA, Francisco Cavalcanti. *Tratado de Direito Privado*. 12. ed. São Paulo: Revista dos Tribunais, v. 26, § 3.126.

[175] BESSONE, Darcy. *Do contrato*. Rio de Janeiro: Forense, 1960, p. 331.

de compra e venda com alienação fiduciária,[176] fundamentando-se na "impossibilidade de resolução do contrato, que perdeu a sua natureza bilateral (...). Garantia real deve ser executada na forma da Lei nº 9.514/97, com leilão do imóvel".[177]

Coerentemente com a inaplicabilidade do remédio resolutório ao contrato unilateral de crédito, há decisões no sentido de que a situação de adimplemento do devedor fiduciante é "fato que não justifica a resolução do contrato na forma pretendida na inicial", até porque não há contrato a ser resolvido, tendo em vista que se trata de "compromisso de compra e venda extinto diante do esgotamento de seu objeto."[178]

---

[176] "[...]. Garantia fiduciária registrada. Inaplicabilidade da tese vinculante aprovada pelo STJ no julgamento do Tema 1.095. Autor adimplente ao tempo do ajuizamento da ação. Fato que não justifica a resolução do contrato na forma pretendida na inicial. Compromisso de compra e venda extinto diante do esgotamento de seu objeto. Resolução do contrato de compra e venda com pacto de alienação fiduciária em garantia por desinteresse do adquirente que configura quebra antecipada do contrato ('anticipatory breach'), mesmo que ainda não tenha havido mora no pagamento das prestações. Precedentes do STJ. Resolução que deve se submeter aos ditames da Lei nº 9.514/97. Ação improcedente. Sentença reformada. Recurso provido. (TJSP, 1ª Câmara de Direito Privado, Apelação Cível 1042100-73.2020.8.26.0576, rel. Des. Alexandre Marcondes, *DJe* 15.3.2023).

"[...]. *In casu*, trata-se de instrumento de compra e venda de unidade imobiliária, com pacto adjeto de alienação fiduciária em garantia, e não de mera promessa de compra e venda, de modo que se aplica a Lei n.º 9.514, de 20 de novembro de 1997, em detrimento das disposições do Código de Defesa do Consumidor, em razão da especialidade daquela. Tese firmada pelo Superior Tribunal de Justiça, cadastrada sob o Tema 1.095. Assim, na espécie, não há que se falar em direito de arrependimento ou em desistência imotivada, não se revelando cabível a resilição da avença com a determinação de devolução de qualquer quantia ao apelante, uma vez que, descumprida a obrigação de pagamento do débito, se deve promover a execução da garantia, nos termos da lei específica que rege a matéria. Manutenção do *decisum* que se impõe. Recurso ao qual se nega provimento, majorando-se os honorários advocatícios em 5% (cinco por cento) sobre o *quantum* fixado pelo Magistrado a quo, nos termos do artigo 85, § 11, do Código de Processo Civil" (TJRJ, 12ª Câmara Cível, Apelação 0002121-60.2019.8.19.0024, Des. Geórgia de Carvalho, *DJe* 14.4.2023).

[177] TJSP, 1ª Câmara de Direito Privado, Apelação Cível 1000418-80.2021.8.26.0099, rel. Des. Francisco Loureiro, j. 8.3.2023.

[178] "Compra e venda. Ação de rescisão contratual. Sentença de procedência. Irresignação do réu. Pedido de rescisão que poderia em tese impactar o banco cessionário, que deve, pois, figurar no polo passivo. Preliminar de ilegitimidade passiva afastada. Autor proprietário registral do imóvel e devedor fiduciante. Garantia fiduciária registrada. Inaplicabilidade da tese vinculante aprovada pelo STJ no julgamento do Tema 1.095. Autor adimplente ao tempo do ajuizamento da ação. Fato que não justifica a resolução do contrato na forma pretendida na inicial. Compromisso de compra e venda extinto diante do esgotamento de seu objeto. Resolução do contrato de compra e venda com pacto de alienação fiduciária em garantia por desinteresse do adquirente que configura quebra antecipada do contrato ('anticipatory breach'), mesmo que ainda não tenha havido mora no pagamento das prestações. Precedentes do STJ. Resolução que deve se submeter aos ditames da Lei nº 9.514/97. Ação improcedente. Sentença reformada. Recurso provido" (TJSP, 1ª Câmara de Direito Privado, Apelação Cível 1042100-73.2020.8.26.0576, rel. Des. Alexandre Marcondes, *DJe* 15.3.2023).

"Rescisão de contrato com pedido de restituição de quantias pagas – Autores que adquiriram lote da ré – Compra e venda com pacto adjeto de alienação fiduciária registrado – Demanda a pretexto de não mais terem interesse no negócio por problemas financeiros – Parcial procedência para resolver o contrato, determinando a restituição de 80% dos valores pagos e outras indenizações – Recurso da ré – Acolhimento – Compra e venda perfeita e acabada, registrada na matrícula do imóvel – Impossibilidade de se desfazer negócio irretratável, já consumado e registrado na matrícula, por mero desejo da parte adquirente, que em verdade significaria obrigar que a vendedora lhe readquirisse o bem – Inexistência

Há, contudo, nas instâncias ordinárias, decisões que, ignorando a diferenciação de categorias entre os contratos em questão expressamente explicitada nos §§ 1º ao 9º do art. 67-A da Lei nº 4.591/1964 e no § 14 desse mesmo art. 67-A, decretam o rompimento do vínculo contratual de compra e venda já aperfeiçoada, invocando como fundamento "direito potestativo do adquirente de desistir do contrato e requerer a sua resilição unilateral".[179]

São decisões que não apenas exoneram o devedor fiduciante da obrigação de reposição do crédito tomado para compra do bem, mas, também, lhe conferem o direito de obter a restituição de parte das parcelas que pagou a título de amortização e juros do empréstimo,[180] podendo disso resultar deslocamento patrimonial sem justa causa, que caracterize locupletamento do devedor à custa do emprestador.

Não se pode deixar de considerar, entretanto, situações peculiares em que, embora caracterizado como contrato unilateral, insuscetível de resilição ou resolução, o mútuo, ou operação de crédito equivalente, pode sofrer os efeitos de resolução caso integre uma conexão contratual na qual esteja vinculado acessoriamente a um contrato sinalagmático, passível de ser resolvido por existirem prestações ainda pendentes de cumprimento.

---

de exceção por inadimplemento da alienante – Pretensão de aplicação do CDC, por estarem adimplentes, que não se admite – Inaplicabilidade da tese fixada no Tema 1.095 do C. STJ, que expressamente exclui sua incidência nos casos de quebra antecipada, tal como na situação telada – *Distinguishing* – Quebra antecipada (*anticipatory breach*), por seu turno, que deve ser equiparada à mora propriamente dita e, da mesma forma, conduz à liquidação pela sistemática da lei especial – Precedentes – Sentença reformada para julgar improcedente o pedido – Recurso provido" (TJSP, 1ª Câmara de Direito Privado, Apelação 1002568-90.2022.8.26.0457, rel. Des. Fernando Reverendo Vidal Akaoui, *DJe* 29.9.2023).

"Ação de rescisão contratual c.c. restituição de valores – Alienação Fiduciária de Imóvel – Desistência – Reapreciação do feito à luz da tese firmada pela Segunda Seção do STJ no julgamento do REsp nº 1.891.498/SP – Tema *1095* do STJ – A resolução do pacto deverá observar a forma prevista na Lei nº 9.514/97, por se tratar de legislação específica, afastando-se, por conseguinte, a aplicação do Código de Defesa do Consumidor – Improcedência da ação – Recurso provido" (TJSP, Câmara de Direito Privado, Apelação 1015401-33.2018.8.26.0344, rel. Des. Alcides Leopoldo, *DJe* 28.9.2023.

[179] "Cível. Apelação cível. Ação de rescisão de contrato de compromisso de compra e venda de lote urbano com cláusula de alienação fiduciária em garantia do financiamento. Rescisão. I. Contrato não registrado. Propriedade fiduciária não constituída (art. 23 da lei 9.514/97). Ausência dos requisitos cumulativos estabelecidos pelo STJ no precedente vinculante REsp 1.891.498/SP – Tema 1095 do STJ: registro do contrato, inadimplemento do devedor-fiduciante e constituição em mora. Inaplicabilidade dos arts. 26 e 27 da Lei 9.514/97. Para a rescisão do contrato e devolução das parcelas. Incidência do art. 53 do CDC. II. Irretratabilidade e irrevogabilidade do contrato não impeditivos da rescisão. Direito potestativo do adquirente de desistir do contrato e requerer a sua resilição unilateral. Art. 473 do CC" (TJPR, 6ª Câmara Cível, Apelação 0002765-54.2021.8.16.0173, rel. Des. Lilian Romero, *DJe* 21.8.2023).

[180] "Compra e venda de bem imóvel – rescisão contratual c.c. restituição de valores – Demanda ajuizada pela adquirente - Parcial procedência decretada (rescindindo o contrato firmado entre as partes e condenando a ré a restituir 75% dos valores adimplidos pela autora) – Inconformismo de ambas as partes – Afastamento – Embora conste a averbação da alienação fiduciária junto à matrícula do imóvel objeto da avença, não houve comprovação da constituição da autora em mora, tampouco a situação de inadimplência, conforme dispõe o artigo 26, §1º, da Lei nº 9.514/97 – Circunstância que impossibilita a adoção do Tema *1095* do C. STJ – Precedentes, inclusive desta Câmara - Pleito de rescisão acolhido nos termos do art. 53 do CDC, por culpa da adquirente – Restituição a esta última de 75% dos valores pagos (e, bem assim, a retenção de 25%) que se adequa ao artigo 53 do CDC, aqui aplicável – Sentença mantida – Recursos improvidos" (TJSP, 8ª Câmara de Direito Privado, Apelação 100235-09.2023.8.26.0142, rel. Des Salles Rossi, *DJe* 28.9.2023).

INCORPORAÇÃO IMOBILIÁRIA • *Melhim Namem Chalhub*

Na prática, seria o caso de uma operação de compra e venda com financiamento e pacto adjeto de alienação fiduciária ou hipoteca, contratada durante a construção; nesse caso, a inexecução da prestação do incorporador de construir e entregar o imóvel no prazo pactuado poderia caracterizar inadimplemento absoluto, situação que legitimaria o comprador-devedor fiduciante a postular o remédio resolutório (CC, art. 475, Lei nº 4.591/1964, art. 43-A), cujos efeitos poderiam atingir a garantia fiduciária ou hipotecária.[181]

É que, nesse caso, "a análise desloca-se da estrutura unitária de cada um deles para a análise integrada dos vínculos individuais e, a partir daí, dos direitos e das obrigações decorrentes não dos contratos individualmente considerados, mas da relação sistemática em que se situam, condizente com a totalidade negocial",[182] ressalvada, obviamente, a necessidade de análise caso a caso das perturbações de um contrato sobre os demais.

11.8.1.5. *Conclusão*

Considerada a diversidade de situações passíveis de interferir na execução dos contratos de comercialização dos imóveis produzidos na atividade da incorporação imobiliária, a aplicação do precedente subjacente ao Tema 1.095 do STJ exige esforço de interpretação com a atenção voltada para as normas que disciplinam os atos registrais de comprovação do registro, da mora e do inadimplemento estabelecidas na Lei nº 9.514/1997, bem como para a sistematização da extinção do contrato instituída pelo Código Civil de 2002, todas elas caracterizadas como normas cogentes.

Nesse processo de análise crítica sobre a adequação da tese jurídica ao caso concreto, há que se ter presente que, sendo o procedimento da Lei nº 9.514/1997 o veículo adequado à extinção forçada do contrato de compra e venda definitiva com pacto adjeto de alienação fiduciária, eventuais vícios procedimentais, tais como os da pendência de registro do contrato ou falta de certificação da mora e do inadimplemento pelo oficial do Registro de Imóveis, não comprometem sua efetividade para a tutela do direito material em questão.

No plano extrajudicial, tais vícios procedimentais são sanáveis nos termos dos arts. 188 e 190 da Lei nº 6.015/1973 e, no âmbito judicial, de acordo com as disposições correspondentes do CPC, a par, obviamente, da essencialidade do juízo de admissibilidade de pedidos de resilição ou resolução, em conformidade com suas específicas hipóteses de incidência, não apenas nos termos dos arts. 473 e 475 do Código Civil, mas também, e em termos específicos, do art. 49 do CDC e do art. 67-A da Lei 4.591/1964.

Disso são exemplos acórdãos proferidos pela 2ª Seção do STJ, que, de uma parte, reconhecem a validade e eficácia do contrato de alienação fiduciária mesmo sem registro, cuja falta não retira sua caracterização como contrato de crédito,[183] e, de outra parte, confirmam o entendimento de que a quebra antecipada do contrato caracteriza o inadimplemento do devedor fiduciante que sujeita a extinção forçada do contrato ao critério de liquidação definido pelo § 4º do art. 27 da Lei nº 9.514/1997.[184]

---

[181] Tratamos da matéria em nosso *Incorporação Imobiliária* (Forense, 7. ed., 2023), item 11.2.3, especificamente p. 445 e ss.

[182] TJSP, 30ª Câmara de Direito Privado, Apelação 0108064-56.2013.8.26.0000, rel. Des. Andrade Neto, *DJe* 30.11.2013; TJSP, 1ª Câmara de Direito Privado, Apelação 1008322-68.2017.8.26.0269, rel. Des. Enéas Garcia, *DJe* 6.4.2020.

[183] STJ, EREsp 1.866.844-SP, rel. Min. Nancy Andrighi; rel. p/ acórdão, Min. Ricardo Cueva, *DJe* 9.10.2023.

[184] STJ, REsp 2.042.323-RN, rel. Min. Nancy Andrighi, *DJe* 24.8.2023, decisão unânime.

Cap. XI • A EXTINÇÃO DO CONTRATO | **427**

11.8.2. Limite à purgação da mora após a consolidação da propriedade. Direito de preferência para readquirir o imóvel

Como vimos, a purgação da mora nos contratos em que o pagamento é efetuado em parcelas sucessivas tem a função de assegurar o prosseguimento do curso normal do contrato. Assim, na alienação fiduciária em garantia, deixando o devedor de pagar uma ou mais parcelas da dívida, será intimado a pagá-la no prazo de 15 dias e, uma vez efetivado o pagamento das parcelas vencidas, "convalescerá o contrato" que retomará seu curso normal com a exigibilidade das demais prestações nas datas dos seus futuros vencimentos.[185]

Já a não purgação da mora no prazo legal caracteriza inadimplemento absoluto, do qual resulta a extinção do contrato de alienação fiduciária por força da consolidação da propriedade, que "marcará o momento a partir do qual não mais poderá o devedor fiduciante pagar as parcelas em atraso e, portanto, cumprir a condição resolutiva da propriedade fiduciária, que, então, tornar-se-á plena nas mãos do credor".[186] Consumada a consolidação da propriedade, o ex-credor fiduciário, agora como proprietário pleno do imóvel, deverá ofertá-lo para venda em leilão para pagar-se em dinheiro, entregando ao devedor o saldo, se houver.

Extinta a alienação fiduciária, não mais se admite purgação da mora, pois não há mais contrato passível do convalescimento a que se refere o § 5º do art. 26 da Lei nº 9.514/1997.

Todavia, em meados dos anos 2010 registraram-se decisões do STJ que reabriram o prazo para purgação da mora mesmo depois da consolidação da propriedade, com fundamento na permissão de purgação da mora até a data da arrematação prevista no art. 34 do Decreto-Lei nº 70/1966[187] para a execução de créditos hipotecários do SFH, e invocando o art. 39 da Lei nº 9.514/1997 permitia a aplicação subsidiária dos art. 29 a 41 do Decreto-Lei nº 70/1966.[188]

---

[185] Lei nº 9.514/1997: "Art. 26. (...). § 5º Purgada a mora no Registro de Imóveis, convalescerá o contrato de alienação fiduciária".

[186] LOUREIRO, Francisco Eduardo *et al. Código Civil comentado*. Coord. Ministro Cezar Peluso. 9. ed., São Paulo: Barueri, 2015, comentário ao art. 1.363, p. 1.324.

[187] "Habitacional. Sistema Financeiro Imobiliário. Purgação da mora. Data limite. Assinatura do auto de arrematação. Dispositivos legais analisados: arts. 26, § 1º, e 39, II, da Lei nº 9.514/97; 34 do DL nº 70/66; e 620 do CPC [de 1973, correspondente ao art. 805 do CPC/2015]. (...). 4. Havendo previsão legal de aplicação do art. 34 do DL nº 70/99 à Lei nº 9.514/97 e não dispondo esta sobre a data limite para purgação da mora do mutuário, conclui-se pela incidência irrestrita daquele dispositivo legal aos contratos celebrados com base na Lei nº 9.514/97, admitindo-se a purgação da mora até a assinatura do auto de arrematação. (...) 6. Considerando que a purgação pressupõe o pagamento integral do débito, inclusive dos encargos legais e contratuais, nos termos do art. 26, § 1º, da Lei nº 9.514/97, sua concretização antes da assinatura do auto de arrematação não induz nenhum prejuízo ao credor. Em contrapartida, assegura ao mutuário, enquanto não perfectibilizada a arrematação, o direito de recuperar o imóvel financiado, cumprindo, assim, com os desígnios e anseios não apenas da Lei nº 9.514/97, mas do nosso ordenamento jurídico como um todo, em especial da Constituição Federal" (REsp 1.433.031-DF, rel. Min. Nancy Andrighi, *DJe* 18.6.2014).
No mesmo sentido, REsp 1.462.210-RS, 3ª Turma, rel. Min. Ricardo Villas Bôas Cueva, *DJe* 25.11.2014; e REsp 1.518.085-RS, rel. Min. Marco Aurélio Bellizze, *DJe* 20.5.2015.

[188] "Art. 39. Às operações de financiamento imobiliário em geral a que se refere esta Lei: I – não se aplicam as disposições da Lei nº 4.380, de 21 de agosto de 1964, e as demais disposições legais referentes ao Sistema Financeiro da Habitação – SFH; II – aplicam-se as disposições dos arts. 29 a 41 do Decreto-lei nº 70, de 21 de novembro de 1966."

Sucede que essas normas do Decreto-lei nº 70/1966 se referem exclusivamente às execuções de crédito garantido por hipoteca e são incompatíveis com a natureza jurídica da propriedade fiduciária e com o procedimento de execução fiduciária, o que veio a ser mais bem explicitado pela alteração legislativa introduzida pela Lei nº 13.465, de 11.07.2017, no sentido de que as normas procedimentais sobre execução hipotecária aplicam-se "exclusivamente aos procedimentos de execução de créditos garantidos por hipoteca",[189] vindo a ser revogados os arts. 29 a 41 do Decreto-lei nº 70/1966 pelo art. 18, I, da Lei nº 14.711/2023.

Assim, extinto o contrato por efeito do inadimplemento, desaparece o suporte contratual que viabilizava a continuidade do vínculo obrigacional mediante purgação da mora, podendo o vínculo real que ligava o imóvel ao antigo devedor ser restaurado mediante nova aquisição no segundo leilão pelo valor do saldo devedor, acrescido dos encargos e das despesas com ITBI, emolumentos de averbação da consolidação etc., com fundamento no § 2º do art. 27 da Lei nº 9.514/1997, que obriga o antigo fiduciário a vender o imóvel a quem quer que venha a ofertar esse montante no segundo leilão.

A situação foi elucidada pelo § 2º-B do art. 27, incluído na Lei nº 9.514/1997 pela Lei nº 13.465, de 11.07.2017 e alterado pela Lei 14.711/2023, segundo o qual o valor a ser pago pelo antigo fiduciante a partir da data da averbação da consolidação da propriedade em nome do antigo fiduciário, e até a data do segundo leilão, é o correspondente ao valor do saldo devedor, acrescido dos encargos contratuais e despesas da consolidação e do leilão, se este já tiver sido anunciado.[190]

A matéria foi submetida a Incidente de Resolução de Demandas Repetitivas nº 2166423-86.2018.8.26.0000 (IRDR) pelo Tribunal de Justiça de São Paulo, que fixou tese restritiva da aplicação da nova regra aos contratos celebrados a partir da vigência da Lei nº 13.465/2017.[191]

A jurisprudência do STJ, entretanto, adequou seu entendimento à alteração legislativa, firmando-se no sentido de que "a partir da entrada em vigor da lei nova, nas situações em que consolidada a propriedade, mas não purgada a mora, é assegurado ao devedor fiduciante tão somente o exercício do direito de preferência", e não o direito à purgação da mora (REsp 1.649.595-RS, 3ª Turma, *DJe* 16.10.2020), de modo que a aplicação da Lei nº 13.465/2017

---

[189] Lei nº 9.514/1997, com a redação dada pela Lei nº 13.465, de 11.7.2017: "Art. 39. Às operações de crédito compreendidas no sistema de financiamento imobiliário, a que se refere esta lei: (...); II – aplicam-se as disposições dos arts. 29 a 41 do Decreto-lei nº 70, de 21 de novembro de 1966, exclusivamente aos procedimentos de execução de créditos garantidos por hipoteca".

[190] Lei nº 9.514/1997: "Art. 27. (...). § 2º-B Após a averbação da consolidação da propriedade fiduciária no patrimônio do credor fiduciário e até a data da realização do segundo leilão, é assegurado ao fiduciante o direito de preferência para adquirir o imóvel por preço correspondente ao valor da dívida, somado às despesas, aos prêmios de seguro, aos encargos legais, às contribuições condominiais, aos tributos, inclusive os valores correspondentes ao imposto sobre transmissão *inter vivos* e ao laudêmio, se for o caso, pagos para efeito de consolidação da propriedade fiduciária no patrimônio do credor fiduciário, e às despesas inerentes aos procedimentos de cobrança e leilão, hipótese em que incumbirá também ao fiduciante o pagamento dos encargos tributários e das despesas exigíveis para a nova aquisição do imóvel, inclusive das custas e dos emolumentos.

[191] Tese fixada no IRDR 2166423-86.2018.8.26.0000 do TJSP: "A alteração introduzida pela Lei nº 13.465/2017 ao art. 39, II, da Lei nº 9.514/97 tem aplicação restrita aos contratos celebrados sob a sua vigência, não incidindo sobre os contratos firmados antes da sua entrada em vigor, ainda que constituída a mora ou consolidada a propriedade, em momento posterior ao seu início de vigência".

aos contratos anteriores à sua vigência tem como condicionante a data da consolidação da propriedade no patrimônio do credor, a partir da qual não é admitida a purgação da mora.[192]

Posteriormente, ao julgar os recursos especiais interpostos contra a decisão proferida pelo TJSP no IRDR 2166423-86.2018.8.26.0000, a Segunda Seção do STJ veio pôr fim, em definitivo, à controvérsia, no sentido de que "Após a edição da Lei nº 13.465, de 11.7.2017, que introduziu no art. 27 da Lei nº 9.514/1997 o § 2º-B, não se cogita mais da aplicação subsidiária do Decreto-Lei nº 70/1966, visto que, consolidada a propriedade fiduciária em nome do credor fiduciário, descabe ao devedor fiduciante a purgação da mora, sendo-lhe garantido apenas o exercício do direito de preferência na aquisição do bem imóvel objeto de propriedade fiduciária".[193]

---

[192] "Processual civil. Recurso Especial. Ação anulatória de ato jurídico. Alienação fiduciária de bem imóvel. Purgação da mora após a consolidação da propriedade em nome do credor fiduciário. Impossibilidade. Aplicação da Lei nº 13.465/2017. Direito de preferência. 1. Ação anulatória de ato jurídico ajuizada em 19/02/2020, da qual foi extraído o presente recurso especial, interposto em 28/03/2022 e atribuído ao gabinete em 04/07/2022. 2. O propósito recursal consiste em decidir acerca da possibilidade de o mutuário efetuar a purgação da mora, em contrato garantido por alienação fiduciária de bem imóvel, após a consolidação da propriedade em nome do credor fiduciário. 3. De acordo com a jurisprudência do STJ, antes da edição da Lei nº 13.465/2017, a purgação da mora era admitida no prazo de 15 (quinze) dias após a intimação prevista no art. 26, § 1º, da Lei nº 9.514/1997 ou, a qualquer tempo, até a assinatura do auto de arrematação do imóvel, com base no art. 34 do Decreto-Lei nº 70/1966, aplicado subsidiariamente às operações de financiamento imobiliário relativas à Lei nº 9.514/1997. Precedentes. 4. Após a edição da Lei nº 13.465, de 11/7/2017, que incluiu o § 2º-B no art. 27 da Lei nº 9.514/1997, assegurando o direito de preferência ao devedor fiduciante na aquisição do imóvel objeto de garantia fiduciária, a ser exercido após a consolidação da propriedade e até a data em que realizado o segundo leilão, a Terceira Turma do STJ, no julgamento do REsp 1.649.595/RS, em 13/10/2020, se posicionou no sentido de que, 'com a entrada em vigor da nova lei, não mais se admite a purgação da mora após a consolidação da propriedade em favor do fiduciário', mas sim o exercício do direito de preferência para adquirir o imóvel objeto da propriedade fiduciária, previsto no mencionado art. 27, § 2º-B, da Lei nº 9.514/1997. 5. Na oportunidade, ficou assentada a aplicação da Lei nº 13.465/2017 aos contratos anteriores à sua edição, considerando, ao invés da data da contratação, a data da consolidação da propriedade e da purga da mora como elementos condicionantes, nos seguintes termos: 'i) antes da entrada em vigor da Lei n. 13.465/2017, nas situações em que já consolidada a propriedade e purgada a mora nos termos do art. 34 do Decreto-Lei n. 70/1966 (ato jurídico perfeito), impõe-se o desfazimento do ato de consolidação, com a consequente retomada do contrato de financiamento imobiliário; ii) a partir da entrada em vigor da lei nova, nas situações em que consolidada a propriedade, mas não purgada a mora, é assegurado ao devedor fiduciante tão somente o exercício do direito de preferência previsto no § 2º-B do art. 27 da Lei n. 9.514/1997' (REsp 1.649.595/RS, Terceira Turma, julgado em 13/10/2020, *DJe* de 16/10/2020). 6. Hipótese dos autos em que a consolidação da propriedade em nome do credor fiduciário ocorreu após a entrada em vigor da Lei nº 13.465/2017, razão pela qual não há que falar em possibilidade de o devedor purgar a mora até a assinatura do auto de arrematação, ficando assegurado apenas o exercício do direito de preferência para adquirir o imóvel objeto da propriedade fiduciária. 7. Recurso especial conhecido e não provido" (REsp 2.007.941-MG, rel. Min. Nancy Andrighi, *DJe* 16.2.2023).

[193] "Recursos especiais. Imóvel. Alienação fiduciária. Garantia. Lei nº 9.514/1997. Mora purgação. Impossibilidade após Consolidação. Propriedade. Credor fiduciante. Vigência. Lei nº 13.465/2017. Alterações incorporadas. Direito de Preferência. Negativa de prestação jurisdicional. Não ocorrência. Nulidade. Acórdão. Afastamento. 1. O propósito recursal cinge-se a definir a possibilidade de purgação da mora, nos contratos de mútuo imobiliário com pacto adjeto de alienação fiduciária, submetidos à Lei nº 9.514/1997 com a redação dada pela Lei nº 13.465/2017, nas hipóteses em que a consolidação da propriedade em favor do credor fiduciário ocorreu na vigência da nova lei. 2. Não se reconhece a negativa de prestação

11.9. OS PROCEDIMENTOS EXTRAJUDICIAIS DE EXECUÇÃO E EXCUSSÃO EM FACE DA GARANTIA CONSTITUCIONAL DO DIREITO DE AÇÃO. PRESSUPOSTOS

Os procedimentos extrajudiciais de cobrança e leilão de imóvel foram introduzidos no direito positivo como meio de conferir maior celeridade à recomposição do fluxo de pagamentos, de modo a viabilizar o alinhamento da arrecadação ao ritmo da obra previsto no correspondente cronograma de execução, bem como para manutenção do fluxo de retorno dos empréstimos, quer para atender ao interesse comum da coletividade dos adquirentes de imóveis nas incorporações imobiliárias, quer para atender ao interesse coletivo de oferta de crédito.

É notório que os meios tradicionais de realização de garantias, por exemplo, a ação de execução hipotecária, se prolongam exacerbadamente, não raras vezes por 3 anos, 4 anos ou até mais, e essa morosidade afasta os investimentos com garantia imobiliária, fazendo com que investidores e poupadores desloquem suas aplicações para outros negócios, nos quais o retorno do capital emprestado se faça sem obstáculos e nos prazos programados. Disso resulta, obviamente, escassez de oferta de imóveis e de crédito, com consequente aumento do custo do dinheiro, em prejuízo de toda a coletividade.

A história recente do Brasil contém exemplo ilustrativo, no campo dos investimentos imobiliários: no final da década de 1970 e início da década de 1980 as aplicações de recursos provenientes de depósitos de poupança chegaram a financiar mais de 260 mil unidades imobiliárias por ano, mas, dadas as dificuldades de recuperação dessas aplicações, inclusive pela morosidade dos processos de execução, os recursos migraram para outros títulos, afastando-se dos títulos imobiliários, circunstância que fez reduzir a menos de 40 mil imóveis construídos com financiamento no início da década de 1990.

Esse fato ilustra a necessidade de preservação de condições que assegurem o retorno dos investimentos nos prazos programados, encorajando os investidores, pois, como se sabe, os meios tradicionais de realização de garantias "não mais satisfazem a uma sociedade industrializada, nem mesmo nas relações creditícias entre pessoas físicas, pois apresentam graves desvantagens pelo custo e morosidade em executá-las"[194].

Os procedimentos extrajudiciais de execução e excussão criados pelo direito positivo para o crédito imobiliário partem desses pressupostos e são compatíveis com as garantias

---

jurisdicional ventilada quando o Tribunal de origem analisa todas as questões relevantes para a solução da lide, de forma fundamentada. 3. Após a edição da Lei nº 13.465, de 11/7/2017, que introduziu no art. 27 da Lei nº 9.514/1997 o § 2º-B, não se cogita mais da aplicação subsidiária do Decreto-Lei nº 70/1966, visto que, consolidada a propriedade fiduciária em nome do credor fiduciário, descabe ao devedor fiduciante a purgação da mora, sendo-lhe garantido apenas o exercício do direito de preferência na aquisição do bem imóvel objeto de propriedade fiduciária. Precedentes. 4. Recurso especial adesivo da Associação Brasileira de Mutuários – ABM não conhecido. Parcialmente conhecidos e, na parte conhecida, providos os demais recursos especiais interpostos" (STJ, REsp 1.942.898-SP, 2ª Seção, rel. Min. Ricardo Villas Bôas Cueva, j. 23.8.2023, DJe 12.9.2023).

[194] ALVES, José Carlos Moreira. *Alienação fiduciária em garantia*, cit., p. 3. As deficiências das garantias tradicionais dos sistemas de origem romana mostram-se mais acentuadas desde o final do século XIX, pelo ritmo acelerado que o desenvolvimento do capitalismo financeiro imprimiu na circulação das riquezas, ensejando a formulação de novas modalidades de garantia, a partir da construção doutrinária de juristas alemães e italianos, como é o caso da concepção do *negócio fiduciário* por Regelsberger, em 1880, a propósito do qual escrevemos na monografia *Negócio Fiduciário* (Rio de Janeiro: Renovar, 4. ed., 2009, p. 37 e ss.).

constitucionais da ampla defesa, do contraditório e do devido processo legal, não havendo qualquer obstáculo a que, a qualquer momento, o devedor se valha dos meios judiciais para controle da legalidade do procedimento, como há muito vinha sendo reconhecido pela jurisprudência, vindo a ser definitivamente afirmada a constitucionalidade do procedimento extrajudicial de execução hipotecária, originariamente disciplinados pelo Decreto-lei nº 70/1966, substituído pelo procedimento instituído pelo art. 9º da Lei nº 14.711/2023, nos termos da tese jurídica fixada no Tema 249 da Repercussão Geral do STF, veiculado pelo RE 627.106-PR,[195] e do procedimento extrajudicial de execução fiduciária disciplinado pelos arts. 26 e 27 da Lei nº 9.514/1997, nos termos da tese jurídica fixada no Tema 982 da Repercussão Geral do STF, veiculado pelo RE 860.631/RJ.[196]

Merecem breves notas aspectos do debate travado na doutrina e os fundamentos da jurisprudência construída em torno da matéria.

11.9.1. O questionamento da constitucionalidade (doutrina)

Em doutrina, Ada Pelegrini Grinover, referindo-se às modalidades de cobrança de dívida extrajudicial disciplinada pelo Decreto-lei nº 70/1966 e judicial regulada pela Lei nº 5.741/1971, sustenta que esses procedimentos se fazem "sem possibilidade de defesa, sem contraditório, sem fase de conhecimento, ainda que incidental (...) o agente fiduciário pode ser – e na maioria dos casos o é – credor hipotecário (...) o controle jurisdicional é insuficiente porquanto a lide se circunscreve tão só à verificação do preenchimento das formalidades legais, ficando a matéria restrita ao âmbito angusto da discussão sobre a posse (...) A verdade é que a malsinada execução extrajudicial (...) infringe o princípio constitucional da inafastabilidade da apreciação judiciária (...); além de violar os postulados que garantem o direito de defesa, o contraditório, a produção das próprias razões, sem os quais não pode caracterizar-se o devido processo legal."[197]

A corrente majoritária, entretanto, não segue esse rumo, até mesmo à luz da jurisprudência já consolidada no sentido de que os procedimentos extrajudiciais não ameaçam a garantia constitucional do devido processo legal.

Com efeito, esses procedimentos são realmente meios céleres de recuperação de crédito, mas, contrariamente a essa crítica doutrinária, não impedem "a cognição das objeções (...) antes do leilão", até porque qualquer cláusula nesse sentido seria inconstitucional, sendo certo que devedores exercem regularmente seu direito de ampla defesa em qualquer momento do procedimento, como se comprova na prática forense.

Trata-se de procedimento que disciplina a venda particular semelhante a inúmeras outras reguladas em nosso ordenamento, como são os precedentes dos arts. 1.433, IV, e 1.436, V, do Código Civil de 2002, e o revogado art. 275 do Código Comercial, mas nenhuma dessas modalidades de venda particular e de inúmeros outros procedimentos extrajudiciais de solução de conflitos que passaram a ser adotados no direito positivo brasileiro.

Não se pode, também, dizer, como dizem os críticos, que o "controle jurisdicional é insuficiente", nem que "a matéria fica restrita ao âmbito angusto da discussão sobre a posse";

---

[195] RE 627.106, Tribunal Pleno, rel. Min. Dias Toffoli, j. 8.4.2021, *DJe* 14.6.2021.

[196] RE 860.631-RJ, Tribunal Pleno, rel. Min. Luís Fux, j. 23.10.2023, *DJe* 14.2.2024.

[197] *Novas tendências do direito processual de acordo com a Constituição de 1988*, Rio de Janeiro: Forense Universitária, 1990, p. 200.

de igual maneira, é equivocada a impressão de que só seria possível ao devedor, mediante ação inversa, manifestar sua pretensão "após o leilão do bem dado em garantia". Na realidade, a eventual ação do devedor pode ser intentada a qualquer momento, desde que se tenha a configuração de lesão ou ameaça de lesão a seu direito, podendo ele opor sua resistência desde o momento em que toma ciência do início dos procedimentos, a partir da notificação que receber para purgação da mora; de outra parte, a resistência não se circunscreve aos limites da purgação da mora, podendo espraiar-se por todo o campo de defesa, com toda a amplitude do direito de ação assegurado pela Constituição.

Portanto, não há insuficiência de controle, e os registros forenses demonstram isso, constatando-se na prática a intervenção do Judiciário toda vez que se verifica lesão ou ameaça de lesão a direito, a partir da notificação que deflagra o procedimento de cobrança.

A reflexão sobre a observância do devido processo legal, nesses casos, há de considerar que os procedimentos de cobrança e de realização da garantia, mesmo quando realizados pelo processo de execução judicial comum, têm campo de defesa relativamente reduzido, pois o que se tem em vista, aí, não é a verificação ou a delimitação do direito das partes, mas apenas a realização de um direito certo e líquido, já definitivamente constituído. O direito de ação, na cobrança do crédito, não tem a amplitude com que se apresenta no processo de conhecimento, pois "a execução não comporta discussões nem o julgamento sobre a existência do crédito (...); o contraditório que se estabelece endereça-se somente aos julgamentos que nesse processo se comportam."[198]

No estudo sistemático sobre o tema anteriormente referido, Samir José Caetano Martins destaca que o ponto de partida para a análise da questão está no reconhecimento de que os procedimentos extrajudiciais têm a natureza jurídica de *autotutela* (aí compreendida na acepção de *autotutela moderna*, estruturada dentro do sistema legal, e não como vingança privada) e não de *processo*, sendo equivocado, do ponto de vista metodológico, exigir para esses procedimentos os mesmos requisitos de validade do processo. Os aspectos relevantes do debate sobre a constitucionalidade, para esse autor, são: (i) o princípio da separação dos poderes; (ii) o direito fundamental da isonomia; (iii) a garantia fundamental do acesso à justiça; (iv) o princípio da proporcionalidade e (v) o princípio da razoabilidade, especificamente a técnica da ponderação de bens e interesses.

Em seu percuciente trabalho, pondera esse autor que: (i) não há ofensa ao princípio da separação dos poderes, tendo em vista que a matéria não está inscrita na esfera sujeita à chamada reserva de juiz (*Richtervorbehalt*), que implica no "monopólio não só da última, mas também da primeira palavra", observando que a matéria – interesses patrimoniais disponíveis – está sujeita apenas ao inafastável "monopólio da última palavra", sempre assegurado ao jurisdicionado; (ii) não há ofensa à isonomia (vislumbrada por alguns na desigualdade de regimes do procedimento extrajudicial e do processo judicial), salientando que "rematada desigualdade seria permitir a utilização do processo como fator de estímulo à inadimplência de alguns, num círculo vicioso que encarece o crédito e, com isso, torna o acesso aos bens mais difícil *para todos*"; (iii) não há ofensa à garantia fundamental do acesso à justiça, e nesse sentido sustenta que não se nega o recurso do devedor à via judicial e que a alocação do ônus de demandar na esfera jurídica do devedor é coerente com a sistemática processual vigente, na qual a garantia fundamental do contraditório – no caso, o ônus de provocá-lo – se apresenta de formas distintas no contexto de interesses disponíveis e indisponíveis, sendo certo que

---

[198] DINAMARCO, Cândido Rangel. *Fundamentos do processo civil moderno*, São Paulo, Malheiros, 4. ed., 2001, p. 128.

Cap. XI • A EXTINÇÃO DO CONTRATO | **433**

os procedimentos extrajudiciais tratam de interesses patrimoniais disponíveis; (iv) não cabe falar em ofensa ao princípio da proporcionalidade, porque não está em questão a medida da ingerência do Estado na esfera jurídica dos cidadãos, que constitui o conteúdo do princípio de origem germânica e (v) não há ofensa à *lógica do razoável*, pois o nível de inadimplência considerável e a significativa probabilidade de êxito do credor em uma hipotética demanda judicial em face do devedor justificam a assunção de maiores riscos de alcançar um resultado falho onde houver uma maior probabilidade de se alcançar um resultado correto e célere.[199]

11.9.2. A efetividade da garantia constitucional. Meios de defesa do devedor

São assegurados ao devedor os meios previstos no ordenamento para defesa dos seus direitos, mediante instauração do contraditório, em caso de lesão ou ameaça de lesão.

O contraditório, como se sabe, não se materializa de maneira uniforme em todas as situações em que opera a garantia constitucional, mas se ajusta ao conteúdo específico do direito material nas diversas situações em que incide. No processo de execução, por exemplo, o contraditório nasce por iniciativa do devedor e sofre limitações, pois, obviamente, não comporta toda a amplitude e abrangência próprias dos processos de conhecimento e cautelar, embora se instaure um "processo de conhecimento incidentemente ao processo de execução, no qual, por óbvio, incide o contraditório amplo".[200]

Sua caracterização se dá pela efetiva possibilidade de reação, a partir do momento em que a parte toma ciência de algum ato que lhe seja desfavorável, donde a doutrina estabelece as bases do contraditório no binômio *informação-reação*.

Nesse sentido, Cândido Dinamarco observa que "a efetividade das oportunidades para participar depende sempre do conhecimento que a parte tenha do ato a ser atacado", sendo indispensável que, para cumprimento da exigência constitucional do contraditório, o ordenamento ofereça oportunidade ou "deve conter momentos para que cada uma das partes *peça, alegue* e *prove* (...). Diz-se então que o contraditório se exerce mediante *reação* aos atos desfavoráveis, seja que eles venham da parte contrária ou do juiz".[201]

A notificação, em si mesma, não provoca lesão de direito do devedor, constituindo apenas um meio de cientificação compatível com a natureza do contrato, cientificação essa que, obviamente, não obsta o exercício do direito de ação. Na circunstância, eventuais lesões que resultaram dos procedimentos de cobrança provocarão, naturalmente, ações ou reações compatíveis com a situação, como, por exemplo, excesso de cobrança, cálculos da dívida fora do balizamento do contrato, inobservância de alguma formalidade ou de algum requisito contratual ou legal etc.; qualquer dessas situações enseja o ajuizamento de medida judicial para reprimir ou evitar a lesão, que é plenamente assegurado ao adquirente ou devedor, pois as normas que tratam da notificação não obstruem o direito de ação. Por isso, estando sempre aberta a possibilidade de postulação judicial, o devedor terá oportunidade e possibilidade

---

[199] MARTINS, Samir José Caetano. *Execuções extrajudiciais de créditos imobiliários*. Rio de Janeiro: Espaço Jurídico, 2007, p. 87.

[200] NERY JÚNIOR, Nelson, ob. cit., p. 140. Esse autor registra a posição da doutrina alemã, entendendo que seriam manifestação do contraditório até mesmo o direito à nomeação de bens à penhora e outros atos, como a *objeção de pré-executividade*, apontando, ainda, decisão no sentido de que na execução só existiria um *contraditório posterior* (p. 140, nota 291).

[201] DINAMARCO, Cândido Rangel. *Fundamentos do processo civil moderno*, cit., p. 126-127.

de deflagrar o contraditório, por meio da ação cabível, podendo ajuizá-la antes, depois ou contemporaneamente à notificação que tiver recebido para purgação da mora.

Cândido Dinamarco, ao apreciar os procedimentos de cobrança e leilão regulamentados pela Lei nº 9.514/1997 para o contrato de alienação fiduciária de bens imóveis, observa que, na hipótese, o recurso a esse controle "é admissível em *dois momentos* e com duas finalidades fundamentais", ou seja, "logo no início, quando da notificação para purgar a mora ou durante o procedimento perante o registro imobiliário destinado a esse fim (Lei nº 9.514, de 20.11.97, art. 26, §§), é lícito ao devedor-fiduciante impugnar em juízo as exigências do credor (por ex., negando a mora) ou mesmo a regularidade do procedimento. Depois, sem prejuízo de trazer à discussão o próprio registro que haja sido feito na matrícula imobiliária (lei cit., art. 26, § 7º), poderá ele discutir em juízo o valor da venda efetuada em leilão (art. 27). Tudo com apoio na promessa constitucional de acesso à justiça, que não arreda nem poderia arredar (Const., art. 5º, inc. XXXV). Por isso (...), o sistema legal de garantia aos créditos mediante a alienação fiduciária de bens imóveis não se choca com a garantia constitucional do *due process of law* nem afronta a inafastável promessa de tutela jurisdicional e acesso à justiça (Const., art. 5º, incs. LIV e LV)."[202]

Com efeito, em procedimentos extrajudiciais de execução ou de resolução seguida de leilão, como os disciplinados pelo art. 9º da Lei nº 14.711/2023 (anteriormente pelo Decreto-lei nº 70/1966) pela Lei nº 9.514/1997 e pela Lei 4.591/1964 e, a prévia audiência da parte, para instauração da ampla defesa, se torna possível a partir do momento em que se efetiva a notificação, pois é por ela que se dá ciência do prazo ao devedor para purgação da mora, mediante pagamento das prestações vencidas e não pagas, ciência essa que viabiliza sua resistência, por qualquer dos meios admitidos em direito, judiciais ou extrajudiciais, por força do binômio *informação + reação* que deflagra o contraditório. É a partir do recebimento da notificação que o devedor poderá deflagrar o contraditório, demonstrando que a dívida é inexistente ou que há excesso de cobrança, por exemplo, e para isso a Constituição põe à sua disposição todos os meios necessários à efetivação da garantia do direito de ação; essa resistência é plenamente possível, se ocorrer lesão ou ameaça de lesão de direito do devedor, não havendo *poder executório inapelável* do agente fiduciário, nem estando reduzida a atitude do devedor ao pedido de purgação de mora.[203] Em qualquer desses casos a execução extrajudicial "é compatível com as garantias constitucionais (...), assegura às partes, a qualquer momento, a possibilidade de controle de legalidade do procedimento executório na via judicial," como consta da ementa do acórdão proferido pelo STF no RE 860.631/RJ, ao reconhecer a constitucionalidade do procedimento extrajudicial de que trata a Lei nº 9.514/1997.

11.9.3. O leilão extrajudicial em face do CDC

A par do respeito às garantias constitucionais, os procedimentos extrajudiciais de execução e realização de garantia também respeitam os princípios e regras do CDC, pois, embora célere, o procedimento se faz "com todas as garantias para o adquirente", sendo o leilão um critério equânime, pois dá pronta solução ao problema da interrupção do fluxo financeiro para a obra, de acordo com a funcionalidade econômica da incorporação imobiliária e no interesse da coletividade dos contratantes; ao mesmo passo, assegura ao condômino inadimplente o

---

[202] *Fundamentos do processo civil moderno*, cit., p. 1.280.

[203] Cf. GRINOVER, Ana Pelegrini, cit.

recebimento do saldo obtido na venda realizada por oferta pública, afastando qualquer risco de enriquecimento sem causa, seja em favor do adquirente inadimplente, seja em favor do incorporador; não há, também, nenhuma das práticas abusivas previstas no CDC.[204]

O procedimento do art. 63 é, assim, coerente com os princípios e com as regras do CDC, pois, embora outorgue mandato irrevogável à Comissão de Representantes ou ao incorporador para vender o imóvel do inadimplente, obriga o mandatário a realizar a venda mediante leilão público, visando obter o melhor preço possível, em nível de mercado.

Anote-se, por relevante, que a hipótese é de resolução de pleno direito da promessa de venda ou de cessão, de modo que, uma vez caracterizado o inadimplemento absoluto do promitente comprador, reincorpora-se ao patrimônio do promitente vendedor (incorporador) o pleno domínio do imóvel, mas o mencionado art. 63 lhe impõe o ônus de promover oferta pública para venda do imóvel, pois prevalece sobre o direito individual do incorporador o interesse da coletividade dos contratantes, cuja prioridade é a conclusão da obra e a entrega da edificação com habite-se, sendo essa a razão de ser da venda desse imóvel em leilão.

Por essa forma, essa disposição legal visa viabilizar a realização da função social do contrato, de acordo com sua estrutura econômica, pois, além de garantir ao inadimplente os meios de recuperação de seus aportes financeiros, propicia ao grupo de adquirentes os meios de manter o prosseguimento da obra no ritmo programado. É que, como se sabe, o objeto da função social do contrato não é o interesse individual dos contratantes, mas o do meio social no qual o contrato opera e faz refletir seus efeitos. Na medida em que o procedimento extrajudicial proporciona rápida recomposição do fluxo de caixa da obra, constitui fator que contribui para que o contrato cumpra sua função social, ao produzir efeitos positivos sobre toda a comunidade de condôminos.

Ademais, a regra especial do art. 63 da Lei nº 4.591/1964 é explícita ao prever a restituição ao devedor inadimplente do valor correspondente ao saldo apurado com a venda do imóvel em leilão, o que evidencia sua compatibilidade com a regra geral do art. 53 do CDC. E sendo regra especial, prevalece sobre a norma geral do CDC, como reiteradamente tem decidido a jurisprudência dos tribunais superiores em relação à prevalência das regras

---

[204] PEREIRA, Caio Mário da Silva. *Revista dos Tribunais*, v. 712, p. 107: "O artigo 63 da Lei nº 4.591, de 1964, estabeleceu um critério de venda extrajudicial que somente veio beneficiar o adquirente de unidade. Por critério normal, constituído o devedor em mora, caberia a ação judicial para resolução do contrato, e no final a venda em hasta pública ou leilão do bem penhorado. A Lei nº 4.591, de 1964, estabeleceu um procedimento de venda que se realiza sem delongas, e com todas as garantias para o adquirente. Requer a constituição em mora, com prazo de dez dias para a respectiva purgação. A venda se efetua em leilão público. Se o lance não cobrir o débito será realizada nova praça. O condomínio terá preferência para adjudicar a unidade no prazo de vinte e quatro horas após a realização do leilão. Deduzidos do preço obtido o débito e mais todas as despesas, inclusive honorários de advogado, anúncios, comissão e multa de 10%, o saldo remanescente será entregue ao devedor inadimplente. O leilão oferece, portanto, o mais equânime dos critérios: presteza na solução, reversão ao condomínio do preço apurado com as deduções previstas; entrega do saldo ao adquirente faltoso. Ninguém se apropria do remanescente ou de qualquer diferença na apuração de haveres. Efetuado o leilão com observância das normas contidas no art. 63 e seus parágrafos, não se pode nele enxergar enriquecimento sem causa (quer para o incorporador, quer para o condomínio) ou condição abusiva. Em confronto com o CDC, que é tão zeloso da defesa do consumidor, não se vislumbra aí qualquer das práticas abusivas mencionadas no art. 39 do CDC".

436 | INCORPORAÇÃO IMOBILIÁRIA • *Melhim Namem Chalhub*

especiais de leilão de imóveis objeto de promessa de venda, nas incorporações imobiliárias, e de alienação fiduciária.[205]

Em todo esse contexto, importa ter sempre presente a exigência de rigorosa observância dos requisitos que a norma legal estabelece para esses procedimentos, de forma a assegurar que não seja subtraído ao devedor o conhecimento de nenhum dos atos de cobrança e leilão e que o leilão seja realizado com a publicidade usualmente adotada na prática dos leilões públicos.

11.9.4. O leilão extrajudicial de imóvel objeto de alienação fiduciária

Quanto ao leilão de imóvel objeto de alienação fiduciária, também não há qualquer incompatibilidade entre as normas relativas à execução do crédito garantido por propriedade fiduciária e as normas constitucionais que garantem o direito de ação.

Nesse caso, importa notar que, consolidada a propriedade, o credor estará vendendo coisa própria, embora fazendo-o para realização da afetação a que o direito real de garantia a sujeita. É verdade que esse ônus de vender o imóvel aparece como uma figura estranha no contexto da resolubilidade, "um certo desvirtuamento nos efeitos normais da propriedade resolúvel"[206], pois os efeitos da condição se produzem automaticamente, operando a consolidação da propriedade no fiduciário de pleno direito, sem nenhuma restrição; entretanto, a persistência de uma afetação residual mesmo após a consolidação decorre de opção de política legislativa justificada pela necessidade de adequação da propriedade fiduciária à função de garantia, que, como se sabe, contempla a venda do bem para satisfação do crédito com o produto aí obtido, seguindo-se a entrega ao devedor a quantia que sobejar.

Operados os efeitos da condição, não se pode falar em privação de bens do devedor porque seu direito aquisitivo é expropriado mediante consolidação da propriedade em nome do credor em decorrência da falha da condição, que opera o rompimento do vínculo de pleno direito e independentemente de intervenção judicial, de modo que o imóvel ofertado em leilão é de propriedade plena do antigo credor fiduciário.

De outra parte, o leilão visa captar recursos não só para satisfação do crédito garantido pela propriedade fiduciária, mas, também, para restituição de quantias pagas pelo devedor. Tem o devedor, assim, legitimidade para buscar a proteção dos direitos de crédito oriundos desse leilão, devendo fazê-lo pelos meios adequados.

Em suma, a consolidação da propriedade e o leilão, em si, não importam em desapossamento de bens do devedor sem o devido processo legal, seja porque a consolidação da propriedade e o leilão se fazem na conformidade da norma legal e de acordo com a natureza específica do direito real em questão, seja porque, uma vez consolidada, a propriedade passa a

---

[205] "Agravo Regimental em Recurso Especial – Contrato de incorporação imobiliária – Leilão do bem por inadimplência – Ausência de saldo remanescente – Impossibilidade de restituição das parcelas pagas – Incidência, na hipótese, da Súmula 07 do STJ. Insurgência dos Autores. 1. Restando consignado pela instância ordinária a inexistência de saldo remanescente na arrematação do imóvel leiloado, incide, na hipótese, o enunciado da Súmula 07 do STJ quanto ao pedido de restituição das parcelas pagas pelo condômino inadimplente. 2. Agravo regimental desprovido" (AgRg em REsp 1.096.723-PR, rel. Min. Marco Buzzi, *DJe* 14.4.2015). Em relação aos leilões de imóveis objeto de alienação fiduciária, vejam-se os REsps 932.750-SP (8.2.2008), 1.160.549-RS (3.9.2012) e 1.172.146-SP (26.6.2015).

[206] GONÇALVES, Aderbal da Cunha. *Da propriedade resolúvel*, Revista dos Tribunais, São Paulo, 1. ed., 1979, p. 277.

integrar o patrimônio do credor (Código Civil, art. 1.368-B, parágrafo único), tendo o devedor direito à percepção do saldo que eventualmente for obtido na venda.

O critério legal estabelecido pelo art. 27 da Lei nº 9.514/1997 para acertamento de haveres decorrente da extinção do contrato de alienação fiduciária é compatível com o princípio enunciado no art. 53 do CDC, que considera nula a cláusula que preveja a perda total das quantias pagas pelo comprador, caso o contrato venha a ser resolvido por inadimplemento deste. Esse dispositivo do CDC, como se sabe, não define critérios específicos para cada espécie de contrato, mas enuncia um princípio geral – o princípio da vedação do pacto comissório, que poderia dar causa ao enriquecimento sem causa do credor –, que é aplicável a todas as espécies de contrato, atendendo às circunstâncias do caso, ou em conformidade com lei especial, se houver.

Vez por outra a alienação fiduciária é confundida com a promessa de compra e venda, também muito empregada nas incorporações imobiliárias, mas a jurisprudência do STJ define com clareza a distinção entre essas espécies de contrato, a exemplo do acórdão proferido no Agravo de Instrumento em Recurso Especial 932.750/SP (08.02.2008), que demarca os distintos contornos do contrato de promessa de compra e venda e de alienação fiduciária em garantia e reafirma o modo peculiar de extinção dessa garantia, considerando imprópria a aplicação do critério de restituição de parte das quantias pagas definido pela jurisprudência por efeito de resolução de promessa de venda, tendo em vista a existência de critério próprio, definido em lei, para a alienação fiduciária.[207]

Em relação ao modo e aos efeitos da extinção desse contrato de garantia fiduciária em razão de inadimplemento da obrigação garantida, a tese jurídica fixada no Tema 1.095/ STJ estabelece o procedimento extrajudicial definido pelos arts. 26 e 27 da Lei nº 9.514/1997 como veículo adequado à execução do crédito constituído nos contratos de compra e venda com pacto adjeto de alienação fiduciária em garantia, assim dispondo o precedente definido pela Segunda Seção do STJ:

> Tema 1.095: "Em contrato de compra e venda de imóvel com garantia de alienação fiduciária devidamente registrado, a resolução do pacto, na hipótese de inadimplemento do devedor, devidamente constituído em mora, deverá observar a forma prevista na Lei nº 9.514/97, por se tratar de legislação específica, afastando-se, por conseguinte, a aplicação do Código de Defesa do Consumidor".[208]

---

[207] STJ: "Agravo Regimental em Agravo de Instrumento. Alienação fiduciária de bem imóvel. Alegada violação do art. 53 do CDC. Restituição dos valores pagos. Prevalência das regras contidas no art. 27, §§ 4º, 5º e 6º, da Lei nº 9.514/1997. Decisão reconsiderada. Agravo de Instrumento improvido" (AgRg no Agravo de Instrumento 932.750-SP, rel. Min. Hélio Quaglia Barbosa, *DJe* 08.02.2008). Depois de discorrer sobre os padrões de restituição definidos pelo STJ para os casos de resolução de promessa de compra e venda, e de ter se referido à sua decisão monocrática que fixava a restituição em 25%, o saudoso Ministro Relator reconsiderou tal decisão fundamentando-se em que "em verdade, a situação fática dos autos discrepa daquela em que firmado o entendimento desta Corte Superior, conforme julgados colacionados; trata-se, *in casu*, de alienação fiduciária em garantia de bens imóveis e não de simples promessa de compra e venda (...); a solução da controvérsia, seja ela buscada no âmbito do conflito de normas, seja pela ótica da inexistência de conflitos entre os dispositivos normativos em questão, leva à prevalência da norma específica de regência da alienação fiduciária de bens imóveis, concluindo-se, por conseguinte, pelo descabimento da pretensão" (AgRg nos EDcl no AgRg no AgIn 932.750-SP, rel. Min. Luis Felipe Salomão, *DJe* 8.6.2010).

[208] STJ, 2ª Seção, rel. Min. Marco Buzzi, j. 26.10.2022, *DJe* 19.12.2022.

438 INCORPORAÇÃO IMOBILIÁRIA • *Melhim Namem Chalhub*

Entre os fundamentos dessa tese jurídica ressaltam (i) o critério da Lei nº 9.514/1997 é o procedimento típico de execução de crédito garantido por direito real (hipoteca ou propriedade fiduciária), pelo qual se promove a conversão do bem em dinheiro para satisfação do crédito garantido, admitida a apropriação do bem pelo credor; (ii) inexiste conflito entre o critério da Lei nº 9.514/1997 e o do art. 53 do CDC, que considera nula a cláusula que preveja a perda total das quantias pagas pelo devedor, em caso de inadimplemento que resulte em resolução do contrato; e (iii) a Lei nº 9.514/1997 é lei especial nova, e, portanto, em relação às singularidades da garantia fiduciária, prevalece sobre o CDC, que é lei geral anterior.

Tratamos da matéria mais detidamente no item 11.8.2, no qual cotejamos a execução do crédito fiduciário e a excussão do imóvel objeto da garantia regulamentadas pela Lei nº 9.514/1997, a resilição e a resolução do contrato preliminar de promessa de compra e venda, de acordo com a sistematização estabelecida pelo Código Civil nos arts. 472 a 475, bem como com disciplina especial instituída pelo art. 67-A da Lei nº 4.591/1964, com a redação dada pela Lei nº 13.786/2018.

11.9.5. Conclusão

Todas essas normas relativas à cobrança, à notificação, à consolidação e ao leilão preservam o direito dos contratantes, rigorosamente de acordo com a estrutura e o conteúdo do direito material em questão, notadamente no caso da propriedade fiduciária, de caráter resolúvel, não afastando, por qualquer forma, a apreciação, pelo Judiciário, de lesão ou ameaça de lesão de direito, seja em relação ao devedor, seja em relação ao credor. Como em qualquer caso de lesão, o controle jurisdicional, quando necessário, far-se-á contemporaneamente ao ato lesivo ou mesmo posteriormente, conforme o caso, e sempre por iniciativa daquele que sofreu a lesão.

Em todas e quaisquer dessas medidas, reguladas pela Lei nº 4.591/1964, pelo art. 9º da Lei 14.711/2023 (anteriormente regulada pelo Decreto-lei nº 70/1966) ou pela Lei nº 9.514/1997, caso ocorra lesão ou ameaça de lesão de direito do devedor, a ele estará assegurada, se adequadamente fundamentado o pedido, a efetividade do processo em razão da possibilidade de antecipação da tutela, total ou parcialmente, nos termos dos arts. 300 e 497 do CPC/2015 (correspondentes aos arts. 273 e 461 do CPC/1973), com o que é possível evitar a lesão mediante pronta atuação do Judiciário. Essa possibilidade de antecipação atua em favor do devedor, tornando efetiva a garantia constitucional.

Além da possibilidade de intervenção judicial contemporaneamente ao ato eventualmente lesivo, há o inevitável controle jurisdicional posterior, por ocasião da apreciação do pedido de reintegração de posse, no caso da alienação fiduciária, de que trata o art. 30 da Lei nº 9.514/1997, quando o juiz examinará, em sua plenitude, a observância dos requisitos legais relativos aos procedimentos de intimação do devedor, comprovação da mora, consolidação da propriedade e venda no leilão extrajudicial, impondo, se for o caso, a responsabilização cabível a quem de direito.[209]

---

[209] O Professor Arruda Alvim, no Parecer citado, esclarece: "Com a possibilidade de antecipação, parcial ou mesmo total da tutela, não se pode negar que, mesmo praticamente, abriu-se caminho máximo e pronto/instantâneo de acesso ao Judiciário, tudo dependendo da iniciativa do interessado. Anote-se, ademais, que a antecipação de tutela, do art. 273, foi criada como instituto geral, aplicável a todas as hipóteses. E, acrescente-se, ainda, que o art. 461, *mutatis mutandis*, para os casos de obrigação de fazer ou não fazer, disciplinou o assunto com os mesmos objetivos. Desta forma, pois, se houvesse algum resquício de fundamento, no sentido de que a alienação extrajudicial 'arranharia' o princípio do contraditório, esse se esvaneceu total e inteiramente. Esses textos, por excelência, colimam prevenir o dano, acima de tudo."

Cumpre, conforme seja o caso, à Comissão de Representantes e ao credor fiduciário agir com rigor ético e com observância dos requisitos legais, de modo a evitar lesão ou ameaça de lesão de direito do devedor e assegurar a realização da função econômica e social do crédito e da garantia.

Assim, observados os requisitos legais em relação ao procedimento de notificação do promitente comprador de imóveis integrantes de incorporação imobiliária e ao leilão, é pacífico o reconhecimento da constitucionalidade das disposições da Lei nº 4.591/1964 que o disciplina sobretudo tendo em vista que "a necessidade de previsão contratual da medida expropriatória extrajudicial, e a ocorrência de prévia interpelação do devedor para que seja constituído em mora, dão a essa espécie de execução elementos satisfatórios de contraditório, uma vez que a interpelação será absolutamente capaz de informar o devedor da inauguração do procedimento, possibilitando, concomitantemente, sua reação".[210]

Nesse caso, ressai como elemento especialmente relevante que o leilão para revenda do imóvel do inadimplente visa à recomposição do capital desse negócio, que, como se sabe, é constituído preponderantemente pelas receitas provenientes da comercialização das unidades que integram seu ativo.

É em razão da conformação dessa atividade como unidade econômica cuja realização depende de suas próprias forças que se justifica a prevalência do interesse coletivo (de manter a regularidade do fluxo financeiro para a obra) sobre o interesse individual do devedor inadimplente, sem que isso crie barreiras ao exercício do seu direito de ação; de outra parte, em eventual conflito de interesses resultante de inadimplemento de condômino, por falta de pagamento de quotas de construção, o direito lesionado é o do Condomínio, pela redução ou interrupção do curso da obra, com inúmeros prejuízos econômicos e financeiros daí decorrentes, circunstância que ofende o princípio da função social do contrato.

---

[210] "Recurso Especial. Direito Civil. Promessa de compra e venda de unidade imobiliária em construção. Leilão extrajudicial. Art. 63, § 1º, da Lei nº 4.591/1964. Intimação para comunicação da data e hora do leilão. Desnecessidade. 1. Com a entrada em vigor do Código Civil de 2002, parte da Lei nº 4.591/1964, que dispõe sobre a constituição e registro das incorporações imobiliárias, foi revogada, passando o diploma civil a disciplinar o tema nos seus artigos 1.331 a 1.358. 2. A revogação parcial da Lei nº 4.591/1964 não atingiu a previsão constante de seu art. 63, consistente na execução extrajudicial do contratante faltoso em sua obrigação de pagamento das prestações do preço da construção. 3. A execução instituída pela Lei nº 4.591/1964 possibilitou a realização de leilão extrajudicial, devendo, no entanto, a opção por sua utilização constar sempre, previamente, do contrato estabelecido entre as partes envolvidas na incorporação. 4. A necessidade de previsão contratual da medida expropriatória extrajudicial, e a ocorrência de prévia interpelação do devedor para que seja constituído em mora, dão a essa espécie de execução elementos satisfatórios de contraditório, uma vez que a interpelação será absolutamente capaz de informar o devedor da inauguração do procedimento, possibilitando, concomitantemente, sua reação. 5. Nos termos da execução extrajudicial da Lei nº 4.591/1964, não é necessária a realização de uma segunda notificação do devedor com o objetivo de cientificá-lo da data e hora do leilão, após a interpelação que o constitui em mora" (REsp 1.399.024-RJ, rel. Min. Luis Felipe Salomão, *DJe* 11.12.2015). Destaque-se do voto do relator: "Ademais como reconhece a própria autora, o artigo 63 e seu § 1º, da Lei nº 4.591/64 foi recepcionado pela Constituição Federal de 1988, nada obstando, portanto, que a Comissão de Obras promovesse tal leilão não havendo se falar em violação aos princípios da ampla defesa, contraditório, proporcionalidade e razoabilidade, mormente em não tendo a autora logrado apontar qualquer prejuízo em decorrência da forma de sua intimação, apresentando tal alegação contorno meramente protelatório, apenas no intuito de evitar a realização do ato expropriatório". Vejam-se, também: STF, RTJ, 79/294 e RE 73.621, RTJ 62/232; TJRJ, RT 412/335; TJRS, RF, 220/237.

Quanto à execução extrajudicial de créditos hipotecários ou fiduciários a constitucionalidade está definida em teses jurídicas fixadas pelo Supremo Tribunal Federal em Recursos Extraordinários com Repercussão Geral.

Em relação à execução atualmente disciplinada pelo art. 9º da Lei nº 14.711/2023, o Supremo Tribunal Federal já havia reconhecido anteriormente a constitucionalidade do Decreto-lei nº 70/1966, ao julgar o RE 627.106/PR, tendo fixado a seguinte tese ao tema 249 da Repercussão Geral:

> Tema 249/STF: "É constitucional, pois foi devidamente recepcionado pela Constituição Federal de 1988, o procedimento de execução extrajudicial previsto no Decreto-lei nº 70/66".

Fundamenta-se a tese jurídica em que o procedimento extrajudicial de execução hipotecária é disciplinado em conformidade com as garantias constitucionais, oferecendo ao devedor oportunidade de lançar mão de medidas judiciais a qualquer momento, desde que é intimado a purgar a mora, "se irregularidades vierem a ocorrer durante seu trâmite", como consta da ementa: "Direito processual civil e constitucional. Sistema Financeiro da Habitação. Decreto-lei nº 70/66. Execução extrajudicial. Normas recepcionadas pela Constituição Federal de 1988. Precedentes. Recurso extraordinário não provido. 1. O procedimento de execução extrajudicial previsto pelo Decreto-Lei nº 70/66 não é realizado de forma aleatória, uma vez que se submete a efetivo controle judicial em ao menos uma de suas fases, pois o devedor é intimado a acompanhá-lo e pode lançar mão de recursos judiciais se irregularidades vierem a ocorrer durante seu trâmite. 2. Bem por isso, há muito a jurisprudência da Suprema Corte tem estabelecido que as normas constantes do Decreto-lei nº 70/66, a disciplinar a execução extrajudicial, foram devidamente recepcionadas pela Constituição Federal de 1988. 3. Recurso extraordinário não provido, propondo-se a fixação da seguinte tese de repercussão geral: 'É constitucional, pois foi devidamente recepcionado pela Constituição Federal de 1988, o procedimento de execução extrajudicial previsto no Decreto-lei nº 70/66'".[211]

Nessa mesma direção, o Supremo Tribunal Federal afirmou a constitucionalidade do procedimento de execução de crédito com garantia fiduciária de bem imóvel ao julgar o RE 860.631/RJ, Tema 982 da repercussão geral, tendo fixado a seguinte tese:

> Tema 982: "É constitucional o procedimento da Lei nº 9.514/1997 para a execução extrajudicial da cláusula de alienação fiduciária em garantia, haja vista sua compatibilidade com as garantias processuais previstas na Constituição Federal".

Fundamenta-se a tese jurídica em que o procedimento disciplinado por essa lei "assegura às partes, a qualquer momento, a possibilidade de controle de legalidade do procedimento executório na via judicial", como consta da ementa do acórdão do RE 861.836/RJ:

> Recurso extraordinário com repercussão geral. Tema 982. Direito constitucional, civil e processual civil. Lei 9.514/1997. Cláusula de alienação fiduciária em garantia nos contratos do sistema de financiamento imobiliário. Acórdão recorrido que confirma a validade da execução extrajudicial. Alegação de ofensa ao art. 5º, incisos XXIII, XXV, LIII,

---

[211] RE 627.106, Tribunal Pleno, rel. Min. Dias Toffoli, j. 8.4.2021, *DJe* 14.6.2021.

LIV E LV, da Constituição Federal. Inexistência de óbice ao exercício do direito de ação. Procedimento compatível com os princípios constitucionais. Recurso extraordinário conhecido e desprovido, com fixação de tese. 1. A Lei 9.514/1997 dispõe de medidas indutivas ao cumprimento das obrigações contratuais, sob a orientação de redução da complexidade procedimental e sua desjudicialização, cuja aplicação pressupõe o consentimento válido expresso das partes contratantes e a ausência de exclusão total de apreciação da situação pelo Poder Judiciário. 2. A jurisprudência desta Corte, em questão análoga, firmou-se no sentido da recepção do Decreto-Lei 70/1966, inclusive quanto à validade da execução extrajudicial da garantia hipotecária, fixando-se como tese do Tema 249 da Repercussão Geral: "É constitucional, pois foi devidamente recepcionado pela Constituição Federal de 1988, o procedimento de execução extrajudicial previsto no Decreto-lei nº 70/66" (RE 627.106, Rel. Min. Dias Toffoli). 3. A execução extrajudicial nos contratos de mútuo com alienação fiduciária de imóvel, prevista na Lei 9.514/1997, é compatível com as garantias constitucionais, destacando-se inexistir afronta ao princípio da inafastabilidade da jurisdição e do acesso à justiça (art. 5º, inciso XXXV, da CF/88) e do juiz natural (art. 5º, LIII, CF/88), posto que se assegura às partes, a qualquer momento, a possibilidade de controle de legalidade do procedimento executório na via judicial. 4. Inexiste, igualmente, violação aos princípios do devido processo legal, do contraditório e da ampla defesa (art. 5º, LIV e LV, da CF/88), tendo em vista que o procedimento extrajudicial que confere executoriedade ao contrato de financiamento imobiliário é devidamente regulamentado pela legislação de regência, não se tratando de procedimento aleatório ou autoconduzido pelo próprio credor. 5. A questão revela tema de complexa regulação econômica legislativa, com efeitos múltiplos na organização socioeconômica, que promove tratamento constitucionalmente adequado à questão, no equilíbrio entre a proteção pelos riscos assumidos pela instituição credora e a preservação dos direitos fundamentais do devedor, adequando-se aos influxos decorrentes do referencial teórico da Análise Econômica do Direito (*Law and Economics*), além de alinhar-se à tendência do direito moderno de desjudicialização. 6. Recurso extraordinário conhecido e desprovido. 7. Proposta de Tese de Repercussão Geral: "É constitucional o procedimento da Lei nº 9.514/1997 para a execução extrajudicial da cláusula de alienação fiduciária em garantia, haja vista sua compatibilidade com as garantias processuais previstas na Constituição Federal.[212]

---

[212] RE 860.631-RJ, Tribunal Pleno, rel. Min. Luís Fux, j.23.10.2023, *DJe* 14.2.2024.

XII
RESPONSABILIDADE CIVIL DO CONSTRUTOR E DO INCORPORADOR

12.1. FUNDAMENTO LEGAL

Como se viu, a incorporação imobiliária é atividade empresarial que se caracteriza, fundamentalmente, pela coordenação e consecução de empreendimentos imobiliários, compreendendo a alienação de unidades imobiliárias em construção e sua entrega aos adquirentes, depois de construídas.

O incorporador é o titular da incorporação imobiliária, aquele que idealiza o empreendimento e o promove desde os estudos preliminares, ao mobilizar os profissionais habilitados para exame da titulação do terreno, estudo da legislação urbanística, sondagem dos riscos ambientais, formulação dos estudos arquitetônicos e econômico-financeiros, entre outros; depois de estimada preliminarmente a viabilidade do negócio, diligencia a aprovação dos projetos e as licenças correspondentes à execução do empreendimento, registra o Memorial de Incorporação no Registro de Imóveis, promove a comercialização das unidades a construir, realiza, por si ou por terceiros, a construção do conjunto imobiliário, promove a averbação da construção, entrega as unidades imobiliárias aos adquirentes, outorga-lhes os contratos de transmissão da propriedade e liquida o passivo da incorporação.

Dada essa caracterização, a incorporação imobiliária é daquelas atividades empresariais cuja implementação pode expor a risco aqueles que nela se envolvem e atingir direitos de terceiros, tal como previsto no parágrafo único do art. 927 do Código Civil de 2002; é uma hipótese de responsabilidade sem culpa já anteriormente definida na Lei nº 4.591/1964, que imputa ao incorporador responsabilidade objetiva pelos danos decorrentes da sua atividade, seja na fase pré-contratual, na fase contratual e na fase pós-contratual (arts. 31 e 43).

Dispõe o art. 31 que "a iniciativa e a responsabilidade das incorporações imobiliárias caberão ao incorporador", cujo nome é indicado ostensivamente no local da construção, e, assim, pouco importando a forma de que se revista essa atividade, "o incorporador atrai para si a responsabilidade pelos danos que possam advir da inexecução ou da má execução do contrato de incorporação, abarcando-se os danos resultantes de construção defeituosa", seja a incorporação realizada mediante venda "a preço fechado", com a obrigação do incorporador de vender a unidade imobiliária como coisa futura e de executar sua construção por sua conta e risco, seja ela realizada mediante venda de frações ideais do terreno celebrada com o incorporador e contratação da construção das unidades, celebrada com a própria incorporadora ou com terceiro (§§ 2º e 3º do art. 31).[1]

A incorporação imobiliária é atividade naturalmente atribuível ao proprietário do terreno, pois essa atividade se caracteriza pela transmissão da propriedade, mediante venda, de imóvel integrante de conjunto imobiliário a construir. É como dispõe o art. 31, "a", e, assim, as responsabilidades decorrentes da titularidade sobre o terreno e dos atos relacionados à atividade empresarial da incorporação concentram-se na pessoa do proprietário que a empreende.

Entretanto, alternativamente, a incorporação pode ser realizada por construtor ou por corretor e não pelo proprietário do terreno, e, nesse caso, o construtor ou o corretor é que, investido na função de incorporador, "se obrigará pessoalmente pelos atos que praticar na qualidade de incorporador". É que, a par da vocação natural do proprietário do terreno para a atividade da incorporação, o art. 31, alínea "b", admite que sua realização seja atribuída ao construtor ou ao corretor, exigindo, para esse fim, que o proprietário do terreno lhe outorgue procuração irrevogável, por instrumento público, para praticar todos os atos relativos à venda das frações ideais do terreno, com poderes para transmitir domínio e posse aos futuros adquirentes. Nesse caso, o proprietário do terreno (ou o titular de direito aquisitivo, na qualidade de promitente comprador, promitente cessionário ou devedor fiduciante), que outorgou a procuração a um construtor ou a um corretor de imóveis para que realize a incorporação, responde somente pela regularidade da titulação do imóvel e da transmissão da propriedade aos futuros adquirentes das unidades do conjunto imobiliário, mas não pela iniciativa da incorporação e pelos atos relativos à sua realização, pois a parte final do § 1º do art. 31 imputa a responsabilidade pela iniciativa da incorporação e pelos atos a ela relativos ao construtor ou ao corretor, ao dispor este que "se obrigará pessoalmente pelos atos que praticar na qualidade de incorporador". É uma hipótese de não imputação da responsabilidade pela incorporação ao proprietário do terreno, observado que essa não imputação resulta da não atuação do proprietário nos atos relativos à atividade empresarial da incorporação.

O mesmo ocorre em relação ao proprietário do terreno que o tenha permutado por unidades imobiliárias a serem construídas no local, sem atuar na atividade da incorporação; nesse caso, o proprietário do terreno só pode ser responsabilizado se praticar atos a ela correspondentes, pois ele só é equiparado ao incorporador se contratar a construção e alienar

---

[1] "O incorporador, como impulsionador do empreendimento imobiliário em condomínio, atrai para si a responsabilidade pelos danos que possam advir da inexecução ou da má execução do contrato de incorporação, abarcando-se os danos resultantes de construção defeituosa (art. 31, §§ 2º e 3º, da Lei nº 4.591/1964). Ainda que o incorporador não seja o executor direto da construção do empreendimento imobiliário, mas contrate construtor, permanece responsável juntamente com ele pela solidez e segurança da edificação (art. 618 do CC). *In casu*, trata-se de obrigação de garantia assumida solidariamente com o construtor. Por conseguinte, o incorporador é o principal garantidor do empreendimento no seu todo, solidariamente responsável com outros envolvidos nas diversas etapas da incorporação. Essa solidariedade decorre da natureza da relação jurídica estabelecida entre o incorporador e o adquirente de unidades autônomas e também de previsão legal, não podendo ser presumida (art. 942, *caput*, do CC; art. 25, § 1º, do CDC e arts. 31 e 43 da Lei nº 4.591/1964). Conclui-se, assim, que o incorporador e o construtor são solidariamente responsáveis por eventuais vícios e defeitos de construção surgidos no empreendimento imobiliário, sendo que o incorporador responde mesmo que não tenha assumido diretamente a execução da obra" (REsp 884.367-DF, rel. Min. Raul Araújo, j. 6.3.2012).

Cap. XII • RESPONSABILIDADE CIVIL DO CONSTRUTOR E DO INCORPORADOR | **445**

frações ideais do terreno antes da conclusão da obra (art. 30), ou se se associar ao incorporador na realização da atividade definida pelo art. 28.[2]

O fundamento legal da responsabilidade do incorporador está consubstanciado, fundamentalmente, nas disposições dos arts. 31 e 43 e seus incisos da Lei nº 4.591/1964; o primeiro dispõe que "a iniciativa e a responsabilidade das incorporações imobiliárias caberão ao incorporador"; o segundo define vários atos imputáveis ao incorporador e lhe atribui a responsabilidade "pela execução da incorporação, devendo indenizar os adquirentes ou compromissários, dos prejuízos que a estes advierem do fato de não se concluir a edificação ou de se retardar injustificadamente a conclusão das obras, cabendo-lhe ação regressiva contra o construtor, se for o caso e se a este couber a culpa" (inciso II).

À luz dessa disposição legal, pouco importa que se trate de vício construtivo decorrente de má execução dos serviços por construtor que o incorporador tenha contratado para realizar a construção, pois a responsabilidade é dele, incorporador, como observa Aguiar Dias: "Não há distinguir entre as várias espécies de dano que podem surgir da inexecução ou da má execução do contrato de incorporação. Tratando-se da entrega retardada, de construção defeituosa, de inadimplemento total, o incorporador é o responsável, pois é ele quem figura no polo da relação contratual oposto àquele em que se coloca o adquirente da unidade ou das unidades. Nem tem influência, igualmente, para o caso, o fato de ser a construção incumbida a terceiro, o construtor".[3]

Fundamenta-se a responsabilidade do incorporador, também, na regra do parágrafo único do art. 927 do Código Civil de 2002, em razão da natureza da atividade econômica por ele desenvolvida, como observa Sílvio Rodrigues, já vislumbrando a evolução da teoria do risco pela atividade empresarial: "A responsabilidade do incorporador é implícita, desde o momento em que anuncia publicamente a venda dos apartamentos. É que o incorporador corre voluntariamente o risco da empresa, empreendimento este no qual almeja lucro. Sua responsabilidade decorre da qualidade de incorporador, da deliberação implícita de arcar com o risco".[4]

Além disso, considerando que o incorporador é o dono da obra, responde nessa qualidade pelos danos que resultarem de sua ruína ou proveniente de coisas que dela caírem, nos termos do art. 937 do Código Civil de 2002.

A par da responsabilidade objetiva definida pela Lei nº 4.591/1964 especificamente para a atividade da incorporação e pelo Código Civil, a atividade do incorporador pode sujeitar-se também às normas dos arts. 12 e 14 do Código de Defesa do Consumidor se o contrato de alienação das unidades a construir configurar relação de consumo, aquela em que o adquirente

---

[2]   "O proprietário permutante do terreno não responde pelos atos de incorporação quando se limita à mera alienação do terreno para a incorporadora sem participar de nenhum ato tendente à comercialização ou construção do empreendimento. Na espécie, as instâncias de cognição plena, à luz da prova dos autos, e analisando os contratos celebrados entre as partes, concluíram que a alienante permutante do terreno figurou nos contratos de promessa de compra e venda ora na condição de 'vendedora' ora na condição de credora hipotecária, transmitindo para o adquirente/consumidor a ideia de solidariedade na efetivação do empreendimento, de forma que não pode ser reconhecida a sua ilegitimidade passiva" (STJ, 3ª T., REsp 1536354-DF, rel. Min. Ricardo Villas Bôas Cueva, *DJe* 20.6.2016).

[3]   DIAS, José de Aguiar. *Responsabilidade civil em debate*. Rio de Janeiro: Forense, 1983, p. 54.

[4]   RODRIGUES, Sílvio. *Reflexões sobre o condomínio geral e em edifícios*. Tese (livre docência), Faculdade de Direito. Universidade de São Paulo, 1951. In: SILVA, Regina Beatriz Tavares da (coord.). Responsabilidade Civil e sua repercussão nos Tribunais. Saraiva, 2008, p. 228-229.

446 | INCORPORAÇÃO IMOBILIÁRIA • *Melhim Namem Chalhub*

seja o destinatário final da unidade e a relação contratual se caracterizar pela assimetria, evidenciada pela vulnerabilidade técnica e econômica do adquirente ante o incorporador.

Pouco importa que a execução da obra seja confiada a empresa construtora diversa da empresa incorporadora, pois, nos termos do art. 43, II, o incorporador deve indenizar os adquirentes dos prejuízos que lhes causar pela não conclusão da obra ou por retardamento injustificado, observando Sérgio Cavalieri Filho que "mesmo quando o incorporador não é o executor direto da construção do empreendimento imobiliário, mas contrata construtor, fica, juntamente com este, responsável pela solidez e segurança da edificação (CC, art. 618). Trata-se de obrigação de garantia assumida solidariamente com o construtor".[5]

12.2. PRINCIPAIS DEVERES E OBRIGAÇÕES DO INCORPORADOR

Entre os deveres e as obrigações pelos quais o incorporador responde encontram-se, na fase pré-contratual, o arquivamento do Memorial de Incorporação no Registro de Imóveis. O art. 32 imputa ao incorporador a responsabilidade por todas as peças que compõem o Memorial, entre elas o título aquisitivo do terreno, a certidão da sua matrícula no Registro de Imóveis, o projeto de construção, o respectivo orçamento, o memorial descritivo das especificações da obra, entre outras peças enumeradas no art. 32. Esses elementos jurídicos e técnicos constituem os referenciais que norteiam a execução da incorporação, pela qual responde o incorporador.[6]

Ainda na fase pré-contratual encontram-se a responsabilidade do incorporador pela outorga do contrato aos adquirentes, cujo descumprimento autoriza o adquirente a averbar, no Registro de Imóveis, o recibo de sinal, averbação essa que lhe confere direito real e direito à adjudicação compulsória (art. 35); o dever de não omitir a existência de ônus real ou fiscal sobre o terreno ou, ainda, ação judicial capaz de comprometer a alienação das unidades, devendo mencioná-la nos instrumentos de venda (arts. 37 e 38); a obrigação pela correta divulgação da oferta, compreendendo a discriminação das frações ideais do terreno, a descrição e caracterização do futuro conjunto imobiliário e das unidades que o integrarão, a definição da forma de execução da construção e, bem assim, a caracterização do condomínio (art. 65).

Na fase contratual, responde o incorporador pela construção do conjunto imobiliário conforme o projeto aprovado, não podendo alterá-lo sem autorização dos adquirentes, salvo exigência legal, e pela entrega das unidades e do conjunto imobiliário no prazo contratado (art. 43, II, IV e VI); pela averbação da construção no Registro de Imóveis, pelo cumprimento das obrigações específicas do patrimônio de afetação (arts. 31-D e 43, VII), isto é, manutenção dos recursos vinculados à incorporação em conta corrente própria, separada da conta corrente da empresa incorporadora, manutenção de contabilidade própria, também separada da contabilidade da empresa, fornecimento de demonstrativos periódicos sobre o estado da obra em cotejo com o cronograma de sua execução etc.; pelos prejuízos que causar aos patrimônios

---

5   CAVALIERI FILHO, Sérgio, *Programa de Responsabilidade Civil*. São Paulo: Atlas, 11. ed. rev. e ampl., 2013, p. 421.

6   TJRJ, Apelação Cível 1997.001.2277, 3.4.1998, Des. Gabriel Curcio: "Empreitada. Construção de edifício. Vícios ou defeitos. Responsabilidade da construtora e da incorporadora. Comprovada pelo exame pericial, a existência dos reclamados, decorrentes do material utilizado e da má execução da obra, impõe-se a manutenção da sentença que, *ex vi* do art. 1.245 do CC [de 1916, correspondente ao art. 618 do CC/2002], condenou a Construtora e a Incorporadora a responderem, solidariamente, pela segurança e solidez da edificação. Provimento do primeiro apelo para sujeitar a primeira ré, como litisdenunciante sucumbente, aos ônus sucumbenciais do incidente".

Cap. XII • RESPONSABILIDADE CIVIL DO CONSTRUTOR E DO INCORPORADOR | **447**

de afetação (art. 31-A, § 2º), entre outras responsabilidades, definidas, inclusive, no Código de Defesa do Consumidor, quando se tratar de relação de consumo.

Na fase pós-contratual o incorporador responde pelos vícios redibitórios (Código Civil de 2002, art. 445), pelos vícios aparentes (Código Civil de 2002, arts. 615 e 616), pela solidez e segurança da obra, incluindo vícios de construção (Código Civil de 2002, art. 618), além de outras obrigações típicas dessa atividade econômica, entre elas o resgate do financiamento perante a instituição financiadora da obra e o consequente cancelamento da garantia correspondente, incidente sobre as unidades imobiliárias.

Do que precede, resulta que o incorporador responde pelos atos relacionados à concepção do negócio, na sua gênese, pela construção, seja nas hipóteses em que tiver acumulado também as funções de construtor, seja nas hipóteses em que tiver contratado a construção, pela regularidade da transmissão da propriedade, isenta de ônus, e pela segurança e solidez do imóvel, de modo que assegure sua adequação ao fim a que se destina.

Como se viu, a lei admite que o incorporador promova a venda da unidade imobiliária e se obrigue a entregá-la pronta, correndo a construção por sua inteira conta e risco, bem como admite que ele venda a fração ideal do terreno e promova a contratação da construção entre os adquirentes e uma construtora (alternativamente, poderá ele mesmo celebrar um contrato de construção com uma construtora e sub-rogar os adquirentes na medida em que for vendendo as frações ideais do terreno).[7]

Em qualquer dessas hipóteses, o incorporador é solidariamente responsável com o construtor pelos vícios da construção.[8]

Nas incorporações imobiliárias em que, ao invés de terem adquirido as unidades como coisa futura, a preço fechado, os adquirentes tenham adquirido as frações ideais de terreno e celebrado contrato de construção das unidades, respondem eles, adquirentes, como donos da

---

[7]   TJRJ. 1ª Câmara Cível. Apelação Cível 1995.001.7721, 15.3.1996, rel. Des. Carlos Alberto Menezes Direito: "Incorporação imobiliária. Empreendimento não concretizado. Responsabilidade dos incorporadores. Precedentes. 1. A incorporação encerra um negócio jurídico complexo, no qual se incluem a compra e venda e a construção. A responsabilidade por esse negócio jurídico, no seu todo, cabe ao incorporador, não ao construtor por aquele contratado para a execução da obra. 2. Como disciplina o parágrafo 3º do art. 31 da Lei nº 4.591/1964, toda e qualquer incorporação, independentemente da forma por que seja constituída, terá um ou mais incorporadores, solidariamente responsáveis".

[8]   TJRJ. 2ª Câmara Cível. Apelação Cível 1997.001.4637, 10.11.1997, rel. Des. Sergio Cavalieri Filho: "Responsabilidade do incorporador. Malogro do empreendimento. Obrigação solidária de indenizar do incorporador e do construtor. Incorporador, consoante definição legal, é não somente o que compromissa ou efetiva a venda de frações ideais de terrenos objetivando a vinculação de tais frações a unidades autônomas, como também, e principalmente, o construtor e o proprietário do terreno destinado ao empreendimento. Essa vinculação legal entre todos os que participam da incorporação decorre do fato de ser a edificação o seu objeto final, de sorte que quando o incorporador celebra, posteriormente, contrato de empreitada com o construtor, está, na realidade, se fazendo substituir por ele. E quem se faz substituir é responsável, juntamente com o substituído, pelos danos que este vier a causar. Dentro da filosofia da lei de incorporações, o incorporador é a chave do empreendimento, ao qual se vincula em caráter permanente. Destarte, se houver mais de um incorporador, todos respondem solidariamente pelo eventual malogro do empreendimento. Não pode alegar imprevisibilidade, nem inevitabilidade, quem lança empreendimento açodadamente, sem observância das formalidades legais, e efetua vendas sem base econômico-financeira necessária à conclusão da obra, mormente quando de grande vulto. A reparação, conforme reiteradas decisões deste Tribunal, consistem na devolução do que foi pago acrescido de juros e correção monetária, e mais a multa legal de 50% sobre a quantia restituída".

448 | INCORPORAÇÃO IMOBILIÁRIA • *Melhim Namem Chalhub*

obra. Nesses casos de responsabilidade, há solidariedade entre o construtor e o dono da obra, assegurada a este a ação regressiva para se ressarcir daquilo que tiver indenizado ao terceiro.[9]

12.2.1. Retardamento injustificado na entrega da obra

Em caso de, sem justa causa, paralisação da obra por mais de 30 dias ou seu retardamento excessivo, ficam os adquirentes investidos na faculdade de instar o incorporador a reiniciá-la em 30 dias ou tornar a lhe dar andamento normal, sob pena de sua destituição na administração da obra e seu prosseguimento sob administração da comissão de representantes, por deliberação da maioria absoluta dos votos dos adquirentes. Independente da sua destituição, o incorporador responde pela indenização dos prejuízos causados pelo retardamento ou paralisação.[10]

No mercado das incorporações consolidou-se a prática da estipulação de cláusula pela qual, a par do prazo pactuado para conclusão da obra, se fixa um prazo adicional, em geral 180 dias.

Muito se discutiu sobre eventual abusividade dessa cláusula, por sujeitar o adquirente a tolerar um prazo suplementar. Sua validade, entretanto, veio a ser reconhecida pela jurisprudência[11] e foi consagrada pela Lei nº 13.786/2018, que incluiu na Lei nº 4.591/1964 o art. 43-A, segundo o qual a prorrogação da conclusão da obra por cento e oitenta dias corridos "não dará causa a resolução do contrato por parte do adquirente, nem ensejará o pagamento de qualquer penalidade pelo incorporador", desde que expressamente pactuado.[12]

Aspecto relacionado à eventualidade de excessivo atraso da obra é a atualização monetária do saldo do preço e respectivas parcelas, inclusive em caso de eventual suspensão do pagamento por parte do adquirente, com fundamento em exceção do contrato não cumprido; dada a natureza da atualização monetária, não tem fundamento legal a pretensão de sua suspensão, ainda que em razão de excessivo atraso na execução da obra, como reiteradamente decidido pelos tribunais, tendo em vista que "correção monetária nada acrescenta ao valor

---

[9] CAVALIERI FILHO, Sergio. *Programa de responsabilidade civil*, São Paulo: Malheiros, 2. ed., 1998, p. 262.

[10] Lei nº 4.591/1964: "Art. 43. (...) VI – se o incorporador, sem justa causa devidamente comprovada, paralisar as obras por mais de 30 dias, ou retardar-lhes excessivamente o andamento, poderá o Juiz notificá-lo para que no prazo mínimo de 30 dias as reinicie ou torne a dar-lhes o andamento normal. Desatendida a notificação, poderá o incorporador ser destituído pela maioria absoluta dos votos dos adquirentes, sem prejuízo da responsabilidade civil ou penal que couber, sujeito à cobrança executiva das importâncias comprovadamente devidas, facultando-se aos interessados prosseguir na obra".

[11] "É válido o prazo de tolerância, não superior a cento e oitenta dias corridos estabelecido no compromisso de venda e compra para entrega de imóvel em construção, desde que previsto em cláusula contratual expressa, clara e inteligível" (TJSP, Incidente de Resolução de Demandas Repetitivas 0023203-35.2016.8.26.0000, j. 31.8.2017).

"Deve ser reputada razoável a cláusula que prevê no máximo o lapso de 180 (cento e oitenta) dias de prorrogação, visto que, por analogia, é o prazo de validade do registro da incorporação e da carência para desistir do empreendimento (arts. 33 e 34, § 2º, da Lei nº 4.591/1964 e 12 da Lei nº 4.864/1965) e é o prazo máximo para que o fornecedor sane vício do produto (art. 18, § 2º, do CDC)" (STJ, trecho da ementa do REsp 1.582.318-RJ, rel. Min. Ricardo Villas Bôas Cueva, *DJe* 21.9.2017).

[12] Tratamos da matéria no item 11.2.3 – Resolução por inadimplemento de obrigação do incorporador.

da moeda, servindo apenas para recompor o seu poder aquisitivo, corroído pelos efeitos da inflação, constituindo fator de reajuste intrínseco às dívidas de valor".[13]

A atualização deve ser feita com base no índice pactuado no contrato, sob pena de rompimento da equação contratual, mas, não obstante, registram-se decisões que interferem na relação contratual para determinar a substituição do índice contratado por outro inferior, mas mantendo-se o índice definido no contrato se aquele definido pelo tribunal for superior.[14]

Tal interferência no contrato importa em subtração de parcelas do *quantum* correspondente ao principal, isto é, o preço de venda do imóvel, alterando a equação econômica do negócio, individualmente considerado, e repercutindo no interesse comum da coletividade dos contratantes de uma incorporação imobiliária, subjacente a cada contrato de venda.

Em caso de descumprimento da obrigação de entregar o imóvel após o prazo da prorrogação, fica assegurada ao adquirente a opção entre promover a resolução do contrato, hipótese em que faz jus à restituição integral das quantias pagas, atualizadas pelo índice do contrato, e à multa estipulada no contrato, ou conservar o contrato, hipótese em que fará jus à indenização correspondente a 1% por mês ou fração de mês sobre o montante das quantias pagas, calculada desde a expiração do prazo de prorrogação até a data da disponibilização do imóvel.[15]

12.2.2. Responsabilidade por vícios de construção

Em matéria de responsabilidade por vícios de construção, é a distinção entre a posição jurídica do incorporador e/ou do construtor e a da instituição financeira que venha a conceder financiamento para a construção e o empreendimento.

É que no financiamento das incorporações imobiliárias a instituição financeira atua meramente como fornecedora de recursos financeiros para a execução da obra e, após sua conclusão, concede financiamento individualmente a cada adquirente para pagamento do preço de aquisição. Nessa condição, a instituição financeira não tem qualquer interferência no projeto, na escolha dos materiais, na direção da obra e em qualquer ato relacionado à atividade empresarial da incorporação; na dinâmica dessa operação financeira, ao ser contratado o financiamento da construção, incorporador e financiadora estabelecem um cronograma financeiro de liberação de parcelas de recursos financeiros em correspondência a cada etapa da obra e, assim, o que faz a instituição financeira é, periodicamente, verificar o estágio em

---

[13] REsp 1.391.770, 1ª Turma, rel. Min. Benedito Gonçalves, *DJe* 9.4.2014. No mesmo sentido: REsp 1.202.514/RS, 3ª Turma, rel. Min. Nancy Andrighi, *DJe* 30.6.2011; e AgRg no REsp 780.581/GO, 4ª Turma, rel. Min. Luis Felipe Salomão, *DJe* 19.10.2010.

[14] "Considerando, de um lado, que o mutuário não pode ser prejudicado por descumprimento contratual imputável exclusivamente à construtora e, de outro, que a correção monetária visa apenas a recompor o valor da moeda, a solução que melhor reequilibra a relação contratual nos casos em que, ausente má-fé da construtora, há atraso na entrega da obra, é a substituição, como indexador do saldo devedor, do Índice Nacional de Custo de Construção (INCC, que afere os custos dos insumos empregados em construções habitacionais, sendo certo que sua variação em geral supera a variação do custo de vida médio da população) pelo Índice Nacional de Preços ao Consumidor Amplo (IPCA, indexador oficial calculado pelo IBGE e que reflete a variação do custo de vida de famílias com renda mensal entre 01 e 40 salários mínimos), salvo se o INCC for menor. Essa substituição se dará com o transcurso da data limite estipulada no contrato para a entrega da obra, incluindo-se eventual prazo de tolerância previsto no instrumento" (REsp 1.594.031, rel. Min. Marco Buzzi, *DJe* 17.5.2016).

[15] Tratamos da matéria no item 11.2.3 – Resolução por inadimplemento da obrigação do incorporador.

450 | INCORPORAÇÃO IMOBILIÁRIA • *Melhim Namem Chalhub*

que se encontra a obra, cotejá-lo com a etapa prevista no cronograma físico de execução da obra e liberar a parcela correspondente a essa etapa de obra, podendo liberá-la parcialmente se a etapa estiver executada apenas em parte. Disso resulta que a instituição financeira não interfere em qualquer ato relacionado ao projeto ou à execução da obra, não sendo, portanto, passível de responsabilização por qualquer defeito de construção, inexecução ou retardamento de qualquer obrigação do incorporador e/ou do construtor relativa à realização da construção e entrega da obra com averbação da construção no Registro de Imóveis.

É em razão da nítida demarcação das atividades do incorporador e da instituição financiadora da incorporação que a Lei nº 4.591/1964 (art. 31-A, § 12) dispõe que a contratação de financiamento para construção e a constituição de garantia real sobre o imóvel objeto da incorporação, inclusive mediante alienação ou cessão fiduciária, não importam em transferência para essa de "nenhuma das obrigações ou responsabilidades do cedente, do incorporador ou do construtor, permanecendo estes como únicos responsáveis pelas obrigações e pelos deveres que lhes são imputáveis".[16] A excludente de responsabilidade da instituição financeira que se torna proprietária fiduciária em garantia do imóvel objeto de incorporação é, também, definida pelo art. 1.367 do Código Civil de 2002, que, ao qualificar essa espécie de propriedade resolúvel, explicita que ela não se equipara, "para quaisquer efeitos, à propriedade plena de que trata o art. 1.231".[17]

Alinhada a essa norma legal, a jurisprudência do Superior Tribunal de Justiça estabelece a distinção entre as peculiares atividades produtiva e financeira, sendo digno de nota caso envolvendo financiamento de construção pela Caixa Econômica Federal, cujo acórdão ressalta que, "nas hipóteses em que atua na condição de agente financeiro em sentido estrito, não ostenta a CEF legitimidade para responder por pedido decorrente de vícios de construção na obra financiada. Sua responsabilidade contratual diz respeito apenas ao cumprimento do contrato de financiamento, ou seja, à liberação do empréstimo, nas épocas acordadas, e à cobrança dos encargos estipulados no contrato. A previsão contratual e regulamentar da fiscalização da obra pelo agente financeiro justifica-se em função de seu interesse em que o empréstimo seja utilizado para os fins descritos no contrato de mútuo, sendo de se ressaltar que o imóvel lhe é dado em garantia hipotecária. Precedentes da 4ª Turma".[18]

---

[16] Lei nº 4.591/1964: "Art. 31-A. (...) § 12. A contratação de financiamento e constituição de garantias, inclusive mediante transmissão, para o credor, da propriedade fiduciária sobre as unidades imobiliárias integrantes da incorporação, bem como a cessão, plena ou fiduciária, de direitos creditórios decorrentes da comercialização dessas unidades, não implicam a transferência para o credor de nenhuma das obrigações ou responsabilidades do cedente, do incorporador ou do construtor, permanecendo estes como únicos responsáveis pelas obrigações e pelos deveres que lhes são imputáveis".

[17] Código Civil de 2002: "Art. 1.367. A propriedade fiduciária em garantia de bens móveis ou imóveis sujeita-se às disposições do Capítulo I do Título X do Livro III da Parte Especial deste Código e, no que for específico, à legislação especial pertinente, não se equiparando, para quaisquer efeitos, à propriedade plena de que trata o art. 1.231".

[18] "Recursos especiais. Sistema Financeiro da Habitação. SFH. Vícios na construção. Seguradora. Agente financeiro. Legitimidade. 1. A questão da legitimidade passiva da CEF, na condição de agente financeiro, em ação de indenização por vício de construção, merece distinção, a depender do tipo de financiamento e das obrigações a seu cargo, podendo ser distinguidos, a grosso modo, dois gêneros de atuação no âmbito do Sistema Financeiro da Habitação, isso a par de sua ação como agente financeiro em mútuos concedidos fora do SFH (1) meramente como agente financeiro em sentido estrito, assim como as demais instituições financeiras públicas e privadas (2) ou como agente executor de políticas federais para a promoção de moradia para pessoas de baixa ou baixíssima renda. 2. Nas hipóteses em que atua na condição de agente financeiro em sentido estrito, não

Cap. XII • RESPONSABILIDADE CIVIL DO CONSTRUTOR E DO INCORPORADOR

12.2.3. Inadimplemento absoluto da obrigação do incorporador

A par das situações de mora ensejadoras da prerrogativa do adquirente de pedir a execução da prestação e a indenização das perdas e danos, surge para o adquirente a alternativa de requerer a resolução do contrato com a indenização das perdas e danos (CC/2002, art. 395, parágrafo único) caso se configure situação de inadimplemento absoluto, na qual a obrigação do incorporador não foi cumprida nem poderá sê-lo, não sendo mais útil a prestação para o adquirente.[19]

A hipótese de resolução por inadimplemento da obrigação do incorporador é objeto do item 11.2.3 desta obra.

12.3. CONCEITO DE SEGURANÇA E SOLIDEZ

O conceito de segurança e solidez de que fala o art. 618[20] do Código Civil de 2002 tem sido objeto de controvérsias na doutrina e na jurisprudência.

Há decisões pela não aplicação do dispositivo a imperfeições de menor monta, comparativamente àquelas que possam afetar a segurança e a solidez da edificação,[21] mas é majoritária

---

ostenta a CEF legitimidade para responder por pedido decorrente de vícios de construção na obra financiada. Sua responsabilidade contratual diz respeito apenas ao cumprimento do contrato de financiamento, ou seja, à liberação do empréstimo, nas épocas acordadas, e à cobrança dos encargos estipulados no contrato. A previsão contratual e regulamentar da fiscalização da obra pelo agente financeiro justifica-se em função de seu interesse em que o empréstimo seja utilizado para os fins descritos no contrato de mútuo, sendo de se ressaltar que o imóvel lhe é dado em garantia hipotecária. Precedentes da 4ª Turma. 3. Caso em que se alega, na inicial, que o projeto de engenharia foi concebido e aprovado pelo setor competente da CEF, prevendo o contrato, em favor da referida empresa pública, taxa de remuneração de 1% sobre os valores liberados ao agente promotor e também 2% de taxa de administração, além dos encargos financeiros do mútuo. Consta, ainda, do contrato a obrigação de que fosse colocada 'placa indicativa, em local visível, durante as obras, de que a construção está sendo executada com financiamento da CEF'. Causa de pedir deduzida na inicial que justifica a presença da referida empresa pública no polo passivo da relação processual. Responsabilidade da CEF e dos demais réus que deve ser aferida quando do exame do mérito da causa. 4. Recursos especiais parcialmente providos para reintegrar a CEF ao polo passivo da relação processual. Prejudicado o exame das demais questões" (STJ, 4ª T., REsp 1.163.228-AM, rel. Min. Maria Isabel Gallotti, *DJe* 31.10.2012).

[19] "Agravo Interno no Agravo em Recurso Especial. Promessa de compra e venda de imóvel. 1. Arts. 394 e 395 do CC/02. Impossibilidade de análise. Inovação recursal. 2. Atraso da obra. Rescisão contratual. Excludente de responsabilidade não configurada. Reexame fático-probatório e análise e interpretação das cláusulas Contratuais. Súmulas nos 5 e 7 do STJ. 3. Demora na entrega do imóvel por culpa da incorporadora. Restituição dos valores. Possibilidade. Súmula nº 345 do STJ. 4. Agravo interno improvido. (...). 3. A resolução do contrato pela demora na entrega do imóvel, por culpa da incorporadora, demanda a restituição dos valores pagos pela adquirente integralmente. Súmula nº 543 do STJ" (STJ, 3ª T., AgInt no AREsp 889.388-DF, rel. Min. Marco Aurélio Belizze, *DJe* 22.8.2016).

[20] Código Civil de 2002: "Art. 618. Nos contratos de empreitada de edifícios ou outras construções consideráveis, o empreiteiro de materiais e execução responderá, durante o prazo irredutível de cinco anos, pela solidez e segurança do trabalho, assim em razão dos materiais, como do solo. Parágrafo único. Decairá do direito assegurado neste artigo o dono da obra que não propuser a ação contra o empreiteiro, nos cento e oitenta dias seguintes ao aparecimento do vício ou defeito" (corresponde ao art. 1.245 do Código Civil de 1916).

[21] "A garantia devida pelo empreiteiro nos termos do art. 1.245, CC, diz com os defeitos que representem riscos de desabamento ou ruína, não se entendendo como tais apontadas diferenças no tamanho das

452 | INCORPORAÇÃO IMOBILIÁRIA • *Melhim Namem Chalhub*

a interpretação extensiva do conceito de solidez e segurança, que alcança situações decorrentes de infiltrações, vazamentos e outras que tornem o imóvel imprestável ao fim a que se destina.[22]

Trata-se de aspecto que reclama interpretação caso a caso, pois, como observa Everaldo Augusto Cambler, citando Luiz Rodrigues Wambier,[23] "configuram-se como extremos indesejáveis tanto a vinculação dos conceitos de solidez e segurança a todo tipo de defeito, como a vinculação desses conceitos apenas a casos de risco de ruína da obra".[24]

12.4. PRAZO DE GARANTIA E PRAZO DE PRESCRIÇÃO

A despeito de ter-se estabelecido alguma controvérsia a respeito da natureza do prazo estabelecido pelo art. 1.245 do Código Civil de 1916 [correspondente ao art. 618 do CC/2002], a doutrina, na sua quase totalidade, firmou o entendimento de que se trata de prazo de garantia, e não de prescrição, sustentando que este, o prazo de prescrição, é de vinte anos.

---

vagas de estacionamento ou vazamento, defeitos nos revestimentos e trincais superficiais" (STJ, 4ª T., AgRgAg 37056-7-SP, rel. Min. Sálvio de Figueiredo Teixeira, j. 12.9.1994, *DJU* 24.10.1994, p. 28.761). Na mesma senda, "a remoção do poste de luz que se encontrava nas proximidades da garagem, supostamente dificultando a entrada e saída dos carros, não é problema que representa risco à solidez e segurança da construção, não se aplicando, pois, o prazo de 5 anos previsto no artigo 618 do Código Civil" (Tribunal de Justiça de São Paulo, Apelação nº 0213808-07.2008.8.26.0100, rel. Silvério da Silva, j. 26 de março de 2014). "Construção civil – Empreitada – Defeitos da obra – Observância do projeto – "Construção civil – Empreitada – Defeitos da obra – Observância do projeto – Art. 1.245 do CC – Imperfeições da obra que não sejam pertinentes à solidez e segurança da obra não estão sob a disciplina do art. 1.245 do CC, que é excepcional. Os demais defeitos se regem pelos princípios da responsabilidade, não se devendo carregar ao empreiteiro os que se devem a especificações do projeto a cargo de outrem, de escolha do dono da obra. Recurso extraordinário não conhecido" (STF – 1ª T.; RE 110.023-1 RJ; rel. Min. Rafael Mayer; j. 30.9.1986; v. u; *DJU*, 31.10.1986, p. 20.924). "(...) A garantia devida pelo empreiteiro nos termos do artigo 1.245, CC, diz com os defeitos que representam riscos de desabamento ou ruína, não se entendendo como tais apontadas diferenças no tamanho das vagas de estacionamento ou vazamentos, defeitos no revestimento e trincas superficiais" (STJ – AI 37.056-7/SP – rel. Min. Sálvio de Figueiredo – j. 12.09.1994 – BDI – 1º decêndio – dez./1994 – nº 34 – p. 18). No mesmo sentido: *RT* (244): 293; (577): 85-7.).

[22] "A expressão 'solidez e segurança' utilizada no art. 1.245 do Código Civil [1916] não deve ser interpretada restritivamente; os defeitos que impedem a boa habitabilidade do prédio, tais como infiltrações de água e vazamentos, também estão por ela abrangidos. Recurso especial não conhecido" (STJ, REsp 46.568-SP, Rel. Carlos Alberto Menezes Direito, j. 25.5.1999) e "A solidez e a segurança a que se refere o art. 1.245 do Código Civil [1916] não retratam simplesmente o perigo de desmoronamento do prédio, respondendo, também, a construtora, por defeitos que possam comprometer, futuramente, o empreendimento, tais como rachaduras e infiltrações. Precedentes" (STJ, AgRg no REsp 399.701-PR, rel. Min. Humberto Gomes de Barros, j. 12.04.2005).

[23] *Responsabilidade civil na incorporação imobiliária*, São Paulo: Revista dos Tribunais, 1997, p. 275.

[24] TJRJ, Apelação Cível 1996.001.6466, 07.03.1997, Des. Nilton Mondego: "Responsabilidade Civil. Defeitos de construção prejudiciais aos conceitos de habitabilidade e de salubridade do imóvel. Dever do incorporador de repará-los e de indenizar os danos causados. Procedentes do pedido. Inconformismo da ré. Provimento parcial do recurso. Estando os defeitos, apontados no laudo pericial, enquadrados no conceito moderno de segurança, por falta de condições de habitabilidade e de salubridade, tem o incorporador o dever de repará-los e de indenizar os danos daí decorrentes, devidamente comprovados na hipótese em exame, com exclusão, apenas, do excesso pretendido".

Cap. XII • RESPONSABILIDADE CIVIL DO CONSTRUTOR E DO INCORPORADOR | 453

Segundo Hely Lopes Meirelles, o prazo "é de garantia, e não de prescrição, como erroneamente têm entendido alguns julgados. Desde que a falta de solidez e de segurança da obra apresente-se dentro de cinco anos do seu recebimento, a ação contra o construtor e demais participantes do empreendimento subsiste pelo prazo prescricional comum de 20 anos, a contar do dia em que surgiu o defeito".[25] É no mesmo sentido a lição de Aguiar Dias, para quem o prazo de cinco anos "se refere à garantia e não ao exercício da ação que essa garantia porventura fundamente. De forma que a prescrição da ação é a comum de 20 anos".[26]

O prazo de prescrição da pretensão de ressarcimento por defeitos de construção comporta controvérsia. De acordo com a Súmula 194 do Superior Tribunal de Justiça, que firmou o entendimento de que "prescreve em vinte anos a ação para obter, do construtor, indenização por defeitos da obra",[27] foi editada na vigência do Código Civil de 1916, que era o prazo prescricional máximo. Diante da alteração dos prazos prescricionais no novo Código Civil, "há desarmonia entre a Súmula 194, do STJ, e o texto legal superveniente, tornando-a superada no tocante ao prazo de prescrição ordinária nela referido (que foi reduzido para 10 anos".[28] Embora haja julgados que adotem a mesma orientação da Súmula 194, isto é, prazo prescricional ordinário, ajustando-o para 10 anos,[29] a matéria merece mais detida reflexão, tendo em vista que o novo Código Civil fixou novo prazo prescricional específico para a pretensão de reparação civil, já havendo registro de decisões reconhecendo a prescrição trienal (CC, art. 206, § 3º, V).[30] Bem a propósito, observa Carlos Pinto Del Mar: "Esse entendimento [adoção do mesmo princípio da Súmula 194] teria mais consistência, se não houvesse acontecido outra

---

[25]   *Direito de construir*, São Paulo: Malheiros, 5. ed., 1987, p. 244.

[26]   *Da responsabilidade civil*, São Paulo: Revista dos Tribunais, 1979, 6. ed., p. 360.

[27]   STJ, 4ª Turma, REsp 1.473-RJ, *DJ* 5.3.1990, rel. Min. Fontes de Alencar: "Incorporação imobiliária. Defeitos de construção. Responsabilidade civil. Prescrição. I. Defeitos de construção que ofendem a segurança e a solidez da obra. São compossíveis o art. 1.245 do CC [1916] e o art. 43, II, da Lei nº 4.591/1964, que não exausta a responsabilidade civil do incorporador, mas resguarda da falta de execução ou do retardamento injustificado da obra o adquirente de unidade autônoma. II. A prescrição, não sendo a ação redibitória nem *quanti minoris*, mas de completa indenização, é vintenária. III. A natureza da via especial obsta a rediscussão de matéria de fato. Art. 1.222 do CC [1916], não prequestionado. Dissídio jurisprudencial não caracterizado. Art. 255, parágrafo único, Regimento Interno do STJ. Súmulas 279, 282, 291 e 369 do STF." STJ. 4ª Turma. REsp 120.110/SP, *DJ* 5.10.1998, rel. Min. Ruy Rosado de Aguiar: "Responsabilidade Civil. Incorporação. Construção. Responsabilidade contratualmente fixada do incorporador pela construção do prédio, que se estende a reparação dos danos decorrentes de defeitos apresentados pelo edifício. Prescrição vintenária. Precedentes".

[28]   DEL MAR, Carlos Pinto, *Direito na construção civil*. São Paulo: Pini/Leud, 2015, p. 314.

[29]   AgRg no Agravo de Instrumento nº 208.663 – DF (2009/0138037-3); TJSP – AI nº 0274078 – 64.2012.8.26.000 – São Paulo, Câmara de Direito Privado, j. em 23.04.2013, Rei. Des. Elliot Akel; TJSP Apelação nº 0017429-98.2010.8.26.oon – São Paulo, 3ª Câmara de Direito Privado, j. em 16.04.2013, rel. Des. Donegá Morandini; TJSP-Apelação nº 007408-48.2006.8.26.0223 – Guarujá, 9ª Câmara de Direito Privado, j. em 12.03.2013, rel. Des. Lucila Toledo; TJSP-Apelação Cível nº 0247834-97.2009.8.26. 2002 – São Paulo, 2ª Câmara de Direito Privado, j. em 6.11.2012, rel. Des. José Carlos Ferreira Alves.

[30]   TJSP, Apelação 1012618-22.2016.8.26.0576, 3ª Câmara de Direito Privado, rel. Des. Viviani Nicolau, j. 28.6.2017: "Apelação. Compra e venda de bem imóvel na planta. Vício aparente. Ação indenizatória. Prescrição. Ocorrência. Pretensão da autora de recebimento de indenização pela alegada desvalorização do imóvel que não se confunde com resolução do contrato, abatimento do preço ou correção do defeito, sendo descabida a aplicação do prazo quinquenal previsto no art. 27 do CDC. Prazo vintenário mencionado na Súmula nº 194 do STJ que, da mesma forma, é inaplicável, pois se refere ao Código Civil de 1916. Prescrição trienal reconhecida corretamente, nos termos do art. 206, § 3º, V do Código Civil. Sentença mantida."

INCORPORAÇÃO IMOBILIÁRIA • *Melhim Namem Chalhub*

mudança no Código Civil de 2002, que foi a criação de um novo prazo prescricional, de 3 (três) anos, específico para a pretensão de 'reparação civil' (CC, art. 206, § 3º, V)"[31].

Findo o prazo de garantia de cinco anos, se ocorrer algum defeito que não seja resultante de mau uso ou de falta de conservação e manutenção por parte do adquirente, este tem assegurada a reparação do dano, desde que comprove a ocorrência dos vícios dentro do período previsto em lei, de acordo com o sistema geral de responsabilidade civil (Código Civil de 2002, art. 927).[32] Em qualquer dos casos o termo inicial do prazo é a data em que o contratante tomar conhecimento do fato, de acordo com a teoria da *actio nata*.

É nesse sentido o Enunciado nº 181, aprovado pela III Jornada de Direito Civil, promovida pelo Centro de Estudos Jurídicos do Conselho da Justiça Federal, realizado entre 1º e 3 de dezembro de 2004, do seguinte teor: "Art. 618. O prazo referido no art. 618, parágrafo único, do CC, refere-se unicamente à garantia prevista no *caput*, sem prejuízo de poder o dono da obra, com base no mau cumprimento do contrato de empreitada, demandar perdas e danos".

Assim, surgindo algum defeito relacionado à solidez e segurança no prazo de garantia de 5 anos, contado da entrega da obra, o incorporador e o construtor responderão independentemente de culpa.

Já o prazo decadencial de 180 dias, estabelecido no parágrafo único do art. 618 do Código Civil de 2002, conta-se da data em que o adquirente tiver tomado conhecimento do defeito; a partir desse momento o interessado deverá propor a ação cabível em 180 dias, sob pena de decadência.

Em relação aos vícios aparentes, o dono da obra deve vistoriar o imóvel no momento em que o construtor o entregar, aceitando-o se construído de acordo com o ajuste ou rejeitando-o se o construtor deixou de observar o projeto, especificações etc.; esse é o momento para reclamar dos vícios aparentes, não podendo reclamar depois (Código Civil de 2002, art. 615). Se, entretanto, se tratar de relação de consumo, é de 90 dias o prazo para o contratante da construção ou adquirente do imóvel reclamar dos vícios aparentes (CDC, art. 26, II).

12.5. EXCLUSÃO DA RESPONSABILIDADE

Excluem-se da responsabilidade do construtor e do incorporador os defeitos decorrentes de mau uso do imóvel, ou de falta de conservação e manutenção por parte do adquirente, além de desgaste natural, inclusive o decorrente do uso do imóvel, e, ainda os defeitos oriundos de caso fortuito. Além disso, excluem-se da responsabilidade do construtor e do incorporador defeitos decorrentes de alteração que o adquirente ou seus prepostos tenham introduzido no projeto e nas especificações, viciando-os.

Quanto à ação de ressarcimento, a legitimidade é do adquirente, quando o vício se localizar em unidade autônoma, e do condomínio, quando o vício de construção se localizar em parte comum da edificação, estando também legitimado, neste último caso, qualquer condômino do edifício.

---

[31] Ob. e p. cit.

[32] STJ. 3ª Turma. REsp 2.302-RJ, *DJ* 4.6.1990, rel. Min. Waldemar Zveiter: "Empreiteiro e incorporador – Solidez e segurança da obra – Prescrição. I. A responsabilidade do empreiteiro se funde na do incorporador que a absorve e cujo prazo de prescrição é o comum ou ordinário de 20 anos. II. No prazo de garantia assinalado pelo artigo 1.245 do Código Civil, que é o quinquenal de prescrição, nesse lapso temporal, contém o prejudicado ação judicial para ressarcir-se".

XIII
INFRAÇÕES PENAIS

13.1. PROTEÇÃO DA ECONOMIA POPULAR

A Lei nº 4.591/1964 contempla a tipificação dos ilícitos penais na atividade da incorporação imobiliária.

A disciplina da matéria penal, de modo especial, justifica-se tendo em vista as peculiaridades da atividade e, sobretudo, o fato de que a atividade da incorporação contempla a captação de recursos do público. Assim, em razão da densidade social dessa atividade e o interesse de que se reveste para a economia popular, o legislador tratou desses delitos no campo da proteção da economia popular, classificando-os em crimes contra a economia popular e contravenções penais, nos termos dos arts. 65 e 66.

13.2. CRIMES CONTRA A ECONOMIA POPULAR

O art. 65 tipifica como "crime contra a economia popular promover incorporação, fazendo, em proposta, contratos, prospectos ou comunicação ao público ou aos interessados, afirmação falsa sobre a constituição do condomínio, alienação das frações ideais do terreno ou sobre a construção das edificações".

A pena para essa infração é de reclusão de um a quatro anos e multa, nela incorrendo o incorporador, o corretor e o construtor, individuais, bem como os diretores ou gerentes de empresa incorporadora, corretora ou construtora. Incorrem na mesma pena o incorporador, o corretor e o construtor, individuais, bem como os diretores ou gerentes de empresa incorporadora, corretora ou construtora que usar, ainda que a título de empréstimo, em proveito próprio ou de terceiro, bens ou haveres destinados a incorporação contratada por administração, sem prévia autorização dos interessados.

A afirmação falsa a que se refere a lei pode dizer respeito à alegação de que existe um condomínio constituído quando, na realidade, não existir, bem como informações erradas quanto aos elementos técnicos e jurídicos relativos às frações do terreno ou às unidades imobiliárias.

456 | INCORPORAÇÃO IMOBILIÁRIA • *Melhim Namem Chalhub*

13.3. CONTRAVENÇÕES CONTRA A ECONOMIA POPULAR

O art. 66 define como contravenções penais, "puníveis na forma do art. 10 da Lei nº 1.521, de 26 de dezembro de 1951", as seguintes práticas:

> I – negociar o incorporador frações ideais de terreno, sem previamente satisfazer às exigências constantes da Lei 4.591/1964. A principal exigência da lei para que o incorporador se legitime a promover a negociação do empreendimento é o registro do Memorial de Incorporação no Registro de Imóveis;

> II – omitir o incorporador, em qualquer documento de ajuste, as indicações a que se referem os arts. 37 e 38. Esses dispositivos tratam do seguinte: a) indicação da existência de ônus reais e fiscais sobre o terreno, b) existência, contra os alienantes, de qualquer ação que possa comprometer o terreno, c) indicação da natureza dos ônus e das ações, bem como das condições de sua liberação, e d) o fato de estar o imóvel ocupado, hipótese em que deve ser esclarecido a que título está ocupado e quais as condições de desocupação;

> III – deixar o incorporador, sem justa causa, no prazo do art. 35 e ressalvada a hipótese de seus §§ 2º e 3º, de promover a celebração do contrato relativo à fração ideal de terreno, do contrato de construção ou da convenção do condomínio. De acordo com os citados dispositivos, o incorporador tem o prazo de 60 dias para outorgar o contrato aos adquirentes, contado o prazo do final do prazo de carência, salvo se tiver desistido da incorporação e a tiver denunciado dentro do prazo de carência; se não houver prazo de carência, esse prazo se conta da data do documento de ajuste preliminar que tiver firmado com o adquirente;

> V – omitir o incorporador, no contrato, a indicação a que se refere o § 5º do art. 55. Trata-se do orçamento atualizado da obra, que deve sempre ser mencionado no contrato de construção, salvo quando o preço da construção contratado com o adquirente for superior ao valor atualizado do orçamento;

> VI – paralisar o incorporador a obra, por mais de 30 dias, ou retardar-lhe excessivamente o andamento sem justa causa. A paralisação da obra está contemplada no art. 43, VI, pelo qual se o incorporador paralisar a obra por mais de 30 dias, sem justa causa, os adquirentes podem notificá-lo para que a reinicie, sob pena de destituição e transferência da administração da incorporação para os adquirentes.

A pena para qualquer dessas contravenções é de multa de 5 a 20 vezes o maior salário mínimo legal vigente no país.

O parágrafo único do art. 66 visa punir o construtor, o corretor, o proprietário ou titular de direitos aquisitivos do terreno.[1]

J. Nascimento Franco e Nisske Gondo chamam a atenção para a má redação desse dispositivo, acentuando que "como exemplo de redação confusa e insegura não há texto mais típico" e invocam a observação da Caio Mário da Silva Pereira, que destaca a balbúrdia do

---

[1] "Art. 66. (...) Parágrafo único. No caso de contratos relativos a incorporações, de que não participe o incorporador, responderão solidariamente pelas faltas capituladas neste artigo o construtor, o corretor, o proprietário ou titular de direitos aquisitivos do terreno, desde que figurem no contrato, com direito regressivo sobre o incorporador, se as faltas cometidas lhe forem imputáveis."

texto: "Bastaria, para sentenciar com singeleza, que estendesse às pessoas mencionadas com rigor punitivo, uma vez provado que a qualquer delas se deve a contravenção, sem se importar se é ou não parte no contrato (...) Deixando de ser simples, o legislador criou dificuldades à aplicação das penas e, por isso mesmo, arrefeceu sua severidade".[2]

---

[2] *Incorporações imobiliárias*, cit., p. 215; *Condomínio e incorporações*, cit., p. 175.

BIBLIOGRAFIA

ABELHA, André; CHALHUB, Melhim; VITALE, Olivar (Coord.). *Sistema Eletrônico de Registros públicos* – Lei 14.382, de 27 de junho de 2022 comentada e comparada. Rio de Janeiro: Forense, 2022.

AGUIAR JR., Ruy Rosado de. *Revista Direito do Consumidor,* São Paulo: Revista dos Tribunais, v. 14, p. 22.

AGUIAR JR., Ruy Rosado de. Interpretação. *Revista Ajuris,* v. 45, p. 19.

AGUIAR JR., Ruy Rosado de. As obrigações e os contratos. *Revista do Centro de Estudos Judiciários do Conselho da Justiça Federal,* n. 9, p. 31-39, set.-dez. 1999.

AGUIAR JR., Ruy Rosado de. *Extinção dos contratos por incumprimento do devedor.* Resolução. 2. ed. 2. tir. Rio de Janeiro: Aide, 2004.

ALVES, José Carlos Moreira. *Alienação fiduciária em garantia.* 2. ed. Rio de Janeiro: Forense, 1979.

ALVIM, Agostinho. *Da inexecução das obrigações e suas consequências.* São Paulo: Saraiva, 1949.

ALVIM, Eduardo. *Comentários ao Código de Defesa do Consumidor.* 2. ed. São Paulo: Revista dos Tribunais, 1995.

ALVIM, José Manoel Arruda. Cláusulas abusivas e seu controle no direito brasileiro. *Revista de Direito do Consumidor,* v. 20, p. 26.

ANDRADE, Darcy Bessone de Oliveira. *Da compra e venda, promessa e reserva de domínio.* Bernardo Alvares: Belo Horizonte, 1960.

ASCENSÃO, José de Oliveira. *Direito civil* – reais. 5. ed. reimpr. Coimbra: Coimbra Editora, 2000.

ASCENSÃO, Maria Teresa Pereira de Castro; ASCENSÃO, José de Oliveira. Instituição, incorporação e convenção de condomínio. *Revista de Direito Civil*, RT, v. 10, out.-dez. 1979.

ASSIS, Araken de. *Resolução do contrato por inadimplemento.* 6. ed. São Paulo: Revista dos Tribunais, 2019.

AZEVEDO, Antonio Junqueira de. Insuficiências, deficiências e desatualização do Projeto de Código Civil na questão da boa-fé objetiva nos contratos. *Revista Trimestral de Direito Civil*, Rio de Janeiro: Padma, v. 1, p. 4.

AZEVEDO, Antonio Junqueira de. Responsabilidade pré-contratual no Código de Defesa do Consumidor; estudo comparativo com a responsabilidade pré-contratual no direito comum. *Revista de Direito do Consumidor,* São Paulo: Revista dos Tribunais, v. 18, p. 22, abr.-jun. 1996.

AZEVEDO JÚNIOR, José Osório de. *Compromisso de compra e venda.* 5. ed. São Paulo: Malheiros, 2006.

AZULAY, Fortunato. *Do inadimplemento antecipado.* Rio de Janeiro: Brasília/Rio, 1977.

BARROSO, Luís Roberto. *Temas de direito constitucional.* Rio de Janeiro: Renovar, 2001.

BASTOS, Celso Ribeiro. *Comentários à Constituição do Brasil.* São Paulo: Saraiva, 1989.

BEDAQUE, José Roberto dos Santos. *Código de Processo Civil interpretado.* 3. ed. São Paulo: Atlas, 2008.

BESSONE, Darcy. *Do contrato.* Rio de Janeiro: Forense, 1960.

460 | INCORPORAÇÃO IMOBILIÁRIA • *Melhim Namem Chalhub*

BEZERRA FILHO, Manoel Justino. *Lei de Recuperação de Empresas e Falência*. 15. ed. São Paulo: Revista dos Tribunais, 2021.

BOBBIO, Norberto. *Teoria geral do direito*. 3. ed. São Paulo: Martins Fontes, 2010.

BONATTO, Cláudio Bonatto; MORAES, Paulo Valério Dal Pai. *Questões controvertidas no Código de Defesa do Consumidor*. Porto Alegre: Livraria do Advogado, 1998.

BORGES, Luiz Ferreira Xavier. *Project finance* e infraestrutura: descrição e críticas. *Revista do BNDES*, Rio de Janeiro, v. 5, n. 9, p. 105-121, jun. 1998.

BOTTEGA, Jéverson Luís. *Qualificação registral imobiliária à luz da crítica hermenêutica do Direito*. Belo Horizonte: Conhecimento, 2021.

BRITO, Rodrigo Azevedo Toscano de. Cláusulas abusivas nos contratos de incorporação imobiliária e o Código de Defesa do Consumidor. *Revista de Direito Imobiliário*, São Paulo, v. 49, p. 105, jul.-dez. 2000.

BUENO, Cassio Scarpinella. *Curso sistematizado de direito processual civil*. 10. ed. São Paulo: Saraiva, 2020, v. 1.

BULGARELLI, Waldirio. *Questões contratuais no Código de Defesa do Consumidor*. 3. ed. São Paulo: Atlas, 1999.

BUNAZAR, Maurício, *Obrigação* propter rem – *aspectos teóricos e práticos*. São Paulo: Atlas, 2014.

CAMBLER, Everaldo Augusto. *Incorporação imobiliária*: ensaio de uma teoria geral. São Paulo: Revista dos Tribunais, 1993.

CAMBLER, Everaldo Augusto. *Responsabilidade civil na incorporação imobiliária*. São Paulo: Revista dos Tribunais, 1997.

CARPENA, Heloisa. *Abuso de direito nos contratos de consumo*. Rio de Janeiro: Renovar, 2001.

CARVALHO, Afrânio. *Registro de imóveis*. 2. ed. Rio de Janeiro: Forense, 1982.

CAVALIERI FILHO, Sérgio. *Programa de responsabilidade civil*. 2. ed. São Paulo: Malheiros, 1998.

CAVALIERI FILHO, Sérgio. *O direito do consumidor no limiar do século XXI*. Rio de Janeiro: Padma, 2000. v. 2.

CHALHUB, Melhim Namem. Trust – perspectivas do direito contemporâneo na transmissão da propriedade para administração de investimentos e garantia. Rio de Janeiro: Renovar, 2001.

CHALHUB, Melhim Namem. *Alienação fiduciária* – negócio fiduciário. 5. ed. Rio de Janeiro: Forense, 2017.

CHALHUB, Melhim Namem. *Propriedade imobiliária* – função social e outros aspectos. Rio de Janeiro: Renovar, 2000.

COSTA, Mário Júlio de Almeida. Intervenções fulcrais da boa-fé nos contratos. *Estudos de direito do consumidor*, Coimbra: Centro de Direito do Consumo da Faculdade de Direito da Universidade de Coimbra, n. 2, p. 360, 2000.

DEL MAR, Carlos Pinto. *Direito na construção civil*. São Paulo: Pini/Leud, 2015.

DELGADO, José Augusto. Interpretação dos contratos regulados pelo Código de Proteção ao Consumidor. *Revista Jurídica*, São Paulo, v. 263, p. 57.

DIAS, José de Aguiar. *Da responsabilidade civil*. 9. ed. Rio de Janeiro: Forense, 1994.

DINAMARCO, Cândido Rangel. *Fundamentos do processo civil moderno*. 4. ed. São Paulo: Malheiros, 2001.

DINAMARCO, Cândido Rangel. *Execução civil*. 3. ed. São Paulo: Malheiros, 1993.

DINAMARCO, Cândido Rangel. *Instituições de Direito Processual Civil*. 7. ed. São Paulo: Malheiros, 2017.

DINAMARCO, Cândido Rangel, *Instituições de Direito Processual Civil*. 8. ed. São Paulo: Malheiros, 2016, v. I.

DINIZ, Maria Helena. *Curso de direito civil brasileiro.* Teoria das obrigações contratuais e extracontratuais. 11. ed. São Paulo: Saraiva, 1996.

DINIZ, Maria Helena. *Conflito de normas.* São Paulo: Saraiva, 1987.

DONNINI, Rogério Ferraz. *A revisão dos contratos no Código Civil e no Código de Defesa do Consumidor.* São Paulo: Saraiva, 1999.

FERREIRA, Carlos Alberto Goulart. *Equilíbrio contratual. Direito civil constitucional.* Renan Lotufo (coord.). São Paulo: Max Limonad, 1999.

FIORANELLI, Ademar. *Direito registral imobiliário.* Porto Alegre: Sergio Antonio Fabris Editor, 1999.

FRANCO, J. Nascimento Franco; GONDO, Nisske. *Condomínio de edifícios.* 2. ed. São Paulo: Revista dos Tribunais, 1984.

FRANCO, J. Nascimento Franco. *Incorporações imobiliárias.* 3. ed. São Paulo: Revista dos Tribunais, 1991.

FREITAS, Teixeira de. *Esboço de Código Civil.* Ministério da Justiça, Departamento de Imprensa Nacional, coedição com a Universidade de Brasília, Brasília, 1983.

GAMBARO, Antonio. *Trattato di diritto privato* – la proprietà. Milão: Giuffrè, 1990.

GHEZZI, Leandro Leal. *A incorporação Imobiliária à luz do Código de Defesa do Consumidor e do Código Civil.* São Paulo: Revista dos Tribunais, 2007.

GOMES, Luiz Roldão de Freitas. *Contrato.* Rio de Janeiro: Renovar, 1999.

GOMES, Luiz Roldão de Freitas. *Elementos de responsabilidade civil.* Rio de Janeiro: Renovar, 2000.

GOMES, Orlando. *Direitos reais.* 2. ed. Rio de Janeiro: Forense, 1962.

GOMES, Orlando. *Alienação fiduciária em garantia.* São Paulo: Revista dos Tribunais, 1975.

GOMES, Orlando. *Direitos Reais.* 19. ed. Atual. Edson Fachin. Rio de Janeiro: Forense, 2009.

GOMIDE, Alexandre Junqueira. *Risco contratual e sua perspectiva na incorporação imobiliária.* São Paulo: Revista dos Tribunais, 2022.

GONÇALVES, Aderbal da Cunha. *Da propriedade resolúvel.* São Paulo: Revista dos Tribunais, 1979.

GONDINHO, André Osório. Codificação e cláusulas gerais. *Revista Trimestral de Direito Civil*, Rio de Janeiro: Padma, v. 2, abr.-jun. 2000.

GRINOVER, Ada Pellegrini. *Novas tendências do direito processual de acordo com a Constituição de 1988.* Rio de Janeiro: Forense Universitária, 1990.

GRINOVER, Ada Pellegrini. *Os princípios constitucionais e o Código de Processo Civil.* São Paulo: José Bushatsky, 1975.

KONDER, Carlos Nelson. *O novo processo civil brasileiro* – temas relevantes. Rio de Janeiro: GZ Editora, 2018. v. I.

LEONARDO, Rodrigo Xavier. Os contratos coligados, os contratos conexos e as redes contratuais. In: CARVALHOSA, Modesto. *Tratado de Direito Empresarial.* 2. ed. São Paulo: Thomson Reuters, 2018.

LOUREIRO, Francisco Eduardo et al. *Código Civil comentado.* Coord. Ministro Cezar Peluso. 9. ed. Barueri: Manole, 2015.

LOUREIRO, Francisco Eduardo et al. *Código Civil comentado.* Coord. Ministro Cezar Peluso. 12. ed. Barueri: Manole, 2018.

MARQUES, Cláudia Lima. *Contratos no Código de Defesa do Consumidor.* 3. ed. São Paulo: Revista dos Tribunais, 1999.

MARQUES, Cláudia Lima. *Contratos no Código de Defesa do Consumidor.* 3. ed. São Paulo: Revista dos Tribunais, 1999.

MARQUES, Cláudia Lima. Contratos de *time sharing* e a proteção dos consumidores (crítica ao direito civil em tempos pós-modernos). *Revista de Direito do Consumidor*, v. 22, 1997.

MARTINS, Samir José Caetano. *Execuções extrajudiciais de créditos imobiliários.* Rio de Janeiro: Espaço Jurídico, 2007.

462 | INCORPORAÇÃO IMOBILIÁRIA • *Melhim Namem Chalhub*

MARTINS-COSTA, Judith. *Comentários ao novo Código Civil* – Do inadimplemento das obrigações. Coord. Sálvio de Figueiredo Teixeira. 2. ed. Rio de Janeiro: Forense, 2004. v. V, t. II.

MARTINS-COSTA, Judith. *A boa-fé no direito privado*. 2. ed. São Paulo: Saraiva, 2018.

MAXIMILIANO, Carlos. *Hermenêutica e aplicação do direito*. 20. ed. Rio de Janeiro: Forense, 2011.

MEIRELLES, Hely Lopes. *Direito de construir*. 5. ed. São Paulo: Malheiros, 1987.

MELO, Marco Aurélio Bezerra de. *Curso de direito civil*. Responsabilidade civil. São Paulo: Atlas, 2015. v. IV.

MESSINEO, Francesco. *Manual de derecho civil y comercial*. Buenos Aires: Ediciones Jurídicas Europa-América, 1971.

MIRANDA, Victor Vasconcelos. *Precedentes Judiciais:* construção e aplicação da *ratio decidendi*. São Paulo: Thomson Reuters Brasil, 2022.

MIRANDA, Victor Vasconcelos. *Reclamação*: O refinamento da *ratio decidendi* e o controle de aplicação dos precedentes. São Paulo: PUC, 2024.

MOTTA PINTO, Carlos Alberto da. *Cessão do contrato*. São Paulo: Saraiva, 1985.

OLIVA, Milena Donato. *Do negócio fiduciário à fidúcia*. São Paulo: Atlas, 2014.

PEREIRA, Caio Mário da Silva. *Instituições de direito civil*. 20. ed. rev. e atual. por Maria Celina Bodin de Moraes. Rio de Janeiro: Forense, 2004, v. I.

PEREIRA, Caio Mário da Silva. *Instituições de direito civil*. 17. ed. Rio de Janeiro: Forense, 1995. v. 1.

PEREIRA, Caio Mário da Silva. *Condomínio e incorporações*. 13. ed. Rio de Janeiro: Atualizadores: Sylvio Capanema de Souza e Melhim Namem Chalhub. Rio de Janeiro: Forense, 2018.

PEREIRA, Caio Mário da Silva. *Propriedade horizontal*. Rio de Janeiro: Forense, 1960.

PEREIRA, Caio Mário da Silva. *Instituições de direito civil*. 17. ed. Rio de Janeiro: Forense, 1995. v. 1.

PEREIRA, Caio Mário da Silva. *Instituições de direito civil*. 12. ed. Rio de Janeiro: Forense, 1997. v. 4.

PEREIRA, Caio Mário da Silva. *A nova tipologia contratual no direito civil brasileiro*. Estudos em homenagem ao professor Washington de Barros Monteiro. São Paulo: Saraiva, 1982.

PEREIRA, Caio Mário da Silva. Código de Defesa do Consumidor e incorporação imobiliária. *Revista dos Tribunais*, São Paulo, v. 712, p. 102, fev. 1995.

PEREIRA, Lafayette Rodrigues. *Direito das coisas*. Rio de Janeiro: Editora Rio, 1977.

PERLINGIERI, Pietro. *Perfis do direito civil*. 3. ed. Rio de Janeiro: Renovar, 1999 (tradução da 3. ed.).

PINHEIRO, Luís Lima. *A cláusula de reserva da propriedade*. Coimbra: Livraria Almedina, 1988.

PINTO, Paulo Mota, *Direito Civil:* Estudos. Lisboa: Guestlegal, 2018.

PONTES DE MIRANDA, Francisco Cavalcanti. *Tratado de direito predial*. Rio de Janeiro: José Konfino, 1954.

PONTES DE MIRANDA, Francisco Cavalcanti. *Tratado de direito privado*. 4. ed. São Paulo: Revista dos Tribunais, 1983.

PONTES DE MIRANDA, Francisco Cavalcanti. *Tratado de direito privado*. 12. ed. São Paulo: Revista dos Tribunais, 2012.

REALE, Miguel. *O direito como experiência*. São Paulo: Saraiva, 1968.

RESTIFFE NETO, Paulo; RESTIFFE, Paulo Sérgio. *Alienação fiduciária e o fim da prisão civil*. São Paulo: Revista dos Tribunais, 2007.

RIBEIRO, Joaquim de Sousa. *O problema do contrato* – as cláusulas contratuais gerais e o princípio da liberdade contratual. Coimbra: Almedina, 1999.

RIBEIRO, Joaquim de Sousa. *Direito dos contratos e regulação do mercado*. Conferência pronunciada na Universidade de Coimbra em 7 de março de 2002.

RODRIGUES, Sílvio. Contrato de incorporação imobiliária. *Revista de Jurisprudência*, v. 243, p. 5-17.

ROPPO, Enzo. *O contrato*. Trad. Ana Coimbra; M. Januário C. Gomes. Coimbra: Almedina, 1998.

ROSENWALD, Nelson, *Código Civil comentado*. 12. ed. São Paulo: Manole, 2018.

SCHMIDT, Francisco Arnaldo. *Incorporação imobiliária*: teoria e prática. Rio Grande do Sul: Secovi--RS, 1995.

SCHREIBER, Anderson. A tríplice transformação do adimplemento: adimplemento substancial, inadimplemento antecipado e outras figuras. In: SCHREIBER, Anderson. *Direito civil e Constituição*. São Paulo: Atlas, 2013.

SERPA LOPES, Miguel Maria de. *Tratado de Registros Públicos*. 4. ed. Rio de Janeiro: Freitas Bastos, 1961.

SERPA LOPES, Miguel Maria de. *Curso de direito civil*. Rio de Janeiro: Freitas Bastos, 2. ed., 1957, v. III.

SILVA, Clóvis do Couto. O princípio da boa-fé no direito brasileiro e português. *Estudos de direito civil brasileiro e português*. São Paulo: Revista dos Tribunais, 1980.

SILVA, De Plácido e. *Vocabulário jurídico*. Rio de Janeiro: Forense, 1963.

SILVA, Jorge Cesa Ferreira da. *A boa-fé e a violação positiva do contrato*. Rio de Janeiro: Renovar, 2002.

SILVA FILHO, Elvino. *As vagas de garagem nos edifícios de apartamentos*. São Paulo: Revista dos Tribunais, 1977.

SOUZA, Eduardo Pacheco Ribeiro. *Noções fundamentais de direito registral e notarial*. São Paulo: Saraiva, 2011.

TELES, Inocêncio Galvão. *Expectativa jurídica (algumas notas)*. O direito, 1. Coimbra: Almedina, 1958.

TENÓRIO, Oscar. *Lei de Introdução ao Código Civil Brasileiro*. 2. ed. Rio de Janeiro: Borsoi, 1955.

TEPEDINO, Gustavo. *Multipropriedade imobiliária*. São Paulo: Saraiva, 1993.

TENÓRIO, Oscar. Aspectos atuais da multipropriedade imobiliária. *Direito imobiliário*. Escritos em homenagem ao Professor Ricardo Pereira Lira. São Paulo: Atlas, 2015.

TENÓRIO, Oscar; BARBOZA, Heloisa Helena; MORAES, Maria Celina Bodin de. *Código Civil comentado*. Rio de Janeiro: Renovar, 2006. v. III.

TERRA, Aline de Miranda Valverde. *Inadimplemento anterior ao termo*. Rio de Janeiro: Renovar, 2009.

THEODORO JR., Humberto. *Direitos do consumidor*. Rio de Janeiro: Forense, 2000.

THEODORO JR., Humberto. *O contrato e sua função social*. Rio de Janeiro: Forense, 2003.

TOMÉ, Maria João Romão Carreiro Vaz; CAMPOS, Diogo Leite de. *A propriedade fiduciária (trust)*. Coimbra: Almedina, 1999.

VENOSA, Silvio de Sálvio. *Direito civil* – responsabilidade civil. São Paulo: Atlas, 2007. v. IV.

WALD, Arnoldo. *Obrigações e contratos*. 14. ed. São Paulo: Revista dos Tribunais, 2000.

ÍNDICE ALFABÉTICO-REMISSIVO

(Os números referem-se aos itens)

A

ABNT (Associação Brasileira de Normas Técnicas) – 2.2.5.

Abrigo de veículos – 1.4.3, 1.4.4.

Ações, certidões dos distribuidores forenses, para arquivamento do Memorial de Incorporação – 2.2.2.

Adimplemento substancial – 10.1.

Adjudicação compulsória extrajudicial – 6.1.2.1, 10.3.3.

Administração da incorporação, pela Comissão de Representantes, na afetação – 3.5.3.

Administração dos fundos de investimento imobiliário – 7.6.

Afetação, da incorporação – Capítulo III.

Afetação do patrimônio dos fundos de investimento imobiliário – 7.6.

Afetação, na securitização de créditos imobiliários – 7.5.

Afetação, por blocos de apartamentos – 3.5.1.

Afetação, quando a construção da edificação não caracteriza incorporação – 3.5.2.

Agente fiduciário, na cobrança extrajudicial de débito hipotecário – 11.6.2.

Agente fiduciário, na securitização de créditos – 7.5.

Ajuste preliminar para compra de unidade imobiliária em incorporação – 4.3.4.

Alienação fiduciária – 6.1.4, 11.7.5.

Alienação fiduciária, cessão do contrato – 1.2, 6.1.4.

Alienação fiduciária, da propriedade superveniente – 6.1.4.2.

Alienação fiduciária, obrigação de pagamento de IPTU e despesas de condomínio – 6.1.6.

Amortização da dívida, na cessão fiduciária e na caução de direitos creditórios – 6.2.4, 6.2.5.

Anexação de terrenos: para realização da incorporação – 2.2.1.

Anteprojeto de lei de afetação das incorporações – 3.4.

Antinomia, na Medida Provisória nº 2.221/01 – 3.5.6.

Área sub-rogada, decorrente do contrato de permuta – 2.2.11.

Arquivamento do Memorial de Incorporação – 2.1.

Arrematante, sub-rogação nos direitos e nas obrigações do anterior titular da unidade – 11.6.1.

Arrependimento – 5.2, 11.1.2.

Assembleia geral de instalação do condomínio, depois de concluída a obra – 5.2.

Assembleia geral dos adquirentes, durante a construção – 3.5.3, 5.7.1.

Assembleia geral dos adquirentes em caso de falência do incorporador (afetação) – 3.5.3.1.

Assembleia geral dos condôminos – 1.4.3.

Ativos financeiros, registro – 8.4.

Atraso da obra – 12.2.1.

Atribuição das unidades aos adquirentes – 4.3.4.

Atualização do valor do contrato de construção – 6.3.

Atualização do valor do financiamento – 7.1.

Autonomia da vontade das partes (contrato) – 9.2, 9.4.1.

Autonomia funcional do patrimônio de afetação – 3.3, 3.5.1.

466 | INCORPORAÇÃO IMOBILIÁRIA • *Melhim Namem Chalhub*

Avaliação do custo da obra (orçamento da construção) – 2.2.8.

Averbação da construção – 4.1, 4.3.4.

Averbação, de ações judiciais no Registro de Imóveis – 8.3.

Averbação do "termo de afetação": Registro de Imóveis – 3.5.2.

B

Banco Central do Brasil – 7.1.

BNH – Banco Nacional da Habitação – 7.1.

Boa-fé objetiva – 9.2, 9.2.3, 9.4.1, 9.4.3.

C

Cadeia de titularidade, Registro de Imóveis – 8.2.

Cálculo das áreas do edifício – 2.2.5.

Cancelamento do registro da promessa – 11.2.5.11.

Captação de recursos para a incorporação – 1.1, 3.5.1, 7.1, 7.5, 7.6.

Carência, prazo de – 2.2.13, 2.4.

Carta de arrematação (DL 70/66) – 11.6.2.

Casas isoladas ou geminadas, incorporação imobiliária – 1.1.4.

Caução de direitos creditórios – 6.2.5.

Caução de direitos de aquisição de imóvel – 6.2.6.

Cédula de crédito imobiliário – 7.3.

Cédula de crédito imobiliário escritural – 7.3.

Cédula hipotecária – 7.2.

Certidão de ônus reais sobre o imóvel: para arquivamento do Memorial de Incorporação – 2.2.2.

Certidão Negativa de Débito perante o INSS – CND – 2.2.6.

Certidões negativas – 2.2.2, 2.2.6.

Certificado de Recebíveis Imobiliários – CRI – 7.1, 7.5.

Cessão da posição contratual do credor fiduciário – 1.2, 6.1.4.

Cessão da posição contratual do incorporador – 1.2.

Cessão da posição de devedor fiduciante – 1.2, 6.1.4.

Cessão de créditos decorrentes da venda de unidades – 1.2, 3.5.1, 7.1, 7.5.

Cessão do contrato de financiamento com pacto de alienação fiduciária – 1.2, 6.1.4.

Cessão fiduciária – 3.5.1, 6.2.4.

Cláusula de tolerância – 12.2.1.

Cláusulas abusivas, controle no contrato de incorporação – 9.3, 9.4.3.

Cláusulas gerais, boa-fé objetiva e equilíbrio do contrato – 9.2.3, 9.4.3.

Cláusula penal – 10.2.

Cláusula penal – multa – 9.4.3, 11.5.1, 11.8.

Cláusula resolutiva expressa – 10.2.5.1, 11.6.

Cláusulas restritivas de direitos do adquirente, necessidade de fácil visualização – 9.4.3.

CND – Certidão Negativa de Débito do INSS – 2.2.6.

Código de Defesa do Consumidor – Capítulo IX, 9.4.1, 11.9.4.

Código de Defesa do Consumidor, e prazo de carência – 2.4.

Código Tributário Nacional (CTN) – 3.5.4.

Coisa futura, unidade imobiliária em construção – 6.1.1.

Comissão de Representantes – 3.5.3.1, 5.7, 5.7.2.

Comissão de Representantes, investidura na administração da incorporação – 3.5.3.1, 5.7.2.

Comissão de Representantes, poderes para outorgar, em nome do incorporador, os contratos definitivos aos adquirentes – 5.7.2.

Comissão de Representantes, poderes para vender a unidade do condômino inadimplente – 5.7.2, 11.6, 11.6.1.

Comissão de Valores Mobiliários – CVM – 7.6.

Companhia securitizadora de créditos imobiliários – 7.1, 7.5.

Comutatividade do contrato de incorporação – 4.2.

Concentração na matrícula do Registro de Imóveis – 8.3.

Conclusão da obra pela Comissão de Representantes dos adquirentes – 3.5.3.1.

Conclusão da obra pela seguradora – 6.2.7.

Concorrência e relações de consumo – 9.4.1.

Condição resolutiva no contrato de alienação fiduciária – 6.1.4, 11.6.3.

Condição suspensiva no contrato de alienação fiduciária – 6.1.4, 6.1.4.1.

Condições de financiamento imobiliário – 7.1.

Condomínio, administração – 1.4.3.

Condomínio, caracterização, legislação e constituição – 1.4, 1.4.1, 1.4.2, 5.1.

Condomínio, convenção – 1.4.3, 2.2.11.

Condomínio em multipropriedade – 1.4.7.

Condomínio especial, instituição pelo registro da incorporação – 2.1.1.

Condomínio, implantação sobre laje – 1.1.2.

Condomínio, lotes de terreno urbano – 1.4.5.

Condomínio, natureza da propriedade condominial – 1.4.2.

Condomínio, organização e administração – 1.4.3.

Condomínio, preferência para aquisição de unidades do incorporador falido (afetação) ou do condômino inadimplente – 3.5.3.1, 11.6.1.

Condomínio pro diviso – 5.1.

Condomínio pro indiviso – 5.1.

Condomínio, e retrofit – 1.4.8.

Condomínio, uso misto – 1.4.6.

Condomínio, vagas de garagem – 1.4.4.

Confissão de dívida (permuta) – 6.2.1.

Consolidação da propriedade, no contrato de alienação fiduciária – 6.1.4.

Constitucionalidade, Decreto-lei nº 70/1966 – 11.9, 11.9.6.

Constitucionalidade, procedimentos extrajudiciais de cobrança e leilão – 11.7.1.

Constitucionalidade, procedimentos extrajudiciais: jurisprudência – 11.7.2.

Constituição da propriedade imobiliária e de direitos a ela relativos – 8.1, 8.2.

Construção por administração – 6.1.3.

Construção por empreitada – 6.1.3.

Construtor, como incorporador – 1.2, 2.2.12, 4.3.3.2.

Consumidor, conceito – 9.4.2.

Contabilidade separada, do patrimônio de afetação – 3.5.3.

Conta-corrente do patrimônio de afetação – 3.5.6.1.

Conta-corrente, no contrato de construção por administração – 6.1.3.

Continuação da obra (afetação), em caso de falência do incorporador – 3.5.3.1.

Continuidade, princípio: Registro de Imóveis – 8.2.

Contraditório, instauração nos casos de cobrança e leilão extrajudicial – 11.7.3.

Contrato, noção clássica e sua metamorfose – 9.2.

Contrato-padrão – 2.3.

Contrato de alienação fiduciária – 6.1.4, 6.1.4.1, 6.1.6, 11.6.4.

Contrato de caução de direitos creditórios – 6.2.5.

Contrato de caução de direitos de aquisição de imóvel – 6.2.6.

Contrato de cessão fiduciária de créditos – 6.2.4.

Contrato de construção – 6.1, 6.1.3, 11.6.1.

Contrato de corretagem – 6.2.12.

Contrato de financiamento – 6.2.2.

Contrato de financiamento, cobrança de juros durante a construção – 6.1.5.

Contrato de hipoteca – 6.2.3.

Contrato de incorporação, causa – 4.3.2.

Contrato de incorporação, cláusulas essenciais – 5.1.

Contrato de incorporação, cobrança de juros durante a construção – 6.1.5.

Contrato de incorporação, elementos – 4.3.

Contrato de incorporação em face do CDC – Capítulo IX, 9.4.4.1, 9.4.4.2.

Contrato de incorporação, em face do contrato de consumo – 9.4.4.

Contrato de incorporação, forma – 4.3.4.

Contrato de incorporação, interesse comum da totalidade dos adquirentes – 4.1.

Contrato de incorporação, legitimidade – 4.3.3.2.

Contrato de incorporação, natureza jurídica – 4.2.

Contrato de incorporação, objeto – 4.3.1.

Contrato de incorporação, partes – 4.3.3.

Contrato de incorporação, prazo para o incorporador outorgar o contrato – 5.2.

Contrato de incorporação, requisitos e condições – 5.2.

Contrato de incorporação, tipicidade – 4.1.

Contrato de mútuo – 6.2.2.

Contrato de promessa de compra e venda – 6.1.1, 9.4.4.2, 11.6.4.

Contrato de seguro de crédito – 6.2.11.

Contrato de seguro de danos físicos no imóvel – 6.2.11.

Contrato de seguro de garantia das obrigações do incorporador e construtor – 6.2.7.

Contrato de seguro de morte e invalidez permanente do adquirente – 6.2.9.

Contrato de seguro de responsabilidade civil do construtor – 6.2.8.

Contratos coligados, na incorporação – 4.1, 4.2, 5.1, 6.1.4.

Contribuição condominial – 6.1.6.

Contribuição Social sobre o Lucro Líquido – 3.5.4, 3.5.4.

468 | INCORPORAÇÃO IMOBILIÁRIA • *Melhim Namem Chalhub*

Controle jurisdicional, leilão extrajudicial – 11.7.1, 11.7.2, 11.7.3, 11.7.5, 11.7.6.

Convenção de condomínio – 1.4.3, 2.2.11.

Convivência da Lei das Incorporações e do CDC – 9.4.4, 9.4.4.1.

Corretagem – 6.2.12.

Corretor – 6.2.12.

Corretor, como incorporador – 1.2, 2.2.12, 4.3.3.2.

Créditos, cessão fiduciária – 6.2.4.

CVM – Comissão de Valores Mobiliários – 7.6.

D

Dação em pagamento (permuta) – 6.2.1.

Dano emergente – 11.3.

Dano extrapatrimonial – 11.3.1.

Dano moral – 11.3.1.

Débitos fiscais e previdenciários do condômino inadimplente, em caso de leilão – 11.6.1.

Débitos tributários, previdenciários e trabalhistas (afetação) – 3.5.3.1, 6.1.6.

Decreto-lei 70/66 – 11.6.2, 11.7.1, 11.7.2, 11.7.3, 11.7.6.

Decreto-lei 70/66, constitucionalidade – 11.9, 11.9.6.

Defesa da posse pelo devedor-fiduciante – 6.1.4.1.

Defesa do devedor nos procedimentos extrajudiciais de cobrança e leilão – 11.9.3.

Demolição de prédio para realização de incorporação – 2.2.1.

Demonstrativos financeiro e do estado da obra, na afetação – 3.5.3.

Denúncia da incorporação – 2.4.

Desdobramento da incorporação – 1.1.

Desfazimento imotivado do contrato – 9.4.4.2.

Despesas com ligações de serviços públicos e instalação do condomínio – 6.1.3.

Despesas condominiais – 1.4.3, 6.1.6.

Despesas condominiais, alienação fiduciária: obrigação do devedor-fiduciante – 6.1.4.

Despesas condominiais, vinculação da unidade imobiliária – 1.4.3.

Despesas do incorporador, em caso de desfazimento do contrato – 11.8.

Destinação das receitas do patrimônio de afetação – 3.5.1.

Destinação do patrimônio de afetação nas incorporações imobiliárias – 3.5.1.

Destituição do incorporador – 3.2, 3.5.3, 10.3.

Destituição do incorporador, limitação dos poderes e da responsabilidade dos adquirentes – 10.3.1.

Destituição do incorporador, procedimento – 10.3.2.

Dever de cooperação – 9.2.1.

Dever de informação – 2.1, 9.2.1, 9.3.

Devido processo legal, nos procedimentos de cobrança e leilão extrajudicial – 11.7.3.

Dinâmica da incorporação – 1.3.

Direito de arrependimento – 5.2, 11.1.2.

Direito de laje – 1.1.2.

Direito de preferência, para reaquisição do imóvel – 11.8.2.

Direito de retenção do condomínio, do construtor e do incorporador – 6.1.3.

Direito real, caução de direitos creditórios oriundos de venda de imóvel – 6.2.5.

Direito real, caução de direito de aquisição de imóvel – 6.2.6.

Direito real, cessão fiduciária de créditos – 6.2.4.

Direito real, promessa de compra e venda – 6.1.1, 8.1.

Direitos do incorporador – 5.4.

Direitos dos adquirentes – 5.6.

Direitos reais, eficácia e validade perante terceiros – 8.1, 8.2.

Discriminação das frações ideais do terreno – 2.2.9. Ver, também, *especialização*.

Distrato – 9.4.4.2, 11.2.2.

Dívida, decorrente do financiamento da construção: resgate – 6.2.2.

Dívidas do patrimônio de afetação correspondente à incorporação – 3.3, 3.4, 3.5.1.

Dívidas tributárias do patrimônio de afetação correspondente à incorporação – 3.5.4.

E

Economia popular, proteção – 3.5.1, 12.1, 12.2, 12.3.

Eficácia, dos direitos reais – 8.1, 8.2.

Empreendimento hoteleiro – 1.1.1.

Empreitada – 6.1.3.

Enriquecimento sem causa – 11.8.

Equilíbrio do contrato – 9.2.1, 9.4.1, 9.4.4.1.

Equiparação do contrato de incorporação ao contrato de consumo – 9.4.2.

Escritura de venda em favor do arrematante – 11.6.1, 11.6.3.

ÍNDICE ALFABÉTICO-REMISSIVO | **469**

Especialização, princípio: Registro de Imóveis –
8.2.

Evicção – 3.5.3.1, 8.3, 8.3.2.

*Exclusão da responsabilidade do construtor/
incorporador* – 11.5.

Execução, dos créditos correspondentes ao preço
das promessas de compra e venda – 11.4,
11.5.2.

*Execução extrajudicial de créditos hipotecários,
fiduciários e de condomínio* – 11.9 e ss.

Execução extrajudicial de crédito hipotecário,
constitucionalidade – 11.9 e 11.9.6.

*Execução extrajudicial de crédito fiduciário
imobiliário* – 11.8.1, 11.9.5.

Execução voluntária do contrato – 11.2.1.

Execuções, certidões dos distribuidores forenses,
para arquivamento do Memorial de
Incorporação – 2.2.2.

Extinção do contrato antes de iniciada a execução –
11.1, 11.1.1, 11.1.2.

Extinção do contrato de alienação fiduciária – 11.2.

Extinção do contrato de incorporação – Capítulo
XI.

Extinção do contrato de promessa de venda –
9.4.4.2, 11.2.

Extinção do patrimônio de afetação – 3.5.5.

F

Falência do incorporador – 3.2, 3.4, 3.5.3, 3.5.6.2.

Falta de conservação, exclusão da responsabilidade
do construtor – 11.5.

Fato gerador do imposto de renda no patrimônio
de afetação – 3.5.4, 3.5.4.1.

Financiamento da construção – 3.5.1, 5.2, 6.2.2.

Financiamento da incorporação – 6.2.2.

Fração ideal do terreno – 1.4.2, 2.2.5, 2.2.9.

Fraude à execução e fraude contra credores – 2.2.2.

Função social do contrato – 9.2, 9.4.3.

Fundo de Investimento Imobiliário – 7.6.

G

Garantias reais do financiamento ou do mútuo –
6.1.4, 6.2.3, 6.2.4, 6.2.5, 6.2.6.

Garantias reais, eficácia – 8.1, 8.2.

Garantias reais sobre o imóvel objeto da
incorporação – 3.5.1.

H

Hipoteca – 6.2.3.

Hipoteca, prazo para liberação da unidade
imobiliária vendida – 9.5.

Histórico dos títulos aquisitivos do incorporador
– 2.2.3.

Hotel – 1.1.1.

I

Identificação do imóvel – v. especialização.

Imóvel, como objeto de relação de consumo –
9.4.2.

Indisponibilidade judicial ou administrativa – 8.3.

Impenhorabilidade, das frações (unidades)
reintegradas ao patrimônio de afetação em
cumprimento de sentença de resolução da
promessa de venda – 9.4.6.3.

Impenhorabilidade, das "unidades do estoque" –
9.4.6.

Impenhorabilidade, dos créditos oriundos das
vendas das frações (unidades) – 9.4.6.1.

Impenhorabilidade, dos créditos vinculados à
execução da obra – 3.4, 3.5.3.1, 8.3, 9.4.6.

Improbidade – 8.3.

*Impossibilidade do adquirente de cumprir o
contrato* – 9.4.4.1.

Imposto de transmissão inter vivos – 11.6.3.

Imposto sobre Serviços (ISS) – 3.5.4.

Impostos, certidões para arquivamento do
Memorial – 2.2.2.

Impostos relativos ao patrimônio de afetação –
3.5.4.

Impostos sobre a unidade imobiliária objeto de
propriedade fiduciária – 6.1.4, 6.1.6.

Inadimplemento absoluto – 9.4.2, 10.1.

Inadimplemento antecipado (anterior ao termo) –
10.1, 10.2.3.

Inadimplemento do adquirente – 11.5, 11.5.1.

Inadimplemento do incorporador – 11.2.3.

Inadimplemento relativo – 9.4.2, 10.1.

Incomunicabilidade do patrimônio de afetação –
3.3, 3.5.1, 3.5.3.

Incontroverso – 6.3.

Incorporação, afetação: comentários à legislação
– 3.5.

Incorporação, afetação do patrimônio da – 3.1, 3.2,
3.3, 3.4, 3.5.1.

Incorporação, cessão da – 1.2.

Incorporação, Comissão de Representantes – 5.7.2.

Incorporação, conceito e definição legal – 1.1.

Incorporação, contrato: caracterização e tipificação – 4.1, 4.2, 9.3, 9.4.

Incorporação, contrato: direitos do incorporador – 5.4.

Incorporação, contrato: direitos dos adquirentes – 5.6.

Incorporação, contrato: extinção – Capítulo X.

Incorporação, contrato: obrigações do incorporador – 5.3.

Incorporação, contrato: requisitos – 5.2.

Incorporação, desdobramento – 1.1.

Incorporação e Código de Defesa do Consumidor – 9.4, 9.4.4.1, 9.5.

Incorporação e o CDC – 9.4.2.

Incorporação, espécies de contrato – 6.1, 6.2.

Incorporação imobiliária e direito de laje – 1.1.2.

Incorporação imobiliária de conjuntos de casas isoladas ou geminadas – 1.1.4.

Incorporação, representação dos adquirentes – 5.7, 5.7.2.

Incorporação, e retrofit – 1.1.3.

Incorporador, cessão de crédito – 1.2.

Incorporador, conceito – 1.1.

Incorporador, contravenções contra a economia popular – 12.3.

Incorporador, infrações penais – 12.1, 12.2.

Incorporador, obrigação de dar e de fazer – 4.1, 4.3.1.

Incorporador, responsabilidade civil – 11.1, 11.4, 11.5, 11.6.

Incorporador, responsabilidade solidária com o construtor – 11.4.

Indenização, das acessões em caso resolução do contrato entre o titular do terreno e o incorporador – 11.4.1.

Indenização dos danos no seguro de responsabilidade civil do construtor – 6.2.8.

Indenização no seguro de conclusão de obra – 6.2.7.

Indisponibilidade, das "unidades do estoque" – 9.4.6.

Individuação, v. especialização.

Individualização do imóvel – v. especialização.

Inoponibilidade, dos atos não inscritos no Registro de Imóveis – 8.3.

Insolvência do devedor fiduciante – 6.1.4.

Insolvência do incorporador – 3.2, 3.4, 3.5.3.

Instituição de condomínio, para construções que não caracterizem incorporação – 3.5.2.

Instituição de condomínio pelo registro do Memorial de Incorporação – 1.4.3, 5.1.

Instituição do condomínio – 1.4.2, 1.4.2, 3.5.2, 4.3.4, 5.1.

Instituto dos Advogados Brasileiros – IAB – 3.1, 3.4.

Instrumento particular, deve conter os requisitos mínimos para registro – 9.4.3.

Interesse comum dos condôminos – 9.4.4.1.

Intimação do devedor para purgação de mora – 6.1.4, 11.5.1, 11.6.1, 11.6.2, 11.6.3, 11.7.

Investidor – 7.5, 7.6.

Investment trust – 3.3, 7.6.

IPTU, imóveis objeto de promessa de venda e de alienação fiduciária – 6.1.6.

Irretratabilidade – 4.1.

Irretratabilidade do contrato de incorporação – 6.1.1, 9.2.2, 9.4.4.2.

Irretratabilidade do título aquisitivo do incorporador – 2.2.1.

J

Juros, cobrança durante a construção – 6.1.5.

Juros, obrigatoriedade de constar o valor total da obrigação – 9.4.3.

Juros, taxa e método de cálculo – 9.4.3.

L

Laudêmio, alienação fiduciária – 6.1.4.

Lei do Superendividamento – 9.4.5.

Leilão, alienação fiduciária – 11.8, 11.8.1, 11.9.5.

Leilão, aspectos constitucionais – 11.9.

Leilão das unidades do "estoque", em caso de falência do incorporador (afetação) – 3.1, 3.4, 3.5.6.1.

Leilão e Código de Defesa do Consumidor – 9.4.4.1, 11.9.4.

Leilão extrajudicial de imóvel hipotecado – 11.7.

Leilão extrajudicial de imóvel objeto de incorporação imobiliária – 11.6.

Leilão extrajudicial, meios de defesa do devedor – 11.9.3.

Leilão extrajudicial e Código de Defesa do Consumidor – 11.9.4.

ÍNDICE ALFABÉTICO-REMISSIVO — 471

Lesão, direito do devedor na cobrança e leilão extrajudicial: meios de defesa – 11.9.3.

Letra de Crédito Imobiliário – 7.4.

Letra Hipotecária – 7.4.

Letra Imobiliária Garantida – 7.4.

Limite da afetação das receitas da incorporação – 3.5.1, 3.5.2.

Limite dos riscos dos adquirentes na afetação – 3.5.3.

Locação de vagas de garagem – 1.4.4.

Locação, imóvel alienado fiduciariamente – 6.1.4.

Lucro cessante – 11.3.

M

Majoração do valor das quotas de construção por administração – 6.1.3.

Mandato para a Comissão de Representantes vender unidade imobiliária de condômino inadimplente – 11.6.1.

Mandato para realização da incorporação – 1.2, 2.2.12.

Manual do proprietário – 9.5.

Matrícula do imóvel no Registro de Imóveis – 8.1, 8.2.

Medida Provisória nº 2.221/01: afetação das incorporações – 3.4.

Memorial de incorporação, caracterização e função – 2.1.

Memorial de incorporação, como parte integrante do contrato – 4.3.4.

Memorial de incorporação, dispensa – 3.5.2.

Memorial de incorporação, documentos que o integram – 2.2.

Memorial descritivo das especificações do imóvel – 2.2.7.

Mercado secundário de créditos imobiliários – 7.1.

Minuta, da convenção de condomínio – 2.2.11.

Mora – 9.4.4.2, 10.1, 11.3.

Multa por atraso de pagamento da prestação – 9.4.3.

Multa por inadimplemento do contrato de incorporação – 9.4.3, 11.8.

Multa por retardamento na entrega da obra – 9.4.3, 11.8.

Multas por infração de estipulações da convenção de condomínio – 1.4.3.

Multipropriedade – 1.4.7.

Mútuo – 6.2.2.

Mútuo, distinções entre o mútuo e o financiamento – 6.2.2.

N

Natureza jurídica do direito do devedor-fiduciante – 6.1.4.1.

Notificação do devedor para purgação de mora – 6.1.4, 11.5.1, 11.6.1, 11.6.2, 11.6.3.

O

Obrigações do incorporador – 2.1, 3.5.1, 3.5.2, 5.3.

Obrigações dos adquirentes caso assumam a administração da incorporação, no regime da afetação – 3.5.3.1.

Obrigações dos adquirentes no contrato de incorporação – 5.5.

Ônus reais, certidão: para arquivamento do Memorial de Incorporação – 2.2.2.

Orçamento da construção – 2.2.8.

P

Pacta sunt servanda – 9.2, 9.4.1.

Padronização, condições do financiamento imobiliário – 7.1.

Patrimônio autônomo – v. *afetação* e *patrimônio de afetação*.

Patrimônio de afetação de empresa em recuperação judicial – 3.5.6.1

Patrimônio de afetação e o princípio da unidade do patrimônio – 3.3.

Patrimônio de afetação, na incorporação: constituição, administração e extinção – 3.5.2.

Patrimônio de afetação na securitização de créditos – 7.5.

Patrimônio separado – v. *afetação* e *patrimônio de afetação*.

Peculiaridades do contrato de incorporação em face do contrato de consumo – 9.4.4.1.

Penhora, de edifício em construção – 3.5.3.1.

Perda parcial das quantias pagas pelo adquirente – 11.5.1, 11.8.

Perdas e danos – multa – 9.4.3, 11.8.

Permuta – 2.2.11, 6.2.1.

Planta da futura edificação – 2.2.4.

Planta do local das vagas de garagem – 2.2.15.

472 INCORPORAÇÃO IMOBILIÁRIA • *Melhim Namem Chalhub*

Poder discricionário do juiz, cláusulas gerais – 9.2.3.

Posse do devedor-fiduciante na alienação fiduciária – 6.1.4.

Prazo de carência para início da incorporação – 2.2.13, 2.4.

Prazo de garantia da obra – 11.4.

Prazo de prescrição da ação de indenização por defeitos da obra – 11.4.

Preço de custo, construção – 6.1.3.

Preferência do condomínio, para aquisição de unidades do incorporador falido (afetação) ou do condômino inadimplente – 3.5.3.1, 5.7.1, 11.6.1.

Preferência do proprietário do terreno, para aquisição de unidades no leilão, em caso de falência do incorporador (afetação) – 3.5.3.1.

Preferência, inexistência quanto a imóvel alienado fiduciariamente – 6.1.4.

Prestação de contas da Comissão de Representantes – 11.6.1, 11.7.3.

Previdência Social, certidão negativa de débito – CND, para arquivamento do Memorial de Incorporação – 2.2.6.

Princípios da teoria da afetação – 3.3.

Princípios do sistema do Registro de Imóveis – 8.2.

Prioridade, princípio: Registro de Imóveis – 8.2.

Procuração para a Comissão de Representantes outorgar contratos aos adquirentes, na afetação – 3.5.6.1.

Procuração para a Comissão de Representantes vender unidade imobiliária de adquirente inadimplente – 11.6.1.

Procuração para realização da incorporação – 1.2, 2.2.12.

Produto, na relação de consumo: imóvel: 9.4.2.

Programas de financiamento de interesse social – 7.1.

Projeto de construção – 2.2.4.

Projetos de Lei da Câmara sobre afetação das incorporações – 3.4.

Promessa de compra e venda – 6.1.1, 6.1.2, 6.1.6, 11.5.

Promessa de venda, irretratabilidade – 6.1.1.

Propriedade fiduciária – 6.1.4, 7.6.

Propriedade resolúvel – 6.1.4, 6.1.4.1, 11.6.3.

Prorrogação, do prazo da obra – 11.2.1.

Proteção da economia popular – 3.5.1, 12.1, 12.2, 12.3.

Proteção do adquirente no contrato de incorporação – 3.3, 3.4, 3.5.1, 3.5.2, 3.5.3, 3.5.3.1, 9.3.

Publicidade, princípio: Registro de Imóveis – 8.2.

Purgação da mora pelo adquirente inadimplente – 11.6.1, 11.6.2, 11.6.3, 11.6.3.1.

Q

Quadro-resumo do contrato de incorporação – 5.2.

Quadros da ABNT: áreas, frações ideais – 2.2.5, 2.2.7.

Quórum nas assembleias gerais – 5.7.1.

Quota de contribuição do condômino – 1.4.2, 2.2.9.

R

Reajuste, contrato de construção – 6.1.3.

Reajuste, financiamento imobiliário – 7.1.

Reconstrução por inadequação urbanística e arquitetônica – 1.1.3, 1.4.8.

Recuperação judicial de empresa – 3.5.6, 3.5.6.1.

Regime fiduciário na securitização de créditos imobiliários – 7.5.

Registro de Imóveis – 8.1, 8.2.

Regulamento do Imposto de Renda (RIR) – 3.5.4.

Reintegração de posse (alienação fiduciária) – 6.1.4, 11.6.3.

Reintegração de posse, resolução extrajudicial de promessa – 11.2.5.1, 11.2.5.1.2.

Remembramento de terreno para realização de incorporação – 2.2.1.

Requisitos do contrato de incorporação – 5.2.

Resilição – 11.2, 11.3, 11.8.1.

Resilição bilateral (distrato) – 9.4.4.2, 11.2.2.

Resilição unilateral pelo incorporador – 10.1, 11.1.1.

Resolução da compra e venda por inadimplemento do incorporador – 11.2.3.

Resolução do contrato de permuta – 11.2.4.

Resolução do contrato por inadimplemento do adquirente – 9.4.4.2, 11.2.5, 11.2.5.1, 11.2.5.2, 11.8.1.

Resolução do contrato por inadimplemento do incorporador – 11.2.3.

Resolução extrajudicial da promessa – 11.2.5.1.

Resolução judicial da promessa – 11.2.5.2.

Responsabilidade civil do construtor, seguro – 6.2.8.

ÍNDICE ALFABÉTICO-REMISSIVO | **473**

Responsabilidade civil do incorporador – 11.2.1, 11.2.2, 11.2.3, 11.4.

Responsabilidade objetiva do incorporador – 11.1.

Restituição de quantias pagas pelo adquirente – 11.6.4, 11.5.1, 11.8.

Retrofit, e condomínio edilício – 1.4.8.

Retrofit, e incorporação imobiliária – 1.1.3.

Reversão da propriedade fiduciária ao devedor-fiduciante – 6.1.4, 6.1.4.1.

Riscos do adquirente de imóvel em construção – 3.2.

S

SBPE – Sistema Brasileiro de Poupança e Empréstimo – 7.1.

Securitização de créditos imobiliários – 7.5.

Seguro de crédito – 6.2.11.

Seguro de danos físicos no imóvel – 6.2.11.

Seguro de garantia das obrigações do incorporador e do construtor – 6.2.7.

Seguro de morte e invalidez permanente do adquirente – 6.2.9.

Seguro de responsabilidade civil do construtor – 6.2.8.

SFH – Sistema Financeiro da Habitação – 7.1.

SFI – Sistema de Financiamento Imobiliário – 7.1.

Shopping center, e incorporação – 1.1.

Síndico, do condomínio – 1.4.3.

Sinistro, caracterização no seguro de garantia de conclusão de obra – 6.2.7.

Sistema de proteção do adquirente – 9.3.

Sistemas de financiamento de imóveis – 7.1.

Sistema de Financiamento Imobiliário (SFI) – 7.1.

Sistema Financeiro da Habitação (SFH) – 7.1.

Sistema Nacional de Habitação – SNH – 7.1.

Sistema tributário, na afetação – 3.5.4.

Solidez e segurança da edificação – 11.3.

Sub-rogação dos adquirentes na obrigação de construir as unidades do permutante do terreno – 2.2.11, 6.2.1.

Sub-rogação dos adquirentes nos direitos e obrigações do contrato de financiamento da construção – 3.5.1, 3.5.3.1.

Subscritores, quotas de fundos de investimento – 7.6.

Superendividamento, Lei do – 9.4.5.

T

Taxas e impostos, sobre o imóvel objeto de propriedade fiduciária – 6.1.4.

Tema 1.095/STJ, execução fiduciária – 11.8.1.

Teoria da afetação e sua aplicação na incorporação imobiliária – 3.3.

Termo de afetação – 2.1, 3.5.2.

Termo de securitização de créditos imobiliários – 7.5.

Time sharing – 1.4.7.

Título de propriedade para registro da incorporação – 2.1, 2.2.2.

Transmissão da propriedade imobiliária e dos direitos reais a ela relativos – 8.1, 8.2.

Tributos, na afetação – 3.5.4.

Tutela jurisdicional nos procedimentos extrajudiciais de cobrança e leilão – 11.7.3.

U

Unidades imobiliárias do "estoque", em caso de falência do incorporador (afetação) – 3.4, 3.5.6.1.

V

Vagas de garagem – 1.4.4, 2.2.15.

Valores mobiliários, registro – 8.4.

Venda a crédito – 6.1.4.

Venda de coisa futura – 6.1.1.

Venda de vaga de garagem a estranho, possibilidade – 1.4.4.

Venda, em leilão, do imóvel havido por consolidação na alienação fiduciária – 11.6.3.

Venda, extrajudicial: leilão – 11.6, 11.6.1.

Vícios de construção – 6.2.4, 9.4.3, 11.3, 11.4.

Vinculação, das receitas e despesas do patrimônio de afetação – 3.3, 3.4, 3.5.1, 3.5.3.1.

Vulnerabilidade, do adquirente no contrato de incorporação – 3.2, 3.3, 9.4.2.